Strafbarkeit der Folter zu Vernehmungszwecken

Europäische Hochschulschriften
Publications Universitaires Européennes
European University Studies

Reihe II
Rechtswissenschaft

Série II Series II
Droit
Law

Bd./Vol. 4430

PETER LANG
Frankfurt am Main · Berlin · Bern · Bruxelles · New York · Oxford · Wien

Björn Beutler

Strafbarkeit der Folter zu Vernehmungszwecken

Unter besonderer Berücksichtigung des Verfassungs- und Völkerrechts

PETER LANG
Europäischer Verlag der Wissenschaften

Bibliografische Information Der Deutschen Bibliothek
Die Deutsche Bibliothek verzeichnet diese Publikation in der Deutschen Nationalbibliografie; detaillierte bibliografische Daten sind im Internet über <http://dnb.ddb.de> abrufbar.

Zugl.: Passau, Univ., Diss., 2006

D 739
ISSN 0531-7312
ISBN 3-631-55723-X

www.peterlang.de

Meinen Eltern

Vorwort

Die Problematik der Folter hat in jüngster Zeit so große Aufmerksamkeit erfahren wie kaum ein anderes rechtswissenschaftliches Thema. Die vorliegende Arbeit, die sich umfassend mit dieser Problematik befaßt, wurde im Sommersemester 2006 von der Juristischen Fakultät der Universität Passau als Dissertation angenommen.

Herzlich danken möchte ich an dieser Stelle meinem Doktorvater, Herrn Professor Dr. Werner Beulke, der mir einen weiten Freiraum für meine Arbeit gewährt und sie mit großem Interesse verfolgt hat. Für die Anfertigung des Zweitgutachtens sei Herrn Professor Dr. Bernhard Haffke gedankt. Mein größter und herzlichster Dank gilt meiner Familie, die mich bei der Erstellung der vorliegenden Arbeit in vielfältiger und vorbehaltloser Weise unterstützt hat.

Das Manuskript wurde im Januar 2006 fertiggestellt. Hierbei konnten Rechtsprechung und Literatur weitgehend bis Anfang Dezember 2005 berücksichtigt werden. Daß die Problematik der Folter auch in der Zwischenzeit nicht an Aktualität verloren hat, haben die nachfolgenden Entwicklungen gezeigt. Ein Teil von ihnen konnte bei der Erstellung der Druckfassung noch eingearbeitet werden.

Bonn, im Juni 2006

Björn Beutler

Inhaltsübersicht

Inhaltsverzeichnis XI

Abkürzungsverzeichnis XXIII

EINLEITUNG 1

TEIL 1 – GRUNDLAGEN 5

§ 1 Einführung in die Problematik 7

§ 2 Definition der Folter 43

TEIL 2 – VERBOT DER FOLTER 69

§ 3 Verbot der Folter nach einfachem Gesetzesrecht 71

§ 4 Verbot der Folter nach Verfassungsrecht 89

§ 5 Verbot der Folter nach Völkerrecht 129

TEIL 3 – STRAFBARKEIT DER FOLTER 153

§ 6 Strafbarkeit der Folter nach einfachem Gesetzesrecht 155

§ 7 Auswirkungen des Verfassungs- und Völkerrechts auf die Strafbarkeit 279

TEIL 4 – ERGEBNIS UND AUSBLICK 313

§ 8 Zusammenfassung der gefundenen Ergebnisse 315

§ 9 Ausblick 327

Anhang: Völkerrechtliche Vorschriften in Auszügen 333

Literaturverzeichnis 355

Inhaltsverzeichnis

Abkürzungsverzeichnis XXIII

EINLEITUNG 1

TEIL 1 – GRUNDLAGEN 5

§ 1 EINFÜHRUNG IN DIE PROBLEMATIK 7

I. Ursprung der Debatte über die Folter 7
1. Der Fall Jakob von Metzler 7
a) Gäfgens Tat gegen das Kind 7
b) Verhaftung und Vernehmung 8
c) Strafverfahren gegen Gäfgen 11
d) Strafverfahren gegen die Polizeibeamten 13
2. Die Diskussion 16
a) Reaktionen auf den Tod des Kindes 16
b) Reaktionen auf die Umstände der Vernehmung 16
c) Reaktionen auf das Urteil gegen die Beamten 18
3. Schlußfolgerung 19
II. Fiktiver Fall 20
1. Sachverhalt 20
2. Realitätsnähe des Falles 21
a) Bedrohungsszenario 21
b) Einsatz von Emails 22
c) Auf den Fahndern lastender Druck 25
3. Warum dieser fiktive Fall? 26
a) Andere fiktive Fälle 26
b) Unterschied zu den genannten Fällen 28
III. Herangehensweise 31
1. Formulierung der Fragestellung 32
2. Abgrenzung der Fragestellung 32
a) Verbot der Folter 32
b) Verwertbarkeit einer erfolterten Aussage 33
c) Bestehen eines Verfahrenshindernisses 35
3. Relevanz der Fragen 38
a) Nicht relevante Fragen 38
aa) Verwertbarkeit einer erfolterten Aussage 38

bb) Bestehen eines Verfahrenshindernisses ... 39
b) Bedeutung des Verbots der Folter ... 39
aa) Grundsatz der Einheit der Rechtsordnung ... 39
bb) Nulla poena sine lege ... 39
c) Zwischenergebnis ... 40
4. Weiteres Vorgehen ... 40
a) Praxisbezug ... 40
b) Bedeutung des Verfassungs- und Völkerrechts ... 42
c) Aufbau der weiteren Darstellung ... 42

§ 2 DEFINITION DER FOLTER ... 43
I. Schwierigkeit der Definitionsfindung ... 44
1. Die „five techniques“ ... 44
2. Bewertungen ... 45
a) Europäische Kommission für Menschenrechte ... 45
b) EGMR Mehrheitsmeinung ... 45
c) EGMR Sondervoten ... 45
aa) Sondervotum Fitzmaurice ... 45
bb) Weitere Sondervoten ... 46
d) Stellungnahme ... 46
e) Fazit ... 47
II. Anhaltspunkte ... 48
1. Anhaltspunkte im nationalen Recht ... 48
a) Vorschriften ... 48
b) Rechtsprechung ... 48
2. Anhaltspunkte im internationalen Recht ... 50
a) Definitionen ... 50
aa) Bestimmungen, die die Folter definieren ... 50
bb) Bewertung der Bestimmungen ... 51
b) Bestimmungen mit Bezug zur Folter ... 52
aa) Verträge, bei denen eine Definition als verzichtbar angesehen wird ... 52
bb) Verträge, bei denen eine Definition notwendig ist ... 52
(1) Genfer Abkommen ... 52
(2) EMRK ... 52
(3) IPbürgR ... 54
3. Zwischenergebnis ... 54
a) Konzentration auf den Begriff der Folter ... 54
b) Konzentration auf die Definition der UN-Folterkonvention ... 55

III. Legaldefinition der UN-Folterkonvention ... 56
1. Exkurs: Auslegung völkerrechtlicher Verträge ... 56
a) Grundsatz ... 57
b) Dynamische Interpretation ... 57
c) Fazit ... 58
2. Die Elemente der Definition ... 58
a) Art und Auswirkung der Handlung ... 58
aa) Art der Handlung ... 58
bb) Auswirkung der Handlung ... 59
b) Person des Handelnden ... 60
c) Vorsatz des Handelnden und Ziel seines Handelns ... 60
d) Ausnahmen ... 61
3. Übertragung auf den fiktiven Fall ... 62
a) Art und Auswirkung der Handlung ... 63
aa) Anwendung der Folter ... 63
bb) Androhung der Folter ... 63
b) Person des Handelnden ... 67
c) Vorsatz des Handelnden und Ziel seines Handelns ... 67
d) Ausnahmen ... 68
IV. Fazit ... 68

TEIL 2 – VERBOT DER FOLTER ... 69

§ 3 VERBOT DER FOLTER NACH EINFACHEM GESETZESRECHT ... 71
I. Vorüberlegungen ... 71
1. Die polizeilichen Aufgabenbereiche ... 71
2. Abgrenzung der Aufgabenbereiche ... 72
a) Bedeutung der Abgrenzung ... 72
b) Schwierigkeit der Abgrenzung ... 72
II. Repression ... 74
1. Eröffnung des Aufgabenbereichs ... 74
2. Befugnisse ... 75
3. Unmittelbarer Zwang ... 76
a) Rechtsgrundlage ... 76
b) Verbot der Folter zu Vernehmungszwecken ... 76
aa) Vernehmungssituation ... 76
bb) Verbotene Vernehmungsmethoden ... 77
(1) Anwendung von Folter ... 77

(2) Androhung von Folter ... 78
(3) Mittel zur Willensbeeinträchtigung ... 78
cc) Keine Ausnahme i. S. v. § 136a Abs. 1 S. 2 StPO ... 79
4. Zwischenergebnis ... 79
III. Prävention ... 79
1. Erste Ebene polizeilichen Handelns ... 80
a) Eröffnung des Aufgabenbereichs ... 80
b) Befugnisse ... 80
2. Zweite Ebene polizeilichen Handelns ... 82
a) Unmittelbarer Zwang ... 82
b) Verbot der Folter ... 82
c) Wertungswiderspruch zum finalen Rettungsschuß? ... 83
aa) Wesen des finalen Rettungsschusses ... 83
bb) Wertungswiderspruch? ... 84
(1) Analogie ... 84
(2) Teleologische Reduktion ... 87
IV. Fazit ... 87

§ 4 VERBOT DER FOLTER NACH VERFASSUNGSRECHT ... 89

I. Gegenstand der Prüfung ... 89
II. Ausgangspunkt Art. 104 Abs. 1 S. 2 GG ... 90
1. Einschlägigkeit der Vorschrift ... 90
a) Festgehaltene Person ... 90
b) Mißhandlung ... 92
c) Zwischenergebnis ... 93
2. Stellung im Normgefüge des Grundgesetzes ... 93
3. Weiteres Vorgehen ... 94
III. Recht auf Leben und körperliche Unversehrtheit ... 94
1. Schutzbereich ... 95
2. Androhung und Anwendung von Folter als Eingriff ... 95
3. Verfassungsrechtliche Rechtfertigung ... 97
a) Schranken ... 97
aa) Gesetzesvorbehalt ... 97
bb) Verfassungsimmanente Schranken ... 98
(1) Vorüberlegungen ... 98
(2) Kollidierende Grundrechte Dritter ... 99
(3) Andere mit Verfassungsrang ausgestattete Werte ... 105
b) Schranken-Schranken ... 106

aa) Art. 104 Abs. 1 S. 2 GG 106
bb) Weitere Schranken-Schranken 108
4. Zwischenergebnis 109
IV. Freiheit der Person 109
1. Schutzbereich 109
2. Androhung und Anwendung von Folter als Eingriff 110
3. Zwischenergebnis 110
V. Allgemeine Handlungsfreiheit 111
VI. Allgemeines Persönlichkeitsrecht 111
1. Schutzbereich 111
a) Informationelle Selbstbestimmung 112
b) Nemo tenetur 113
2. Androhung und Anwendung von Folter als Eingriff 114
3. Verfassungsrechtliche Rechtfertigung 115
a) Schranken 115
b) Schranken-Schranken 116
4. Zwischenergebnis 116
VII. Menschenwürde 116
1. Grundrechtscharakter 117
2. Androhung und Anwendung von Folter als Eingriff 118
a) Begriff der Menschenwürde 118
b) Entscheidungen zur lebenslangen Freiheitsstrafe 120
c) Polygraphen-Rechtsprechung 120
3. Verfassungsrechtliche Rechtfertigung? 122
4. Zwischenergebnis 124
VIII. Rechtsstaatsprinzip 124
1. Ausprägungen 125
a) Unschuldsvermutung 125
b) Recht auf ein faires Verfahren 127
2. Zwischenergebnis 128
IX. Fazit 128

§ 5 VERBOT DER FOLTER NACH VÖLKERRECHT 129

I. Verhältnis von Völkerrecht und nationalem Recht 129
1. Theorienstreit 129
2. Regelung im Grundgesetz 130
a) Stellung zum Theorienstreit 130
b) Völkervertragsrecht und nationales Recht 130

c) Völkergewohnheitsrecht und nationales Recht ... 131
d) Menschenrechtsaspekt ... 132
e) Völkerrecht und Landesrecht ... 132
II. Völkerrechtliche Verträge und Deklarationen ... 133
1. Ausschluß nicht einschlägiger Verträge und Deklarationen ... 133
a) Sachlich nicht einschlägige Bestimmungen ... 133
b) Räumlich nicht einschlägige Bestimmungen ... 135
2. Einschlägige Verträge und Deklarationen ... 135
a) Allgemeine Erklärung der Menschenrechte ... 135
b) Europäische Menschenrechtskonvention ... 136
aa) Verbot der Folter ... 137
bb) Notstandsfestigkeit ... 137
cc) Uminterpretation für besonders ungewöhnliche Fälle? ... 138
dd) Zwischenergebnis ... 140
c) Internationaler Pakt über bürgerliche und politische Rechte ... 140
d) UN-Folterkonvention ... 141
aa) Verbot der Folter ... 141
bb) Keine Rechtfertigung für Verstöße ... 142
e) EU-Folterkonvention ... 143
III. Völkergewohnheitsrecht ... 144
1. Aussagen der deutschen Höchstgerichte ... 145
2. Entstehungsvoraussetzungen ... 146
3. Stellungnahme ... 148
4. Zwischenergebnis ... 151
IV. Fazit ... 151

TEIL 3 – STRAFBARKEIT DER FOLTER ... 153

§ 6 STRAFBARKEIT DER FOLTER NACH EINFACHEM GESETZESRECHT ... 155

I. Straftatbestände ... 156
1. Auszuscheidende Straftatbestände ... 156
a) Strafvereitelung im Amt ... 156
b) Falsche Verdächtigung ... 156
c) Verfolgung Unschuldiger ... 157
d) Freiheitsberaubung ... 157
e) Spezialtatbestände des VStGB ... 158
aa) Verbrechen gegen die Menschlichkeit ... 158
bb) Kriegsverbrechen gegen Personen ... 158

2. Androhung der Folter ... 158
a) Angriffe auf die Entscheidungsfreiheit ... 159
aa) Aussageerpressung ... 159
(1) Objektiver Tatbestand ... 159
(2) Subjektiver Tatbestand ... 160
(3) Zwischenergebnis ... 161
bb) Nötigung ... 161
(1) Objektiver Tatbestand ... 161
(a) Nötigungsmittel ... 161
(b) Nötigungserfolg ... 164
(2) Subjektiver Tatbestand ... 165
(3) Rechtswidrigkeit ... 165
(4) Besonders schwerer Fall ... 167
cc) Bedrohung ... 168
b) Körperverletzungsdelikte ... 168
aa) Vorsätzliche Körperverletzung im Amt ... 169
(1) Objektiver Tatbestand ... 169
(2) Subjektiver Tatbestand ... 172
bb) Fahrlässige Körperverletzung im Amt ... 174
(1) Tatbestandsmäßigkeit ... 174
(2) Schuld ... 175
cc) Versuchte Körperverletzung im Amt ... 176
(1) Tatentschluß ... 176
(2) Unmittelbares Ansetzen ... 177
c) Ehrverletzungsdelikte ... 178
aa) Üble Nachrede und Verleumdung ... 179
bb) Beleidigung ... 180
(1) Objektiver Tatbestand ... 180
(2) Subjektiver Tatbestand ... 181
(3) Zwischenergebnis ... 182
3. Anwendung der Folter ... 182
a) Nötigung ... 182
b) Köperverletzungsdelikte ... 183
aa) Körperverletzung im Amt ... 183
bb) Gefährliche Körperverletzung im Amt ... 185
(1) § 224 Abs. 1 Ziff. 1 StGB ... 185
(2) § 224 Abs. 1 Ziff. 2 StGB ... 187
(3) § 224 Abs. 1 Ziff. 4 StGB ... 187

(4) § 224 Abs. 1 Ziff. 5 StGB ... 188
cc) Schwere Körperverletzung im Amt ... 189
dd) Beleidigung ... 189
4. Zum Tode führende Folter ... 189
a) Tod als in Kauf genommene Folge physischer Folter ... 190
aa) Totschlag ... 190
(1) Objektiver Tatbestand ... 190
(2) Subjektiver Tatbestand ... 190
(3) Zwischenergebnis ... 192
bb) Mord ... 192
(1) Grausame Tötung ... 192
(2) Weitere Mordmerkmale ... 193
(3) Rechtsfolgenlösung ... 193
b) Tod als ungewollte Folge tatsächlicher Anwendung von Folter ... 194
c) Tod als ungewollte Folge versuchter Anwendung von Folter ... 198
5. Zwischenergebnis ... 200
II. Rechtfertigungsgründe ... 200
1. Öffentlich-rechtliche Eingriffsbefugnisse ... 200
a) Strafrechtlicher Rechtmäßigkeitsbegriff ... 201
b) Handeln aufgrund einer verbindlichen Weisung ... 204
aa) Rechtliche Auswirkung ... 204
bb) Verbindlichkeit ... 204
cc) Zwischenergebnis ... 206
c) Zwischenergebnis ... 206
2. Notwehr und Nothilfe ... 207
a) Können sich Polizeibeamte auf § 32 StGB berufen? ... 207
b) Voraussetzungen der Nothilfe ... 210
aa) Nothilfelage ... 210
bb) Nothilfehandlung ... 213
c) Zwischenergebnis ... 216
3. Rechtfertigender Notstand ... 216
a) Können sich Polizeibeamte auf § 34 StGB berufen? ... 216
b) Voraussetzungen des rechtfertigenden Notstandes ... 217
aa) Notstandslage ... 217
bb) Notstandshandlung ... 218
c) Zwischenergebnis ... 220
4. Wahrnehmung berechtigter Interessen ... 220
a) Beschränkter Anwendungsbereich ... 221

b) Voraussetzungen ... 221
c) Zwischenergebnis ... 222
5. Rechtfertigende Pflichtenkollision ... 222
6. Zwischenergebnis ... 223
III. Entschuldigungsgründe ... 223
1. Entschuldigung aufgrund öffentlich-rechtlicher Vorschriften ... 223
2. Überschreitung der Notwehr ... 224
a) Können sich Polizeibeamte auf § 33 StGB berufen? ... 224
b) Voraussetzungen des Nothilfeexzesses ... 224
c) Zwischenergebnis ... 225
3. Entschuldigender Notstand ... 226
a) Notstandslage ... 226
b) Notstandshandlung ... 228
c) Zwischenergebnis ... 228
4. Unzumutbarkeit normgemäßen Verhaltens ... 228
a) Grundprinzip der Entschuldigungsgründe ... 228
b) Vorsätzliche Begehungsdelikte ... 229
c) Unterlassungs- und Fahrlässigkeitsdelikte ... 229
aa) Unterlassungsdelikte ... 229
bb) Fahrlässigkeitsdelikte ... 231
d) Zwischenergebnis ... 233
5. Übergesetzlicher entschuldigender Notstand ... 234
a) Wesen ... 234
b) Rechtliche Behandlung ... 236
aa) Abgrenzung zum übergesetzlichen rechtfertigenden Notstand ... 236
bb) Anerkennung des übergesetzlichen entschuldigenden Notstandes? ... 236
cc) Voraussetzungen ... 240
c) Stellungnahme ... 242
d) Zwischenergebnis ... 246
6. Zwischenergebnis ... 246
IV. Irrtumsfragen ... 247
1. Besonderheiten bei hoheitlichem Tätigwerden ... 247
2. Fehlvorstellungen auf rechtlicher Ebene ... 247
a) Verbotsirrtum ... 248
aa) Direkter und indirekter Verbotsirrtum ... 248
bb) Rechtsfolgen des Verbotsirrtums ... 249
cc) Vermeidbarkeit des Verbotsirrtums ... 250
(1) Vermeidbarkeit im Rahmen des § 17 StGB ... 250

(2) Sonderregelungen des Polizeirechts ... 252
dd) Zwischenergebnis ... 254
b) Irrtum über Entschuldigungsgründe ... 254
3. Fehlvorstellungen auf tatsächlicher Ebene ... 255
a) Error in persona ... 255
b) Erlaubnistatbestandsirrtum ... 257
c) Entschuldigungsirrtum ... 259
4. Zwischenergebnis ... 261
V. Beteiligungsfragen ... 262
1. Vorüberlegungen ... 262
2. Rolle des unmittelbar handelnden *V* ... 264
a) Vorsätzliche Begehungsdelikte ... 264
b) Unterlassungsdelikte ... 265
c) Fahrlässigkeitsdelikte ... 266
3. Rolle des anordnenden *L* ... 266
a) Sonderregelungen ... 266
aa) § 340 StGB ... 266
bb) § 357 StGB ... 267
b) Allgemeine Kriterien ... 269
aa) Auszuschließende Täterschaftsformen ... 270
bb) Mittelbare Täterschaft ... 270
c) Zwischenergebnis ... 277
VI. Fazit ... 278

§ 7 AUSWIRKUNGEN DES VERFASSUNGS- UND VÖLKERRECHTS AUF DIE STRAFBARKEIT ... 279
I. Direkte Aussagen zur Strafbarkeit der Folter ... 279
1. Direkte Aussagen des Verfassungsrechts ... 279
2. Direkte Aussagen des Völkerrechts ... 279
a) Völkerstrafrecht im engeren Sinne ... 279
b) Völkerstrafrecht im weiteren Sinne ... 281
aa) Genfer Abkommen ... 281
bb) UN-Folterkonvention ... 282
(1) Strafpflicht ... 282
(2) Rechtfertigungs- und Entschuldigungsgründe ... 283
(3) Irrtumsfragen ... 285
(4) Zwischenergebnis ... 287
II. Indirekte Aussagen zur Strafbarkeit der Folter ... 287
1. Strafpflichten ... 288

a) Strafpflichten aus dem Verfassungsrecht 288
b) Strafpflichten aus dem Völkerrecht 289
c) Zwischenergebnis 294
2. Rechtfertigungs- und Entschuldigungsgründe 294
a) Vorüberlegungen 294
b) Rechtfertigungsgründe 296
aa) Beschränkung des Notwehrrechts durch Art. 2 EMRK 296
bb) Strafrechtliche Aufarbeitung des DDR-Unrechts 298
cc) Zwischenergebnis 303
c) Entschuldigungsgründe 303
3. Irrtumsfragen 306
III. Fazit 310

TEIL 4 – ERGEBNIS UND AUSBLICK 313

§ 8 ZUSAMMENFASSUNG DER GEFUNDENEN ERGEBNISSE 315
I. Fragestellung und Ausgangspunkt 315
II. Definition der Folter 315
III. Verbot der Folter 317
1. Verbot der Folter nach einfachem Gesetzesrecht 317
2. Verbot der Folter nach Verfassungsrecht 318
3. Verbot der Folter nach Völkerrecht 319
IV. Strafbarkeit der Folter 321
1. Straftatbestände 321
2. Rechtfertigungsgründe 322
3. Entschuldigungsgründe 323
4. Irrtumsfragen 324
5. Beteiligungsfragen 325
V. Fazit 326

§ 9 AUSBLICK 327

Anhang: Völkerrechtliche Vorschriften in Auszügen 333

Literaturverzeichnis 355

Abkürzungsverzeichnis

A

a. A.	andere(r) Auffassung
a. a. O.	am angegebenen Ort
a. E.	am Ende
a. F.	alte Fassung
ABl.	Amtsblatt der Europäischen Gemeinschaften bzw. Amtsblatt der Europäischen Union
Abs.	Absatz
AEMR	Allgemeine Erklärung der Menschenrechte
Alt.	Alternative
AMRK	Amerikanische Menschenrechtskonvention
Anm.	Anmerkung
AöR	Archiv des öffentlichen Rechts
Art.	Artikel
AsylbLG	Asylbewerberleistungsgesetz
AT	Allgemeiner Teil
AufenthG	Gesetz über den Aufenthalt, die Erwerbstätigkeit und die Integration von Ausländern im Bundesgebiet
Aufl.	Auflage
AuslG	Ausländergesetz
AVR	Archiv des Völkerrechts

B

BayObLG	Bayerisches Oberstes Landesgericht
BayPAG	Gesetz über die Aufgaben und Befugnisse der Bayerischen Staatlichen Polizei (Polizeiaufgabengesetz)
BayVBl	Bayerische Verwaltungsblätter
BayVGH	Bayerischer Verwaltungsgerichtshof
BBG	Bundesbeamtengesetz
Bd.	Band
BerlVerfGH	Berliner Verfassungsgerichtshof
BGB	Bürgerliches Gesetzbuch
BGH	Bundesgerichtshof
BGHSt	Entscheidungen des Bundesgerichtshofs in Strafsachen
BK-	Dolzer, Bonner Kommentar zum Grundgesetz *(-Bearbeiter)*
BRRG	Beamtenrechtsrahmengesetz
BT	Besonderer Teil

BVerfG	Bundesverfassungsgericht
BVerfGE	Entscheidungen des Bundesverfassungsgerichts
BVerfGG	Bundesverfassungsgerichtsgesetz
BVerwG	Bundesverwaltungsgericht
BVerwGE	Entscheidungen des Bundesverwaltungsgerichts
bzgl.	bezüglich
bzw.	beziehungsweise
C	
ca.	circa
D	
d. h.	das heißt
DDR	Deutsche Demokratische Republik
ders.	derselbe
dies.	dieselbe
Diss.	Dissertation
DÖV	Die Öffentliche Verwaltung
DR-	Dreier, Grundgesetz, Kommentar *(-Bearbeiter)*
DRiZ	Deutsche Richterzeitung
DVBl	Deutsches Verwaltungsblatt
E	
EGBGB	Einführungsgesetz zum Bürgerlichen Gesetzbuch
EGGVG	Einführungsgesetz zum Gerichtsverfassungsgesetz
EGMR	Europäischer Gerichtshof für Menschenrechte
EJIL	The European Journal of International Law
EKMR	Europäische Kommission für Menschenrechte
EMRK	Europäische Menschenrechtskonvention (Konvention zum Schutze der Menschenrechte und Grundfreiheiten)
erw.	erweitert(e)
et al.	et alii
etc.	et cetera
EU-Folterkonvention	Europäisches Übereinkommen zur Verhütung von Folter und unmenschlicher oder erniedrigender Behandlung oder Strafe
EuGH	Gerichtshof der Europäischen Gemeinschaften
EU-Grundrechtecharta	Charta der Grundrechte der Europäischen Union
EuGRZ	Europäische Grundrechte-Zeitschrift
EuZW	Europäische Zeitschrift für Wirtschaftsrecht

F

f.	folgend(e)
FAZ	Frankfurter Allgemeine Zeitung für Deutschland
ff.	fortfolgend(e)
Fn.	Fußnote
FoR	ForumRecht
FS	Festschrift

G

GA	Goldtdammer's Archiv für Strafrecht
gem.	gemäß
GG	Grundgesetz für die Bundesrepublik Deutschland
ggf.	gegebenenfalls
GLJ	German Law Journal
grds.	grundsätzlich
GrS	Großer Senat

H

h. M.	herrschende Meinung
Habil.	Habilitationsschrift
HdBStR	Isensee/Kirchhof, Handbuch des Staatsrechts
HessSOG	Hessisches Gesetz über die öffentliche Sicherheit und Ordnung
HessStGH	Hessischer Staatsgerichtshof
Hg.	Herausgeber
Hs.	Halbsatz

I

i. S. v.	im Sinne von
i. V. m.	in Verbindung mit
IAGMR	Inter-Amerikanischer Gerichtshof für Menschenrechte
ICJ-Reports	International Court of Justice, Reports of Judgments, Advisory Opinions and Orders
IGH	Internationaler Gerichtshof
insb.	insbesondere
IPbürgR	Internationaler Pakt über bürgerliche und politische Rechte
IRRC	International Review of the Red Cross
IsrYBHR	Israel Yearbook on Human Rights
IStGH	Internationaler Strafgerichtshof
IStGH-Statut	Römisches Statut des Internationalen Strafgerichtshofs

IÜBtB	Internationales Übereinkommen zur Bekämpfung terroristischer Bombenanschläge
J	
J/P-	Jarass/Pieroth, Grundgesetz für die Bundesrepublik Deutschland *(-Bearbeiter)*
JA	Juristische Arbeitsblätter
JR	Juristische Rundschau
JStGH	Jugoslawien-Strafgerichtshof (International Tribunal for the Prosecution of Persons Responsible for Serious Violations of International Humanitarian Law Committed in the Territory of the Former Yugoslavia since 1991)
JStGH-Statut	Statut des Jugoslawien-Strafgerichtshofs
Jura	Juristische Ausbildung
JZ	Juristenzeitung
K	
KG	Kammergericht
KK-	Karlsruher Kommentar zur Strafprozessordnung und zum Gerichtsverfassungsgesetz mit Einführungsgesetz *(-Bearbeiter)*
KritV	Kritische Vierteljahresschrift für Gesetzgebung und Rechtswissenschaft
L	
LG	Landgericht
lit.	litera
LK-	Jähnke et al., Strafgesetzbuch, Leipziger Kommentar *(-Bearbeiter)*
LKV	Landes- und Kommunalverwaltung
LR-	Rieß, Löwe-Rosenberg, Strafgesetzbuch und Gerichtsverfassungsgesetz *(-Bearbeiter)*
LuftSiG	Luftsicherheitsgesetz
M	
m. w. N.	mit weiteren Nachweisen
M/K/S-	von Mangoldt/Klein/Starck, Das Bonner Grundgesetz *(-Bearbeiter)*
MD-	Maunz/Dürig, Grundgesetz, Kommentar *(-Bearbeiter)*
MDR	Monatsschrift für Deutsches Recht
MD-Sonderdruck-	Maunz/Dürig, Grundgesetz, Kommentar, Sonderdruck *(-Bearbeiter)*

MEPolG	Musterentwurf eines einheitlichen Polizeigesetzes des Bundes und der Länder
MMR	MultiMedia und Recht
MüKo-BGB-	Münchener Kommentar zum Bürgerlichen Gesetzbuch *(-Bearbeiter)*
MüKo-StGB-	Münchener Kommentar zum Strafgesetzbuch *(-Bearbeiter)*
N	
neubearb.	neubearbeitet(e)
NJW	Neue Juristische Wochenschrift
Nr.	Nummer
NStZ	Neue Zeitschrift für Strafrecht
NStZ-RR	NStZ-Rechtsprechungs-Report
NVwZ	Neue Zeitschrift für Verwaltungsrecht
NWVBl	Nordrhein-Westfälische Verwaltungsblätter
NZV	Neue Zeitschrift für Verkehrsrecht
NZZ	Neue Zürcher Zeitung (Internationale Ausgabe)
O	
OGH	Oberster Gerichtshof für die Britische Zone
OGHSt	Entscheidungen des Obersten Gerichtshofs für die Britische Zone in Strafsachen
OLG	Oberlandesgericht
P	
PNAS	Proceedings of the National Academy of Sciences of the United States of America
PolG NRW	Polizeigesetz des Landes Nordrhein-Westfalen
R	
Rdnr.	Randnummer
Res.	Resolution
RG	Reichsgericht
RGSt	Entscheidungen des Reichsgerichts in Strafsachen
Rs.	Rechtssache
Rspr.	Rechtsprechung
RStGH	Ruanda-Strafgerichtshof (International Criminal Tribunal for Rwanda)
RStGH-Statut	Statut des Ruanda-Strafgerichtshofs
RuP	Recht und Politik, Vierteljahreshefte für Rechts- und Verwaltungspolitik

S

S.	Satz, Seite
S/S-	Schönke/Schröder, Strafgesetzbuch *(-Bearbeiter)*
Sachs-	Sachs, Grundgesetz, Kommentar *(-Bearbeiter)*
SJZ	Süddeutsche Juristenzeitung
SK-	Rudolphi et al., Systematischer Kommentar zum Strafgesetzbuch *(-Bearbeiter)*
sog.	sogenannt(e)
StGB	Strafgesetzbuch
StPO	Strafprozeßordnung
str.	streitig
StV	Strafverteidiger
SZ	Süddeutsche Zeitung

U

u.	und
u. a.	unter anderem
UN-Folterkonvention	Übereinkommen gegen Folter und andere grausame, unmenschliche oder erniedrigende Behandlung oder Strafe
Univ.	Universität
ÜRK	Übereinkommen über die Rechte des Kindes
UZwG	Gesetz über den unmittelbaren Zwang bei Ausübung öffentlicher Gewalt durch Vollzugsbeamte des Bundes

V

VBlBW	Verwaltungsblätter für Baden-Württemberg
vgl.	vergleiche
VIZ	Zeitschrift für Vermögens- und Immobilienrecht
vollst.	vollständig
von Münch-	von Münch/Kunig, Grundgesetz-Kommentar *(-Bearbeiter)*
VStGB	Völkerstrafgesetzbuch
VVDStRL	Veröffentlichungen der Vereinigung der Deutschen Staatsrechtslehrer

W

wistra	Zeitschrift für Wirtschafts- und Steuerstrafrecht
WStG	Wehrstrafgesetz
WÜK	Wiener Übereinkommen über konsularische Beziehungen
WVRK	Wiener Vertragsrechtskonvention (Wiener Übereinkommen über das Recht der Verträge)

Y

YBEur.Con.HR	Yearbook of the European Convention on Human Rights
YLJ	The Yale Law Journal

Z

z. B.	zum Beispiel
ZaöRV	Zeitschrift für ausländisches öffentliches Recht und Völkerrecht
ZAR	Zeitschrift für Ausländerrecht und Ausländerpolitik
ZBR	Zeitschrift für Beamtenrecht
Ziff.	Ziffer
ZP	Zusatzprotokoll
ZRP	Zeitschrift für Rechtspolitik
ZStW	Zeitschrift für die gesamte Strafrechtswissenschaft
zugl.	zugleich

EINLEITUNG

Am 3. Juni 1740 erließ Friedrich der Große folgende Cabinets-Ordre:

> „SKM in Preußen etc. haben aus Bewegenden Uhrsachen resolviret, in dero Landen bey denen Inquisitionen die Tortur gäntzlich abzuschaffen, außer bey dem Crimine laesae Majestatis, und Landes Verrätherey, auch denen großen Mordthaten, wo viele Menschen ums Leben gebracht, oder viele Delinquenten deren Connexion herauszubringen nöthig, impliciret sind; Hingegen sollen in allen übrigen Fällen, wann die Delinquenten die stärkesten und Sonnenklahre indicia und Beweise, durch viele unverdächtige Zeugen und dergleichen wieder sich haben und doch aus Hartnäckiger Boßheit nicht gestehen wollen, dieselben nach denen Gesetzen bestraffet werden; Höchst dieselben Befehlen also dero Würdigst von Cocceji allergnädigst das nöthige dieserhalb zu besorgen. Charlottenburg d. 3. Juni 1740.“[1]

Mit dieser Regelung zur Abschaffung der Folter in Preußen war ein Beispiel gesetzt worden, dem im Laufe der Zeit weitere Länder folgten, wie etwa Österreich im Jahre 1776 und Bayern im Jahre 1806. Daß die preußische Regelung aber wohl die berühmteste ist, ist nicht zuletzt darauf zurückzuführen, daß Friedrich der Große sie bereits wenige Tage nach seinem Amtsantritt erließ.

Worin die in seiner Kabinettsorder angesprochenen „Bewegenden Uhrsachen“ lagen, die ihn zu diesem Schritt veranlaßt haben, ist nicht unumstritten, ebenso wie die Frage, ob er im weiteren Verlauf seiner Herrschaft die Folter tatsächlich vollständig abgeschafft hat[2]. Fest steht jedoch, daß die ursprüngliche Regelung vom 3. Juni 1740 Ausnahmen vorsah, in denen die Folter zu Vernehmungszwecken zulässig blieb, wie etwa bei Majestätsbeleidigung und in bestimmten Mordfällen.

Was die heutige Rechtslage in Deutschland anbelangt, so ist das Verbot der Folter nicht nur im einfachen Gesetzesrecht, sondern auch im Verfassungs- und Völkerrecht umfassend normiert. Als im Frühjahr 2003 bekannt wurde, daß die Frankfurter Polizei dem Entführer des elfjährigen Jakob von Metzler mit der Zufügung von Schmerzen gedroht hatte, um das Leben des Kindes zu retten, begann jedoch eine erregte Debatte über die Frage, ob auch nach heutigem Recht Ausnahmen vom Verbot der Folter gemacht werden könnten. Vor dem Hintergrund der Anschläge des 11. September 2001 wurde dabei insbesondere

---

[1] Zitiert nach *Weist*, DRiZ 1988, 298.

[2] Umfassend zu diesen Fragen *Schmoeckel*, Humanität und Staatsraison, 19 - 49.

der Kampf gegen den internationalen Terrorismus als möglicher Ausnahmefall genannt.

Ein Jahr später wurde aus diesen Überlegungen Realität, als Fotos aus dem Bagdader Abu-Ghureib-Gefängnis veröffentlicht wurden, die Mißhandlungen irakischer Gefangener durch Angehörige der US-Streitkräfte zeigten[3]. Diese sowie nachfolgende Berichte, die insbesondere das Vorgehen der Central Intelligence Agency betrafen[4], wurden ebenfalls zum Gegenstand der in Deutschland geführten Diskussion über die Folter[5]. Deren eigentlicher Auslöser aber war der Frankfurter Entführungsfall[6].

Die besagte Diskussion hat verdeutlicht, wie groß die Unsicherheit über die Reichweite des Verbots der Folter ist; noch größerer Klärungsbedarf hat sich in der Frage gezeigt, inwiefern der Einsatz von Folter zu Vernehmungszwecken nicht nur verboten, sondern auch strafbar ist[7]. Diesen Fragen soll im Rahmen der vorliegenden Arbeit nachgegangen werden. Dabei werden sich die Ausführun-

---

[3] Vgl. hierzu etwa *Erb*, Jura 2005, 24, 28; *Fonk*, ETHICA 13 (2005), 3; *Jerouschek*, JuS 2005, 296; *Marx*, KJ 2004, 278 f. Vgl. aus der Presse *Hersh*, The New Yorker vom 17. Mai 2004, 38; *Hoyng/von Ilsemann*, Der Spiegel vom 3. Mai 2004, 132. Von offizieller Seite wurden die Vorfälle durch Generalmajor *Taguba* untersucht, dessen Report im Internet z. B. unter http://news.bbc.co.uk/nol/shared/bsp/hi/pdfs/10_5_04_tagubareport.pdf [Stand: 2. Dezember 2005] abgerufen werden kann.

[4] Vgl. hierzu aus jüngster Zeit etwa *Priest*, The Washington Post vom 2. November 2005, A01; *dies.*, The Washington Post vom 4. Dezember 2005, A01.

[5] In Deutschland sorgte in diesem Zusammenhang eine Stellungnahme des Münchener Historikers *Michael Wolffsohn* für besonderes Aufsehen; dieser bezeichnete den Einsatz von Folter gegen Terroristen als „legitim" und begründete seine Ansicht im nachhinein wie folgt (FAZ vom 25. Juni 2004, 6): „Was legitim beziehungsweise vertretbar ist, ist denkbar, muß oder darf aber nicht unbedingt machbar oder erlaubt sein. Anders formuliert: Was legitim ist, ist weder automatisch legal, also Rechtens und dem gelten[d]en Recht entsprechend. Und was eine Gesellschaft oder ein Staat möglicherweise rechtfertigt, ist noch lange kein geltendes Recht. Das ist vereinfacht, der neu-jüdische, Nach-Herzlsche Konsens, die Mehrheitsmeinung."

[6] *LG Frankfurt*, 5/27 KLs 7570 Js 203814/03 (4/04), NJW 2005, 692, 696; *Ellbogen*, Jura 2005, 339; *Gebauer*, NVwZ 2004, 1405; *Guckelberger*, VBlBW 2004, 121; *Hecker*, KJ 2003, 210; *Hilgendorf*, JZ 2004, 331; *Lüderssen*, Rudolphi-FS, 691; *Marx*, KJ 2004, 278, 287; *Perron*, Weber-FS, 143; *Quoirin*, DRiZ 2003, 114; *Saliger*, ZStW 116 (2004), 35, 39; *Tröndle/Fischer*, StGB, § 32 Rdnr. 7b; *Valerius*, in: Tomášek (Hg.), Grundfragen des europäischen Strafrechts, 98.

[7] Vgl. hierzu *Kinzig*, ZStW 115 (2003), 791: „Kontroverse Stellungnahmen von Politikern sowie ganz unterschiedliche Kommentare von Journalisten und Rechtsgelehrten offenbarten in der Folge ein erhebliches Maß an Ungewissheit, wie die Folterandrohung des besagten Polizeibeamten zu beurteilen ist. Nicht einmal ein Rudiment an gesicherten Erkenntnissen scheint hier zu existieren."

gen auf die geltende Rechtslage in Deutschland konzentrieren[8], die durch ein Zusammenspiel von Normen insbesondere des Straf-, Verfassungs- und Völkerrechts geprägt ist.

---

[8] Was die US-amerikanische Rechtslage anbelangt, so ist zu ihrer Klarstellung am 30. Dezember 2005 der Detainee Treatment Act of 2005 erlassen worden (http://jurist.law.pitt.edu/gazette/2005/12/detainee-treatment-act-of-2005-white.php [Stand: 21. Mai 2006]). Wie umstritten sie zuvor war, verdeutlichen zwei Studien des Department of Justice. In einer ersten Studie vom 1. August 2002 heißt es auszugsweise (*U.S. Department of Justice*, Memorandum for Alberto R. Gonzales, 31): „Even if an interrogation method arguably were to violate Section 2340A, the statute would be unconstitutional if it impermissibly encroached on the President's constitutional power to conduct a military campaign. As Commander-in-Chief, the President has the constitutional authority to order interrogations of enemy combatants to gain intelligence information concerning the military plans of the enemy. The demands of the Commander-in-Chief power are especially pronounced in the middle of a war in which the nation has already suffered a direct attack. In such a case, the information gained from interrogations may prevent future attacks by foreign enemies. Any effort to apply Section 2340A in a manner that interferes with the President's direction of such core war matters as the detention and interrogation of enemy combatants thus would be unconstitutional." Weiter heißt es hierin (*U.S. Department of Justice*, a. a. O., 39): „Even if an interrogation method, however, might arguably cross the line drawn in Section 2340, and application of the statute was not held to be an unconstitutional infringement of the President's Commander-in-Chief authority, we believe that under the current circumstances certain justification defenses might be available that would potentially eliminate criminal liability." Diese Studie wurde am 30. Dezember 2004 durch ein neues Memorandum vollständig ersetzt (*U.S. Department of Justice*, Memorandum for James B. Comey, 2): „This memorandum supersedes the August 2002 Memorandum in its entirety. Because the discussion in that memorandum concerning the President's Commander-in-Chief power and the potential defenses to liability was – and remains – unnecessary, it has been eliminated from the analysis that follows. Consideration of the bounds of any such authority would be inconsistent with the President's unequivocal directive that United States personnel not engage in torture."

TEIL 1 – GRUNDLAGEN

§ 1 Einführung in die Problematik

I. Ursprung der Debatte über die Folter

Im Spätsommer 2002 kam es in Frankfurt am Main zu einem tragischen Entführungsfall, in dessen Verlauf der elfjährige Jakob von Metzler auf brutale Weise ermordet wurde. Mitte Februar 2003 wurde dann bekannt, daß die Polizei den Täter mit der Zufügung körperlicher Schmerzen bedroht hatte, um das Versteck des Kindes zu erfahren, dessen Leben sie zu diesem Zeitpunkt noch retten zu können hoffte (vgl. zu den Geschehnissen nachfolgend 1). Dies löste eine bis heute andauernde Diskussion über die Frage aus, ob es zum Schutz höherwertiger Rechtsgüter zulässig ist, bei Vernehmungen Folter anzudrohen oder sogar anzuwenden (vgl. zu der Diskussion nachfolgend 2).

1. Der Fall Jakob von Metzler

Zunächst sollen die Entführung Jakob von Metzlers sowie die sich anschließenden Ereignisse geschildert werden[9]. Denn diese waren nicht nur Auslöser der öffentlichen Debatte, sondern bildeten auch den Ausgangspunkt vieler rechtswissenschaftlicher Beiträge zum Verbot und zur Strafbarkeit der Folter.

a) Gäfgens Tat gegen das Kind

Der zur Tatzeit 27jährige Jurastudent Magnus Gäfgen hatte sich einem Kreis bedeutend jüngerer Jugendlicher angeschlossen, die anders als er aus sehr wohlhabenden Verhältnissen stammten. Um hinter ihnen nicht zurückstehen zu müssen und seine elf Jahre jüngere Freundin beeindrucken zu können, gab er sich als

---

[9] Die nachfolgende Schilderung der Ereignisse kann diese nur in Auszügen wiedergeben. Bei ihrer Zusammenstellung mußte auch auf Quellen der Tagespresse zurückgegriffen werden (diese werden zur Erhaltung der Lesbarkeit allerdings nur an besonders relevanten Stellen einzeln zitiert). Denn obwohl das große öffentliche Interesse an diesem Fall sogar in einer Eilentscheidung des BVerfG bestätigt wurde (*BVerfG*, 1 BvR 697/03, NJW 2003, 2523), betrieben die Ermittlungsorgane eine sehr restriktive Informationspolitik (vgl. etwa *Kirn*, FAZ vom 21. August 2003, 9). Auch die Sachverhaltsschilderung im Urteil des LG Frankfurt vom 20. Dezember 2004 gegen Daschner und E. vermittelt nur ein rudimentäres Bild der Ereignisse (*LG Frankfurt*, 5/27 KLs 7570 Js 203814/03 (4/04), NJW 2005, 692). Die Entscheidungen des LG Frankfurt vom 28. Juli 2003 sowie des BGH vom 21. Mai 2004 im Verfahren gegen Gäfgen sind bisher noch nicht veröffentlicht.

gutverdienender Anwaltsgehilfe aus. In Wahrheit verbrauchte er jedoch seine gesamten Ersparnisse in Höhe von mehreren 10.000 DM.

Als diese Mittel zur Neige gingen, suchte Gäfgen aus Angst vor dem Verlust seines Freundeskreises nach einem Weg, in den Besitz von viel Geld zu gelangen. Dabei verfiel er auf die Idee einer Kindesentführung und wählte, da er über einen Fußball-Fanclub Kontakt zu den Kindern der Bankiersfamilie von Metzler bekommen hatte, deren elfjährigen Sohn Jakob als Opfer aus.

Nach mehrwöchigen Planungen paßte Gäfgen den Jungen am 27. September 2002 ab, als dieser gegen 10.30 Uhr auf dem Heimweg von der Schule aus dem Bus stieg. Unter dem Vorwand, ihm die Jacke seiner Schwester mitgeben zu wollen, lockte Gäfgen ihn in seine nahegelegene Wohnung. Dort fesselte er ihn an Händen und Füßen und überklebte Mund und Nase des Kindes mit Silberband, wodurch der Erstickungsvorgang einsetzte. Als Jakob sich wehrte, brach Gäfgen den Widerstand mit Gewalt. Anschließend hielt er den Kopf des Kindes in die gefüllte Badewanne, um anhand aufsteigender Luftblasen beurteilen zu können, ob es noch lebte. Nachdem er sich auf diese Weise Gewißheit vom Eintritt des Todes verschafft hatte, lud Gäfgen die in zwei blaue Müllsäcke gehüllte Leiche in den Kofferraum seines Autos.

Mit diesem machte er sich auf den Weg zu einem abgelegenen Weiher in der Nähe von Birstein, um die Leiche zu verstecken. Auf der Fahrt dorthin legte er in der Einfahrt zu Jakobs Elternhaus einen Erpresserbrief ab, der die Forderung nach einer Million Euro Lösegeld sowie die Zusicherung enthielt, das Kind werde im Anschluß an die Zahlung dieser Summe freikommen. Anschließend setzte Gäfgen seine Fahrt zu dem besagten Weiher fort, wo er die Leiche unterhalb eines Bootsstegs im Wasser verbarg.

In der Nacht vom 29. auf den 30. September 2002 kam es im Frankfurter Stadtwald zu der geforderten Geldübergabe. Gäfgen erschien mit seinem eigenen Auto und wurde anschließend von der Polizei observiert. Dabei wurden die Beamten Zeugen davon, wie er Tickets für einen Fuerteventura-Aufenthalt abholte, einen Mercedes anzahlte und mehrere der erhaltenen Geldscheine auf ihre Echtheit testete.

b) Verhaftung und Vernehmung

Als Gäfgen in einem abgehörten Telefonat davon sprach, er sei im Begriff das Land zu verlassen, wurde er am Nachmittag des 30. September 2002 zusammen mit seiner Freundin in der Tiefgarage des Frankfurter Flughafens festgenommen und zum Polizeipräsidium der Stadt gebracht.

Dort wurde in den frühen Abendstunden mit seiner Vernehmung begonnen, bei der die Beamten davon ausgingen, daß Jakob noch am Leben war. Gäfgen bestritt, das Kind entführt zu haben, und behauptete zunächst, ein Unbekannter habe ihm 20.000 Euro dafür geboten, daß er das Lösegeld für ihn abhole. Jedoch fand die Polizei in seiner Wohnung neben wesentlichen Teilen des Lösegeldes auch einen Zettel, auf dem Einzelheiten der Tatvorbereitung notiert waren[10].

Um 20.00 Uhr wurde Polizei-Vizepräsident Wolfgang Daschner vom Leiter der Sonderkommission darüber informiert, daß Gäfgen taktiere und Zeit zu gewinnen versuche. Ohne Gäfgen selbst gesehen zu haben, erklärte Daschner daraufhin, die Anwendung unmittelbaren Zwangs sei freigegeben[11]. Die Einholung juristischen Rats sah er als verzichtbar an, was er in einem Interview wie folgt begründete:

> „Ich war viele Jahre Polizeiführer auch in kritischen Lagen, ich denke, daß mir die Regularien bekannt sind."[12]

Gegen 21.30 Uhr berieten leitende Kriminalbeamte in Abwesenheit Daschners über dessen Vorhaben. Da der Polizeipsychologe der Ansicht war, die Zufügung von Schmerzen werde bei Gäfgen nicht zum Ziel führen, einigte man sich auf die Ausarbeitung eines Stufenplanes. Dieser sah unter anderem vor, Gäfgen zunächst mit der ihm bekannten Schwester Jakob von Metzlers zu konfrontieren, um ihn auf diese Weise emotional zu erreichen. Als Daschner hiervon um 22.30 Uhr unterrichtet wurde, stimmte er zu[13].

In der Zwischenzeit wurde die Vernehmung fortgesetzt. Gegen 1 Uhr nachts änderte Gäfgen seine Darstellung und behauptete nun, Bekannte von ihm hielten Jakob in einer Hütte am Langener Waldsee gefangen. Obwohl der Polizeipsychologe dies für eine neue Lüge hielt, begannen mehrere Hundertschaften der Polizei in dem bezeichneten Gelände mit einer Suchaktion. Einige Zeit später wurde Gäfgens Verhör für die Nacht unterbrochen und auf den folgenden Morgen vertagt.

Als Daschner am Morgen des 1. Oktober ins Polizeipräsidium zurückkehrte, ließ er sich von den Ereignissen der Nacht berichten. Er hielt Gäfgens Aussage für unwahr und erklärte dem Leiter der Sonderkommission, Jakob befände sich in Lebensgefahr. Daher solle ein Beamter gefunden werden, der Gäfgen Schmerzen androhe und nötigenfalls auch zufüge, um so den Aufenthaltsort des Kindes zu erfahren. Dies solle unter Aufsicht eines Polizeiarztes geschehen und mittels einer Videokamera dokumentiert werden. Überdies solle geprüft werden, ob kurzfristig ein „Wahrheitsserum" beschafft werden könne.

Daraufhin kam es gegen 7 Uhr in Abwesenheit Daschners zu einer weiteren Besprechung leitender Beamter. In dieser wurde aufgrund rechtlicher und moralischer Bedenken entschieden, Daschners Anordnung zurückzustellen und

---

[10] *LG Frankfurt*, 5/27 KLs 7570 Js 203814/03 (4/04), NJW 2005, 692.

[11] *FAZ* vom 21. Dezember 2004, 39 (Titelseite Rhein-Main-Zeitung).

[12] *FAZ* vom 22. Februar 2003, 61.

[13] *FAZ* vom 21. Dezember 2004, 39 (Titelseite Rhein-Main-Zeitung).

abzuwarten, was die Konfrontation Gäfgens mit Jakobs Schwester ergeben würde[14].

Gegen 8 Uhr forderte Daschner mehrere Führungsbeamte auf, zu ihm zu kommen und zu erklären, warum seiner Anordnung noch nicht Folge geleistet worden war. Er wiederholte diese trotz der ihm vorgetragenen Bedenken.

Um 8.20 Uhr ging die Meldung ein, daß am Langener Waldsee ein Kinderschlafsack und Blutspuren gefunden worden waren. Daraufhin beschloß Daschner, selbst für die Ausführung seiner Anordnung zu sorgen. Er wies Kriminalhauptkommissar E. dazu an, Gäfgen für den Fall, daß er das Versteck des Kindes nicht nenne, Schmerzen in Aussicht zu stellen. Hierüber fertigte er einen Aktenvermerk an, in dem es heißt:

> „Zur Rettung des Lebens des entführten Kindes habe ich angeordnet, dass G nach vorheriger Androhung unter ärztlicher Aufsicht durch Zufügung von Schmerzen (keine Verletzungen) erneut zu befragen ist."[15]

Der Kriminalhauptkommissar befolgte diese Anweisung und drohte Gäfgen die Schmerzzufügung an. Dabei befanden sie sich alleine in einem Vernehmungszimmer. Beide machten später sehr unterschiedliche Angaben über die Form und die Auswirkungen der Drohung.

E. erklärte, er habe Gäfgen lediglich darüber informiert, daß die Behördenleitung und damit die Einsatzleitung „angedacht und vorbereitet" habe, ihn durch Schmerzzufügung oder durch Verabreichung eines Wahrheitsserums dazu zu bringen, Einzelheiten zu nennen, um Jakobs Leben zu retten. Anschließend habe er an Gäfgens Gewissen appelliert und ihm die Leiden des Kindes eindringlich geschildert. Hierdurch – und nicht durch die Drohung – sei Gäfgen zu der Aussage bewogen worden, daß Jakob tot sei und wo sich seine Leiche befinde[16].

Gäfgen hingegen behauptete, der Beamte habe ihm gegenüber Platz genommen und sei dabei sehr nahe an ihn herangerückt. Anschließend habe dieser ihm erklärt, daß er nun noch eine letzte Chance habe, Jakobs Aufenthaltsort zu nennen. Anderenfalls könne man ihm Schmerzen zufügen, wie er sie noch nie gespürt habe. Hierzu werde ein Spezialist eingeflogen, der solche Schmerzen ohne Hinterlassen von Spuren verursachen könne. E. habe seine Drohung mit Gesten begleitet, die das Kreisen von Rotorblättern imitieren sollten, und ihn gefragt, ob er den Hubschrauber schon höre. Weiterhin habe er angekündigt, ihn mit „zwei großen, fetten Negern" in eine Zelle zu sperren, die sich sexuell an ihm vergehen würden. E. habe ihn gerüttelt, mit der flachen Hand geschlagen

---

[14] *FAZ* vom 21. Dezember 2004, 39 (Titelseite Rhein-Main-Zeitung).

[15] *LG Frankfurt*, 5/27 KLs 7570 Js 203814/03 (4/04), NJW 2005, 692.

[16] *FAZ* vom 7. Dezember 2004, 41 (Titelseite Rhein-Main-Zeitung); *Steinke*, Kriminalistik 2005, 229, 237.

und erklärt, man könne „alles“ mit ihm machen, es könne ihm auch ein Unfall zustoßen. Gäfgen gab an, er habe Angst bekommen, „da nicht mehr lebend herauszukommen“, und daraufhin den Fundort der Leiche genannt[17].

Da offenbar keine Tonbandaufnahmen existieren, ist es unwahrscheinlich, daß jemals völlige Gewißheit über Art und Inhalt der Drohung bestehen wird. Fest steht jedoch, *daß* Gäfgen die Zufügung von Schmerzen angedroht worden ist.

c) Strafverfahren gegen Gäfgen

Diese Drohung spielte eine zentrale Rolle im anschließenden Strafprozeß gegen Gäfgen, der am 9. April 2003 vor dem Landgericht Frankfurt begann. Knapp zwei Monate zuvor hatte die Staatsanwaltschaft Anklage wegen Mordes und erpresserischen Menschenraubes (§§ 211, 239a StGB) erhoben.

Zum Prozeßauftakt beantragte die Verteidigung, das Verfahren einzustellen, da aufgrund der Drohung ein Verfahrenshindernis bestehe. Weiterhin führte sie aus, daß nicht nur die E. gegenüber gemachte Aussage vom 1. Oktober 2002, sondern auch alle weiteren Aussagen und Geständnisse des Angeklagten unverwertbar seien; denn diese seien ausnahmslos unter dem Eindruck der Drohung abgegeben worden, so daß sowohl von einer Fort- als auch von einer Fernwirkung ausgegangen werden müsse. Das Gericht verneinte das Bestehen eines Verfahrenshindernisses[18] und entschied, daß die Drohung, auch wenn es sich um eine verbotene Vernehmungsmethode i. S. v. § 136a StPO handele, keine Fernwirkung entfalte[19]. Hingegen folgte es der Verteidigung in der Frage der Fortwirkung und erklärte Gäfgens bis dahin gemachte Aussagen für nicht verwertbar, da er in den späteren Vernehmungen nicht qualifiziert über die Unverwertbarkeit seiner früheren Angaben belehrt worden sei[20].

Nachdem diese Belehrung nachgeholt worden war, gestand Gäfgen in den folgenden Verhandlungsterminen seine Tat. Zuvor hatte einer seiner Verteidiger der Presse gegenüber verlauten lassen, ohne ein derartiges Geständnis werde er das Mandat niederlegen[21]. Gäfgen konnte sich jedoch lange Zeit nicht zu der Aussage überwinden, den Tod des Kindes gewollt zu haben. Dies geschah erst am 17. Juni 2003, und zwar durch seinen Verteidiger[22]. Einen Monat später er-

---

[17] *Müller*, FAZ vom 26. November 2004, 3 (der Artikel gibt Gäfgens Zeugenaussage im Strafverfahren gegen Daschner und E. wieder).

[18] *LG Frankfurt*, 5/22 Ks 3490 Js 230118/02, StV 2003, 327 f.

[19] *LG Frankfurt*, 5/22 Ks 3490 Js 230118/02, StV 2003, 325, 327.

[20] *LG Frankfurt*, 5/22 Ks 3490 Js 230118/02, StV 2003, 325 f.

[21] Kritisch zu dieser Offenlegung des Gesprächsinhalts zwischen Verteidiger und Mandant *Hamm*, NJW 2003, 946.

[22] *Spiegel Online* vom 17. Juni 2003, 17.35 Uhr: „Trotz mehrfacher Nachfragen des Vorsitzenden Richters und der Staatsanwaltschaft konnte sich Gäfgen nicht zu der Aussage durchringen, er habe den Tod Jakobs gewollt. Dies übernahm sein Verteidiger Hans Ulrich

klärte Gäfgen im letzten Wort, er habe ein „umfassendes und schonungsloses Geständnis abgelegt“; er bezeichnete sich selbst als Mörder und sagte, daß er die Tat „unendlich“ bereue und sich „abgrundtief“ schäme[23]. Gleichzeitig bat er um eine „Strafe mit Perspektive“[24].

Mit der letztgenannten Aussage zielte Gäfgen auf die Frage ab, ob das Gericht die besondere Schwere der Schuld feststellen würde (§ 57a Abs. 1 Ziff. 2 StGB). Für diesen Fall hatte die Verteidigung schon im Vorfeld angekündigt, Verfassungsbeschwerde einlegen zu wollen[25]. Dessen ungeachtet verurteilte das Landgericht Gäfgen am 28. Juli 2003 wegen Mordes in Tateinheit mit erpresserischem Menschenraub mit Todesfolge[26] zu lebenslanger Freiheitsstrafe und traf auch die Feststellung der besonderen Schwere der Schuld[27]. Dies wurde bei der Urteilsverkündung mit der gezielten Auswahl eines arglosen Kindes sowie der „höchst kriminellen Energie“ begründet, die Gäfgen bei der Planung und Ausführung seiner Tat an den Tag gelegt habe; er habe das Kind den eigenen Todeskampf minutenlang bewußt miterleben lassen, und all dies sei im Dienste einer „ichbezogenen Selbstverwirklichung“ geschehen, die einzig dem Erhalt des eigenen Lebensstils gedient habe[28]. Vor diesem Hintergrund sei Gäfgens Geständnis zwar schuldmindernd berücksichtigt worden, habe sich aber angesichts des – durch das Geständnis selbst erkannten – hohen Maßes an Schuld nicht mehr günstig für ihn ausgewirkt[29].

Der Bundesgerichtshof verwarf die hiergegen eingelegte Revision mit Beschluß vom 21. Mai 2004 als unbegründet[30]. In der hierzu veröffentlichten Pressemitteilung heißt es:

> „Das Urteil wies jedoch keine Rechtsfehler zum Nachteil des Angeklagten auf. Der 2. Strafsenat sah keine rechtliche Veranlassung, sich mit der Auswirkung der behaupteten Folterandrohung auseinanderzusetzen, da der Angeklagte nach ausdrücklicher Belehrung über eine mögliche Unverwertbarkeit seines früheren

---

Endres: ‚Ja, er hat schrecklicherweise den Tod gewollt und in Kauf genommen.'“

[23] *FAZ* vom 19. Juli 2003, 7.

[24] *FAZ* vom 29. Juli 2003, 7.

[25] *Focus* vom 28. Juli 2003, 13: „Endres: Kommt das Gericht zu diesem Urteil, gehe ich zwangsläufig vors Bundesverfassungsgericht. Frankfurts Vizepolizeichef Wolfgang Daschner hat Magnus mit Folter gedroht und ihn zur Aussage gezwungen. Das war ein skandalöser Verfahrensfehler. Sollte Karlsruhe mir Recht geben, ist Magnus in drei Jahren frei und hat Anspruch auf Haftentschädigung.“

[26] Überdies kam es zu einer Verurteilung wegen falscher Verdächtigung in Tateinheit mit Freiheitsberaubung in zwei Fällen.

[27] *LG Frankfurt*, 5/22 Ks 2/03 3490 Js 230118/02, bisher noch nicht veröffentlicht.

[28] *Ceballos Betancur*, Frankfurter Rundschau vom 29. Juli 2003, 1.

[29] *Kirn*, FAZ vom 29. Juli 2003, 7.

[30] *BGH*, 2 StR 35/04, bisher noch nicht veröffentlicht.

Geständnisses in der Hauptverhandlung den ihm zur Last gelegten Sachverhalt eingeräumt hatte. Auch die Feststellung einer besonderen Schuldschwere war aus Rechtsgründen nicht zu beanstanden."[31]

Die anschließend erhobene Verfassungsbeschwerde nahm das Bundesverfassungsgericht mit Beschluß vom 14. Dezember 2004 mangels hinreichender Aussicht auf Erfolg nicht zur Entscheidung an[32]. Dieser Beschluß wurde jedoch aus Rücksicht auf die am 20. Dezember 2004 stattfindende Urteilsverkündung im Strafverfahren gegen Daschner und E. erst am 21. Dezember 2004 veröffentlicht. Das Bundesverfassungsgericht sah die Verfassungsbeschwerde insgesamt als unzulässig an. Hinsichtlich der unterbliebenen Verfahrenseinstellung erfülle das Vorbringen nicht die erforderlichen Anforderungen (§§ 23 Abs. 1 S. 2, 92 BVerfGG); denn es werde nicht begründet, warum die Fachgerichte aufgrund des außerhalb der Hauptverhandlung begangenen Verfahrensverstoßes zum Schutz der Grundrechte des Angeklagten zwingend ein Verfahrenshindernis und nicht lediglich ein Beweisverwertungsverbot hätten annehmen müssen[33]. Unzulässig sei die Verfassungsbeschwerde auch insoweit, als sie sich gegen die Nichtannahme einer Fernwirkung wende, denn diesbezüglich fehle es bereits an einer entsprechenden Rüge im Revisionsverfahren[34].

Seinen Abschluß hat das Verfahren jedoch auch mit dieser Entscheidung noch nicht gefunden. Denn gegenwärtig ist eine Beschwerde beim Europäischen Gerichtshof für Menschenrechte anhängig, die Gäfgen dort im Juni 2005 hat einlegen lassen[35].

d) Strafverfahren gegen die Polizeibeamten

Erst Mitte Februar 2003 waren die Umstände von Gäfgens Vernehmung öffentlich bekannt geworden[36]. Zuvor hatte die Staatsanwaltschaft am 27. Januar 2003 gegen die Polizeibeamten ein Ermittlungsverfahren wegen Aussageerpressung (§ 343 StGB) eingeleitet[37].

Nach umfangreichen Ermittlungen erhob die Staatsanwaltschaft am 20. Februar 2004 gegen Daschner und den von ihm angewiesenen Kriminalhauptkommissar Anklage. Diese lautete auf Nötigung im besonders schweren Fall (§ 240 Abs. 1 u. 4 StGB) bzw. Verleitung zu dieser Tat (§§ 240 Abs. 1 u. 4, 357

---

[31] *BGH*, Pressemitteilung Nr. 56/2004 vom 24. Mai 2004.

[32] *BVerfG*, 2 BvR 1249/04, NJW 2005, 656 f.

[33] *BVerfG*, 2 BvR 1249/04, NJW 2005, 656, 657.

[34] *BVerfG* a. a. O (Fn. 33); hierin heißt es mißverständlich, die Verfassungsbeschwerde wende sich „gegen die *Annahme* einer Fernwirkung durch das Landgericht" (Hervorhebungen durch den Verfasser).

[35] *FAZ* vom 12. Juli 2005, 9.

[36] Vgl. etwa *FAZ* vom 18. Februar 2003, 9.

[37] *Mushoff*, FoR 2003, 97.

StGB). Nachdem diese Anklage unverändert zugelassen worden war, begann am 18. November 2004 vor dem Frankfurter Landgericht der Prozeß gegen Daschner und den ihm unterstellten E.

Hierin schilderte E. die konkrete Drohungssituation in der auf Seite 10 wiedergegebenen Weise und gab an, er sei davon ausgegangen, daß die rechtliche Seite von seinen Vorgesetzten ausführlich geprüft worden sei[38]. Daschner äußerte sich in einer Prozeßerklärung dahingehend, daß er eine Rechtsgüterabwägung zwischen den Grundrechten des Tatverdächtigen und denen des zu rettenden Entführungsopfers hätte treffen müssen[39]. Es sei „absurd", den unter diesen Umständen erlaubterweise angeordneten unmittelbaren Zwang mit Folter gleichzusetzen, denn bei letzterer handele es sich um die Zufügung körperlicher Qualen, die grausame Leiden hervorrufe[40]. Zum Schluß der Beweisaufnahme äußerte Daschner sich erneut und erklärte unter Verweis auf angebliche Parallelfälle in Nordrhein-Westfalen, er hege keine Zweifel an der rechtlichen Korrektheit seines Vorgehens[41].

Die Staatsanwaltschaft verwies in ihrem Schlußvortrag darauf, daß nach hessischem Polizeirecht die Anwendung unmittelbaren Zwangs zur Abgabe einer Erklärung ausgeschlossen sei. Die Angeklagten hätten dies gewußt. Ihr Vorgehen habe gegen die Menschenwürde verstoßen, sei weder durch Rechtfertigungs- noch durch Entschuldigungsgründe gedeckt und habe dem Rechtsstaat schweren Schaden zugefügt. Ein Schuldspruch sei daher unerläßlich. Jedoch hätten die Angeklagten eine ehrenvolle Gesinnung gezeigt und seien durch die Berichterstattung bereits genug bestraft. Daher könne vom Strafrahmen des § 240 Abs. 4 S. 1 StGB abgewichen und eine Geldstrafe verhängt werden, wobei sogar eine bloße Verwarnung mit Strafvorbehalt in Betracht käme (§ 59 Abs. 1 StGB)[42].

Die Verteidigung beantragte, die Angeklagten freizusprechen. Sie hätten eine Wahl treffen müssen zwischen der Menschenwürde und dem Leben eines unschuldigen Kindes auf der einen sowie der Menschenwürde und der körperlichen Unversehrtheit eines Verbrechers auf der anderen Seite. Hätten sie dabei nicht wie geschehen gehandelt, wären sie möglicherweise wegen Totschlags durch Unterlassen zu bestrafen gewesen. So aber sei ihr Verhalten nicht verwerflich i. S. v. § 240 Abs. 2 StGB gewesen. Denn schließlich sei dem Staat zur Gefahrenabwehr auch der sogenannte finale Rettungsschuß oder der Abschuß

---

[38] *Kirn*, FAZ vom 19. November 2004, 53.

[39] *FAZ* vom 19. November 2004, 54.

[40] *FAZ* vom 19. November 2004, 1; *Scharnweber*, Kriminalistik 2005, 161, 162.

[41] *FAZ* vom 7. Dezember 2004, 41 (Titelseite Rhein-Main-Zeitung).

[42] *Müller*, FAZ vom 10. Dezember 2004, 2.

von Passagierflugzeugen erlaubt[43]. Überdies sei Daschner bestraft genug, er sei ein gebrochener Mann, dessen Lebenswerk zerstört sei. Beide Angeklagten verzichteten anschließend auf das letzte Wort[44].

Am 20. Dezember 2004 verkündete das Landgericht Frankfurt sein Urteil und sprach die Angeklagten der Nötigung (§ 240 Abs. 1 StGB) bzw. der Verleitung zu dieser Tat (§ 357 Abs. 1 i. V. m. § 240 Abs. 1 StGB) schuldig[45]. Jedoch verhängte das Gericht keine Strafe, sondern machte von der in § 59 Abs. 1 StGB vorgesehenen Möglichkeit Gebrauch, die Angeklagten zu verwarnen und die Verurteilung zu Geldstrafen von 90 Tagessätzen zu 120 Euro für Daschner bzw. 60 Tagessätzen zu 60 Euro für E. vorzubehalten[46].

Zur Begründung führte die Kammer aus, daß angesichts der eindeutigen Gesetzeslage an der Schuld der Angeklagten keine Zweifel bestünden. Gäfgen sei durch die Drohung zu seiner Aussage genötigt worden, und hierfür gebe es weder eine Grundlage im Polizeirecht noch griffen Rechtfertigungs- oder Entschuldigungsgründe ein. Vielmehr verstoße ein derartiges Vorgehen gegen die Menschenwürde. Die Angeklagten hätten nicht alle zulässigen Mittel ausgeschöpft, und es handele sich auch nicht um einen jener extremen Ausnahmefälle, bei denen in der Literatur über die Anwendung körperlichen Zwanges nachgedacht werde. Deshalb müsse vor „jegliche Versuchung" ein „deutlicher Riegel" geschoben werden[47].

Die Verteidigung der Rechtsordnung habe daher einen Schuldspruch geboten, nicht aber eine Bestrafung[48]. Denn den Angeklagten kämen ihre ehrenwerten Motive und „massive mildernde Umstände"[49] zugute. Sie hätten ein Kind retten wollen und im entscheidenden Zeitpunkt unter enormem Streß und Erfolgsdruck gestanden. Auch sei dem Umstand Rechnung zu tragen, daß Daschner sich noch am selben Tag durch seine Aktennotiz offenbart und zum frühestmöglichen Zeitpunkt ein Geständnis abgelegt habe[50]. Überdies hätten die Angeklagten in der Hauptverhandlung, der eine „kathartische"[51] Wirkung im Sinne der griechischen Tragödie nicht abgesprochen werden könne, „Reue und Einsicht"[52] gezeigt.

---

[43] Vgl. hierzu nunmehr *BVerfG*, 1 BvR 357/05, NJW 2006, 751.

[44] *FAZ* vom 17. Dezember 2004, 4.

[45] *LG Frankfurt*, 5/27 KLs 7570 Js 203814/03 (4/04), NJW 2005, 692, 693.

[46] *LG Frankfurt*, 5/27 KLs 7570 Js 203814/03 (4/04), NJW 2005, 692, 696.

[47] *LG Frankfurt*, 5/27 KLs 7570 Js 203814/03 (4/04), NJW 2005, 692, 694.

[48] *Esslinger*, SZ vom 21. Dezember 2004, 1.

[49] *LG Frankfurt*, 5/27 KLs 7570 Js 203814/03 (4/04), NJW 2005, 692, 695.

[50] *NZZ* vom 21. Dezember 2004, 39.

[51] *LG Frankfurt*, 5/27 KLs 7570 Js 203814/03 (4/04), NJW 2005, 692, 696.

[52] *Müller*, FAZ vom 21. Dezember 2004, 3.

Da Staatsanwaltschaft und Verteidigung anschließend auf Rechtsmittel verzichteten, war mit diesem Urteil das Strafverfahren gegen Daschner und E. beendet.

2. Die Diskussion

Die vorstehend geschilderten Ereignisse wurden sowohl in der Öffentlichkeit als auch in Juristenkreisen in großem Umfang diskutiert.

a) Reaktionen auf den Tod des Kindes

Dabei wurde die Ermordung des Kindes sowohl vor[53] als auch nach[54] Bekanntwerden der Vernehmungsumstände einhellig verurteilt. Dies geschah zu Recht, denn für Gäfgens Tat gibt es kein Verständnis.

b) Reaktionen auf die Umstände der Vernehmung

Hingegen zeigte sich bei der Bewertung der Umstände von Gäfgens Befragung weitaus geringere Einigkeit. Wie bereits auf Seite 7 erwähnt, wurde durch deren Bekanntwerden eine bis heute andauernde Debatte über die Frage ausgelöst, ob es zum Schutz höherwertiger Rechtsgüter zulässig sein kann, bei Vernehmungen Folter anzudrohen oder sogar anzuwenden.

aa) Diese Diskussion wurde nicht nur in Juristenkreisen, sondern gerade auch in den Medien[55] und in der Öffentlichkeit geführt, weshalb sie in weiten Teilen von sehr emotionalen Stellungnahmen geprägt war. Befürworter von Daschners Vorgehen warfen dessen Gegnern Unverhältnismäßigkeit vor: Diese übersähen, daß Täter wie Gäfgen nicht schutzwürdig seien[56]. Dem wurde entgegengehalten, daß der Einsatz von Folter einem Rückfall ins Mittelalter gleichkomme[57], und daß Daschner mit seinem Vorgehen den Prozeß gegen Gäfgen in Gefahr gebracht habe[58]. Hilgendorf faßt diese Debatte mit folgenden Worten zusammen:

---

[53] Vgl. etwa *Kirn*, Frankfurter Allgemeine Sonntagszeitung vom 26. Januar 2003, R2.

[54] Vgl. etwa *Peltzer*, ZRP 2003, 288 f.

[55] Vgl. zu Beiträgen in der Tagespresse die Nachweise bei *Fahl*, JR 2004, 183 Fn. 10.

[56] Vgl. etwa *Brugger*, FAZ vom 10. März 2003, 8: „Viele nehmen diese Rechtslage ungläubig zur Kenntnis und sagen: Hier wird die Gerechtigkeit auf den Kopf gestellt, indem das Recht kaltblütige Entführer und Erpresser belohnt und das Opfer leiden läßt."

[57] Vgl. etwa *Hecker*, KJ 2003, 210, 216: „Angesichts des Niveaus der heutigen professionellen Standards polizeilicher Vernehmungs- und Befragungstechniken ist die Anwendung von Folter ein Rückgriff auf Techniken des Mittelalters." Zustimmend *LG Frankfurt*, 5/27 KLs 7570 Js 203814/03 (4/04), NJW 2005, 692, 694. In diese Richtung gehend auch *Quoirin*, DRiZ 2003, 114. Ähnlich *Roxin*, Eser-FS, 468, der von einem „Rückfall in die Barbarei" spricht.

[58] Vgl. etwa *Schwan/Kirn*, Frankfurter Allgemeine Sonntagszeitung vom 6. April 2003, 14:

> „Der Fall erregte in der Presse erhebliches Aufsehen. Im Mittelpunkt stand dabei aber nicht die Skrupellosigkeit des Täters und die Dreistigkeit, mit der er auch nach seiner Festnahme noch die Polizei auf falsche Fährten zu locken versuchte, sondern die Tatsache, dass die Polizei den Entführer mit der Zufügung von Schmerzen bedroht hatte, um den Aufenthaltsort des Kindes zu erfahren. In den Medien sprach man allgemein von ‚Folter' oder zumindest der Androhung von Folter. Das Medieninteresse wurde noch lebhafter, als sich hochrangige Vertreter von Justiz und Polizei, aber auch Politiker und Rechtswissenschafter hinter den Frankfurter Polizei-Vizepräsidenten stellten. In manchen Feuilletons wurde daraufhin vermutet, Folter sei in Deutschland wieder salonfähig geworden."[59]

bb) Auch unter denjenigen, die den „Fall Daschner" vorwiegend unter juristischen Aspekten betrachteten, gab es Befürworter wie Gegner der Folter. Die von ihnen vorgebrachten Argumente werden im weiteren Verlauf der vorliegenden Arbeit noch zu analysieren sein. An dieser Stelle seien zwei Aussagen exemplarisch herausgegriffen, die von bedeutenden Vertretern gemacht wurden und die wegen ihres engen zeitlichen Zusammenhangs mit dem Bekanntwerden der Folterdrohung (vgl. S. 13) für eine gewisse Spontaneität bürgen:

Der damalige Vorsitzende des Deutschen Richterbundes, Geert Mackenroth, äußerte sich in einer am 20. Februar 2003 veröffentlichten Stellungnahme wie folgt:

> „Es sind Fälle vorstellbar, in denen auch Folter oder ihre Androhung erlaubt sein können, nämlich dann, wenn dadurch ein Rechtsgut verletzt wird, um ein höherwertiges Rechtsgut zu retten."[60]

Diese Aussage stieß umgehend auf heftige Kritik, so daß sich der Deutsche Richterbund zur Abgabe klarstellender Presseerklärungen gezwungen sah, in denen von der zitierten Stellungnahme abgerückt und Bedauern über den entstandenen Eindruck geäußert wurde[61].

Anders als Mackenroth bezog Walter Schwimmer, der Generalsekretär des Europarats, am 21. Februar 2003 eindeutig gegen den Einsatz von Folter Position:

> „The European Convention on Human Rights completely outlaws torture, under any circumstances. If we are to build a Europe that truly respects human rights,

---

„Aus einem im Oktober vergangenen Jahres scheinbar lückenlos aufgeklärten Fall, in dem das Opfer und seine Eltern, der Täter und sein Umfeld, die Tat und das Motiv zahllosen Autoren Stoff für ein überaus farbiges Panorama menschlicher Unmenschlichkeit geliefert hatten, könnte bei rigider Auslegung geltender Bestimmungen nur mehr die Ruine eines von der Polizei selbst zerschossenen Indiziengebäudes stehenbleiben."

[59] *Hilgendorf*, JZ 2004, 331, 332. Vgl. zu der Debatte auch *Hecker*, KJ 2003, 210; *Schaefer*, StV 2004, 212, 213.

[60] *Müller-Neuhof*, Der Tagsspiegel vom 20. Februar 2003.

[61] *Deutscher Richterbund*, Presseerklärungen vom 20. Februar 2003 und vom 23. Februar 2003; vgl. hierzu *Quoirin*, DRiZ 2003, 114.

> we must fiercely defend this principle. I shall be asking the Council of Europe's Anti Torture Committee to examine this incident."[62]

Wie bis in die jüngste Zeit hinein erfolgte Veröffentlichungen beweisen, gibt es jedoch nach wie vor Juristen, die diesbezüglich anderer Auffassung sind[63].

c) Reaktionen auf das Urteil gegen die Beamten

Auch das am 20. Dezember 2004 erlassene Urteil gegen Daschner und E. setzte angesichts seiner Ambivalenz – einerseits Schuldspruch, andererseits Verzicht auf Strafe – keinen eindeutigen Schlußpunkt. Vielmehr zeigen sowohl die Stellungnahmen in der Fachliteratur[64] als auch die Kommentare renommierter Tageszeitungen, daß auch das Urteil selbst Anlaß zur Diskussion bietet. So äußerte sich die „Frankfurter Allgemeine Zeitung" recht positiv über die besagte Entscheidung:

> „Der Oberste Gerichtshof des im Kampf gegen Selbstmordkommandos stehenden Landes Israel hat eine ganze Reihe von Methoden der eigenen Sicherheitskräfte als menschenrechtswidrig gebrandmarkt. Dazu gehört der ‚milde physische Druck' bei Verhören. Der Präsident des Gerichtshofs sagte: ‚Manchmal muß eine Demokratie mit einer Hand am Rücken gefesselt kämpfen. Dennoch behält sie die Oberhand.' Zu diesem Kampf auf schmalem Grat hat das Frankfurter Landgericht mit dem zur Mahnung nach außen erhobenen Schuldvorwurf und der milden Sanktion für die Beamten in einer Konfliktlage einen Beitrag geleistet."[65]

Die „Süddeutsche Zeitung" hingegen übte unter der Überschrift „Falsch im Namen des Volkes" deutliche Kritik:

> „Der Halbfreispruch hätte ein salomonisches Urteil sein können, wenn Daschner sich seines Handelns nicht bis zuletzt gebrüstet hätte. Sein Verhalten nach der Tat, seine fehlende Unrechtseinsicht, sein Stolz auf sich selbst: Das alles und die Verteidigung der Rechtsordnung standen dem Halbfreispruch entgegen. Wenn Daschner behauptet, eine Folterdrohung sei richtig gewesen und werde auch in Zukunft richtig sein – dann besteht Wiederholungsgefahr. Sie steht dem Halbfreispruch entgegen. Die gesetzlichen Voraussetzungen liegen nicht vor. Überdies hat die Beweisaufnahme ergeben, dass die Folterandrohung mitnichten Daschners verzweifeltes ‚letztes Mittel' war, wie er selbst behauptete. Er hat sich über die Warnungen anderer Polizeibeamter hinweggesetzt. Er hat angekündigt, beim nächsten Mal wieder so zu handeln. Damit hat er sich den Weg zum sehr milden

---

[62] *Europarat*, Pressemitteilung 106a (2003) vom 21. Februar 2003.

[63] Zuletzt etwa *Erb*, NStZ 2005, 593, 598 ff; *Steinke*, Kriminalistik 2005, 229 ff.; *Wagenländer*, Zur strafrechtlichen Beurteilung der Rettungsfolter.

[64] Vgl. etwa *Ellbogen*, Jura 2005, 339; *Götz*, NJW 2005, 953; *Herzberg*, JZ 2005, 321; *Jerouschek*, JuS 2005, 296; *Scharnweber*, Kriminalistik 2005, 161, 165; *Steinke*, Kriminalistik 2005, 229. Vgl. aus moraltheologischer Sicht *Fonk*, ETHICA 13 (2005), 3, 8 f.

[65] *Müller*, FAZ vom 22. Dezember 2004, 1.

Urteil verbaut. Bei Nötigung im schweren Fall liegt die Mindeststrafe bei sechs Monaten mit Bewährung."[66]

3. Schlußfolgerung

Ob der Fall Jakob von Metzlers als Ausgangspunkt der Diskussion „denkbar ungeeignet"[67] oder aber „in mehrerlei Hinsicht geradezu beispielhaft"[68] ist, soll hier unbeantwortet bleiben. Beantwortet werden muß hingegen die grundsätzliche Frage nach dem Verbot und der Strafbarkeit der Folter[69]. Hierzu bedarf es – unabhängig davon, ob man die im Fall Jakob von Metzlers ergangenen Gerichtsentscheidungen als richtig oder falsch ansieht – einer weiterreichenden Analyse. Dies gilt um so mehr, als das Landgericht Frankfurt in seinem gegen Daschner und E. ergangenen Urteil selbst betont hat, daß dieses nicht als Schlußpunkt der Diskussion angesehen werden kann[70].

Die vorstehende Schilderung der Ereignisse hat jedoch gezeigt, daß der Fall Jakob von Metzlers, durch den die Debatte über die Folter in Deutschland ausgelöst wurde, sehr viele Emotionen hervorruft. So verständlich viele dieser Emotionen sind[71], so sehr bergen sie doch die Gefahr in sich, daß hierdurch die objektive Sicht auf das zugrundeliegende Rechtsproblem verstellt wird[72]. Daher soll dieses Rechtsproblem im weiteren Verlauf der Darstellung nicht anhand des realen Ausgangsfalles, sondern auf der Basis eines fiktiven Falles betrachtet werden. Wie sinnvoll ein solches Vorgehen für die wissenschaftliche Diskussion sein kann, hat beispielsweise der sogenannte „Weichensteller-Fall"[73] in eindrucksvoller Weise verdeutlicht. Welzel, auf den dieses Beispiel zurückgeht, schrieb als Begründung für die Bildung seines Falles:

> „Um nun alle politisch oder religiös gefärbten Nebengedanken ... auszuschließen, erwäge man ein neutraleres Beispiel ..."[74]

---

[66] *Prantl*, SZ vom 21. Dezember 2004, 4.

[67] *Hamm*, NJW 2003, 946, 947.

[68] *Jerouschek/Kölbel*, JZ 2003, 613, 614.

[69] Vgl. zur Bedeutung dieser Frage auch *Fahl*, JR 2004, 182, 189 f.; *Hecker*, KJ 2003, 210, 218; *Miehe*, NJW 2003, 1219; *Saliger*, ZStW 116 (2004), 35, 65.

[70] *LG Frankfurt*, 5/27 KLs 7570 Js 203814/03 (4/04), NJW 2005, 692, 695.

[71] *Fonk*, ETHICA 13 (2005), 3, 8 weist sehr richtig darauf hin, daß Fälle dieser Art einen Menschen in Konflikte stürzen können, die ihn an die Grenze seiner moralischen Belastbarkeit führen.

[72] Ähnlich *Schaefer*, NJW 2003, 947. Vgl. zur Gefahr „emotionalen Engagements" bei der Urteilsfindung auch die Beispiele bei *Widmaier*, NJW 2003, 2788 ff.

[73] *Welzel*, ZStW 63 (1951), 47, 51. Auf den Weichensteller-Fall wird bei der Behandlung des übergesetzlichen entschuldigenden Notstandes noch näher einzugehen sein.

[74] *Welzel*, a. a. O. (Fn. 73).

Auch wenn die Debatte über die Folter mit dem Fall Jakob von Metzlers verbunden bleiben wird[75], so soll doch der vorliegenden Arbeit ebenfalls ein neutraleres Beispiel zugrunde gelegt werden.

II. Fiktiver Fall

1. Sachverhalt

Im Verlauf der oben geschilderten Debatte wurden – insbesondere unter dem Eindruck der Ereignisse des 11. September 2001 – immer wieder Fälle von terroristischer Bedrohung ins Spiel gebracht[76]. Auch der vorliegenden Arbeit soll ein solches Szenario zugrundegelegt werden:

> Die fundamentalistische Organisation *O* droht in einer Massen-Email an die Presse und die Bevölkerung, daß sie in den nächsten Tagen eine Serie von Sprengstoffanschlägen verüben werde, falls der in Deutschland inhaftierte Terrorist *T* nicht umgehend vom Bundespräsidenten begnadigt und anschließend freigelassen werde. Obwohl die *O* als hervorragend organisiert und extrem gewaltbereit gilt, sind die zuständigen Stellen aus innen- und außenpolitischen Gründen nicht gewillt, dieser Forderung nachzukommen.
>
> Zwei Tage später explodiert im Hauptbahnhof einer Großstadt eine Bombe, die zahlreiche Menschen tötet, großen Sachschaden anrichtet und den Zugverkehr für Stunden lahmlegt. Zeitgleich wird in einer neuen Massen-Email ein Bekennerschreiben der *O* verschickt, das derart detaillierte Schilderungen des Vorgangs enthält, daß es als authentisch gelten muß. Hierin stellt die *O* für die Freilassung des *T* ein Ultimatum von drei Tagen. Für den Fall des erfolglosen Ablaufs dieses Ultimatums droht sie mit ähnlichen Anschlägen im gesamten Bundesgebiet.
>
> Ein Stillhalteabkommen mit der Presse erweist sich als nutzlos, da beunruhigte Bürger Kopien der beiden Emails in immer größerer Zahl weiterleiten, wodurch die Unruhe in der Bevölkerung noch wächst. Der auf den Ermittlungsbeamten lastende Erfolgsdruck wird noch größer, als von politischer Seite angedeutet wird, eine Freilassung des *T* müsse um jeden Preis vermieden werden.
>
> Am folgenden Tag gelingt es, den Weg der beiden Massen-Emails bis zu seinem Ursprung zurückzuverfolgen. Der Inhaber des betreffenden Internetanschlusses, der 25jährige *I*, wird umgehend festgenommen, und sein Computer von Experten

[75] *Roxin*, Eser-FS, 471.

[76] So etwa von *Brugger*, JZ 2000, 165 f.; *Fahl*, JR 2004, 182; *Gebauer*, NVwZ 2004, 1405, 1406; *Herzberg*, JZ 2005, 321, 324; *Hilgendorf*, JZ 2004, 331, 335; *Merten*, JR 2003, 404, 407; *Roxin*, Strafrecht AT I, § 22 Rdnr. 167; *Schnorr/Wissing*, ZRP 2003, 142; *Schroeder*, ZRP 2003, 180; *Welsch*, BayVBl 2003, 481, 482; *Valerius*, in: Tomášek (Hg.), Grundfragen des europäischen Strafrechts, 99. Vgl. auch *LG Frankfurt*, 5/27 KLs 7570 Js 203814/03 (4/04), NJW 2005, 692, 694.

untersucht. Diese können auf der Festplatte die bereits gelöschten Emails rekonstruieren.

I besitzt die gleiche ausländische Staatsangehörigkeit wie die meisten bekannten Führungsmitglieder der *O* und ist strenggläubiger Anhänger seiner Religion. Bis zu seiner Verhaftung sind die Sicherheitsbehörden jedoch niemals auf ihn aufmerksam geworden. Auch bei seiner Vernehmung bestreitet *I* jede Beteiligung an den Vorgängen der letzten Tage und behauptet, die *O* müsse in sein EDV-System eingedrungen sein, um von dort aus die Emails zu verschicken, ohne daß er dies bemerkt habe. Experten bestätigen, daß dies technisch möglich ist. In weiteren Verhören macht *I* immer neue Angaben über seinen Aufenthalt zum Zeitpunkt des Versendens der Emails, die sich jedoch sämtlich als unzutreffend erweisen.

Währenddessen kommen die sonstigen Ermittlungen trotz größter Anstrengungen nicht von der Stelle. Daher überlegt der die Ermittlungen leitende *L*, ein hochrangiger Beamter, wie doch noch weitere Erkenntnisse erlangt werden könnten. *L*, der selbst nicht an den Vernehmungen beteiligt ist, kommt dabei der Gedanke, den Vernehmungsspezialisten *V* anzuweisen, *I* mit Folter zu bedrohen und ihn nötigenfalls sogar tatsächlich zu foltern.

L fragt sich, ob er *V* eine entsprechende Anweisung erteilen kann, ohne daß sich einer von ihnen strafbar macht.

2. Realitätsnähe des Falles

Vorweg sind einige Worte zur Realitätsnähe dieses Falles angebracht, und zwar hinsichtlich des hierin aufgebauten Bedrohungsszenarios (nachfolgend a)), des Einsatzes von Emails (nachfolgend b)) und des auf den Fahndern lastenden Drucks (nachfolgend c)).

a) Bedrohungsszenario

aa) Terroristische Anschläge verfolgen den Zweck, Angst und Unsicherheit zu erzeugen, was sich insbesondere durch Angriffe auf Leben und Gesundheit der Bevölkerung sowie die Zerstörung kritischer Infrastruktur erreichen läßt[77]. Insofern bieten sich Bahnhöfe und Bahnlinien als Ziel solcher Anschläge an, da sie weniger starken Sicherheitsvorkehrungen unterliegen als Flugzeuge und Flughäfen, Anschläge hierauf aber vergleichbare Wirkungen haben. Dies zeigte sich beispielsweise in folgenden Fällen:

Anfang des Jahres 2004 drohte in Frankreich eine Gruppe namens „AZF“ damit, Schienenverbindungen in die Luft zu sprengen, um auf diese Weise Zahlungen in Millionenhöhe zu erpressen. Nach entsprechenden Hinweisen der Gruppe wurde bei Folles (Haute-Vienne) einer ihrer Sprengsätze gefunden[78].

---

[77] *Bundesverwaltungsamt*, Neue Strategie zum Schutz der Bevölkerung in Deutschland, 27.

[78] *Le Monde* vom 4. März 2004, 1.

Ohne derartige Vorwarnungen kam es in Madrid am 11. März 2004 zu einem Bombenanschlag auf mehrere Vorortzüge, bei dem 191 Menschen starben und über 1.600 weitere verletzt wurden[79]. Die polizeilichen Ermittlungen ergaben, daß entgegen ersten Verlautbarungen der spanischen Regierung[80] die Verantwortung hierfür nicht bei der baskischen Separatistenorganisation Eta, sondern bei islamistischen Terroristen lag[81].

Ebenfalls auf das Konto islamistischer Terroristen ging eine Serie von Bombenanschlägen, die am 7. Juli 2005 auf mehrere Londoner U-Bahnlinien sowie einen Stadtbus verübt wurden[82].

bb) Wie die Verfassungsschutzberichte der letzten Jahre zeigen, hat sich auch in Deutschland nach den Anschlägen des 11. September 2001 die Einschätzung der von solchen Extremisten ausgehenden Bedrohung gewandelt:

> „Extremistische und terroristische Ausländergruppierungen gefährden weiterhin in unterschiedlicher Intensität die innere Sicherheit Deutschlands. Auch im Jahr 2001 waren die Aktivitäten der Mehrzahl dieser Organisationen von den politischen Verhältnissen und aktuellen Ereignissen in den jeweiligen Herkunftsländern bestimmt. Im Gefolge der Terroranschläge in den USA am 11. September hat sich die Gefahrenlage auch in Deutschland verschärft; das mögliche Bedrohungsszenario hat eine neue Dimension erreicht.“[83]

Als besonders groß wird dabei die Gefahr terroristischer Anschläge durch islamistische Organisationen eingeschätzt[84].

b) Einsatz von Emails

aa) Der Einsatz von Emails ist ebenfalls als realistisch anzusehen. Dies zeigte sich beispielsweise im November 2003, als bei der in London erscheinenden Zeitung „el Kuds el Arabi“ eine Email der Terrororganisation Al-Qaida einging, in der diese die Verantwortung für einen Bombenanschlag auf zwei Istanbuler Synagogen übernahm, bei dem 23 Menschen ums Leben gekommen waren[85].

---

[79] *Bundesministerium des Innern*, Verfassungsschutzbericht 2004, 184; *Ertel et al.*, Der Spiegel vom 15. März 2004, 140 ff.

[80] *Wieland*, FAZ vom 13. März 2004, 3; *NZZ* vom 28. Oktober 2004, 5.

[81] *Wieland*, FAZ vom 5. April 2004, 3.

[82] *Bundesministerium des Innern*, Verfassungsschutzbericht 2005 Vorabfassung, 202; *FAZ* vom 8. Juli 2005, 1. *Brinkbäumer et al.*, Der Spiegel vom 18. Juli 2005, 88 ff.

[83] *Bundesministerium des Innern*, Verfassungsschutzbericht 2001, 192.

[84] *Bundesministerium des Innern*, Verfassungsschutzbericht 2002, 164 ff.; Verfassungsschutzbericht 2003, 158, 171 f.; Verfassungsschutzbericht 2004, 184; Verfassungsschutzbericht 2005 Vorabfassung, 197 ff.

[85] *General-Anzeiger* (Bonn) vom 17. November 2003, 1.

bb) Denkbar ist aber nicht nur der Einsatz von Emails als solcher. Vielmehr ist es – wie im fiktiven Fall dargestellt – auch möglich, in einen fremden Computer einzudringen und von dort aus Emails zu versenden.

Die hiermit verbundene Annahme einer fremden Identität wird als „Spoofing“[86] oder einfach als „Identitätsdiebstahl“[87] bezeichnet. Sie hat für den Eindringling den Vorteil, daß seine Spuren verwischt werden, da die Rückverfolgung der Email nicht zu seinem eigenen Rechner führt. Hauptverdächtiger ist vielmehr derjenige, von dessen Computer aus die Email versandt worden ist[88] – hier also *I*.

Bereits Anfang des Jahres 2004 zeigte ein Artikel in der renommierten Computerzeitschrift „c't“, in wie großem Umfang fremde Computer mittlerweile zum heimlichen Versenden von Massen-Emails („Spam“) eingesetzt werden[89]. Angesichts der raschen Entwicklung auf diesem Gebiet kann daher nicht ausgeschlossen werden, daß schon in absehbarer Zeit ein Vorbringen wie dasjenige des *I* als so wahrscheinlich angesehen werden muß, daß in Fällen dieser Art noch nicht einmal der Gedanke an Folter aufkäme.

cc) Wie läßt sich ein solches Versenden von Emails über fremde Computersysteme technisch realisieren? Von mehreren gangbaren Wegen soll hier nur einer kurz aufgezeigt werden, nämlich der Einsatz sogenannter Remote-Control-Programme.

Diese Programme, die bei unerlaubter Installation auf einem Zielsystem als „Trojaner“ bezeichnet werden, dienen dazu, fremde Computer fernzusteuern[90]. Mit ihrer Hilfe ist es dem Eindringling möglich, von seinem Rechner aus beliebige Aktionen auf dem angegriffenen System durchzuführen, also etwa Dateien zu löschen, Programme auszuführen oder eben Emails zu versenden. Unlängst wurde von einem Oberstaatsanwalt beim BGH sogar vorgeschlagen, derartige Programme zur Online-Durchsuchung der Festplatten von Verdächtigen einzusetzen[91].

Dies alles geschieht mittels der auf dem angegriffenen Rechner vorhandenen Programme, und zwar exakt so, als ob der lokale Benutzer des Zielrechners die

---

[86] *Rinker*, MMR 2002, 663.

[87] *Pierrot*, in: Ernst (Hg.), Hacker, Cracker und Computerviren, Rdnr. 23.

[88] *Pierrot*, a. a. O. (Fn. 87).

[89] *c't* 2004, Heft 5, 18. Hierin heißt es u. a. (a. a. O., S. 19): „Wenn beispielsweise Spammer ihren Werbemüll über diesen Umweg bei einem offenen SMTP-Server absetzen, findet sich in den Log-Dateien des Servers nur die IP-Adresse des Socks-Proxy – Thomas' Adresse also. Der Trojaner bietet Spammern und anderen kriminellen Zeitgenossen eine perfekte Möglichkeit, aus dem Dunkeln zu operieren und den Verdacht auf Unschuldige zu lenken.“

[90] *Hofmann*, NStZ 2005, 121; *Ruef et al.*, Hacking intern, 24.

[91] *Hofmann*, NStZ 2005, 121.

Programme selbst ausführen würde[92]. Man kann den Eindringling daher mit einem Marionettenspieler vergleichen, der mit Hilfe des Remote-Control-Programms seine Fäden auf dem fremden Computer zieht. Dabei erscheint nach außen hin nicht er, sondern der Benutzer des angegriffenen Rechners als Handelnder.

Die hierfür auf dem fremden System erforderliche „Hintertür" (Backdoor) kann eigens installiert werden[93]; in großem Umfang geschah dies beispielsweise durch den seit Januar 2004 kursierenden Email-Wurm „MyDoom"[94]. Wegen der großen Sicherheitslücken aktueller Betriebssysteme erweist sich eine derartige Installation jedoch vielfach als überflüssig. So verfügen derzeitige Windows-Versionen schon von Hause aus mit der sogenannten „RPC-Schnittstelle" über eine sicherheitsanfällige Fernsteuerungsfunktion. Dies machte sich in jüngerer Zeit insbesondere ein unter dem Namen „LovSan" bekanntgewordener Internetwurm zunutze, um eine gezielte Denial-of-Service Attacke gegen die Homepage der Firma Microsoft durchzuführen. Genausogut wäre es möglich gewesen, über diese Sicherheitslücke auf das Email-Programm eines fremden Rechners zuzugreifen, um von dort aus die Massen-Emails des fiktiven Falles zu versenden[95].

dd) Juristisch gesehen handelt es sich hierbei um Cyberkriminalität, zu der es in einer Mitteilung der EG-Kommission heißt:

> „Computerstraftaten werden über den Cyberspace begangen und machen nicht an den konventionellen Ländergrenzen halt. Sie können grundsätzlich von jedwedem Ort der Welt aus gegen jedweden Computernutzer in der Welt verübt werden."[96]

Es erscheint fraglich, ob ein ausschließlich zum Versenden von Emails erfolgtes Eindringen in fremde Computer unter einen der bisherigen Straftatbestände des StGB fällt. So kann etwa § 263a StGB ausgeschieden werden, da dieser nur das Individualvermögen schützt[97]. § 303a Abs. 1 StGB greift ebenfalls nicht ein, denn durch das bloße Versenden von Emails werden Daten nicht gelöscht, unter-

---

92 *Ruef et al.*, Hacking intern, 160 ff.

93 *Hofmann*, NStZ 2005, 121.

94 *Bundesamt für Sicherheit in der Informationstechnik*, Pressemitteilung vom 30. Januar 2004: „Neben der aggressiven Weiterverbreitung weisen die Würmer weitere Schadensfunktionen auf. Es wird eine Hintertür (Backdoor) auf dem Rechner eingebaut. Über diese kann ein Angreifer nahezu unbemerkt Zugriff auf den Rechner erlangen und weitere Aktionen durchführen."

95 *Microsoft Deutschland*, Microsoft Security Bulletin MS03-026: „Wenn ein Angreifer diese Schwachstelle erfolgreich ausnutzen kann, kann er die vollständige Kontrolle über einen Remotecomputer erlangen. Dies ermöglicht dem Angreifer das Durchführen aller gewünschten Aktionen auf dem Server, z. B. das Ändern von Webseiten, das Neuformatieren der Festplatte oder das Hinzufügen neuer Benutzer zur Gruppe Lokale Administratoren."

96 *Kommission der Europäischen Gemeinschaften*, Mitteilung KOM (2000) 890, 7.

97 *BGH*, 1 StR 157/94, BGHSt 40, 331, 334.

drückt, unbrauchbar gemacht oder verändert; vielmehr wird nur leerer Speicherplatz zeitweise belegt und anschließend wieder freigegeben[98]. Auch eine Bestrafung wegen Ausspähens von Daten (§ 202a StGB) kommt nur dann in Betracht, wenn man der Auffassung ist, daß Hacking in Form eines bloßen Eindringens in fremde Dateien oder Datenübermittlungsvorgänge dem Tatbestand unterfällt[99].

Initiativen auf internationaler Ebene zeigen jedoch, daß auch dieses reine Eindringen mittlerweile als Rechtsproblem angesehen wird. So heißt es im Erläuterungsbericht zum Übereinkommen über Datennetzkriminalität[100], den das Ministerkomitee des Europarats im November 2001 angenommen hat:

> „The mere unauthorised intrusion, i.e. ‚hacking', ‚cracking' or ‚computer trespass' should in principle be illegal in itself. It may lead to impediments to legitimate users of systems and data and may cause alteration or destruction with high costs for reconstruction. Such intrusions may give access to confidential data (including passwords, information about the targeted system) and secrets, to the use of the system without payment or even encourage hackers to commit more dangerous forms of computer-related offences, like computer-related fraud or forgery."[101]

c) Auf den Fahndern lastender Druck

Was die Realitätsnähe des fiktiven Falles anbelangt, so ist abschließend noch der auf den Fahndern lastende Druck anzusprechen.

Dieser entsteht nicht nur durch die Sorge der Beamten vor weiteren Anschlägen. Vielmehr kommt hinzu, daß die Massen-Emails der *O* von der Bevölkerung in immer größerer Zahl weitergeleitet werden und die hierdurch entstehende Unruhe *L* und *V* unter noch größeren Erfolgsdruck setzt. Gleichzeitig wissen sie, daß von politischer Seite die Freilassung des inhaftierten Terroristen abgelehnt wird, so daß ihnen dieser letzte Ausweg versperrt ist. Sie *müssen* also bei ihren Nachforschungen Erfolg haben.

Wie groß die Erwartungen in Fällen dieser Art sind, verdeutlicht beispielsweise der Untersuchungsbericht des US-Kongresses über die Aktivitäten der Nachrichtendienste im Zusammenhang mit den Anschlägen des 11. September 2001. Hierin heißt es:

---

[98] *Ernst*, NJW 2003, 3233, 3238; *Tröndle/Fischer*, StGB, § 303a Rdnr. 12. A. A. ohne Begründung *Rinker*, MMR 2002, 663, 664.

[99] Verneinend die h. M., vgl. etwa S/S-*Lenckner*, § 202a Rdnr. 10; *Schmitz*, JA 1995, 478, 483. Bejahend demgegenüber *Tröndle/Fischer*, StGB, § 202a Rdnr. 11.

[100] Das Abkommen ist abrufbar unter http://conventions.coe.int/Treaty/en/Treaties/Html/185.htm [Stand: 2. Dezember 2005]. Deutschland hat das Abkommen am 23. November 2001 unterzeichnet, aber bisher noch nicht ratifiziert.

[101] *Europarat*, Convention on Cybercrime Explanatory Report, Rdnr. 44.

„Although relevant information that is significant in retrospect regarding the attacks was available to the Intelligence Community prior to September 11, 2001, the Community too often failed to focus on that information and consider and appreciate its collective significance in terms of a probable terrorist attack. Neither did the Intelligence Community demonstrate sufficient initiative in coming to grips with the new transnational threats.“[102]

Auch *L* und *V* dürften sich dem Vorwurf ausgesetzt sehen, nicht initiativ genug geworden zu sein, falls es ihnen nicht gelingt, weitere Anschläge zu verhindern. Da die sonstigen Ermittlungen nicht von der Stelle kommen, kann nicht ausgeschlossen werden, daß die Polizisten in dieser Situation auf den Gedanken verfallen, *I* zu foltern, um doch noch Erkenntnisse zu erlangen. Dies hat der Fall Jakob von Metzlers bewiesen[103].

3. Warum dieser fiktive Fall?

Nach dieser Beleuchtung der Realitätsnähe des fiktiven Falles soll nunmehr erläutert werden, aus welchem Grund er in der vorliegenden Form gebildet wurde.

a) Andere fiktive Fälle

aa) Wie bereits auf Seite 20 erwähnt, wurden im Rahmen der Diskussion über die Zulässigkeit der Folter häufig fiktive Fälle verwendet, von denen hier zunächst derjenige von Pieroth/Schlink wiedergegeben sei:

„A und B entführen den herzkranken Industriellen I. Sie fordern von den Angehörigen des I ein hohes Lösegeld. I schwebt in äußerster Lebensgefahr, da er seine gewohnten Medikamente nicht einnehmen kann. Selbst wenn die Forderung der Entführer erfüllt würde, dauerte das Verfahren der Übergabe des Lösegelds und der Freilassung doch so lange, daß die medikamentöse Hilfe zu spät käme. Der zwischenzeitlich festgenommene B weiß, wo I von A versteckt gehalten wird, weigert sich aber, dies preiszugeben. Um das Leben des I zu retten, entschließt sich die Polizei, den B mit Folter zum Sprechen zu bringen.“[104]

Weiterhin sei der von Brugger gebildete Fall genannt:

„Der Fall spielt in der Heimatstadt des Lesers. Diese wird durch einen Terroristen bedroht, der eine tödliche chemische Bombe versteckt hat. Bei der Geldübergabe wird der Terrorist von der Polizei gefaßt und in Gewahrsam genommen. Der Erpresser schildert den Beamten glaubhaft, daß er vor der Übergabe den Zünder der Bombe aktiviert hat. Die Bombe werde in fünf Stunden explodieren und alle Bewohner der Stadt sowie der Umgebung töten; diese würden eines qualvollen

---

[102] *U.S. Senate Select Committee on Intelligence / U.S. House Permanent Select Committee on Intelligence*, Joint Inquiry into Intelligence Community Activities Before and After the Terrorist Attacks of September 11, 2001, S. 10 f.

[103] *LG Frankfurt*, 5/27 KLs 7570 Js 203814/03 (4/04), NJW 2005, 692, 695.

[104] *Pieroth/Schlink*, Grundrechte, vor Rdnr. 349.

Todes sterben, die schlimmste Folter sei dagegen nichts. Trotz Aufforderung gibt der Erpresser das Versteck der Bombe nicht preis. Androhungen aller zulässigen Zwangsmittel helfen nichts. Der Erpresser fordert eine hohe Geldsumme, seine eigene Freilassung sowie die Freilassung rechtskräftig verurteilter politischer Kampfgenossen, ferner ein Fluchtflugzeug mit Besatzung. Sobald er in der Luft sei, werde er das Versteck der Bombe verraten, so daß diese dann entschärft werden könne. Als Sicherheit sollen ihm zehn prominente Bürger der Stadt als Geiseln zur Verfügung gestellt werden. Die Polizei glaubt aus faktischen und rechtlichen Gründen, diese Forderungen nicht erfüllen zu können, und sieht nur noch ein einziges Mittel der Gefahrenbeseitigung: das ‚Herausholen' des Verstecks der Bombe aus dem Erpresser, notfalls mit Gewalt."[105]

bb) Obwohl diese beiden Fälle sehr ähnlich gelagert sind, kommen ihre Urheber zu gänzlich unterschiedlichen Ergebnissen. Pieroth/Schlink sehen in der Folter einen nicht zu rechtfertigenden Verstoß gegen die Menschenwürde[106]. Demgegenüber sieht Brugger die Folter zwar als „nach dem Wortlaut aller einschlägigen Rechtsnormen ... unter allen Umständen verboten"[107] an, hält ihren Einsatz aber dennoch für zulässig, wenn eine Reihe bestimmter Kriterien erfüllt ist[108].

Diese von Brugger selbst als „interpretative Ausweichstrategie"[109] bezeichnete Ansicht ist auf unterschiedliche Reaktionen gestoßen. Während Saliger von einer „unzulässige[n] Rechtsfortbildung contra legem"[110] spricht und Kretschmer den Vertragstext der EMRK als „vergewaltigt"[111] ansieht, hält Doehring sie für „diskutabel"[112].

cc) Auf diese verschiedenen Meinungen wird im weiteren Verlauf der Arbeit noch einzugehen sein. Für den Augenblick kommt es jedoch weniger auf die rechtliche Bewertung dieser beiden Fälle an, als vielmehr auf die Fälle selbst. Diese stimmen insbesondere in folgendem Punkt überein: Die Polizei ist sich sicher, daß die zu vernehmende Person tatsächlich über die gewünschten Infor-

---

[105] *Brugger*, JZ 2000, 165 f.

[106] *Pieroth/Schlink*, Grundrechte, Rdnr. 366.

[107] *Brugger*, FAZ vom 10. März 2003, 8.

[108] Diese Kriterien sind die folgenden (*Brugger*, a. a. O. (Fn. 107)): „... eine (1) klare, (2) unmittelbare, (3) erhebliche Gefahr für (4) das Leben oder die körperliche Integrität einer Person durch (5) einen identifizierten Aggressor, der (6) gleichzeitig die einzige Person ist, die zur Gefahrenbeseitigung in der Lage und (7) dazu auch verpflichtet ist. (8) Die Anwendung körperlichen Zwangs ist das einzig erfolgversprechende Mittel." Ähnlich *Götz*, NJW 2005, 953, 956.

[109] *Brugger*, JZ 2000, 165, 173.

[110] *Saliger*, ZStW 116 (2004), 35, 46.

[111] *Kretschmer*, RuP 2003, 102, 107 f.

[112] *Doehring*, Völkerrecht, Rdnr. 992.

mationen verfügt, also mit anderen Worten „der Richtige“ gefoltert werden würde.

b) Unterschied zu den genannten Fällen

aa) Indessen dürfte sich in der Realität ein derart eindeutig gelagerter Fall kaum finden[113]. Dies zeigt beispielsweise die Reaktion von Miehe, der den Thesen Bruggers zwar grundsätzlich positiv gegenübersteht, sich aber gleichwohl wie folgt äußert:

> „Ob in dem Fall von Metzler die Bruggerschen Kriterien vorgelegen haben, vermag ich nicht zu beurteilen.“[114]

Hieran zeigt sich, daß die Handhabung dieser Kriterien, zu denen insbesondere der identifizierte Aggressor gehört[115], in der Praxis weitaus schwieriger ist als in der Theorie. Dies muß um so mehr gelten, wenn es nicht wie bei Miehe um die Betrachtung eines Falles aus der ex post-, sondern um die Entscheidung über den Einsatz der Folter aus der ex ante-Perspektive geht. Vielfach dürften starke Anhaltspunkte für eine Täterschaft des zu Verhörenden vorliegen, aber auch manche Zweifel hieran bestehen, so daß der Einsatz der Folter ein risikovolles Handeln wäre[116].

bb) So verhält es sich auch im fiktiven Fall der vorliegenden Arbeit.

In diesem deutet vieles darauf hin, daß *I* einer der Täter ist und über entsprechendes Wissen verfügt, mit dem sich weitere Anschläge verhindern ließen: Zunächst einmal konnten die Emails bis zu seinem Computer zurückverfolgt und hierauf sogar rekonstruiert werden. Überdies steht die zweite Email in engem zeitlichen Zusammenhang mit dem bereits durchgeführten Anschlag und enthält so detaillierte Schilderungen, daß von einer Beteiligung ihres Verfassers an diesem Anschlag ausgegangen werden muß, da er sich die Informationen nicht innerhalb derart kurzer Zeit auf andere Weise beschafft haben kann. Weiterhin hat *I* die gleiche Staatsangehörigkeit wie die meisten Führungsmitglieder der *O* und ist strenggläubiger Anhänger seiner Religion. Diesbezüglich ist daran zu erinnern, daß den Verfassungsschutzberichten der letzten

---

[113] Sehr deutlich diesbezüglich *Gusy*, JZ 2005, 239, 240 f.: „Die rechtsphilosophisch angeleitete Konstruktion von Fällen, in welchen Folter zulässig sein soll, wenn eindeutig feststehe, dass nur der Betroffene bestimmte Informationen zum Schutz überragender Verfassungswerte preisgeben könne und kein anderes Mittel zu deren Gewinnung existiert, hat für die Praxis keinerlei Orientierungswert. Polizeiliche Ermittlungen sind stets Handlungen unter relativer Unwissenheit von Tatsachen bei gleichzeitig notwendigem Wissen über die rechtlichen Grenzen der eigenen Befugnisse.“ Vgl. auch *LG Frankfurt*, 5/27 KLs 7570 Js 203814/03 (4/04), NJW 2005, 692.

[114] *Miehe*, NJW 2003, 1219, 1220.

[115] Vgl. Fn. 108.

[116] *Gebauer*, NVwZ 2004, 1405, 1408.

Jahre zufolge die Gefahr terroristischer Anschläge durch fundamentalistische Ausländerorganisationen zugenommen hat (vgl. S. 22). Und schließlich erweisen sich sämtliche Angaben, die *I* über seinen Aufenthalt zum Zeitpunkt des Versendens der Emails macht, als unzutreffend, was auch das behauptete Eindringen der *O* in seinen Computer eher unwahrscheinlich macht. Gerade wenn man alle diese Anhaltspunkte in ihrer Kombination betrachtet, deutet vieles auf eine Täterschaft des *I* hin.

Andererseits ist keiner dieser Punkte frei von Zweifeln. Was zunächst das Versenden der Emails anbelangt, so wurde bereits auf Seite 23 ausgeführt, daß angesichts der raschen technischen Entwicklung ein Vorbringen wie dasjenige des *I*, die *O* sei in seinen Rechner eingedrungen, von Tag zu Tag als wahrscheinlicher anzusehen ist. Die Staatsangehörigkeit und die strengreligiöse Ausrichtung des *I* lassen zwar Parallelen zu den bekannten Führungsmitgliedern der *O* erkennen, aber hinreichende Anhaltspunkte dafür, daß *I* fundamentalistischen oder sogar terroristischen Kreisen angehört, bieten sie nicht. Insbesondere ist darauf hinzuweisen, daß die Sicherheitsbehörden vor seiner Verhaftung niemals auf ihn aufmerksam geworden sind. Und auch *I*'s falsche Angaben über seinen Aufenthalt zum Zeitpunkt des Versands der Emails sind kein zwingendes Indiz für seine Täterschaft. Denn ebenso wie Unschuldige Taten gestehen können, die sie nicht begangen haben[117], kann es dazu kommen, daß sie mittels falscher Aussagen ihre Unschuld zu beteuern versuchen:

> „Auch ein Unschuldiger kann meinen, seine Aussichten auf einen Freispruch seien besser, wenn er nicht nur auf die Wahrheit setze, sondern überdies versuche, auf ein unwahres, konstruiertes Alibi zu bauen, also mit dem Mittel der Lüge ein übriges tun zu sollen, um seinen Freispruch gleichsam abzusichern."[118]

Man wird *I* dementsprechend als „Hochverdächtigen"[119] bezeichnen können, aber Gewißheit über seine Täterschaft ist anders als in den von Pieroth/Schlink und Brugger gebildeten Fällen nicht gegeben. Es besteht vielmehr die Gefahr, daß im fiktiven Fall der vorliegenden Arbeit der „Falsche" gefoltert würde[120].

cc) Wie schwierig es gerade in Fällen mit terroristischem Hintergrund ist, sich wirkliche Gewißheit über die Beteiligung einer bestimmten Person an bereits durchgeführten oder an geplanten Anschlägen zu verschaffen, wurde im Sommer 2005 mehrfach deutlich.

---

117 *Fahl*, JR 2004, 182, 189 Fn. 100. Vgl. zu den psychologischen Hintergründen falscher Geständnisse *Gudjonsson*, The Psychology of Interrogations, Confessions and Testimony, 205 ff.

118 *BGH*, 1 StR 364/03, NStZ 2004, 392, 394.

119 *Schroeder*, ZRP 2003, 180.

120 *Gebauer*, NVwZ 2004, 1405, 1408; *Kinzig*, ZStW 115 (2003), 791, 806 f.; *Schnorr/ Wissing*, ZRP 2003, 142.

Zu nennen ist hier zunächst der Fall des Marokkaners Abdelghani Mzoudi. Dieser gehört zu denjenigen Personen, die in Anhang I der Verordnung (EG) Nr. 881/2002[121] als mit Osama bin Laden, dem Al-Qaida-Netzwerk und den Taliban in Verbindung stehend genannt werden. Im Zusammenhang mit den Anschlägen des 11. September 2001 war er wegen Beteiligung an einer terroristischen Vereinigung in Tateinheit mit Beihilfe zum Mord an mindestens 3.066 Menschen angeklagt worden. Eine Verurteilung erwies sich jedoch als nicht möglich:

> „Das OLG hat die Umstände nicht verkannt, die dafür sprechen können, dass der Angekl. in die Planung und Vorbereitung der Anschläge vom 11. September 2001 eingebunden war oder zumindest Kenntnis von ihnen hatte und in dieser Kenntnis die Attentäter unterstützte. Es hat sich mit diesen umfassend auseinander gesetzt und im Einzelnen dargelegt, warum es auf der Grundlage der vorhandenen Indizien, denen insoweit eine eindeutige Beweisrichtung nicht zukommt, wegen des Fehlens weiterer aussagekräftiger Beweisanzeichen sowie des Vorhandenseins einiger eher entlastender Umstände keine Überzeugung von einem strafbaren Verhalten des Angekl. zu gewinnen vermochte. Die Ausführungen des OLG ermöglichen die umfassende revisionsrechtliche Prüfung seiner Beweiswürdigung. Diese hat keinen durchgreifenden Rechtsfehler ergeben."[122]

Wie sich aus dem vorstehenden Zitat ergibt, ist Mzoudis Unschuld keineswegs erwiesen. Gleichwohl reichten die den deutschen Gerichten zur Verfügung stehenden Beweismittel nicht aus, um ihn zu verurteilen.

Zu nennen ist weiterhin der Fall des Brasilianers Jean Charles de Menezes, der am 22. Juli 2005 in der Londoner U-Bahn von Polizisten erschossen wurde, die irrtümlich glaubten, er wolle dort einen Selbstmordanschlag verüben. Der Vorfall ereignete sich zwei Wochen nach den bereits erwähnten Anschlägen vom 7. Juli 2005 (vgl. S. 22) und einen Tag nach einer mißglückten Serie weiterer Anschläge.

Ursprünglich[123] wurden die Umstände, die zum Tod de Menezes führten, wie folgt geschildert: Bei der Untersuchung von Rucksäcken, in denen sich die nicht explodierten Sprengsätze vom Vortag befanden, seien die Behörden auf die Adresse des Mehrparteienhauses gestoßen, in dem auch de Menezes wohnte. Dieser sei, als er am 22. Juli 2005 das Haus verlassen habe, mit einer dicken Jacke bekleidet gewesen, unter der sich ein Sprengsatz hätte befinden können. Daher seien ihm Zivilfahnder bis zu einer U-Bahnstation gefolgt, wo de Menezes von einer bewaffneten Einheit zum Anhalten aufgefordert worden sei.

---

[121] ABl. 2002 Nr. L 139/9. Mzoudis Name wurde dem Anhang I dieser Verordnung durch die Verordnung (EG) Nr. 1012/2003 (ABl. 2003 Nr. L 146/50) hinzugefügt.

[122] *BGH*, 3 StR 269/04, NJW 2005, 2322, 2324.

[123] Vgl. hierzu etwa *Burkeman et al.*, The Guardian International Edition vom 25. Juli 2005, 1; *Hinsliff/Thompson*, The Observer International Edition vom 24. Juli 2005, 1; *Fenton/Steele*, The Daily Telegraph vom 25. Juli 2005, 1; *Milmo/Phillips*, The Independent vom 25. Juli 2005, 1.

Möglicherweise in Panik habe er daraufhin die Fahrkartenbarriere übersprungen und sei in die Station hinein verfolgt worden. Dort sei er gestürzt, als er in einen wartenden Zug sprang, und von nacheilenden Beamten gemäß einer internen Vorgabe für Fälle dieser Art („shoot-to-kill policy") durch mehrere gezielte Schüsse in den Kopf getötet worden.

Nachträglich mußte diese Darstellung in wichtigen Punkten korrigiert werden[124]. Als unzutreffend erwies sich insbesondere die Behauptung, de Menezes habe einen dicken Mantel getragen, sowie diejenige, daß er durch die U-Bahnstation gerannt sei. Überdies wurde er offenbar nicht erschossen, als er versuchte, in den Zug zu springen, sondern während er im Waggon von einem Polizisten festgehalten und auf eine Sitzbank niedergedrückt wurde.

Fest steht in jedem Fall, daß de Menezes unschuldig war und auch mit den vorangegangenen Anschlägen nichts zu tun hatte.

dd) Auch das Bundesverfassungsgericht hat in jüngster Zeit noch einmal ausdrücklich betont, wie groß die Gefahr ist, daß bei Handlungen, die zum Zweck der Gefahrenabwehr unter extremem Zeitdruck vorgenommen werden, Unschuldige zu Schaden kommen. In seiner Entscheidung vom 15. Februar 2006, in der es § 14 Abs. 3 LuftSiG für verfassungswidrig erklärt hat, heißt es hierzu:

> „Auch wenn sich im Bereich der Gefahrenabwehr Prognoseunsicherheiten vielfach nicht gänzlich vermeiden lassen, ist es unter der Geltung des Art. 1 I GG schlechterdings unvorstellbar, auf der Grundlage einer gesetzlichen Ermächtigung unschuldige Menschen, die sich wie die Besatzung und die Passagiere eines entführten Luftfahrzeugs in einer für sie hoffnungslosen Lage befinden, gegebenenfalls sogar unter Inkaufnahme solcher Unwägbarkeiten vorsätzlich zu töten."[125]

ee) Im fiktiven Fall der vorliegenden Arbeit wurde bewußt offengelassen, ob *L* sich wirklich zur Androhung oder Anwendung von Folter entschließt und ob sich danach herausstellt, daß *I* der „Richtige" ist. Auf diese Weise kann sich der Leser besser in die Lage des *L* hineinversetzen, der in einer äußerst schwierigen Lage einen juristischen Rat einholen möchte, *bevor* er eine Entscheidung trifft.

III. Herangehensweise

Daher ist es nun an der Zeit zu überlegen, auf welche Weise die von *L* gestellte Frage am besten angegangen werden kann.

---

[124] *FAZ* vom 18. August 2005, 2; *NZZ* vom 18. August 2005, 3. Genaueren Aufschluß soll ein in Kürze zu erwartender Bericht der Independent Police Complaints Commission bringen, deren Internetauftritt sich unter http://www.ipcc.gov.uk/ findet.

[125] *BVerfG*, 1 BvR 357/05, NJW 2006, 751, 759.

1. Formulierung der Fragestellung

Zur Erinnerung: *L* möchte wissen, ob er *V* anweisen darf, *I* mit Folter zu bedrohen und ihn nötigenfalls sogar tatsächlich zu foltern, ohne daß sich einer von ihnen strafbar macht (vgl. S. 21). Auf den Punkt gebracht stellt *L* also folgende Frage: Ist die Anordnung, Androhung oder Anwendung der Folter zu Vernehmungszwecken im fiktiven Fall strafbar?

2. Abgrenzung der Fragestellung

Die von *L* aufgeworfene Frage muß zunächst von drei weiteren Fragen abgegrenzt werden: Der Frage nach dem Verbot der Folter (nachfolgend a)), der Frage nach der Verwertbarkeit einer erfolterten Aussage in einem Strafprozeß gegen *I* (nachfolgend b)) und der Frage, ob einem Prozeß gegen *I* wegen des Einsatzes von Folter ein Verfahrenshindernis entgegenstünde (nachfolgend c)).

a) Verbot der Folter

Was die Frage nach dem Verbot der Folter zu Vernehmungszwecken anbelangt, so wendet sich der Blick des Strafrechtlers zunächst unwillkürlich auf die in § 136a Abs. 1 StPO getroffene Regelung über verbotene Vernehmungsmethoden.

Bei genauerer Betrachtung wird jedoch rasch deutlich, daß es *L* und *V* bei der Vernehmung des *I* allenfalls am Rande um die Erlangung eines Geständnisses zum Zwecke der Strafverfolgung geht. Angesichts des ablaufenden Ultimatums wollen sie in erster Linie Informationen über weitere geplante Anschläge erhalten. Vorrangig ist also nicht der Aspekt der Repression (d. h. Strafverfolgung), sondern derjenige der Prävention (d. h. Gefahrenabwehr)[126].

Daher stellt sich die Frage, ob § 136a Abs. 1 StPO, der das „Wie" der Befragung für die Zwecke der Strafverfolgung regelt, in der Vernehmungssituation des fiktiven Falles überhaupt einschlägig ist. Dieser Frage wird noch nachzugehen sein. Für den Augenblick genügt die Feststellung, daß die Strafbarkeit der Folter vom Verbot der Folter zu unterscheiden ist[127], und daß dieses Verbot in § 136a Abs. 1 StPO nicht abschließend normiert ist.

---

[126] *Beulke*, StPO, Rdnr. 103; *Saliger*, ZStW 116 (2004), 35, 43. Auf die Abgrenzung von präventivem und repressivem Handeln der Polizei wird noch näher einzugehen sein.

[127] Diese Differenzierung ist im Verlauf der Diskussion nicht immer mit der erforderlichen Klarheit vorgenommen worden, vgl. *Follmar/Heinz/Schulz*, Zur aktuellen Folterdebatte in Deutschland, 4.

b) Verwertbarkeit einer erfolterten Aussage

aa) Die Frage nach der Strafbarkeit der Folter ist weiterhin von derjenigen nach der Verwertbarkeit einer erfolterten Aussage in einem etwaigen Strafprozeß gegen *I* abzugrenzen[128]. Auch insofern wird der Strafrechtler spontan an § 136a StPO denken, denn bei dem in Abs. 3 S. 2 dieser Vorschrift angesprochenen Beweisverwertungsverbot handelt es sich um das wohl wichtigste Beweisverwertungsverbot überhaupt[129].

§ 136a Abs. 3 S. 2 StPO normiert dieses Beweisverwertungsverbot indessen nicht, sondern setzt das Bestehen eines entsprechenden allgemeinen Grundsatzes voraus[130]. Dieser kommt, was die Folter anbelangt, insbesondere in Art. 15 UN-Folterkonvention zum Ausdruck[131]. Die Bedeutung von § 136a Abs. 3 S. 2 StPO liegt somit darin, die Verwertung eines durch verbotene Vernehmungsmethoden erlangten Geständnisses auch bei Zustimmung des Beschuldigten zu verbieten[132].

bb) Der angesprochene allgemeine Grundsatz hat zunächst einmal zur Folge, daß die unmittelbar unter der Folter gemachte Aussage unverwertbar ist[133]. Dies dürfte sich von selbst verstehen[134] und wurde auch im Verfahren gegen Gäfgen so gehandhabt[135].

cc) Weniger eindeutig fällt die Antwort auf die Frage nach der sogenannten „Fortwirkung“ aus. Hierbei geht es um das Problem, ob das Beweisverwertungsverbot auch spätere Aussagen des Beschuldigten erfaßt, die dieser nicht mehr unter dem Eindruck der Folter macht[136].

Das LG Frankfurt hat eine derartige Fortwirkung bejaht und insbesondere damit argumentiert, daß Gäfgen in den nachfolgenden Vernehmungen nicht mit hinreichender Deutlichkeit auf die Unverwertbarkeit seiner ersten Aussage

---

[128] Dieses Problem hat im Verfahren gegen Gäfgen eine bedeutende Rolle gespielt, vgl. oben S. 11.

[129] *Beulke*, StPO, Rdnr. 456.

[130] *BGH*, 5 StR 190/91, BGHSt 38, 214, 222; *Beulke*, StV 1990, 180, 181; *ders.*, StPO, Rdnr. 142; *Peters*, Strafprozeß, 333; *Rogall*, Der Beschuldigte als Beweismittel gegen sich selbst, 51 f.

[131] *BVerfG*, 2 BvR 66/96, StV 1997, 361, 363. Art. 15 UN-Folterkonvention ist aber nicht nur ein allgemeiner Ausdruck dieses Verbots, sondern innerstaatlich unmittelbar anwendbares Recht, vgl. *BVerfG*, 2 BvR 1193/93, NStZ 1994, 492, 493; *OLG Hamburg*, IV-1/04, NJW 2005, 2326.

[132] *BGH*, 5 StR 190/91, BGHSt 38, 214, 222; *Beulke*, StPO, Rdnr. 142.

[133] *BGH*, 3 StR 80/01, NStZ 2001, 551; *Roxin*, Eser-FS, 462; *Saliger*, ZStW 116 (2004), 35, 50; *Schaefer*, NJW 2003, 947.

[134] So ausdrücklich *BGH*, 5 StR 190/91, BGHSt 38, 214, 222.

[135] *LG Frankfurt*, 5/22 Ks 3490 Js 230118/02, StV 2003, 325, 326.

[136] *Beulke*, StPO, Rdnr. 142; *Saliger*, ZStW 116 (2004), 35, 50.

aufmerksam gemacht worden sei[137]. Weigend und Saliger begrüßen diese Entscheidung, weisen aber mit Recht darauf hin, daß dieses Ergebnis vor dem Hintergrund der Rechtsprechung des BGH nicht mit solcher Klarheit feststand, wie das Landgericht vorgibt[138]. Denn der BGH hat nur in wenigen Fällen eine Fortwirkung angenommen[139]; im Regelfall geht er von einer Verwertbarkeit der nachfolgenden Aussage aus, wenn diese prozeßordnungsgemäß zustande gekommen ist[140]. Die Entscheidung des LG Frankfurt stimmt daher eher mit der im Schrifttum mehrheitlich vertretenen Meinung überein, daß es zur Heilung eines Verstoßes gegen § 136a Abs. 1 StPO einer „qualifizierten" Belehrung über die Unverwertbarkeit der vorangegangenen Aussage bedarf[141].

dd) Äußerst umstritten ist schließlich das Problem der sogenannten „Fernwirkung", also die Frage, ob auch alle diejenigen Informationen, die erst als Folge und aufgrund unverwertbarer Aussagen ermittelt worden sind, im Strafverfahren ebenfalls nicht verwertet werden dürfen. Besonders plastisch und auf den fiktiven Fall gut zu übertragen ist in diesem Zusammenhang ein von Beulke gebildetes Beispiel, in dem Geschäftsunterlagen, deren geheimen Lagerungsort der Beschuldigte unter der Folter preisgegeben hat, im Strafprozeß gegen ihn verwendet werden sollen[142].

Das Bundesverfassungsgericht hat die Frage nach der Fernwirkung beim Einsatz von Folter ausdrücklich offengelassen[143]. Das LG Frankfurt hat sie im Verfahren gegen Gäfgen nach einer Abwägung der Schwere des Eingriffs in seine Grundrechte und der Schwere der ihm vorgeworfenen Tat verneint[144]. Der BGH steht der Fernwirkung ablehnend gegenüber und wiederholt diesbezüglich

---

[137] *LG Frankfurt*, 5/22 Ks 3490 Js 230118/02, StV 2003, 325, 326 f.

[138] *Saliger*, ZStW 116 (2004), 35, 52; *Weigend*, StV 2003, 436, 438.

[139] *BGH*, 4 StR 70/62, BGHSt 17, 364, 367 f.

[140] *BGH*, 1 StR 625/67, BGHSt 22, 129, 133 f.; 3 StR 129/88, BGHSt 35, 328, 332; 4 StR 112/90, BGHSt 37, 48, 53; 3 StR 80/01, NStZ 2001, 551.

[141] *Beulke*, NStZ 1996, 257, 261; *ders.*, StPO, Rdnr. 119, 142; *Dingeldey*, JA 1984, 407, 414; *Neuhaus*, NStZ 1997, 312, 315; *Rogall*, Der Beschuldigte als Beweismittel gegen sich selbst, 218; *Roxin*, Eser-FS, 471; *Saliger*, ZStW 116 (2004), 35, 52 f.; *Weigend*, StV 2003, 436, 438 f. A. A. *Meyer-Goßner*, StPO, § 136a Rdnr. 30, der die Fortwirkung grds. verneint.

[142] *Beulke*, StPO, Rdnr. 482.

[143] *BVerfG*, 2 BvR 66/96, StV 1997, 361, 363 f. Bei der Nichtannahme der von Gäfgen erhobenen Verfassungsbeschwerde mußte wegen eines Verfahrensfehlers seiner Anwälte hierauf nicht näher eingegangen werden (*BVerfG*, 2 BvR 1249/04, NJW 2005, 656, 657): „Die Verfassungsbeschwerde ist ebenfalls unzulässig, soweit sie sich gegen die Annahme einer Fernwirkung durch das LG richtet. Insoweit fehlt es bereits an der Erhebung einer entsprechenden Rüge im Revisionsverfahren."

[144] *LG Frankfurt*, 5/22 Ks 3490 Js 230118/02, StV 2003, 325, 327. Kritisch hierzu *Weigend*, StV 2003, 436, 440 f., für den Fall bloßer Androhung von Folter als gerade noch vertretbar bezeichnend *Saliger*, ZStW 116 (2004), 35, 54.

in ständiger Rechtsprechung, daß ihre Bejahung die Gefahr einer Lahmlegung des gesamten Strafverfahrens mit sich brächte[145].

Die Literatur bietet ein uneinheitliches Bild. Vereinzelt wird die Annahme einer allgemeinen Fernwirkung abgelehnt[146]. Ihre Befürworter betrachten sie hingegen als logische Konsequenz des Eingriffs in „Informationsverfügungsrechte“[147] oder argumentieren mit einer an die amerikanische „fruit of the poisonous tree doctrine“ angelehnten Begründung[148]; weiterhin weisen sie darauf hin, daß bei Nichtannahme einer Fernwirkung wesentliche Zwecke des primären Beweisverwertungsverbots konterkariert würden[149] und zu den Konsequenzen der einmal getroffenen Wertentscheidung gestanden werden müsse[150]. Demgegenüber will die Abwägungslehre – der das LG Frankfurt offenbar folgt – die Fernwirkung von einer Abwägung zwischen der Schwere des Eingriffs und der Bedeutung der verletzten Rechtsvorschrift einerseits sowie der Schwere des Tatvorwurfs andererseits abhängig machen[151]. Überlegenswert ist weiterhin, in Anlehnung an die amerikanische „hypothetical clean path doctrine“ die Fernwirkung davon abhängig zu machen, ob das mittelbar erlangte Beweismittel auch ohne den vorherigen Verfahrensverstoß erlangt worden wäre[152].

ee) Zusammenfassend ist daher festzuhalten, daß nur die unter der Folter selbst gemachte Aussage einhellig als unverwertbar angesehen wird. Die weitergehenden Fragen nach der Fortwirkung und der Fernwirkung sind dagegen hochgradig umstritten.

c) Bestehen eines Verfahrenshindernisses

aa) Die Frage nach der Strafbarkeit der Folter ist schließlich noch von der Frage abzugrenzen, ob ihr Einsatz einem Strafverfahren gegen *I* als Verfahrenshindernis entgegenstünde[153]. Ein derartiges Verfahrenshindernis ist in § 136a StPO nicht vorgesehen[154]. Daher ist umstritten, ob die Anwendung einer nach dieser

---

[145] *BGH*, 3 StR 136/83, BGHSt 32, 68, 71; 5 StR 666/86, BGHSt 34, 362, 364 f.; 1 StR 221/99, BGHSt 45, 321, 335.

[146] *Ranft*, Spendel-FS, 735.

[147] *Müssig*, GA 1999, 119, 137.

[148] *Kühne*, Strafprozeßrecht, Rdnr. 911; *Otto*, GA 1970, 289, 294 f.; *Schroth*, JuS 1998, 969, 970.

[149] *Weigend*, StV 2003, 436, 440.

[150] *Haffke*, GA 1973, 65, 84.

[151] KK-*Boujong*, § 136a Rdnr. 42; *Füllkrug*, MDR 1989, 119, 112; LR-*Hanack*, § 136a Rdnr. 67.

[152] *Beulke*, ZStW 103 (1991), 657, 669 f.

[153] Auch dieses Problem hat im Verfahren gegen Gäfgen eine Rolle gespielt, vgl. oben S. 11.

[154] *BGH*, 1 StR 221/99, BGHSt 45, 321, 334.

Vorschrift unzulässigen Vernehmungsmethode verfahrensrechtliche Konsequenzen haben kann, die hierin nicht normiert sind. Dies erscheint insofern denkbar, als die Vorschrift Ausdruck höherrangiger Prinzipien ist[155], so daß eine „strafprozessuale Entscheidung mit ‚offener Flanke' hin zum Verfassungsrecht"[156] und zum Völkerrecht zu treffen ist.

bb) Das LG Frankfurt hat im Verfahren gegen Gäfgen das Bestehen eines Verfahrenshindernisses verneint. Zur Begründung hat es ausgeführt, daß der Staat angesichts der Schwere von Gäfgens Tat trotz des – so wörtlich – „gesetzwidrigen Verhalten[s] der Polizeibeamten" seiner Verpflichtung zum Rechtsgüterschutz durch Verfolgung strafbarer Handlungen nachkommen müsse[157].

Hierin hat es sich an der Rechtsprechung des BGH orientiert, der bis vor kurzer Zeit in der Annahme von Verfahrenshindernissen eine sehr restriktive Haltung an den Tag gelegt hat. Er hat nämlich ausgeführt, daß als Verfahrenshindernisse nur solche Umstände in Betracht kämen, „die nach dem ausdrücklich erklärten oder aus dem Zusammenhang ersichtlichen Willen des Gesetzes für das Strafverfahren so schwer wiegen, daß von ihrem Nichtvorhandensein die Zulässigkeit des Verfahrens im ganzen abhängig gemacht werden muß"[158]. Dem fehlerhaften Verhalten von Ermittlungsbeamten sei grds. in anderer Weise zu begegnen, wie z. B. durch die Annahme von Verwertungsverboten[159] und Strafmilderungsgründen[160] oder durch die strafrechtliche Belangung der Beamten

---

[155] Insofern wird zunächst einmal vom Bestehen eines allgemeinen Grundsatzes ausgegangen (*Beulke*, StPO, Rdnr. 142; *Follmar/Heinz/Schulz*, Zur aktuellen Folterdebatte in Deutschland, 7; *Merten*, JR 2003, 404, 406; *Peters*, Strafprozeß, 333; *Rogall*, Der Beschuldigte als Beweismittel gegen sich selbst, 51 f), wobei konkreter etwa die Menschenwürde (*BVerfG*, 2 BvR 859/83, NJW 1984, 428 f.; *BGH*, 1 StR 578/53, BGHSt 5, 332, 333; 1 StR 683/59, BGHSt 14, 358, 364; *Meyer-Goßner*, StPO, § 136a Rdnr. 1; *Peters*, Strafprozeß, 333; *Roxin*, Eser-FS, 462), das allgemeine Persönlichkeitsrecht (*BVerfG*, 2 BvR 1523/01, NStZ 2002, 98, 99; *Beulke*, ZStW 103 [1991], 657, 669) oder das Rechtsstaatsprinzip (*BVerfG*, 2 BvR 859/83, NJW 1984, 428, 429; 1 BvR 2378/98, NJW 2004, 999, 1005; *BGH*, 4 StR 640/82, BGHSt 31, 304, 308; 3 StR 419/91, BGHSt 38, 291, 292; 5 StR 302/97, BGHSt 44, 129, 134; LR-*Hanack*, § 136a Rdnr. 3) genannt werden.

[156] Die Formulierung stammt von *Rozek* (AöR 1994, 450, 478), wird von ihm allerdings nicht im Kontext des § 136a StPO verwendet, sondern in der Frage der Einstellung des Strafverfahrens gegen Erich Honecker (*BerlVerfGH*, VerfGH 55/92, NJW 1993, 515).

[157] *LG Frankfurt*, 5/22 Ks 3490 Js 230118/02, StV 2003, 327 f.; vgl. hierzu die Anmerkung von *Weigend*, StV 2003, 436 f.

[158] *BGH*, 1 StR 148/84, BGHSt 32, 345, 350 m. w. N.

[159] *BGH*, 5 StR 121/96, BGHSt 42, 191, 193.

[160] *BGH*, 3 StR 252/88, BGHSt 37, 10, 13.

selbst[161]. Allerdings ist in jüngster Zeit ein Wandel seiner Auffassung für die Fälle zu verzeichnen, in denen Menschenrechte der EMRK betroffen sind[162].

Dieser Wandel läßt sich auch in der Rechtsprechung des Bundesverfassungsgerichts nachzeichnen. So konnte man noch 1989 bezüglich verfassungsrechtlich begründeter Verfahrenshindernisse von einer „bislang nur in vereinzelten Nichtannahme-Beschlüssen von Kammermitgliedern des BVerfG unverbindlich erwogenen Marginalität“[163] sprechen. Seither hat sich die Rechtslage geändert, was insbesondere für Fälle gilt, in denen ein Verstoß gegen Art. 6 Abs. 1 EMRK im Raume steht[164]; allerdings berücksichtigt das Bundesverfassungsgericht auch in diesen neuen Entscheidungen bei der Annahme eines Verfahrenshindernisses die Schwere der begangenen Straftat[165]. Bei der von Gäfgen erhobenen Verfassungsbeschwerde legte es sich mangels entsprechender Substantiierung des Beschwerdevorbringens nicht fest[166].

cc) Das Schrifttum äußert sich unterschiedlich zu der Frage, ob Verstöße gegen § 136a StPO Verfahrenshindernisse nach sich ziehen können. Teilweise wird dies ausdrücklich verneint[167]. Weigend stimmt der Entscheidung des LG Frankfurt in dieser Frage zwar zu, meint aber, daß der Fall „auf der Grenze“ liege[168]. Diese Grenze ist auch nach Saligers Ansicht bei der Androhung von Folter noch nicht überschritten, wohl aber in Fällen schwerster Quälerei[169].

dd) Es zeigt sich also, daß die EMRK und die hierzu ergangenen Entscheidungen des EGMR in der Frage von Verfahrenshindernissen Einfluß auf die deutsche Rechtsprechung genommen haben[170]. Man könnte nun überlegen, daß Art. 3 EMRK ein noch viel grundlegenderes Menschenrecht verbürgt als Art. 6 Abs. 1 EMRK, da das Verbot der Folter – worauf noch einzugehen sein wird – keiner Relativierung zugänglich ist, so daß ein Verfahrenshindernis noch eher zu

---

[161] *BGH*, 5 StR 166/85, BGHSt 33, 283 f.

[162] *BGH*, 2 StR 232/00, BGHSt 46, 159, 171 f.; 5 StR 588/03, NStZ-RR 2004, 230, 231; 2 ARs 33/04, www.bundesgerichtshof.de, 6. Anders noch *BGH*, 1 StR 221/99, BGHSt 45, 321, 333, 335 f.

[163] *Hillenkamp*, NJW 1989, 2841.

[164] *BVerfG*, 2 BvR 1487/90, NJW 1993, 3254, 3255; 2 BvR 327/02 u. a., NJW 2003, 2225, 2226; 2 BvR 153/03, NJW 2003, 2897 f.

[165] *BVerfG*, 2 BvR 327/02 u. a., NJW 2003, 2225, 2226 f.; 2 BvR 153/03, NJW 2003, 2897, 2899.

[166] *BVerfG*, 2 BvR 1249/04, NJW 2005, 656, 657.

[167] *Beulke*, StPO, Rdnr. 289b; *Meyer-Goßner*, StPO, § 136a Rdnr. 33; *Rieß*, JR 1985, 45, 47.

[168] *Weigend*, StV 2003, 437.

[169] *Saliger*, ZStW 116 (2004), 35, 59 f.

[170] *Frowein*, NVwZ 2002, 29, 30.

bejahen sein könnte. Wahrscheinlich wird aber erst eine Entscheidung des EGMR für abschließende Klarheit sorgen.

3. Relevanz der Fragen

Nachdem diese drei weiteren Fragen benannt worden sind, muß nunmehr darüber nachgedacht werden, welche hiervon für die anzustellenden Überlegungen von Bedeutung sind. Entscheidend ist dabei, inwiefern ihre Beantwortung zur Klärung der eigentlichen von *L* aufgeworfenen Frage nach der Strafbarkeit der Folter (vgl. S. 32) beiträgt.

a) Nicht relevante Fragen

Zwei Fragen lassen sich auf diese Weise von den weiteren Überlegungen ausschließen, nämlich diejenige nach der Verwertbarkeit einer erfolterten Aussage sowie diejenige nach dem Bestehen eines Verfahrenshindernisses.

aa) Verwertbarkeit einer erfolterten Aussage

In einem Strafverfahren gegen *I* wäre die Frage des Beweisverwertungsverbotes von größter Bedeutung. Dies gilt insbesondere für die in der Revision zu stellende Frage, ob das erstinstanzliche Urteil auf der durch Folter erlangten Aussage beruht (§ 337 Abs. 1 StPO)[171].

Im Rahmen der vorliegenden Arbeit geht es jedoch nicht um ein etwaiges Strafverfahren gegen *I*, sondern um ein solches gegen *L* und *V*. Was den letztgenannten Prozeß anbelangt, so wäre allenfalls daran zu denken, die beiden Polizisten wegen Strafvereitelung im Amt (§§ 258 Abs. 1, 258a Abs. 1 StGB) zu belangen, falls *I* aufgrund der Unverwertbarkeit eines erfolterten Geständnisses nicht verurteilt werden kann[172]. Doch dürfte es hierfür spätestens am subjektiven Tatbestand fehlen, da die genannten Vorschriften Absicht oder direkten Vorsatz hinsichtlich der Vereitelungshandlung erfordern[173], *L* und *V* aber allenfalls mit dolus eventualis handeln dürften.

Auf die Frage, inwiefern eine erfolterte Aussage im Rahmen eines Strafverfahrens gegen *I* verwertbar wäre, kommt es für die nachfolgenden Überlegungen daher nicht an.

---

[171] *OLG Neustadt*, Ss 115/63, NJW 1964, 313; *Beulke*, StPO, Rdnr. 142; LR-*Hanack*, § 136a Rdnr. 70.

[172] *LG Frankfurt*, 5/27 KLs 7570 Js 203814/03 (4/04), NJW 2005, 692, 695.

[173] *BGH*, 4 StR 378/83, NJW 1984, 135; 1 StR 281/92, BGHSt 38, 345, 348; 1 StR 106/00, BGHSt 46, 53, 58 f.; *Beulke*, Die Strafbarkeit des Verteidigers, Rdnr. 148.

bb) Bestehen eines Verfahrenshindernisses

Auch die Frage, ob wegen des Einsatzes von Folter ein Verfahrenshindernis vorläge, wäre nur in einem Strafverfahren gegen *I* von Interesse. Denn auch insofern gilt, daß eine Verurteilung von *L* und *V* wegen Strafvereitelung im Amt nicht in Betracht käme.

b) Bedeutung des Verbots der Folter

Anders verhält es sich mit der Frage nach dem Verbot der Folter. Diese steht zu der von *L* gestellten Frage nach ihrer Strafbarkeit in einem Stufenverhältnis dergestalt, daß das Verbot der Folter Vorfrage für die Strafbarkeit der Folter ist. Dies ergibt sich aus dem Grundsatz der Einheit der Rechtsordnung (nachfolgend aa)). Andererseits folgt aus dem Verbot der Folter noch nicht, daß ihr Einsatz auch strafbar ist, denn insofern gilt die Regel „nulla poena sine lege" (nachfolgend bb)).

aa) Grundsatz der Einheit der Rechtsordnung

Sollte sich im fiktiven Fall herausstellen, daß die Anordnung, Androhung oder Anwendung von Folter nach Vorschriften außerhalb des Strafrechts zulässig wäre, so käme auch keine Bestrafung von *L* und *V* in Betracht. Denn Eingriffe, die den äußeren Tatbestand einer Straftat erfüllen, können nicht nur nach den im StGB normierten Rechtfertigungsgründen gerechtfertigt sein. Vielmehr gilt nach dem Grundsatz der Einheit und Widerspruchsfreiheit der Rechtsordnung, daß Eingriffe, die durch Normen anderer Rechtsgebiete für zulässig erklärt werden, auf der Ebene des Strafrechts nicht als rechtswidrig eingestuft werden dürfen[174].

bb) Nulla poena sine lege

Umgekehrt folgt aus dem Verbot der Folter nicht automatisch auch ihre Strafbarkeit, denn nicht alles Verbotene ist strafbar[175]. Das Strafrecht als „ultima ratio" des Rechtsgüterschutzes kommt vielmehr erst dann zum Zuge, „wenn ein bestimmtes Verhalten über sein Verbotensein hinaus in besonderer Weise sozialschädlich und für das geordnete Zusammenleben der Menschen unerträglich, seine Verhinderung daher besonders dringlich ist"[176].

---

[174] *RG*, I 105/26, RGSt 61, 242, 247; *BGH*, 2 StR 4581/56, BGHSt 11, 241, 244 f.; *Felix*, Einheit der Rechtsordnung, 317; LK-*Hirsch*, vor § 32 Rdnr. 10; *Jescheck/Weigend*, Strafrecht AT, 327; S/S-*Lenckner*, Vorbem. §§ 32 ff. Rdnr. 27; *Roxin*, Strafrecht AT I, § 14 Rdnr. 32; *Wessels/Beulke*, Strafrecht AT, Rdnr. 274. Auf die weitergehende Frage, ob die Prüfung öffentlich-rechtlicher Vorschriften innerhalb der strafrechtlichen Rechtswidrigkeitsprüfung im Sinne eines „strafrechtlichen Rechtmäßigkeitsbegriffs" sogar verkürzt ausfallen kann, wird noch einzugehen sein.

[175] *BGH*, 1 StR 467/60, BGHSt 15, 377, 383; *Lüderssen*, Rudolphi-FS, 710.

[176] *BVerfG*, 2 BvF 2/90 u. a., BVerfGE 88, 203, 258; 2 BvL 45/92, BVerfGE 96, 10, 25.

Insbesondere läßt sich der bereits mehrfach angesprochenen strafprozessualen Vorschrift des § 136a StPO keine Aussage zur Strafbarkeit der Folter entnehmen. Wollte man dies dennoch tun, so verstieße ein derartiges Vorgehen gegen das in § 1 StGB, Art. 103 Abs. 2 GG und Art. 7 Abs. 1 EMRK normierte Gesetzlichkeitsprinzip. Dieses besagt, daß sowohl die Strafbarkeit des Verhaltens als auch die hierfür angedrohten strafrechtlichen Sanktionen durch ein bereits im Tatzeitpunkt vorhandenes Gesetz bestimmt sein müssen[177]. Auf den Punkt gebracht wird dies durch die erstmals von Feuerbach[178] lateinisch gefaßte Formel „nulla poena sine lege".

Schon an dieser Stelle sei allerdings darauf hingewiesen, daß § 136a StPO lediglich Ausdruck höherrangiger Prinzipien ist[179]. Wie diese sich auf die Strafbarkeit der Folter auswirken, wird in § 7 der vorliegenden Arbeit zu erörtern sein.

c) Zwischenergebnis

Es ist also festzuhalten, daß von den insgesamt vier sich stellenden Fragen nur zwei für die weiteren Überlegungen von Belang sind: Die eigentliche von *L* gestellte Frage nach der Strafbarkeit der Folter zu Vernehmungszwecken sowie – als Vorfrage hierzu – diejenige nach dem Verbot der Folter.

4. Weiteres Vorgehen

a) Praxisbezug

Auch wenn den nachfolgenden Überlegungen ein fiktiver Fall zugrundegelegt wird (vgl. S. 20), so weist dieser doch einen gewissen „Praxisbezug" auf. Daher muß es das Ziel der vorliegenden Arbeit sein, Verbot und Strafbarkeit der Folter zu Vernehmungszwecken am Maßstab des derzeit geltenden Rechts zu messen. Dieses wird nicht zuletzt durch die Rechtsprechung geprägt[180], was Schroth mit folgenden Worten zusammenfaßt:

Vgl. auch *Fahl*, JR 2004, 182, 188; *Papier/Möller*, NJW 1999, 3289, 3292; *Wessels/Beulke*, Strafrecht AT, Rdnr. 9.

[177] *BVerfG*, 1 BvR 168/89 u. a., BVerfGE 87, 363, 391 f.; 2 BvR 2029/01 (Sicherungsverwahrung), NJW 2004, 739, 745; *Meyer-Ladewig*, EMRK, Art. 7 Rdnr. 6; J/P-*Pieroth*, Art. 103 Rdnr. 43; *Wessels/Beulke*, Strafrecht AT, Rdnr. 44.

[178] *Feuerbach*, Lehrbuch des peinlichen Rechts, § 20.

[179] Vgl. die Nachweise in Fn. 155 auf S. 36.

[180] *Kretschmer*, RuP 2003, 102, 113; *Meurer*, NJW 2000, 2936; *Schlüchter*, Mittlerfunktion der Präjudizien, 71 f.

„Konstituierend für eine Rechtspraxis sind nicht nur die Rechtsregeln als solche, sondern auch der Regelgebrauch.“[181]

Die Ansichten der Rechtsprechung führen sicherlich nicht durchweg zu überzeugenden Ergebnissen[182]. Dennoch wird insbesondere durch die Entscheidungen der Höchstgerichte das geprägt, was Bundesverfassungsgericht und Bundesgerichtshof mit dem Begriff „Rechtswirklichkeit“[183] umschreiben. In besonderem Maße gilt dies für die Sachentscheidungen des Bundesverfassungsgerichts, die die Fachgerichte nach § 31 Abs. 1 BVerfGG binden[184]. Daß diese Bedeutung der Rechtsprechung im übrigen kein spezifisch deutsches Phänomen ist, sondern vielmehr europäischer Rechtstradition entspricht, hat der EGMR im Verfahren gegen Streletz, Keßler und Krenz ausdrücklich betont:

„Wie eindeutig auch immer eine gesetzliche Vorschrift in einem Rechtssystem gefasst sein mag, das Strafrecht eingeschlossen, es bleibt doch unvermeidlich Raum für richterliche Auslegung. Immer wird es notwendig sein, Zweifelsfragen zu klären und die Vorschrift an sich verändernde Umstände anzupassen. Außerdem gehört es festverankert zur Rechtstradition ... der ... Konventionsstaaten, dass die Rechtsprechung als Rechtsquelle zwangsläufig zur Fortentwicklung des Strafrechts beiträgt. Art. 7 EMRK kann nicht dahin verstanden werden, dass er die schrittweise Klärung der Vorschriften über die strafrechtliche Verantwortlichkeit durch richterliche Auslegung von Fall zu Fall ausschlösse, vorausgesetzt, die Entwicklung ist im Ergebnis mit dem Wesen des Straftatbestandes vereinbar und ausreichend vorhersehbar.“[185]

Dementsprechend werden die Entscheidungen nationaler und internationaler Gerichte bei der nachfolgenden Darstellung besonders zu beachten sein.

---

[181] *Schroth*, NStZ 1990, 324, 325.

[182] *Lübbe-Wolff*, NZZ vom 16. Februar 2005, 11: „Auch Richter sind freilich nur Menschen. Sie sind nicht frei von Eigeninteressen, und sie können Fehler machen. Kritik müssen sie sich deshalb gefallen lassen. Argumentative Kritik in den Fachkreisen und in der öffentlichen Diskussion läuft der richterlichen Unabhängigkeit nicht zuwider, sondern ist ein notwendiges Gegenstück zu ihr.“

[183] *BVerfG*, 1 BvL 14/76 (Lebenslange Freiheitsstrafe), BVerfGE 45, 187, 261 f.; 2 BvR 1041/88 u. a., BVerfGE 86, 288, 363; *BGH*, GSSt 1/81, BGHSt 30, 105, 112 ff.; 4 StR 23/94, BGHSt 40, 272, 284.

[184] *Bethge*, in: Maunz et al., BVerfGG, § 31 Rdnr. 76, 84; *Detterbeck*, NJW 1996, 426, 428. Dies gilt nach § 93c Abs. 1 S. 2 i. V. m. § 31 Abs. 1 BVerfGG auch für stattgebende Kammerentscheidungen (*BVerfG*, 1 BvQ 32/03, NVwZ 2004, 90, 92; *Rixen*, NVwZ 2000, 1364 ff. m.w.N.; str., a. A. *Starck*, JZ 1996, 1033, 1041). Nach der ständigen Rechtsprechung des BVerfG bezieht sich diese Bindungswirkung nicht nur auf die Entscheidungsformel, sondern auch auf die tragenden Gründe (*BVerfG*, 2 BvG 1/51, BVerfGE 1, 14, 37; 1 BvR 140/62, BVerfGE 19, 377, 391 f.; 2 BvF 1/65, BVerfGE 20, 56, 87; 2 BvL 9/97, NJW 2000, 3269, 3270; kritisch hierzu *Bettermann*, DVBl 1982, 91, 95; *Biehler*, DVBl 1991, 1237, 1239; *Schlaich/Korioth*, Bundesverfassungsgericht, Rdnr. 487 m. w. N.).

[185] *EGMR*, 34044/96 u. a. (Streletz, Keßler, Krenz / Deutschland), NJW 2001, 3035, 3037.

b) Bedeutung des Verfassungs- und Völkerrechts

Weiterhin ist zu beachten, daß einfachrechtliche Normen wie der bereits mehrfach zitierte § 136a StPO Ausdruck höherrangiger Prinzipien sind, die sich aus dem Verfassungs- und Völkerrecht ergeben[186]. Diese Rechtsgebiete werden daher in besonderem Maße zu berücksichtigen sein.

Da sich die Arbeit aber auch und ganz besonders an strafrechtlich orientierte Leser richtet, sind im Anhang die wichtigsten völkerrechtlichen Vorschriften in Auszügen wiedergegeben.

c) Aufbau der weiteren Darstellung

Was den Aufbau der weiteren Darstellung anbelangt, so muß zunächst untersucht werden, wie sich der Begriff „Folter" in rechtlicher Hinsicht definieren läßt (§ 2 der vorliegenden Arbeit). Die sich anschließenden Überlegungen werden von dem bereits angesprochenen Stufenverhältnis (vgl. S. 39) bestimmt: Zuerst wird zu klären sein, inwiefern die Folter zu Vernehmungszwecken verboten ist (Teil 2). Darauf aufbauend ist der eigentlichen von *L* gestellten Frage nachzugehen, ob die Folter auch strafbar ist (Teil 3). Den Abschluß bilden eine Zusammenfassung der gefundenen Ergebnisse sowie ein Ausblick (Teil 4).

---

[186] Vgl. die Nachweise in Fn. 155 auf S. 36.

§ 2 Definition der Folter

Bevor das Verbot und die Strafbarkeit der Folter zu Vernehmungszwecken erörtert werden, ist es notwendig, den Begriff der „Folter" zu definieren. Denn dieser wird in der Diskussion vielfach ohne jegliche Klärung verwendet, weshalb Hilgendorf von einer „geradezu quälenden Unbestimmtheit"[187] spricht.

Der Begriff der Folter weckt vielfältige Assoziationen, da angesichts der in jüngster Zeit verstärkt geführten Diskussion nicht nur das Bild mittelalterlicher Folterkammern und Marterwerkzeuge vor Augen treten, sondern auch der Gedanke an moderne Foltertechniken aufkommen dürfte. Für letztere finden sich bei Werle folgende Beispiele, die nach seinen Worten „in der Regel schon ‚per se' als Folter einzuordnen"[188] sind:

> „Herausreißen von Zähnen, Finger- oder Zehennägeln; Stromstöße an empfindlichen Körperstellen; Schläge auf beide Ohren, wodurch die Trommelfelle platzen; Brechen von Knochen; Verbrennen von Körperteilen; Bespritzen der Augen oder anderer empfindlicher Körperteile mit Säure; Aufhängen an einer Stange (Affenschaukel); Untertauchen in Wasser bis Erstickungserscheinungen eintreten (U-Boot); Verstopfen von Nase und Mund, um Erstickungsanfälle zu verursachen; Unterkühlung durch starke Ventilatoren; Verabreichen von Medikamenten (Psychopharmaka); Vorenthaltung von Nahrung, Trinken und Schlaf; Vergewaltigung."[189]

Aus medizinischer Sicht sind neben diesen Foltertechniken mit physischen Auswirkungen auch solche zu nennen, die in erster Linie psychische Folgen hervorrufen sollen, wie etwa Scheinhinrichtungen oder die erzwungene Anwesenheit bei der Folterung anderer Gefangener[190].

Diese Beispiele sind anschaulich und verdeutlichen, in wie unterschiedlichen Formen Folter vorkommen kann. Es erweist sich jedoch als unmöglich, eine abschließende Liste derjenigen Praktiken zu erstellen, die als Folter zu bezeichnen sind[191]. Auch läßt sich aufgrund einer reinen Aufzählung von Beispielen

---

187 *Hilgendorf*, JZ 2004, 331.

188 *Werle*, Völkerstrafrecht, Rdnr. 695. Allerdings ist darauf hinzuweisen, daß der JStGH, auf den Werle sich für diese Liste beruft, eine etwas vorsichtigere Formulierung wählt als er (*JStGH*, IT-98-30/1-T (Kvocka et al.), www.un.org/icty, Rdnr. 144).

189 *Werle*, Völkerstrafrecht, Rdnr. 696. Eine noch weitergehende Aufzählung von Foltertechniken findet sich bei *Herrmann*, Die Folter, 14 ff.

190 *Sørensen/Kemp Genefke*, in: Cassese (Hg.), The International Fight against Torture, 12, 16.

191 *JStGH*, IT 98/30/1-T (Kvocka et al.), www.un.org/icty, Rdnr. 147; IT-96-23 & IT-96-

nichts darüber aussagen, ob die Handlungen einen gewissen Schweregrad erreichen müssen, ob sie von staatlicher Seite auszugehen haben und welcher Zweck mit ihnen verfolgt werden muß, damit sie unter den Begriff der Folter fallen.

Daher ist es notwendig, einen allgemeineren Ansatz zu wählen und eine Definition zu finden, anhand derer sich das Vorliegen von Folter beurteilen läßt.

I. Schwierigkeit der Definitionsfindung

Wie schwierig es indessen ist, den Begriff der Folter zu definieren, verdeutlicht der Fall Irland gegen Vereinigtes Königreich, in welchem der Europäische Gerichtshof für Menschenrechte über die Vereinbarkeit der sogenannten „five techniques" mit Art. 3 EMRK zu befinden hatte[192].

1. Die „five techniques"

Bei den „five techniques" handelte es sich um Verhörmethoden, die in den Siebzigerjahren in Nordirland im Rahmen der Terrorbekämpfung zum Einsatz kamen. Diese Methoden, die gleichzeitig nebeneinander angewendet wurden, waren die folgenden[193]:

- „Wall-standing": Die Gefangenen mußten über einen Zeitraum von mehreren Stunden mit gespreizten Beinen auf den Zehenspitzen stehen und sich mit hoch über den Kopf gehaltenen Händen gegen die Wand stützen. Aufgrund des Abstandes zur Wand lastete dabei ihr Körpergewicht hauptsächlich auf den Fingern.
- „Hooding": Den Gefangenen wurden schwarze oder dunkelblaue Säcke übergestülpt, die – zumindest anfangs – nur während der Vernehmungen abgenommen wurden.
- „Subjecting to noise": Während sie auf ihre Vernehmungen warteten, wurden die Gefangenen in Räumen festgehalten, in denen sie fortwährendem Lärm ausgesetzt waren.
- „Deprivation of sleep": Zwischen den Verhören wurde den Gefangenen der Schlaf entzogen.
- „Deprivation of food and drink": Die Gefangenen erhielten nur in vermindertem Umfang Nahrung und Flüssigkeit.

23/1-A (Kunarac et al.), www.un.org/icty, Rdnr. 149.

[192] *EGMR*, 5310/71 (Irland / Vereinigtes Königreich), www.echr.coe.int.

[193] *EGMR*, a. a. O. (Fn. 192), Rdnr. 96.

Die Anwendung dieser „five techniques“ diente dem Zweck, bei den Gefangenen Angstzustände hervorzurufen, sie zu erniedrigen und schließlich ihre physische und moralische Widerstandskraft zu brechen[194].

2. Bewertungen

Art. 3 EMRK verbietet nicht nur die Folter, sondern auch die unmenschliche oder erniedrigende Behandlung[195]. Da die Europäische Menschenrechtskonvention jedoch keine Legaldefinition des Begriffs der Folter enthält, wurde die Frage, welcher dieser beiden Kategorien die „five techniques“ zuzurechnen sind, sehr unterschiedlich beantwortet.

a) Europäische Kommission für Menschenrechte

Die Europäische Kommission für Menschenrechte kam einstimmig zu dem Ergebnis, daß die gleichzeitige Anwendung dieser Techniken sowohl eine unmenschliche Behandlung als auch Folter i. S. v. Art. 3 EMRK sei[196].

b) EGMR Mehrheitsmeinung

Der EGMR hingegen entschied mit 13 zu 4 Stimmen, daß die Anwendung dieser Techniken zwar als unmenschliche Behandlung i. S. v. Art. 3 EMRK, nicht aber als Folter anzusehen sei. Er begründete dies mit der Überlegung, daß der Wortlaut der EMRK eine Differenzierung zwischen diesen beiden Formen der Mißhandlung notwendig mache, was „im Prinzip“ anhand der unterschiedlichen Schwere der zugefügten Leiden zu geschehen habe. Dabei hätten die „five techniques“ noch nicht den notwendigen Schweregrad erreicht, um sie als Folter zu stigmatisieren[197].

c) EGMR Sondervoten

Einige der Richter brachten jedoch in Sondervoten ihre abweichende Meinung zum Ausdruck.

aa) Sondervotum Fitzmaurice

Der britische Richter Sir Gerald Fitzmaurice vertrat die Auffassung, daß die eingesetzten Befragungstechniken noch nicht einmal als unmenschliche Behand-

---

[194] *Valticos*, in: Cassese (Hg.), The International Fight against Torture, 124.

[195] Überdies enthält die Vorschrift ein Verbot der unmenschlichen oder erniedrigenden Strafe.

[196] *EKMR*, YBEur.Con.HR 19 (1976), 512, 794. Vgl. hierzu auch *Kellberg*, in: Cassese (Hg.), The International Fight against Torture, 106 f.

[197] *EGMR*, a. a. O. (Fn. 192), Rdnr. 167.

lung hätten bezeichnet werden dürfen. Die Wahl dieser Bezeichnung sei „excessive and distorting“, wenn man den Begriff „unmenschlich“ nicht in einer sehr vagen Art und Weise gebrauchen wolle. Es sei zu einer rohen Behandlung oder einer Mißhandlung gekommen, nicht aber zu einer unmenschlichen[198].

bb) Weitere Sondervoten

Drei weitere Richter vertraten in ihren Sondervoten jedoch eine andere Auffassung.

Richter Zekia wies in seiner Stellungnahme darauf hin, daß die Schwere und Länge der Schmerzzufügung zwar die grundlegenden Elemente für eine Bewertung seien, aber auch viele andere Faktoren berücksichtigt werden müßten, um festzustellen, ob ein Fall von Folter vorliege. Hierzu gehörten etwa die eingesetzten Methoden der Schmerzzufügung, das Alter, das Geschlecht und der Gesundheitszustand des Befragten sowie die Anzahl der Wiederholungen der Mißhandlung[199].

Auch Richter Evrigenis bemängelte, daß ein alleiniges Abstellen auf die Schwere der zugefügten Schmerzen weder der Intention des Art. 3 EMRK noch der Raffinesse („ingenuity“) moderner Foltertechniken gerecht würde. Letztere hätten häufig mit konventionellen Methoden der Schmerzzufügung wenig gemeinsam, sondern zielten auf ein Zusammenbrechen der individuellen Persönlichkeit, eine Zerstörung des seelischen und psychologischen Gleichgewichts sowie die Vernichtung des eigenen Willens ab[200].

In eine ähnliche Richtung gingen die Überlegungen von Richter Matscher. Dieser erklärte, bei der Bewertung moderner Verhörmethoden – für die gerade die „five techniques“ ein Beispiel seien – könne die Schwere der zugefügten Leiden nur ein ergänzendes Element sein. Was die Folter wirklich von der unmenschlichen Behandlung unterscheide, sei die systematische, berechnende und ausgedehnte Anwendung der Methoden zur Verursachung physischer oder psychischer Leiden[201].

d) Stellungnahme

In der Literatur findet sich die Vermutung, daß die Mehrheitsentscheidung des EGMR von dem Wunsch getragen war, Großbritannien den zusätzlichen moralischen Ansehensverlust zu ersparen, der mit einer Deklarierung der „five tech-

[198] Sondervotum Richter *Fitzmaurice*, a. a. O. (Fn. 192).

[199] Sondervotum Richter *Zekia*, a. a. O. (Fn. 192).

[200] Sondervotum Richter *Evrigenis*, a. a. O. (Fn. 192).

[201] Sondervotum Richter *Matscher*, a. a. O. (Fn. 192).

niques" als Folter – statt „nur" als unmenschliche Behandlung – verbunden gewesen wäre[202]. Ob dies zutrifft, mag dahinstehen.

Es erscheint aber in der Tat fraglich, ob der EGMR in vergleichbaren Fällen auch heute noch mehrheitlich zu dem Ergebnis käme, daß lediglich eine unmenschliche Behandlung vorlag. Denn seit Erlaß des Urteils Irland gegen Vereinigtes Königreich hat sich die Rechtsauffassung gewandelt[203]. Dies zeigt sich beispielsweise daran, daß zwei der „five techniques" – nämlich Schlaf- und Nahrungsentzug – zum Kreis derjenigen Handlungen zählen, die nach Werle „per se" als Folter einzustufen sind (vgl. S. 43). Auch der EGMR selbst hat in seinem vielbeachteten Urteil Selmouni ausgeführt, daß die Anforderungen an den Schutz der Menschenrechte zugenommen hätten und es deswegen möglich sei, Handlungen künftig als Folter zu qualifizieren, die nach seiner früheren Rechtsprechung als unmenschliche Behandlung einzustufen waren[204].

e) Fazit

Man könnte nun argumentieren, Folter und unmenschliche Behandlung seien gleichermaßen verboten – und zwar nicht nur nach Art. 3 EMRK, sondern beispielsweise auch nach Art. 5 AEMR sowie Art. 7 IPbürgR –, so daß sich eine Differenzierung erübrige. Indessen zeigt die Vorschrift des Art. 16 UN-Folterkonvention, daß die von Deutschland übernommenen völkerrechtlichen Verpflichtungen im Fall der Folter weiter reichen als im Fall der unmenschlichen Behandlung[205]. Insbesondere wird in Art. 16 UN-Folterkonvention nicht auf den für die vorliegende Arbeit bedeutsamen Art. 2 UN-Folterkonvention verwiesen. Auch der BGH stellt unter Hinweis auf Art. 7 Abs. 1 lit. f und lit. k IStGH-Statut fest, daß zwischen Folter und unmenschlichen Handlungen ähnlicher Art ein Unterschied bestehen müsse[206].

Dementsprechend soll – auch wenn es sich um „konzentrische Rechtsbegriffe"[207] handelt und eine eindeutige Differenzierung unmöglich sein dürfte[208] – zumindest eine allgemeine Abgrenzung versucht werden.

---

202 *Nowak*, CCPR-Kommentar, Art. 7 Rdnr. 5.

203 *JStGH*, IT 98/30/1-T (Kvocka et al.), Rdnr. 143 Fn. 303; *Valticos*, in: Cassese (Hg.), The International Fight against Torture, 134.

204 *EGMR*, 25803/94, (Selmouni / Frankreich), NJW 2001, 56, Leitsatz 4. Zustimmend *BGH*, 3 StR 372/00, BGHSt 46, 292, 304.

205 *Raess*, Der Schutz vor Folter im Völkerrecht, 47 f. Ungenau daher *Wagenländer*, Zur strafrechtlichen Beurteilung der Rettungsfolter, 26.

206 *BGH*, 3 StR 372/00, BGHSt 46, 292, 304 f.

207 *Gusy*, ZAR 1993, 63, 65.

208 *Kriebaum*, Folterprävention in Europa, 229; *Raess*, Der Schutz vor Folter im Völkerrecht, 39.

II. Anhaltspunkte

Anhaltspunkte dafür, wie der Begriff der Folter zu definieren ist, finden sich sowohl im nationalen Recht (nachfolgend 1) als auch im internationalen Recht (nachfolgend 2).

1. Anhaltspunkte im nationalen Recht

a) Vorschriften

Das nationale Recht enthält einige (wenige) Vorschriften, die den Begriff der Folter verwenden[209]. Ein Definitionsansatz findet sich dabei lediglich in § 7 Abs. 1 Ziff. 5 VStGB; da dieser sich jedoch weitgehend an Art. 7 Abs. 2 lit. e IStGH-Statut orientiert, wird die Behandlung in diesem Kontext erfolgen.

Weiterhin gibt es eine ganze Reihe von Bestimmungen, die Bedrohungen und Mißhandlungen verbieten bzw. unter Strafe stellen. Besonders hervorzuheben sind etwa Art. 2 Abs. 2 S. 1, 104 Abs. 1 S. 2 GG, § 33 Abs. 2 MEPolG[210], § 136a StPO sowie §§ 223 ff., 240, 340 und 343 StGB. Eine Definition des Begriffs der Folter läßt sich aus ihnen indessen nicht ableiten.

b) Rechtsprechung

Ähnlich verhält es sich mit der nationalen Rechtsprechung. Es gibt zwar eine Vielzahl von Urteilen, die sich mit der Folter befassen[211], doch sind hierunter nur wenige, die den Begriff nicht nur verwenden, sondern sich auch um seine Bestimmung bemühen.

---

[209] Vgl. etwa §§ 7 Abs. 1 Ziff. 5, 8 Abs. 1 Ziff. 3 VStGB, § 6 Abs. 2 AsylbLG, § 60 Abs. 2 AufenthG.

[210] Vgl. zur Bedeutung des MEPolG die Ausführungen in Fn. 335 auf S. 74.

[211] Vgl. aus den Entscheidungssammlungen der obersten Bundesgerichte etwa *BVerfG*, 2 BvF 1/69 u. a., BVerfGE 30, 1, 39; 2 BvR 941/75, BVerfGE 41, 246, 250; 2 BvR 1906/95 u. a., BVerfGE 93, 248, 263; 2 BvR 1938/93 u. a., BVerfGE 94, 49, 90; 2 BvR 1516/93, BVerfGE 94, 166, 203; *BGH*, 4 ARs 23/83, BGHSt 32, 314, 326; 4 ARs 23/83, BGHSt 32, 314, 326; 5 StR 494/93), BGHSt 40, 90, 92 f.; 4 StR 23/94, BGHSt 40, 272, 277; 5 StR 747/94, BGHSt 41, 317, 346; 3 StR 215/98, BGHSt 45, 64, 77; 3 StR 372/00, BGHSt 46, 292 Leitsatz 4; *BVerwG*, 9 C 96/83, BVerwGE 67, 184, 185, 193; 9 C 35/86, BVerwGE 74, 226, 228; 9 C 48/92, BVerwGE 95, 42, 50; 9 C 15/95, BVerwGE 99, 331, 333 f.; 9 C 170/95, BVerwGE 101, 123, 127; 1 C 6/95, BVerwGE 102, 249, 253 f.; 9 C 9/96, BVerwGE 104, 97, 98; 1 C 12/94, BVerwGE 104, 210, 218; 9 C 38/96, BVerwGE 104, 265, 267 f., 270 f.; 9 C 13/96, BVerwGE 105, 322, 325; 9 C 17/98, BVerwGE 108, 84, 86 f.; 9 C 31/98, BVerwGE 109, 1, 5 f.; 9 C 41/99, BVerwGE 111, 77, 82 f.; 9 C 34/99, BVerwGE 111, 223, 226; 9 C 6/00, BVerwGE 112, 185, 187; 2 WD 28/98, BVerwGE 113, 311 Leitsatz 1.

aa) Eine erste Definition findet sich in einem Urteil des BVerwG aus dem Jahre 1983, in welchem es heißt:

> „Unter Folter ist hier jede unmenschliche oder erniedrigende Behandlung physischer oder psychischer Art zu verstehen, ohne daß es darauf ankommt, ob diese dem Geständnis eigener oder dem Verrat fremder Taten, der Ahndung bereits bekannter oder der Verhütung zukünftiger Handlungen dient oder Ausdruck anders motivierter Mißhandlungen ist.“[212]

In dieser Entscheidung werden Folter und unmenschliche bzw. erniedrigende Behandlung also gleichgesetzt. Außerdem setzt die hierin gegebene Definition nicht voraus, daß die Folter von staatlicher Seite ausgehen bzw. im staatlichen Auftrag ausgeübt werden muß. Zum letztgenannten Punkt hat das BVerwG in einer Entscheidung aus dem Jahre 1994 sogar ausdrücklich festgestellt, § 53 Abs. 1 AuslG gewähre Schutz vor Abschiebung in solche Staaten, „in denen ... die konkrete Gefahr droht, – *von wem auch immer* – gefoltert zu werden“[213].

Diese Rechtsprechung hat das BVerwG jedoch einige Jahre später unter Verweis auf die Legaldefinition des Art. 1 UN-Folterkonvention ausdrücklich aufgegeben; es hält nun nicht mehr daran fest, daß die Folter von beliebiger Seite ausgehen könne, sondern verlangt staatliche Urheberschaft[214]. Diese neuere Entscheidung ist auch insofern von Interesse, als hierin die unmenschliche Behandlung als Auffangtatbestand für diejenigen Maßnahmen bezeichnet wird, die weder vom Verbot der Folter noch von demjenigen der unmenschlichen Bestrafung erfaßt werden[215].

bb) Auch in der Rechtsprechung des BGH findet sich ein Urteil aus den frühen Achtzigerjahren, in dem Folter und körperliche Mißhandlung gleichgesetzt werden:

> „So kann es nicht zweifelhaft sein, daß die Auslieferung unzulässig ist, wenn der Verfolgte in dem ersuchenden Staat der Gefahr ausgesetzt wäre, durch körperliche Mißhandlung (Folterung) zu einem Geständnis gepreßt oder nach einem Verfahren abgeurteilt zu werden ...“[216]

Mittlerweile liegt jedoch ein Urteil aus dem Jahr 2001 vor, in dem der BGH auf die grundsätzliche Unterscheidung zwischen Folter und unmenschlicher Behandlung hinweist und ausführlich zum Begriff der Folter Stellung nimmt[217]. Diesen definiert er im vierten Leitsatz seiner Entscheidung wie folgt:

---

[212] *BVerwG*, 9 C 96/83, BVerwGE 67, 184, 192 f.

[213] *BVerwG*, 9 C 48/92, BVerwGE 95, 42, 50 (Hervorhebungen durch den Verfasser). Die früher in § 53 Abs. 1 AuslG enthaltene Regelung findet sich heute in § 60 Abs. 2 AufenthG.

[214] *BVerwG*, 9 C 38/96, BVerwGE 104, 265, 270.

[215] *BVerwG*, a. a. O. (Fn. 214), 270 f.

[216] *BGH*, 4 ARs 23/83, BGHSt 32, 314, 326.

[217] *BGH*, 3 StR 372/00, BGHSt 46, 292, 302 ff.

> „Der Begriff der Folter des Art. 147 der IV. Genfer Konvention erfaßt jedes zweckbezogene Zufügen schwerer körperlicher oder seelischer Leiden, das durch staatliche Organe oder mit staatlicher Billigung begangen wird. Die Folter ist gegenüber der ‚unmenschlichen Behandlung', die keine auf das Quälen eines Menschen gerichtete Absicht voraussetzt, der engere Begriff."[218]

2. Anhaltspunkte im internationalen Recht

Die Situation im internationalen Recht unterscheidet sich von derjenigen des nationalen Rechts insofern, als es im Völkerrecht eine Vielzahl von Vorschriften gibt, die sich ausdrücklich auf die Folter beziehen.

a) Definitionen

Definitionen für den Begriff der Folter finden sich jedoch auch hierunter nur wenige.

aa) Bestimmungen, die die Folter definieren

An erster Stelle ist hier die UN-Folterdeklaration aus dem Jahre 1975 zu nennen, in deren Art. 1 es heißt:

> „Unter Folter im Sinne dieser Erklärung ist jede Handlung zu verstehen, durch die einer Person von einem Träger staatlicher Gewalt oder auf dessen Veranlassung hin vorsätzlich starke körperliche oder geistig-seelische Schmerzen oder Leiden zugefügt werden, um von ihr oder einem Dritten eine Aussage oder ein Geständnis zu erzwingen, sie für eine tatsächlich oder mutmaßlich von ihr begangene Tat zu bestrafen oder sie oder andere Personen einzuschüchtern. Nicht darunter fallen Schmerzen oder Leiden, die sich lediglich in einem mit den Mindestbestimmungen über die Behandlung von Strafgefangenen zu vereinbarenden Maß aus gesetzlich zulässigen Zwangsmaßnahmen ergeben, diesen anhaften oder als deren Nebenwirkung auftreten."[219]

Bereits mehrfach angesprochen wurde die Legaldefinition in Art. 1 Abs. 1 UN-Folterkonvention, die folgenden Wortlaut hat:

> „Im Sinne dieses Übereinkommens bezeichnet der Ausdruck ‚Folter' jede Handlung, durch die einer Person vorsätzlich große körperliche oder seelische Schmerzen oder Leiden zugefügt werden, zum Beispiel um von ihr oder einem Dritten eine Aussage oder ein Geständnis zu erlangen, um sie für eine tatsächlich oder mutmaßlich von ihr oder einem Dritten begangene Tat zu bestrafen oder um sie oder einen Dritten einzuschüchtern oder zu nötigen, oder aus einem anderen, auf

---

[218] *BGH*, a. a. O. (Fn. 217), Leitsatz 4.

[219] Declaration on the Protection of All Persons from Being Subjected to Torture and Other Cruel, Inhuman or Degrading Treatment or Punishment vom 9. Dezember 1975 (Res. 3452 (XXX)). Deutsche Übersetzung zitiert nach *Raess*, Der Schutz vor Folter im Völkerrecht, 40. Die englische Fassung findet sich beispielsweise bei *Burgers/Danelius*, The United Nations Convention against Torture, 191 ff.

> irgendeiner Art von Diskriminierung beruhenden Grund, wenn diese Schmerzen oder Leiden von einem Angehörigen des öffentlichen Dienstes oder einer anderen in amtlicher Eigenschaft handelnden Person, auf deren Veranlassung oder mit deren ausdrücklichem oder stillschweigendem Einverständnis verursacht werden. Der Ausdruck umfaßt nicht Schmerzen oder Leiden, die sich lediglich aus gesetzlich zulässigen Sanktionen ergeben, dazu gehören oder damit verbunden sind."[220]

Neuerdings ist in Art. 7 Abs. 2 lit. e IStGH-Statut eine weitere Definition hinzugekommen, der zufolge Folter bedeutet,

> „... daß einer im Gewahrsam oder unter der Kontrolle des Beschuldigten befindlichen Person vorsätzlich große körperliche oder seelische Schmerzen oder Leiden zugefügt werden; Folter umfaßt jedoch nicht Schmerzen oder Leiden, die sich lediglich aus gesetzlich zulässigen Sanktionen ergeben, dazu gehören oder damit verbunden sind"[221].

bb) Bewertung der Bestimmungen

Die UN-Folterdeklaration kann von den weiteren Überlegungen ausgeschlossen werden, denn derartige Deklarationen entfalten keine rechtliche Bindungswirkung. Dies war auch der Grund, aus dem die Generalversammlung der Vereinten Nationen die Menschenrechtskommission des Wirtschafts- und Sozialrates im Jahre 1977 mit der Ausarbeitung einer rechtsverbindlichen Konvention gegen die Folter beauftragte[222]. Überdies enthält die Definition der UN-Folterdeklaration keine Elemente, die der präziser gefaßten Definition der UN-Folterkonvention fremd wären[223], so daß auch aus diesem Grund auf die Deklaration aus dem Jahre 1975 nicht weiter eingegangen zu werden braucht. Dies gilt um so mehr, als sie auch in den zitierten Entscheidungen der obersten Bundesgerichte, die sich mit dem Begriff der Folter befassen (vgl. S. 48), nicht erwähnt wird.

Von den beiden verbleibenden Definitionen ist diejenige des IStGH-Statuts, die sich auf Folter als Verbrechen gegen die Menschlichkeit bezieht, die weiter gefaßte[224]. Dies gilt zunächst einmal insofern, als sie auf eine – wie auch immer geartete – Beteiligung von in amtlicher Eigenschaft handelnden Personen verzichtet, so daß auch Folterungen durch nichtstaatliche Machtorganisationen oder Privatpersonen erfaßt sind. Weiter bedarf es hiernach nicht einer Zweck-Mittel-Relation, wie sie die UN-Folterkonvention vorsieht, so daß von Art. 7 Abs. 2 lit. e IStGH-Statut auch reine Willkürhandlungen erfaßt sind.

---

[220] Vgl. Fn. 1788 auf S. 349.

[221] Vgl. Fn. 1784 auf S. 345.

[222] *Marx*, ZRP 1986, 81.

[223] *Raess*, Der Schutz vor Folter im Völkerrecht, 41.

[224] *Satzger*, Internationales und Europäisches Strafrecht, § 15 Rdnr. 46; *Werle*, Völkerstrafrecht, Rdnr. 693.

b) Bestimmungen mit Bezug zur Folter

Daneben gibt es eine Vielzahl völkerrechtlicher Deklarationen und Konventionen, die einen Bezug zur Folter aufweisen, ohne deren Begriff zu definieren.

aa) Verträge, bei denen eine Definition als verzichtbar angesehen wird

Bisweilen liegt dieses Fehlen einer exakten Definition daran, daß eine solche als verzichtbar angesehen wird. Hier ist in erster Linie die EU-Folterkonvention zu nennen, bei der die Begriffsbestimmung aufgrund des mit diesem Vertrag verfolgten Zwecks für entbehrlich gehalten wird. Dies wird damit begründet, daß das hierin eingesetzte Komitee den Schutz der Häftlinge nicht durch richterliche Zwangsmaßnahmen, sondern durch Kommunikation und Kooperation mit den Vertragsstaaten erreichen soll[225], so daß es nicht der für ein Urteil erforderlichen Exaktheit in der Terminologie bedarf.

bb) Verträge, bei denen eine Definition notwendig ist

In den übrigen Fällen ist es jedoch notwendig, den Begriff der Folter zu definieren, wofür beispielhaft die Genfer Abkommen, die EMRK sowie der IPbürgR genannt seien.

(1) Genfer Abkommen

Was zunächst die Genfer Abkommen und ihre Zusatzprotokolle anbelangt, so zeigt die auf Seite 50 zitierte Entscheidung des BGH aus dem Jahre 2001 mit ihrer Definition der Folter i. S. v. Art. 147 des IV. Genfer Abkommens die Notwendigkeit einer entsprechenden Begriffsbestimmung. Bei der Herleitung dieser Definition stützt sich der BGH insbesondere auf die Legaldefinition des Art. 1 Abs. 1 UN-Folterkonvention sowie auf die zu Art. 3 EMRK und Art. 7 IPbürgR entwickelten Auslegungsmaßstäbe[226].

(2) EMRK

Die Entwicklung der Auslegungsmaßstäbe zu Art. 3 EMRK ist durch die in dieser Vorschrift vorgenommene Differenzierung zwischen Folter auf der einen sowie unmenschlicher oder erniedrigender Strafe oder Behandlung auf der anderen Seite geprägt.

Wie schwierig diese Differenzierung und überhaupt die Anwendung des Art. 3 EMRK im Einzelfall sein kann, beweist nicht nur der eingangs geschilderte Fall Irland gegen Vereinigtes Königreich (vgl. S. 44). Vielmehr ist die Zahl der zu Art. 3 EMRK ergangenen Entscheidungen Legion; besonders be-

---

[225] *Kriebaum*, Folterprävention in Europa, 47, 235; *Puhl*, NJW 1990, 3057, 3058.

[226] *BGH*, 3 StR 372/00, BGHSt 46, 292, 305.

kannt sind hiervon etwa der sogenannte „Greek Case“[227], der Fall Tyrer[228], der Fall Soering[229] sowie aus jüngster Zeit der Fall Pretty[230].

In seinem bereits auf Seite 47 angesprochenen Urteil Selmouni hat der EGMR entschieden, daß für die Einordnung einer Handlung als Folter künftig auf die Definition des Art. 1 UN-Folterkonvention abzustellen sei[231]. Auch in nachfolgenden Entscheidungen hat er mehrfach ausdrücklich auf diese Begriffsbestim-

---

[227] *EKMR*, 3321/67 u. a. („The Greek Case“), YBEur.Con.HR 12 (1969) Zusatzband „The Greek Case“. In diesem Fall ging es um umfangreiche Konventionsverstöße in griechischen Haftanstalten.

[228] *EGMR*, 5856/72 (Tyrer / Vereinigtes Königreich), EuGRZ 1979, 162. In diesem Fall ging es um einen 15jährigen Schüler, der einen Präfekten seiner Schule bei einem tätlichen Angriff verletzt hatte, nachdem er von diesem wegen unerlaubten Bierkonsums auf dem Schulgelände gemeldet worden war. Der Schüler war deswegen zu einer nach den gesetzlichen Bestimmungen der Isle of Man zulässigen Prügelstrafe von drei Birkenrutenschlägen auf das entblößte Gesäß verurteilt worden, die nach erfolgloser Berufung in einer Polizeidienststelle vollstreckt wurde. Der EGMR sah hierin einen Verstoß gegen das Verbot erniedrigender Strafe aus Art. 3 EMRK.

[229] *EGMR*, 1/1989/161/217 (Soering / Vereinigtes Königreich), NJW 1990, 2183. Der deutsche Beschwerdeführer dieses Falles war im US-Bundesstaat Virginia wegen Doppelmordes an den Eltern seiner Freundin angeklagt. Nachdem er mit letzterer aus Virginia geflüchtet war, wurden die beiden im April 1986 in England verhaftet. Die britische Regierung verlangte vor einer Auslieferung die Zusicherung, daß die Todesstrafe zumindest nicht vollstreckt werden würde. In einer eidesstattlichen Erklärung sicherte der Staatsanwalt zu, den Richter im Falle der Verurteilung wegen Mordes von den Wünschen der britischen Regierung zu unterrichten. Im Laufe des Verfahrens wurde dennoch auf die Todesstrafe plädiert. Trotzdem ordnete die britische Regierung die Auslieferung an, deren Vollzug jedoch durch einstweilige Anordnungen der EKMR und des EGMR verhindert wurden. Gleichzeitig beantragte die deutsche Regierung auf der Grundlage eines Haftbefehls des AG Bonn eine Auslieferung nach Deutschland. Im sich anschließenden Rechtsstreit brachte der Beschwerdeführer vor, bei einer Verurteilung in den USA würde er aufgrund des sogenannten „Todeszellensyndroms“ einer unmenschlichen und erniedrigenden Behandlung ausgesetzt. Der EGMR stellte einen Verstoß gegen Art. 3 EMRK fest.

[230] *EGMR*, 2346/02 (Pretty / Vereinigtes Königreich), NJW 2002, 2851. Die Beschwerdeführerin dieses Falles war gelähmt und litt an einer neuro-degenerativen Krankheit im fortgeschrittenen Stadium, die mit einer progressiven Schwächung der Muskeln verbunden war. Diese führte unweigerlich zu einer Schwächung der Atmungsmuskulatur, so daß sie schließlich bei Aussetzung der Atmung eines qualvollen und entwürdigenden Todes sterben würde. Aufgrund ihrer Lähmung war sie jedoch zu einem – in England und Wales straflosen – Selbstmord nicht mehr in der Lage. Daher bat ihr Anwalt in ihrem Namen beim Generalstaatsanwalt um die Zusicherung, daß ihr Ehemann strafrechtlich nicht verfolgt würde, wenn er ihr Sterbehilfe leiste. Da die hiergegen erhobene Klage letztinstanzlich vom House of Lords abgewiesen worden war, rief die Beschwerdeführerin den EGMR an, der jedoch Art. 3 EMRK als nicht verletzt ansah.

[231] *EGMR*, 25803/94 (Selmouni / Frankreich), NJW 2001, 56 Leitsatz 4.

mung Bezug genommen[232], und die neuere Literatur zu Art. 3 EMRK verweist ebenfalls auf sie[233].

Daher läßt sich festhalten, daß im Rahmen des Art. 3 EMRK auf die Definition aus Art. 1 Abs. 1 UN-Folterkonvention abzustellen ist, wenn es um die Einstufung einer Handlung als Folter geht.

(3) IPbürgR

Art. 7 S. 1 IPbürgR nimmt eine noch weitergehende Differenzierung vor als Art. 3 EMRK. Neben der Folter sowie der unmenschlichen oder erniedrigenden Behandlung oder Strafe wird im Wortlaut dieser Vorschrift auch noch die grausame Behandlung oder Strafe genannt. Art. 7 S. 2 IPbürgR nennt überdies als Unterfall („insbesondere“) das unfreiwillige Durchführen medizinischer oder wissenschaftlicher Versuche. In der Praxis unterscheidet der nach Art. 28 Abs. 1 IPbürgR eingesetzte Ausschuß für Menschenrechte[234] jedoch weniger genau zwischen den in Art. 7 IPbürgR genannten Kategorien als der EGMR[235].

In den Kommentierungen zu Art. 7 IPbürgR wird ausdrücklich auf die Legaldefinition des Art. 1 UN-Folterkonvention verwiesen und ausgeführt, daß diese zumindest als Orientierungshilfe bei der Bestimmung des Begriffs der Folter i. S. v. Art. 7 IPbürgR herangezogen werden kann[236].

3. Zwischenergebnis

a) Konzentration auf den Begriff der Folter

Nach dieser Betrachtung der Anhaltspunkte, die sich im nationalen und internationalen Recht zur Begriffsbestimmung finden, ist festzuhalten, daß sich die weiteren Überlegungen auf den Begriff der Folter konzentrieren können.

---

232 *EGMR*, 22947/93 u. a. (Akkoç / Türkei), www.echr.coe.int, Rdnr. 115; 35763/97 (Al-Adsani / Vereinigtes Königreich), www.echr.coe.int, Rdnr. 29; 24351/94 (Aktas / Türkei), www.echr.coe.int, Rdnr. 313.

233 *Frowein/Peukert*, EMRK, Art. 3 Rdnr. 6; *Meyer-Ladewig*, EMRK, Art. 3 Rdnr. 6 f.; *Schilling*, Internationaler Menschenrechtsschutz, Rdnr. 102; *Uerpmann-Wittzack*, in: Ehlers (Hg.), Europäische Grundrechte, § 3 Rdnr. 40.

234 Vgl. zum Tätigwerden des Ausschusses für Menschenrechte etwa *K. Ipsen*, in: K. Ipsen, Völkerrecht, § 48 Rdnr. 49 ff.

235 *Nowak*, CCPR-Kommentar, Art. 7 Rdnr. 4; *Schilling*, Internationaler Menschenrechtsschutz, Rdnr. 106; *Seidel*, Handbuch der Grund- und Menschenrechte, 19. Vgl. etwa *Ausschuß für Menschenrechte*, Beschwerde Nr. R 7/28 (Buffo Caballal / Uruguay) vom 30. Oktober 1980, EuGRZ 1981, 428; Beschwerde Nr. R 18/3 vom 1. April 1982 (Teti Izquierdo / Uruguay), EuGRZ 1983, 13 f.

236 *Nowak*, CCPR-Kommentar, Rdnr. 6; *Schilling*, a. a. O. (Fn. 235).

Dies liegt zunächst einmal daran, daß dieser Begriff sowohl nach Auffassung der Rechtsprechung[237] als auch nach den in der Literatur geäußerten Ansichten[238] gegenüber dem Begriff der unmenschlichen oder erniedrigenden Behandlung der engere ist[239].

Weiterhin spielt auch die Definition der grausamen, unmenschlichen oder erniedrigenden Strafe bei der Lösung des fiktiven Falles keine Rolle. Zwar sind die Grenzen hier ebenfalls fließend, da Folter auch zu Strafzwecken eingesetzt werden kann[240]. Voraussetzung hierfür ist aber, daß es sich um „Sanktionen mit pönalem Charakter"[241] handelt, also beispielsweise um gerichtlich verhängte Prügelstrafen[242]. *L* möchte die Folter jedoch nicht zu Bestrafungs-, sondern zu Vernehmungszwecken einsetzen.

Von Interesse ist nach alledem also nur der Begriff der Folter.

b) Konzentration auf die Definition der UN-Folterkonvention

Damit ist nun noch der Frage nachzugehen, ob im fiktiven Fall auf die Legaldefinition des Art. 1 Abs. 1 UN-Folterkonvention oder auf diejenige des Art. 7 Abs. 2 lit. e IStGH-Statut abgestellt werden soll.

Die vorstehenden Ausführungen haben verdeutlicht, wie häufig mittlerweile auf die Definition der UN-Folterkonvention zurückgegriffen wird. Dies liegt nicht zuletzt daran, daß deren Auslegung in größerem Umfang geklärt ist als diejenige des Art. 7 Abs. 2 lit. e IStGH-Statut[243]. Gegen die Anwendung der letztgenannten Vorschrift spricht überdies, daß sie in erster Linie dazu dient, die Folter als Verbrechen gegen die Menschlichkeit zu definieren[244]. Da es im fiktiven Fall jedoch nicht um Folter „im Rahmen eines ausgedehnten oder syste-

---

237 *BVerfG*, 2 BvR 134/01, DVBl 2003, 1260, 1261; *BGH*, 3 StR 372/00, BGHSt 46, 292, 303; *BVerwG*, 9 C 38/96, BVerwGE 104, 265, 270 f.

238 *Brugger*, Der Staat 1996, 67, 73; *Hailbronner*, ZAR 1987, 3, 10; *Mayer-Ladewig*, EMRK, Art. 3 Rdnr. 6; *Raess*, Der Schutz vor Folter im Völkerrecht, 46; *Valerius*, in: Tomášek (Hg.), Grundfragen des europäischen Strafrechts, 104.

239 Vgl. zum Begriff „Behandlung" *EGMR*, 2346/02 (Pretty / Vereinigtes Königreich), NJW 2002, 2851, 2853, Rdnr. 52; *Seidel*, Handbuch der Grund- und Menschenrechte, S. 11. Vgl. zu den Begriffen „unmenschlich" und/oder „grausam" *EGMR*, 39084/97 (Yankov / Bulgarien), www.echr.coe.int, Rdnr. 104; *Meyer-Ladewig*, EMRK, Art. 3 Rdnr. 8. Vgl. zum Begriff „erniedrigend" *Grabenwarter*, EMRK, § 20 Rdnr. 25; *Guckelberger*, VBlBW 2004, 121, 123 f.

240 *Lerner*, IsrYBHR 1986, 126, 133; *Nowak*, CCPR-Kommentar, Art. 7 Rdnr. 15.

241 *Seidel*, Handbuch der Menschenrechte, 11.

242 *Frowein/Peukert*, EMRK, Art. 3 Rdnr. 8. Vgl. hierzu etwa den Fall *Tyrer* (Fn. 228 auf S. 53).

243 In diese Richtung gehend auch *BGH*, 3 StR 372/00, BGHSt 46, 292, 305.

244 *Werle*, Völkerstrafrecht, Rdnr. 694 Fn. 169.

matischen Angriffs gegen die Zivilbevölkerung" (Art. 7 Abs. 1 IStGH-Statut) geht, erscheint diese Definition für den fiktiven Fall weniger passend als diejenige des Art. 1 Abs. 1 UN-Folterkonvention.

Man könnte allerdings überlegen, ob Art. 1 Abs. 2 UN-Folterkonvention ein Abstellen auf Art. 7 Abs. 2 lit. e IStGH-Statut erforderlich macht. Denn bereits auf Seite 51 wurde ausgeführt, daß diese letztgenannte Definition die weiter gefaßte ist, und nach Art. 1 Abs. 2 UN-Folterkonvention bleiben alle Übereinkünfte oder innerstaatlichen Rechtsvorschriften unberührt, die weitergehende Bestimmungen enthalten. Indessen soll Art. 1 Abs. 2 UN-Folterkonvention nur verhindern, daß unter Berufung auf Absatz 1 dieser Vorschrift Einschränkungen weitergehender Bestimmungen vorgenommen werden. So kann etwa ein Angeklagter vor dem Internationalen Strafgerichtshof seine Verurteilung nicht mit dem Argument abwenden, nach der – enger gefaßten – Definition des Art. 1 Abs. 1 UN-Folterkonvention sei sein Vorgehen nicht als Folter einzustufen. Art. 1 Abs. 2 UN-Folterkonvention macht also kein Abstellen auf Art. 7 Abs. 2 lit. e IStGH-Statut erforderlich.

Überdies wird das Problem, auf welche Definition abgestellt werden soll, dadurch entschärft, daß es im fiktiven Fall weder an der Absichtskomponente (Aussageerlangung) noch am staatlichen Handeln fehlt. Da diese beiden Punkte jedoch den wirklichen Unterschied zwischen den beiden Legaldefinitionen ausmachen (vgl. S. 51), verliert die Frage nach der weiteren oder engeren Fassung der Begriffsbestimmung für den fiktiven Fall an Bedeutung.

All dies spricht dafür, der weiteren Darstellung die in größerem Umfang verwendete und umfassender geklärte Legaldefinition des Art. 1 Abs. 1 UN-Folterkonvention zugrunde zu legen. Es handelt sich hierbei zwar nicht um Völkergewohnheitsrecht[245], doch besitzt sie genügend Gewicht, um die nachfolgenden Überlegungen hierauf zu konzentrieren[246].

III. Legaldefinition der UN-Folterkonvention

Wenden wir uns daher nun der Legaldefinition des Art. 1 Abs. 1 UN-Folterkonvention und ihrer Auslegung zu.

1. Exkurs: Auslegung völkerrechtlicher Verträge

In diesem Zusammenhang sollen vorweg einige Punkte zur Auslegung völkerrechtlicher Verträge angesprochen werden[247].

---

[245] *JStGH*, IT-96-23-T& IT-96-23/1-T (Kunarac et. al.), www.un.org/icty, Rdnr. 482.

[246] In diesem Sinne auch *Jeßberger*, Jura 2003, 711, 714.

[247] Dies kann hier nur in aller Kürze geschehen, siehe zur Vertiefung etwa *Reindel*, Ausle-

a) Grundsatz

Auch Verträge, die in das deutsche Recht übernommen worden sind, gelten nicht losgelöst von ihrem völkerrechtlichen Bedeutungsgehalt[248]. Vielmehr sind sie nach der Rechtsprechung des Bundesverfassungsgerichts „ausgehend von ihrem Wortlaut nach Sinn und Zweck unter Berücksichtigung des allgemeinen Völkerrechts auszulegen“[249].

Damit sind folgende Punkte klargestellt:

- Bei der Vertragsinterpretation ist ein objektiver Auslegungsansatz zu wählen, der vom Wortlaut des Vertragstextes ausgeht. Dies ist auch der Ansatzpunkt des Art. 31 Abs. 1 WVRK[250].
- Die Auslegung hat sich am Sinn und Zweck des Vertrages zu orientieren (teleologische Auslegung)[251], also beispielsweise am Ziel der Durchsetzung von Menschenrechten[252] (vgl. auch insofern die in Art. 31 Abs. 1 WVRK getroffene Regelung).
- Bei der Auslegung muß das allgemeine Völkerrecht berücksichtigt werden[253].

b) Dynamische Interpretation

Ein weiterer Punkt wurde bereits auf Seite 47 im Zusammenhang mit dem Urteil Selmouni[254] angesprochen: Die Auslegung völkerrechtlicher – und zwar insbesondere menschenrechtlicher – Verträge unterliegt einem Wandel. So ist die EMRK nach den Worten des EGMR ein „lebendiges Übereinkommen, das ... im Lichte der gegenwärtigen Bedingungen interpretiert werden muß“[255]. Ein derartiges Vorgehen wird als „dynamische Interpretation“ bezeichnet[256].

---

gung menschenrechtlicher Verträge; *Sur*, L'interprétation en droit international public.

[248] *Hailbronner/Randelzhofer*, EuGRZ 1986, 641, 646.

[249] *BVerfG*, 2 BvR 1290/99, NJW 2001, 1848, 1852 (zur Geltung des deutschen Strafrechts bei im Ausland begangenem Völkermord).

[250] *Heintschel von Heinegg*, in: K. Ipsen, Völkerrecht, § 11 Rdnr. 4 f.; *Herdegen*, Völkerrecht, § 15 Rdnr. 28; *Reindel*, Auslegung menschenrechtlicher Verträge, 52.

[251] *Herdegen*, a. a. O. (Fn. 250).

[252] *EGMR*, 1/1989/161/217 (Soering / Vereinigtes Königreich), NJW 1990, 2183, 2184 Rdnr. 87.

[253] *BVerfG*, 2 BvM 1/76, BVerfGE 46, 342, 361; *Werle*, Völkerstrafrecht, Rdnr. 694 Fn. 169.

[254] *EGMR*, 25803/94, (Selmouni / Frankreich), NJW 2001, 56.

[255] *EGMR*, 1/1989/161/217 (Soering / Vereinigtes Königreich), NJW 1990, 2183, 2186 Rdnr. 102.

[256] *Heintschel von Heinegg*, in: K. Ipsen, Völkerrecht, § 11 Rdnr. 21; *Herdegen*, Völkerrecht, § 15 Rdnr. 32 f.; *Reindel*, Auslegung menschenrechtlicher Verträge, 108 f.

c) Fazit

Es ist also festzuhalten, daß bei der Interpretation der UN-Folterkonvention nicht von einem rein innerstaatlichen Begriffsverständnis auszugehen, sondern ein völkerrechtlicher Ansatzpunkt zu wählen ist[257]. Für die hier relevante Bestimmung des Begriffs der Folter i. S. v. Art. 1 Abs. 1 UN-Folterkonvention kann dabei insbesondere auf die zu Art. 3 EMRK sowie Art. 7 IPbürgR entwickelten Auslegungsmaßstäbe zurückgegriffen werden[258].

2. Die Elemente der Definition

Die in Art. 1 Abs. 1 UN-Folterkonvention enthaltene Definition der Folter setzt sich aus vier Elementen zusammen[259]:

- Art und Auswirkung der Handlung (nachfolgend a));
- Person des Handelnden (nachfolgend b));
- Vorsatz des Handelnden und Ziel seines Handelns (nachfolgend c));
- Ausnahmen (nachfolgend d)).

a) Art und Auswirkung der Handlung

Bezüglich Art und Auswirkung der Handlung heißt es in Art. 1 Abs. 1 S. 1 UN-Folterkonvention:

> „... jede Handlung, durch die einer Person vorsätzlich große körperliche oder seelische Schmerzen oder Leiden zugefügt werden ...“.

aa) Art der Handlung

Was die Art der Handlung anbelangt, so findet sich in der gemäß Art. 33 Abs. 1 UN-Folterkonvention verbindlichen englischen Fassung der Begriff „act“.

Die Verwendung dieses Begriffes sollte jedoch nicht zu der Annahme führen, Folter setze aktives Tun voraus. Vielmehr zeigt schon das mehrfach erwähnte Beispiel des Nahrungsentzugs, daß auch ein Unterlassen („omission“) in Betracht kommt. Weiterhin können beispielsweise das Vorenthalten von Heizung im Winter, von angemessenen sanitären Einrichtungen, von Kleidung sowie von medizinischer und zahnmedizinischer Versorgung je nach Lage der Dinge einen „*act* of torture“ darstellen[260].

---

[257] *Hailbronner/Randelzhofer*, EuGRZ 1986, 641, 646.

[258] *BGH*, 3 StR 372/00, BGHSt 46, 292, 305.

[259] Ähnlich *Boulesbaa*, The U. N. Convention on Torture, 9; *de Than/Shorts*, International Criminal Law and Human Rights, 187. Ungenau *Raess*, Der Schutz vor Folter im Völkerrecht, 42, der die Ausnahmen des Art. 1 Abs. 1 S. 2 UN-Folterkonvention in diesem Zusammenhang nicht aufführt; ihm folgend *Brugger*, Der Staat 1996, 67, 73.

[260] *Boulesbaa*, The U. N. Convention on Torture, 15.

Daher ist festzuhalten, daß Folter sowohl durch Tun als auch durch Unterlassen begangen werden kann[261].

bb) Auswirkung der Handlung

Diese Handlungen müssen zu großen körperlichen oder seelischen Schmerzen oder Leiden führen[262].

(1) Der Begriff der körperlichen Schmerzen dürfte aus sich heraus verständlich sein. Diese Schmerzen können durch Schläge, Tritte und ähnliche Handlungen verursacht werden, wobei auch Hilfsmittel wie Schlagstöcke, Messer, Zigaretten oder Elektroschockgeräte zur Anwendung gelangen können[263].

(2) Die Handlungen, die schwere seelische Schmerzen oder Leiden hervorrufen, können sehr unterschiedlicher Natur sein. Als Beispiele seien die bereits angesprochene erzwungene Anwesenheit bei der Folterung anderer Gefangener sowie die Durchführung von Scheinhinrichtungen genannt[264].

(3) Sowohl die körperlichen als auch die seelischen Schmerzen oder Leiden müssen „groß" sein. Auch wenn die Größe der Leiden der entscheidende Faktor ist, durch den das Vorgehen zur Folter wird[265], so ist eine genaue Schwellenangabe doch nicht möglich[266]. Vielmehr ist die Beurteilung relativ, da es sowohl auf die Umstände des Einzelfalles als auch auf die physische und psychische Verfassung des Betroffenen ankommt[267].

In Abhängigkeit von diesen Faktoren müssen die Leiden als ernst oder sogar grausam einzustufen sein[268], bleibende Schäden sind jedoch nicht erforderlich[269].

---

261 *JStGH*, IT-96-23 & IT-96-23/1-A (Kunarac et al.), www.un.org/icty, Rdnr. 149; *Boulesbaa*, The U. N. Convention on Torture, 14 f.; *Burgers/Danelius*, The United Nations Convention against Torture, 118; *Lerner*, IsrYBHR, 1986, 126, 131 f.; *Raess*, Der Schutz vor Folter im Völkerrecht, 43 Fn. 14.

262 *Raess*, Der Schutz vor Folter im Völkerrecht, 46.

263 *Burgers/Danelius*, The United Nations Convention against Torture, 117.

264 Siehe zum Hervorrufen schwerer seelischer Schmerzen oder Leiden beispielsweise *EKMR*, 3321/67 („Greek Case"), YBEur.Con.HR 12 (1969), 461; *JStGH*, IT-95-17/1-T (Furundzija,), www.un.org/icty, Rdnr. 267; IT-98-30/1-T (Kvocka et al.), www.un.org/icty, Rdnr. 149; *Burgers/Danelius*, The United Nations Convention against Torture, 118; *Werle*, Völkerstrafrecht, Rdnr. 697.

265 *Boulesbaa*, The U. N. Convention on Torture, 16.

266 *JStGH*, IT-98-30/1-T (Kvocka et al.), www.un.org/icty, Rdnr. 143; IT-96-23 & IT-96-23/1-A (Kunarac et al.), www.un.org/icty, Rdnr. 149.

267 *Lerner*, IsrYBHR 1986, 126, 132; *Meyer-Ladewig*, EMRK, Art. 3 Rdnr. 7; *Nowak*, CCPR-Kommentar, Art. 7 Rdnr. 8. Vgl. insofern auch die Ausführungen zu den „five techniques" im Sondervotum von Richter Zekia (oben S. 46).

268 *Raess*, Der Schutz vor Folter im Völkerrecht, 46.

269 *JStGH*, IT-98-30/1-T (Kvocka et al), www.un.org/icty, Rdnr. 148; IT-96-23 & IT-96-

b) Person des Handelnden

Nach Art. 1 Abs. 1 S. 1 UN-Folterkonvention müssen die Schmerzen oder Leiden

> „… von einem Angehörigen des öffentlichen Dienstes oder einer anderen in amtlicher Eigenschaft handelnden Person, auf deren Veranlassung oder mit deren ausdrücklichem oder stillschweigendem Einverständnis verursacht werden".

Damit steht fest, daß die Folter nach dieser Definition *staatliches* Handeln voraussetzt[270], wobei es aber keinen Unterschied macht, ob staatliche Organe die Handlungen selbst vornehmen oder andere Personen mit staatlicher Billigung tätig werden[271].

Handlungen Dritter werden hingegen nicht erfaßt[272], es sei denn, daß der Staat ihr Handeln nicht mit den ihm zu Gebote stehenden Mitteln unterbindet[273]. Daher ist die im Zuge der Diskussion immer wieder angesprochene „Privatfolter"[274] grundsätzlich keine Folter i. S. v. Art. 1 Abs. 1 UN-Folterkonvention.

c) Vorsatz des Handelnden und Ziel seines Handelns

Art. 1 Abs. 1 S. 1 UN-Folterkonvention setzt in subjektiver Hinsicht voraus, daß der vernommenen Person die Schmerzen oder Leiden

> „… vorsätzlich … zugefügt werden, zum Beispiel um von ihr oder einem Dritten eine Aussage oder ein Geständnis zu erlangen, um sie für eine tatsächlich oder mutmaßlich von ihr oder einem Dritten begangene Tat zu bestrafen oder um sie oder einen Dritten einzuschüchtern oder zu nötigen, oder aus einem anderen, auf irgendeiner Art von Diskriminierung beruhenden Grund".

aa) Das Erfordernis vorsätzlichen Handelns bereitet keine Schwierigkeiten. Es dient lediglich dem Zweck, fahrlässige Handlungen vom Begriff der Folter auszuschließen[275].

23/1-A (Kunarac et al.), www.un.org/icty, Rdnr. 150.

270 *BVerwG*, 9 C 38/96, BVerwGE 104, 265, 270 f.; *Fahl*, JuS 2005, 808, 812; *Hailbronner/Randelzhofer*, EuGRZ 1986, 641, 642; *Kretschmer*, RuP 2003, 102, 109. Kritisch zu dieser Voraussetzung *Werle*, Völkerstrafrecht, Rdnr. 693. Anders bzgl. Art. 7 IPbürgR auch *Seidel*, Handbuch der Grund- und Menschenrechte, 19.

271 *BGH*, 3 StR 372/00, BGHSt 46, 292, 303; *Burgers/Danelius*, The United Nations Convention against Torture, 120.

272 *Marx*, ZRP 1986, 81, 83 f; *ders.*, KJ 2004, 278, 283.

273 *BVerfG*, 2 BvR 134/01, DVBl 2003, 1260, 1261; *BVerwG*, 9 C 38/96, NVwZ 1997, 1127, 1128; *Jerouschek/Kölbel*, JZ 2003, 613, 619.

274 Vgl. etwa *Hilgendorf*, JZ 2004, 331, 335; *Perron*, Weber-FS, 150 ff.

275 *Boulesbaa*, The U.N. convention on Torture, 20; *Burgers/Danelius*, The United Nations Convention against Torture, 118; *Hilgendorf*, JZ 2004, 331, 335; *Machacek*, Klecatsky-FS, 148.

bb) Was das Ziel des Handelns anbelangt, so verlangt die Definition der UN-Folterkonvention, daß mit der Folter ein bestimmter Zweck verfolgt wird, d. h. daß sie mit einer bestimmten Absicht zur Anwendung kommt[276]. Diese Absicht ist nach Ansicht des BGH der entscheidende Unterschied zur unmenschlichen Behandlung[277].

Die in Art. 1 Abs. 1 S. 1 UN-Folterkonvention genannten Ziele sind schon nach dem Wortlaut der Vorschrift nur exemplarisch und nicht als abschließend zu verstehen[278]. Allerdings fallen Handlungen, die ohne jegliche weitergehende Absicht – beispielsweise aus purem Sadismus – vorgenommen werden, nicht unter die Definition, sofern nicht zumindest eine irgendwie geartete diskriminierende Intention mit ihnen verbunden ist[279].

d) Ausnahmen

Nach Art. 1 Abs. 1 S. 2 UN-Folterkonvention umfaßt der Begriff der Folter

> „... nicht Schmerzen oder Leiden, die sich lediglich aus gesetzlich zulässigen Sanktionen ergeben, dazu gehören oder damit verbunden sind".

aa) Diese „Fluchtklausel" ist aus politischen Gründen in den Vertragstext aufgenommen worden. Sie wurde als notwendig erachtet, um Ländern islamischer Prägung, in deren Strafrecht beispielsweise Auspeitschungen oder Handamputationen als Strafsanktionen vorgesehen sind, den Beitritt zur UN-Folterkonvention zu ermöglichen[280].

bb) Auch wenn ihr politischer Hintergrund damit geklärt ist, fällt eine Interpretation dieser Regelung nicht leicht.

Ausgangspunkt für die Zulässigkeit einer Sanktion ist das jeweilige nationale Recht[281]. Dieses muß jedoch in seinem regionalen – hier also europäischen – Kontext betrachtet werden[282], und die Wertungen der AEMR als Ausprägung international anerkannter Standards beachten[283]. Denn ohne eine derartige Einbeziehung regionaler und internationaler Standards bestünde die Gefahr, daß

---

[276] *EGMR*, 22947/93 u. a. (Akkoç / Türkei), www.echr.coe.int, Rdnr. 115; 24351/94 (Aktas / Türkei), www.echr.coe. int, Rdnr. 313; *Lerner*, IsrYBHR 1986, 126, 132; *Raess*, Der Schutz vor Folter im Völkerrecht, 43.

[277] *BGH*, 3 StR 372/00, BGHSt 46, 292, 303 f.

[278] *Burgers/Danelius*, The United Nations Convention against Torture, 118; *Raess*, Der Schutz vor Folter im Völkerrecht, 43.

[279] *Hailbronner/Randelzhofer*, EuGRZ 1986, 641, 642; *Marx*, KJ 2004, 278, 287; *Nowak*, CCPR-Kommentar, Art. 7 Rdnr. 6.

[280] *Hailbronner/Randelzhofer*, a. a. O. (Fn. 279); *Marx*, ZRP 1986, 81, 84.

[281] *Boulesbaa*, The U.N. Convention on Torture, 28.

[282] *Hailbronner/Randelzhofer*, EuGRZ 1986, 641, 642.

[283] *Boulesbaa*, The U.N. Convention on Torture, 33 m. w. N.

eine Vertragspartei ihr nationales Recht als Rechtfertigungsgrund für jede Nichteinhaltung der UN-Folterkonvention heranzöge – was nach dem Völkerrecht gerade nicht möglich sein soll (vgl. insofern den Rechtsgedanken des Art. 27 S. 1 WVRK) –, um auf diese Weise den Zielsetzungen der Konvention zuwiderhandeln zu können[284].

Um genau dies zu verhindern, sieht der bereits zuvor angesprochene Art. 1 Abs. 2 UN-Folterkonvention vor, daß „alle internationalen Übereinkünfte oder innerstaatlichen Rechtsvorschriften unberührt [bleiben], die weitergehende Bestimmungen enthalten". Art. 1 UN-Folterkonvention enthält also selbst eine Mißbrauchssperre, die verhindern soll, daß sein Absatz 1 Satz 2 als Vehikel zur Unterschreitung bereits erreichter internationaler oder nationaler Standards verwendet wird[285].

cc) Was die nach deutschem Recht zulässigen Ausnahmen anbelangt, so dürfte die Festlegung im Einzelfall nicht immer leicht fallen.

Ein Beispiel hierfür ist die in § 81a StPO getroffene Regelung zur Vornahme körperlicher Eingriffe beim Beschuldigten. Es dürfte wohl niemand auf den Gedanken kommen, die in Absatz 1 Satz 2 dieser Vorschrift genannte Entnahme von Blutproben als Folter zu bezeichnen, selbst wenn sie erzwungen wird. Auch die Verabreichung von Brech- und Abführmitteln zur Aufklärung von Betäubungsmittelstraftaten dürfte zumeist noch im Bereich des Zulässigen liegen[286]. Anders verhält es sich jedoch mit der Entnahme von Gehirn- und Rückenmarksflüssigkeit, die – wenn überhaupt – nur in Fällen schwerer Straftaten in Betracht kommt[287].

Eines ist jedoch allen diesen Beispielen gemeinsam: Die – zum Teil beträchtlichen – Schmerzen sind ein bloßer Nebeneffekt des zur Informationserlangung eingesetzten Mittels (Spritze zur Blutentnahme, Brechmittel etc.). Anders verhält es sich jedoch im Fall der Folter: Hier sind die intensiven Schmerzen oder Leiden gerade *das* Mittel zur Erreichung des gewünschten Erfolges (Auskunftserlangung, Einschüchterung etc.). Unter diesem Blickwinkel ist also bereits eine gewisse Differenzierung möglich.

3. Übertragung auf den fiktiven Fall

Die vorstehend unter Ziffer 2 erläuterten Elemente der Definition des Art. 1 UN-Folterkonvention müssen nunmehr auf den fiktiven Fall übertragen werden, um

---

[284] *Van Krieken*, ZAR 1986, 17, 18.

[285] *Burgers/Danelius*, The United Nations Convention against Torture, 122.

[286] *BVerfG*, 2 BvR 2360/95, NStZ 2000, 96; *OLG Bremen*, Ws 168/99, NStZ-RR 2000, 270; *Schaefer*, StV 2004, 212.

[287] *Meyer-Goßner*, StPO, § 81a Rdnr. 22.

die notwendige Einzelfallbetrachtung[288] vorzunehmen. Dabei stellt sich ein Problem, das auch bei der Frage nach der Strafbarkeit der Folter auftreten wird: *L* befindet sich noch im Stadium des Überlegens, er möchte *vor* einer entsprechenden Anweisung an *V* beraten werden. Wegen dieses „Beratungscharakters" ist es im fiktiven Fall nicht möglich festzustellen, ob eine bereits *vorgenommene* Handlung als Folter zu bezeichnen ist, vielmehr muß eine ggf. *vorzunehmende* Handlung bewertet werden. Unter dieser Prämisse gilt bei der Übertragung der Elemente der Definition auf den fiktiven Fall folgendes:

a) Art und Auswirkung der Handlung

aa) Anwendung der Folter

Sollte es im fiktiven Fall tatsächlich dazu kommen, daß *I* körperliche Schmerzen zugefügt werden, so wird unterstellt, daß diese nach den Gesamtumständen den notwendigen Schweregrad erreichen, um sie als Folter i. S. v. Art. 1 Abs. 1 UN-Folterkonvention zu klassifizieren.

bb) Androhung der Folter

Allerdings möchte *L* den *V* anweisen, *I* die Folter zunächst lediglich anzudrohen. Es stellt sich daher die Frage, ob auch eine solche Androhung bereits als Folter anzusehen ist. Dies käme unter dem Aspekt der Zufügung großer „seelischer Schmerzen oder Leiden" i. S. v. Art. 1 Abs. 1 S. 1 UN-Folterkonvention in Betracht.

(1) In einer Entscheidung aus den frühen Achtzigerjahren hatte der EGMR über die Frage zu befinden, ob die Androhung körperlicher Züchtigungen in schottischen Schulen einen Verstoß gegen Art. 3 EMRK darstellen könne. Er hat dies für den konkreten Fall verneint[289], aber zugleich ausgeführt:

> „Der Gerichtshof ist jedoch der Meinung, daß – ihre hinlängliche Tatsächlichkeit und Unmittelbarkeit vorausgesetzt – bereits die bloße Bedrohung mit einem durch Art. 3 verbotenen Verhalten mit dieser Bestimmung in Konflikt geraten kann. Die Bedrohung eines Menschen mit Folter könnte demgemäß unter bestimmten Umständen zumindest eine „unmenschliche Behandlung" darstellen."[290]

In dieser Textpassage sind zwei entscheidende Aussagen getroffen: Erstens, daß die Bedrohung *hinlänglich tatsächlich und unmittelbar* sein muß[291], so daß scherzhafte oder erkennbar nicht ernstgemeinte Drohungen nicht erfaßt sind.

---

288 Zu ihrer Notwendigkeit etwa *Werle*, Völkerstrafrecht, Rdnr. 695.

289 *EGMR*, 7511/76 u. a. (Campbell und Cosans / Vereinigtes Königreich), EuGRZ 1982, 153, 154 Rdnr. 27.

290 *EGMR*, a. a. O. (Fn. 289), Rdnr. 26.

291 *Seidel*, Handbuch der Grund- und Menschenrechte, 13.

Und zweitens, daß dem EGMR zufolge eine Bedrohung mit Folter *zumindest* eine unmenschliche Behandlung darstellen kann[292].

Schon nach der damaligen Rechtsprechung des EGMR war es also möglich, eine entsprechende Androhung auch als *Folter* einzustufen. Dies muß heute um so mehr gelten, da der EGMR 1999 im Urteil Selmouni[293] ausgesprochen hat, daß auf der Basis der Definition des Art. 1 UN-Folterkonvention in Zukunft eine Handlung früher als bisher als Folter einzustufen sein wird, und der BGH[294] sich dem angeschlossen hat (vgl. bereits S. 47).

(2) In jedem Fall kommt es wieder auf eine Einzelfallbetrachtung an. Dabei kann insbesondere ein Vergleich mit anderen Situationen psychischer Folter Klarheit verschaffen.

Als Beispiele für große Schmerzen oder Leiden seelischer Art wurden in der bisherigen Darstellung die erzwungene Anwesenheit bei der Folterung anderer Gefangener sowie Scheinhinrichtungen besonders hervorgehoben (vgl. S. 43 und S. 59). Es stellt sich die Frage, ob die Androhung von Folter hiermit vergleichbar ist.

Dies ist zunächst einmal insofern zu bejahen, als allen diesen Situationen das Ziel gemeinsam ist, extreme Angstzustände auszulösen. Die erzwungene Anwesenheit bei der Folterung anderer Gefangener dürfte zumeist nicht nur dem Zweck dienen, Entsetzen über das Leid anderer Personen hervorzurufen. Vielmehr soll zugleich auch die Angst geweckt werden, selbst ein ähnliches Schicksal zu erleiden. Ähnlich verhält es sich mit Scheinhinrichtungen. Diese sollen nicht nur in der konkreten Situation Todesangst hervorrufen, sondern auch die Furcht zurücklassen, daß es jederzeit zu einer tatsächlichen Exekution kommen kann. Die Androhung von Folter wird zumindest dann ähnliche Gefühle hervorrufen, wenn sie als ausreichend real und unmittelbar empfunden wird. Dies dürfte spätestens dann der Fall sein, wenn eindeutige Vorbereitungshandlungen (Fesseln, Entkleiden, „Hooding" etc.) getroffen werden[295], oder dem Gefangenen im Detail geschildert wird, wie ihm Schmerzen zugefügt werden können, die alles übersteigen, was er in seinem bisherigen Leben ertragen mußte.

Bei der Beurteilung der hierdurch hervorgerufenen Ängste gilt es insbesondere zu bedenken, daß sich der Festgehaltene in einer Situation gänzlicher Hilflosigkeit und völligen Ausgeliefertseins befindet[296]. Denn eine Person, der von

---

[292] *Guckelberger*, VBlBW 2004, 121, 124.

[293] *EGMR*, 25803/94 (Selmouni / Frankreich), NJW 2001, 56 Leitsatz 4.

[294] *BGH*, 3 StR 372/00, BGHSt 46, 292, 304.

[295] *JStGH*, IT-98-30/1-T (Kvocka et al.), www.un.org/icty, Rdnr. 150.

[296] *EGMR*, 32578/96, (Çolak und Filizer / Türkei), www.echr.coe.int, Rdnr. 33; *Hilgendorf*, JZ 2004, 331, 336 Fn. 44.

der Polizei die Folter angedroht wird, kann keine Hilfe von außen erwarten, insbesondere nicht von der Polizei selbst[297]. Schon für „normale" Erstvernehmungen weist der BGH darauf hin, daß der Beschuldigte „nicht selten auch durch die Ereignisse verwirrt und durch die ungewohnte Umgebung bedrückt oder verängstigt"[298] ist. Wird überdies auch noch mit Folter gedroht, so führen die Machtkonzentration und das flächendeckende Monopol staatlicher Macht zu einer für das Opfer ausweglosen Situation[299], die die Drohung noch realistischer erscheinen läßt. Daß derartige Drohungen sogar länger andauernde Leiden verursachen können, zeigt der Fall Akkoç, in dem die Antragstellerin nicht nur selbst mißhandelt, sondern auch mit der Mißhandlung ihrer Kinder bedroht worden war, was zu langfristigen Angst- und Unsicherheitszuständen (sog. posttraumatic stress disorder) führte[300].

(3) Daher ist festzuhalten, daß die Androhung von Folter *zumindest* dann als psychische Folter i. S. v. Art. 1 Abs. 1 S. 1 UN-Folterkonvention zu bezeichnen ist, wenn die Drohung als derart unmittelbar und real empfunden wird, daß sie vergleichbare Ängste und Gefühle hervorruft wie eine Scheinhinrichtung oder die erzwungene Anwesenheit bei der Folterung anderer Gefangener[301]. Wollte man dies anders sehen[302], so wäre nur schwer erkennbar, wo die Trennlinie zwischen diesen verschiedenen Arten von psychischer Mißhandlung verläuft, und überdies würde der Anwendungsbereich der großen seelischen Schmerzen oder Leiden i. S. v. Art. 1 Abs. 1 S. 1 UN-Folterkonvention extrem verengt. Dies wäre nur schwerlich vereinbar mit der Feststellung des JStGH, daß die psychische Folter eine weitverbreitete Form der Folter ist[303]. Überdies würde hierbei die Tatsache übersehen, daß psychische Folter bisweilen größere Leiden verursachen kann als physische Folter[304].

(4) Das hier gefundene Ergebnis deckt sich mit der Bestimmung des Begriffs der psychischen Folter, die der US-Senat bei der Ratifizierung der UN-Folterkonvention vorgenommen hat:

---

297 *Perron*, Weber-FS, 152.

298 *BGH*, 5 StR 190/91, BGHSt 38, 214, 221 f.

299 *Quaritsch*, Recht auf Asyl, 93; *Raess*, Der Schutz vor Folter im Völkerrecht, 44 f.

300 *EGMR*, 22947/93 u. a. (Akkoç / Türkei), www.echr.coe.int, Rdnr. 116 f.

301 So – mit unterschiedlichen Nuancierungen – auch *Follmar/Heinz/Schulz*, Zur aktuellen Folterdebatte in Deutschland, 7; *Hilgendorf*, JZ 2004, 331, 334; *Jeßberger*, Jura 2003, 711, 714; *Saliger*, ZStW 116 (2004), 35, 42; *Schroeder*, ZRP 2003, 180. Ähnlich *Ellbogen*, Jura 2005, 339, 340; *Kinzig*, ZStW 115 (2003), 791, 801; *Wagenländer*, Zur strafrechtlichen Beurteilung der Rettungsfolter, 26. A. A. *Herzberg*, JZ 2005, 321, 325.

302 Offenbar *Kretschmer*, RuP 2003, 102, 107.

303 *JStGH*, IT-98-30/1-T (Kvocka et al.), www.un.org/icty, Rdnr. 149.

304 *Valticos*, in: Cassese, The International Fight against Torture, 134.

„That with reference to Article 1, the United States understands that, in order to constitute torture, an act must be specifically intended to inflict severe physical or mental pain or suffering and that mental pain or suffering refers to prolonged mental harm caused by or resulting from: (1) the intentional infliction or threatened infliction of severe physical pain or suffering; (2) the administration or application, or threatened administration or application, of mind altering substances or other procedures calculated to disrupt profoundly the senses or the personality; (3) the threat of imminent death; or (4) the threat that another person will imminently be subjected to death, severe physical pain or suffering, or the administration or application of mind altering substances or other procedures calculated to disrupt profoundly the senses or personality.“[305]

Auch in dieser Definition wird in Ziffer (1) die Androhung schwerer körperlicher Schmerzen oder Leiden als psychische Folter angesehen, wenn sie zu eine länger anhaltenden psychischen Schädigung führt. Auch insofern muß jedoch wieder gelten, daß keine bleibenden Schäden erforderlich sind (vgl. S. 59), der Begriff „prolonged“ also relativ ist. Sogar die bloß angedrohte Verabreichung von bewußtseinsändernden Substanzen („Wahrheitsseren“ etc.) wird unter diesen Umständen als psychische Folter angesehen (Ziffer (2)). Die in Ziffer (3) genannte Bedrohung mit dem unmittelbar bevorstehenden Tod ist mit den oben angesprochenen Scheinhinrichtungen vergleichbar. Und schließlich ist von besonderem Interesse, daß die in Ziffer (4) genannte Drohung, andere Personen auf diese Weise zu behandeln, mit der Bedrohung der eigenen Person gleichgesetzt wird. Im Einzelfall, insbesondere bei der Bedrohung der eigenen Kinder, wird eine solche Drohung zwar noch schwerere psychische Leiden hervorrufen als die Bedrohung der eigenen Person[306]. Das durch die letztgenannte Bedrohung hervorgerufene Leid wird hierdurch aber nicht so weitgehend relativiert, daß hierbei eine Qualifizierung als psychische Folter ausgeschlossen wäre.

(5) Die hier vertretene Auffassung findet auch in der Rechtsprechung des Bundesverfassungsgerichts eine Stütze. Dieses hat in der sogenannten Fluglärm-Entscheidung ausgeführt:

„Verfassungsrechtlich kann nicht außer acht bleiben, daß eine enge Auslegung nicht der Funktion des Grundrechts als Abwehrrecht gegen staatliche Eingriffe etwa durch psychische Folterungen, seelische Quälereien und entsprechende Verhörmethoden entsprechen würde. Mit Recht hat der nordrhein-westfälische Ministerpräsident im vorliegenden Verfahren eingeräumt, daß zumindest solche

---

[305] *US-Senat*, Executive Session vom 27. Oktober 1990, Congressional Record S17491, abrufbar unter http://thomas.loc.gov/home/r101query.html [Stand: 2 Dezember 2005]. Auf diese Auslegung der UN-Folterkonvention nimmt auch ein am 30. Dezember 2004 verfaßte Studie des *U.S. Department of Justice* (Memorandum for James B. Comey, 4 ff.) bezug; hierin wird auch auf folgendes Faktum hingewiesen (a. a. O., 5): „This understanding was deposited with the U.S. instrument of ratification, see 1830 U.N.T.S. 320 (Oct. 21, 1994), and thus defines the scope of the United States' obligations under the treaty.“

[306] Vgl. hierzu den Fall Akkoç (Fn. 300).

nichtkörperliche Einwirkungen von Art. 2 Abs. 2 GG erfaßt würden, die ihrer Wirkung nach körperlichen Eingriffen gleichzusetzen seien. Das sind jedenfalls solche, die das Befinden einer Person in einer Weise verändern, die der Zufügung von Schmerzen entspricht."[307]

(6) Im fiktiven Fall gilt es zu beachten, daß die tatsächlich angewandten Mißhandlungen einen solchen Schweregrad erreichen würden, daß sie als Folter i. S. v. Art. 1 UN-Folterkonvention zu bezeichnen wären (vgl. S. 63). Die ernsthafte und mit detaillierten Schilderungen verbundene Androhung einer solchen Behandlung dürfte insbesondere dann zu erheblichen Angstzuständen führen, wenn *I's* psychische Kräfte bereits durch stundenlange Verhöre aufgebraucht sind[308]. Dies gilt um so mehr, als *I* weiß, daß sich die Polizisten angesichts des ablaufenden Ultimatums in einer extremen Ausnahmesituation befinden, denn anderenfalls käme der Gedanke an Folter wohl gar nicht erst auf.

(7) Somit ist festzuhalten, daß die von *L* beabsichtige Androhung der Folter im fiktiven Fall den nötigen Schweregrad erreichen würde, um sie als psychische Folter i. S. v. Art. 1 Abs. 1 S. 1 UN-Folterkonvention zu bezeichnen.

b) Person des Handelnden

Da *L* und *V* Amtsträger i. S. v. § 11 Abs. 1 Ziff. 2 StGB sind und in dieser Eigenschaft tätig werden, ist das erforderliche *staatliche* Handeln gegeben.

c) Vorsatz des Handelnden und Ziel seines Handelns

aa) Vorsätzliches Handeln im Sinne eines vorbedachten und gewollten Zufügens schwerster körperlicher oder seelischer Qualen[309] wäre zu bejahen. Eine fahrlässige Anwendung oder Androhung von Folter ist ohnehin nur schwer vorstellbar[310].

bb) Die Annahme von Folter setzt zwar heute nicht mehr zwingend voraus, daß der Zweck der Mißhandlung die Erlangung von Informationen oder die Erzwingung eines Geständnisses ist[311], doch dürfte es sich hierbei um den wohl typischsten Zweck der Folter handeln[312].

Auch im fiktiven Fall verfolgt die Folterung den Zweck, eine Aussage des *I* zu erlangen. Dementsprechend werden sich die nachfolgenden Ausführungen zum Verbot und zur Strafbarkeit der Folter in den Teilen 2 und 3 der vorliegenden Arbeit auf den Einsatz der Folter zu *Vernehmungszwecken* konzentrieren.

---

[307] *BVerfG*, 1 BvR 612/72, BVerfGE 56, 54, 75.

[308] *Jeßberger*, Jura 2003, 711, 712.

[309] *BGH*, 3 StR 372/00, BGHSt 46, 292, 303.

[310] *JStGH*, IT-98-30/1-T (Kvocka et al.), www.un.org/icty, Rdnr. 150 m. w. N.

[311] *BGH*, a. a. O. (Fn. 309).

[312] *Burgers/Danelius*, The United Nations Convention against Torture, 119.

d) Ausnahmen

Im fiktiven Fall gäbe es keine Ausnahmen i. S. v. Art. 1 Abs. 1 S. 2 UN-Folterkonvention. Denn wie im sich anschließenden Teil der vorliegenden Arbeit erläutert wird, ist die Folter nach in Deutschland geltendem nationalen und internationalen Recht unter allen Umständen verboten.

IV. Fazit

Wenn im weiteren Verlauf der Darstellung von „Folter" die Rede ist, so ist hiermit die von staatlicher Seite ausgehende Folter zu Vernehmungszwecken gemeint. Dabei wird auf die Definition des Art. 1 UN-Folterkonvention abgestellt, wobei im fiktiven Fall die *Androhung* der Folter als psychische und ihre *Anwendung* als physische Folter im Sinne dieser Vorschrift anzusehen ist.

Schon an dieser Stelle sei allerdings darauf hingewiesen, daß hiermit nur Begriffsbestimmungen vorgenommen sind. Insbesondere bei der Klärung der Frage, welche Straftatbestände einschlägig sind, wird wieder zwischen angedrohter und angewandter Folter zu unterscheiden sein.

TEIL 2 – VERBOT DER FOLTER

Nach dieser Begriffsbestimmung ist nun zu untersuchen, ob und inwiefern der Einsatz von Folter im fiktiven Fall verboten wäre. Denn wie bereits ausgeführt, ist die Frage nach dem Verbot der Folter Vorfrage für ihre Strafbarkeit, da nach dem Grundsatz der Einheit der Rechtsordnung ein Vorgehen nicht bestraft werden darf, das nach Bestimmungen anderer Rechtsgebiete zulässig ist (vgl. S. 39).

Geklärt werden soll daher, welche Regelungen des einfachen Gesetzesrechts (nachfolgend § 3), des Verfassungsrechts (nachfolgend § 4) und des Völkerrechts (nachfolgend § 5) den Einsatz von Folter zu Vernehmungszwecken verbieten, und ob diese Verbote auch in Extremsituationen wie derjenigen des fiktiven Falles ausnahmslos Gültigkeit beanspruchen.

Dabei werden die Maßstäbe dieser jeweiligen Rechtsgebiete zugrundegelegt, während der weitergehenden Frage, ob die Prüfung öffentlich-rechtlicher Vorschriften innerhalb der strafrechtlichen Rechtswidrigkeitsprüfung im Sinne eines „strafrechtlichen Rechtmäßigkeitsbegriffs" verkürzt ausfallen kann, erst an späterer Stelle nachgegangen wird.

§ 3 Verbot der Folter nach einfachem Gesetzesrecht

Begonnen werden soll mit den für das Handeln der Polizei primär maßgeblichen[313] Bestimmungen des einfachen Gesetzesrechts.

I. Vorüberlegungen

Schon bei der Konkretisierung der Fragestellung wurde die Vorschrift des § 136a StPO angesprochen, die den Einsatz bestimmter Vernehmungsmethoden verbietet (vgl. S. 32). Dabei wurde auch darauf hingewiesen, daß von § 136a StPO allenfalls ein Teilaspekt der Befragungssituation des fiktiven Falles erfaßt ist, da es *L* und *V* bei der Vernehmung des *I* weniger um ein Geständnis zum Zwecke der Strafverfolgung, als vielmehr um Informationen zur Verhinderung weiterer Anschläge gehen dürfte[314].

Hiermit wird der Blick auf die Abgrenzung der polizeilichen Aufgabenbereiche gelenkt, die in Fällen wie dem vorliegenden beträchtliche Schwierigkeiten bereiten kann.

1. Die polizeilichen Aufgabenbereiche

Grundsätzlich hat die Polizei zwei voneinander zu trennende Aufgabenbereiche: Sie wird präventiv zur Gefahrenabwehr und repressiv zur Aufklärung begangener Straftaten tätig[315].

Immer wieder wird ins Spiel gebracht, daß es daneben noch einen dritten Aufgabenbereich gebe, der im „Vorfeld" gelagert sei und die vorbeugende Bekämpfung von Straftaten sowie die Gefahrenvorsorge umfasse[316]. Dogmatisch betrachtet handelt es sich hierbei jedoch um einen Teil des gefahrenabwehrenden polizeilichen Handelns[317], so daß es genügt, zwischen dem präventiven und dem repressiven Aufgabenbereich zu differenzieren.

---

[313] *Guckelberger*, VBlBW 2004, 121.

[314] *Beulke*, StPO, Rdnr. 103.

[315] *Beulke*, a. a. O. (Fn. 314); *Haurand/Vahle*, NVwZ 2003, 513; *Knemeyer*, Polizei- und Ordnungsrecht, Rdnr. 71.

[316] *Gusy*, Polizeirecht, Rdnr. 198 f.; *Kühne*, StPO, Rdnr. 372 f.

[317] *Ehrenberg/Frohne*, Kriminalistik 2003, 737; *Götz*, Allgemeines Polizei- und Ordnungsrecht, Rdnr. 88; *Knemeyer*, a. a. O. (Fn. 315); *Schenke*, Polizei- und Ordnungsrecht, Rdnr. 10.

2. Abgrenzung der Aufgabenbereiche

Die Abgrenzung dieser beiden Aufgabenbereiche ist in mehrfacher Hinsicht von Bedeutung (nachfolgend a)). Sie ist aber nicht immer einfach vorzunehmen, was sich insbesondere in Fällen „doppelfunktionaler Maßnahmen" zeigt (nachfolgend b)).

a) Bedeutung der Abgrenzung

aa) Die Zuordnung der Maßnahmen zu den beiden Aufgabenbereichen stellt die Weiche für die darauf aufbauende Frage, welche (Eingriffs-)Befugnisse der Polizei zur Erfüllung ihrer Aufgaben zukommen, und welche sonstigen Vorschriften sie bei ihrem Vorgehen zu beachten hat. Geht es um präventives Tätigwerden, so erfolgt die Regelung durch die Polizei- und Sicherheitsgesetze der Länder, im repressiven Bereich der Strafverfolgung gelten dagegen in erster Linie die Vorschriften der StPO[318].

bb) Die Zuordnung zu diesen Aufgabenbereichen hat weiterhin Bedeutung für den zu beschreitenden Rechtsweg. Handelt es sich um eine präventive Maßnahme, so ist nach § 40 Abs. 1 S. 1 VwGO der Verwaltungsrechtsweg gegeben, bei einer repressiven Maßnahme sind hingegen die ordentlichen Gerichte zuständig[319].

Was die letztgenannte Zuständigkeit anbelangt, so hat das Bundesverfassungsgericht gerügt, daß diese „in schwer zu durchschauender Weise mehrfach gespalten" sei, und die einschlägigen Vorschriften von den Fachgerichten uneinheitlich gehandhabt würden[320]. Daraufhin sind große Anstrengungen unternommen worden, hier eine Vereinfachung herbeizuführen[321].

b) Schwierigkeit der Abgrenzung

aa) Häufig kann präventives Tätigwerden nicht klar von repressivem Handeln getrennt werden. So sah der BGH etwa beim Einsatz einer Vertrauensperson als Lockspitzel „präventive Rechtfertigungselemente", erklärte aber gleichwohl,

---

[318] *Beulke*, StPO, Rdnr. 103; *Gusy*, Polizeirecht, Rdnr. 169; *Knemeyer*, Polizei- und Ordnungsrecht, Rdnr. 121, 400; *Schenke*, Polizei- und Ordnungsrecht, Rdnr. 414.

[319] *Kühne*, StPO, Rdnr. 155.

[320] *BVerfG*, 2 BvR 1992/92, BVerfGE 96, 44, 49. Dies war von der Literatur bereits seit längerer Zeit bemängelt worden, vgl. insbesondere *Beulke*, StPO, Rdnr. 322. Waren nämlich keine Sonderrechtsbehelfe (z. B. §§ 100d Abs. 6, 111l Abs. 6, 161a Abs. 3 StPO) einschlägig, so wurde in sehr verwirrender Weise zwischen Fällen unterschieden, in denen einerseits § 98 Abs. 2 S. 2 StPO (analog) und andererseits § 23 Abs. 1 EGGVG einschlägig sein sollten.

[321] *BGH*, 5 ARs (VS) 1/97, NJW 1998, 3653, 3654; 5 AR (VS) 2/98, NJW 1999, 730; 5 AR (VS) 1/99, BGHSt 45, 183; *Amelung*, StV 2001, 131; *Beulke*, StPO, Rdnr. 326b; *Laser*, NStZ 2001, 120, 124.

daß allein auf „straf- und strafverfahrensrechtliche Rechtsgrundlagen und Lösungsmöglichkeiten“ abzustellen sei[322].

bb) Auch im fiktiven Fall scheint eine klare Trennung nur schwer möglich. Zwar geht es *L* und *V* in erster Linie um die Gefahrenabwehr, doch können Informationen zur Verhinderung weiterer Anschläge nicht erlangt werden, ohne *I* über seine – etwaige – strafrechtlich relevante Beteiligung hieran sowie an den bereits begangenen Straftaten zu befragen[323]. Kretschmer weist insofern sehr anschaulich darauf hin, daß es im Polizeipräsidium nicht „präventive und repressive Vernehmungsräume mit getrennt voneinander operierenden Präventiv- bzw. Repressivbeamten“[324] gebe.

cc) Wie derartige „doppelfunktionale Maßnahmen“[325] rechtlich zu behandeln sind, ist streitig.

Nach der herrschenden Schwerpunkttheorie kommt es entscheidend darauf an, in welchem Bereich das Schwergewicht der Maßnahme liegt[326]. An diesem Schwerpunkt orientiert sich dann die rechtliche Behandlung des gesamten polizeilichen Handelns.

Die Gegenauffassung stellt auf die subjektive Zielsetzung der Polizei ab und sieht diejenige Rechtsgrundlage als ausschlaggebend an, die die Polizei nach ihrem eigenen Bekunden der Maßnahme zugrundelegt[327]. Dies kann zur Folge haben, daß im Falle doppelfunktionaler Maßnahmen sowohl der Verwaltungsrechtsweg als auch der Weg zu den ordentlichen Gerichten beschritten werden muß[328].

dd) Auch in der Diskussion über die Zulässigkeit der Folter besteht keine Einigkeit in der Frage, welchem polizeilichen Aufgabenbereich Vernehmungssituationen wie diejenige des fiktiven Falles zuzurechnen sind. Brugger erklärt, der Polizei gehe es „nicht primär“ um die Verfolgung einer Straftat, so daß Polizeirecht zur Anwendung kommen müsse[329]. Hiergegen wird eingewandt,

---

[322] *BGH*, 1 St 221/99, BGHSt 45, 321, 337.

[323] *Haurand/Vahle*, NVwZ 2003, 513; *Saliger*, ZStW 116 (2004), 35, 43; *Schaefer*, StV 2004, 212, 213.

[324] *Kretschmer*, RuP 2003, 102, 103

[325] Vgl. zu diesem Begriff etwa *Ahlers*, Grenzbereich zwischen Gefahrenabwehr und Strafverfolgung, 70; *Ehrenberg/Frohne*, Kriminalistik 2003, 737, 738.

[326] *BVerwG*, 1 C 29/86, NJW 1990, 2765; *BayVGH*, 21 B 90.01066, BayVBl 1993, 429, 430; *Beulke*, StPO, Rdnr. 103; *Heckmann*, in: Becker et al., Öffentliches Recht in Bayern, 3. Teil Rdnr. 14; *Knemeyer*, Polizei- und Ordnungsrecht, Rdnr. 124, 400; *Pieroth/Schlink/Kniesel*, Polizei- und Ordnungsrecht, § 2 Rdnr. 15.

[327] *Götz*, Allgemeines Polizei- und Ordnungsrecht, Rdnr. 548; *Schenke*, Polizei- und Ordnungsrecht, Rdnr. 420 ff.

[328] *Schenke*, Polizei- und Ordnungsrecht, Rdnr. 424.

[329] *Brugger*, Der Staat 1996, 67, 70; *ders.*, JZ 2000, 165, 166. Offenbar zustimmend *Miehe*,

daß in Fällen wie dem vorliegenden eine klare Trennung kaum zu bewerkstelligen sei, da Zwecke der Gefahrenabwehr und der Strafverfolgung hier in einer Weise aufeinanderträfen, daß eine exakte Differenzierung nur „abstrusgekünstelt und nicht durchzuhalten“[330] sei[331].

Eine Festlegung muß an dieser Stelle jedoch nur dann erfolgen, wenn sich herausstellen sollte, daß die Regelungen des einfachen Gesetzesrechts beim Verbot der Folter für den präventiven und den repressiven polizeilichen Aufgabenbereich zu unterschiedlichen Ergebnissen kommen[332]. Dies soll nunmehr überprüft werden.

II. Repression

Zunächst soll der repressive Aufgabenbereich untersucht werden, da hier mit § 136a StPO eine Norm existiert, die bereits mehrfach angesprochen wurde und die auch für den anschließend zu erörternden präventiven Aufgabenbereich von Bedeutung ist. Überdies kann die Darstellung diesbezüglich kürzer ausfallen, da – soweit ersichtlich – in der Diskussion von keiner Seite gefordert wurde, das Verbot der Folter für Zwecke der Strafverfolgung zu lockern[333].

1. Eröffnung des Aufgabenbereichs

Die Aufgabenzuweisungsnorm für die polizeiliche Verfolgung von Straftaten ist § 163 Abs. 1 S. 1 StPO[334], auf den die polizeirechtlichen „Brückenvorschriften“ verweisen (§ 1 Abs. 4 MEPolG[335], Art. 2 Abs. 4 BayPAG, § 1 Abs. 4 PolG

NJW 2003, 1219. Im Ergebnis auch *Jerouschek/Kölbel*, JZ 2003, 613, 615; *Steinke*, Kriminalistik 2005, 229, 230; *Wagenländer*, Zur strafrechtlichen Beurteilung der Rettungsfolter, 40.

[330] *Kretschmer*, RuP 2003, 102, 103.

[331] *Haurand/Vahle*, NVwZ 2003, 513, 514; *Roxin*, Eser-FS, 463; *Schaefer*, StV 2004, 212, 213.

[332] Anders verhält es sich im Fall des § 343 StGB, in dem ein derartiges Offenlassen nicht möglich ist (dazu später).

[333] *Follmar/Heinz/Schulz*, Zur aktuellen Folterdebatte in Deutschland, 7; *Valerius*, in: Tomášek (Hg.), Grundfragen des europäischen Strafrechts, 99.

[334] Es ist umstritten, ob es sich hierbei um eine originäre polizeiliche Aufgabe handelt, die unabhängig von der staatsanwaltschaftlichen Ermittlungsaufgabe aus § 160 StPO zu sehen ist; vgl. etwa *Knemeyer*, Polizei- und Ordnungsrecht, Rdnr. 401; *Meyer-Goßner*, StPO, § 163 Rdnr. 1.

[335] Nach dem in Art. 30, 70 GG zum Ausdruck kommenden Regel-Ausnahme-Verhältnis der Kompetenzverteilung zwischen Bund und Ländern fällt das allgemeine Polizei- und Ordnungsrecht in die gesetzgeberische Kompetenz der Länder (vgl. hierzu etwa *Kunig*, Jura 1996, 254, 255). Um die Lesbarkeit der Darstellung zu erhalten, werden jedoch nicht alle 16 landesrechtlichen Regelungen wiedergegeben. Vielmehr werden die Normen des MEPolG

NRW)[336]. Hierin wird der Polizei die Verfolgung von Straftaten zur Pflicht gemacht; Befugnisse werden hierdurch aber nicht eingeräumt[337].

2. Befugnisse

Dementsprechend reicht die Eröffnung des Aufgabenbereichs nicht aus, vielmehr bedarf es gerade bei schwerwiegenden Grundrechtseingriffen einer speziellen Eingriffsermächtigung durch entsprechende Befugnisnormen[338].

Seit dem Strafverfahrensänderungsgesetz 1999 enthält die StPO mit dem neu eingeführten § 163 Abs. 1 S. 2 eine Regelung, nach der die Polizei im Rahmen des ihr durch § 163 Abs. 1 S. 1 StPO zugewiesenen Aufgabenbereichs befugt ist, Ermittlungen aller Art vorzunehmen, soweit nicht andere Vorschriften ihre Befugnisse besonders regeln[339]. Für die im fiktiven Fall entscheidende Frage der Vernehmung von Beschuldigten findet sich eine solche speziellere Befugnisnorm in § 163a Abs. 1 S. 1 StPO[340].

Mit der Befugnis zur Vernehmung geht die Pflicht zur Belehrung über die Aussagefreiheit einher (§ 163a Abs. 4 S. 2 i. V. m. § 136 Abs. 1 S. 2 StPO). Aus der Bestimmung des § 136 StPO, die Ausfluß des Nemo-tenetur-Prinzips ist[341], folgt, daß das Strafprozeßrecht keine Pflicht zur Aussage bei der Polizei kennt[342]. Man wird diese Norm indessen nicht so verstehen können, daß hieraus auch das Verbot resultiert, gegen einen nicht aussagewilligen Beschuldigten Zwang anzuwenden. Denn insofern gibt es mit dem nachfolgend zu erörternden § 136a StPO eine speziellere Vorschrift.

---

zitiert und ergänzend die Bestimmungen der beiden bevölkerungsreichsten Bundesländer – Bayern (BayPAG) und Nordrhein-Westfalen (PolG NRW) – genannt. Der „Musterentwurf eines einheitlichen Polizeigesetzes des Bundes und der Länder" ist in der Fassung des Vorentwurfs zur Änderung des MEPolG im Anhang der Bücher zum Polizei- und Ordnungsrecht von *Knemeyer* und *Schenke* abgedruckt.

[336] *Knemeyer*, Polizei- und Ordnungsrecht, Rdnr. 73, 401; *Pieroth/Schlink/Kniesel*, Polizei- und Ordnungsrecht, § 5 Rdnr. 9; *Schenke*, Polizei- und Ordnungsrecht, Rdnr. 414.

[337] *Schenke*, a. a. O. (Fn. 336); KK-*Wache*, § 163 Rdnr. 12.

[338] *Meyer-Goßner*, StPO, § 163 Rdnr. 1.

[339] *Hilger*, NStZ 2000, 561, 563 f.; *Meyer-Goßner*, a. a. O. (Fn. 338); *Schenke*, Polizei- und Ordnungsrecht, Rdnr. 414.

[340] *Schenke*, Polizei- und Ordnungsrecht, Rdnr. 414. A. A. LR-*Rieß*, § 163a Rdnr. 71, dem zufolge die Befugnis aus §§ 161 Abs. 1 S. 1, 163 Abs. 1 S. 2 StPO folgt und § 163a StPO diese Befugnis voraussetzt.

[341] *Beulke*, StPO, Rdnr. 125.

[342] *Gusy*, Polizeirecht, Rdnr. 222.

3. Unmittelbarer Zwang

a) Rechtsgrundlage

§ 163a StPO, der die Vernehmung des Beschuldigten regelt, enthält keine Aussage über die Zwangsanwendung bei Verhören. Überhaupt finden sich in der StPO nur vereinzelte Bestimmungen über das „Ob" und „Wie" der Anwendung unmittelbaren Zwangs (z. B. § 81c Abs. 6 S. 2 u. 3 StPO)[343]. Daher ist umstritten, ob sich die Rechtsgrundlage für seinen Einsatz in den Polizeigesetzen[344] oder in den durchzusetzenden Bestimmungen der StPO selbst[345] findet.

Für die im fiktiven Fall interessierende Frage nach der Zulässigkeit der Folter zu Vernehmungszwecken spielt dieser Streit jedoch keine Rolle. Denn durch die in § 163a Abs. 4 S. 2 StPO ausgesprochene Verweisung auf § 136a StPO steht fest, daß das in dieser Norm festgeschriebene Verbot der Anwendung unmittelbaren Zwangs zur Erlangung einer Aussage ausdrücklich auch für polizeiliche Vernehmungen gilt[346].

b) Verbot der Folter zu Vernehmungszwecken

Nach § 136a Abs. 1 StPO sind in einer Vernehmungssituation (nachfolgend aa)) sowohl die Anwendung als auch die Androhung von Folter als verbotene Vernehmungsmethoden anzusehen (nachfolgend bb)). Eine Ausnahme i. S. v. § 136a Abs. 1 S. 2 StPO kennt das Strafverfahrensrecht für den Einsatz von Folter zu Vernehmungszwecken nicht (nachfolgend cc)).

aa) Vernehmungssituation

Grundvoraussetzung für die Anwendbarkeit des § 136a Abs. 1 StPO ist das Vorliegen einer Vernehmungssituation[347]. Eine solche ist gegeben, wenn der Vernehmende dem Beschuldigten in amtlicher Funktion gegenübertritt und in dieser Eigenschaft von ihm Auskunft verlangt[348].

---

[343] *Knemeyer*, Polizei- und Ordnungsrecht, Rdnr. 410 f.; *Schenke*, Polizei- und Ordnungsrecht, Rdnr. 417. Auf den Begriff des „unmittelbaren Zwangs" wird noch näher einzugehen sein.

[344] *BayObLG*, RReg. 1 St 3/88, NStZ 1988, 518, 519; *Benfer*, NJW 2002, 2688, 2689; KK-*Boujong*, § 127 Rdnr. 40.

[345] *OLG Dresden*, 3 Ss 25/01, NJW 2001, 3643, 3644; *OLG Jena*, 1 Ws 215/99, NStZ 1999, 534, 635; *Keller*, Fallsammlung zum Eingriffsrecht Nordrhein-Westfalen, 195.

[346] *Pfeiffer*, StPO, § 163a Rdnr. 9.

[347] LR-*Hanack*, § 136a Rdnr. 13.

[348] *BGH GrS*, GSSt 1/96, BGHSt 42, 139, 145; *Beulke*, StV 1990, 180, 181; *Saliger*, ZStW 116 (2004), 35, 40.

Im fiktiven Fall ist die Beschuldigteneigenschaft des *I* zu bejahen. Zwar reicht hierfür das bloße Bestehen eines Tatverdachts nicht aus, sondern es muß grundsätzlich ein Willensakt der Strafverfolgungsorgane hinzutreten, der zum Ausdruck bringt, daß ein Strafverfahren gegen den Verdächtigen als Beschuldigten betrieben werden soll[349]. Dabei ist vorliegend zu bedenken, daß es *L* und *V* in der konkreten Situation allenfalls am Rande um die strafrechtliche Verfolgung des *I* geht (vgl. S. 71), so daß man nicht von einem ausdrücklichen Willensakt wird sprechen können. Doch kann der Willensakt auch konkludent zum Ausdruck kommen[350], und ab einem bestimmten Verdachtsgrad ist sogar gänzlich auf objektive Kriterien abzustellen[351]. Da im fiktiven Fall der Verdachtsgrad aus Sicht des *L* so hoch ist, daß er sogar darüber nachdenkt, *I* foltern zu lassen, muß letzterer als Beschuldigter angesehen werden.

Das weiterhin nach § 136a Abs. 1 StPO erforderliche Gegenübertreten in amtlicher Eigenschaft ist gegeben.

Was das Verlangen von Auskünften in dieser Eigenschaft anbelangt, so ist nicht erforderlich, daß der Beschuldigte ein „echtes“ Geständnis ablegt. Für die Anwendung des § 136a StPO reicht es vielmehr, wenn aufgrund der Drohung weitergehende Angaben gemacht werden als bisher, und sich dadurch die Verteidigungsposition verschlechtert[352].

bb) Verbotene Vernehmungsmethoden

Sowohl die Androhung als auch die Anwendung von Folter sind in einer solchen Vernehmungssituation nach § 136a Abs. 1 StPO verboten. Zwar wird der Begriff „Folter“ in dieser Vorschrift nicht verwendet, doch steht außer Zweifel, daß ein Vorgehen, wie es in § 2 der vorliegenden Arbeit definiert worden ist, zu den verbotenen Vernehmungsmethoden i. S. v. § 136a StPO zählt.

(1) Anwendung von Folter

Was die Anwendung der Folter anbelangt, so kann diese sowohl unter den Begriff der „Mißhandlung“ als auch unter den Begriff der „Quälerei“ i. S. v. § 136a Abs. 1 S. 1 StPO subsumiert werden.

---

[349] *BVerfG*, 2 BvR 1372/00, StV 2001, 257; *BGH*, 4 StR 278/56, BGHSt 10, 8, 12; 3 StR 164/86, BGHSt 34, 138, 140; *OLG Frankfurt*, 1 Ws 36-38/88, NStZ 1988, 425, 426.

[350] *BGH*, 5 StR 190/91, BGHSt 38, 214, 228: „Es gibt polizeiliche Verhaltensweisen, die schon nach ihrem äußeren Befund belegen, daß der Polizeibeamte dem Befragten als Beschuldigten begegnet, mag er dies auch nicht zum Ausdruck bringen.“ Vgl. hierzu auch *BGH*, StB 14/96, NStZ 1997, 398; *Beulke*, StPO, Rdnr. 112; *Geppert*, Jura 1991, 80, 83. A. A. *Fincke*, ZStW 95 (1983), 918, 951, dem zufolge es keine Zwangsmaßnahmen gibt, die „generell inkulpativ“ wirken.

[351] *Beulke*, StPO, Rdnr. 112.

[352] *BGH*, 4 StR 70/62, BGHSt 17, 364, 369.

Unter einer Mißhandlung wird wie im Fall des § 223 StGB jede erhebliche Beeinträchtigung der körperlichen Unversehrtheit oder des körperlichen Wohlbefindens verstanden[353]. Quälerei ist die Zufügung langandauernder oder wiederkehrender körperlicher oder seelischer Schmerzen oder Leiden[354]. Eine Festlegung darauf, welcher dieser beiden Begriffe der Folterdefinition in Art. 1 Abs. 1 UN-Folterkonvention näher kommt, erscheint weder notwendig noch sinnvoll, da sie sich überschneiden[355].

(2) Androhung von Folter

Nach § 136a Abs. 1 S. 3 StPO stellt auch die Drohung mit einer solchen Maßnahme eine verbotene Vernehmungsmethode dar.

Auf Seite 65 wurde ausgeführt, daß die Androhung von Folter zumindest dann als psychische Folter i. S. v. Art. 1 Abs. 1 S. 1 UN-Folterkonvention anzusehen ist, wenn die Drohung als so unmittelbar und real angesehen wird, daß sie vergleichbare Ängste und Gefühle hervorruft wie eine Scheinhinrichtung oder die erzwungene Anwesenheit bei der Folterung anderer Gefangener. Auch im Rahmen des § 136a Abs. 1 StPO wird die Drohung mit einer unzulässigen Maßnahme unter bestimmten Umständen bereits als Quälerei im Sinne von Satz 1 dieser Vorschrift verstanden[356]. Das in § 136a Abs.1 S. 3 StPO ausgesprochene Verbot der Androhung einer solchen Maßnahme setzt aber bereits früher an. Denn Drohung in diesem Sinne ist ganz allgemein das Inaussichtstellen einer Maßnahme, auf deren Anordnung der Vernehmende Einfluß zu haben behauptet[357].

(3) Mittel zur Willensbeeinträchtigung

Nach § 136a Abs. 1 StPO müssen sowohl die Androhung als auch die Anwendung derartiger Maßnahmen dazu dienen, die Freiheit der Willensentschließung oder der Willensbetätigung zu beeinträchtigen[358]. Dies dürfte im Fall der Folter auf der Hand liegen. So erklärt der BGH dann auch, daß dieses Tatbestandsmerkmal in § 136a StPO nur genannt sei, weil es auch geringfügige und daher unbeachtliche Grade der Ermüdung und Täuschung gebe; bei Mißhandlung und

---

353 KK-*Boujong*, § 136a Rdnr. 11; *Meyer-Goßner*, StPO, § 136a Rdnr. 7.

354 *Beulke*, StPO, Rdnr. 134; *Meyer-Goßner*, StPO, § 136a Rdnr. 11.

355 KK-*Boujong*, § 136a Rdnr. 9. So spricht auch *Saliger*, ZStW 116 (2004), 35, 60 in einem Atemzug von Mißhandlung und Quälerei.

356 *BGH*, 4 StR 342/60, BGHSt 15, 187, 188; KK-*Boujong*, § 136a Rdnr. 18.

357 LR-*Hanack*, § 136a Rdnr. 48; *Meyer-Goßner*, StPO, § 136a Rdnr. 21. Hierauf sowie auf die Abgrenzung von Drohungen und Warnungen wird bei der Behandlung des § 240 StGB noch näher eingegangen.

358 *BGH*, 1 StR 363/51, BGHSt 1, 387 f.; 1 StR 578/53, BGHSt 5, 332, 334; *Rogall*, Der Beschuldigte als Beweismittel gegen sich selbst, 51; *Peters*, Strafprozeß, 336.

Quälerei seien aber „selbstverständlich“ keine zusätzlichen Feststellungen notwendig, um die Anwendbarkeit dieser Vorschrift zu begründen[359].

cc) Keine Ausnahme i. S. v. § 136a Abs. 1 S. 2 StPO

Die Verbote des § 136a Abs. 1 StPO werden durch dessen Satz 2 insoweit eingeschränkt, als hiernach Zwang angewendet werden darf, wenn das Strafverfahrensrecht diesen zuläßt. Auch hier ist beispielsweise an den auf Seite 62 angesprochenen § 81a StPO zu denken.

Der nach derartigen Bestimmungen zulässige Zwang darf aber nur für die hierin vorgesehenen Zwecke eingesetzt werden, darüber hinaus ist er verboten[360]. Eine „allgemeine Foltervorschrift“, die keiner derartigen „Zweckbindung“[361] unterliegt, gibt es im Strafverfahrensrecht nicht, zumal eine solche die Verbote des § 136a Abs. 1 StPO auch weitgehend konterkarieren würde.

Es ist daher festzuhalten, daß weder für den Fall der Androhung noch für den Fall der Anwendung von Folter eine Norm des Strafverfahrensrechts existiert, die ein derartiges Vorgehen in Vernehmungssituationen i. S. v. § 136a Abs. 1 S. 2 StPO für zulässig erklären würde.

4. Zwischenergebnis

Der Einsatz von Folter zu Vernehmungszwecken – sei es der angedrohte oder der tatsächlich erfolgte – ist im repressiven polizeilichen Aufgabenbereich nach der einfachgesetzlichen Regelung des § 136a Abs. 1 (i. V. m. § 163a Abs. 4 S. 2) StPO ausnahmslos verboten.

III. Prävention

Wenden wir uns nun dem präventiven polizeilichen Aufgabenbereich zu. In diesem muß zwischen der Rechtmäßigkeit der polizeilichen Primärmaßnahme (hier: Verlangen einer Auskunft) und der Rechtmäßigkeit ihrer zwangsweisen Durchsetzung (hier: Androhung oder Anwendung von Folter) unterschieden werden, also mit anderen Worten zwischen der ersten und der zweiten Ebene polizeilichen Handelns[362].

---

[359] *BGH*, 5 StR 190/91, BGHSt 38, 214, 223.

[360] *BGH*, 5 StR 666/86, BGHSt 34, 362, 364; KK-*Boujong*, § 136a Rdnr. 29; *Knemeyer*, Polizei- und Ordnungsrecht, Rdnr. 410; *Meyer-Goßner*, StPO, § 136a Rdnr. 20.

[361] LR-*Hanack*, § 136a Rdnr. 47.

[362] Vgl. zur umstrittenen Frage, inwiefern für die Rechtmäßigkeit des Einsatzes eines Zwangsmittels ein rechtmäßiger Grundverwaltungsakt auf der ersten Ebene polizeilichen Handelns erforderlich ist, *BVerfG*, 1 BvR 831/89, NVwZ 1999, 290, 292; *OVG Münster*, 5 B

1. Erste Ebene polizeilichen Handelns

a) Eröffnung des Aufgabenbereichs

Die allgemeine Eröffnung des präventiven Aufgabenbereichs erfolgt nach den § 1 Abs. 1 MEPolG entsprechenden Aufgabenzuweisungsnormen (z. B. Art. 2 Abs. 1 BayPAG, § 1 Abs. 1 PolG NRW)[363].

Es zeigt sich zwar ein Unterschied zwischen § 1 Abs. 1 MEPolG und § 1 Abs. 1 PolG NRW einerseits sowie Art. 2 Abs. 1 BayPAG andererseits: Während die letztgenannte Vorschrift es bei der Aussage bewenden läßt, daß die Polizei die Aufgabe der Gefahrenabwehr hat, finden sich in den beiden anderen Bestimmungen auch Aussagen über die sogenannte Vorfeldtätigkeit. Nach der hier vertretenen Auffassung ist diese jedoch Teil des präventiven Aufgabenbereichs, so daß keine weitere Differenzierung erforderlich ist (vgl. S. 71). Überdies ist im fiktiven Fall angesichts der drohenden Schäden bereits von einer tatsächlichen Gefahrenlage auszugehen[364], so daß es nicht mehr um eine bloße „*Vorbereitung* auf die Gefahrenabwehr" (so § 1 Abs. 1 S. 2 MEPolG) geht.

Da auch hinsichtlich des Subsidiaritätsprinzips (§ 1a S. 1 MEPolG, Art. 3 BayPAG, § 1 Abs. 1 S. 3 PolG NRW) keine Bedenken bestehen, ist der präventive polizeiliche Aufgabenbereich im fiktiven Fall eröffnet.

b) Befugnisse

Auch in diesem Aufgabenbereich bedarf die Polizei einer Befugnisnorm, wenn mit ihrem Vorgehen ein Rechtseingriff verbunden ist[365]. Ein Auskunftsverlangen ist dabei nach bayerischem und nordrhein-westfälischem Landesrecht nicht auf die polizeiliche Generalklausel (Art. 11 Abs. 1 BayPAG, § 8 Abs. 1 PolG NRW) zu stützen[366]. Denn anders als im MEPolG finden sich in Art. 12 S. 2 BayPAG und § 9 Abs. 2 S. 2 PolG NRW besondere Regelungen zur Auskunftspflicht. Nach diesen Vorschriften müssen Angaben in der Sache nur dann gemacht werden, wenn diesbezüglich eine gesetzliche Handlungspflicht besteht[367]. Eine

---

1956/99, NVwZ 2001, 231; *Heckmann*, in: Becker et al., Öffentliches Recht in Bayern, 3. Teil Rdnr. 230 ff.; *Knemeyer*, Polizei- und Ordnungsrecht, Rdnr. 358; *Schenke*, Polizei- und Ordnungsrecht, Rdnr. 540.

[363] Vgl. zum MEPolG sowie den hier zitierten landesrechtlichen Bestimmungen die Ausführungen in Fn. 335 auf S. 74.

[364] *Haurand/Vahle*, NVwZ 2003, 513, 514; *Kretschmer*, RuP 2003, 102, 104.

[365] *Heckmann*, in: Becker et al., Öffentliches Recht in Bayern, 3. Teil Rdnr. 63; *Knemeyer*, Polizei- und Ordnungsrecht, Rdnr. 144; *Schenke*, Polizei- und Ordnungsrecht, Rdnr. 36 f.

[366] *Lambiris*, Klassische Standardbefugnisse im Polizeirecht, 43; *Schenke*, Polizei- und Ordnungsrecht, Rdnr. 38.

[367] *Gusy*, Polizeirecht, Rdnr. 218; *Heckmann*, in: Becker et al., Öffentliches Recht in Bayern, 3. Teil Rdnr. 311; *Lambiris*, Klassische Standardbefugnisse im Polizeirecht, 20; *Welsch*,

solche könnte im fiktiven Fall insbesondere dann anzunehmen sein, wenn dem *I* als Handlungsverantwortlichem eine Garantenstellung aus Ingerenz, d. h. aus pflichtwidrigem gefährdendem Vorverhalten[368], zukommt[369]. Hier nun stellt sich wieder das Problem, daß nicht feststeht, ob *I* in irgendeiner Weise an den Vorkommnissen des fiktiven Falles beteiligt ist (vgl. S. 29). Dies macht es erforderlich, zwischen zwei Szenarien zu unterscheiden:

aa) Ist *I* der „Falsche", also an den Geschehnissen nicht beteiligt, so *kann* er nichts zur Verhinderung der drohenden Anschläge tun und *muß* es dementsprechend auch nicht; ihn trifft also keine Handlungspflicht und daher auch keine Auskunftspflicht.

bb) Ist *I* hingegen der „Richtige", so ist sein Tun als pflichtwidriges gefährdendes Vorverhalten (Ingerenz) zu qualifizieren, da durch die angedrohten weiteren Anschläge nach Ablauf des Ultimatums die nahe Gefahr eines Schadenseintritts besteht. Fraglich ist jedoch, ob hieraus eine unbeschränkte Auskunftspflicht resultiert, oder ob es diesbezüglich Grenzen gibt.

Art. 12 S. 2 BayPAG und § 9 Abs. 2 S. 2 PolG NRW treffen – anders als andere landesgesetzliche Bestimmungen[370] – diesbezüglich keine Regelung[371], so daß grundsätzlich von einer Auskunftspflicht auszugehen ist, wenn eine gesetzliche Handlungspflicht besteht[372]. Allerdings ist auch im Bereich der Gefahrenabwehr das Nemo-tenetur-Prinzip zu beachten[373]. Daher dürfen Auskunftsverlangen eine äußerste Grenze nicht überschreiten, was die Polizeigesetze der Länder auf zwei verschiedene Arten sicherstellen:

Im Rahmen eines ersten Modells wird § 136a StPO von den polizeirechtlichen Befugnisnormen über Auskunft und Befragung für entsprechend anwendbar erklärt[374]. Dies hat zur Folge, daß das hierin normierte Verbot der Folter, wie es auf Seite 76 ff. beschrieben worden ist, auch im präventiven polizeilichen Aufgabenbereich gilt[375].

BayVBl 2003, 481, 486.

[368] *Jasch*, NStZ 2005, 8, 9; *Wessels/Beulke*, Strafrecht AT, Rdnr. 725.

[369] *Mitsch*, Die Polizei 2004, 254, 256; *Welsch*, BayVBl 2003, 481, 486; *Wagenländer*, Zur strafrechtlichen Beurteilung der Rettungsfolter, 55 ff.

[370] Vgl. hierzu *Wagenländer*, Zur strafrechtlichen Beurteilung der Rettungsfolter, 59 ff. Siehe auch *Haurand/Vahle*, NVwZ 2003, 513, 517.

[371] *Gusy*, Polizeirecht, Rdnr. 220.

[372] *Jerouschek/Kölbel*, JZ 2003, 613, 616.

[373] *Haurand/Vahle*, NVwZ 2003, 513, 517.

[374] Vgl. die Nachweise bei *Merten*, JR 2003, 404, 406 f. Siehe auch *Ellbogen*, Jura 2005, 339, 340; *Hecker*, KJ 2003, 210, 212.

[375] *LG Frankfurt*, 5/27 KLs 7570 Js 203814/03 (4/04), NJW 2005, 692, 693.

Art. 12 BayPAG und § 9 PolG NRW kennen keinen derartigen Verweis auf § 136a StPO. Vielmehr gehören die Polizeigesetze Bayerns und Nordrhein-Westfalens zu jener zweiten Kategorie von Gesetzen, deren Bestimmungen über den unmittelbaren Zwang ein explizites Verbot seiner Anwendung zur Aussageerzwingung enthalten.

2. Zweite Ebene polizeilichen Handelns

Daher ist nun die zweite Ebene polizeilichen Handelns in den Blick zu nehmen, auf der die Durchsetzung polizeilicher Maßnahmen im Wege des Verwaltungszwanges erfolgt[376].

a) Unmittelbarer Zwang

Eines der hierbei zu Gebote stehenden Zwangsmittel ist der sogenannte unmittelbare Zwang, den § 36 Abs. 1 MEPolG, Art. 61 Abs. 1 BayPAG und § 58 Abs. 1 PolG NRW übereinstimmend als „Einwirkung auf Personen oder Sachen durch körperliche Gewalt, ihre Hilfsmittel und durch Waffen" definieren.

Es kommt dabei weder darauf an, ob das Handeln mit größerer Kraftanstrengung verbunden ist, noch darauf, ob in die körperliche Integrität von Personen oder Sachen eingegriffen wird; daher fallen unter die einfache körperliche Gewalt auch das Wegführen einer Person am Arm oder das Wegtragen einer Sache[377].

b) Verbot der Folter

aa) Wie bereits erwähnt, enthalten die Polizeigesetze Bayerns und Nordrhein-Westfalens ein explizites Verbot, unmittelbaren Zwang zur Erlangung einer Aussage einzusetzen, und zwar in Art. 58 Abs. 2 BayPAG bzw. § 55 Abs. 2 PolG NRW. In diesen Vorschriften heißt es wortgleich mit § 33 Abs. 2 MEPolG:

> „Unmittelbarer Zwang zur Abgabe einer Erklärung ist ausgeschlossen."

bb) Die Anwendung von Folter, die unproblematisch als eine Form des unmittelbaren Zwangs anzusehen ist[378], wird durch die vorstehend wiedergegebenen Normen eindeutig verboten. Dies ist zwischen Befürwortern und Gegnern der Folter unstreitig[379].

---

[376] *Knemeyer*, Polizei- und Ordnungsrecht, Rdnr. 356.

[377] *OVG Greifswald*, 3 M 12/94, NVwZ 1996, 488, 489.

[378] *Schenke*, Polizei- und Ordnungsrecht, Rdnr. 558a.

[379] *Brugger*, Der Staat 1996, 67, 70; *ders.*, JZ 2000, 165, 166; *Düx*, ZRP 2003, 180; *Haurand/Vahle*, NVwZ 2003, 513, 518; *Hecker*, KJ 2003, 210, 212; *Jaschinski*, FoR 2003, 64; *Kretschmer*, RuP 2003, 102, 104; *Mushoff*, FoR 2003, 97; *Lambiris*, Klassische Standard-

cc) Die genannten Normen enthalten indessen kein explizites Verbot der Ausübung psychischen Drucks[380], so daß sich die Frage stellt, ob auch das bloße Androhen von Folter erfaßt ist. Man wird dies bejahen müssen, da nur zulässige Zwangsmittel angedroht werden dürfen[381]. Dies gilt um so mehr, wenn man die genannten Vorschriften als Übertragung des Rechtsgedankens des § 136a StPO in das Polizeirecht ansieht[382]. Denn nach § 136a Abs. 1 S. 3 StPO ist auch die Androhung der Folter ausdrücklich verboten (vgl. S. 78).

c) Wertungswiderspruch zum finalen Rettungsschuß?

Teilweise wird jedoch vorgebracht, daß dieses absolute Verbot der Folter einen Wertungswiderspruch gegenüber den Regelungen zum sogenannten finalen Rettungsschuß darstelle[383].

aa) Wesen des finalen Rettungsschusses

Der finale Rettungsschuß, der auch als Todesschuß bezeichnet wird, ist ein in Tötungsabsicht abgegebener Schuß auf einen Täter, der in Extremsituationen wie etwa bei Geiselnahmen eingesetzt wird, um Leib und Leben von Opfern zu retten[384].

Die Regelungen in den Polizeigesetzen der Bundesländer, die ein derartiges Vorgehen vorsehen, sind nicht einheitlich, was sich auch an den hier zu untersuchenden Regelungen des MEPolG, des bayerischen und des nordrhein-westfälischen Polizeigesetzes zeigt. In § 41 Abs. 2 S. 2 MEPolG und Art. 66 Abs. 2 S. 2 BayPAG heißt es übereinstimmend:

> „Ein Schuß, der mit an Sicherheit grenzender Wahrscheinlichkeit tödlich wirken wird, ist nur zulässig, wenn er das einzige Mittel zur Abwehr einer gegenwärtigen Lebensgefahr oder der gegenwärtigen Gefahr einer schwerwiegenden Verletzung der körperlichen Unversehrtheit ist."

Demgegenüber wird der finale Rettungsschuß nach nordrhein-westfälischem Landesrecht auf die Vorschrift des § 63 Abs. 2 PolG NRW gestützt, die wie folgt lautet:

---

befugnisse im Polizeirecht, 144 f.; *Schenke*, Polizei- und Ordnungsrecht, Rdnr. 558a.

380 *Heckmann*, VBlBW 1992, 164, 171.

381 *Haurand/Vahle*, NVwZ 2003, 513, 518; *Heckmann*, in: Becker et al., Öffentliches Recht in Bayern, 3. Teil Rdnr. 256a; *Neuhaus*, GA 2004, 521, 525; *Schenke*, Polizei- und Ordnungsrecht, Rdnr. 558a.

382 So für Art. 58 Abs. 2 BayPAG *Welsch*, BayVBl 2003, 481, 486.

383 *Brugger*, Der Staat 1996, 67, 74; *ders.*, JZ 2000, 165, 168. Vgl. hierzu auch *Miehe*, NJW 2003, 1219 f., bei dem allerdings nicht recht deutlich wird, ob er Brugger in der Frage des Wertungswiderspruchs folgt. Ähnlich auch *Hofmann*, in: Schmidt-Bleibtreu/Klein, GG, Art. 1 Rdnr. 17.

384 *Merten*, Doehring-FS, 583; *Seebode*, StV 1991, 80. Vgl. auch *Beisel*, JA 1998, 721 ff.

„Schußwaffen dürfen gegen Personen nur gebraucht werden, um angriffs- oder fluchtunfähig zu machen."

An dieser Stelle soll der berechtigten Frage nicht weiter nachgegangen werden, ob die weitgehend unbestimmte Vorschrift des § 63 Abs. 2 PolG NRW für eine so tiefgreifende Maßnahme wie die gezielte Tötung eines Menschen ausreichend bestimmt ist[385]. Wichtig ist hier alleine, *daß* der Schußwaffengebrauch gegen Personen in diesen Bestimmungen eine Regelung gefunden hat.

bb) Wertungswiderspruch?

Brugger vertritt nun die Auffassung, es sei ein eklatanter Wertungswiderspruch, wenn die Polizei einerseits einen Menschen mittels des finalen Rettungsschusses töten dürfe, ihr aber andererseits das „bloße" körperliche Mißhandeln in Form der Folter untersagt sei[386]. Er plädiert daher dafür, die Folter im Wege eines Analogieschlusses zu den Vorschriften über den finalen Rettungsschuß (§ 41 Abs. 2 S. 2 MEPolG, Art. 66 Abs. 2 S. 2 BayPAG, § 63 Abs. 2 PolG NRW) für zulässig zu erklären und im Gegenzug diejenigen Vorschriften teleologisch zu reduzieren, die die Anwendung unmittelbaren Zwangs zur Erlangung einer Aussage verbieten (§ 33 Abs. 2 MEPolG, Art. 58 Abs. 2 BayPAG, § 55 Abs. 2 PolG NRW)[387].

Mit diesen Thesen ist Brugger auf berechtigte Kritik gestoßen[388], denn die genannten Vorschriften lassen weder Raum für eine Analogie noch für eine teleologische Reduktion.

(1) Analogie

Was zunächst die Analogie anbelangt, so hat diese bekanntlich zwei Voraussetzungen: Erstens bedarf es einer planwidrigen Regelungslücke und zweitens einer Vergleichbarkeit der geregelten mit der nicht geregelten Situation[389].

(a) Beim Einsatz der Folter zu Vernehmungszwecken fehlt es bereits an der planwidrigen Regelungslücke, denn wie auf Seite 82 erläutert, ist diese Frage

[385] Vgl. hierzu *Pieroth/Schlink/Kniesel*, Polizei- und Ordnungsrecht, Rdnr. 18 ff.; *Rachor*, in: Lisken/Denninger (Hg.), Handbuch des Polizeirechts, F Rdnr. 889; *Schenke*, Polizei- und Ordnungsrecht, Rdnr. 561.

[386] Vgl. die Nachweise in Fn. 383.

[387] *Brugger*, Der Staat 1996, 67, 77 f.; *ders.*, F.A.Z. vom 10. März 2003, 8.

[388] *Follmar/Heinz/Schulz*, Zur aktuellen Folterdebatte in Deutschland, 8; *Jeßberger*, Jura 2003, 711, 713 Fn. 20; *Kretschmer*, RuP 2003, 102, 108; *Mushoff*, FoR 2003, 97, 98 f.; *Roxin*, Strafrecht AT I, § 16 Rdnr. 98; *Saliger*, ZStW 116 (2004), 35, 46; *Schenke*, Polizei- und Ordnungsrecht, Rdnr. 558a; *Wagenländer*, Zur strafrechtlichen Beurteilung der Rettungsfolter, 75 ff.; *Welsch*, BayVBl 2003, 481, 485; *Wittreck*, DÖV 2003, 873, 878 f.

[389] *BGH*, VIII ZR 274/02, NJW 2003, 2601, 2603; *BVerwG*, VII C 133/59, BVerwGE 11, 174, 176; *Larenz/Canaris*, Methodenlehre der Rechtswissenschaft, 194 f., 201.

durch polizeirechtliche Vorschriften eindeutig geregelt (§ 33 Abs. 2 MEPolG, Art. 58 Abs. 2 BayPAG, § 55 Abs. 2 PolG NRW).

Auch Brugger bestreitet die Existenz dieser Vorschriften nicht, meint aber, diese schlössen nur eine „Formulierungslücke“ aus[390]. Seiner Ansicht nach liegt jedoch eine „Wertungslücke“ bzw. ein „Wertungswiderspruch“ vor, was er ausgehend von seinem auf Seite 26 wiedergegebenen Fall mit der Überlegung begründet, die genannten Folterverbotsnormen berücksichtigten in ihrer Absolutheit die Interessen der von einem Anschlag bedrohten Bürger nicht in ausreichendem Maße und widersprächen daher dem Gerechtigkeitsempfinden[391].

Dies reicht jedoch für die Annahme einer planwidrigen Regelungslücke nicht aus, vielmehr müßte sich aus dem den Polizeigesetzen zugrundeliegenden Regelungsplan ergeben, daß sie in diesem konkreten Punkt tatsächlich unvollständig sind[392]. Eben dies nimmt Brugger für die in § 33 Abs. 2 MEPolG, Art. 58 Abs. 2 BayPAG und § 55 Abs. 2 PolG NRW getroffenen Regelungen an. Er meint, die Vorschriften berücksichtigen nicht, daß „der Erpresser doch nicht hilflos“ sei, sondern „durch seine Kenntnis der Lokalität der Bombe die Fäden faktisch in der Hand“ halte[393]. Mit anderen Worten, bräuchte der Täter lediglich auszusagen, um der Gefahr der Folter zu entrinnen.

Hierzu ist zunächst einmal anzumerken, daß in vielen Fällen keineswegs Gewißheit darüber besteht, ob der Betreffende die Situation tatsächlich in diesem Sinne beherrscht. Insofern kann auf die Ausführungen auf Seite 28 verwiesen werden.

Aber selbst in Fällen, in denen eine derartige Beherrschungssituation gegeben ist, erweist sich Bruggers Argumentation als nicht stichhaltig. Die zitierten Vorschriften gehören zu den Regelungen über den präventiven polizeilichen Aufgabenbereich, in dem es um die Abwehr von Gefahren geht. Dieses Ziel soll nach der in §§ 4, 5 MEPolG, Art. 7, 8 BayPAG und §§ 4, 5 PolG NRW zum Ausdruck kommenden Wertung grundsätzlich dadurch erreicht werden, daß diejenigen Personen in Anspruch genommen werden, die für die abzuwehrenden Gefahren verantwortlich sind. Die nach Bruggers Meinung nicht mitbedachte Situation – d. h. die Verantwortlichkeit wegen Beherrschens der Lage – ist also gerade der Ausgangspunkt derjenigen Regelungen, die die Anwendung unmittelbaren Zwangs zur Erlangung einer Aussage verbieten: Dieses Verbot besteht, *obwohl* der Betreffende durch seine Kenntnis die Lage beherrscht.

---

[390] *Brugger*, Der Staat 1996, 67, 74: „Ausgeschlossen ist nur eine Formulierungslücke. Darunter ist das Fehlen einer Regelung an einem Ort zu verstehen, an dem man nach dem Gesetzesplan ein Regelung erwarten würde.“

[391] *Brugger*, Der Staat 1996, 67, 74; *ders.*, JZ 2000, 165, 168.

[392] *Larenz/Canaris*, Methodenlehre der Rechtswissenschaft, 194.

[393] *Brugger*, JZ 2000, 165, 168 f.

Auch wenn man dies anders sehen wollte, so stünde der von Brugger vorgeschlagenen Analogie doch im Wege, daß die richterliche Lückenschließung nach ständiger Rechtsprechung des BVerwG die hinreichend verläßliche Feststellung erfordert, daß der Gesetzgeber die Lücke in einer *ganz bestimmten Weise* geschlossen hätte[394]. Dies würde voraussetzen, daß der Gesetzgeber die Folter zumindest dann für zulässig erklärt hätte, wenn die von Brugger vorgeschlagenen acht Kriterien[395] erfüllt sind. Da sich den Polizeigesetzen nichts für diese Annahme entnehmen läßt, wäre sie nicht hinreichend verläßlich. Betrachtet man überdies die Wertungen anderer Vorschriften, so drängt sich gerade der gegenteilige Schluß auf. Denn § 33 Abs. 2 MEPolG, Art. 58 Abs. 2 BayPAG und § 55 Abs. 2 PolG NRW sind wie § 136a StPO Ausdruck höherrangiger Prinzipien[396], die verfassungsrechtlich insbesondere in Art. 1 Abs. 1, 104 Abs. 1 S. 2 GG und völkerrechtlich beispielsweise in Art. 5 AEMR, Art. 3 EMRK und Art. 7 IPbürgR ihren Niederschlag gefunden haben. Auf diese Bestimmungen wird im weiteren Verlauf der vorliegenden Arbeit noch näher einzugehen sein. Es läßt sich aber schon an dieser Stelle festhalten, daß die hierin enthaltenen Wertungen gegen die Annahme sprechen, die Situation wäre in den Polizeigesetzen in der von Brugger vorgeschlagenen Weise geregelt worden, falls sie bei der Gesetzgebung tatsächlich übersehen worden sein sollte.

(b) Überdies fehlt es auch an der zweiten Voraussetzung der Analogie, nämlich an der Vergleichbarkeit zwischen der geregelten Situation (finaler Rettungsschuß) mit der – nach Bruggers Meinung – nicht geregelten Situation (Folter in Extremsituationen).

Von einer derartigen Vergleichbarkeit ließe sich nur dann sprechen, wenn der zu beurteilende Sachverhalt dem geregelten in allen für die rechtliche Bewertung maßgeblichen Hinsichten gliche und die verbleibenden Unterschiede nicht von solcher Art wären, daß sie die gesetzliche Wertung hier ausschlössen[397]. So verhält es sich beim Vergleich der Folter mit dem finalen Rettungsschuß jedoch nicht. Denn der finale Rettungsschuß trifft eine Person, über deren Täterschaft Gewißheit besteht, während die Folter gegen eine Person eingesetzt würde, die lediglich der Tat verdächtig ist – wie hoch der Verdachtsgrad auch sein mag (vgl. S. 29)[398]. Mithin sind diese Maßnahmen wesensmäßig verschieden und nicht vergleichbar[399].

---

[394] *BVerwG*, II C 33/72, BVerwGE 45, 85, 90; 6 C 46/78, BVerwGE 57, 183, 186; 5 C 28/87, BVerwGE 82, 330, 336.

[395] Diese sind in Fn. 108 auf S. 27 wiedergegeben.

[396] *Kretschmer*, RuP 2003, 102, 107; *Merten*, JR 2003, 404, 408. Vgl. auch die Nachweise in Fn. 155 auf S. 36.

[397] *Larenz/Canaris*, Methodenlehre der Rechtswissenschaft, 202 f.

[398] *LG Frankfurt*, 5/27 KLs 7570 Js 203814/03 (4/04), NJW 2005, 692, 695; *Ellbogen*, Jura 2005, 339, 342; *Follmar/Heinz/Schulz*, Zur aktuellen Folterdebatte in Deutschland, 8; *Ge-*

(c) Eine Zulassung der Folter in Analogie zum finalen Rettungsschuß kommt also nicht in Betracht.

(2) Teleologische Reduktion

Dementsprechend entfällt auch die Basis für die von Brugger vorgeschlagene teleologische Reduktion derjenigen Vorschriften, die die Anwendung unmittelbaren Zwanges zur Erlangung einer Aussage verbieten (§ 33 Abs. 2 MEPolG, Art. 58 Abs. 2 BayPAG, § 55 Abs. 2 PolG NRW). Denn Brugger will eine solche nur für den Fall vornehmen, daß „die Gesamtwertung der Vorschriften über den Polizeizwang und insbesondere die Vorschrift über die Zulässigkeit des finalen Rettungsschusses für den hier vorliegenden Falltypus ‚besser paßt'"[400]. Dies ist jedoch – angesichts der Unzulässigkeit der Analogie – nicht der Fall.

IV. Fazit

Sowohl im präventiven als auch im repressiven polizeilichen Aufgabenbereich ist der Einsatz von Folter zu Vernehmungszwecken nach einfachem Gesetzesrecht ausnahmslos verboten.

Daher kann die auf Seite 73 aufgeworfene Frage, in welchem dieser beiden Aufgabenbereiche die Polizisten des fiktiven Falles tätig werden, an dieser Stelle offenbleiben. Eine derartige Festlegung ist in der Frage des *Verbots*[401] der Folter auch nicht sinnvoll. Denn die höherrangigen Prinzipien, deren Ausdruck sowohl § 136a StPO als auch § 33 Abs. 2 MEPolG, Art. 58 Abs. 2 BayPAG und § 55 Abs. 2 PolG NRW sind[402], differenzieren nicht zwischen präventivem und repressivem Handeln, wie es der Dogmatik des Polizeirechts entspricht. Vielmehr bilden sie gleichsam ein Dach über beiden Bereichen, was sich optisch etwa wie folgt darstellen läßt:

Höherrangige Prinzipien

Prävention Repression

---

bauer, NVwZ 2004, 1405, 1408 f.; *Guckelberger*, VBlBW 2004, 121, 127; *Saliger*, ZStW 116 (2004), 35, 47.

[399] *Roxin*, Eser-FS, 463; *Schenke*, Polizei- und Ordnungsrecht, Rdnr. 558a.

[400] *Brugger*, Der Staat 1996, 67, 77 f.

[401] Anders verhält es sich im Fall des § 343 StGB, in dem ein derartiges Offenlassen nicht möglich ist (dazu später).

[402] Vgl. die Nachweise in Fn. 155 auf S. 36

Von dem hier gefundenen Ergebnis des einfachen Gesetzesrechts wäre nur unter ganz bestimmten Voraussetzungen eine Ausnahme denkbar, was Jerouschek und Kölbel wie folgt auf den Punkt bringen:

> „Das einfache Recht verbietet die peinliche Befragung im Ganzen recht eindeutig; an sich wären die Versuche zu ihrer Legitimierung damit kurzerhand abgeschnitten, und der Einstieg in die grundrechtliche Prüfung erübrigte sich. Allerdings mag man dem entgegenhalten, in Sachlagen nach Art des Frankfurter Falles müsse dem Störer die Datenpreisgabe physisch gleichsam entrissen werden können, weil dies für ein akut bedrohtes höchstrangiges Rechtsgut (Leben) unabdingbar sei. De lege lata ist dies nur zu erreichen, wenn man Art. 104 I 2 GG durch kollidierende Güter verfassungsimmanent beschränkt und vor diesem Hintergrund das subkonstitutionelle Reglement der Auskunftsvollstreckung samt dem präventiv-polizeilichen Geltungsbereich der Folterverbote (Art. 3 EMRK, Art. 7 IPBR, § 136a StPO) für verfassungswidrig hält. Der Lebensschutz (hier: der Geisel) würde damit für eine Gesetzeskorrektur reklamiert, was indes nur angängig wäre, wenn sich auf Verfassungsebene eine strikte Pflicht zur geiselschützenden Intervention abzeichnet."[403]

Übertragen auf den fiktiven Fall bedeutet dies, daß in diesem eine strikte Pflicht zur Abwehr der angedrohten Anschläge unter allen Umständen und mit allen Mitteln bestehen müßte. Dies soll nachfolgend anhand der Wertungen des Verfassungsrechts untersucht werden.

[403] *Jerouschek/Kölbel*, JZ 2003, 613, 617

§ 4 Verbot der Folter nach Verfassungsrecht

I. Gegenstand der Prüfung

Bei der nun vorzunehmenden Untersuchung der Frage, inwieweit die Folter zu Vernehmungszwecken nach Verfassungsrecht verboten ist, wird auf die Vorschriften und Wertungen des Grundgesetzes abgestellt, nicht aber auf diejenigen der Landesverfassungen. Denn grundsätzlich wird gemäß Art. 31 GG selbst Landesverfassungsrecht durch Bundesrecht gebrochen, wenn beide denselben Sachverhalt regeln und dabei zu unterschiedlichen Ergebnissen führen[404]. Gelangt das Landesverfassungsrecht hingegen zum gleichen Ergebnis wie das Bundesrecht, so bleibt es zwar mangels Kollision in Geltung[405], aber in diesem Fall ändert es an der Behandlung in der Sache nichts.

Auch Art. 142 GG, der als lex specialis zu Art. 31 GG konzipiert ist[406], macht keine Prüfung des Landesverfassungsrechts erforderlich. Denn auch nach dieser Vorschrift bleiben Landesgrundrechte nur insoweit in Kraft, wie sie in Übereinstimmung mit den Artikeln 1 bis 18 des Grundgesetzes Grundrechte gewährleisten, und in diesem Fall wird ein und dasselbe Grundrecht geschützt[407]. Daher gilt auch im Grundrechtsbereich, daß es im Kollisionsfall nach Art. 31 GG zu einem Bruch des Landesrechts kommt[408].

Es besteht zwar noch die Möglichkeit, daß Landesgrundrechte einen umfassenderen Schutz gewähren als die Grundrechte des Grundgesetzes. Dies ist nicht als Kollision anzusehen, sofern das Grundgesetz Spielraum für weitergehendes Landesrecht läßt[409]. Indessen werden die nachfolgenden Ausführungen zeigen, daß der durch das Grundgesetz gewährte Schutz vor Folter so umfassend ist, daß weiterreichende landesrechtliche Regelungen nur schwerlich vorstellbar sind.

---

[404] Von Münch-*Gubelt*, Art. 31 Rdnr. 3; *Klein/Haratsch*, JuS 2000, 209, 211. Der hiermit verbundene Vorrang gilt für Bundesrecht jeder Stufe, vgl. *BVerfG*, 2 BvN 1/95, BVerfGE 96, 345, 364.

[405] *BVerfG*, 2 BvN 1/69, BVerfGE 36, 342, 363; 2 BvN 1/95, BVerfGE 96, 345, 364.

[406] Sachs-*Huber*, Art. 142 Rdnr. 2; J/P-*Pieroth*, Art. 142 Rdnr. 1.

[407] *BVerfG*, 2 BvR 639/66, BVerfGE 22, 267 Leitsatz 3. Umfassend zum Begriff des „Übereinstimmens" *Dietlein*, Jura 1994, 57, 58 ff.

[408] *BVerfG*, 1 BvR 14/52 u. a., BVerfGE 1, 264, 265; M/K/S-*von Campenhausen*, Art. 142 Rdnr. 2; J/P-*Pieroth*, Art. 142 Rdnr. 4.

[409] *BVerfG*, 2 BvN 1/95, BVerfGE 96, 345, 366 m. w. N.; *HessStGH*, P. St. 880, JZ 1982, 463, 464; *Göbel-Zimmermann*, NVwZ 1996, 763, 765.

II. Ausgangspunkt Art. 104 Abs. 1 S. 2 GG

Im Grundgesetz findet sich keine Bestimmung, die den Begriff der Folter ausdrücklich verwendet. Jedoch heißt es in Art. 104 Abs. 1 S. 2 GG:

> „Festgehaltene Personen dürfen weder seelisch noch körperlich mißhandelt werden."

Da es sich bei dieser Vorschrift um die sachnächste Regelung handelt – sie wird in der Literatur ausdrücklich als „Folterverbot"[410] bezeichnet –, soll sie zum Ausgangspunkt der Überlegungen gemacht werden.

1. Einschlägigkeit der Vorschrift

Zunächst ist zu klären, ob die Situation des fiktiven Falles von Art. 104 Abs. 1 S. 2 GG erfaßt ist. Dazu müßte *I* als „festgehaltene Person" gelten und Folter i. S. v. Art. 1 Abs. 1 UN-Folterkonvention eine Form der seelischen oder körperlichen Mißhandlung i. S. v. Art. 104 Abs. 1 S. 2 GG darstellen.

a) Festgehaltene Person

aa) Der sachliche Anwendungsbereich von Art. 104 GG entspricht demjenigen des Art. 2 Abs. 2 S. 2 GG, so daß jeder umfassende Entzug der körperlichen Bewegungsfreiheit erfaßt ist[411]. Dementsprechend ist im Sinne dieser Vorschrift „festgehalten", wer einem gesteigerten Risiko der Mißhandlung durch staatliche Organe ausgesetzt ist und sich dem nicht dadurch zu entziehen vermag, daß er sich entfernt[412].

bb) In der Literatur finden sich jedoch Stimmen, die Personen in der Rolle des *I* nicht als festgehalten i. S. v. Art. 104 Abs. 1 S. 2 GG ansehen wollen.

In erster Linie ist hier Brugger zu nennen, der diesbezüglich sein bereits bei der Behandlung des finalen Rettungsschusses angesprochenes Argument wiederholt, daß ein Wertungswiderspruch bestehe (vgl. S. 84), und weiter ausführt:

> „Art. 104 I 2 GG hat nur die Interessen des Festgenommen als hilfloser Person im Auge, und erscheint in der Anwendung auf Fälle der vorliegenden Art, in denen die Exekutivorgane gleichzeitig dem Festgenommenen ausgeliefert sind, ungerecht und absurd."[413]

Auch Miehe ist der Ansicht, die genannte Regelung sei in Situationen wie derjenigen des fiktiven Falles nicht einschlägig. Er wählt jedoch einen anderen Ansatzpunkt und will den Anwendungsbereich der Vorschrift auf Strafgefan-

---

[410] M/K/S-*Gusy*, Art. 104 Rdnr. 29; *Perron*, Weber-FS, 144.

[411] Sachs-*Degenhart*, Art. 104 Rdnr. 4; von Münch-*Kunig*, Art. 104 Rdnr. 19 a. E.

[412] M/K/S-*Gusy*, Art. 104 Rdnr. 29.

[413] *Brugger*, JZ 2000, 165, 169.

gene beschränken. Seines Erachtens wird durch Art. 104 Abs. 1 S. 2 GG lediglich verboten, „aus der Freiheitsstrafe eine Leibesstrafe zu machen"; da aber die Erzwingung einer Aussage „mit einem Freiheitsentzug nicht zwingend etwas zu tun" habe, könne ein derartiges Vorgehen nicht erfaßt sein[414].

cc) Beiden Auffassungen kann nicht gefolgt werden.

Bruggers Argumente zum Bestehen eines Wertungswiderspruchs haben sich bereits im Rahmen des Polizeirechts als nicht tragfähig erwiesen, so daß auf die dort gemachten Ausführungen verwiesen werden kann (vgl. S. 84 ff.). Ferner läßt sich die in Art. 104 Abs. 1 S. 2 GG getroffene Grundsatzentscheidung von Polizisten wie *L* und *V* nicht mit dem Argument außer Kraft setzen, sie sei „ungerecht und absurd". Einer solchen Herangehensweise steht nicht nur Art. 20 Abs. 3 GG entgegen, der allgemein die Bindung der vollziehenden Gewalt an Gesetz und Recht festschreibt[415], sondern auch Art. 1 Abs. 3 GG, durch den eine besondere Bindungswirkung der Grundrechte statuiert wird[416]. Daher verdient Kunig Zustimmung, wenn er schreibt:

> „Die in Art. 104 verbürgten Rechte zeigen, daß das GG den Gesetzgeber generell zu einer strikt förmlichen, Freiheitsbeschränkungen berechenbar und kontrollierbar haltenden Rechtsordnung verpflichten will."[417]

Gegen die von Miehe angestellten Überlegungen spricht, daß in Art. 104 Abs. 1 S. 2 GG nicht von Strafgefangenen, sondern von festgehaltenen Personen die Rede ist. Es handelt sich hierbei um einen Gegenbegriff zu denjenigen Personen, die sich in Freiheit befinden[418]. Letzteren gegenüber hat die Polizei größere Befugnisse. Während etwa im Rahmen einer Demonstration vor dem Ergreifen einer Person der Einsatz von Schlagstöcken zulässig sein kann, wird ein solches Vorgehen nach ihrem Ergreifen durch Art. 104 Abs. 1 S. 2 GG kategorisch ausgeschlossen[419]. Man kann die Vorschrift daher als Ausdruck einer elementaren Regel ansehen, die nach den Worten des BGH „praktisch allen nationalen Polizeirechts-, Grenzrechts- und Strafverfahrensordnungen sowie selbst dem Kriegsvölkerrecht gemein ist, nämlich als Unbewaffneter, der sich ergeben hat, in Gefangenschaft geführt zu werden, ohne daß ihm körperliches Leid geschehen würde"[420].

---

[414] *Miehe*, NJW 2003, 1219, 1220.

[415] *Badura*, Staatsrecht, Rdnr. C 25.

[416] Art. 1 Abs. 3 GG gilt auch für grundrechtsgleiche Rechte wie Art. 104 Abs. 1 S. 2 GG, vgl. J/P-*Jarass*, Art. 1 Rdnr. 20.

[417] Von Münch-*Kunig*, Art. 104 Rdnr. 3.

[418] M/K/S-*Gusy*, Art. 104 Rdnr. 31.

[419] *Pieroth/Schlink*, Grundrechte, Rdnr. 399 f.

[420] *BGH*, 5 StR 473/93, BGHSt 39, 353, 369.

Wollte man Art. 104 Abs. 1 S. 2 GG nur auf Strafgefangene und nicht auch auf andere Festgehaltene anwenden, so liefe dies auf die Annahme eines „besonderen Gewaltverhältnisses"[421] hinaus. Diesbezüglich hat das Bundesverfassungsgericht in seiner Strafgefangenenentscheidung aus dem Jahr 1972 bemängelt, daß „die traditionelle Ausgestaltung des Strafvollzuges als ‚besonderes Gewaltverhältnis' es zuließ, die Grundrechte des Strafgefangenen in einer unerträglichen Unbestimmtheit zu relativieren"[422]. Seither ist anerkannt, daß die Figur des besonderen Gewaltverhältnisses das System der Grundrechtsbegrenzungen nicht außer Kraft setzen kann[423]. Mieḧes Auffassung hätte jedoch zur Folge, daß jene „unerträgliche Unbestimmtheit" unter umgekehrtem Vorzeichen wiedereingeführt würde, nämlich für diejenigen Personen, die *nicht* Strafgefangene sind, sondern sonstige Festgehaltene.

dd) Folglich ist *I* als festgehaltene Person i. S. v. Art. 104 Abs. 1 S. 2 GG anzusehen[424].

b) Mißhandlung

Damit Art. 104 Abs. 1 S. 2 GG im fiktiven Fall einschlägig ist, müßte überdies die von *L* ins Auge gefaßte Anwendung oder Androhung von Folter eine körperliche bzw. seelische Mißhandlung im Sinne dieser Vorschrift sein.

aa) Hinsichtlich des Begriffs der körperlichen Mißhandlung werden im wesentlichen zwei Meinungen vertreten[425]: Die wohl herrschende Meinung versteht hierunter wie im Fall des § 223 StGB jede üble, unangemessene Behandlung, die das körperliche Wohlbefinden oder die körperliche Unversehrtheit nicht nur unerheblich beeinträchtigt[426]. Diese Anlehnung an das Strafrecht wird teilweise kritisiert; so meint etwa Rüpin, daß es sich bei der Mißhandlung i. S. v. Art. 104 Abs. 1 S. 2 GG um einen genuin verfassungsrechtlichen Begriff handele[427]. Da aber auch er der Auffassung ist, daß die Folter als „Prototyp"[428] der von dieser Grundgesetzbestimmung erfaßten Mißhandlungen angesehen werden kann, bedarf es keines vertiefenden Eingehens auf die graduellen Unterschiede dieser Meinung.

---

[421] Vgl. zu diesem Begriff *Badura*, Staatsrecht, Rdnr. C 26; *Loschelder*, HdBStR V, § 123 Rdnr. 2.

[422] *BVerfG*, 2 BvR 41/71, BVerfGE 33, 1, 10.

[423] *Pieroth*, NWVBl 2002, 163, 164.

[424] *Pieroth/Schlink*, Grundrechte, Rdnr. 366.

[425] Vgl. hierzu auch *Guckelberger*, VBlBW 2004, 121, 123.

[426] MD-*Dürig*, Art. 104 Rdnr. 21; J/P-*Jarass*, Art. 104 Rdnr. 8; von Münch-*Kunig*, Art. 104 Rdnr. 14; DR-*Schulze-Fielitz*, Art. 104 Rdnr. 54.

[427] BK-*Rüpin*, Art. 104 Rdnr. 36.

[428] BK-*Rüpin*, Art. 104 Rdnr. 38.

Vielmehr läßt sich festhalten, daß die *Anwendung* von Folter als *körperliche* Mißhandlung auf jeden Fall von Art. 104 Abs. 1 S. 2 GG erfaßt ist[429].

bb) Als *seelische* Mißhandlung i. S. v. Art. 104 Abs. 1 S. 2 GG ist jede entehrende und entwürdigende Maßnahme anzusehen; hierzu zählen gerade auch solche Maßnahmen, die die freie Willensbildung beeinträchtigen können[430]. Die *Androhung* von Folter, wie sie auf den Seiten 63 ff. beschrieben worden ist, ist hierfür ein typisches Beispiel[431].

c) Zwischenergebnis

Als Zwischenergebnis läßt sich daher festhalten, daß Art. 104 Abs. 1 S. 2 GG im fiktiven Fall einschlägig ist.

2. Stellung im Normgefüge des Grundgesetzes

Daher ist nun zu überlegen, welche Stellung dieser Bestimmung im Normgefüge des Grundgesetzes zukommt.

Art. 104 Abs. 1 S. 2 GG ist ein grundrechtsgleiches Recht[432], bei dem es sich um eine Ausprägung von Art. 1 Abs. 1 S. 1 GG handelt[433]. Die Vorschrift stellt besondere Anforderungen an die *Art und Weise* von Freiheitsbeschränkungen[434] und ergänzt so diejenigen Grundrechtsbestimmungen, deren Regime die körperliche Bewegungsfreiheit sowie die körperliche Unversehrtheit unterfallen[435]. Ipsen spricht daher von einer „bekräftigenden Garantie"[436].

---

429 Sachs-*Degenhart*, Art. 104 Rdnr. 45; J/P-*Jarass*, Art. 104 Rdnr. 8; *Merten*, JR 2003, 404, 405; DR-*Schulze-Fielitz*, Art. 104 Rdnr. 55.

430 MD-*Dürig*, Art. 104 Rdnr. 22; J/P-*Jarass*, Art. 104 Rdnr. 8; *Kretschmer*, RuP 2003, 102, 107; von Münch-*Kunig*, Art. 104 Rdnr. 15.

431 *LG Frankfurt*, 5/22 Ks 3490 Js 230118/02, StV 2003, 327; *Kinzig*, ZStW 115 (2003), 791, 803; DR-*Schulze-Fielitz*, Art. 104 Rdnr. 55; *Wagenländer*, Zur strafrechtlichen Beurteilung der Rettungsfolter, 137.

432 *BGH*, 1 ARs 49/51, BGHSt 2, 44, 45 f.; 4 ARs 1/59, BGHSt 13, 97, 99; J/P-*Jarass*, Vorb. vor Art. 1 Rdnr. 1; *Welsch*, BayVBl 2003, 481, 483.

433 *BGH*, 1 StR 578/53, BGHSt 5, 332, 33; Sachs-*Degenhart*, Art. 104 Rdnr. 45; MD-*Dürig*, Art. 104 Rdnr. 20; *Hecker*, KJ 2003, 210, 212 f.; *Jaschinski*, FoR 2003, 64; *Saliger*, ZStW 116 (2004), 35, 36.

434 *BVerfG*, 2 BvR 41/71, BVerfGE 33, 1, 9 f.; *Grabitz*, HdBStR VI, § 130 Rdnr. 23; J/P-*Jarass*, Art. 104 Rdnr. 6 f.

435 J/P-*Jarass*, Art. 104 Rdnr. 7. In diesem Sinne auch *BVerfG*, 1 BvR 526/53, BVerfGE 10, 302, 322 f.; 2 BvR 2292/00, NJW 2002, 3161; Sachs-*Degenhart*, Art. 104 Rdnr. 2; M/K/S-*Gusy*, Art. 104 Rdnr. 15.

436 *J. Ipsen*, Staatsrecht II, Rdnr. 256.

Zu diesem Zweck enthält Art. 104 Abs. 1 S. 2 GG ein „striktes, vorbehaltloses Verbot elementarer, durch nichts zu rechtfertigender Eingriffe“[437]. Grundrechtsdogmatisch läßt sich die Vorschrift daher als Schranken-Schranke klassifizieren[438]. Dies bedeutet, daß sie eine äußerste Grenze für die Einschränkbarkeit der betroffenen Grundrechte zieht[439], indem sie sowohl die seelische als auch die körperliche Mißhandlung festgenommener Personen unter allen Umständen verbietet.

3. Weiteres Vorgehen

Unbeantwortet bleibt damit allerdings noch die auf Seite 88 aufgeworfene Frage, ob Art. 104 Abs. 1 S. 2 GG seinerseits durch kollidierende Rechtsgüter beschränkt werden kann bzw. muß. Überdies müssen diejenigen Grundrechtsbestimmungen aufgefunden werden, deren Kernbereich durch Art. 104 Abs. 1 S. 2 GG geschützt wird.

Die Vorschrift kann daher nur als Ausgangspunkt der Überlegungen dienen. Im nächsten Schritt sind nun die Freiheitsrechte in ihrer klassischen Ausprägung als Abwehrrechte gegen den Staat[440] in den Blick zu nehmen, da diese „den Schutz konkreter, besonders gefährdeter Bereiche menschlicher Freiheit zum Gegenstand“[441] haben und der Grundrechtsträger hierauf gestützt die Unterlassung von Beeinträchtigungen seiner Schutzgüter verlangen kann[442] (nachfolgend III bis VII). Abschließend wird zu prüfen sein, ob sich auch aus dem Rechtsstaatsprinzip als solchem eine Aussage zum Verbot der Folter ableiten läßt (nachfolgend VIII).

III. Recht auf Leben und körperliche Unversehrtheit

Bei der Prüfung der Freiheitsrechte soll mit Art. 2 Abs. 2 S. 1 GG begonnen werden.

---

437 J/P-*Jarass*, Art. 104 Rdnr. 7. Ähnlich Sachs-*Degenhart*, Art. 104 Rdnr. 45; DR-*Schulze-Fielitz*, Art. 104 Rdnr. 14.

438 *Gusy*, NJW 1992, 457; J/P-*Jarass*, Art. 104 Rdnr. 1; *Merten*, JR 2003, 404, 405; *Pieroth/Schlink*, Grundrechte, Rdnr. 399; DR-*Schulze-Fielitz*, Art. 104 Rdnr. 15.

439 DR-*Dreier*, Vorb. Rdnr. 144; *Gusy*, NJW 1992, 457; *Höfling*, Jura 1994, 169, 171.

440 *BVerfG*, 1 BvR 400/51, BVerfGE 7, 198, 204 f.; *Bethge*, VVDStRL 57 (1998), 7, 14; *Jarass*, AöR 1995, 345, 354; *Kannengießer*, in: Schmidt-Bleibtreu/Klein, GG, Vorb. v. Art. 1 Rdnr. 5.

441 *BVerfG*, 1 BvR 532/77 u. a., BVerfGE 50, 290, 337; 1 BvR 35/82, BVerfGE 68, 193, 205. Vgl. auch *Pieroth/Schlink*, Grundrechte, Rdnr. 58.

442 *J. Ipsen*, Staatsrecht II, Rdnr. 79; M/K/S-*Starck*, Art. 1 Abs. 3 Rdnr. 183.

1. Schutzbereich

Art. 2 Abs. 2 S. 1 GG schützt das Recht auf Leben und körperliche Unversehrtheit. Da im fiktiven Fall nicht davon auszugehen ist, daß *L* beabsichtigt, *I* zu Tode foltern zu lassen, kann hier das Hauptaugenmerk auf die körperliche Unversehrtheit gerichtet werden.

Darunter ist zunächst die Gesundheit in „biologisch-physiologischer Hinsicht" zu verstehen[443], also die Integrität der Körpersphäre[444] im Sinne eines Freiseins von Schmerzen oder Verletzungen[445]. Schutzgut der Bestimmung ist weiterhin die Gesundheit im psychischen Bereich[446].

2. Androhung und Anwendung von Folter als Eingriff

In diesen Schutzbereich wird sowohl durch die Androhung als auch durch die Anwendung von Folter eingegriffen, wenn man die auf den Seiten 63 ff. erläuterten Begrifflichkeiten zugrunde legt.

a) Es erscheint zwar fraglich, ob hierin bereits ein Grundrechtseingriff im herkömmlichen Sinne gesehen werden kann, den das BVerfG als „rechtsförmige[n] Vorgang ..., der unmittelbar und gezielt (final) durch ein vom Staat verfügtes, erforderlichenfalls zwangsweise durchzusetzendes Ge- oder Verbot"[447] definiert. Hier bestehen bei der Androhung bzw. Anwendung der Folter Zweifel an der Rechtsförmigkeit als Gegenstück zur faktischen Wirkung eines Realakts[448]; das Problem ist mit der bekannten Frage vergleichbar, ob der polizeiliche Knüppelschlag ein bloßer Realakt ist, oder ob mit ihm – etwa in Form einer konkludenten Duldungsanordnung – auch rechtliche Wirkungen verbunden sind[449].

Dies bedarf jedoch keiner weiteren Vertiefung. Denn heute ist anerkannt, daß der klassische Eingriffsbegriff zu eng gefaßt ist, da die Grundrechte nicht nur gegen formelle Rechtsakte, sondern auch gegen Realakte Schutz bieten[450]. Dem-

---

[443] *BVerfG*, 1 BvR 612/72, BVerfGE 56, 54, 73 f.; J/P-*Jarass*, Art. 2 Rdnr. 62; *Pieroth/Schlink*, Grundrechte, Rdnr. 393; DR-*Schulze-Fielitz*, Art. 2 II Rdnr. 34;

[444] *J. Ipsen*, Staatsrecht II, Rdnr. 240.

[445] *Kannengießer*, in: Schmidt-Bleibtreu/Klein, GG, Art. 2 Rdnr. 52.

[446] Von Münch-*Kunig*, Art. 2 Rdnr. 63; *Pieroth/Schlink*, Grundrechte, Rdnr. 393; DR-*Schulze-Fielitz*, Art. 2 II Rdnr. 35.

[447] *BVerfG*, 1 BvR 670/91, BVerfGE 105, 279, 299 f. Vgl. auch DR-*Dreier*, Vorb. Rdnr. 124; *Jeand'Heur/Cremer*, JuS 2000, 991, 993. Siehe zu den vier erforderlichen Merkmalen *Pieroth/Schlink*, Grundrechte, Rdnr. 238; *Seiler*, JuS 2002, 156, 158.

[448] *Bethge*, Jura 2003, 327, 332.

[449] Einen Verwaltungsakt nehmen an *BVerwG*, I C 49/64, BVerwGE 26, 161, 164; *BayVGH*, 21 B 87.02889, NVwZ 1988, 1055. Kritisch hierzu *Kopp/Schenke*, VwGO, Anh § 42 Rdnr. 33; *Schoch*, JuS 1995, 215, 218. Umfassend *Finger*, JuS 2005, 116 ff.

[450] *Bethge*, Jura 2003, 327, 332; DR-*Dreier*, Vorb. Rdnr. 125; *Seiler*, JuS 2002, 156, 158 f.

entsprechend wird – wenn auch nur faustformelhaft[451] – als Eingriff jedes staatliche Handeln angesehen, das dem einzelnen ein Verhalten, welches in den Schutzbereich eines Grundrechts fällt, ganz oder teilweise unmöglich macht, und zwar unabhängig davon, ob diese Wirkung final oder unbeabsichtigt, unmittelbar oder mittelbar, rechtlich oder tatsächlich (faktisch), mit oder ohne Befehl und Zwang erfolgt[452].

b) Hiervon ausgehend liegt sowohl in der Androhung als auch in der Anwendung von Folter ein Eingriff in Art. 2 Abs. 2 S. 1 GG[453].

Hinsichtlich der angewandten Folter läßt sich dies unproblematisch feststellen, wenn man die große Bandbreite von Beispielsfällen betrachtet, in denen ein Eingriff in dieses Grundrecht bejaht wird. Diese reichen von der Verabreichung von Brechmitteln[454] über Blut-[455] und Liquorentnahmen[456] bis hin zu Zwangsversuchen am lebenden Menschen[457]. Somit dürfte außer Frage stehen, daß sowohl „leichtere" als auch „schwerere" Fälle der Anwendung von Folter einen Eingriff in Art. 2 Abs. 2 S. 1 GG darstellen.

Auch die Androhung von Folter gehört nicht zu den bloßen Bagatellen oder alltäglichen Lästigkeiten, bei denen verschiedentlich die Annahme eines Eingriffs verneint wird[458]. Denn nach der Rechtsprechung des BVerfG unterfallen Art. 2 Abs. 2 S. 1 GG „psychische Folterungen, seelische Quälereien und entsprechende Verhörmethoden" zumindest dann, wenn sie „ihrer Wirkung nach körperlichen Eingriffen gleichzusetzen" sind, also „das Befinden einer Person in einer Weise verändern, die der Zufügung von Schmerzen entspricht"[459]. Dies deckt sich mit den Überlegungen zum Begriff der psychischen Folter in § 2 der vorliegenden Arbeit (vgl. S. 63 ff.).

---

[451] *Bethge*, VVDStRL 57 (1998), 7, 40.

[452] *Pieroth/Schlink*, Grundrechte, Rdnr. 240 m. w. N.; *Schulte*, Schlichtes Verwaltungshandeln, 87 f. Einige neuere Entscheidungen des *BVerfG* (1 BvR 558/91 u. a. (Glykol), BVerfGE 105, 252, 273; 1 BvR 670/91 (Osho), BVerfGE 105, 279, 300 f.) werfen allerdings die Frage auf, ob das BVerfG künftig in diesem Zusammenhang von „Grundrechtsbeeinträchtigungen" und nicht mehr von Eingriffen sprechen wird; kritisch hierzu *Cremer*, JuS 2003, 747, 751 sowie *Murswiek*, NVwZ 2003, 1, 2, der hierin eine „schlampige Formulierung" erblickt.

[453] *Seidel*, Handbuch der Grund- und Menschenrechte, 22.

[454] *OLG Frankfurt*, 1 Ss 28/96, NJW 1997, 1647, 1648.

[455] *BGH*, 5 StR 233/55, BGHSt 8, 144, 147; *OLG Köln*, 1 Ss 318/85, NStZ 1986, 234, 235.

[456] *BVerfG*, 1 BvR 790/58, BVerfGE 16, 194, 198.

[457] *BVerfG*, 1 BvR 1301/84, BVerfGE 79, 174, 201 f.

[458] Von Münch-*Kunig*, Art. 2 Rdnr. 66; *Pieroth/Schlink*, Grundrechte, Rdnr. 248.

[459] *BVerfG*, 1 BvR 612/72, BVerfGE 56, 54, 75. Vgl. auch J/P-*Jarass*, Art. 2 Rdnr. 62; *Schütz*, JuS 1996, 498, 502.

3. Verfassungsrechtliche Rechtfertigung

Grundrechts*eingriff* ist jedoch nicht gleichbedeutend mit Grundrechts*verstoß*. Zu einem solchen wird ein Eingriff erst dann, wenn sich der Staat für sein Vorgehen nicht zu rechtfertigen vermag[460]. Deswegen ist anhand der Grundrechtsschranken sowie der Schranken-Schranken zu prüfen, ob der Eingriff verfassungsrechtlich gerechtfertigt ist[461].

a) Schranken

Wie in den meisten Grundrechtsfällen[462], so liegt auch im fiktiven Fall die rechtliche Problematik weniger in der Frage nach dem Schutzbereich des Art. 2 Abs. 2 S. 1 GG, als vielmehr in der Frage nach dessen Einschränkungen. Denn in der Debatte über das Verbot der Folter wird immer wieder überlegt, ob das Verbot der Folter auch in Extremsituationen ausnahmslos Gültigkeit beanspruchen kann[463].

Dementsprechend muß geprüft werden, welchen Schranken[464] das Grundrecht auf Leben und körperliche Unversehrtheit unterliegt. Dabei ist sowohl an den Gesetzesvorbehalt des Art. 2 Abs. 2 S. 3 GG als auch an eine Beschränkung durch kollidierendes Verfassungsrecht zu denken.

aa) Gesetzesvorbehalt

Gemäß Art. 2 Abs. 2 S. 3 GG darf in das Recht auf Leben und körperliche Unversehrtheit nur aufgrund eines Gesetzes eingegriffen werden. Die Vorschrift steht also unter Gesetzesvorbehalt. Dies bedeutet, daß Einschränkungen unmittelbar durch *förmliches* Gesetz oder aufgrund eines solchen erfolgen müssen[465]. Das entsprechende Gesetz muß dabei durch ein öffentliches Interesse unter Berücksichtigung des Grundsatzes der Verhältnismäßigkeit gerechtfertigt sein[466]. Anderenfalls ist die Eingriffsermächtigung defizitär, was ebenso einen Grundrechtsverstoß zur Folge hat wie das gänzliche Fehlen einer Eingriffsermächtigung[467].

---

[460] *Bethge*, VVDStRL 57 (1998), 7, 37; *ders.*, Jura 2003, 327, 332; J/P-*Jarass*, Vorb. vor Art. 1 Rdnr. 38.

[461] M/K/S-*Starck*, Art. 1 Abs. 3 Rdnr. 262.

[462] Von Münch-*Kunig*, Art. 1 Rdnr. 52 f.

[463] Vgl. hierzu beispielhaft die auf S. 17 wiedergegebene Äußerung von *Mackenroth*.

[464] Vgl. zu diesem Begriff *Alexy*, Theorie der Grundrechte, 257; *Höfling*, Jura 1994, 169, 171.

[465] *J. Ipsen*, Staatsrecht II, Rdnr. 159; J/P-*Jarass*, Vorb. vor Art. 1 Rdnr. 42; *Kunig*, Jura 1991, 415, 421.

[466] *Badura*, Staatsrecht, 128; *Duttge*, NStZ 2001, 546, 547.

[467] *Bethge*, VVDStRL 57 (1998), 7, 46 f.

Die Zahl der Gesetze, aufgrund derer in die Schutzgüter des Art. 2 Abs. 2 S. 1 GG eingegriffen werden kann, läßt sich kaum überblicken; zu denken ist dabei insbesondere an strafrechtliche und strafprozessuale Vorschriften sowie Normen des Gefahrenabwehrrechts[468]. In § 3 der vorliegenden Arbeit wurde jedoch gezeigt, daß die Vorschriften eben dieser Rechtsgebiete Folterungen unter allen Umständen verbieten. Da auch ansonsten keine Bestimmungen des einfachen Gesetzesrechts ersichtlich sind, aufgrund derer es *L* und *V* im fiktiven Fall gestattet wäre, *I* zu foltern, könnte sich eine entsprechende Begrenzungsmöglichkeit für das Grundrecht aus Art. 2 Abs. 2 S. 1 GG nur noch aus kollidierendem Verfassungsrecht ergeben (vgl. bereits S. 88).

bb) Verfassungsimmanente Schranken

Daher sind nun die verfassungsimmanenten Schranken in den Blick zu nehmen.

Diese ergeben sich aus anderen verfassungsrechtlich geschützten Interessen, wie etwa den kollidierenden Grundrechten Dritter sowie sonstigen mit Verfassungsrang ausgestatteten Rechtswerten[469]. Es geht hierbei um die Frage, wie „nach Maßgabe der grundgesetzlichen Wertordnung und unter Berücksichtigung der Einheit dieses grundlegenden Wertsystems“[470] ein „Ausgleich der gegenläufigen, gleichermaßen verfassungsrechtlich geschützten Interessen mit dem Ziele ihrer Optimierung“[471] geschaffen werden kann.

(1) Vorüberlegungen

Im Fall des Art. 2 Abs. 2 S. 1 GG ist allerdings vorweg zu überlegen, ob verfassungsimmanente Schranken überhaupt zur Eingriffsrechtfertigung herangezogen werden können, da die Beschränkbarkeit dieses Grundrechts an sich bereits durch den Gesetzesvorbehalt in Art. 2 Abs. 2 S. 3 GG geregelt ist.

Teilweise wird vertreten, daß bei unter Gesetzesvorbehalt stehenden Grundrechten kein Raum für Überlegungen bezüglich kollidierenden Verfassungsrechts sei[472]. Dem wird von der wohl herrschenden Meinung entgegengehalten, dies hätte zur Folge, daß vorbehaltslos garantierte Grundrechte stärker relativiert werden könnten als nur mit Vorbehalt gewährte Grundrechte[473].

---

[468] *J. Ipsen*, Staatsrecht II, Rdnr. 162.

[469] *BVerfG*, 1 BvR 83/69 u. a., BVerfGE 28, 243, 261; von Münch-*von Münch*, Vorb. Art. 1 - 19 Rdnr. 5; *Murswiek*, NVwZ 2003, 1, 7; M/K/S-*Starck*, Art. 1 Abs. 3 Rdnr. 275.

[470] *BVerfG*, 1 BvR 435/68, BVerfGE 30, 173, 193.

[471] *BVerfG*, 1 BvR 266/86 u. a., BVerfGE 81, 278, 292.

[472] *Pieroth/Schlink*, Grundrechte, Rdnr. 331. Ähnlich von Münch-*Kunig*, Art. 13 Rdnr. 23; *Schoch*, DVBl 1991, 667, 671.

[473] J/P-*Jarass*, Vorb. vor Art. 1 Rdnr. 47. Vgl. auch *BVerfG*, 1 BvR 272/81, BVerfGE 66, 116, 136; 1 BvR 266/86 u. a., BVerfGE 81, 278, 292; *BVerwG*, 3 C 2/88, BVerwGE 87, 37, 45 f.; *Ruthig*, JuS 1998, 506, 511.

Stellt man sich auf den erstgenannten Standpunkt, so kommt im fiktiven Fall eine Rechtfertigung der Androhung oder Anwendung von Folter aufgrund verfassungsimmanenter Wertungen von vornherein nicht in Betracht. Folgt man hingegen der herrschenden Meinung, so ist als nächstes zu prüfen, welche Verfassungsgüter eine Einschränkung der grundrechtlichen Position des *I* aus Art. 2 Abs. 2 S. 1 GG bewirken könnten.

(2) Kollidierende Grundrechte Dritter

Dabei ist in erster Linie an die kollidierenden Grundrechte[474] derjenigen zu denken, die von den angedrohten Anschlägen betroffen wären, sowie an die hieraus resultierenden Schutzpflichten des Staates.

(a) Bekanntlich kommt den Grundrechten nicht nur die auf Seite 94 angesprochene Funktion von Abwehrrechten gegen den Staat zu. Vielmehr stellen sie auch objektivrechtliche Grund- und Wertentscheidungen der Verfassung dar, die Richtlinien für Gesetzgebung, Verwaltung und Rechtsprechung geben[475] und aus denen staatliche Schutzpflichten resultieren können[476]. Diesbezüglich wird zumeist auf Art. 1 Abs. 1 S. 2[477] sowie Art. 2 Abs. 2 S. 1 GG[478] verwiesen. In der Literatur findet sich überdies die Meinung, daß als dogmatische Grundlage „die vom Staat übernommene Friedensgarantie, die dem Staat das Gewaltmonopol gibt und dem Bürger den Verzicht auf gewaltsame Selbsthilfe ermöglicht"[479], anzusehen sei.

(b) In der Diskussion über die Zulässigkeit der Folter werden als kollidierende Grundrechte Dritter insbesondere das Recht auf Leben und körperliche Unversehrtheit sowie die Menschenwürde angeführt.

Daß Dritte durch die angekündigten Anschläge in ihrem Grundrecht auf Leben und körperliche Unversehrtheit (Art. 2 Abs. 2 S. 1 GG) bedroht wären, dürfte unstreitig sein[480].

Uneinigkeit besteht hingegen in der Frage, ob sie auch in ihrer Menschenwürde betroffen wären. Von Befürworterseite wird diesbezüglich vorgebracht,

---

[474] *BVerfG*, 1 BvR 83/69 u. a., BVerfGE 28, 243, 261; 1 BvL 1/75 u. a., BVerfGE 47, 46, 76; 1 BvR 779/85, BVerfGE 84, 212, 228; J/P-*Jarass*, Vorb. vor Art. 1 Rdnr. 45; von Münch-*von Münch*, Vorb. Art. 1 - 19 Rdnr. 57.

[475] *BVerfG*, 1 BvR 400/51, BVerfGE 7, 198, 205; 2 BvL 8/77, BVerfGE 49, 89, 141 f.

[476] *BVerfG*, 1 BvR 220/51, BVerfGE 1, 97, 104; 2 BvL 8/77, BVerfGE 49, 89, 141 f.; 1 BvR 612/71, BVerfGE 56, 54, 73; *Alexy*, Theorie der Grundrechte, 410; *Badura*, Staatsrecht, Rdnr. C 22; *Brüning*, JuS 2000, 955, 956; *Klein*, NJW 1989, 1633; *Würtenberger/Sydow*, NVwZ 2001, 1201, 1205.

[477] Vgl. etwa *BVerfG*, 2 BvL 8/77, BVerfGE 49, 89, 141 f.

[478] Vgl. etwa *BVerfG*, 1 BvR 612/71, BVerfGE 56, 54, 73.

[479] *Klein*, NJW 1989, 1633, 1636.

[480] *BVerfG*, 1 BvF 1/74 u. a., BVerfGE 39, 1, 42; 1 BvR 1301/84, BVerfGE 79, 174, 201 f.

daß Art. 1 Abs. 1 S. 2 GG den Schutz der Menschenwürde zur Verpflichtung aller staatlicher Gewalt mache[481]. Demgegenüber meint Wittreck, daß in Fällen dieser Art „nicht unmittelbar Opfer- und Täterwürde“ kollidierten, „sondern die Pflichten, die sich insbesondere für die Polizei aus Art. 1 Abs. 1 GG den beiden gegenüber ergeben“[482]. Es wird sogar vertreten, eine Betroffenheit der Menschenwürde Dritter könne vorliegend nicht angenommen werden, da dies eine fälschliche Gleichsetzung mit dem Lebensrecht sei[483]. Letzteres erscheint vor dem Hintergrund der Rechtsprechung des Bundesverfassungsgerichts allerdings fraglich:

> „Das Grundgesetz verpflichtet den Staat, menschliches Leben ... zu schützen. Diese Schutzpflicht hat ihren Grund in Art. 1 Abs. 1 GG; ihr Gegenstand und – von ihm her – ihr Maß werden durch Art. 2 Abs. 2 GG näher bestimmt.“[484]

In diese Richtung gehen auch die Ausführungen in der Entscheidung vom 15. Februar 2006, in der § 14 Abs. 3 LuftSiG für nichtig erklärt worden ist[485]. Letztlich kann aber dahinstehen, ob Dritte durch die angekündigten Anschläge nicht nur in ihrem Grundrecht auf Leben und körperliche Unversehrtheit, sondern auch in ihrer Menschenwürde betroffen wären. Denn ebensowenig wie die Schutzpflicht aus Art. 2 Abs. 2 S. 1 GG hätte diejenige aus Art. 1 Abs. 1 S. 2 GG zur Folge, daß *L* und *V* berechtigt oder sogar verpflichtet[486] wären, *I* zu foltern.

---

[481] *Brugger*, JZ 2000, 165, 169, 170; *ders.*, FAZ vom 10. März 2003, 8; *Gebauer*, NVwZ 2004, 1405, 1407; *Guckelberger*, VBlBW 2004, 121, 125; *Hofmann*, in: Schmidt-Bleibtreu/Klein, GG, Art. 1 Rdnr. 17.

[482] *Wittreck*, DÖV 2003, 873, 879.

[483] *Kretschmer*, RuP 2003, 102, 108; *Merten*, JR 2003, 404, 407.

[484] *BVerfG*, 2 BvF 2/90 u. a. (Schwangerschaftsabbruch II), BVerfGE 88, 203 Leitsatz 1 mit Anm. *Hermes/Walther*, NJW 1993, 2337. Kritisch hierzu äußert sich *Wagenländer*, Zur strafrechtlichen Beurteilung der Rettungsfolter, 152: „Die Zusammenführung der Schutzbereiche von Lebens- und Würdegrundrecht – wie sie das Bundesverfassungsgericht vornimmt – konfligiert mit der unterschiedlichen Ausgestaltung der Rechtfertigungsmöglichkeiten eines Eingriffs in die Menschenwürde auf der einen und in das Recht auf Leben auf der anderen Seite.“ Andererseits schlägt er selbst die Aufnahme folgender Ausnahmeregelung in die Polizeigesetze vor (*ders.*, a. a. O., 179, Hervorhebung durch den Verfasser): „Das Verbot der Anwendung unmittelbaren Zwangs zur Herbeiführung einer Aussage gilt nicht, soweit die Anwendung unmittelbaren Zwangs zur Wahrung der Würde *und* des Lebens eines Dritten zwingend erforderlich ist.“

[485] *BVerfG*, 1 BvR 357/05, NJW 2006, 751, 757.

[486] Auf diese mögliche Konsequenz verweist *Schaefer*, StV 2004, 212, 213: „Zugelassene Ausnahmen würden in solchen Fällen den Polizeibeamten nämlich verpflichten, tatsächlich auch zu foltern. Überlegen Sie sich einmal – von allen anderen Argumenten abgesehen – dieses groteske Ergebnis.“

(c) Dies liegt zunächst einmal daran, daß es im fiktiven Fall nicht allein um den Schutz der Grundrechte Dritter geht, sondern dieser Schutz im Gegenzug einen Eingriff in die Grundrechte des *I* mit sich brächte[487]. Somit gilt der Vorbehalt des Gesetzes. Dies bedeutet, daß es für ein entsprechendes Handeln der Polizei eines konkretisierenden Aktes des Gesetzgebers bedürfte, da die Schutzpflichten des Staates für sich allein keinen Eingriffstitel darstellen[488].

Das BVerfG hat zwar in seiner kürzlich ergangenen Osho-Entscheidung ausgesprochen, daß für „mittelbar-faktische" Beeinträchtigungen keine über die Aufgabenzuweisung hinausgehende gesetzliche Grundlage erforderlich sei, sondern aus der „durch das Grundgesetz zugewiesenen Aufgabe der Staatsleitung" auch die Befugnis zur Unterrichtung der Öffentlichkeit folge[489]. Doch kann hier dahinstehen, ob dem in aller Konsequenz zu folgen ist[490], denn die Androhung bzw. Anwendung von Folter wäre kein „mittelbar-faktischer" Eingriff, sondern träfe *I* höchst unmittelbar. Für den hier interessierenden Fall dürfte man daher auch vor dem Hintergrund der Osho-Entscheidung – zumindest in Form eines Umkehrschlusses – annehmen können, daß das BVerfG den Gesetzgeber bei *un*mittelbaren Eingriffen weiterhin in der Pflicht sieht, „die Schranken der widerstreitenden Freiheitsgarantien jedenfalls so weit selbst zu bestimmen, wie sie für die Ausübung dieser Freiheitsrechte wesentlich sind"[491]. Insofern besteht also nach wie vor Einigkeit mit den in der Literatur geäußerten Auffassungen[492].

Daher ist festzuhalten, daß *L* und *V* schon mangels einfachgesetzlicher Grundlage nicht berechtigt wären, *I* unter Berufung auf grundrechtliche Schutzpflichten die Folter anzudrohen oder ihn sogar tatsächlich zu foltern.

---

[487] Es handelt sich also um ein Dreiecksverhältnis von nichtstaatlichem Störer, beeinträchtigtem Dritten und Staat, vgl. *Brüning*, JuS 2000, 955, 956; *Wahl/Masing*, JZ 1990, 553.

[488] *Bethge*, VVDStRL 57 (1998), 7, 47, 50; *Brüning*, JuS 2000, 955, 959; *Isensee*, Das Grundrecht auf Sicherheit, 42 f.; *Wagenländer*, Zur strafrechtlichen Beurteilung der Rettungsfolter, 80.

[489] *BVerfG*, 1 BvR 670/91, BVerfGE 105, 279, 303 ff.

[490] Die Argumentation erscheint dogmatisch bedenklich, da hier von der Befugnis auf die Aufgabe geschlossen wird; vgl. hierzu *Schoch*, DVBl 1991, 667, 672: „Wenn etwas als nun wirklich nach allen Richtungen hin abgesicherte Erkenntnis des geltenden Staats- und Verwaltungsrechts angesehen werden kann, ist es die Unzulässigkeit des Schlusses von der Aufgabe eines Staatsorgans auf dessen Befugnis zum Grundrechtseingriff. In jedem Polizeirechtslehrbuch ist diese Binsenweisheit nachzulesen."

[491] *BVerfG*, 1 BvR 402/87, BVerfGE 83, 130, 142 m. w. N.

[492] DR-*Dreier*, Vorb. Rdnr. 102; *Isensee*, Das Grundrecht auf Sicherheit, 42 f.; J/P-*Jarass*, Vorb. vor Art. 1 Rdnr. 48; *Murswiek*, NVwZ 2003, 1, 6 Fn. 25; *Wahl/Masing*, JZ 1990, 553, 559.

(d) Selbst wenn man dies anders sehen wollte, hätten etwaige Drittbetroffene doch zumindest keinen *Anspruch* darauf, daß *I* mit Folter bedroht oder sogar tatsächlich gefoltert würde[493].

Dies läßt sich insbesondere derjenigen Entscheidung des Bundesverfassungsgerichts entnehmen, die es im Fall des von Terroristen entführten Arbeitgeberpräsidenten Hanns-Martin Schleyer getroffen hat[494]. Hierin wird betont, daß das menschliche Leben einen Höchstwert darstellt und die hierfür bestehende Schutzverpflichtung besonders ernst zu nehmen ist. Gleichzeitig wird aber ausgeführt, der von einer lebensbedrohenden terroristischen Erpressung Betroffene könne vom Staat nicht verlangen, daß zu seinem Schutz *bestimmte* Mittel eingesetzt werden[495]. Dieses Ergebnis wird durch weitere Entscheidungen des Bundesverfassungsgerichts bestätigt[496]. So heißt es etwa in der sogenannten C-Waffen-Entscheidung:

> „Um den Anforderungen an die Zulässigkeit einer Verfassungsbeschwerde zu entsprechen, die auf die Verletzung der sich aus dem Grundrecht des Art. 2 Abs. 2 Satz 1 GG ergebenden Schutzpflicht gestützt wird, muß der Beschwerdeführer schlüssig dartun, daß die öffentliche Gewalt Schutzvorkehrungen entweder überhaupt nicht getroffen hat oder daß offensichtlich die getroffenen Regelungen und Maßnahmen gänzlich ungeeignet oder völlig unzulänglich sind, das Schutzziel zu erreichen."[497]

Übertragen auf den fiktiven Fall bedeutet dies: Vorliegend ist weder die gänzliche Nichteignung der getroffenen Maßnahmen ersichtlich, noch steht umgekehrt fest, daß sich durch die Folter tatsächlich etwas zum Schutz potentieller Opfer bewirken ließe, da *I* auch der „Falsche" sein kann (vgl. S. 29). Weiterhin mögen zwar Fälle denkbar sein, in denen sich der staatliche Schutzauftrag auf eine ganz bestimmte Maßnahme verengt[498]; doch kann dies nicht für Maßnahmen gelten, die der Polizei durch einschlägige Bestimmungen ausdrücklich untersagt werden[499]. Legt man überdies die Wertungen des Schleyer-Falles zu-

---

[493] So aber *Brugger*, JZ 2000, 165, 169, 171; *Hofmann*, in: Schmidt-Bleibtreu/Klein, GG, Art. 1 Rdnr. 17.

[494] *BVerfG*, 1 BvQ 5/77, BVerfGE 46, 160 ff. Hanns-Martin Schleyer wurde 1977 nach Ermordung seiner Begleitpersonen von Terroristen entführt. Diese machten gegenüber der Bundesregierung sowie dem Bundeskriminalamt seine Freilassung von der Erfüllung bestimmter Forderungen abhängig und drohten bei Nichterfüllung mit Schleyers Ermordung. Insbesondere wurde gefordert, elf namentlich benannte, in Untersuchungshaft oder Strafhaft einsitzende Terroristen freizulassen und diesen die Ausreise aus der Bundesrepublik zu gestatten.

[495] *BVerfG*, 1 BvQ 5/77, BVerfGE 46, 160, 164 f.

[496] *BVerfG*, 1 BvL 15/87, BVerfGE 97, 169, 176 f.; 1 BvR 1676/01, NJW 2002, 1638, 1639.

[497] *BVerfG*, 2 BvR 624/83 u. a., BVerfGE 77, 170, 171.

[498] *Brüning*, JuS 2000, 955, 957; *Vitzthum/Proelß*, VBlBW 2002, 167, 172.

[499] *BVerfG*, 2 BvL 8/77, BVerfGE, 49, 89, 142: „Ob, wann und mit welchem Inhalt sich

grunde, denen zufolge noch nicht einmal das *konkrete* Opfer eines Entführungsfalles einen Anspruch darauf hat, daß der Staat zu seinem Schutz in einer ganz bestimmten Weise tätig wird, so muß dies erst recht im fiktiven Fall der vorliegenden Arbeit gelten, in dem noch gar nicht feststeht, wer der *konkrete* Anspruchsinhaber sein soll[500].

Nach alledem gilt, daß etwaige Drittbetroffene keinen *Anspruch* darauf haben, daß *I* die Folter angedroht oder er dieser unterworfen wird[501].

(e) Daß es keinen individuellen Anspruch auf Folterung des *I* gibt, bedeutet jedoch noch nicht, daß auch keine *objektive* Pflicht des Staates zu einem entsprechenden Handeln besteht. Denn das Bundesverfassungsgericht hat im Fall Schleyer ausdrücklich betont, daß den Staat eine Schutzpflicht gegenüber der „Gesamtheit aller Bürger" trifft[502]. In der Entscheidung Kalkar I spricht es von der verfassungsrechtlichen Pflicht der staatlichen Organe, „dem gemeinen Wohl zu dienen"[503]. Und in der Sportschützen-Entscheidung hat es darauf hingewiesen, daß dem Staat eine „Schutzpflicht gegenüber der Allgemeinheit" zukommt[504]. Der Staat hat also die Aufgabe, die Grundrechte potentieller Opfer vor Verletzungen durch potentielle Straftäter zu schützen[505].

Allerdings gilt auch dies nicht uneingeschränkt, denn selbst die Pflicht zum Schutz des Lebens ist nicht absolut[506]. Die aus den Grundrechten folgenden Schutzpflichten reichen nämlich nicht so weit wie die hieraus resultierenden Abwehrrechte (vgl. hierzu S. 94), sondern werden vielmehr durch letztere begrenzt[507]. Mit anderen Worten hängen die Schutzpflichten von den bestehenden

---

eine solche Ausgestaltung von Verfassungs wegen gebietet, hängt von der Art, der Nähe und dem Ausmaß möglicher Gefahren, der Art und dem Rang des verfassungsrechtlich geschützten Rechtsguts sowie von den schon vorhandenen Regelungen ab."

[500] *BVerfG*, 2 BvR 2029/01, NVwZ 2004, 739, 749: „Diese Schutzpflicht des Staates ist umso intensiver, je mehr die Gefährdung sich konkretisiert und individualisiert und je stärker sie die Gefährdung elementarer Lebensbereiche betrifft."

[501] *Hecker*, KJ 2003, 210, 213; *J. Ipsen*, Staatsrecht II, Rdnr. 235; *Kretschmer*, RuP 2003, 102, 108; *Wittreck*, DÖV 2003, 873, 882. A. A. hinsichtlich der Schutzpflicht aus Art. 1 Abs. 1 S. 2 GG *Wagenländer*, Zur strafrechtlichen Beurteilung der Rettungsfolter, 182.

[502] *BVerfG*, 1 BvQ 5/77, BVerfGE 46, 160, 165

[503] *BVerfG*, 2 BvL 8/77, BVerfGE 49, 89, 132.

[504] *BVerfG*, 1 BvR 539/03, NVwZ 2003, 855, 856.

[505] So ausdrücklich in der Entscheidung zur Sicherungsverwahrung *BVerfG*, 2 BvR 2029/01, NVwZ 2004, 739, 749.

[506] *Isensee*, Das Grundrecht auf Sicherheit, 42 f.; *Saliger*, ZStW 116 (2004), 35, 46 f.

[507] *Brüning*, JuS 2000, 955, 958; *Wahl/Masing*, JZ 1990, 553, 558 f.; *Welsch*, BayVBl 2003, 481, 484. Zweifelnd *Gebauer*, NVwZ 2004, 1405, 1407. A. A. *Wagenländer*, Zur strafrechtlichen Beurteilung der Rettungsfolter, 155 ff.

Regelungen ab[508], aus denen sich Hindernisse rechtlicher Art für ihre Durchsetzung ergeben können[509].

Stellt man insofern auf die für die Polizei primär maßgeblichen[510] einfachgesetzlichen Vorschriften ab, durch die der grundrechtlich garantierte Schutz zunächst „bewirkt und zu bewirken"[511] ist, so ergibt sich schon aus diesen, daß der Einsatz von Folter zu Vernehmungszwecken unter keinen Umständen zulässig ist (vgl. § 3 der vorliegenden Arbeit). Wichtiger noch sind die Vorgaben des Verfassungsrechts. So hat das Bundesverfassungsgericht in seiner Entscheidung vom 15. Februar 2006, in der es die Abschußermächtigung des § 14 Abs. 3 LuftSiG für nichtig erklärt hat, ausdrücklich betont, daß zur Erfüllung der staatlichen Schutzpflichten immer nur solche Mittel gewählt werden dürfen, „deren Einsatz mit der Verfassung im Einklang steht"[512]. Daß dies auch bei der Bekämpfung des Terrorismus gilt, kommt in seiner am 4. April 2006 ergangenen Entscheidung zur Rasterfahndung mit großer Deutlichkeit zum Ausdruck:

> „Der Staat darf und muss terroristischen Bestrebungen – etwa solchen, die die Zerstörung der freiheitlichen demokratischen Grundordnung zum Ziel haben und die planmäßige Vernichtung von Menschenleben als Mittel zur Verwirklichung dieses Vorhabens einsetzen – mit den erforderlichen rechtsstaatlichen Mitteln wirksam entgegentreten ... Auf die rechtsstaatlichen Mittel hat sich der Staat unter dem Grundgesetz jedoch auch zu beschränken. ... Der staatliche Eingriff in den absolut geschützten Achtungsanspruch des Einzelnen auf Wahrung seiner Würde ... ist ungeachtet des Gewichts der betroffenen Verfassungsgüter stets verboten ..."[513]

Insofern ist hinsichtlich der Folter insbesondere die Regelung des Art. 104 Abs. 1 S. 2 GG von Belang, was sogleich noch näher auszuführen sein wird.

---

508 *BVerfG*, 1 BvR 617/72, BVerfGE 56, 54, 78; *LG Frankfurt*, 5/27 KLs 7570 Js 203814/03 (4/04), NJW 2005, 692, 693; *Roxin*, Eser-FS, 466.

509 *Klein*, NJW 1989, 1633, 1638.

510 *Guckelberger*, VBlBW 2004, 121.

511 *Wahl/Masing*, JZ 1990, 553, 561.

512 *BVerfG*, 1 BvR 357/05, NJW 2006, 751, 760.

513 *BVerfG*, 1 BvR 518/02, www.bverfg.de, Rdnr. 126 ff. Ähnlich *Roxin*, Strafrecht AT I, § 16 Rdnr. 99. A. A. *Wagenländer*, Zur strafrechtlichen Beurteilung der Rettungsfolter, 161 f.: „So ist bei der Kollision von Achtungsanspruch und Schutzpflicht innerhalb des Art. 1 Abs. 1 GG in einem ersten Schritt – ggf. aufgrund einer Zweck-Mittel-Relation (normimmanenten Abwägung) – zu prüfen, ob der Eingriff des Staates eine Menschenwürdeverletzung darstellt, der die Abwehrfunktion des Art. 1 Abs. 1 GG aktiviert. Gleichzeitig muss untersucht werden, ob das Handeln des Eingriffsopfers zu Lasten eines Dritten den Menschenwürdesatz tangiert, wodurch die Schutzpflichtfunktion des Art. 1 Abs. 1 GG aktiviert wird. Steht als Ergebnis fest, dass in beiden Fällen der Schutzbereich des Art. 1 Abs. 1 GG berührt wird, muss schließlich in einer inter-normativen Abwägung ein möglichst schonender Ausgleich zwischen den gegenläufigen Interessen hergestellt werden."

Überdies spielen auch völkerrechtliche Bestimmungen eine Rolle; dies zeigt etwa die von Kokott zu Art. 15 EMRK getroffene Aussage, daß hiernach „das Verbot der Folter ... selbst in Extremsituationen absolute Schranken für die Staatsräson“[514] zieht.

(f) Zusammenfassend ist daher festzuhalten, daß sich im fiktiven Fall aus kollidierenden Grundrechten Dritter weder das Recht noch die Pflicht ableiten ließe, *I* mit Folter zu bedrohen oder ihn sogar tatsächlich zu foltern. Denn hierfür fehlt es bereits an einer entsprechenden gesetzlichen Grundlage. Ein auf ein derartiges Vorgehen gerichteter Anspruch würde überdies daran scheitern, daß nach den Wertungen der Schleyer-Entscheidung in Fällen terroristischer Bedrohung keine *bestimmte* Maßnahme zu deren Abwehr verlangt werden kann. Und schließlich reicht auch die objektiv gegebene Schutzpflicht gegenüber der Allgemeinheit nicht so weit, daß hierdurch sämtliche Wertungen der geltenden Rechtsordnung außer Kraft gesetzt würden.

(3) Andere mit Verfassungsrang ausgestattete Werte

Mithin könnte sich eine verfassungsimmanente Schranke für das hier zu untersuchende Grundrecht des *I* (Art. 2 Abs. 2 S. 1 GG) nur noch aus sonstigen mit Verfassungsrang ausgestatteten Werten ergeben[515]. Im Ergebnis kann dabei aber nichts anderes gelten als bei der Beschränkung durch kollidierende Grundrechte Dritter. Zwar wären im fiktiven Fall sowohl die Strafrechtspflege[516] als auch die öffentliche Sicherheit[517] als denkbare Schranken von Bedeutung, doch sind auch insofern Grenzen zu beachten.

Zunächst einmal fehlt es an der auch hier erforderlichen einfachgesetzlichen Grundlage (vgl. bereits S. 101)[518]. Weiterhin gilt, daß auch zum Schutz anderer mit Verfassungsrang ausgestatteter Werte „das Rechtsgut, das auf Grund dieser Würdigung weichen muß, nur so weit zurückgedrängt werden darf, wie es zwingend erscheint“[519]. Letzteres ist grundsätzlich eine Wertungsfrage, im Fall

---

[514] *Kokott*, in: Merten/Papier (Hg.), Handbuch der Grundrechte I, § 22 Rdnr. 91.

[515] *BVerfG*, 1 BvR 83/345, BVerfGE 28, 243, 261; 1 BvR 402/87, BVerfGE 83, 130, 138 f.; J/P-*Jarass*, Vorb. vor Art. 1 Rdnr. 46. Umfassend hierzu *Sachs*, in: Stern, Das Staatsrecht der Bundesrepublik Deutschland Bd. III/2, 552 ff.

[516] *BVerfG*, 1 BvR 396/55, BVerfGE 9, 89, 99; 2 BvR 716/01, NJW 2003, 2004, 2006; *BGH*, 2 StR 731/79, BGHSt 29, 244, 249 f.; 4 StR 640/82, BGHSt 31, 304, 309; 3 StR 324/00, BGHSt 46, 266, 272 f.; *Beulke*, StV 1990, 180.

[517] *BVerfG*, 2 BvR 1226/83 u. a., BVerfGE 76, 1, 75 f.; 1 BvR 266/86 u. a., BVerfGE 81, 278, 292; *BGH*, 2 StR 48/57, BGHSt 10, 344, 351 f.; *BVerwG*, I C 46/69, BVerwGE 49, 202, 209.

[518] J/P-*Jarass*, Vorb. vor Art. 1 Rdnr. 48; *Murswiek*, NVwZ 2003, 1, 6 Fn. 25; *Schoch*, DVBl 1991, 667, 672.

[519] *BVerwG*, I C 46/69, BVerwGE 49, 202, 209.

der Androhung oder Anwendung von Folter wird das Ergebnis der vorzunehmenden Abwägung jedoch durch das Grundgesetz selbst vorgegeben, nämlich in Art. 104 Abs. 1 S. 2 GG.

b) Schranken-Schranken

Wenden wir uns daher nun den Schranken-Schranken zu, denn Art. 104 Abs. 1 S. 2 GG ist grundrechtsdogmatisch als solche zu klassifizieren (vgl. S. 94).

aa) Art. 104 Abs. 1 S. 2 GG

Es wurde bereits ausgeführt, daß Art. 104 Abs. 1 S. 2 GG, der die Folter selbst in Extremsituationen verbietet, im fiktiven Fall einschlägig ist (vgl. S. 90 ff.)[520]. Offengeblieben ist bisher jedoch die Frage, ob Art. 104 Abs. 1 S. 2 GG seinerseits durch kollidierende Güter verfassungsimmanent beschränkt werden kann bzw. muß (vgl. S. 88 und S. 94).

(1) Diese Frage ist nach den vorstehenden Ausführungen zu den verfassungsimmanenten Schranken zu verneinen.

Es hat sich nämlich gezeigt, daß weder für kollidierende Grundrechte Dritter noch für andere mit Verfassungsrang ausgestattete Rechtswerte Schutzpflichten bestehen, die von sonstigen Wertentscheidungen der Verfassung losgelöst sind. Vielmehr ist es gerade Sinn und Zweck der verfassungsimmanenten Schranken, „die Einheit der Verfassung und die von ihr geschützte gesamte Wertordnung"[521] zum Entscheidungsmaßstab zu machen. Auftretende Konflikte werden dabei gelöst, indem ermittelt wird, „welches Prinzip bei der Entscheidung einer konkreten verfassungsrechtlichen Frage jeweils das höhere Gewicht hat"[522].

Im Fall der Folter wird die Antwort auf diese Frage durch Art. 104 Abs. 1 S. 2 GG vorgegeben. Diese Schranken-Schranke hat die Aufgabe, auch für Extremsituationen eindeutig festzulegen, daß die durch die Verfassung geschützte Wertordnung Folter unter keinen Umständen toleriert. Denn die Folter ist, um es mit Isensee zu formulieren, „mit den Status-negativus-Grundrechten des Adressaten schlechthin unvereinbar"[523]. Für dieses Ergebnis spricht auch der klare Wortlaut von Art. 104 Abs. 1 S. 2 GG, denn

> „[d]ie Grenzen der Auslegung von Verfassungsrecht liegen … dort, wo einer nach Wortlaut und Sinn eindeutigen Vorschrift ein entgegengesetzter Sinn verliehen,

---

[520] *Guckelberger*, VBlBW 2004, 121, 127; J/P-*Jarass*, Art. 104 Rdnr. 7; *Merten*, JR 2003, 404, 405.

[521] *BVerfG*, 1 BvR 83/345, BVerfGE 28, 243, 261.

[522] *BVerfG*, 1 BvB 1/51, BVerfGE 2, 1, 72 f.

[523] *Isenseee*, Das Grundrecht auf Sicherheit, 46.

der normative Gehalt der auszulegenden Norm grundlegend neu bestimmt oder das normative Ziel in einem wesentlichen Punkt verfehlt würde ...“[524].

Nach alledem wäre es systemwidrig, wollte man Art. 104 Abs. 1 S. 2 GG seinerseits verfassungsimmanent beschränken[525]. Hierdurch würde die Vorschrift ihres Charakters als Schranken-Schranke beraubt und könnte keine äußerste Grenze für das staatliche Tun mehr bilden. In diesem Fall wäre die Frage nach der Anwendbarkeit der Folter in einer praktisch nicht mehr handhabbaren Einzelfallabwägung zu beantworten, was Art. 104 Abs. 1 S. 2 GG gerade verhindern soll.

(2) Nur eine Interpretation des Art. 104 Abs. 1 S. 2 GG als äußerste Grenze staatlichen Tuns wird überdies einer weiteren Vorgabe des Grundgesetzes gerecht: Die Auslegung und Anwendung des geltenden Rechts muß im Einklang mit den völkerrechtlichen Verpflichtungen der Bundesrepublik Deutschland erfolgen[526]. Dies ist eine Konsequenz der sogenannten Völkerrechtsfreundlichkeit des Grundgesetzes[527], das „von der Eingliederung des von ihm verfaßten Staates in die Völkerrechtsordnung der Staatengemeinschaft“[528] ausgeht. Als Beleg für diese Völkerrechtsfreundlichkeit ist im Bereich der Menschenrechte insbesondere Art. 1 Abs. 2 GG zu nennen, der bewirkt, daß die Menschenrechte bei der Auslegung des Grundgesetzes in besonderer Weise zu berücksichtigen sind[529].

Besonders hervorzuheben ist dabei die EMRK, da diese selbst[530] sowie die hierzu ergangene Rechtsprechung des EGMR[531] vom Bundesverfassungsgericht in ständiger Rechtsprechung als Interpretationshilfe für das Grundgesetz heran-

---

[524] *BVerfG*, 1 BvR 2378/98 u. a., NJW 2004, 999, 1003.

[525] *Welsch*, BayVBl. 2003, 481, 483. Ähnlich *Schenke*, Polizei- und Ordnungsrecht, Rdnr. 558a. A. A. *Brugger*, Der Staat 1996, 67, 80 f.; *ders.*, JZ 2000, 165, 169; *Götz*, NJW 2005, 953, 956; *Herzberg*, JZ 2005, 321, 326; *Wagenländer*, Zur strafrechtlichen Beurteilung der Rettungsfolter, 163 f.

[526] *BVerfG*, 2 BvR 589/79 u. a., NJW 1987, 2427; *BGH*, 1 StR 221/99, BGHSt 45, 321, 329; *BVerwG*, 9 C 38/96, BVerwGE 104, 265, 275; J/P-*Jarass*, Art. 25 Rdnr. 4; *Tomuschat*, HdBStR VII, § 172 Rdnr. 27 f.

[527] *BVerfG*, 1 BvR 93/94, BVerfGE 18, 112, 121; 1 BvR 636/86, BVerfGE 31, 58, 76 f.; *Badura*, Staatsrecht, Rdnr. D 118. Umfassend hierzu *Bleckmann*, DÖV 1996, 137 ff.; *Reichel*, Das staatliche Asylrecht „im Rahmen des Völkerrechts“, 65 ff.

[528] *BVerfG*, 2 BvM 2/86, BVerfGE 75, 1, 17. Vgl. auch J/P-*Jarass*, Art. 25 Rdnr. 4.

[529] DR-*Dreier*, Art. 1 II Rdnr. 20; J/P-*Jarass*, Art. 1 Rdnr. 19.

[530] *BVerfG*, 2 BvR 589/79, NJW 1987, 2427; 1 BvR 2257/01, NJW 2002, 3231. Vgl. auch *BGH*, 1 StR 221/99, BGHSt 45, 321, 329; *Beulke*, StPO, Rdnr. 9; *Frowein*, NVwZ 2002, 29, 33; *Guckelberger*, VBlBW 2004, 121, 123; Sachs-*Höfling*, Art. 1 Rdnr. 69; *Tomuschat*, HdBStR VII, § 172 Rdnr. 27 f.

[531] *BVerfG*, 2 BvR 589/79, NJW 1987, 2427. Vgl. auch *BVerwG*, 4 CN 9.98, JZ 2000, 1050, 1052; von Münch-*Rojahn*, Art. 24 Rdnr. 3; *Valerius*, in: Tomášek (Hg.), Grundfragen des europäischen Strafrechts, 102.

gezogen werden. Wie noch näher zu erläutern sein wird, gilt nach Art. 3 und Art. 15 EMRK, daß die Folter selbst in Extremsituationen unter keinen Umständen angedroht oder angewendet werden darf. Man wird zwar nach der – nicht unproblematischen[532] – Entscheidung des Bundesverfassungsgerichts vom 14. Oktober 2004[533] nicht mehr generell von einem faktischen Vorrang der EMRK vor deutschem Recht ausgehen können[534], doch wird auch in dieser Entscheidung an der Völkerrechtsfreundlichkeit des Grundgesetzes dem Grunde nach festgehalten[535] und ausgeführt:

> „Solange im Rahmen geltender methodischer Standards Auslegungs- und Abwägungsspielräume eröffnet sind, trifft deutsche Gerichte die Pflicht, der konventionsgemäßen Auslegung den Vorrang zu geben."[536]

Da sich die Wertungen von Art. 3 und Art. 15 EMRK mit den Vorgaben weiterer völkerrechtlicher Verträge decken und das Verbot der Folter nach h. M. sogar zu Völkergewohnheitsrecht erstarkt ist[537], dürfte außer Frage stehen, daß auch aus Gründen der Völkerrechtsfreundlichkeit des Grundgesetzes eine verfassungsimmanente Beschränkung von Art. 104 Abs. 1 S. 2 GG nicht in Betracht kommt.

(3) Demnach ist festzuhalten, daß die Schranken-Schranke des Art. 104 Abs. 1 S. 2 GG zur Folge hat, daß weder die Androhung noch die Anwendung von Folter verfassungsrechtlich gerechtfertigt sein können. Die Vorschrift ist selbst keiner weiteren Abwägung mehr zugänglich, sondern beantwortet die Frage endgültig und abschließend.

bb) Weitere Schranken-Schranken

Man könnte nun überlegen, ob neben Art. 104 Abs. 1 S. 2 GG noch weitere Schranken-Schranken zur Anwendung gelangen.

(1) Zu denken ist dabei zunächst an Art. 1 Abs. 1 GG, denn der hierdurch garantierte Schutz der Menschenwürde wirkt in die anderen Grundrechte hinein[538], so daß die Vorschrift teilweise als Schranken-Schranke klassifiziert wird[539].

---

532 Vgl. hierzu *Meyer-Ladewig/Petzold*, NJW 2005, 15, 20.

533 *BVerfG*, 2 BvR 1481/04, NJW 2004, 3407.

534 So aber noch *Schweitzer*, Staatsrecht III, 8. Aufl. (2004), Rdnr. 710. Abzuwarten bleibt, ob der EMRK über den Umweg des Gemeinschaftsrechts in Zukunft größere Bedeutung zukommen wird; vgl. hierzu etwa *Britz*, NVwZ 2004, 173.

535 *BVerfG*, 2 BvR 1481/04, NJW 2004, 3407, 3408.

536 *BVerfG*, 2 BvR 1481/04, NJW 2004, 3407, 3411.

537 Hierauf wird im weiteren Verlauf der Darstellung noch näher einzugehen sein.

538 *BVerfG*, 1 BvR 253/56, BVerfGE 6, 32, 36; 1 BvR 435/68, BVerfGE 30, 173, 194; 1 BvR 536/72, BVerfGE 35, 202, 225; *Brenner*, Der Staat 1993, 493, 501 f.; *Höfling*, JuS 1995, 857, 861.

Es erscheint jedoch vorzugswürdig, Art. 1 Abs. 1 GG im Falle der Folter nicht als *zusätzliche* Schranken-Schranke zu betrachten. Denn diese Funktion wird bereits von Art. 104 Abs. 1 S. 2 GG als spezieller Ausprägung der Menschenwürdegarantie (vgl. S. 93) wahrgenommen, während es sich bei Art. 1 Abs. 1 GG nach der hier vertretenen Auffassung um ein eigenständiges Grundrecht handelt, was noch näher erläutert werden wird.

(2) Neben der Prüfung der speziellen Schranken-Schranke des Art. 104 Abs. 1 S. 2 GG erübrigt sich ferner eine Prüfung der allgemeinen Schranken-Schranken wie etwa des Verhältnismäßigkeitsgrundsatzes. Denn durch deren Wertungen kann sich an dem bereits gefundenen Ergebnis nichts mehr ändern[540].

4. Zwischenergebnis

Daher läßt sich zusammenfassen, daß im fiktiven Fall sowohl durch die Androhung als auch durch die Anwendung von Folter in nicht zu rechtfertigender Weise gegen Art. 2 Abs. 2 S. 1 GG verstoßen würde.

IV. Freiheit der Person

Es wurde bereits erwähnt, daß die Schranken-Schranke des Art. 104 Abs. 1 S. 2 GG auch diejenigen Grundrechte ergänzt, deren Regime die körperliche Bewegungsfreiheit unterfällt (vgl. S. 93). Daher ist zu überlegen, ob die Androhung oder Anwendung von Folter auch gegen Art. 2 Abs. 2 S. 2 GG verstieße.

1. Schutzbereich

Art. 2 Abs. 2 S. 2 GG erklärt die Freiheit der Person für unverletzlich und gehört damit zu den klassischen Garantien des Rechtsstaates (habeas corpus)[541]. Geschützt wird die tatsächliche körperliche Bewegungsfreiheit[542] im Sinne einer „liberté d'aller et de venir“[543]. Entscheidend ist, ob der Grundrechtsträger die Möglichkeit hat, sich aus eigenem Entschluß von seinem Aufenthaltsort fortzubewegen[544].

---

539 *Bettermann*, Grenzen der Grundrechte, 5 f.; J/P-*Jarass*, Art. 1 Rdnr. 4.

540 *BGH*, AnwSt (R) 4/75, BGHSt 26, 298, 304; 2 StR 731/79, BGHSt 29, 244, 249 f.; *Pieroth/Schlink*, Grundrechte, Rdnr. 399, 403.

541 *Badura*, Staatsrecht, Rdnr. C 39; *Würtenberger/Sydow*, NVwZ 2001, 1201, 1203.

542 *BVerfG*, 2 BvR 1516/93, BVerfGE 94, 166, 198; 2 BvL 45/92, BVerfGE 96, 10, 21; 2 BvR 2292/00, NJW 2002, 3161; von Münch-*Kunig*, Art. 2 Rdnr. 73.

543 *Gusy*, NJW 1992, 457 f.

544 *J. Ipsen*, Staatsrecht II, Rdnr. 248. Ähnlich *Tiemann*, NVwZ 1987, 10, 12, der insofern von der „Freiheit des ‚Heraus-und-weg'“ spricht.

Überträgt man dies auf den fiktiven Fall der vorliegenden Arbeit, so fällt die hierin geschilderte Situation in den Schutzbereich dieses Grundrechts, da *I* von der Polizei festgehalten wird.

2. Androhung und Anwendung von Folter als Eingriff

Als klassische Eingriffe in Art. 2 Abs. 2 S. 2 GG sind etwa der Vollzug einer Freiheitsstrafe, die Untersuchungshaft, die Sicherungsverwahrung und der Polizeigewahrsam[545] sowie die hiermit einhergehenden Maßnahmen unmittelbaren Zwangs[546] zu nennen. Der unmittelbare Zwang kann auch die Durchsetzung bestimmter Pflichten betreffen, wie etwa die zwangsweise Vorführung beim Amtsarzt[547]. Entscheidend ist also der Zweck der Maßnahme[548], der darin liegen muß, eine Person daran zu hindern, den Ort, an dem sie sich aufhält, zu verlassen oder einen anderen Ort, an den sie sich begeben will, zu erreichen[549]. Mit anderen Worten wird in Art. 2 Abs. 2 S. 2 GG nur durch diejenigen Mittel eingegriffen, deren Zweck es ist, die „liberté d'aller et de venir" zu beschränken. Für andere mit Freiheitsbeschränkungen zusammenhängende Beeinträchtigungen gelten die dafür einschlägigen Grundrechte[550].

Überträgt man dies auf den fiktiven Fall der vorliegenden Arbeit, so gilt folgendes: Mit der Gewaltanwendung bzw. ihrer Androhung würde nicht der Zweck verfolgt, *I* am Verlassen des Polizeipräsidiums zu hindern, sondern ihn zur Abgabe einer Aussage zu veranlassen. Es muß also zwischen dem *Festhalten* zu Vernehmungszwecken und der *Folter* zu Vernehmungszwecken klar differenziert werden: Während das Festhalten des *I* ein – wohl gerechtfertigter – Eingriff in Art. 2 Abs. 2 S. 2 GG ist, greift die darüber hinausgehende „Behandlung" in andere Grundrechte ein.

3. Zwischenergebnis

Durch die Androhung bzw. Anwendung von Folter würde nicht in den Schutzbereich des Art. 2 Abs. 2 S. 2 GG eingegriffen.

---

[545] Sachs-*Murswiek*, Art. 2 Rdnr. 236.

[546] *BVerfG*, 2 BvR 534/62, BVerfGE 22, 21, 26; *Tiemann*, NVwZ 1987, 10, 12. Vgl. zum Begriff des unmittelbaren Zwanges oben S. 82.

[547] *BGH*, VII ZB 8/81, MDR 1982, 572; J/P-*Jarass*, Art. 2 Rdnr. 87.

[548] *Gusy*, NJW 1992, 457, 459.

[549] *Gusy*, NJW 1992, 457 f.; von Münch-*Kunig*, Art. 2 Rdnr. 74.

[550] J/P-*Jarass*, Art. 2 Rdnr. 83.

V. Allgemeine Handlungsfreiheit

Die Androhung bzw. Anwendung von Folter wäre auch kein Eingriff in die allgemeine Handlungsfreiheit (Art. 2 Abs. 1 GG). Dieses Grundrecht schützt zwar grundsätzlich jede Form menschlichen Handelns[551], so daß es als „Grundrecht des status negativus schlechthin"[552] bezeichnet wird. Doch gilt dies nur insoweit, wie das Handeln nicht dem Schutzbereich eines spezielleren Freiheitsrechts unterfällt[553]. Die allgemeine Handlungsfreiheit ist nämlich nur als „Auffanggrundrecht"[554] konzipiert, das gegenüber anderen Freiheitsrechten subsidiär ist[555]. Dies hat zur Folge, daß sie im fiktiven Fall nicht zur Anwendung gelangt.

VI. Allgemeines Persönlichkeitsrecht

Anders als die allgemeine Handlungsfreiheit ist das aus Art. 2 Abs. 1 i. V. m. Art. 1 Abs. 1 GG hergeleitete[556] allgemeine Persönlichkeitsrecht für den fiktiven Fall von Bedeutung. Denn dieses ist nicht subsidiär[557], sondern ergänzt die speziellen Freiheitsrechte als „unbenanntes" Freiheitsrecht[558].

1. Schutzbereich

Dem Grunde nach garantiert das allgemeine Persönlichkeitsrecht, innerhalb einer engeren persönlichen Lebenssphäre[559] „im weitesten Sinne in Ruhe gelassen zu werden"[560]. Jedoch ist sein Schutzbereich nicht abschließend bestimmbar, sondern wird vom Bundesverfassungsgericht jeweils am Beispiel des zu ent-

---

[551] *BVerfG*, 2 BvR 854/79, BVerfGE 54, 243, 146; 1 BvR 921/85, BVerfGE 80, 137, 152; *BGH*, 3 StR 51/63, BGHSt 19, 221, 225; *Jarass*, NJW 1989, 857.

[552] *J. Ipsen*, Staatsrecht II, Rdnr. 732.

[553] *BVerfG*, 1 BvR 253/56, BVerfGE 6, 32, 36 ff.; 2 BvR 125/60, BVerfGE 11, 234, 238; 1 BvR 709/66, BVerfGE 23, 50, 55 f.; *Kube*, JuS 2003, 111, 113.

[554] *Badura*, Staatsrecht, Rdnr. C 108

[555] *Erichsen*, HdBStR VI, 1196; J/P-*Jarass*, Art. 2 Rdnr. 2; *Pieroth/Schlink*, Grundrechte, Rdnr. 369.

[556] *BVerfG*, 1 BvR 209/83 u. a., BVerfGE 65, 1 Leitsatz 1; 1 BvR 1531/96, BVerfGE 99, 185, 191; *BGH*, 2 StR 400/93, BGHSt 39, 335, 343; 3 StR 324/00, BGHSt 46, 266, 277; *Badura*, Staatsrecht, Rdnr. C 34; DR-*Dreier*, Art. 2 I Rdnr. 68.

[557] DR-*Dreier*, Art. 2 I Rdnr. 94; *J. Ipsen*, Staatsrecht II, Rdnr. 744; *Jeand'Heur/Cremer*, JuS 2000, 991, 996.

[558] *BVerfG*, 1 BvR 185/77, BVerfGE 54, 148, 153; 1 BvL 17/87, BVerfGE 79, 256, 268; 2 BvR 1321/02, wistra 2004, 19.

[559] *BVerfG*, 1 BvL 17/87, BVerfGE 79, 256, 268.

[560] *Jarass*, NJW 1989, 857.

scheidenden Falles, also kasuistisch, geklärt[561]. Dementsprechend werden auch in der Debatte über die Zulässigkeit der Folter unterschiedliche Ausprägungen des allgemeinen Persönlichkeitsrechts genannt.

a) Informationelle Selbstbestimmung

Teilweise wird das Recht auf informationelle Selbstbestimmung angeführt[562], das vom Bundesverfassungsgericht erstmals im sogenannten Volkszählungsurteil[563] als Ausprägung des allgemeinen Persönlichkeitsrechts[564] herausgearbeitet wurde.

Das Recht auf informationelle Selbstbestimmung gewährt den „Schutz des Einzelnen gegen unbegrenzte Erhebung, Speicherung, Verwendung und Weitergabe seiner persönlichen Daten"[565] und verleiht ihm „die Befugnis, grundsätzlich selbst zu entscheiden, wann und innerhalb welcher Grenzen er persönliche Sachverhalte offenbaren will"[566]. In jüngerer Zeit war es beispielsweise für die Frage bedeutsam, welche Kundendaten beim Verkauf von Mobiltelefonen mit Prepaid-Karten zur Wahrung öffentlicher Strafverfolgungs- und Sicherheitsinteressen zu erheben sind[567].

Im fiktiven Fall der vorliegenden Arbeit ist bereits fraglich, ob es sich bei den von *I* geforderten Auskünften um personenbezogene Daten handelt, oder doch eher um Informationen, die über seine Person hinausgehen und bestimmte Geschehnisse betreffen. Jedenfalls gilt es festzuhalten, daß das Recht auf informationelle Selbstbestimmung lediglich eine Fortführung der bisherigen Konkretisierungen des allgemeinen Persönlichkeitsrechts ist[568]. Ihm kommt die Funktion eines Auffangtatbestandes zu, der die spezielleren Ausformungen des allgemeinen Persönlichkeitsrechts nicht verdrängt[569]. Da zu diesen spezielleren Ausformungen insbesondere das Nemo-tenetur-Prinzip gehört, sollte in der Fra-

---

561 *BVerfG*, 1 BvL 17/87, BVerfGE 79, 256, 268; 2 BvR 1321/02, wistra 2004, 19; von Münch-*Kunig*, Art. 2 Rdnr. 31.

562 *Hilgendorf*, JZ 2004, 331, 337; *Jerouschek/Kölbel*, JZ 2003, 613, 614.

563 *BVerfG*, 1 BvR 209/83 u. a., BVerfGE 65, 1 (Leitsätze 1 und 2); *Jarass*, NJW 1989, 857, 858.

564 *BGH*, 2 StR 488/00, BGHSt 46, 339, 345; *Badura*, Staatsrecht, Rdnr. C 34; von Münch-*Kunig*, Art. 2 Rdnr. 38; Sachs-*Murswiek*, Art. 2 Rdnr. 73.

565 *BVerfG*, 1 BvR 209/83 u. a., BVerfGE 65, 1 Leitsatz 1.

566 *BVerfG*, 1 BvR 2111/94, BVerfGE 96, 171, 181.

567 *BVerwG*, 6 C 23/02 NJW 2004, 1191. Vgl. zum Recht auf informationelle Selbstbestimmung auch *BVerwG*, 1 C 42/83, BVerwGE 84, 375, 378 f.; *Badura*, Staatsrecht, Rdnr. C 36; DR-*Dreier*, Art. 2 I Rdnr. 78; Sachs-*Murswiek*, Art. 2 Rdnr. 73.

568 Sachs-*Murswiek*, Art. 2 Rdnr. 73.

569 *Pieroth/Schlink*, Grundrechte, Rdnr. 377. In diese Richtung gehend auch *BVerfG*, 1 BvR 2111/94, BVerfGE 96, 171, 181.

ge des Folterverbots in erster Linie hierauf abgestellt werden und nicht auf das Recht auf informationelle Selbstbestimmung[570].

b) Nemo tenetur

Der Grundsatz „nemo tenetur se ipsum accusare" besagt im Kern, daß niemand gezwungen werden darf, sich selbst einer strafbaren Handlung zu bezichtigen und gegen seinen Willen an der eigenen Überführung mitzuwirken[571].

Dies ist beispielsweise in § 393 Abs. 1 S. 2 u. 3 AO sowie in §§ 55, 136 Abs. 1, 136a Abs. 1 u. 3, 163a Abs. 3 - 6, 243 Abs. 4 S. 1 StPO normiert; überdies erfolgt eine völkerrechtliche Absicherung durch Art. 14 Abs. 3 lit. g IPbürgR. Die verfassungsrechtliche Herleitung dieses Grundsatzes ist nicht unproblematisch[572], doch haben ihn das Bundesverfassungsgericht sowie der Bundesgerichtshof in jüngerer Zeit zumeist als Ausprägung des allgemeinen Persönlichkeitsrechts aus Art. 2 Abs. 1 i. V. m. Art. 1 Abs. 1 GG bezeichnet[573], was auch in der Literatur Zustimmung findet[574].

Besondere Bedeutung hat das Nemo-tenetur-Prinzip selbstverständlich im Rahmen von Strafverfahren[575], für die insofern vor allem § 136 StPO[576] sowie – als „Kernvorschrift zum Schutz der Aussagefreiheit"[577] – § 136a StPO zu nennen sind. Allerdings wurde bereits auf Seite 81 erwähnt, daß das Nemo-tenetur-Prinzip von der Polizei auch im präventiven polizeilichen Aufgabenbereich zu beachten ist, was zumindest für Auskunftspflichten „im klassischen Sinne" gilt[578]. Dementsprechend ist diese Ausformung des allgemeinen Persönlich-

---

570 Auch in der Debatte über das Verbot der Folter wird zumeist das Nemo-tenetur-Prinzip genannt, vgl. etwa *Brugger*, Der Staat 1996, 67, 71; *Hamm*, NJW 2003, 946, 947; *Haurand/Vahle*, NVwZ 2003, 513, 517.

571 *BGH*, 2 StR 167/89, BGHSt 36, 328, 332; 3 StR 401/99, BGHSt 45, 363, 364; *Beulke*, StPO, Rdnr. 125; *Rogall*, Der Beschuldigte als Beweismittel gegen sich selbst, 249. Umfassend *Torka*, Nachtatverhalten und Nemo tenetur, 43 ff.

572 Vgl. die umfangreichen Ausführungen bei *Wolff*, Selbstbelastung und Verfahrenstrennung, 28 ff.

573 *BVerfG*, 2 BvR 2360/95, NStZ 2000, 96; 2 BvR 1990/96, NStZ 2000, 488; 2 BvR 1321/02, wistra 2004, 19; *BGH*, 2 StR 167/89, BGHSt 36, 328, 332; GSSt 1/96, BGHSt 42, 139, 151 f.; 3 StR 401/99, BGHSt 45, 363, 364.

574 *Beulke*, StPO, Rdnr. 125; *Dingeldey*, NStZ 1984, 529. Die Ansichten in der Literatur sind allerdings nicht einheitlich, vgl. etwa *Wolter*, NStZ 1993, 1, 6.

575 Vgl. hierzu etwa *BGH*, GSSt 1/96, BGHSt 42, 139, 152; 1 StR 364/03, NStZ 2004, 392, 393.

576 *Beulke*, StPO, Rdnr. 125.

577 *Rogall*, Der Beschuldigte als Beweismittel gegen sich selbst, 50.

578 *Haurand/Vahle*, NVwZ 2003, 513, 517. Näher zur Geltung des Nemo-tenetur-Grundsatzes bei öffentlich-rechtlichen Auskunftspflichten *Dingeldey*, NStZ 1984, 529, 534; *Verrel*, NStZ 1997, 361, 363.

keitsrechts im fiktiven Fall einschlägig, und zwar losgelöst von der Frage, in welchem polizeilichen Aufgabenbereich *L* und *V* tätig werden (vgl. hierzu S. 72 ff.).

2. Androhung und Anwendung von Folter als Eingriff

Dem Grunde nach setzen Eingriffe in das allgemeine Persönlichkeitsrecht eine Beeinträchtigung der „engeren Persönlichkeitssphäre" voraus[579]. Was dies speziell für das Nemo-tenetur-Prinzip bedeutet, läßt sich insbesondere der sogenannten Zweithörerentscheidung des Großen Senats für Strafsachen des Bundesgerichtshofs entnehmen. Hierin heißt es:

> „Gegenstand des Schutzes des nemo-tenetur-Grundsatzes ist die Freiheit von Zwang zur Aussage oder zur Mitwirkung am Strafverfahren. Die Freiheit von Irrtum fällt nicht in den Anwendungsbereich dieses Grundsatzes."[580]

Entscheidendes Kriterium ist hiernach also die Ausübung von *Zwang*[581]. Die damit verbundene Ausklammerung von Täuschungsfällen aus dem Anwendungsbereich des Nemo-tenetur-Prinzips ist in der Literatur nicht unwidersprochen geblieben[582], doch hat das Bundesverfassungsgericht sie nicht beanstandet, als es im April 2000 eine gegen die Zweithörer-Rechtsprechung gerichtete Verfassungsbeschwerde nicht zur Entscheidung angenommen hat[583].

An dieser Stelle kann offenbleiben, welcher dieser Ansichten der Vorzug zu geben ist. Denn bei der Folter handelt es sich um den wohl denkbar schwersten Fall von Zwang, der auf einen Aussageunwilligen ausgeübt werden kann, so daß ein Eingriff in das allgemeine Persönlichkeitsrecht hier auf alle Fälle zu bejahen wäre.

Man könnte allerdings noch überlegen, daß *I* – wie schon mehrfach angesprochen – unter Umständen der „Falsche" ist (vgl. S. 29), und er sich dementsprechend durch eine wahrheitsgemäße Aussage nicht belasten würde. Doch wäre auch in diesem Falle ein Eingriff in das allgemeine Persönlichkeitsrecht des *I* zu bejahen. Denn nach der Rechtsprechung des Bundesverfassungsgerichts besteht ein Recht zur Aussageverweigerung bereits dann, wenn eine *mögliche* Antwort die *Gefahr* der Selbstbelastung und damit der Verfolgung auslösen würde[584]. Diese Gefahr ist im Falle der Androhung oder Anwendung von Folter

---

[579] *BVerfG*, 1 BvR 185/77, BVerfGE 54, 148, 153; *Badura*, Staatsrecht, Rdnr. C 34.

[580] *BGH*, GSSt 1/96, BGHSt 42, 139, 153

[581] *Bosch*, Jura 1998, 236, 241; *Martin*, JuS 1997, 278; *Verrel*, NStZ 1997, 361, 362.

[582] Vgl. an erster Stelle *Roxin*, NStZ 1997, 18 ff.

[583] *BVerfG*, 2 BvR 1990/96, NStZ 2000, 488 f. Auch in nachfolgenden Entscheidungen wurde allein auf Zwang abgestellt, vgl. *BVerfG*, 2 BvR 1565/94, NVwZ 2002, 1499, 1500; 2 BvR 1321/02, wistra 2004, 19.

[584] *BVerfG*, 2 BvR 1372/00, NStZ 2001, 103 f.

besonders groß, da hier in besonderem Maße mit der Abgabe eines falschen Geständnisses gerechnet werden muß[585].

Daher ist festzuhalten, daß sowohl durch die Androhung als auch durch die Anwendung von Folter als Zwangsmittel par excellence in das allgemeine Persönlichkeitsrecht des *I* aus Art. 2 Abs. 1 i. V. m. Art. 1 Abs. 1 GG eingegriffen würde.

3. Verfassungsrechtliche Rechtfertigung

Die Frage nach der verfassungsrechtlichen Rechtfertigung kann vor dem Hintergrund der diesbezüglichen Ausführungen zum Recht auf Leben und körperliche Unversehrtheit (vgl. S. 97 ff.) in aller Kürze beantwortet werden.

a) Schranken

aa) Auch das allgemeine Persönlichkeitsrecht ist beschränkbar[586]. Mit Blick auf das hier interessierende Nemo-tenetur-Prinzip gilt nach der übereinstimmenden Rechtsprechung von Bundesverfassungsgericht und Bundesgerichtshof, daß kein ausnahmsloses Gebot besteht, niemanden zu Auskünften zu zwingen, durch die er eine von ihm begangene strafbare Handlung offenbaren muß[587]. Für die hiermit verbundenen Einschränkungen bedarf es aber einer gesetzlichen Grundlage[588]. Da eine solche sowohl für die Androhung als auch für die Anwendung von Folter fehlt (vgl. bereits S. 101), käme schon insofern eine verfassungsrechtliche Rechtfertigung vorliegend nicht in Betracht.

bb) Im übrigen besteht bei der Beschränkbarkeit des allgemeinen Persönlichkeitsrechts noch ein weiteres Problem: Angesichts der Tatsche, daß dieses Grundrecht auch aus Art. 1 Abs. 1 GG hergeleitet wird, stellt sich die Frage, ob die Unantastbarkeit der Menschenwürde nicht auch für das allgemeine Persönlichkeitsrecht gelten muß. Dies läßt sich nur dann auf dogmatisch tragfähige Weise verneinen, wenn man sich auf den Standpunkt stellt, daß Art. 1 Abs. 1 GG nicht die „eigentliche Grundlage" des allgemeinen Persönlichkeitsrechts ist[589] oder argumentiert, daß der Schutzbereich dieses unbenannten Freiheitsrechts weiter gefaßt ist als derjenige des Art. 1 Abs. 1 GG[590].

---

[585] *Fahl*, JR 2004, 182, 189 Fn. 100.

[586] Vgl. zu seinen Schranken etwa *BVerfG*, 1 BvR 1531/96, BVerfGE 99, 185, 195; 1 BvR 2126/93, NJW 1999, 2358, 2359; *BGH*, 4 StR 223/87, BGHSt 34, 397, 400 f.; *Jarass*, NJW 1989, 857, 862; *Lücke*, DÖV 2002, 93, 94 ff.

[587] *BVerfG*, 1 BvR 116/77, NJW 1981, 1431; *BGH*, 5 StR 587/00, NStZ 2001, 432, 434.

[588] *BVerfG*, 2 BvR 1523/01, NStZ 2002, 98; DR-*Dreier*, Art. 2 I Rdnr. 86; *Jarass*, NJW 1989, 857, 862.

[589] *Jarass*, NJW 1989, 857; *Lücke*, DÖV 2002, 93, 95.

[590] Sachs-*Murswiek*, Art. 2 Rdnr. 103.

Art. 1 Abs. 1 GG wird aber auch unter dieser Prämisse für die Schrankenfrage nicht bedeutungslos, denn das Bundesverfassungsgericht handhabt die Beschränkungsmöglichkeiten des allgemeinen Persönlichkeitsrechts vergleichsweise restriktiv und fordert, daß Einschränkungen nicht weiter gehen dürfen als es „zum Schutze öffentlicher Interessen unerlässlich“[591] ist.

b) Schranken-Schranken

Die Antwort auf die Frage, was in diesem Sinne als unerläßlich anzusehen ist, wird auch hier wieder durch die Schranken-Schranke des Art. 104 Abs. 1 S. 2 GG vorgegeben. Denn diese Vorschrift gilt auch für das allgemeine Persönlichkeitsrecht[592] und verbietet auch hier sowohl die Androhung als auch die Anwendung von Folter unter allen Umständen. Hinsichtlich der Einzelheiten kann dabei auf die Ausführungen auf den Seiten 90 ff. und 106 ff. verwiesen werden.

4. Zwischenergebnis

Im fiktiven Fall verstieße sowohl die Androhung als auch die Anwendung von Folter gegen das allgemeine Persönlichkeitsrecht aus Art. 2 Abs. 1 i. V. m. Art. 1 Abs. 1 GG in der spezifischen Ausprägung des Nemo-tenetur-Prinzips.

VII. Menschenwürde

Zum Abschluß der Grundrechtsprüfung ist diejenige Bestimmung des Grundgesetzes zu untersuchen, die für die Frage nach dem Verbot der Folter wohl am wichtigsten ist, nämlich Art. 1 Abs. 1 GG. Dessen erster Satz lautet:

> „Die Würde des Menschen ist unantastbar.“

Der herausgehobenen Position entsprechend, die diese Vorschrift im Text des Grundgesetzes einnimmt, betont das Bundesverfassungsgericht in ständiger Rechtsprechung, daß die hierin verbriefte Menschenwürde den höchsten Rechtswert innerhalb der verfassungsmäßigen Ordnung darstellt[593]. Gleicher Ansicht sind der Bundesgerichtshof[594], das Bundesverwaltungsgericht[595] sowie der ganz

---

591 *BVerfG*, 2 BvR 1565/94, NVwZ 2002, 1499, 1500. Vgl. auch *Jarass*, NJW 1989, 857, 861 f.; *Lücke*, DÖV 2002, 93, 95.

592 J/P-*Jarass*, Art. 104 Rdnr. 7.

593 *BVerfG*, 1 BvB 2/51, BVerfGE 5, 85, 204; 1 BvL 19/63, BVerfGE 27, 1, 6; 1 BvR 435/68, BVerfGE 30, 173, 193; 1 BvR 387/65, BVerfGE 32, 98, 108; 1 BvR 536/72, BVerfGE 35, 202, 221; 1 BvL 14/76, BVerfGE 45, 187, 227; 1 BvR 241/77, BVerfGE 50, 166, 175; 1 BvR 147/80 u. a., BVerfGE 54, 341, 357.

594 *BGH*, 2 StR 775/82, BGHSt 31, 296, 299 f.

595 *BVerwG*, VII C 30/57, BVerwGE 6, 134, 141.

überwiegende Teil des Schrifttums[596]. Für die Richtigkeit dieser Auffassung spricht nicht nur die Position der Vorschrift im Text des Grundgesetzes, sondern auch die Tatsache, daß die in Art. 1 GG niedergelegten Grundsätze unter dem Schutz der Ewigkeitsklausel des Art. 79 Abs. 3 GG stehen.

Daß Art. 1 GG dabei nicht nur große Symbolkraft hat, sondern auch für die Rechtspraxis von hoher Bedeutung ist, zeigt nicht zuletzt die Vielzahl von Entscheidungen in Strafsachen, die hierauf Bezug nehmen[597]. Auffällig groß ist auch die Zahl aktueller Diskussionen, in deren Kontext die Menschenwürde eine Rolle spielt. Zu nennen sind beispielsweise die Frage nach der Zulässigkeit der Embryonenforschung zu biotechnologischen Zwecken[598], die rechtliche Bewertung der sogenannten „Körperwelten"-Ausstellung[599] oder der Fernsehsendung „Big Brother"[600] sowie nicht zuletzt die hier interessierende Debatte über das Verbot der Folter[601].

So groß die Bedeutung von Art. 1 Abs. 1 S. 1 GG ist, so vielfältig sind auch die Probleme, die mit diesem Kernsatz des Grundgesetzes verbunden sind. Insbesondere die unterschiedlichen Meinungen, die diesbezüglich in der Diskussion über den Einsatz der Folter vertreten werden, machen eine systematische Bestandsaufnahme erforderlich.

1. Grundrechtscharakter

Dies gilt zunächst einmal für die Frage nach der Rechtsnatur des Art. 1 Abs. 1 GG.

Die Vorschrift wird als „tragendes Konstitutionsprinzip"[602] und als „wichtigste Wertentscheidung des GG"[603] bezeichnet. Ob sie aber in dieser Funktion

---

[596] *Dreier*, ZRP 2002, 377; *Hinrichs*, NJW 2000, 2173, 2174; J/P-*Jarass*, Art. 1 Rdnr. 2; von Münch-*Kunig*, Art. 1 Rdnr. 4; *Saliger*, ZStW 116 (2004), 35, 46 f. A. A. offenbar *Brugger*, Der Staat 1996, 67, 80 f.

[597] Vgl. etwa *BGH*, VRG 3/52, BGHSt 4, 385, 390; 1 StR 578/53, BGHSt 5, 332, 333; 1 StR 683/59, BGHSt 14, 358, 359; 3 StR 28/62, BGHSt 17, 382, 387; 1 StR 335/67, BGHSt 21, 306 f.; 3 StR 87/71, BGHSt 24, 173, 175; 2 StR 279/88, BGHSt 36, 44, 48; 5 StR 747/94, BGHSt 41, 317, 325; 5 StR 747/94, BGHSt 41, 317, 325; 5 StR 474/00, BGHSt 46, 279, 284; 4 ARs 4/01, BGHSt 47, 120, 124; *BayObLG*, 4 St RR 105/94, NStZ 1994, 588, 589; *OLG Schleswig*, 1 Ss 270/84, NStZ 1985, 475; *OLG Bamberg*, Ws 314/92, NStZ 1994, 406, 407.

[598] Vgl. etwa *Enders*, Jura 2003, 666; *Harks*, NJW 2002, 716 ff.

[599] Vgl. etwa *BayVGH*, 4 CS 03.462, NJW 2003, 1618, 1620; *Thiele*, NVwZ 2000, 405 ff.

[600] Vgl. etwa *Hinrichs*, NJW 2000, 2173; *Hintz/Winterberg*, ZRP 2001, 293.

[601] Vgl. etwa *Haurand/Vahle*, NVwZ 2003, 513, 518; *Hilgendorf*, JZ 2004, 331, 337; *Jeßberger*, Jura 2003, 711, 713; *Kretschmer*, RuP 2003, 102, 107; *Merten*, JR 2003, 404, 406; *Saliger*, ZStW 116 (2004), 35, 46 f.; *Seidel*, Handbuch der Grund- und Menschenrechte, 22, 28.

[602] *BVerfG*, 1 BvR 698/89, BVerfGE 87, 209, 228; *BVerwG*, 6 C 3/01, BVerwGE 115,

nur auf andere Grundrechte einwirkt oder auch selbst als Grundrecht anzusehen ist, ist umstritten.

Teilweise wird die Grundrechtsqualität von Art. 1 Abs. 1 GG ausdrücklich verneint[604]. Gegen eine solche Auffassung sprechen jedoch sowohl die Systematik des Grundgesetzes – Art. 1 GG findet sich im mit „Die Grundrechte" überschriebenen Abschnitt – als auch die Entstehungsgeschichte der Vorschrift[605]. Im übrigen zeigt gerade Art. 1 Abs. 1 S. 2 GG, daß der Bestimmung die Qualität eines subjektiv-öffentlichen Rechts und nicht bloß einer objektiven Wertentscheidung zukommt[606]. Die wohl herrschende Lehre[607] sowie die Rechtsprechung in Straf-[608] und Verwaltungssachen[609] gehen daher davon aus, daß Art. 1 Abs. 1 GG Grundrechtscharakter hat. Auch das Bundesverfassungsgericht, dessen Haltung nicht ganz eindeutig ist[610], spricht in jüngeren Entscheidungen wie selbstverständlich von einem Grundrecht[611]. Dementsprechend dürfte die Grundrechtseigenschaft des Art. 1 Abs. 1 GG heute als geklärt anzusehen sein.

2. Androhung und Anwendung von Folter als Eingriff

a) Begriff der Menschenwürde

Größere Schwierigkeiten bereitet nach wie vor die Definition des Begriffs der Menschenwürde[612]. Dies zeigt sich etwa an folgender Formulierung des Bundesverfassungsgerichts:

> „Mit ihm ist der soziale Wert- und Achtungsanspruch des Menschen verbunden, der es verbietet, den Menschen zum bloßen Objekt des Staates zu machen oder

---

189, 199.

603 J/P-*Jarass*, Art. 1 Rdnr. 2.

604 MD-Sonderdruck-*Dürig*, Art. 1 Rdnr. 4; *Kley/Rührmann*, in: Umbach/Clemens (Hg.), BVerfGG, § 90 Rdnr. 43.

605 *Pieroth/Schlink*, Grundrechte, Rdnr. 350.

606 *J. Ipsen*, Staatsrecht II, Rdnr. 219.

607 *Badura*, Staatsrecht, Rdnr. C 32; MD-*Herdegen*, Art. 1 Abs. 1 Rdnr. 26; *J. Ipsen*, Staatsrecht II, Rdnr. 219; J/P-*Jarass*, Art. 1 Rdnr. 3; *Pieroth/Schlink*, Grundrechte, Rdnr. 350; *Wolter*, NStZ 1993, 1, 3; M/K/S-*Starck*, Art. 1 Abs. 1 Rdnr. 30.

608 *BGH*, 3 StR 87/71, BGHSt 24, 173, 175; 2 StR 775/82, NStZ 1983, 517 f.; *OLG Schleswig*, 1 Ss 270/84, NStZ 1985, 475.

609 *BVerwG*, 5 C 21.97, NVwZ 2000, 572, 573; *BayVGH*, 24 CS 00.12, NVwZ 2000, 952, 954; *VGH Kassel*, 11 TG 1982/02, NVwZ 2003, 1000.

610 Jarass/Pieroth gehen auch in der 7. Auflage (2004) ihres Kommentars unverändert davon aus, daß das BVerfG die Frage noch nicht entschieden hat (J/P-*Jarass*, Art. 1 Rdnr. 3).

611 *BVerfG*, 2 BvR 1533/94, BVerfGE 101, 75 Leitsatz 1; 2 BvR 2029/01, NJW 2004, 739, 740; 1 BvR 2378/98 u. a., NJW 2004, 999, 1003.

612 Lesenswert hierzu *Fonk*, ETHICA 13 (2005), 3, 10 f.

> ihn einer Behandlung auszusetzen, die seine Subjektqualität prinzipiell in Frage stellt."[613]

Das Bundesverfassungsgericht verwendet hier die sogenannte „Objektformel"[614] Günter Dürigs, in dessen berühmter Kommentierung des Art. 1 GG sich auch folgende Definition findet:

> „Diese Seinsgegebenheit ‚Menschenwürde', die unabhängig von Zeit und Raum ‚ist' und rechtlich verwirklicht werden ‚soll', besteht in folgendem: Jeder Mensch ist Mensch kraft seines Geistes, der ihn abhebt von der unpersönlichen Natur und ihn aus eigener Entscheidung dazu befähigt, seiner selbst bewußt zu werden, sich selbst zu bestimmen und die Umwelt zu gestalten."[615]

So bemerkenswert diese Definitionsansätze sind, so sehr verdeutlichen sie aber auch, wie schwer es ist, eine wirklich griffige Formulierung zu finden. Denn auch das Bundesverfassungsgericht stellt ausdrücklich fest, daß „der Leistungskraft der Objektformel Grenzen gesetzt"[616] sind. Erschwerend kommt hinzu, daß sich der Gehalt der Menschenwürde im Laufe der Zeit wandeln kann[617].

Aus diesen Gründen bietet es sich an, die Erfüllung des Tatbestandes des Art. 1 Abs. 1 GG nicht durch eine positive Begriffsbestimmung festzustellen, sondern vom Vorgang des Eingriffs auszugehen[618]. Man kann diesen Ansatz als „negative Interpretationsmethode"[619] bezeichnen oder ihn mit folgenden Worten des Bundesverfassungsgerichts umschreiben:

> „Was den in Art. 1 GG genannten Grundsatz der Unantastbarkeit der Menschenwürde anlangt, ... so hängt alles von der Festlegung ab, unter welchen Umständen die Menschenwürde verletzt sein kann. Offenbar läßt sich das nicht generell sagen, sondern immer nur in Ansehung des konkreten Falles."[620]

Überträgt man dies auf den fiktiven Fall der vorliegenden Arbeit, so stellt sich die Frage, ob in diesem durch die Androhung oder Anwendung von Folter in die Menschenwürde des *I* eingegriffen würde. Da hierbei insbesondere die Rechtsprechung der Höchstgerichte berücksichtigt werden soll (vgl. S. 41), lassen sich

---

[613] *BVerfG*, 1 BvR 698/89, BVerfGE 87, 209, 228. Ähnlich *BVerfG*, 2 BvF 1/69 u. a., BVerfGE 30, 1, 26; 1 BvR 241/77, BVerfGE 50, 166, 175.

[614] Umfassend zu den unterschiedlichen Definitionsansätzen des BVerfG *Niebler*, BayVBl 1989, 737.

[615] MD-Sonderdruck-*Dürig*, Art. 1 Rdnr. 18.

[616] *BVerfG*, 1 BvR 2378/98 u. a., NJW 2004, 999, 1001.

[617] *BVerfG*, 1 BvL 14/76, BVerfGE 45, 187, 229; 1 BvR 379/92 u. a., BVerfGE 96, 375, 399 f. Zustimmend MD-*Herdegen*, Art. 1 Abs. 1 Rdnr. 37. Zweifelnd J/P-*Jarass*, Art. 1 Rdnr. 5 a. E.

[618] MD-Sonderdruck-*Dürig*, Art. 1 Rdnr. 28; *Merten*, JR 2003, 404, 406; *Pieroth/Schlink*, Grundrechte, Rdnr. 358. Ähnlich *Badura*, Staatsrecht, Rdnr. C 32.

[619] *Höfling*, JuS 1995, 857, 859.

[620] *BVerfG*, 2 BvF 1/69 u. a., BVerfGE 30, 1, 25.

interessante Rückschlüsse aus zwei Kreisen von Entscheidungen ziehen, die gerade Strafrechtlern vertraut sind: Den Entscheidungen zur lebenslangen Freiheitsstrafe sowie zum Einsatz von Polygraphen.

b) Entscheidungen zur lebenslangen Freiheitsstrafe

In seiner Entscheidung zur lebenslangen Freiheitsstrafe aus dem Jahr 1977 führt das Bundesverfassungsgericht aus:

> „[D]ie unverlierbare Würde des Menschen besteht gerade darin, daß er als selbstverantwortliche Persönlichkeit anerkannt bleibt. ... Der Täter darf nicht zum bloßen Objekt der Verbrechensbekämpfung unter Verletzung seines verfassungsrechtlich geschützten sozialen Wertanspruchs und Achtungsanspruchs gemacht werden ... Die Geschichte der Strafrechtspflege zeigt deutlich, daß an die Stelle grausamster Strafen immer mildere Strafen getreten sind. Der Fortschritt in der Richtung von roheren zu humaneren, von einfachen zu differenzierteren Formen des Strafens ist weitergegangen, wobei der Weg erkennbar wird, der noch zurückzulegen ist."[621]

Schon diese Ausführungen dürften verdeutlichen, daß sowohl die Androhung als auch die Anwendung von Folter in die Menschenwürde eingreifen. Denn diese äußerst inhumanen Formen der Behandlung zielen gerade darauf ab, dem Menschen die Möglichkeit zu nehmen, selbstverantwortlich über sein Reden und Schweigen zu entscheiden. Es dürfte sich um die wohl eindeutigste Art und Weise handeln, einen Menschen zum bloßen Objekt der Verbrechensbekämpfung zu degradieren. Denn sein Handeln wird ab einem – individuell verschiedenen – Punkt nur noch von der Angst vor Schmerzen bzw. von den Schmerzen selbst diktiert[622].

c) Polygraphen-Rechtsprechung

Dieses Ergebnis wird durch die sogenannte Polygraphen-Rechtsprechung bestätigt, die sich mit der Frage befaßt, inwiefern der Einsatz von Lügendetektoren die Menschenwürde verletzt[623].

Ursprünglich nahm der BGH an, daß ihre Verwendung als „Einblick in die Seele des Beschuldigten und ihre unbewußten Regungen" mit Art. 1 Abs. 1 GG unvereinbar sei[624].

1981 erklärte der 2. Senat des Bundesverfassungsgerichts, daß die *Ablehnung* einer vom Beschuldigten beantragten, d. h. *freiwilligen* Befragung mittels Lü-

---

[621] *BVerfG*, 1 BvL 14/76, BVerfGE 45, 187, 227 ff.

[622] *Roxin*, Eser-FS, 465.

[623] Siehe hierzu die Zusammenfassung bei *Beulke*, StPO, Rdnr. 141.

[624] *BGH*, 1 StR 578/53, BGHSt 5, 332 ff. Siehe auch *BGH*, 3 StR 49/60, BGHSt 15, 326, 328; 4 StR 519/63, BGHSt 19, 325, 330 f.

gendetektors nicht in Grundrechten oder grundrechtsgleichen Rechten verletze; vielmehr sei ihre *Durchführung* als unzulässiger Eingriff in das allgemeine Persönlichkeitsrecht (Art. 2 Abs. 1 i. V. m. Art. 1 Abs. 1 GG) zu werten, da sie den Betroffenen zu einem „bloßen Anhängsel des Apparates" mache[625]. Dem läßt sich allerdings nicht entnehmen, daß das Bundesverfassungsgericht den *zwangsweisen* Einsatz eines Polygraphen nicht auch als Verstoß gegen die Menschenwürde werten würde. Denn im gleichen Jahr hatte der 1. Senat bereits festgestellt, daß ein Zwang zur Selbstbezichtigung auch die Würde des Menschen berührt[626].

Im Oktober 1998 ließ der 3. Strafsenat des Bundesgerichtshofs offen, ob der bisherigen Rechtsprechung in dieser Frage zu folgen sei[627]. Im Dezember des gleichen Jahres entschied der 5. Strafsenat, daß der Einsatz von Polygraphen ein völlig ungeeignetes Beweismittel i. S. v. § 244 Abs. 3 S. 2 Alt. 4 StPO sei[628]. Für den *freiwilligen* Einsatz könne allerdings nicht länger daran festgehalten werden, daß es sich um einen Verstoß gegen Art. 1 Abs. 1 GG handele, da hierdurch nicht in die Subjektstellung des Vernommenen eingegriffen werde; der Vorschrift des Art. 1 Abs. 1 GG werde am ehesten eine Sichtweise gerecht, die danach differenziere, ob ein Einverständnis des Betroffenen vorliege oder nicht[629].

Kürzlich hat der BGH noch eine weitere Präzisierung vorgenommen; er differenziert nunmehr zwischen der Auferlegung einer Auskunftspflicht sowie deren zwangsweiser Durchsetzung:

> „[D]ie Auferlegung einer Auskunftspflicht … berührt zugleich die Würde des Menschen, wenn der Betroffene zur Erfüllung der Auskunftspflicht Zwangsmitteln ausgesetzt wird …"[630]

Entscheidend für den Menschenwürdeverstoß ist also nicht die Frage, ob die Auskunftspflicht zu Recht oder zu Unrecht auferlegt wird, sondern vielmehr die Frage, ob es zum Einsatz von Zwangsmitteln kommt. Wenn letzteres der Fall ist, liegt ein Eingriff in den Schutzbereich des Art. 1 Abs. 1 GG vor.

---

[625] *BVerfG*, 2 BvR 166/81, NStZ 1981, 446 f. In diese Richtung gehend auch *BVerfG*, 2 BvR 1827/97, NStZ 1998, 523, 524; *OLG Karlsruhe*, 1 Ss 247/97), NStZ-RR 1997, 368, 369.

[626] *BVerfG*, 1 BvR 116/77, NJW 1981, 1413.

[627] *BGH*, 3 StR 236/98, NJW 1999, 662 f. mit Anm. *Hamm*, NJW 1999, 922.

[628] *BGH*, 1 StR 156/98, BGHSt 44, 308, 312 f. Zu diesem Ergebnis kommen aus psychologischer Sicht auch *Rill/Vossel*, NStZ 1998, 481 ff.

[629] *BGH*, 1 StR 156/98, BGHSt 44, 308, 317. Vgl. hierzu auch *Kargl/Kirsch*, JuS 2000, 537, 539.

[630] *BGH*, RiSt (R) 1/00, www.bundesgerichtshof.de, 15.

Somit läßt sich für den fiktiven Fall festhalten, daß sowohl durch die Androhung als auch durch die Anwendung von Folter in die Menschenwürde des *I* eingegriffen würde.

3. Verfassungsrechtliche Rechtfertigung?

Im Falle des Rechts auf Leben und körperliche Unversehrtheit sowie des allgemeinen Persönlichkeitsrechts mußte anschließend die verfassungsrechtliche Rechtfertigung überprüft werden, da ein Eingriff in diese „gewöhnlichen" Grundrechte nicht gleichbedeutend mit einer Verletzung derselben ist (vgl. S. 97 und S. 115)[631].

a) Bei der Menschenwürde verhält es sich nach h. M. anders. Ihr zufolge stellt jeder Eingriff in Art. 1 Abs. 1 GG zugleich eine Verletzung dieses Grundrechts dar[632]. Dies gilt insbesondere im Fall der Folter[633] und zwar selbst dann, wenn es um den Schutz von Menschenleben[634] oder um die Menschenwürde anderer Personen geht[635]. Überdies ist es unerheblich, ob die Folter lediglich angedroht oder sogar angewendet wird[636].

b) Im Rahmen der Diskussion über die Folter wird allerdings auch die gegenteilige Meinung vertreten und vorgebracht, Eingriffe in die Menschenwürde könnten ausnahmsweise gerechtfertigt sein[637].

Dieser Ansicht kann nur sein, wer davon ausgeht, daß die Menschenwürde einer Abwägung zugänglich ist. Starck bejaht dies für den Fall, daß Menschenwürde gegen Menschenwürde steht[638], und argumentiert damit in ähnlicher Weise wie Brugger, der ausführt:

---

[631] *Bethge*, VVDStRL 57 (1998), 7, 37; *ders.*, Jura 2003, 327, 332; J/P-*Jarass*, Vorb. vor Art. 1 Rdnr. 38.

[632] *BVerfG*, 2 BvR 454/71, BVerfGE 34, 238, 245; 1 BvR 1476/91 u. a., BVerfGE 93, 266, 293; *Dreier*, ZRP 2002, 377; *Lerche*, HdBStR V, § 121 Rdnr. 19; *Merten*, JR 2003, 404, 406; *Pieroth/Schlink*, Grundrechte, Rdnr. 365; *Schmidt-Jortzig*, DÖV 2001, 925, 926.

[633] *BVerwG*, 9 C 96/83, BVerwGE 67, 184, 185; 9 C 35/86, BVerwGE 74, 226, 228; *Badura*, Staatsrecht, Rdnr. C 32; MD-Sonderdruck-*Dürig*, Art. 1 Rdnr. 30; *Follmar/Heinz/Schulz*, Zur aktuellen Folterdebatte in Deutschland, 5; *Haurand/Vahle*, NVwZ 2003, 513, 518; *Hilgendorf*, JZ 2004, 331, 336; J/P-*Jarass*, Art. 1 Rdnr. 7; *Jeßberger*, Jura 2003, 711, 713; *Merten*, JR 2003, 404, 406; *Mushoff*, FoR 2003, 97, 99; *Raess*, Der Schutz vor Folter im Völkerrecht, 43 f.; *Seidel*, Handbuch der Grund- und Menschenrechte, 11.

[634] *Isensee*, Das Grundrecht auf Sicherheit, 46.

[635] *Pieroth/Schlink*, Grundrechte, Rdnr. 365.

[636] *Kretschmer*, RuP 2003, 102, 107.

[637] *Brugger*, Der Staat 1996, 67, 80 f.; *ders.*, Menschenwürde, Menschenrechte, Grundrechte, 23 f. Ähnlich M/K/S-*Starck*, Art. 1 Abs. 1 Rdnr. 79. Jüngst auch *Wagenländer*, Zur strafrechtlichen Beurteilung der Rettungsfolter, 155 ff.

[638] M/K/S-*Starck*, a. a. O. (Fn. 637). Ähnlich, aber zögerlich *Wittreck*, DÖV 2003, 873,

> „Wenn Würde gegen Würde steht und eine Entscheidung getroffen werden muß, spricht mehr für als gegen einen Eingriff in die Würde des Rechtsbrechers, wenn nur dadurch das Leben und die Würde rechtstreuer Bürger gerettet werden können."[639]

Einen solchen Fall sieht Brugger dann als gegeben an, wenn die von ihm aufgestellten „acht Kriterien" (vgl. S. 27) erfüllt sind[640].

Eine derartige Argumentation läßt zunächst einmal unberücksichtigt, daß allein auf grundrechtliche Schutzpflichten gestützt ein Eingriff in Grundrechte anderer Personen nicht vorgenommen werden darf; insofern kann bei Eingriffen in Art. 1 Abs. 1 GG nichts anderes gelten als bei Eingriffen in „gewöhnliche" Grundrechte (vgl. S. 101). Weiterhin wurde bereits auf Seite 28 gezeigt, wie schwer sich die Bruggerschen Kriterien in der Praxis handhaben lassen. Und selbst Herdegen, der sich innerhalb gewisser Grenzen für eine Abwägbarkeit der Menschenwürde ausspricht, stellt fest:

> „An ihre Grenzen stößt eine würdeimmanente Abwägung bei der finalen Schmerzzufügung (Folter) zur Rettung unmittelbar bedrohter Menschenleben in Abwesenheit erfolgversprechender Alternativen."[641]

Wie groß die Bedenken gegen eine Relativierung des Folterverbotes schon bei der Schaffung des Grundgesetzes waren, zeigt die Tatsache, daß dieses mit Art. 104 Abs. 1 S. 2 GG eine Norm enthält, die als spezielle Ausprägung von Art. 1 Abs. 1 S. 1 GG[642] jede Relativierung des Folterverbots verhindern soll (vgl. S. 106 ff.).

Aber auch ohne eine derartige Norm wäre mit der ganz überwiegenden Meinung in Rechtsprechung und Literatur festzuhalten, daß Art. 1 Abs. 1 GG einer Abwägung nicht zugänglich ist[643]. Schon das hierin verwendete Wort „unantastbar" zeigt, daß die Vorschrift eine Tabugrenze[644] festsetzt, die nicht überschrit-

882.

[639] *Brugger*, Menschenwürde, Menschenrechte, Grundrechte, 23 f.

[640] *Brugger*, JZ 2000, 165, 169.

[641] MD-*Herdegen*, Art. 1 Abs. 1 Rdnr. 45.

[642] *BGH*, 1 StR 578/53, BGHSt 5, 332, 333; Sachs-*Degenhart*, Art. 104 Rdnr. 45; MD-*Dürig*, Art. 104 Rdnr. 20; *Hecker*, KJ 2003, 210, 212 f.; *Jaschinski*, FoR 2003, 64; *Saliger*, ZStW 116 (2004), 35, 36.

[643] *BVerfG*, 1 BvR 1476/91 u. a., BVerfGE 93, 266, 293; 1 BvR 2378/98 u. a., NJW 2004, 999, 1002; *BGH*, 1 StR 578/53, BGHSt 5, 332, 333; *Benda*, NJW 2001, 2147; *Beulke*, StPO, Rdnr. 134a; *Dreier*, ZRP 2002, 377; *Geddert-Steinacher*, Menschenwürde als Verfassungsbegriff, 92; *J. Ipsen*, Staatsrecht II, Rdnr. 228; *Kretschmer*, RuP 2003, 102, 108; *Mushoff*, FoR 2003, 97, 98 f.; *Roxin*, Eser-FS, 464; *Welsch*, BayVBl 2003, 481, 485.

[644] *LG Frankfurt*, 5/27 KLs 7570 Js 203814/03 (4/04), NJW 2005, 692, 694; *Pieroth/Schlink*, Grundrechte, Rdnr. 358.

ten werden darf[645]. Dies hat das Bundesverfassungsgericht in seiner Entscheidung zum großen Lauschangriff wie folgt auf den Punkt gebracht:

> „Zwar wird es stets Formen von besonders gravierender Kriminalität und entsprechende Verdachtssituationen geben, die die Effektivität der Strafrechtspflege als Gemeinwohlinteresse manchem gewichtiger erscheinen lässt als die Wahrung der menschlichen Würde des Beschuldigten. Eine solche Wertung ist dem Staat jedoch durch Art. 1 I, 79 III GG verwehrt."[646]

Nichts anderes kann für Situationen wie diejenige des fiktiven Falles gelten, in denen sich Strafverfolgung und Gefahrenabwehr überschneiden (vgl. S. 72 ff.), denn von ihrer Konzeption her ist die Menschenwürde als „Wurzel aller Grundrechte"[647] und als oberstes Verfassungsprinzip generell „keiner Abwägung mit noch so beachtlichen Rechtsgütern zugänglich"[648]. Dementsprechend wäre die Folter als Eingriff in Art. 1 Abs. 1 GG selbst in Extremsituationen wie denen des fiktiven Falles nicht zu rechtfertigen.

4. Zwischenergebnis

Auch wenn die anderen Grundrechte als konkretere Normen vorrangig vor Art. 1 Abs. 1 GG zu prüfen sind[649], so steht doch der besondere Rang dieser Vorschrift einem echten Spezialitätsverhältnis entgegen[650]. Daher ist als Fazit festzuhalten, daß im fiktiven Fall sowohl die Androhung als auch die Anwendung der Folter *auch* gegen die Menschenwürde verstießen[651].

VIII. Rechtsstaatsprinzip

Nachdem vorstehend in den Ziffern III bis VII geprüft worden ist, inwiefern die Androhung bzw. Anwendung von Folter gegen Grundrechte des *I* verstieße, stellt sich nunmehr die Frage, ob ein solches Vorgehen auch durch das Rechtsstaatsprinzip *als solches* verboten wäre.

Das Bundesverfassungsgericht beschränkt seine Prüfung im Falle einer Verfassungsbeschwerde nämlich nicht auf die Frage, ob eine Verletzung von

---

[645] A. A. *Wagenländer*, Zur strafrechtlichen Beurteilung der Rettungsfolter, 158 ff.

[646] *BVerfG*, 1 BvR 2378/98 u. a., NJW 2004, 999, 1002.

[647] *BVerfG*, 1 BvR 1476/91 u. a., BVerfGE 93, 266, 293.

[648] *Benda*, NJW 2001, 2147.

[649] *BVerfG*, 1 BvR 994/76, BVerfGE 51, 97, 105; 1 BvL 17/77 u. a., BVerfGE 53, 257, 300.

[650] J/P-*Jarass*, Art. 1 Rdnr. 4; von Münch-*Kunig*, Art. 1 Rdnr. 69. Ähnlich *Merten*, JR 2003, 404, 406.

[651] *Ellbogen*, Jura 2005, 339, 341; *Lüderssen*, Rudolphi-FS, 700; *Roxin*, Eser-FS, 463.

Grundrechten vorliegt[652]. Vielmehr sieht es die Verfassungsbeschwerde zugleich als „spezifisches Rechtsschutzmittel des objektiven Verfassungsrechts"[653] an, mittels dessen auch die Einhaltung sonstigen Verfassungsrechts zu kontrollieren ist[654]. Hierzu zählt auch das Rechtsstaatsprinzip, bei dem es sich nach den Worten des Bundesverfassungsgerichts um eine „Grundentscheidung des Grundgesetzes"[655] handelt. Dieser Bezeichnung steht nicht entgegen, daß das Grundgesetz selbst den Begriff „Rechtsstaat" nur in Art. 28 Abs. 1 S. 1 GG verwendet. Denn das Rechtsstaatsprinzip ist in unserer Verfassung an verschiedenen Stellen verankert, wobei insbesondere Art. 20 Abs. 3 GG hervorzuheben ist[656].

1. Ausprägungen

Die dogmatische Bedeutung des Rechtsstaatsprinzips besteht in erster Linie darin, „die rechtsstaatlichen Institute des Grundgesetzes zusammenzufassen und auf einen Begriff zu bringen"[657]. Das Grundgesetz kennt nämlich nicht „das" Rechtsstaatsprinzip schlechthin, vielmehr wird der Rechtsstaat durch eine Reihe von Einzelelementen geprägt[658]. Im Kontext der Folter werden hiervon insbesondere die Unschuldsvermutung[659] sowie das Recht auf ein faires Verfahren[660] genannt.

a) Unschuldsvermutung

Die Unschuldsvermutung wurzelt nach h. M. im Rechtsstaatsprinzip, was ihr Verfassungsrang verleiht; überdies ist sie kraft Art. 6 Abs. 2 EMRK Bestandteil des positiven Rechts der Bundesrepublik Deutschland[661].

---

[652] *BVerfG*, 2 BvR 350/75, BVerfGE 42, 312, 325 f.

[653] *BVerfG*, 1 BvR 105/63, BVerfGE 33, 247, 259; 1 BvR 108/73 u. a., BVerfGE 45, 63, 74.

[654] *Müller-Franken*, DÖV 1999, 590, 595; *Pieroth/Schlink*, Grundrechte, Rdnr. 1170.

[655] *BVerfG*, 2 BvF 1/69 u. a., BVerfGE 30, 1, 20 f.

[656] *BVerfG*, 2 BvL 51/71 u. a., BVerfGE 39, 128, 143; *Badura*, Staatsrecht, Rdnr. D 45; *Hobe*, JA 1994, 394; *J. Ipsen*, Staatsrecht I, Rdnr. 735. Die Bedeutung des Rechtsstaatsprinzips geht aber über Art. 20 Abs. 3 GG hinaus, da hierin nur Teilelemente verankert sind, vgl. J/P-*Jarass*, Art. 20 Rdnr. 29 m. w. N.; von Münch-*Schnapp*, Art. 20 Rdnr. 24.

[657] *J. Ipsen*, Staatsrecht I, Rdnr. 735.

[658] Von Münch-*Schnapp*, Art. 20 Rdnr. 24; *Stern*, Staatsrecht I, 781. Vgl. zu den Ausprägungen des Rechtsstaatsprinzips etwa *Görisch*, JuS 1997, 988; *Hobe*, JA 1994, 394.

[659] *Haurand/Vahle*, NVwZ 2003, 513, 514; *Peltzer*, ZRP 2003, 288.

[660] *Hamm*, NJW 2002, 3150.

[661] *BVerfG*, 2 BvR 589/79 u. a., NJW 1987, 2427; 2 BvR 254/88 u. a., NJW 1990, 2741; 1 BvR 2257/01, NJW 2002, 3231; *BGH*, 4 StR 595/97, BGHSt 45, 108, 116; *Höfling/Rixen*, JuS 2002, 855, 856; *Meyer-Goßner*, StPO, Art. 6 MRK Rdnr. 12. Teilweise wird die Unschuldsvermutung allerdings auch aus der Menschenwürdegarantie des Art. 1 Abs. 1 GG her-

Sie beinhaltet, daß keine Strafe gegen einen Beschuldigten verhängt werden darf, ohne daß ihm in einem justizförmig geordneten Verfahren Tat und Schuld nachgewiesen worden sind; bis zu diesem gesetzlichen Nachweis der Schuld wird seine Unschuld vermutet[662]. Auch im Verwaltungsverfahren finden ihre Grundsätze unter bestimmten Umständen Anwendung[663], was vorliegend von Interesse ist, wenn man dem Handeln von *L* und *V* rein präventiven Charakter beimißt (vgl. S. 73).

Im fiktiven Fall könnte die Unschuldsvermutung insofern von Bedeutung sein, als sie auch vor Nachteilen schützt, die Schuldspruch oder Strafe gleichkommen, denen aber kein rechtsstaatliches prozeßordnungsgemäßes Verfahren zur Schuldfeststellung und Strafbemessung vorausgegangen ist[664]. Denn die Schuld des *I* steht keineswegs fest (vgl. S. 28 ff.), und einen gewissen Strafcharakter – als Sanktion für „unbotmäßiges" Schweigen – wird man der Folter nicht absprechen können.

Allerdings gilt es zu bedenken, daß mit der Androhung bzw. Anwendung von Folter weniger ein Schuldspruch als vielmehr die Äußerung eines – wenn auch sehr starken – Tatverdachts verbunden ist. Hierbei handelt es sich nach der Rechtsprechung des Bundesverfassungsgerichts um etwas „substanziell anderes als eine Schuldfeststellung"[665], so daß bereits aus diesem Grund fraglich ist, ob bei Folterungen zu Vernehmungszwecken von einem Verstoß gegen die Unschuldsvermutung gesprochen werden kann. Im übrigen betont das Bundesverfassungsgericht ausdrücklich, daß aus der Unschuldsvermutung „keine in allen Einzelheiten bestimmten Ge- und Verbote"[666] abzuleiten sind. Dementsprechend wird man im fiktiven Fall nicht davon ausgehen können, daß die Androhung oder Anwendung von Folter auch durch die Unschuldsvermutung verboten ist.

---

geleitet, vgl. *BVerfG*, 2 BvR 215/81, BVerfGE 57, 250, 275; *Wolter*, NStZ 1993, 1, 6.

[662] *EGMR*, 37568/97 (Böhmer / Deutschland), NJW 2004, 43; *BVerfG*, 2 BvR 215/81, BVerfGE 57, 250, 275; 2 BvR 254/88 u. a., NJW 1990, 2741; *BGH*, 2 StR 513/00, BGHSt 47, 68, 77. Umfassend hierzu *Frister*, Schuldprinzip, 84 ff.

[663] Bezogen auf das beamtenrechtliche Disziplinarverfahren *BVerwG*, 1 D 68/98, NVwZ-RR 2000, 364; 1 D 19/00, NJW 2001, 3645; *Höfling/Rixen*, JuS 2002, 855.

[664] *BVerfG*, 2 BvR 254/88 u. a., NJW 1990, 2741; 2 BvR 413/00, www.bverfg.de, Rdnr. 11; 1 BvR 2257/01, NJW 2002, 3231.

[665] *BVerfG*, 1 BvR 2257/01, NJW 2002, 3231.

[666] *BVerfG*, 2 BvR 589/79 u. a., NJW 1987, 2427, 2428; 2 BvR 254/88 u. a., NJW 1990, 2741.

b) Recht auf ein faires Verfahren

Ähnlich verhält es sich mit dem Recht auf ein faires Verfahren, das ebenfalls aus dem Rechtsstaatsprinzip (i. V. m. Art. 2 Abs. 1 GG) hergeleitet wird[667] und das völkerrechtlich insbesondere in Art. 6 Abs. 1 EMRK verbürgt ist[668].

Ganz allgemein gesprochen begründet das Fair-trial-Prinzip einen Anspruch auf ein an den Grundsätzen der Gerechtigkeit und Billigkeit orientiertes Verfahren[669]. Dies haben nicht nur die Strafgerichte, sondern auch alle anderen Organe, die auf den Gang des Strafverfahrens Einfluß nehmen, zu beachten[670]. Ähnlich wie das Rechtsstaatsprinzip ist aber auch das Fair-trial-Prinzip lediglich ein Oberbegriff, der unterschiedliche Ausprägungen kennt und dessen Einhaltung im Einzelfall überprüft werden muß[671]. Zu diesen Ausprägungen gehört insbesondere, daß niemand gezwungen werden darf, sich durch seine eigene Aussage zu belasten[672]. Es kommt also zu einer sachlichen Überschneidung mit dem Nemo-tenetur-Prinzip, das nach der hier vertretenen Auffassung aus dem allgemeinen Persönlichkeitsrecht abzuleiten ist (vgl. S. 113).

Aus diesem Grund braucht in der Frage des Verbots der Folter nicht *zusätzlich* auf das Fair-Trial-Prinzip abgestellt zu werden. Dies gilt um so mehr, als angesichts der großen Reichweite dieses Prinzips[673] hieraus ebensowenig konkrete Ge- oder Verbote abzuleiten sind wie aus der Unschuldsvermutung[674]. Auf das Fair-Trial-Prinzip sollte daher erst dann zurückgegriffen werden, wenn sich aus speziellen Gewährleistungen keine Antwort auf die Frage nach der Gerechtigkeit und Billigkeit einer bestimmten Maßnahme ableiten läßt[675]. Denn das

---

667 *BVerfG*, 2 BvR 215/81, BVerfGE 57, 250, 274 f.; *BGH*, 3 StR 189/70, BGHSt 24, 125, 131; 5 StR 756/94, BGHSt 42, 15, 20 f.; 4 StR 240/97, BGHSt 43, 195, 203 f.; *Beulke*, NStZ 1996, 257, 259; KK-*Pfeiffer*, Einleitung Rdnr. 28 ff.

668 *EGMR*, 37568/97 (Böhmer / Deutschland), NJW 2004, 43, 44; *Pache*, NVwZ 2001, 1342.

669 *BGH*, 3 StR 189/70, BGHSt 24, 125, 131; KK-*Pfeiffer*, Einleitung Rdnr. 28.

670 *BVerfG*, 1 BvR 2378/98 u. a., NJW 2004, 999, 1017; *BGH*, 2 StR 250/82, BGHSt 31, 148, 154; *Schaefer*, StV 2004, 212, 217.

671 Vgl. zu diesen Ausprägungen mit Beispielen aus der Rechtsprechung *Beulke*, StPO, Rdnr. 28.

672 *BVerfG*, 1 BvR 2378/98 u. a., NJW 2004, 999, 1005; *BGH*, 1 StR 366/73, BGHSt 25, 325, 330; 5 StR 190/91, BGHSt 38, 214, 220 f.; 5 StR 457/91, BGHSt 38, 262, 266; KK-*Pfeiffer*, Einleitung Rdnr. 28.

673 Vgl. hierzu *Beulke*, StPO, Rdnr. 28.

674 *BVerfG*, 2 BvR 215/81, BVerfGE 57, 250, 275 f.; 2 BvR 1150/80 u. a., BVerfGE 70, 297, 308 f.

675 *BVerfG*, 2 BvR 215/81, BVerfGE 57, 250, 274 f.; *BGH*, 1 StR 154/96, BGHSt 42, 170, 172; *Meyer-Goßner*, StPO, Einl. Rdnr. 19.

Recht auf ein faires Verfahren betrifft das Verfahren als ganzes[676], während die konkrete Frage nach dem Verbot des Einsatzes von Folter durch speziellere Bestimmungen geregelt ist.

2. Zwischenergebnis

Weder aus dem Rechtsstaatsprinzip *als solchem*[677] noch aus dem Fair-trial-Prinzip oder der Unschuldsvermutung als seinen Ausprägungen läßt sich ein konkretes Verbot der Folter herleiten. Für einen Rückgriff auf diese Prinzipien besteht auch keine Notwendigkeit, da speziellere Vorschriften wie etwa § 136a StPO[678] und insbesondere die Grundrechte[679] als *Ausformungen* des Leitgedankens der Rechtsstaatlichkeit das Verbot der Folter eindeutig normieren. Ein Verstoß gegen diese Verbotsnormen verletzt somit – allerdings nur *mittelbar* – auch das Rechtsstaatsprinzip.

Daher ist auf die eingangs gestellte Frage zu antworten, daß sich aus dem Rechtsstaatsprinzip als solchem kein Verbot der Folter ableiten läßt.

IX. Fazit

Wie schon das einfache Gesetzesrecht (vgl. § 3 der vorliegenden Arbeit), so kommt auch das Verfassungsrecht in der Frage des Einsatzes von Folter zu Vernehmungszwecken zu einem eindeutigen Ergebnis: Ein solches Vorgehen ist ausnahmslos verboten, und zwar unabhängig davon, ob die Folter lediglich angedroht oder ob sie tatsächlich angewendet wird. Der hiervon Betroffene wird in seinem Recht auf Leben und körperliche Unversehrtheit (Art. 2 Abs. 2 S. 1 GG), in seinem allgemeinen Persönlichkeitsrecht (Art. 2 Abs. 1 i. V. m. Art. 1 Abs. 1 GG) und in seiner Menschenwürde (Art. 1 Abs. 1 GG) verletzt.

Das geltende Verfassungsrecht macht entgegen anderslautenden Stimmen in der Literatur hiervon selbst in Extremsituationen keine Ausnahme. Dies liegt zunächst einmal daran, daß nach ganz herrschender Meinung die Menschenwürdegarantie des Art. 1 Abs. 1 GG keiner Abwägung zugänglich ist. Dies wird durch Art. 104 Abs. 1 S. 2 GG als spezielle Ausformung der Menschenwürdegarantie noch bekräftigt, der in seiner Funktion als Schranken-Schranke eine äußerste Grenze zieht und jede Form der Mißhandlung festgehaltener Personen kategorisch ausschließt.

---

[676] *Weigend*, StV 2003, 437.

[677] *BVerfG*, 1 BvL 23/52, BVerfGE 7, 89, 92 f.

[678] *BGH*, 4 StR 640/82, BGHSt 31, 304, 308; 5 StR 302/97, BGHSt 44, 129, 134.

[679] Von Münch-*Schnapp*, Art. 20 Rdnr. 27.

§ 5 Verbot der Folter nach Völkerrecht

Das Verbot der Folter soll abschließend auch noch anhand der einschlägigen völkerrechtlichen Bestimmungen untersucht werden. Dabei ist allerdings schon vorab anzumerken, daß dieses weite Feld nicht in all seinen Facetten wird beleuchtet werden können, da es – was die Arbeit von Raess[680] in überzeugender Weise verdeutlicht – umfangreich genug für eine eigene Dissertation ist.

I. Verhältnis von Völkerrecht und nationalem Recht

Zunächst ist in aller Kürze auf das Verhältnis von Völkerrecht und nationalem Recht einzugehen.

1. Theorienstreit

In der Frage, wie sich dieses Verhältnis gestaltet, werden dem Grunde nach zwei unterschiedliche Auffassungen vertreten[681].

Die sogenannte monistische Theorie geht davon aus, daß Völkerrecht und nationales Recht eine Einheit bilden[682], was mit naturrechtlichen, rechtstheoretischen und logischen Erwägungen begründet wird. Demgegenüber geht die dualistische Theorie davon aus, daß es sich bei Völkerrecht und nationalem Recht um zwei verschiedene Rechtsordnungen handelt[683], die mit dem zwischenstaatlichen Bereich auf der einen sowie dem innerstaatlichen Bereich auf der anderen Seite zwei unterschiedliche Rechtsmaterien betreffen. Innerhalb beider Theorien ist wiederum umstritten, ob dem Völkerrecht oder dem nationalen Recht der Vorrang (auch als Primat bezeichnet) gebührt.

---

[680] *Raess*, Der Schutz vor Folter im Völkerrecht.

[681] Umfassend zu diesem Theorienstreit sowie zu den Unterspielarten der einzelnen Theorien *Fischer/Köck*, Völkerrecht, Rdnr. 44 ff.; *Schweitzer*, Staatsrecht III, Rdnr. 24 ff.

[682] *Stein/von Buttlar*, Völkerrecht, Rdnr. 176.

[683] *Triepel*, Völkerrecht und Landesrecht, 10.

2. Regelung im Grundgesetz

a) Stellung zum Theorienstreit

Das Grundgesetz enthält keine ausdrückliche Regelung zu der Frage, in welchem Verhältnis Völkerrecht und nationales Recht zueinander stehen[684]. Jedoch hat das Bundesverfassungsgericht in seiner bereits auf Seite 108 angesprochenen Entscheidung vom 14. Oktober 2004, in der es sich umfassend zur Bedeutung der EMRK und der hierzu ergangenen Rechtsprechung des EGMR geäußert hat, folgendes ausgeführt:

> „Das Grundgesetz ist jedoch nicht die weitesten Schritte der Öffnung für völkerrechtliche Bindungen gegangen. Das Völkervertragsrecht ist innerstaatlich nicht unmittelbar, das heißt ohne Zustimmungsgesetz nach Art. 59 II GG, als geltendes Recht zu behandeln und – wie auch das Völkergewohnheitsrecht (vgl. Art. 25 GG) – nicht mit dem Rang des Verfassungsrechts ausgestattet. Dem Grundgesetz liegt deutlich die klassische Vorstellung zu Grunde, dass es sich bei dem Verhältnis des Völkerrechts zum nationalen Recht um ein Verhältnis zweier unterschiedlicher Rechtskreise handelt und dass die Natur dieses Verhältnisses aus der Sicht des nationalen Rechts nur durch das nationale Recht selbst bestimmt werden kann; dies zeigen die Existenz und der Wortlaut von Art. 25 und Art. 59 II GG. Die Völkerrechtsfreundlichkeit entfaltet Wirkung nur im Rahmen des demokratischen und rechtsstaatlichen Systems des Grundgesetzes.“[685]

Das vorstehende Zitat enthält neben der der dualistischen Theorie zuneigenden Stellungnahme noch einige weitere wichtige Aussagen:

- die Bedeutung des Völkerrechts für das Grundgesetz folgt aus dessen völkerrechtsfreundlicher Grundhaltung (vgl. hierzu S. 107);
- dem klassischen Völkerrecht kommt – anders als dem supranationalen Gemeinschaftsrecht[686] – kein Vorrang vor dem Grundgesetz zu[687];
- es ist – auch in der Rangfrage – zwischen Völkervertrags- und Völkergewohnheitsrecht zu unterscheiden.

b) Völkervertragsrecht und nationales Recht

Somit ist zunächst zu klären, welche Stellung das Grundgesetz dem Völkervertragsrecht innerhalb der nationalen Rechtsordnung zuweist.

---

[684] *Schweitzer*, Staatsrecht III, Rdnr. 39.

[685] *BVerfG*, 2 BvR 1481/04, NJW 2004, 3407, 3408.

[686] *EuGH*, Rs. 106/77 (Simmenthal II), www.curia.eu.int, Rdnr. 17/18; *Streinz*, Europarecht, Rdnr. 201. Grundlegend zum Vorrang des Gemeinschaftsrechts *EuGH*, Rs. 6/64, (Costa / E.N.E.L.), www.curia.eu.int.

[687] Vgl. hierzu auch *BGH*, 5 StR 370/92, BGHSt 39, 1, 27.

Völkerrechtlich gilt der Grundsatz „pacta sunt servanda". Dieser besagt seiner Kodifizierung in Art. 26 WVRK zufolge, daß ein in Kraft getretener Vertrag die hieran beteiligten Parteien bindet und von ihnen nach Treu und Glauben zu erfüllen ist.

Für die innerstaatliche Geltung bedarf es gemäß Art. 59 Abs. 2 S. 1 GG eines wirksamen Vertragsgesetzes[688]. Durch den Rang dieses Gesetzes wird auch der innerstaatliche Rang des hierdurch übernommenen völkerrechtlichen Vertrages bestimmt; es ist derjenige eines einfachen Bundesgesetzes[689]. Dies bedeutet insbesondere, daß völkerrechtlichen Verträgen grundsätzlich kein Vorrang gegenüber anderen Bundesgesetzen zukommt. Es besteht zwar die Möglichkeit, daß völkerrechtliche Verträge Völkergewohnheitsrecht kodifizieren[690]; beispielsweise werden die Genfer Abkommen als allgemeine Regeln des Völkerrechts angesehen[691]. Doch erhalten die Vertragsbestimmungen dadurch nicht den – nachfolgend unter c) dargestellten – höheren Rang nach Art. 25 S. 2 GG, denn dieser gilt nur für die allgemeinen Regeln des Völkerrechts selbst[692].

Dementsprechend bedarf es, wenn ein Vorrang gegenüber anderen Bundesgesetzen statuiert werden soll, hierfür einer besonderen gesetzlichen Regelung, wie sie etwa Art. 3 Abs. 2 S. 1 EGBGB für den Bereich des internationalen Privatrechts enthält[693]. Mangels einer vergleichbaren Regelung kommt nach herrschender – wenn auch nicht unproblematischer – Auffassung noch nicht einmal der EMRK ein genereller Vorrang gegenüber innerstaatlichem Recht zu (vgl. S. 108).

c) Völkergewohnheitsrecht und nationales Recht

Gemäß Art. 25 S. 1 GG sind die allgemeinen Regeln des Völkerrechts Bestandteil des Bundesrechts. Wie bereits angesprochen, gehen sie nach Art. 25 S. 2 GG den Gesetzen vor[694], was nach h. M. allerdings nicht für das Grundgesetz gilt[695].

---

[688] *BVerfG*, 1 BvL 19/75 u. a., BVerfGE 42, 263, 284; 2 BvR 1481/04, NJW 2004, 3407, 3408; J/P-*Jarass*, Art. 59 Rdnr. 17; *Steinberger*, HdBStR VII, § 173 Rdnr. 9.

[689] *BVerfG*, 2 BvR 255/69, BVerfGE 31, 145, 177 f.; *BVerwG*, 2 C 1/99, BVerwGE 110, 363, 366; *Bernhard*, HdBStR VII, § 174 Rdnr. 29; J/P-*Jarass*, Art. 59 Rdnr. 19; von Münch-*Rojahn*, Art. 59 Rdnr. 37; *Schweitzer*, Staatsrecht III, Rdnr. 447.

[690] Von Münch-*Rojahn*, Art. 25 Rdnr. 11; *Steinberger*, HdBStR VII, § 173 Rdnr. 12.

[691] *BVerwG*, 6 C 5/85, BVerwGE 72, 241, 247; J/P-*Jarass*, Art. 25 Rdnr. 10.

[692] *Schweitzer*, Staatsrecht III, Rdnr. 473; *Steinberger*, HdBStR VII, § 173 Rdnr. 12.

[693] Siehe hierzu *von Hoffmann/Thorn*, Internationales Privatrecht, § 1 Rdnr. 72 ff.

[694] *BVerfG*, 2 BvR 1481/04, NJW 2004, 3407, 3408; *BayObLG*, 3 St 20/96, NJW 1998, 392, 393.

[695] *BVerfG*, 2 BvL 52/71, BVerfGE 37, 271, 278 f.; J/P-*Jarass*, Art. 25 Rdnr. 12; *Schweitzer*, Staatsrecht III, Rdnr. 479. A. A. DR-*Pernice*, Art. 25 Rdnr. 24.

Bei den allgemeinen Regeln des Völkerrechts i. S. v. Art. 25 S. 1 GG handelt es sich um das Völkergewohnheitsrecht[696], ergänzt durch die allgemeinen Rechtsgrundsätze[697]. Sie müssen auf einer „allgemeinen, gefestigten Übung der Staaten beruhen, der die Rechtsüberzeugung zugrunde liegt, daß dieses Verhalten Rechtens sei“[698]. Was im einzelnen hierzu zählt, ist nötigenfalls durch Vorlage an das Bundesverfassungsgericht zu klären (Art. 100 Abs. 2 GG)[699].

d) Menschenrechtsaspekt

Da das Verbot der Folter zu den Menschenrechten gehört, ist auch Art. 1 Abs. 2 GG von Bedeutung. Hierin heißt es:

> „Das Deutsche Volk bekennt sich darum zu unverletzlichen und unveräußerlichen Menschenrechten als Grundlage jeder menschlichen Gemeinschaft, des Friedens und der Gerechtigkeit in der Welt.“

Es wurde bereits ausgeführt, daß Art. 1 Abs. 2 GG eine besondere Ausprägung der Völkerrechtsfreundlichkeit des Grundgesetzes ist, so daß die Menschenrechte bei der Auslegung des Grundgesetzes in besonderer Weise zu berücksichtigen sind (vgl. S. 107). Art. 1 Abs. 2 GG erhöht aber nicht den innerstaatlichen Rang der menschenrechtlichen Verträge oder der zum Völkergewohnheitsrecht zählenden Menschenrechte. Dieser richtet sich vielmehr nach den bereits dargestellten Bestimmungen des Art. 59 Abs. 2 GG sowie des Art. 25 GG[700].

e) Völkerrecht und Landesrecht

Bei den bisherigen Ausführungen wurde allgemein vom nationalen Recht gesprochen. Es darf aber nicht unbeachtet bleiben, daß die Bundesrepublik föderal untergliedert ist, da im fiktiven Fall durch das Polizeirecht auch Landesrecht eine Rolle spielt. Daher stellt sich die Frage, wie sich das Verhältnis zwischen völkerrechtlichen und landesrechtlichen Regelungen gestaltet.

Wie vorstehend unter b) ausgeführt, haben umgesetzte völkerrechtliche Verträge innerstaatlich grundsätzlich den Rang eines einfachen Bundesgesetzes. Dies bedeutet für ihr Verhältnis zum Landesrecht, daß sie diesem gemäß Art. 31

---

[696] *BVerfG*, 2 BvM 1/60), BVerfGE 15, 25, 32 f.; 2 BvM 1/60, BVerfGE 15, 25, 34; M/K/S-*Koenig*, Art. 25 Rdnr. 20; *Stein/von Buttlar*, Völkerrecht, Rdnr. 195.

[697] *BVerfG*, 2 BvM 1/62, BVerfGE 26, 27, 33; 2 BvR 1851/94 u. a., BVerfGE 95, 96, 129; von Münch-*Rojahn*, Art. 25 Rdnr. 6.

[698] *BVerfG*, 2 BvR 1160/83 u. a., BVerfGE 66, 39, 64 f.; 2 BvL 19/91 u. a., BVerfGE 92, 277, 320; 2 BvR 1851/94 u. a., BVerfGE 95, 96, 129.

[699] *BVerfG*, 2 BvR 1290/99, NJW 2001, 1848; *Stein/von Buttlar*, Völkerrecht, Rdnr. 206.

[700] Von Münch-*Kunig*, Art. 1 Rdnr. 47.

GG vorgehen[701]. Gleiches gilt für die allgemeinen Regeln des Völkerrechts, da diese nach Art. 25 S. 1 GG ebenfalls Bestandteil des Bundesrechts sind[702].

Wie wichtig derartige Bestimmungen über den Vorrang von Völkerrecht vor dem Recht eines Gliedstaats sein können, hat der Fall der im US-amerikanischen Bundesstaat Arizona hingerichteten Brüder LaGrand in besonderer Weise verdeutlicht[703].

II. Völkerrechtliche Verträge und Deklarationen

Das Verbot der Folter ist in einer Vielzahl völkerrechtlicher Verträge und Deklarationen enthalten. Nicht auf alle von ihnen kann nachfolgend eingegangen werden. Vielmehr sollen Umfang und Reichweite dieses Verbots anhand einer Auswahl wichtiger Bestimmungen[704] dargestellt werden.

1. Ausschluß nicht einschlägiger Verträge und Deklarationen

Einige dieser Regelungen sind im fiktiven Fall nicht einschlägig und können daher von den weiteren Überlegungen ausgeschlossen werden.

a) Sachlich nicht einschlägige Bestimmungen

Dies gilt zunächst einmal für solche Bestimmungen, die in sachlicher Hinsicht nicht einschlägig sind.

---

[701] *Kirchhof*, EuGRZ 1994, 16, 25; *Klein*, LKV 2003, 74, 75.

[702] *Schweitzer*, Staatsrecht III, Rdnr. 482.

[703] *IGH*, General List No. 104 (Deutschland / Vereinigte Staaten von Amerika), JZ 2001, 91 mit Anm. *Tams*, JuS 2002, 324. In diesem Fall hatte die Bundesrepublik Deutschland die Vereinigten Staaten vor dem Internationalen Gerichtshof wegen eines vom Bundesstaat Arizona begangenen Verstoßes gegen das Völkerrecht verklagt. Es ging hierbei um das Strafverfahren gegen die beiden deutschen Brüder LaGrand. Diese waren von einem Gericht des Bundesstaates Arizona zum Tode verurteilt worden. Gemäß Art. 36 Abs. 1 lit. b WÜK hätte das deutsche Konsulat von ihrer Verhaftung informiert werden und eine Unterrichtung der Brüder LaGrand über ihre aus der WÜK resultierenden Rechte erfolgen müssen. Die nachträglich gegen die Verurteilung unternommenen juristischen und diplomatischen Schritte, in denen dieser Verstoß geltend gemacht wurde, blieben sämtlich ohne Erfolg. Nachdem der erste Bruder hingerichtet worden war, forderte der von Deutschland mit der Sache befaßte IGH die USA mit Anordnung vom 3. März 1999 auf, alle ihr zur Verfügung stehenden Maßnahmen zu ergreifen, um die zweite Hinrichtung bis zu seiner Hauptsacheentscheidung zu verhindern und die Anordnung an den Gouverneur von Arizona zu übermitteln. Dennoch wurde die zweite Hinrichtung noch am gleichen Tag vollstreckt. Mit Urteil vom 27. Juni 2001 verurteilte der IGH die USA wegen Verstoßes gegen Art. 36 Abs. 1 WÜK.

[704] Es sei noch einmal daran erinnert, daß diese im Anhang abgedruckt sind.

aa) Das wichtigste Beispiel hierfür sind die vier Genfer (Rot-Kreuz-)Abkommen vom 12. August 1949 sowie ihre beiden Zusatzprotokolle vom 8. Juni 1977.

Sie alle enthalten ein umfassendes Verbot der Folter[705], doch sind sie als Teil des humanitären (Kriegs-)Völkerrechts vorliegend nicht anwendbar[706]. Auch wenn gegenwärtig die Tendenz besteht, jede gegen Terroristen gerichtete Handlung als Teil eines Krieges gegen den Terrorismus zu bezeichnen („war against terrorism")[707], so handelt es sich im fiktiven Fall doch nicht um eine Situation, wie sie das humanitäre Völkerrecht bei der Verwendung dieses Begriffes vor Augen hat. Zwar ist hierfür keine förmliche Kriegserklärung erforderlich, sondern lediglich das Bestehen eines „bewaffneten Konflikts"[708]. Im fiktiven Fall handelt es sich aber nicht um eine hiermit vergleichbare *militärische* Auseinandersetzung, sondern vielmehr um – wenn auch großangelegte – *terroristische* Anschläge[709].

Allerdings unterliegt das humanitäre Völkerrecht – wie andere Rechtsbereiche auch – einem ständigen Wandel[710]. Zum gegenwärtigen Zeitpunkt läßt sich daher nicht absehen, ob beispielsweise die Verfahren inhaftierter Terroristen[711] auf lange Sicht dazu führen werden, die Regeln des humanitären Völkerrechts generell auch auf diese zu erstrecken. Für die Zwecke der vorliegenden Arbeit, die sich am derzeit geltenden Recht orientiert, ist jedoch festzuhalten, daß die Genfer Abkommen sowie ihre beiden Zusatzprotokolle im fiktiven Fall nicht einschlägig sind.

bb) Auf den fiktiven Fall nicht anwendbar ist weiterhin Art. 4 EU-Grundrechtecharta, der gemäß Art. 52 Abs. 3 S. 1 EU-Grundrechtecharta die gleiche Bedeutung und Tragweite wie Art. 3 EMRK hat[712]. Die EU-Grundrechtecharta

---

[705] *Verbotsnormen* enthalten Art. 3 Abs. 1 Ziff. 1 lit. a, Art. 12 Abs. 2 S. 2 des I. Genfer Abkommens; Art. 3 Abs. 1 Ziff. 1 lit. a, Art. 12 Abs. 2 S. 2 des II. Genfer Abkommens; Art. 3 Abs. 1 Ziff. 1 lit. a, Art. 13 Abs. 1 S. 2 u. 3, Art. 17 Abs. 4 S. 1, Art. 87 Abs. 3 des III. Genfer Abkommens; Art. 3 Abs. 1 Ziff. 1 lit. a, Art. 27 Abs. 1 S. 2 u. Abs. 2, Art. 31, Art. 32 des IV. Genfer Abkommens; Art. 75 Abs. 2 lit. a ii) des ZP I; Art. 4 Abs. 2 lit. a des ZP II. Auf die Frage der *Strafbarkeit* wird noch an späterer Stelle einzugehen sein.

[706] *BGH*, 3 StR 372/00, BGHSt 46, 292, 298; *Gasser*, Haug-FS, 69 f.; *Machacek*, Klecatsky-FS, 148.

[707] Kritisch hierzu *Schaefer*, StV 2004, 212, 214.

[708] *Stein/von Buttlar*, Völkerrecht, Rdnr. 1214.

[709] *Gasser*, Haug-FS, 70: „Terrorismus in ‚Friedenszeiten', d. h. in Zeiten, die nicht als bewaffnete Konflikte zu verstehen sind, wird nicht durch das humanitäre Völkerrecht erfasst, ganz einfach weil es nicht anwendbar ist."

[710] *Bretton*, Ipsen-FS, 42.

[711] Vgl. etwa *U.S. Supreme Court*, Hamdi v. Rumsfeld, 542 U. S. 507 (2004), www.supremecourtus.gov. Vgl. hierzu *Tomuschat*, DÖV 2006, 357, 364.

[712] *Streinz*, in: Streinz (Hg.), EUV/EGV, Art. 4 GR-Charta Rdnr. 1.

gilt nämlich gemäß ihrem Art. 51 Abs. 1 S. 1 für die Mitgliedsstaaten ausschließlich bei der Durchführung des Rechts der Union. Überdies hat sie keinen verbindlichen Charakter[713]. Ob ihre Integration in Teil II der Europäischen Verfassung hieran etwas ändern wird, ist nicht zuletzt aufgrund des Scheiterns der Volksbefragungen in Frankreich und den Niederlanden ungewiß.

cc) Sachlich nicht einschlägig ist schließlich auch Art. 37 lit. a ÜRK, da *I* kein Kind i. S. v. Art. 1 ÜRK ist.

b) Räumlich nicht einschlägige Bestimmungen

Von den weiteren Überlegungen sind überdies solche Menschenrechtskonventionen auszuscheiden, denen die Bundesrepublik Deutschland aufgrund ihres regionalen Bezuges nicht beigetreten ist.

Zu nennen ist hier beispielsweise die Amerikanische Menschenrechtskonvention vom 22. November 1969, deren Art. 5 Abs. 2 S. 1 ein Verbot der Folter enthält[714]. Ebenso ist die Afrikanische (Banjul) Charta der Menschenrechte und Rechte der Völker vom 26. Juni 1981, deren Art. 5 S. 2 Folterungen untersagt, nicht einschlägig[715].

2. Einschlägige Verträge und Deklarationen

Wenden wir uns nun den einschlägigen Verträgen und Deklarationen sowie den hierin enthaltenen Bestimmungen zum Verbot der Folter zu[716]. Diese sollen chronologisch in der Reihenfolge ihrer Entstehung betrachtet werden.

a) Allgemeine Erklärung der Menschenrechte

An erster Stelle ist die Allgemeine Erklärung der Menschenrechte vom 10. Dezember 1948 zu nennen, in deren Artikel 5 es heißt:

> „Niemand darf der Folter oder grausamer, unmenschlicher oder erniedrigender Behandlung oder Strafe unterworfen werden."

---

[713] *Calliess*, EuZW 2001, 261, 266; *Streinz*, Europarecht, Rdnr. 758.

[714] Vgl. hierzu *Buergenthal*, EuGRZ 1984, 169 ff.; *Nikken*, in: Cassese (Hg.), The international Fight against Torture, 73 ff.

[715] Vgl. hierzu *Edem*, EuGRZ 1990, 306 ff.

[716] Es wurde bereits darauf hingewiesen, daß etwa der Nemo-tenetur-Grundsatz in Art. 14 Abs. 3 lit. g IPbürgR (vgl. S. 113) oder die Unschuldsvermutung in Art. 6 Abs. 2 EMRK (vgl. S. 125) ebenfalls völkerrechtlich verbürgt sind. Es würde jedoch den Rahmen der vorliegenden Arbeit sprengen zu überprüfen, ob diese Vorschriften *neben* den spezifischen Folterverbotsnormen der jeweiligen Konventionen ebenfalls zur Anwendung kommen, oder ob insofern ein Subsidiaritätsverhältnis besteht.

Die AEMR ist kein Vertragsrecht[717] und hat nach h. M. keinen rechtsverbindlichen Charakter[718], da sie in Form einer nicht bindenden Resolution ergangen ist. Dennoch ist ihre Bedeutung nicht zu unterschätzen. Dies liegt zunächst einmal daran, daß sie dazu dient, die Bezugnahme der UN-Charta auf die Menschenrechte[719] zu konkretisieren[720]. Überdies hatte sie Vorbildcharakter für die anschließend geschaffenen *verbindlichen* Menschenrechtspakte[721], denn ihr ist von Anfang an der Zweck beigemessen worden, als Maßstab für die Anerkennung und Durchsetzung der Menschenrechte zu dienen[722].

Somit ist festzuhalten, daß dem Folterverbot in Art. 5 AEMR grundlegende Bedeutung zukommt. Es erscheint aber fraglich, ob man deswegen die Allgemeine Erklärung der Menschenrechte bereits als Völkergewohnheitsrecht ansehen kann[723]. Eher ist davon auszugehen, daß in ihr bestimmte Verbote, die Teil des Völkergewohnheitsrechts sind, deklaratorisch wiedergegeben werden[724].

b) Europäische Menschenrechtskonvention

Der in zeitlicher Hinsicht nächstfolgende Vertrag war die Europäische Menschenrechtskonvention vom 4. November 1950, die in ihrer Präambel ausdrücklich auf die Allgemeine Erklärung der Menschenrechte Bezug nimmt. Ihr lag die Idee zugrunde, die AEMR in ein regionales Schutzsystem zu transformieren, das mit effizienten Kontrollmechanismen ausgestattet ist[725]. Daher wurde die EMRK von vornherein so konzipiert, daß mit ihr formelle Verpflichtungen für die Signatarstaaten verbunden sind[726].

---

[717] *BGH*, 5 StR 167/94, BGHSt 40, 241, 246.

[718] *BVerfG*, 1 BvR 548/68, BVerfGE 41, 88, 106; *BGH*, 5 StR 167/94, BGHSt 40, 241, 246; *BVerwG*, II C 11/74, BVerwGE 47, 365, 377 f.; *Kinzig*, ZStW 115 (2003), 791, 798; *Lauff*, NJW 1981, 2611 Fn. 3; *Stein/von Buttlar*, Völkerrecht, Rdnr. 1007; *Sonnewald*, Die Deklaration der Menschenrechte, 17. A. A. *Riedel*, in: Simma (Hg.), The Charter of the United Nations, Article 55 (c) Rdnr. 30, 34; *Verdross/Simma*, Universelles Völkerrecht, § 1234.

[719] Vgl. hierzu *Sonnewald*, Die Deklaration der Menschenrechte, 10 f.

[720] *BGH*, 5 StR 167/94, BGHSt 40, 241, 246; 5 StR 111/94, BGHSt 41, 101, 105; *Klein*, EuGRZ 1999, 109; *Kokott/Doehring/Buergenthal*, Grundzüge des Völkerrechts, Rdnr. 251.

[721] *BGH*, 5 StR 167/94, BGHSt 40, 241, 245; *Frowein*, NVwZ 2002, 29; *Haedrich*, JA 1999, 251, 252 f.; *Limbach*, NJW 2001, 2913, 2914; *Raess*, Der Schutz vor Folter im Völkerrecht, 56.

[722] *BGH*, 5 StR 167/94, BGHSt 40, 241, 246 ff.; *Meron*, Human Rights and Humanitarian Norms as Customary Law, 82 ff.

[723] In diese Richtung gehend *Verdross/Simma*, Universelles Völkerrecht, § 1234.

[724] *Haedrich*, JA 1999, 251, 253; *Riedel*, in: Simma (Hg.), The Charter of the United Nations, Article 55 (c) Rdnr. 30.

[725] *Meyer-Ladewig*, EMRK, Einleitung Rdnr. 1.

[726] *Valerius*, in: Tomášek (Hg.), Grundfragen des europäischen Strafrechts, 102; *Valticos*, in: Cassese (Hg.), The International Fight against Torture, 122.

aa) Verbot der Folter

Dies gilt insbesondere für Art. 3 EMRK, in dem es heißt:

> „Niemand darf der Folter oder unmenschlicher oder erniedrigender Strafe oder Behandlung unterworfen werden."

Was im Sinne dieser Vorschrift unter dem Begriff der Folter zu verstehen ist – und wie schwierig die Qualifizierung einer Handlung als Folter sein kann – wurde in § 2 der vorliegenden Arbeit erläutert. Das bezüglich solcher Handlungen in Art. 3 EMRK ausgesprochene Verbot gilt unter allen Umständen und ohne Ausnahmen[727], denn es handelt sich bei Art. 3 EMRK um die einzige Vorschrift dieser Konvention, die keinerlei Einschränkungen unterliegt[728].

bb) Notstandsfestigkeit

Diesbezüglich legt Art. 15 EMRK fest, daß auch im Notstandsfall nicht von Art. 3 EMRK abgewichen werden darf. Die Vorschrift ist also „notstandsfest"[729].

Im fiktiven Fall kommt bereits nach Art. 15 Abs. 1 EMRK ein Abweichen nicht in Betracht. Zwar kann man hier anders als im Fall von Metzler von einem „anderen öffentlichen Notstand" i. S. v. Art. 15 Abs. 1 EMRK sprechen[730]. Doch dürfen schon nach dem Wortlaut dieser Vorschrift die getroffenen Maßnahmen nicht im Widerspruch zu den sonstigen völkerrechtlichen Verpflichtungen der Vertragspartei stehen[731]. Wie nachfolgend noch zu zeigen sein wird, verbieten auch weitere internationale Übereinkommen sowie das Völkergewohnheitsrecht den Einsatz von Folter unter allen Umständen.

---

[727] *EuGH*, Rs. C-112/00 (Schmidberger), www.curia.eu.int, Rdnr. 80; *Meyer/Ladewig*, EMRK, Art. 3 Rdnr. 1. Vgl. zum Absolutheitscharakter der Vorschrift *Addo/Grief*, EJIL 9 (1998), 510 ff.

[728] *Frowein/Peukert*, EMRK, Art. 3 Rdnr. 1; *Merten*, JR 2003, 404, 405; *Stern*, Staatsrecht III/2, 1565.

[729] *Raess*, Der Schutz vor Folter im Völkerrecht, 62; *Seidel*, Handbuch der Grund- und Menschenrechte, 11.

[730] *Meyer-Ladewig*, EMRK, Art. 15 Rdnr. 4 m. w. N.: „Die EMRK hat für das Vorliegen eines Notstandes folgende vier Voraussetzungen aufgestellt: 1. Der Notstand muss bestehen oder unmittelbar bevorstehen. Er muss 2. Auswirkungen auf die gesamte Nation haben und 3. eine Bedrohung für das organisierte Gemeinschaftswesen darstellen. Der Ausnahmecharakter muss 4. derart sein, dass nach der Konvention zulässige, normale Maßnahmen oder Einschränkungen eindeutig unzureichend sind, um die Sicherheit, die Gesundheit und die öffentliche Ordnung zu gewährleisten …" Umfassend zum Notstandsbegriff *Kitz*, Die Notstandsklausel des Art. 15 der Europäischen Menschenrechtskonvention, 36 ff.

[731] *Zwingenberger*, Die Europäische Konvention der Menschenrechte, 276.

In diesem Zusammenhang sind auch die Wertungen des Internationalen Übereinkommens zur Bekämpfung terroristischer Bombenanschläge[732] von Interesse, da dieses – wie sein Artikel 15 lit. a zeigt – auch die Verhütung derartiger Anschläge betrifft[733]. Art. 14 IÜBtB bestimmt, daß Personen, die inhaftiert oder gegen die andere Maßnahmen ergriffen werden, eine gerechte Behandlung erfahren müssen, die den Genuß aller Rechte und Garantien einschließt, die mit den anwendbaren völkerrechtlichen Bestimmungen einschließlich derer über die Menschenrechte im Einklang stehen. Hieran sowie an Art. 19 Abs. 1 IÜBtB zeigt sich, daß selbst in Extremsituationen wie solchen, die durch terroristische Bombenanschläge hervorgerufen werden, nicht alle sonstigen Bestimmungen des Völkerrechts außer Kraft gesetzt werden.

Im übrigen stünde spätestens aufgrund von Art. 15 Abs. 2 EMRK fest, daß vom Verbot des Art. 3 EMRK *in keinem Fall* abgewichen werden darf[734]. Dies gilt unabhängig von einem tadelnswerten Verhalten der jeweiligen Personen[735], und zwar selbst für Terroristen, wie der EGMR mehrfach ausdrücklich betont hat[736].

cc) Uminterpretation für besonders ungewöhnliche Fälle?

Dennoch wird vereinzelt vertreten, daß Art. 3 EMRK für Extremsituationen teleologisch reduziert werden müsse. In erster Linie ist hier wiederum Brugger zu nennen, dessen diesbezügliche Ausführungen mit seinen Überlegungen zum Polizei- (vgl. S. 84) und zum Verfassungsrecht (vgl. S. 90) vergleichbar sind:

> „Die Konvention enthält in Art. 3 und 15 einerseits und Art. 2 andererseits zwei unterschiedliche Wertungen. In der Regel gehen für die Rechtsfolge Folter und die sonstigen in Art. 3 genannten folterähnlichen Maßnahmen die erstgenannten speziellen Artikel mit ihren absoluten Verboten vor. In dem hier zugrundegelegten Ausgangsfall[737] verschieben sich jedoch die Wertungsaspekte: Von der

---

[732] Vgl. Fn. 1785 auf S. 347.

[733] Vgl. zum Anwendungsbereich – gerade auch mit Blick auf die ausländische Staatsangehörigkeit des *I* – auch Art. 3 IÜBtB.

[734] *Frowein/Peukert*, EMRK, Art. 15 Rdnr. 12; *Jerouschek/Kölbel*, JZ 2003, 613, 616; *Merten*, JR 2003, 404, 405; *Meyer-Ladewig*, EMRK, Art. 3 Rdnr. 1; *Roxin*, Eser-FS, 462. *Saliger*, ZStW 116 (2004), 35, 36 f.; *Stein*, in: Merten/Papier (Hg.), Handbuch der Grundrechte, § 24 Rdnr. 105.

[735] *Guckelberger*, VBlBW 2004, 121, 123; *Raess*, Der Schutz vor Folter im Völkerrecht, 62.

[736] *EGMR*, 27/1991/279/350 (Tomasi / Frankreich), EuGRZ 1994, 101, 104 Rdnr. 115; 20869/92, (Dikme / Türkei), www.echr.coe.int, Rdnr. 89; 24351/94 (Aktas / Türkei), www.echr.coe.int, Rdnr. 310; 23656/94 (Ayder u. a. / Türkei), www.echr.coe.int, Rdnr. 107. Vgl. auch *Oeter*, AVR 40 (2002), 422, 437; *Perron*, Weber-FS, 144; *Valerius*, in: Tomášek (Hg.), Grundfragen des europäischen Strafrechts, 106.

[737] Dieser ist oben auf S. 26 wiedergegeben.

> Tatbestandsseite aus ist Art. 2 wesentlich differenzierter und problemspezifischer als der insoweit gänzlich unterscheidungslose, sozusagen fall- und situationsenthobene Art. 3 EMRK. Art. 2 II a EMRK ist insoweit passender, als er zugeschnitten ist auf Aggressionsakte Dritter; ein Staat muß das Recht haben, alles Notwendige zum Lebens- und Würdeschutz der bedrohten Opfer zu unternehmen, insbesondere in einem Fall, in dem er durch die polizeiliche Festnahme private Notwehrrechte verdrängt, die ansonsten den konkreten Akt – Zwang zur Preisgabe der lebensrettenden Information – erlauben würden. Damit wird die Gefahr polizeilicher Übergriffe gerade durch Folterakte nicht geleugnet, Art. 3 und 15 werden nicht konturenlos ausgehebelt. Die Ausnahme betrifft nur eine EMRK-interne Anpassung und Ausgleichung unterschiedlicher Wertungen, die im Text der Art. 3 und 15 nicht angemessen zum Ausdruck kommt. Es liegt eine Wertungslücke vor, die geschlossen werden kann, wenn man für Fälle mit den acht genannten Merkmalen[738] die Wertung des Art. 2 II a EMRK als vorrangig ansieht und demgemäß den Anwendungsbereich der Art. 3 und 15 EMRK teleologisch reduziert. Das läuft auf einen dem Art. 3 EMRK im Geiste hinzuzufügenden Satz 2 hinaus, der in Anlehnung an Art. 2 II EMRK folgende Gestalt hätte: ‚Eine Folter oder sonstige Satz 1 unterfallende Behandlung wird nicht als Verletzung dieses Artikels angesehen, wenn sie unbedingt erforderlich ist zur Beseitigung einer klaren, unmittelbaren, schwerwiegenden Gefahr für das Leben oder die körperliche Integrität einer unschuldigen Person. Sie darf nur gegen einen identifizierten Störer angewendet werden, der eine Pflicht zur Gefahrenbeseitigung insbesondere durch Preisgabe von Information hat.'"[739]

Auch hier kann Brugger nicht gefolgt werden. Seine Argumentation steht in eindeutigem Widerspruch zu den in aa) und bb) erläuterten Vorgaben von Art. 3 und Art. 15 EMRK, die ein absolutes Verbot der Folter statuieren[740]. Weiterhin läßt ein Vergleich von Art. 2 Abs. 2 lit. a EMRK sowie Art. 3 EMRK nicht den von Brugger gezogenen Schluß zu, sondern nur den gegenteiligen[741]: Da in Art. 3 EMRK eine Ausnahmeregelung wie diejenige des Art. 2 Abs. 2 lit. a EMRK nicht enthalten ist, sind Folterungen selbst dann konventionswidrig, wenn sie dazu dienen, jemanden gegen rechtswidrige Gewalt zu verteidigen. Hierfür spricht auch Art. 15 Abs. 2 EMRK, der festschreibt, daß vom Verbot der Folter in keinem Fall abgewichen werden darf. Überdies zeigt die Entstehungsgeschichte der EMRK, daß die Entscheidung für dieses umfassende Verbot

---

[738] Diese sind abgedruckt in Fn. 108 auf S. 27.

[739] *Brugger*, JZ 2000, 165, 170. Ähnlich jüngst auch *Wagenländer*, Zur strafrechtlichen Beurteilung der Rettungsfolter, 192 ff.

[740] *Follmar/Heinz/Schulz*, Zur aktuellen Folterdebatte in Deutschland, 6; *Haurand/Vahle*, NVwZ 2003, 513, 519; *Jeßberger*, Jura 2003, 711, 713 Fn. 20; *Saliger*, ZStW 116 (2004), 35, 46; *Schilling*, Internationaler Menschenrechtsschutz, Rdnr. 116; *Tietje*, Die Verwaltung 2003, 239, 243.

[741] *Jeßberger*, Jura 2003, 711, 714; *Kretschmer*, RuP 2003, 102, 107 f. Im Ergebnis auch *Valerius*, in: Tomášek (Hg.), Grundfragen des europäischen Strafrechts, 108 ff.

bewußt getroffen worden ist[742]. Für einen „dem Art. 3 EMRK im Geiste hinzuzufügenden Satz 2“[743] ist mithin kein Raum.

dd) Zwischenergebnis

Sowohl die Androhung als auch die Anwendung von Folter sind gemäß Art. 3 und Art. 15 EMRK unter allen Umständen verboten.

c) Internationaler Pakt über bürgerliche und politische Rechte

Ähnlich verhält es sich mit dem Internationalen Pakt über bürgerliche und politische Rechte vom 19. Dezember 1966.

Dieser wurde geschlossen, um die Programmsätze der UN-Charta sowie der AEMR in verbindliche Vertragsform umzusetzen[744]. Wie hoch die hieraus resultierende Bedeutung des IPbürgR ist, zeigt folgendes Zitat aus der ersten Mauerschützen-Entscheidung des BGH:

> „Die internationalen Menschenrechtspakte bieten Anhaltspunkte dafür, wann der Staat nach der Überzeugung der weltweiten Rechtsgemeinschaft Menschenrechte verletzt. Hierbei ist der Internationale Pakt über bürgerliche und politische Rechte vom 19. Dezember 1966 (BGBl 1973 II 1534 – IPbürgR –) von besonderer Bedeutung.“[745]

Was die Folter anbelangt, so ist diese nach Art. 7 S. 1 IPbürgR ausdrücklich verboten[746]. Auch der IPbürgR enthält eine Vorschrift, die ein Abweichen von diesem Verbot kategorisch ausschließt, nämlich Art. 4 Abs. 2 IPbürgR[747], so daß es für einen Verstoß gegen Art. 7 IPbürgR keinerlei Rechtfertigungsgründe gibt[748].

Daher ist festzuhalten, daß die Folter, wie sie in § 2 der vorliegenden Arbeit definiert worden ist, auch nach dem IPbürgR unter allen Umständen verboten ist.

---

742 *Guckelberger*, VBlBW 2004, 121, 127 m. w. N.

743 *Brugger*, a. a. O. (Fn. 739).

744 *Lauff*, NJW 1981, 2611; *Nowak*, CCPR-Kommentar, Einführung Rdnr. 2; *Welsch*, BayVBl 2003, 481, 485.

745 *BGH*, 5 StR 370/92, BGHSt 39, 1, 16.

746 *Seidel*, Handbuch der Grund- und Menschenrechte, 19.

747 *Lerner*, IsrYBHR 1986, 126, 130; *Nowak*, CCPR-Kommentar, Art. 4 Rdnr. 21; *Raess*, Der Schutz vor Folter im Völkerrecht, 58; *Tietje*, Die Verwaltung 2003, 239, 243; *Welsch*, BayVBl 2003, 481, 485.

748 *Seidel*, Handbuch der Grund- und Menschenrechte, 19.

d) UN-Folterkonvention

Am 10. Dezember 1984 verabschiedete die Generalversammlung der Vereinten Nationen mit der UN-Folterkonvention ein weiteres Übereinkommen zur Regelung der diesbezüglichen Fragen. Daß dies geschah, obwohl der IPbürgR die Vorgaben der UN-Charta und der AEMR bereits in bindendes Vertragsrecht gefaßt hatte, kommentiert Lerner mit folgenden Worten:

> „The mere fact that, four decades after the adoption of the Charter, it was felt that a special instrument against torture is needed is a sad commentary on the present state of affairs."[749]

aa) Verbot der Folter

Im Rahmen der bisherigen Darstellung ist die UN-Folterkonvention insbesondere wegen der hierin enthaltenen Definition des Begriffs der Folter von Interesse gewesen (Art. 1 UN-Folterkonvention, vgl. S. 56 ff.). Sie enthält aber nicht nur diese Definition, sondern auch ein Verbot der Folter.

Hailbronner und Randelzhofer sind der Auffassung, dieses sei in Art. 2 *und* Art. 4 UN-Folterkonvention niedergelegt[750]. Dies ist jedoch nicht ganz zutreffend, denn Art. 4 UN-Folterkonvention bezieht sich ausschließlich auf die Frage der *Strafbarkeit*[751], so daß er für das hier interessierende *Verbot* der Folter außer Betracht bleiben kann (vgl. zu dieser Differenzierung S. 39).

Was nun das Verbot der Folter anbelangt, so heißt es in Art. 2 Abs. 1 UN-Folterkonvention:

> „Jeder Vertragsstaat trifft wirksame gesetzgeberische, verwaltungsmäßige, gerichtliche oder sonstige Maßnahmen, um Folterungen in allen seiner Hoheitsgewalt unterstehenden Gebieten zu verhindern."

Dieses Verbot weicht zunächst einmal insofern von den in Art. 3 EMRK und Art. 7 IPbürgR getroffenen Regelungen ab, als nur die Folter als solche angesprochen wird. Für andere grausame, unmenschliche oder erniedrigende Behandlungen oder Strafen gelten gemäß Art. 16 UN-Folterkonvention weniger weitgehende Pflichten[752].

---

[749] *Lerner*, IsrYBHR 1986, 126, 129.

[750] Hailbronner/Randelzhofer, EuGRZ 1986, 641.

[751] EGMR, 35763/97 (Al-Adsani / Vereinigtes Königreich), www.echr.coe.int, Rdnr. 29: „The UN Convention requires by Article 2 that each State Party is to take effective legislative, administrative, judicial or other measures to prevent torture in any territory under its jurisdiction, and by Article 4 that all acts of torture be made offences under each State's criminal law." Vgl. auch *Burgers/Danelius*, The United Nations Convention against Torture, 123.

[752] *Marx*, ZRP 1986, 81, 83; *Raess*, Der Schutz vor Folter im Völkerrecht, 133.

Ferner besteht auch in der gewählten Formulierung ein Unterschied zu Art. 3 EMRK sowie Art. 7 IPbürgR. Denn anders als die beiden letztgenannten Vorschriften statuiert Art. 2 Abs. 1 UN-Folterkonvention kein *unmittelbares* Verbot der Folter, sondern spricht von einer *Pflicht der Vertragsstaaten*, wirksame gesetzgeberische, verwaltungsmäßige, gerichtliche und sonstige Maßnahmen zur Verhinderung der Folter zu treffen[753]. Die konkrete Ausgestaltung dieser Maßnahmen bleibt dabei den Vertragsstaaten selbst überlassen[754]. Das in Art. 2 Abs. 1 UN-Folterkonvention normierte Verbot der Folter hat also keinen Self-executing-Charakter[755], was bedeutet, daß es eines staatlichen Durchführungsakts bedarf[756]. Die Bundesregierung hat dementsprechend bei der Hinterlegung der Ratifizierungsurkunde folgende Erklärung abgegeben:

> „Nach Auffassung der Bundesrepublik Deutschland begründet Artikel 3 ebenso wie die anderen Bestimmungen des Übereinkommens ausschließlich Staatenverpflichtungen, die die Bundesrepublik Deutschland nach näherer Bestimmung ihres mit dem Übereinkommen übereinstimmenden innerstaatlichen Rechts erfüllt."[757]

Diese Erklärung bezieht sich zwar in erster Linie auf den in Art. 3 UN-Folterkonvention enthaltenen Grundsatz des non-refoulement[758], der innerstaatlich den Widerstand mehrerer Bundesländer hervorgerufen hatte[759]. Doch zeigt ihr eindeutiger Wortlaut, daß „die anderen Bestimmungen des Übereinkommens" ebenso gemeint sind. Es ist also festzuhalten, daß das Verbot der Folter aus Art. 2 Abs. 1 UN-Folterkonvention nicht unmittelbar gilt, sondern hierdurch eine entsprechende Verpflichtung der Staaten begründet wird.

bb) Keine Rechtfertigung für Verstöße

Auch die UN-Folterkonvention legt fest, daß vom Verbot der Folter unter keinen Umständen abgewichen werden darf.

---

[753] *Haedrich*, JA 1999, 251, 254; *Schilling*, Internationaler Menschenrechtsschutz, Rdnr. 114.

[754] *Burgers/Danelius*, The United Nations Convention against Torture, 123.

[755] *Raess*, Der Schutz vor Folter im Völkerrecht, 126. Nach Meinung des *US-Senats* gilt dies sogar generell für den ersten Teil der UN-Folterkonvention (Executive Session vom 27. Oktober 1990, Congressional Record S17491, abrufbar unter http://thomas.loc.gov/home/r101query.html [Stand: 2. Dezember 2005]).

[756] *Klein*, LKV 2003, 74, 75; *Schweitzer/Weber*, Handbuch der Völkerrechtspraxis, Rdnr. 11; *Stein/von Buttlar*, Völkerrecht, Rdnr. 187.

[757] *Bundesregierung*, BGBl. 1993 II, 715. Vgl. hierzu auch *Schweitzer/Weber*, Handbuch der Völkerrechtspraxis, Rdnr. 1363.

[758] Vgl. zu diesem Grundsatz *Burgers/Danelius*, The United Nations Convention against Torture, 124 ff.; *Raess*, Der Schutz vor Folter im Völkerrecht, 136 ff.

[759] *Marx*, ZRP 1986, 81.

(1) Zunächst einmal heißt es in Art. 2 Abs. 2 UN-Folterkonvention:

> „Außergewöhnliche Umstände, gleich welcher Art, sei es Krieg oder Kriegsgefahr, innenpolitische Instabilität oder ein sonstiger öffentlicher Notstand, dürfen nicht als Rechtfertigung für Folter geltend gemacht werden."

Trotz dieses eindeutigen Wortlauts finden sich Stimmen, die eine Abweichung von Art. 2 Abs. 2 UN-Folterkonvention in Extremsituationen für möglich halten[760]. So meint etwa Doehring, allgemein könne man annehmen, „daß ein Staat zum Schutze seiner Existenz und zur Erhaltung des Lebens seiner Staatsbürger derartige Grenzen überschreiten wird und darf"[761]. Eine derartige Auffassung widerspricht aber ganz offensichtlich dem Sinn und Zweck der Bestimmung, die Güterabwägungen unter allen Umständen – Krieg und Kriegsgefahr sind hier nur als besondere Extrembeispiele anzusehen[762] – ausschließt[763].

(2) Weiterhin gilt gemäß Art. 2 Abs. 3 UN-Folterkonvention, daß auch Weisungen eines Vorgesetzten oder eines Trägers öffentlicher Gewalt als Rechtfertigung für Folter nicht in Betracht kommen.

(3) Daher ist festzuhalten, daß nach der UN-Folterkonvention ein Verstoß gegen das Verbot der Folter nicht gerechtfertigt sein kann. Inwiefern die Wertungen von Art. 2 Abs. 2 und Abs. 3 UN-Folterkonvention auch für die *strafrechtlich* relevanten Fragen der Rechtswidrigkeit und der Schuld eine Rolle spielen, wird an späterer Stelle noch zu untersuchen sein.

e) EU-Folterkonvention

Im Dezember 2002 nahm die Generalversammlung der Vereinten Nationen ein Zusatzprotokoll zur UN-Folterkonvention an, das einen präventiven Ansatz zur Bekämpfung der Folter vorsieht[764]. Auf der Ebene des Europarates existiert mit der EU-Folterkonvention bereits seit 1987 ein Vertrag, dem eine solche Konzeption zugrunde liegt. Diese kommt insbesondere im vierten Erwägungsgrund der Präambel[765], in Art. 1 S. 2 sowie in Art. 2 EU-Folterkonvention zum Ausdruck.

---

[760] *Doehring*, Völkerrecht, Rdnr. 992; *Wagenländer*, Zur strafrechtlichen Beurteilung der Rettungsfolter, 194 f.

[761] *Doehring*, a. a. O. (Fn. 760).

[762] *Boulesbaa*, The U.N. Convention on Torture, 79.

[763] *Boulesbaa*, The U.N. Convention on Torture, 69; *Burgers/Danelius*, The United Nations Convention against Torture, 124; *Düx*, ZRP 2003, 180; *Ellbogen*, Jura 2005, 339, 341; *Kretschmer*, RuP 2003, 102, 107 f.; *Lerner*, IsrYBHR, 1986, 126, 135.

[764] Vgl. hierzu *Follmar-Otto/Cremer*, KJ 2004, 154 ff.

[765] „Überzeugt, daß der Schutz von Personen, denen die Freiheit entzogen ist, vor Folter und unmenschlicher oder erniedrigender Behandlung oder Strafe durch nichtgerichtliche Maßnahmen vorbeugender Art, die auf Besuchen beruhen, verstärkt werden könnte …"

Ziel dieses Abkommens ist es, durch Besuche eines hierzu gebildeten Ausschusses die Behandlung festgehaltener Personen zu überprüfen und auf diese Weise den Schutz vor Folter zu verstärken (Art. 1 f. EU-Folterkonvention)[766]. Als Vorbild hierfür diente das Besuchssystem des Internationalen Komitees vom Roten Kreuz[767]. Im Anschluß an seinen Besuch verfaßt der Ausschuß einen Bericht über die von ihm festgestellten Tatsachen und übermittelt ihn zusammen mit seinen Empfehlungen an die betreffende Vertragspartei (Art. 10 Abs. 1 EU-Folterkonvention)[768]. Im Prinzip sind diese Berichte vertraulich (Art. 11 Abs. 1 EU-Folterkonvention), doch hat sich eine Praxis herausgebildet, sie gemäß Art. 11 Abs. 2 EU-Folterkonvention zusammen mit den Stellungnahmen der betreffenden Länder zu veröffentlichen[769].

Was das hier interessierende Verbot der Folter anbelangt, so fehlt in der EU-Folterkonvention eine Vorschrift, die ein solches expressis verbis normiert. Die Konvention geht vielmehr bereits vom Bestehen eines derartigen Verbotes aus, wie ihr Art. 1 S. 2 sowie der im zweiten Erwägungsgrund ihrer Präambel[770] ausgesprochene Verweis auf Art. 3 EMRK zeigen.

Zusammenfassend läßt sich daher festhalten, daß es nicht das Ziel der EU-Folterkonvention ist, Verstöße gegen Art. 3 EMRK zu sanktionieren, sondern durch Prävention dafür Sorge zu tragen, daß solche von vornherein vermieden werden[771]. Der weitergehende Schutz, der durch andere Bestimmungen innerstaatlichen Rechts oder internationaler Übereinkünfte gewährt wird, bleibt dabei unberührt (Art. 17 Abs. 1 EU-Folterkonvention).

III. Völkergewohnheitsrecht

Angesichts der Tatsache, daß den allgemeinen Regeln des Völkerrechts gemäß Art. 25 S. 2 GG ein höherer Rang zukommt als den Gesetzen (vgl. S. 131), muß

---

[766] Näher hierzu *Kriebaum*, Folterprävention in Europa, 6, 47; *Puhl*, NJW 1990, 3057, 3058; *Raess*, Der Schutz vor Folter im Völkerrecht, 160; *Schilling*, Internationaler Menschenrechtsschutz, Rdnr. 113.

[767] *Kriebaum*, Folterprävention in Europa, 221; *Machacek*, Klecatsky-FS, 148.

[768] *Zimmermann*, NStZ 1992, 318, 319.

[769] *Kriebaum*, Folterprävention in Europa, 54 f. Der letzte diesbezügliche Bericht über Deutschland ist im Internet abrufbar unter http://www.cpt.coe.int/documents/deu/2003-20-inf-eng.pdf [Stand: 2. Dezember 2005].

[770] „Eingedenk dessen, daß nach Artikel 3 der genannten Konvention [Anm.: gemeint ist die EMRK] niemand der Folter oder unmenschlicher oder erniedrigender Behandlung oder Strafe unterworfen werden darf, ..."

[771] *Raess*, Der Schutz vor Folter im Völkerrecht, 160.

abschließend noch geklärt werden, ob das Verbot der Folter auch Teil des Völkergewohnheitsrechts ist.

1. Aussagen der deutschen Höchstgerichte

Die diesbezüglichen Aussagen der deutschen Höchstgerichte sind nicht eindeutig.

Das Bundesverwaltungsgericht, das vergleichsweise häufig mit der Folter befaßt ist[772], hat die Frage ausdrücklich offengelassen[773].

Bereits auf Seite 91 wurde die Feststellung des BGH wiedergegeben, daß es eine elementare Regel gebe, „die praktisch allen nationalen Polizeirechts-, Grenzrechts- und Strafverfahrensordnungen sowie selbst dem Kriegsvölkerrecht gemein ist, nämlich als Unbewaffneter, der sich ergeben hat, in Gefangenschaft geführt zu werden, ohne daß ihm körperliches Leid geschehen würde“[774]. Man kann dies als starkes Indiz dafür werten, daß es sich beim Folterverbot um eine allgemeine Regel des Völkerrechts i. S. v. Art. 25 S. 1 GG handelt; eine eindeutige Festlegung liegt hierin jedoch nicht, zumal es in der besagten Entscheidung um Erschießungen und nicht um Folterungen ging. Auch in der auf Seite 49 angesprochenen Entscheidung aus dem Jahr 2001[775], in der der BGH umfassend auf den Begriff der Folter eingeht, findet sich keine Stellungnahme dazu, ob es sich bei dem Verbot der Folter um Völkergewohnheitsrecht handelt.

Was die Aussagen des Bundesverfassungsgerichts anbelangt, das hierüber nötigenfalls nach Art. 100 Abs. 2 GG zu entscheiden hätte[776], so sind diese nicht eindeutig. Es betont zwar, daß der menschenrechtliche Mindeststandard dem allgemeinen Völkerrecht zuzuordnen sei[777]. Auch äußert es sich in einer seiner jüngsten diesbezüglichen Entscheidungen zum Verbot der Folter im Kontext des Art. 25 GG[778], um dann aber mit folgenden Worten fortzufahren:

> „Gegen den ordre public verstößt eine Rechtshilfehandlung, mit der der ersuchte Staat dazu beitragen würde, daß der Ausgelieferte der Folter oder einer unmenschlichen oder erniedrigenden Behandlung oder Strafe ausgesetzt würde. Die Ächtung von Folter und unmenschlicher oder erniedrigender Behandlung gehört inzwischen zum festen Bestand des völkerrechtlichen Menschenrechtsschutzes

---

[772] Vgl. die Nachweise in Fn. 211 auf S. 48.

[773] *BVerwG*, 9 C 36/83, BVerwGE 67, 84, 194.

[774] *BGH*, 5 StR 473/93, BGHSt 39, 353, 369.

[775] *BGH*, 3 StR 372/00, BGHSt 46, 292, 302 ff.

[776] *BVerfG*, 2 BvR 1290/99, NJW 2001, 1848; *Stein/von Buttlar*, Völkerrecht, Rdnr. 206.

[777] *BVerfG*, 2 BvM 7/76, BVerfGE 46, 342, 362.

[778] *BVerfG*, 2 BvR 253/04, StV 2004, 440, 441.

(vgl. Art. 3 EMRK und Art. 7 des Internationalen Paktes über bürgerliche und politische Rechte).“[779]

Einerseits wird in dieser Zitatstelle auf den ordre public abgestellt, was die Auslieferung bei drohender Folter anbelangt, andererseits orientiert sich das Bundesverfassungsgericht hinsichtlich des „festen Bestand[s] des völkerrechtlichen Menschenrechtsschutzes“ an den vertragsrechtlichen Bestimmungen der EMRK und des IPbürgR. Eine eindeutige Aussage darüber, ob das Verbot der Folter zu den allgemeinen Regeln des Völkerrechts i. S. v. Art. 25 S. 1 GG zählt, läßt sich dem nicht entnehmen.

2. Entstehungsvoraussetzungen

Daher ist der Frage nachzugehen, welche Voraussetzungen erfüllt sein müssen, damit von einer allgemeinen Regel des Völkerrechts i. S. v. Art. 25 S. 1 GG gesprochen werden kann.

a) Nach Ansicht des Bundesverfassungsgerichts handelt es sich bei den allgemeinen Regeln des Völkerrechts in erster Linie um das *universell* geltende Völkergewohnheitsrecht[780]. Durch diesen Begriff wird dem Grunde nach das für die gesamte Staatengemeinschaft geltende Völkergewohnheitsrecht bezeichnet, dem sich kein Staat widersetzt[781]. Nach der Rechtsprechung des Bundesverfassungsgerichts ist es jedoch nicht erforderlich, daß ausnahmslos alle Staaten dem betreffenden Völkerrechtssatz zugestimmt haben; vielmehr genügt die „überwiegende Mehrheit der Staaten“[782] oder sogar die Rechtsauffassung „zahlreicher Staaten“[783]. Zu diesen müssen weder alle westeuropäischen Staaten zählen[784] noch die Bundesrepublik Deutschland selbst[785]. Die Zahl der Staaten oder ihre Bedeutung im internationalen Kontext kann daher nicht das entscheidende Kriterium sein[786].

---

[779] *BVerfG*, a. a. O. (Fn. 778).

[780] *BVerfG*, 2 BvM 1/60, BVerfGE 15, 25, 32 f.; 2 BvR 1851/94 u. a., BVerfGE 95, 96, 129.

[781] *Herdegen*, Völkerrecht, § 16 Rdnr. 2; *Schweitzer/Weber*, Handbuch der Völkerrechtspraxis, Rdnr. 257.

[782] *BVerfG*, 2 BvM 1/60, BVerfGE 15, 25, 34.

[783] *BVerfG*, 2 BvM 1/76, BVerfGE 46, 342, 367; 2 BvR 1851/94 u. a., BVerfGE 95, 96, 129.

[784] *BVerfG*, 2 BvR 26/04, NStZ-RR 2004, 308, 309; in diesem Fall war eine Auslieferung nach Italien wegen eines Verstoßes gegen völkerrechtliche Mindeststandards für unzulässig erklärt worden, da der Auszuliefernde dort in Abwesenheit verurteilt worden war, ohne von dem betreffenden Verfahren unterrichtet worden zu sein.

[785] *BVerfG*, 2 BvM 1/60, BVerfGE 15, 25, 34.

[786] Zu weitgehend daher *BayObLG*, 3 St 20/96, NJW 1998, 392, 393, das nur dann von einer allgemeinen Regel des Völkerrechts sprechen will, wenn sie „von der weit überwiegen-

b) Wesentlich ist vielmehr, ob es eine allgemeine, gefestigte Übung der betreffenden Staaten gibt, der die Rechtsüberzeugung zugrunde liegt, daß dieses Verhalten rechtens ist (vgl. bereits S. 132)[787]. Es sind also zwei Elemente notwendig[788]:

- eine allgemeine Übung (consuetudo) sowie
- deren Anerkennung als Recht (opinio iuris sive necessitatis).

Was die allgemeine Übung anbelangt, so fällt es nicht leicht, eine solche anzunehmen, wenn man sich die einschlägigen Berichte internationaler Menschenrechtsorganisationen[789] ansieht oder anhand der Entscheidungslisten des EGMR[790] feststellt, wie häufig dieser mit Verletzungen von Art. 3 EMRK befaßt ist. Andererseits sollte über der Vielzahl von Verstößen gegen das Verbot der Folter nicht vergessen werden, in wie vielen Fällen es strikt eingehalten wird. Hinzu kommt, daß das Verbot der Folter – zumindest in der Literatur – mit überwältigender Eindeutigkeit als Teil des Völkergewohnheitsrechts bezeichnet wird[791], so daß viel für das Bestehen einer entsprechenden Rechtsüberzeugung spricht. Es mehren sich sogar die Stimmen, die das Folterverbot als Teil des ius cogens ansehen[792]. So führt etwa Raess aus:

---

den Mehrheit der Staaten, insbesondere von den in der Welt maßgebenden Mächten als verpflichtend anerkannt" wird.

[787] *BVerfG*, 2 BvR 1160/83 u. a., BVerfGE 66, 39, 64 f.; 2 BvL 19/91 u. a., BVerfGE 92, 277, 320; 2 BvR 1851/94 u. a., BVerfGE 95, 96, 129.

[788] Vgl. auch *BVerwG*, VI C 42/70, BVerwGE 37, 116, 123 f.; *Herdegen*, Völkerrecht, § 16 Rdnr. 1; *Schweitzer/Weber*, Handbuch der Völkerrechtspraxis, Rdnr. 248, 253.

[789] Vgl. etwa *Amnesty International*, Jahresbericht 2004.

[790] Diese sind abrufbar unter http://www.echr.coe.int/ECHR/EN/Header/Reports+and+Statistics/Reports/Annual+surveys+of+activity/ [Stand: 2. Dezember 2005].

[791] *JStGH*, IT-95-17/1-T (Furundzija), www.un.org/icty, Rdnr. 153 f.; *Fahl*, JR 2004, 182, 184; *Follmar/Heinz/Schulz*, Zur aktuellen Folterdebatte in Deutschland, 6; *Frowein/Kühner*, ZaöRV 1983, 537, 542; *Haedrich*, JA 1999, 251, 253; *Hailbronner/Randelzhofer*, EuGRZ 1986, 641; *Hailbronner*, ZAR 1987, 3, 9; *Jeßberger*, Jura 2003, 711, 713 Fn. 17; *Kadelbach*, Zwingendes Völkerrecht, 292; M/K/S-*Koenig*, Art. 25 Rdnr. 66; *Kretschmer*, RuP 2003, 102, 110; *Machacek*, Klecatsky-FS, 150; *Marx*, KJ 2004, 278, 280; *Nowak*, CCPR-Kommentar, Art. 7 Rdnr. 1; *ders.*, EuGRZ 1985, 109, 110; *Raess*, Der Schutz vor Folter im Völkerrecht, 74 ff.; von Münch-*Rojahn*, Art. 25 Rdnr. 29; *Tietje*, Die Verwaltung 2003, 239, 243; *Wittreck*, DÖV 2003, 873; *Zehnder*, Immunität von Staatsoberhäuptern, 75.

[792] *JStGH*, a. a. O. (Fn. 791); *House of Lords*, Regina v. Bartle and the Commissioner of Police for the Metropolis and Others Ex Parte Pinochet; Regina v. Evans and Another and the Commissioner of Police for the Metropolis and Others Ex Parte Pinochet (On Appeal from a Divisional Court of the Queen's Bench Division), http://www.parliament.the-stationery-office.co.uk/pa/ld199899/ldjudgmt/jd990324/pino1.htm [Stand: 2. Dezember 2005], Speech von Lord Browne-Wilkinson; *Schweizerisches Bundesgericht*, P 455/82, EuGRZ 1983, 253, 255; *Frowein/Kühner*, a. a. O. (Fn. 791); *Haedrich*, a. a. O. (Fn. 791); *Hailbronner/Randelzhofer*, a. a. O. (Fn. 791); *Jeßberger*, a. a. O. (Fn. 791); *Marx*, a. a. O. (Fn. 791); *Machacek*,

> „Diese allgemeine, bedingungslose Verurteilung der Folter spiegelt den in der Staatenwelt herrschenden ethischen Konsens darüber, dass die Anwendung der Folter durch ihre Negierung jeglicher Humanität all das zerstört, was das Wesen eines Menschen letztlich ausmacht. Die Folter ist unvereinbar mit dem ordre public der Völkerrechtsgemeinschaft; das Verbot der Folter deshalb Bestandteil des völkerrechtlichen ius cogens.“[793]

Folgt man dieser Auffassung, so handelt es sich hierbei um eine Regelung, „die von der internationalen Staatengemeinschaft in ihrer Gesamtheit angenommen und anerkannt wird als eine Norm, von der nicht abgewichen werden darf und die nur durch eine spätere Norm des allgemeinen Völkerrechts derselben Rechtsnatur geändert werden kann“[794] (vgl. auch Art. 53 S. 2 WVRK). Aufgrund dieses zwingenden Charakters wird von ius *cogens* gesprochen[795] und den hierzu zählenden Normen ein höherer Rang beigemessen als internationalem Vertragsrecht oder „normalem“ Völkergewohnheitsrecht[796].

c) Es präsentiert sich also ein zwiespältiges Bild: Einerseits wird dem Verbot der Folter sehr häufig zuwidergehandelt, andererseits wird es mit größter Einmütigkeit als Völkergewohnheitsrecht bezeichnet. Daher wird man nicht umhinkommen festzustellen, daß eine Betrachtung der Entstehungsvoraussetzungen – consuetudo auf der einen und opinio iuris sive necessitatis auf der anderen Seite – keine sichere Aussage darüber zuläßt, ob das Verbot der Folter zu den allgemeinen Regeln des Völkerrechts i. S. v. Art. 25 S. 1 GG zählt oder nicht.

3. Stellungnahme

Da die nötige Klarheit weder durch die Aussagen der deutschen Höchstgerichte (vorstehend 1) noch durch eine Betrachtung derjenigen Voraussetzungen, die für eine Entstehung allgemeiner Regeln des Völkerrechts erforderlich sind (vorstehend 2), zu erzielen ist, muß nach eindeutigeren Aussagen über den völkergewohnheitsrechtlichen Charakter des Folterverbots gesucht werden. Dabei finden sich neben den bereits angesprochenen klaren Stellungnahmen im Schrifttum[797] noch weitere gewichtige Anhaltspunkte, die *für* eine solche Annahme sprechen:

---

a. a. O. (Fn. 791); *Raess*, Der Schutz vor Folter im Völkerrecht, 83; *Stein/von Buttlar*, Völkerrecht, Rdnr. 91, 1000; *Wagenländer*, Zur strafrechtlichen Beurteilung der Rettungsfolter, 172, 190; *Wittreck*, a. a. O. (Fn. 791).

[793] *Raess*, a. a. O. (Fn. 792).

[794] *BVerfG*, 2 BvR 1290/99, NJW 2001, 1848, 1849 m. w. N. Vgl. zum Begriff des ius cogens auch *Heintschel von Heinegg*, in: K. Ipsen, Völkerrecht, § 15 Rdnr. 36 ff.; umfassend *Kadelbach*, Zwingendes Völkerrecht.

[795] *Herdegen*, Völkerrecht, § 16 Rdnr. 14.

[796] *JStGH*, IT-95-17/1-T (Furundzija), www.un.org/icty, Rdnr. 153 f.

[797] Vgl. die Nachweise in Fn. 791. Zur Bedeutung derartiger Stellungnahmen *BVerfG*, 2 BvM 1/60, BVerfGE 15, 25, 35.

a) Die Kodifizierungen des Völkervertragsrechts sind zwar grundsätzlich nicht selbst zu den allgemeinen Regeln des Völkerrechts zu zählen[798]. Sie können aber insbesondere auf der Ebene des Menschenrechtsschutzes als *Anhaltspunkte* dafür herangezogen werden, was als Völkergewohnheitsrecht anzusehen ist[799].

Angesichts der umfassenden Normierung, die das Folterverbot nicht nur im Friedens-, sondern auch im Kriegsvölkerrecht erfahren hat (vgl. S. 133 ff.), spricht alles dafür, daß dieses Verbot von den Staaten als überragend wichtiger Bestandteil des Menschenrechtsschutzes angesehen wird. Daß dies bereits seit geraumer Zeit der Fall ist, zeigt auch Art. 5 AEMR, der zwar weder zum Völkervertrags- noch zum Völkergewohnheitsrecht zu rechnen ist (vgl. S. 136), aber als Teil einer Resolution der Generalversammlung der Vereinten Nationen einen wichtigen Hinweis auf das Bestehen eines entsprechenden fundamentalen Prinzips gibt[800]. Die AEMR kann nämlich nach den Worten des Bundesgerichtshofs „als eine Konkretisierung dessen aufgefaßt werden, was als die allen Völkern gemeinsame, auf Wert und Würde des Menschen bezogene Rechtsüberzeugung verstanden wird“[801].

b) Weitere wichtige Anhaltspunkte lassen sich den Entscheidungen internationaler Gerichte sowie hoher nationaler Gerichte mit großem internationalem Ansehen entnehmen[802].

An erster Stelle ist hier der EGMR zu nennen, der in ständiger Rechtsprechung betont, daß Art. 3 EMRK „einen der grundlegendsten Werte der demokratischen Gesellschaften bildet“[803]. In ähnlicher Weise argumentiert der JStGH im Furundzija-Fall und erklärt, daß das Folterverbot zu einem der fundamentalsten Standards der internationalen Gemeinschaft geworden ist und zum ius cogens zähle[804]. Unter Bezugnahme auf diese Entscheidung hat auch das britische House of Lords in seinem (dritten) Pinochet-Urteil die Ius-cogens-Natur des Folterverbots bejaht[805] und seine diesbezügliche Rechtsauffassung in einem

---

798 *BVerfG*, 2 BvR 255/69, BVerfGE 31, 145, 177 f.; *BayObLG*, 3 St 20/96, NJW 1998, 392, 393.

799 *BVerfG*, 2 BvM 1/60, BVerfGE 15, 25, 35; *BGH*, 5 StR 370/92, BGHSt 39, 1, 16; *Ambos*, AVR 37 (1999), 318, 350; *Kretschmer*, RuP 2003, 102, 110.

800 *IGH*, General List No. 64 (Teheraner Botschaftsfall), ICJ-Reports 1980, 3, 42; *Herdegen*, Völkerrecht, § 16 Rdnr. 6.

801 *BGH*, 5 StR 167/94, BGHSt 40, 241, 248. Vgl. auch *Ambos*, AVR 37 (1999), 318, 329.

802 *BVerfG*, 2 BvM 1/60, BVerfGE 15, 25, 35; *Herdegen*, Völkerrecht, § 16 Rdnr. 4.

803 *EGMR*, 1/1989/151/217 (Soering / Vereinigtes Königreich), NJW 1990, 2183, 2184, Rdnr. 88; 25803/94 (Selmouni / Frankreich), NJW 2001, 56, 59, Rdnr. 95; 2346/02 (Pretty / Vereinigtes Königreich), NJW 2002, 2851, 2852, Rdnr. 49.

804 *JStGH*, IT-95-17/1-T (Furundzija), www.un.org/icty, Rdnr. 153 f.

805 *House of Lords*, a. a. O. (Fn. 792). Vgl. hierzu *Dolzer*, NJW 2000, 1700; *Paulus*, NJW 1999, 2644.

am 8. Dezember 2005 ergangenen Urteil noch einmal bestätigt[806]. Schließlich ist die Rechtsprechung des Schweizerischen Bundesgerichts zu nennen, das Art. 3 EMRK als zwingende Regel des Völkerrechts ansieht, die bei Auslieferungsbegehren unabhängig davon anzuwenden ist, ob die Schweiz mit dem ersuchenden Staat durch die EMRK oder irgendein anderes Abkommen verbunden ist[807].

Man darf bei diesen Äußerungen nicht übersehen, daß sie von Gerichten stammen, die von den Wertvorstellungen gefestigter Demokratien westeuropäischer Prägung ausgehen. Insofern wird man folgende Feststellung Merons zu Aussagen über den völkergewohnheitsrechtlichen Charakter von Menschenrechten nicht von der Hand weisen können:

> „States parties to resolutions promulgating human rights naturally seek to promote the universality of human rights by attempting to assure concordant behaviour by non-parties to the instruments concerned and by states which have not supported the adoption of the declarations and resolutions."[808]

Speziell mit Blick auf das Verbot der Folter merkt Fahl an, daß dieses „international so unbestritten ist (und in der Realität so oft gebrochen wird) wie kaum ein anderer Satz des Völkerrechts"[809]. Aber auch er geht richtigerweise davon aus, daß es sich hierbei um eine allgemeine Regel des Völkerrechts i. S. v. Art. 25 S. 1 GG handelt[810]. Denn wie bereits auf Seite 146 festgestellt, reicht nach der Rechtsprechung des Bundesverfassungsgerichts die „überwiegende Mehrheit der Staaten"[811] oder sogar bloß die Rechtsauffassung „zahlreicher Staaten"[812], um eine entsprechende Regel anzunehmen. Daher können Staaten mit zweifelhafter Menschenrechtspraxis in dieser Frage nicht als Maßstab dienen, zumal der EGMR[813] und ihm folgend der Bundesgerichtshof[814] festgestellt haben, daß die Anforderungen an den Schutz der Menschenrechte noch zunehmen.

---

[806] *House of Lords*, [2005] UKHL 71 (A and others), www.publications.parliament.uk/pa/ld/ldjudgmt.htm.

[807] *Schweizerisches Bundesgericht*, P 455/82, EuGRZ 1983, 253, 255.

[808] *Meron*, Human Rights and Humanitarian Norms as Customary Law, 81.

[809] *Fahl*, JR 2004, 182, 184.

[810] *Fahl*, a. a. O. (Fn. 809).

[811] *BVerfG*, 2 BvM 1/60, BVerfGE 15, 25, 34.

[812] *BVerfG*, 2 BvM 1/76, BVerfGE 46, 342, 367; 2 BvR 1851/94 u. a., BVerfGE 95, 96, 129.

[813] *EGMR*, 25803/94, (Selmouni / Frankreich), NJW 2001, 56 Leitsatz 4.

[814] *BGH*, 3 StR 372/00, BGHSt 46, 292, 304.

4. Zwischenergebnis

Nach alledem läßt sich festhalten, daß das Verbot der Folter trotz aller Bedenken hinsichtlich des Elements der consuetudo (vgl. S. 147) heute als Teil des Völkergewohnheitsrechts und als allgemeine Regel des Völkerrechts i. S. v. Art. 25 S. 1 GG anzusehen ist[815].

IV. Fazit

Wie schon nach einfachem Gesetzesrecht und nach Verfassungsrecht (vgl. § 3 und § 4 der vorliegenden Arbeit), so gilt auch nach Völkerrecht, daß der Einsatz der Folter zu Vernehmungszwecken ausnahmslos verboten ist. Dies ergibt sich sowohl aus den einschlägigen völkerrechtlichen Verträgen und Deklarationen als auch aus dem Völkergewohnheitsrecht.

---

[815] Für eine solche Sichtweise sprechen auch folgende Ausführungen des *IGH* (General List No. 70 (Nicaragua / Vereinigte Staaten von Amerika), Urteil vom 27. Juni 1986, www.icj-cij.org, Rdnr. 186): „The Court does not consider that, for a rule to be established as customary, the corresponding practice must be in absolutely rigorous conformity with the rule. In order to deduce the existence of customary rules, the Court deems it sufficient that the conduct of States should, in general, be consistent with such rules, and that instances of State conduct inconsistent with a given rule should generally have been treated as breaches of that rule, not as indications of the recognition of a new rule.“

TEIL 3 – STRAFBARKEIT DER FOLTER

Die Frage nach dem Verbot der Folter kann nach den Ausführungen im vorangegangenen Teil 2 in eindeutiger Weise beantwortet werden, denn das geltende Recht spricht ein absolutes und unter allen Umständen zu beachtendes Verbot der Folter aus.

Wie auf Seite 39 ausgeführt, mußte diese Vorfrage geklärt werden, bevor der eigentlichen von *L* gestellten Frage nachgegangen werden kann: Ist die Anordnung, Androhung oder Anwendung der Folter zu Vernehmungszwecken im fiktiven Fall strafbar (vgl. S. 32)? Dies soll nunmehr überprüft werden, und zwar zunächst anhand der Bestimmungen des einfachen Gesetzesrechts, also in erster Linie derjenigen des StGB (nachfolgend § 6). Daran anschließend ist zu überlegen, welche Auswirkungen das Verfassungs- sowie das Völkerrecht auf die Strafbarkeit der Folter haben (nachfolgend § 7).

§ 6 Strafbarkeit der Folter nach einfachem Gesetzesrecht

Zunächst ist zu klären, inwiefern die Anordnung, Androhung oder Anwendung von Folter im fiktiven Fall nach einfachem Gesetzesrecht strafbar wäre.

Dabei wird von einem dreistufigen Deliktsaufbau ausgegangen, also zwischen Tatbestandsmäßigkeit, Rechtswidrigkeit und Schuld differenziert[816]. Allerdings gilt es hierbei einen Punkt zu beachten, der bereits bei der Definition der Folter angesprochen wurde (vgl. S. 63): *L* möchte einen juristischen Rat einholen, *bevor* er *V* anweist, *I* mit Folter zu drohen oder ihn sogar tatsächlich zu foltern. Daher ist es auch im Rahmen der Strafbarkeitsprüfung nicht möglich, eine bereits *vorgenommene* Handlung zu bewerten. Vielmehr macht es der „Beratungscharakter" des fiktiven Falles notwendig, eine ggf. *vorzunehmende* Handlung zu beurteilen. Es müssen also sehr unterschiedliche Szenarien betrachtet werden, was nicht nur für die Handlungen des *V* (Androhung oder Anwendung) gilt, sondern auch für deren Auswirkungen (Verletzung oder Tod des *I*, dieser gibt die gewünschte Information oder schweigt) sowie für die Person des *I* (ist er der „Richtige" oder der „Falsche", vgl. S. 29)[817].

Angesichts der Vielzahl der sich hieraus ergebenden Variationsmöglichkeiten soll nicht jedes Delikt für sich gesondert nach Tatbestandsmäßigkeit, Rechtswidrigkeit und Schuld überprüft werden. Statt dessen werden zunächst in Ziffer I die im fiktiven Fall bei der Androhung oder Anwendung von Folter in Betracht kommenden Straftatbestände aufgezeigt und zwar aus der Sicht des unmittelbar handelnden Vernehmungsspezialisten *V*. Darauf aufbauend wird der Frage nachgegangen, welche Rechtfertigungs- bzw. Entschuldigungsgründe eingreifen könnten (nachfolgend II und III). Anschließend ist zu prüfen, welche Irrtümer sich auf die Strafbarkeit auswirken könnten (nachfolgend IV). Zum Abschluß wird auf Beteiligungsfragen einzugehen sein (nachfolgend V).

---

[816] Vgl. hierzu *Roxin*, Strafrecht AT I, § 10 Rdnr. 15; *Wessels/Beulke*, Strafrecht AT, Rdnr. 129. Auf die abweichende Behandlung in anderen Rechtsordnungen sowie im Völkerstrafrecht wird noch einzugehen sein.

[817] Vgl. zu dieser Problematik auch *Hoyer*, Die strafrechtliche Verantwortlichkeit innerhalb von Weisungsverhältnissen, 12.

I. Straftatbestände

Wenden wir uns zunächst der Frage zu, welche Straftatbestände *V* verwirklichen könnte, wenn er *I* mit Folter bedrohen oder ihn sogar tatsächlich foltern würde.

Dabei bietet sich eine Unterteilung in drei Stufen an, von denen die bloße Androhung der Folter die erste bildet (nachfolgend 2), die Anwendung der Folter die zweite (nachfolgend 3) und die zum Tode führende Folter die dritte (nachfolgend 4).

1. Auszuscheidende Straftatbestände

Zuvor sollen jedoch noch einige Delikte von den weiteren Überlegungen ausgeschieden werden, die für den fiktiven Fall von vornherein nicht in Betracht kommen.

a) Strafvereitelung im Amt

Wie bereits auf Seite 38 erläutert, kann zunächst einmal eine Bestrafung wegen Strafvereitelung im Amt gemäß §§ 258, 258a StGB ausgeschieden werden. Zwar besteht – wie auch das Landgericht Frankfurt im Fall Daschner angemerkt hat[818] – die Gefahr, daß *I* aufgrund der Unverwertbarkeit eines erfolterten Geständnisses oder wegen des Bestehens eines Verfahrenshindernisses nicht verurteilt werden kann. Doch dürfte es für eine Bestrafung nach §§ 258, 258a StGB spätestens am subjektiven Tatbestand fehlen, der Absicht oder direkten Vorsatz hinsichtlich der Vereitelungshandlung erfordert[819].

b) Falsche Verdächtigung

Ebenso kann eine Verurteilung wegen falscher Verdächtigung nach § 164 StGB ausgeschlossen werden. Es besteht zwar die bereits mehrfach angesprochene Möglichkeit, daß mit *I* der „Falsche" vernommen wird (vgl. S. 29). Auch sind Fallgestaltungen denkbar, in denen Amtsträger eine Tat i. S. v. § 164 StGB begehen[820], was insbesondere dann gilt, wenn sie sich nicht auf bloße Ermittlungshandlungen beschränken[821]. Vorliegend fehlt es aber bereits an einer Verdächtigung gegenüber einer (anderen) Behörde bzw. der Öffentlichkeit, da sich dem fiktiven Fall nichts über eine Preisgabe der Identität des *I* entnehmen läßt.

Im übrigen bedürfte es eines Vorgehens wider besseres Wissen; dies bedeutet, daß im Zeitpunkt der Verdächtigung sichere Kenntnis von der Unwahrheit der

---

[818] *LG Frankfurt*, 5/27 KLs 7570 Js 203814/03 (4/04), NJW 2005, 692, 695.

[819] *BGH*, 4 StR 378/83, NJW 1984, 135; 1 StR 281/92, BGHSt 38, 345, 348; 1 StR 106/00, BGHSt 46, 53, 58 f.; *Beulke*, Die Strafbarkeit des Verteidigers, Rdnr. 148.

[820] *Tröndle/Fischer*, StGB, § 164 Rdnr. 3.

[821] *OLG München*, 2 Ws 232/85, NStZ 1985, 549, 550.

Beschuldigung bestehen muß[822]. Dies ist für den fiktiven Fall zu verneinen, so daß es auf die weitergehende Frage, ob die „Mißgriffe irregeleiteter Behörden"[823], vor denen § 164 StGB schützt, auch die Folter einschließen, nicht mehr ankommt.

c) Verfolgung Unschuldiger

Ähnlich verhält es sich mit der Verfolgung Unschuldiger i. S. v. § 344 StGB. Denn diese Vorschrift setzt voraus, daß die Verfolgung des Unschuldigen absichtlich oder wissentlich erfolgt[824], was im fiktiven Fall auszuschließen ist.

d) Freiheitsberaubung

Außer Betracht bleiben soll auch der Straftatbestand des § 239 StGB. Es wäre zwar zu überlegen, ob bei Anwendung der Folter – insbesondere wenn *I* hierzu gefesselt würde[825] – eine über das (gerechtfertigte) Festhalten zu Vernehmungszwecken hinausgehende Freiheitsberaubung vorläge. Denn das Reichsgericht hat bereits 1888 ausgeführt:

> „Mit Unrecht geht die Revision davon aus, daß überall da, wo eine Berechtigung zur Einsperrung oder zu sonstiger Freiheitsberaubung bestehe, die Widerrechtlichkeit, welche der § 239 voraussetze, ausgeschlossen sei. Widerrechtlich ist dieselbe nicht nur dann, wenn überhaupt eine Befugnis fehlt, sondern auch dann, wenn die Grenzen der Befugnis überschritten werden."[826]

Indessen erscheint eine Differenzierung zwischen einem zu Vernehmungszwecken zulässigen und einem zu Folterzwecken unzulässigen Festhalten im fiktiven Fall wenig praktikabel. Überdies liegt die rechtliche Problematik dieses Falles weniger im *Festhalten* zu Folterzwecken, als vielmehr in der Androhung oder Anwendung der Folter selbst. Hierzu trifft § 239 StGB jedoch keine Aussage.

---

822 *BVerfG*, 2 BvR 1892/89, NJW 1991, 1285: S/S-*Lenckner*, § 164 Rdnr. 30; LK-*Ruß*, § 64 Rdnr. 28.

823 *BGH*, 1 StR 365/53, BGHSt 5, 66, 68. Vgl. zu den Schutzgütern des § 164 StGB auch *Lackner/Kühl*, StGB, § 164 Rdnr. 1; LK-*Ruß*, § 164 Rdnr. 1.

824 *OLG Düsseldorf*, 1 Ws 140/87, NJW 1987, 2453; *LG Hechingen*, 126/83, NJW 1986, 1823, 1825; *Tröndle/Fischer*, StGB, § 344 Rdnr. 5.

825 *BGH*, 1 StR 243/92, NStZ 1993, 39, 40; *Maurach/Schroeder/Maiwald*, Strafrecht BT 1, § 14 Rdnr. 3; LK-*Träger/Schluckebier*, § 239 Rdnr. 15; *Wessels/Hettinger*, Strafrecht BT 1, Rdnr. 373.

826 *RG*, Rep. 3/88, RGSt 17, 127, 128 (Hervorhebung im Original).

e) Spezialtatbestände des VStGB

Auszuschließen sind ferner die Spezialtatbestände des Völkerstrafgesetzbuchs. Dieses nationale Gesetz paßt das deutsche Recht an die Vorschriften des IStGH-Statuts an[827] und gilt nach seinem § 1 für alle in ihm bezeichneten Straftaten gegen das Völkerrecht. Anders als das StGB enthält das VStGB dabei auch Normen, die die Folter als solche unter Strafe stellen. Auf den fiktiven Fall sind diese jedoch nicht anwendbar.

aa) Verbrechen gegen die Menschlichkeit

Nach § 7 Abs. 1 Ziff. 5 VStGB macht sich eines Verbrechens gegen die Menschlichkeit schuldig, wer einen Menschen, der sich in seinem Gewahrsam oder in sonstiger Weise unter seiner Kontrolle befindet, foltert, indem er ihm erhebliche körperliche oder seelische Schäden oder Leiden zufügt, die nicht lediglich Folge völkerrechtlich zulässiger Sanktionen sind. Dies muß jedoch nach dem sogenannten „chapeau“ des § 7 Abs. 1 VStGB im Rahmen eines ausgedehnten oder systematischen Handelns gegen eine Zivilbevölkerung erfolgen[828]. Hieran fehlt es im fiktiven Fall.

bb) Kriegsverbrechen gegen Personen

Auch eine Bestrafung nach § 8 Abs. 1 Ziff. 3 VStGB kommt nicht in Betracht. Denn die hierin als Kriegsverbrechen gegen Personen unter Strafe gestellten Folterhandlungen müssen im Zusammenhang mit einem internationalen oder nichtinternationalen bewaffneten Konflikt stehen[829]. Was hierunter zu verstehen ist – und daß eine derartige Situation zumindest nach heutigem Begriffsverständnis im fiktiven Fall nicht vorliegt –, wurde bereits im Zusammenhang mit den Genfer Abkommen erläutert (vgl. S. 134).

2. Androhung der Folter

Die nun folgende Prüfung der in Betracht kommenden bzw. nicht von vornherein auszuschließenden Straftatbestände soll wie angekündigt mit denjenigen Vorschriften beginnen, die bei der bloßen Androhung von Folter bedeutsam sein können.

---

[827] *Satzger*, NStZ 2002, 125; *Werle*, Völkerstrafrecht, Rdnr. 221.

[828] *Satzger*, NStZ 2002, 125, 126; *Werle*, Völkerstrafrecht, Rdnr. 756; *Wessels/Beulke*, Strafrecht AT, Rdnr. 76d; *Zimmermann*, NJW 2002, 3068, 3069.

[829] *Satzger*, NStZ 2002, 125, 126; *Zimmermann*, NJW 2002, 3068, 3070; *ders.*, ZRP 2002, 197, 102.

a) Angriffe auf die Entscheidungsfreiheit

Dabei sollen zunächst diejenigen Straftatbestände erörtert werden, die die Willens- und Entscheidungsfreiheit schützen.

aa) Aussageerpressung

Hier ist an erster Stelle § 343 StGB zu nennen, der die Strafbarkeit von Aussageerpressungen regelt, und zwar konkret § 343 Abs. 1 Ziff. 1 StGB.

(1) Objektiver Tatbestand

(a) Was den objektiven Tatbestand dieser Vorschrift anbelangt, so läge die erforderliche Tathandlung vor, denn die Androhung von Folter, wie sie auf Seite 63 beschrieben worden ist, kann entweder als Androhung von Gewalt[830] oder als seelische Quälerei[831] i. S. v. § 343 Abs. 1 StGB bezeichnet werden. Es wäre insofern auch unschädlich, wenn *V* nicht den Willen hätte, seine Ankündigung in die Tat umzusetzen, da es ausreicht, wenn *I* die Drohung ernstnimmt[832].

(b) *V* ist überdies Amtsträger i. S. v. § 11 Abs. 1 Ziff. 2 lit. a StGB.

(c) Fraglich und umstritten ist jedoch, ob er auch i. S. v. § 343 Abs. 1 Ziff. 1 StGB „berufen" wäre, an einem Strafverfahren mitzuwirken. Insofern stellt sich nämlich wieder das bereits beim Verbot der Folter angesprochene Problem, ob im fiktiven Fall (auch) zu repressiven oder ausschließlich zu präventiven Zwecken gehandelt wird (vgl. S. 73). Wie dort, so besteht auch im Rahmen des § 343 StGB diesbezüglich keine Einigkeit.

Zunächst einmal ist umstritten, ob *V* nur *allgemein* berufen sein müßte, an Strafverfahren mitzuwirken[833], oder ob er an dem *konkreten* Strafverfahren mitwirken müßte, in dem das Opfer seiner Handlungen – hier also *I* – aussagen soll[834]. Weiterhin ist umstritten, ob Handlungen zur Gefahrenabwehr, selbst wenn sie im Rahmen eines strafrechtlichen Ermittlungsverfahrens vorgenommen werden, objektiv als Teil des Strafverfahrens i. S. v. § 343 Abs. 1 Ziff. 1 StGB angesehen werden können. Teilweise wird dies ausdrücklich verneint[835]. Die Gegenansicht geht davon aus, daß dies unter teleologischen Gesichtspunk-

---

[830] Auf die Begriffe „Drohung" und „Gewalt" wird bei der anschließenden Behandlung des § 240 StGB noch näher eingegangen.

[831] Diese umfaßt alle seelischen Peinigungen, die geeignet sind, die geistigen und seelischen Widerstandskräfte zu zermürben, vgl. S/S-*Cramer*, § 343 Rdnr. 12.

[832] *Jeßberger*, Jura 2003, 711, 712.

[833] S/S-*Cramer*, § 344 Rdnr. 19; LK-*Jescheck*, § 343 Rdnr. 3.

[834] *Maurach/Schroeder/Maiwald*, Strafrecht BT 2, § 77 Rdnr. 25; *Tröndle/Fischer*, StGB, § 258a Rdnr. 2 f.

[835] *Lackner/Kühl*, StGB, § 343 Rdnr. 2; *Steinke*, Kriminalistik 2005, 229.

ten[836] sowie aufgrund der Tatsache, daß bei polizeilichem Tätigwerden vielfach ohnehin keine klare Trennung zwischen präventivem und repressivem Handeln möglich ist[837], zu bejahen ist.

Beide Streitpunkte bedürfen hier keiner Entscheidung, denn eine Bestrafung wegen Aussageerpressung kommt spätestens wegen Nichterfüllens des subjektiven Tatbestandes nicht in Betracht.

(2) Subjektiver Tatbestand

§ 343 Abs. 1 Ziff. 1 StGB setzt in subjektiver Hinsicht voraus, daß der Täter in der Absicht handelt, den Tatbetroffenen zu einer Aussage oder Erklärung in dem Strafverfahren zu nötigen[838]. Hieran fehlt es im fiktiven Fall, denn *V* will angesichts des ablaufenden Ultimatums und des stetig steigenden Drucks, der deswegen auf den Polizisten lastet, Informationen zur Verhinderung der geplanten Anschläge erlangen. Sollte er in dieser Ausnahmesituation überhaupt an ein Strafverfahren gegen *I* denken, so würde er doch zumindest nicht in der *Absicht* – im Sinne eines „zielgerichteten Wollens"[839] – handeln, *I* zu einer Aussage in diesem Strafverfahren zu zwingen[840].

Es vermag nicht zu überzeugen, wenn hiergegen vorgebracht wird, es sei bei doppelfunktionalen Maßnahmen „schlechterdings unglaubhaft", „daß die erlangten Informationen nicht auch im Strafverfahren hätten verwendet werden sollen"[841]. Selbst wenn es in objektiver Hinsicht schwerfällt, in Fällen der vorliegenden Art eine Trennung zwischen präventivem und repressivem Handeln durchzuführen (vgl. S. 73), so bedeutet dies nicht, daß diese beiden Aufgabenbereiche auch in der subjektiven Vorstellung des Vernehmungsbeamten so untrennbar miteinander verbunden sind, daß man von seiner Absicht ausgehen könnte, den Vernommenen zu einer Aussage im Strafverfahren zu zwingen. Im fiktiven Fall handeln die Polizisten in einem Wettlauf gegen die Zeit, um die angedrohten weiteren Anschläge zu verhindern. Ihre Absicht ist dabei auf die Gefahrenabwehr und nicht auf die Strafverfolgung gerichtet.

---

[836] *Kinzig*, ZStW 115 (2003), 791, 795 f.

[837] *Neuhaus*, GA 2004, 520, 522. Zustimmend *Ellbogen*, Jura 2005, 339, 340.

[838] S/S-*Cramer*, StGB, § 343 Rdnr. 16; *Hoffmann*, NJW 1953, 972; *Rogall*, Der Beschuldigte als Beweismittel gegen sich selbst, 50.

[839] *Lackner/Kühl*, StGB, § 343 Rdnr. 4. Vgl. auch *Geppert*, Jura 1981, 78, 82.

[840] *LG Frankfurt*, 5/27 KLs 7570 Js 203814/03 (4/04), NJW 2005, 692, 695; *Ellbogen*, Jura 2005, 339, 340; *Erb*, Jura 2005, 24; *Haurand/Vahle*, NVwZ 2003, 513, 519; *Jerouschek*, JuS 2005, 296, 297; *Jeßberger*, Jura 2003, 711, 712; *Lackner/Kühl*, StGB, § 343 Rdnr. 4; *Miehe*, NJW 2003, 1219, 1220. In diesem Sinne zu § 343 StGB a. F. auch *BGH*, 4 StR 54/54, BGHSt 6, 144, 146.

[841] *Kretschmer*, RuP 2003, 102, 103.

(3) Zwischenergebnis

Daher ist festzuhalten, daß im fiktiven Fall eine Bestrafung nach § 343 Abs. 1 Ziff. 1 StGB nicht in Betracht käme.

bb) Nötigung

Anders verhält es sich mit der Nötigung i. S. v. § 240 StGB als dem klassischen Straftatbestand zum Schutz der Willensfreiheit und Willensbetätigung[842]. Die Voraussetzungen dieser Vorschrift wären erfüllt, wenn *I* im fiktiven Fall die Folter angedroht würde.

(1) Objektiver Tatbestand

Dies gilt zunächst einmal für den objektiven Tatbestand.

(a) Nötigungsmittel

(aa) Die Androhung von Folter stellt eine Drohung mit einem empfindlichen Übel i. S. v. § 240 Abs. 1 StGB dar.

Unter einer „Drohung" ist bekanntlich das Inaussichtstellen eines zukünftigen Übels zu verstehen, auf dessen Eintritt der Drohende sich Einfluß zuschreibt[843]. Dabei spielt es wie schon bei § 343 StGB keine Rolle, ob die Drohung wahrgemacht werden soll, soweit sie objektiv betrachtet als ernstlich erscheint[844]. Als bloße Warnung, von der die Drohung abzugrenzen ist[845], kann es nicht mehr verstanden werden, wenn *I* angekündigt wird, daß er gefoltert werde, falls er nicht aussage. Denn eine Warnung mit einer von dem Warnenden selbst herbeizuführenden Folge ist rechtlich als Drohung zu bewerten[846].

Definiert man den Begriff des „empfindlichen Übels" als Nachteil von solcher Erheblichkeit, daß seine Ankündigung geeignet erscheint, den Bedrohten im Sinne des Täterverlangens zu motivieren[847], so ist die Folter unproblematisch als solches anzusehen[848]. Etwas anderes gälte nur dann, wenn von dem Bedrohten in seiner Lage erwartet werden könnte, daß er der Drohung in besonnener Selbst-

---

[842] *BVerfG*, 1 BvR 713/83 u. a., BVerfGE 73, 206, 237; *BGH*, 1 StR 3/90, BGHSt 37, 350, 353; *Lackner/Kühl*, StGB, § 240 Rdnr. 1; LK-*Träger/Altvater*, § 240 Rdnr. 1.

[843] *BGH*, 1 StR 288/61, BGHSt 16, 386, 387; *Maurach/Schroeder/Maiwald*, Strafrecht BT 1, § 13 Rdnr. 24; *Wessels/Hettinger*, Strafrecht BT 1, Rdnr. 402.

[844] *BGH*, 1 StR 127/70, BGHSt 23, 294, 295 f.; 4 StR 349/91, BGHSt 38, 83, 86; *Lackner/Kühl*, StGB, § 240 Rdnr. 12; LK-*Träger/Altvater*, § 240 Rdnr. 61.

[845] *RG*, Rep. 2888/00, RGSt 34, 15, 19; S/S-*Eser*, Vorbem. §§ 234 ff. Rdnr. 31; LK-*Träger/Altvater*, § 240 Rdnr. 56.

[846] *RG*, II 1114/19, RGSt 54, 236, 237; S/S-*Eser*, Vorbem. §§ 234 ff. Rdnr. 31.

[847] *BGH*, 1 StR 737/81, BGHSt 31, 195, 201; *Tröndle/Fischer*, StGB, § 240 Rdnr. 32a.

[848] *Jeßberger*, Jura 2003, 711, 712; *Saliger*, ZStW 116 (2004), 35, 62.

behauptung standhält[849], was gerade von *diesem* Bedrohten zu erwarten sein müßte[850]. Schon ganz allgemein ist nicht ersichtlich, wie eine von der Polizei mit Folter bedrohte Person einer derartigen Drohung standhalten könnte oder gar müßte. Denn wie auf Seite 65 erläutert, handelt es sich hierbei angesichts der Machtkonzentration und des flächendeckenden Monopols staatlicher Macht für das Opfer um eine ausweglose Situation. Anhaltspunkte dafür, warum der Fall des *I* eine Ausnahme bilden sollte, sind nicht ersichtlich.

(bb) Es stellt sich die Frage, ob die Androhung von Folter darüber hinaus auch als Gewalt i. S. v. § 240 Abs. 1 StGB angesehen werden kann.

Die Einzelheiten des Gewaltbegriffs sind stark umstritten[851], doch ist als Kurzdefinition weitgehend anerkannt, daß hierunter der – zumindest auch – physisch vermittelte Zwang zur Überwindung eines geleisteten oder zu erwartenden Widerstandes zu verstehen ist[852].

Ob die *Androhung* von Folter diese Voraussetzungen erfüllt, erscheint fraglich, denn die physische Einwirkung ist nicht unmittelbar ersichtlich. Für eine Behandlung als Gewalt könnte jedoch sprechen, daß der BGH auch andere Bedrohungen unter den Gewaltbegriff subsumiert hat. So hat er etwa von Gewalt gesprochen, wenn durch zu dichtes Auffahren auf der Autobahn eine erhebliche innere Unruhe hervorgerufen wird, und dies damit begründet, daß Gewalt auf einen anderen auch ohne Einsatz erheblicher Körperkraft ausgeübt werden könne; wesentlich sei die Zwangswirkung auf den Genötigten, zu dessen Körper auch das Nervensystem gehöre, und zwischen dessen körperlichen und geistig-seelischen Funktionen eine Wechselwirkung bestehe[853]. Auch das Vorhalten einer Schußwaffe hat der BGH nicht immer nur als Drohung gewertet, sondern teilweise auch als Anwendung von Gewalt. Er hat insofern argumentiert, daß die Gewalt in Form von vis compulsiva und die Drohung mit einer gegenwärtigen Gefahr für Leib oder Leben ineinander übergingen. Entscheidend sei, ob die Handlung von der Person, gegen die sie gerichtet sei, nicht nur als seelischer, sondern auch als körperlicher Zwang empfunden werde. Das Vorhalten einer Schußwaffe versetze den Betroffenen in einen Zustand starker seelischer Erregung und beeinflusse dessen körperliches Befinden in hohem Maße[854]. So hat er etwa im bekannten „Dresdner Bordellfall“ das ostentative

---

[849] *BGH*, 1 StR 737/81, BGHSt 31, 195, 201.

[850] *BGH*, 5 StR 4/92, NStZ 1992, 278; *Otto*, Grundkurs II, § 27 Rdnr. 18.

[851] Vgl. hierzu *Herzberg*, GA 1997, 251 ff.

[852] *BGH*, 1 StR 126/95, BGHSt 41, 182, 185; *Krey/Heinrich*, Strafrecht BT 1, Rdnr. 342; LK-*Träger/Altvater*, § 240 Rdnr. 7; *Tröndle/Fischer*, StGB, § 240 Rdnr. 8; *Wessels/Hettinger*, Strafrecht BT 1, Rdnr. 383.

[853] *BGH*, 4 StR 529/63, BGHSt 19, 263, 265. Vgl. hierzu auch *BGH*, 4 StR 268/69, BGHSt 23, 126, 128; *OLG Karlsruhe*, 3 Ss 53/97, NStZ-RR 1998, 58.

[854] *BGH*, 4 StR 268/69, BGHSt 23, 126 ff. Vgl. insofern auch *BayObLG*, 2 St RR 128/92,

Durchladen und Anlegen einer Flinte aus kürzester Distanz ohne weitere Diskussion als Gewalt – und nicht lediglich als Drohung mit Gewalt – klassifiziert[855].

Überträgt man diese Überlegungen auf den fiktiven Fall der vorliegenden Arbeit, so gilt folgendes: Bei der Behandlung der Definition der Folter wurde ausgeführt, daß die Androhung von Folter zumindest dann als psychische Folter i. S. v. Art. 1 Abs. 1 UN-Folterkonvention zu bezeichnen ist, wenn die Drohung als so unmittelbar und real empfunden wird, daß sie vergleichbare Ängste und Gefühle hervorruft wie eine Scheinhinrichtung oder die erzwungene Anwesenheit bei der Folterung anderer Gefangener (vgl. S. 65). Die Lage erscheint also weitgehend vergleichbar mit den vorstehend geschilderten Fällen, in denen der BGH das Vorliegen von Gewalt bejaht hat. Andererseits gilt es zu bedenken, daß dieses weite Verständnis des Gewaltbegriffs auf beträchtliche Kritik gestoßen ist. So ist Hettinger der Auffassung, daß die Annahme von Gewalt in der Regel nicht in Betracht komme, wenn die körperlichen Auswirkungen die Folge eines durch die bedrohliche Situation hervorgerufenen psychischen Prozesses sei, so daß in dem Bedrohen mit einer Schußwaffe oder dem Erzwingen des Überholens keine Gewalt i. S. v. § 240 Abs. 1 StGB liege[856]. Hinsichtlich des Bedrohens mit einer durchgeladenen und entsicherten Schußwaffe finden sich überdies Stimmen, die vor dem Hintergrund der Rechtsprechung des Bundesverfassungsgerichts zur „Vergeistigung" des Gewaltbegriffs die Annahme von Gewalt in derartigen Fällen ablehnen[857]. Diese Folgerung ist allerdings nicht zwingend, denn sowohl das Vorhalten einer schußbereiten Waffe als auch die Drohung mit Folter gehen weit über die bloße körperliche Anwesenheit von Blockierern hinaus, bei der das Bundesverfassungsgericht die Bejahung von Gewalt als Verstoß gegen Art. 103 Abs. 2 GG abgelehnt hat[858]. Insbesondere ist anzumerken, daß das Bundesverfassungsgericht in einer nachfolgenden Entscheidung nicht beanstandet hat, daß Blockierer, die sich an einer Einfahrt angekettet hatten, wegen Nötigung durch Gewalt verurteilt worden waren[859]. Andererseits gilt es zu bedenken, daß in den Blockadefällen keine Drohung mit einem empfindlichen Übel vorliegt. Denn eine solche muß sich, wie auf Seite 161 ausgeführt, als ein vom Willen des Drohenden abhängiges Geschehen darstellen. Entschließt sich aber der aufgehaltene Fahrer, die Blockierer kurzerhand

---

JR 1994, 112.

[855] *BGH*, 3 StR 356/92, BGHSt 39, 133, 136.

[856] *Wessels/Hettinger*, Strafrecht BT 1, Rdnr. 406.

[857] *Krey*, JR 1995, 265, 270; *Lackner/Kühl*, StGB, § 240 Rdnr. 7; *Paeffgen*, Grünwald-FS, 447.

[858] *BVerfG*, 1 BvR 718/89 u. a., BVerfGE 92, 1, 18. Vgl. hierzu *Arnold*, JuS 1997, 289.

[859] *BVerfG*, 1 BvR 1190/90 u. a., BVerfGE 104, 92 Leitsatz 1. Zweifelnd *Tröndle/Fischer*, StGB, § 240 Rdnr. 23a; *Sinn*, NJW 2002, 1024.

zu überfahren, so tritt diese Folge unabhängig von deren Willen oder sogar gegen diesen ein[860]. Anders verhält es sich im fiktiven Fall der vorliegenden Arbeit: Da hier eindeutig eine Drohung mit einem empfindlichen Übel gegeben ist, braucht nicht *zusätzlich* auf die Gewaltalternative des § 240 Abs. 1 StGB abgestellt zu werden. Denn hierdurch verlöre der ohnehin unscharfe Gewaltbegriff unnötig weiter an Konturen.

(b) Nötigungserfolg

Die Nötigung i. S. v. § 240 Abs. 1 StGB ist ein verhaltensgebundenes Erfolgsdelikt, das erst vollendet ist, wenn das erstrebte Ziel aufgrund der Nötigungshandlung ganz oder teilweise erreicht wird, also ein Nötigungserfolg vorliegt[861].

Für den fiktiven Fall bedeutet dies zunächst einmal, daß es sich um eine vollendete Nötigung handelt, wenn *I* sich dem Druck der angedrohten Folter beugt und die gewünschten Informationen zu den geplanten Anschlägen preisgibt[862]. Umgekehrt kommt nur eine Bestrafung wegen versuchter Nötigung (§§ 240 Abs. 3, 22, 23 StGB) in Betracht, wenn *I* überhaupt nicht redet[863]. Ebenso liegt nur versuchte Nötigung vor, wenn *I* zwar zu reden beginnt, aber eine falsche Aussage macht, *obwohl* er über die gewünschten Informationen verfügt, denn in diesem Fall geht er nur zum Schein auf die Nötigungshandlung ein[864].

Problematisch wird die rechtliche Bewertung dann, wenn *I* zwar zu reden beginnt, er aber hierbei falsche Angaben macht, weil ihm die Wahrheit *nicht* bekannt ist. Es geht also um den Fall, daß *I* erkennt oder glaubt, daß ihn seine – zutreffenden – Unschuldsbeteuerungen nicht vor der Folter bewahren werden, so daß er eine „Geschichte“ erfindet, um sich zu retten[865]. Man könnte nun argumentieren, auch hier liege lediglich versuchte Nötigung vor, da *V* sein eigentliches Ziel nicht erreicht, sondern nur Informationen erhält, die für ihn wertlos sind[866]. Es besteht jedoch ein Unterschied zwischen einem Bedrohten, der unzutreffende Informationen gibt, obwohl er die Wahrheit kennt – der insofern also wählen kann – und einem Bedrohten, der falsche Angaben macht, weil er sich nicht mehr anders zu helfen weiß, da ihm seine zutreffenden Unschuldsbeteuerungen nicht geglaubt werden. Soweit ersichtlich sind vergleichbare Fälle von der Rechtsprechung bisher noch nicht entschieden worden. Allerdings hat

---

[860] LK-*Träger/Altvater*, § 240 Rdnr. 56.

[861] *BGH*, 1 StR 3/90, BGHSt 37, 350, 353; 3 StR 421/03, NStZ 2004, 442, 443; *Wessels/Hettinger*, Strafrecht BT 1, Rdnr. 417.

[862] *Ellbogen*, Jura 2005, 339, 340; *Lackner/Kühl*, StGB, § 240 Rdnr. 26.

[863] *BGH*, 1 StR 3/90, BGHSt 37, 350, 353.

[864] *Wessels/Hettinger*, Strafrecht BT 1, Rdnr. 417.

[865] Vgl. zu einer derartigen Konstellation auch *BGH*, 1 StR 364/03, NStZ 2004, 392, 394.

[866] *Otto*, Grundkurs II, § 27 Rdnr. 50.

der BGH in Fällen sexueller Nötigung wiederholt betont, daß vollendete Nötigung nicht erst dann vorliegt, wenn der Genötigte die abverlangte Handlung in vollem Umfang vornimmt, sondern bereits dann, wenn er mit ihrer Ausführung beginnt. Hiernach ist also nicht erforderlich, daß der Täter alles erreicht, was er letztlich erstrebt[867]. Dies wird in den Kommentierungen zu § 240 StGB auch auf andere Fälle der Nötigung übertragen[868]. Für den fiktiven Fall bedeutet dies, daß man auch hier nicht mehr von versuchter Nötigung wird sprechen können, nur weil *I* die gewünschten Informationen nicht zu geben vermag. Denn wenn er nach seinen vergeblichen Unschuldsbeteuerungen eine falsche „Geschichte" zu erzählen beginnt, kommt er dem ihm abverlangten Verhalten so nahe, wie es ihm überhaupt möglich ist. Seine freie Willensentschließung und Willensbetätigung, deren Schutz § 240 StGB dient[869], ist hier ebenso weitgehend beeinträchtigt wie dann, wenn er über die gewünschten Informationen verfügt und diese angesichts der angedrohten Folter preisgibt[870].

(2) Subjektiver Tatbestand

Für die Erfüllung des subjektiven Tatbestandes der Nötigung reicht es grundsätzlich aus, wenn mit (Eventual-)Vorsatz gehandelt wird, was auch mit Blick auf das abgenötigte Verhalten gilt[871]. Hinsichtlich der Drohung braucht kein Wille zur Ausführung zu bestehen[872]. Auch das Bewußtsein der Rechtswidrigkeit und Verwerflichkeit gehört nicht zum Vorsatz[873].

(3) Rechtswidrigkeit

Was die Frage der Rechtswidrigkeit anbelangt, so wurde bereits erwähnt, daß Rechtfertigungsgründe erst an späterer Stelle geprüft werden sollen. Anders verhält es sich mit sonstigen Überlegungen zur Rechtswidrigkeit, wie sie im Fall der Nötigung aufgrund der Verwerflichkeitsklausel in § 240 Abs. 2 StGB erfor-

---

867 *BGH*, 1 StR 365/86, NStZ 1987, 70 f.; 1 StR 188/95, NStZ 1996, 31, 32.

868 S/S-*Eser*, § 240 Rdnr. 13; LK-*Träger/Altvater*, § 240 Rdnr. 66; *Tröndle/Fischer*, StGB, § 240 Rdnr. 55.

869 Vgl. die Nachweise in Fn. 842 auf S. 161.

870 Vgl. auch SK-*Horn*, § 240 Rdnr. 7a: Schon der Reaktions*versuch* des Opfers kann ausreichen.

871 *BGH*, 3 StR 151/53, BGHSt 5, 245, 246; *Lackner/Kühl*, § 240 Rdnr. 16; *Otto*, Grundkurs II, § 27 Rdnr. 25; *Tröndle/Fischer*, StGB, § 240 Rdnr. 53; *Wessels/Hettinger*, Strafrecht BT 1, Rdnr. 419. A. A. S/S-*Eser*, § 240 Rdnr. 34 und *Maurach/Schroeder/Maiwald*, Strafrecht BT 1, § 13 Rdnr. 41, die hinsichtlich des abgenötigten Verhaltens Absicht verlangen.

872 *BGH*, 4 StR 349/91, BGHSt 38, 83, 86; *Lackner/Kühl*, § 240 Rdnr. 16.

873 *Tröndle/Fischer*, StGB, § 240 Rdnr. 54. Die Frage, inwiefern sich ein Irrtum über die Person des *I* (vgl. S. 29) auf den Vorsatz auswirken kann, wird an späterer Stelle noch zu klären sein.

derlich sind[874]. Dieses „tatbestandsregulierende Korrektiv“[875] besagt, daß die Tat nur dann rechtswidrig ist, wenn die Anwendung der Gewalt oder die Androhung des Übels zu dem angestrebten Zweck als verwerflich anzusehen sind. Hierbei kommt es entscheidend auf die Mittel-Zweck-Relation an[876], so daß der Einsatz des Nötigungsmittels zur Erreichung des angestrebten Zwecks nach allgemeinem Urteil sittlich zu mißbilligen[877] bzw. sozialwidrig oder sozial unerträglich sein muß[878]. Für die Bewertung bedarf es einer umfassenden Abwägung der auf dem Spiel stehenden Rechte, Güter und Interessen unter Berücksichtigung sämtlicher Umstände des konkreten Einzelfalles[879].

Bei der Prüfung des Verbots der Folter in Teil 2 der vorliegenden Arbeit hat sich gezeigt, daß nicht nur die Anwendung von Folter, sondern auch ihre Androhung nach geltendem Recht unter keinen Umständen zulässig ist. Die Tatsache, daß ein Vorgehen rechtswidrig ist, reicht zwar grundsätzlich noch nicht aus, um es auch als verwerflich i. S. v. § 240 Abs. 2 StGB zu qualifizieren[880]. Auch gilt es im fiktiven Fall zu berücksichtigen, daß der von den Beamten verfolgte Zweck – sofern man hierunter nicht nur die Aussageerlangung, sondern auch die weitergehende Verhinderung der Anschläge als letztlich handlungsmotivierendes Ziel versteht[881] – nichts Verwerfliches an sich hat und dementsprechend strengere Anforderungen an das Nötigungsmittel zu stellen sind[882]. Doch reicht nach der Rechtsprechung des BGH auch in Fällen dieser Art ein „gröberer Angriff auf die Entscheidungsfreiheit“[883] zur Bejahung der Verwerflichkeit aus.

---

[874] Wie noch zu zeigen sein wird, greifen im fiktiven Fall keine Rechtfertigungsgründe ein, so daß es für die Lösung auf das Verwerflichkeitskriterium ankommt. Vgl. etwa *Bergmann*, Jura 1985, 457, 462; *Maurach/Schroeder/Maiwald*, Strafrecht BT 1, § 13 Rdnr. 43; LK-*Träger/Altvater*, § 240 Rdnr. 84.

[875] *BVerfG*, 1 BvR 713/83 u. a., BVerfGE 73, 206, 253.

[876] *BGH*, GSSt 2/51, BGHSt 2, 194, 196; *Lackner/Kühl*, StGB, § 240 Rdnr. 18; *Otto*, Grundkurs II, § 27 Rdnr. 33; *Wessels/Hettinger*, Strafrecht BT 1, Rdnr. 426.

[877] So insbesondere die Rspr., vgl. etwa *BGH*, 4 StR 81/62, BGHSt 17, 328, 331 f.; *BayObLG*, RReg. 3 St 130/87 a-f, NJW 1988, 718, 719; *OLG Frankfurt*, 3 Ws 715/00, StV 2001, 407, 408.

[878] So insbesondere Stimmen in der Literatur, vgl. etwa SK-*Horn*, § 240 Rdnr. 39 f.; *Lackner/Kühl*, StGB, § 240 Rdnr. 18; *Roxin*, JuS 1964, 373, 375; *Tröndle/Fischer*, StGB, § 240 Rdnr. 41.

[879] *BVerfG*, 1 BvR 742/90, NStZ 1991, 279; *BGH*, 2 StR 565/85, BGHSt 34, 71, 77; 4 StR 428/97, BGHSt 44, 34, 42.

[880] *Günther*, Baumann-FS, 217 f.

[881] *Ellbogen*, Jura 2005, 339, 340; *Jeßberger*, Jura 2003, 711, 714. Insofern dürfte es sich nicht lediglich um ein unbeachtliches Fernziel handeln, vgl. hierzu *Lackner/Kühl*, StGB, § 240 Rdnr. 18a.

[882] *Maurach/Schroeder/Maiwald*, Strafrecht BT 1, § 13 Rdnr. 36.

[883] *BGH*, 4 StR 81/62, BGHSt 17, 328, 329.

Entscheidend sind Umfang und Intensität der Zwangswirkungen[884], die bei der Androhung von Folter durch die Polizei angesichts der Ausweglosigkeit der Lage (vgl. S. 65) sehr groß sind. Es gilt also auch im Fall der Nötigung, daß der Zweck nicht die Mittel heiligt[885] und nur im Rahmen der Rechtsordnung gehandelt werden darf[886].

Wie in Teil 2 der vorliegenden Arbeit erläutert, verstößt die Folter auch bei sorgfältiger Abwägung mit anderen Rechtsgütern (vgl. insb. S. 98 ff.) gegen sämtliche einschlägigen Vorschriften einschließlich der Menschenwürdegarantie des Art. 1 GG als wichtigster Bestimmung des Grundgesetzes (vgl. S. 116 ff.), so daß sie nicht mehr als „bloß rechtswidrig", sondern als verwerflich i. S. v. § 240 Abs. 2 StGB anzusehen ist. Dies gilt auch für ihre bloße *Androhung*, wenn diese – wie im fiktiven Fall – als psychische Folter i. S. v. Art. 1 Abs. 1 UN-Folterkonvention einzustufen ist (vgl. S. 65)[887].

(4) Besonders schwerer Fall

Droht *V* dem *I* die Folter an, so handelt es sich hierbei auch um einen besonders schweren Fall der Nötigung i. S. v. § 240 Abs. 4 S. 1 StGB.

Durch ein derartiges Vorgehen wird das Regelbeispiel des § 240 Abs. 4 S. 2 Ziff. 3 StGB erfüllt, denn *V* ist Amtsträger i. S. v. § 11 Abs. 1 Ziff. 2 StGB und er mißbraucht diese Stellung, da die Androhung von Folter nicht im Rahmen seiner Amtsbefugnisse liegt[888]. Es wäre zwar grundsätzlich zu überlegen, ob die besonderen Umstände des fiktiven Falles die indizielle Wirkung des Regelbeispiels entfallen lassen könnten[889]. Dazu müßte das letztlich angestrebte Ziel – die Verhinderung weiterer terroristischer Anschläge – das Unrecht der Tat so deutlich vom Regelfall abheben, daß die Anwendung des erschwerten Strafrahmens unangemessen erschiene[890]. Doch ist insofern die Wertung des Art. 4 Abs. 2 UN-Folterkonvention zu berücksichtigen, wonach die Folter – und zwar auch die psychische – mit angemessenen Strafen bedroht sein muß, die die Schwere der Tat berücksichtigen[891]. § 240 Abs. 4 S. 1 StGB legt mit seinem

[884] *BGH*, 2 StR 565/85, BGHSt 34, 71, 77; S/S-*Eser*, § 240 Rdnr. 17.

[885] *Maurach/Schroeder/Maiwald*, Strafrecht BT 1, § 13 Rdnr. 36.

[886] So expressis verbis *BGH*, 3 StR 356/92, BGHSt 39, 133, 137 f.

[887] *LG Frankfurt*, 5/27 KLs 7570 Js 203814/03 (4/04), NJW 2005, 692, 694; *Jeßberger*, Jura 2003, 711, 714; *Tröndle/Fischer*, StGB, § 32 Rdnr. 7d a. E. A. A. *Hofmann*, in: Schmidt-Bleibtreu/Klein, GG, Art. 1 Rdnr. 17; *Steinke*, Kriminalistik 2005, 229, 230.

[888] Es handelt sich also nicht lediglich um einen Mißbrauch von Befugnissen, da hier keine *gestattete* Zwangsausübung mißbräuchlich eingesetzt wird, vgl. *Jeßberger*, Jura 2003, 711, 715; LK-*Träger/Altvater*, § 240 Rdnr. 123; *Tröndle/Fischer*, StGB, § 240 Rdnr. 61.

[889] *BGH*, 4 StR 161/89, StV 1989, 432; S/S-*Stree*, Vorbem §§ 38 ff. Rdnr. 44a.

[890] *BGH*, 3 StR 37/64, BGHSt 20, 121, 124 f.; 1 StR 654/86, NJW 1987, 2450.

[891] *Burgers/Danelius*, The United Nations Convention against Torture, 129: „This means

unteren Strafrahmen von sechs Monaten Freiheitsstrafe die Meßlatte bereits sehr niedrig an, so daß ein weiteres Unterschreiten den Vorgaben des Art. 4 Abs. 2 UN-Folterkonvention kaum mehr gerecht würde. Vielmehr hebt sich die Androhung von Folter in ihrer Schwere so deutlich vom „Regelfall" der von Amtsträgern ausgesprochenen Drohungen ab, daß die Anwendung des in § 240 Abs. 1 StGB vorgesehenen Strafrahmens nicht mehr angemessen erscheint[892].

cc) Bedrohung

Eine Bestrafung wegen Bedrohung nach § 241 Abs. 1 StGB käme im fiktiven Fall hingegen nicht in Betracht.

Dies liegt zunächst einmal daran, daß die Bedrohung mit der Anwendung von Folter nicht zwangsläufig die Bedrohung mit einem Verbrechen i. S. v. § 12 Abs. 1 StGB beinhaltet, wie es von § 241 Abs. 1 StGB vorausgesetzt wird. Bei tatsächlicher Anwendung von Folter kann es zwar auch zu einer schweren Körperverletzung im Amt i. S. v. §§ 340 Abs. 1 S. 1, Abs. 3, 226 StGB und damit zur Begehung eines Verbrechens kommen. Jedoch müßte die Drohung des *V* bereits ein bestimmtes Verhalten ankündigen, das die äußeren Merkmale dieses oder eines anderen Verbrechenstatbestandes erfüllt[893]. Werden *I* jedoch allgemein Schmerzen oder die Folter angedroht, so ist diese Voraussetzung nicht erfüllt[894].

Überdies werden vom Tatbestand des § 241 StGB ausschließlich bloße Einschüchterungen erfaßt, so daß dieser nicht mehr einschlägig ist, wenn mit der Drohung weitergehende Ziele verfolgt werden. Vielmehr handelt es sich dann um einen Fall der Nötigung i. S. v. § 240 StGB[895]. Sollte es im fiktiven Fall also tatsächlich zu einer Bedrohung mit einem Verbrechen kommen, so träte § 241 StGB im Wege der Gesetzeskonkurrenz hinter § 240 StGB zurück, und zwar unabhängig davon, ob die Nötigung vollendet[896] oder nur versucht[897] würde.

b) Körperverletzungsdelikte

Es stellt sich die Frage, ob auch bei bloßer Androhung von Folter eine Bestrafung wegen Körperverletzung in Betracht kommt. Dies kann zu bejahen sein,

---

that torture must be punishable by severe penalties."

[892] A. A. *LG Frankfurt*, 5/27 KLs 7570 Js 203814/03 (4/04), NJW 2005, 692, 695.

[893] *BGH* bei Holtz, MDR 1986, 795; 4 StR 235/02, NStZ-RR 2003, 45; *Lackner/Kühl*, StGB, § 241 Rdnr. 2; *Tröndle/Fischer*, StGB, § 241 Rdnr. 4.

[894] *Jeßberger*, Jura 2003, 711, 715; *Saliger*, ZStW 116 (2004), 35, 61.

[895] *RG*, IV 1103/19, RGSt 54, 288, 289; *BGH*, 3 StR 137/03, NJW 2003, 3283, 3285 f. mit Anm. *Kühl*, NStZ 2004, 387; *Lackner/Kühl*, StGB, § 240 Rdnr. 4; *Maurach/Schroeder/Maiwald*, Strafrecht BT 1, § 16 Rdnr. 3.

[896] *BGH*, 3 StR 137/03, NJW 2003, 3283, 3286; *Tröndle/Fischer*, StGB, § 241 Rdnr. 7.

[897] S/S-*Eser*, § 241 Rdnr. 16.

wenn bereits die Androhung als solche zu körperlichen Auswirkungen führt. Denkbar ist hier eine Bestrafung wegen vorsätzlicher Körperverletzung im Amt (§ 340 Abs. 1 S. 1 StGB), der § 223 StGB im Wege der Gesetzeskonkurrenz verdrängt[898] (nachfolgend aa)), oder wegen fahrlässiger Körperverletzung im Amt gemäß §§ 340 Abs. 1 S. 1, Abs. 3, 229 StGB (nachfolgend bb)). Hingegen kann *V* nicht wegen versuchter Körperverletzung im Amt verurteilt werden, wenn er die Folter nur androht und dies ohne körperliche Auswirkungen bleibt (nachfolgend cc)).

aa) Vorsätzliche Körperverletzung im Amt

Zunächst soll auf die vorsätzliche Körperverletzung im Amt (§ 340 Abs. 1 StGB) eingegangen werden.

(1) Objektiver Tatbestand

(a) Wie bereits erwähnt, ist *V* Amtsträger i. S. v. § 11 Abs. 1 Ziff. 2 lit. a StGB. Überdies ist die Voraussetzung erfüllt, daß die Tat während der Ausübung des Dienstes und in sachlichem Zusammenhang mit diesem begangen sein muß (§ 340 Abs. 1 S. 1 Alt. 1 StGB)[899].

(b) Die Verwendung des Begriffs „Körperverletzung" in § 340 Abs. 1 S. 1 StGB zeigt, daß eine Tathandlung i. S. v. § 223 Abs. 1 StGB vorliegen muß, also entweder eine körperliche Mißhandlung oder eine Gesundheitsbeschädigung[900]. Beide Varianten sind von der Rechtsprechung bei rein psychischen Einwirkungen bereits angenommen worden[901].

Die körperliche Mißhandlung ist eine üble, unangemessene Behandlung, durch die das körperliche Wohlbefinden oder die körperliche Unversehrtheit mehr als nur unerheblich beeinträchtigt wird[902]. Hierzu zählen insbesondere solche Einwirkungen, die konkret auf den Körper einwirken, wie etwa Ohrfeigen oder Faustschläge[903].

Daher erscheint es vorzugswürdig, bei rein psychischen Einwirkungen von einer Gesundheitsbeschädigung zu sprechen. Hierunter ist das Hervorrufen oder

---

898 S/S-*Cramer*, § 340 Rdnr. 8; *Erb*, Jura 2005, 24.

899 *Amelung/Weidemann*, JuS 1984, 595, 597; *Lackner/Kühl*, StGB, § 340 Rdnr. 2; *Tröndle/Fischer*, StGB, § 340 Rdnr. 2.

900 *Tröndle/Fischer*, StGB, § 340 Rdnr. 2.

901 Vgl. für körperliche Mißhandlung *BGH*, 3 StR 324/73, BGHSt 25, 277 f. und für Gesundheitsbeschädigung *BGH*, 4 StR 490/96, NStZ 1997, 123.

902 *BGH*, 1 StR 131/60, BGHSt 14, 269; *Tröndle/Fischer*, StGB, § 223 Rdnr. 3a; *Otto*, Grundkurs II, § 15 Rdnr. 2.

903 *BGH*, 2 StR 615/89, NJW 1990, 3156, 3157; *OLG Düsseldorf*, 2 Ss 331/93 - 124/93 II, NJW 1994, 1232; *Beulke*, Klausurenkurs I, Rdnr. 302; *Küpper*, JuS 2000, 225, 226.

Steigern eines vom Normalzustand der körperlichen Funktion abweichenden Zustandes zu verstehen, wobei es gleichgültig ist, auf welche Weise die Beeinträchtigung erfolgt[904]. Insbesondere braucht sie nicht mit einer Schmerzempfindung verbunden zu sein[905], es reicht das Hervorrufen einer psychischen pathologischen Störung[906].

(c) Es stellt sich jedoch die Frage, wie schwerwiegend die Auswirkungen der Androhung von Folter sein müssen, damit sich in diesem Sinne von einer Gesundheitsbeschädigung sprechen läßt.

In Fällen, in denen durch eine Drohung kein objektivierbarer körperlicher Krankheitszustand, sondern lediglich psychische Empfindungen wie Angst- oder Panikgefühle hervorgerufen werden, verneint die ganz herrschende Meinung das Vorliegen einer Körperverletzung[907]. Sie begründet dies mit dem Wortlaut des § 223 StGB sowie einem Verweis auf die Vorschrift des § 225 Abs. 3 Ziff. 2 StGB, in der zwischen der Gefahr einer Schädigung für die körperliche und für die seelische Entwicklung differenziert wird[908].

Anders verhält es sich in denjenigen Fällen, in denen es nicht nur zu einer seelischen Erschütterung kommt, sondern sich die Drohung auch körperlich in nicht ganz unerheblicher Weise auswirkt. Hier kann es sich bereits um eine Körperverletzung handeln[909], und zwar dann, wenn die Drohung einen „pathologischen, somatisch objektivierbaren Zustand"[910] hervorruft. Allerdings besteht eine gewisse Erheblichkeitsschwelle, so daß beispielsweise ein bloßer Durchfall nicht genügt[911]. Als ausreichend angesehen wurde etwa eine durch Nachstellungen und Bedrohungen („Stalking") ausgelöste massive depressive Verstimmung, die mit Schlaf- und Konzentrationsstörungen sowie Selbstmordgedanken einherging[912]. Erleidet das Opfer sogar einen Herzinfarkt, so ist die Erheblichkeitsschwelle in jedem Fall überschritten; hier ist auch an eine Bestrafung wegen

---

[904] LK-*Lilie*, § 223 Rdnr. 12; *Tröndle/Fischer*, StGB, § 223 Rdnr. 6.

[905] *BGH*, 1 StR 262/88, BGHSt 36, 1, 6.

[906] S/S-*Eser*, § 223 Rdnr. 6; *Wessels/Hettinger*, Strafrecht BT 1, Rdnr. 258.

[907] *BGH*, 1 StR 393/85, NStZ 1986, 166; 4 StR 467/99, NStZ-RR 2000, 106; 5 StR 42/02, NStZ 2003, 149, 150; *Hardtung*, NStZ 2003, 261; LK-*Lilie*, § 223 Rdnr. 8; *Otto*, Grundkurs II, § 15 Rdnr. 5; *Tröndle/Fischer*, StGB, § 223 Rdnr. 6. A. A. *Krey/Heinrich*, Strafrecht BT 1, Rdnr. 195.

[908] *BGH*, 5 StR 42/02, NStZ 2003, 149, 150.

[909] *BGH*, 1 StR 393/85, NStZ 1986, 166; S/S-*Eser*, § 223 Rdnr. 4; LK-*Lilie*, § 223 Rdnr. 8.

[910] *BGH*, 4 StR 490/96, NStZ 1997, 123; 5 StR 42/02, NStZ 2003, 149, 150; *Otto*, Grundkurs II, § 15 Rdnr. 5; *Sowada*, Jura 2003, 549, 550; *Tröndle/Fischer*, StGB, § 223 Rdnr. 6.

[911] *OLG Köln*, Ss 106/96 - 42, NJW 1997, 2191, 2192.

[912] *BGH*, 1 StR 452/99, NStZ 2000, 25; *Meyer*, ZStW 115 (2003), 249, 261.

gefährlicher Körperverletzung im Amt (§§ 340 Abs. 1 S. 1, Abs. 3, 224 Abs. 1 Ziff. 5 StGB) zu denken[913].

(d) Kommt es durch die Androhung von Folter zu körperlichen Auswirkungen der nötigen Schwere, so bestehen an der Kausalität im Sinne der Äquivalenztheorie (conditio sine qua non-Formel)[914] keine Zweifel. Allerdings handelt es sich hierbei um ein untypisches Geschehen, so daß sich die Frage nach der objektiven Zurechenbarkeit stellt.

Auch wenn diesbezüglich vieles streitig ist[915], so läßt sich doch die Grundformel aufstellen, daß ein Erfolg objektiv zurechenbar ist, wenn der Täter eine rechtlich relevante Gefahr geschaffen hat, die sich im tatbestandsmäßigen Erfolg realisiert[916]. Konkretisiert wird diese Formel durch eine Reihe von Fallgruppen[917], von denen vorliegend diejenige der atypischen Kausalverläufe interessiert.

Ein Kausalverlauf wird als atypisch bezeichnet, wenn der eingetretene Erfolg völlig außerhalb dessen liegt, was nach dem gewöhnlichen Verlauf der Dinge und nach der allgemeinen Lebenserfahrung noch in Rechnung zu stellen ist[918]. Von einem derart ungewöhnlichen Geschehen ließe sich nicht sprechen, wenn es im fikiven Fall aufgrund der Androhung von Folter zu einer Gesundheitsbeschädigung des *I* käme. Angesichts der Ausnahmesituation, in der *I* sich befindet (vgl. S. 65), sowie der Schwere der Drohung liegt eine derartige Folge nicht so weit außerhalb des zu Erwartenden, daß sie sich aus Sicht der Beamten nur noch als reiner Unglücksfall darstellen würde[919].

Der BGH ist in Fällen dieser Art erst gar nicht auf die objektive Zurechenbarkeit eingegangen[920]. Dies dürfte allerdings daran liegen, daß die Rechtsprechung ohnehin nur selten auf dieses Kriterium zurückgreift[921] und statt dessen

---

913 *BGH*, 1 StR 393/85, NStZ 1986, 166.

914 Vgl. hierzu etwa *Baumann/Weber/Mitsch*, Strafrecht AT, § 14 Rdnr. 19; *von Heintschel-Heinegg*, JA 1994, 31, 32; *Jescheck/Weigend*, Strafrecht AT, 279; *Roxin*, Strafrecht AT I, § 11 Rdnr. 6.

915 Vgl. hierzu etwa *Rönnau/Faust/Fehling*, JuS 2004, 113; *Schünemann*, GA 1999, 207 ff.; *Wessels/Beulke*, Strafrecht AT, Rdnr. 178.

916 *Beulke*, Klausurenkurs III, Rdnr. 31; *Lackner/Kühl*, StGB, Vor § 13 Rdnr. 14; *Rönnau/Faust/Fehling*, JuS 2004, 113, 115; *Seher*, Jura 2001, 814, 815.

917 *Jescheck/Weigend*, Strafrecht AT, 286 ff.; *Wessels/Beulke*, Strafrecht AT, Rdnr. 179.

918 *BGH*, 2 StR 330/52, BGHSt 3, 62; *Seher*, Jura 2001, 814, 817; *Wessels/Beulke*, Strafrecht AT, Rdnr. 196.

919 In einem solchen Fall läge ein atypischer Kausalverlauf vor, vgl. *Rönnau/Faust/Fehling*, JuS 2004, 113, 115; *Wessels/Beulke*, Strafrecht AT, Rdnr. 196.

920 *BGH*, 3 StR 324/73, BGHSt 25, 277 f.; 1 StR 393/85, NStZ 1986, 166; 4 StR 490/96, NStZ 1997, 123.

921 Vgl. etwa *BGH*, 4 StR 359/90, BGHSt 37, 179, 183; 1 StR 638/99, NStZ 2001, 205,

bei Vorsatzdelikten die Zurechnungsproblematik zumeist auf die Vorsatzebene verlagert[922].

(2) Subjektiver Tatbestand

Somit stellt sich nunmehr die Frage, wie es sich mit dem subjektiven Tatbestand der Körperverletzung im Amt verhielte.

Die Annahme von direktem Vorsatz oder gar Absicht hinsichtlich der Körperverletzung dürfte bei der *Androhung* von Folter ausscheiden. Hingegen ist es denkbar, daß *V* insofern mit Eventualvorsatz (dolus eventualis) handelt[923]. Wie letzterer von der bewußten Fahrlässigkeit (luxuria) abzugrenzen ist, ist eine klassische juristische Streitfrage[924], die hier jedoch nicht im Detail referiert werden soll. Vielmehr wird das Augenmerk angesichts des Praxisbezugs der Arbeit (vgl. S. 40) auf die Ansicht der Rechtsprechung gerichtet, die sich in ihren Ergebnissen weitgehend mit der heute herrschenden Lehre deckt[925].

(a) Die Rechtsprechung vertritt in der Abgrenzungsfrage eine als Einwilligungs- oder Billigungstheorie bezeichnete Auffassung[926]. Danach bedarf es eines Wissens- und eines Willenselementes, um das Vorliegen von dolus eventualis zu begründen[927].

Das Wissenselement erfordert, daß der Täter die Möglichkeit des Erfolgseintritts erkennt[928], so daß sich der Eventualvorsatz insofern nicht von der bewußten Fahrlässigkeit unterscheidet[929].

Was das Willenselement anbelangt, so muß der Täter den für möglich gehaltenen Erfolg billigen oder billigend in Kauf nehmen[930]. Diesbezüglich hat der BGH in dem bekannten „Lederriemenfall" ausgesprochen, daß ein „Billigen im

---

206.

[922] Vgl. etwa *BGH*, 5 StR 77/60, BGHSt 14, 193, 194. Siehe auch *Dierlamm*, NStZ 1992, 573, 575; *Wessels/Beulke*, Strafrecht AT, Rdnr. 181.

[923] *BGH*, 1 StR 393/85, NStZ 1986, 166.

[924] *Beulke*, Klausurenkurs III, Rdnr. 339; *Geppert*, Jura 2001, 55; *Küpper*, ZStW 100 (1988), 758; *Roxin*, Strafrecht AT I, § 12 Rdnr. 21 ff.

[925] *Wessels/Beulke*, Strafrecht AT, Rdnr. 225.

[926] *RG*, 2 D 78/42, RGSt 76, 115, 116; *BGH*, 1 StR 185/01, BGHSt 47, 148, 157; 2 StR 52/03, NStZ 2003, 603; *OLG Celle*, 333 Ss 38/01, NJW 2001, 2647. Vgl. hierzu auch *Schroth*, NStZ 1990, 324.

[927] *BGH*, 4 StR 490/92, StV 1993, 307; 2 StR 141/03, NStZ 2003, 536, 537; 5 StR 145/03, NStZ 2004, 218, 219.

[928] *BGH*, 3 StR 39/62, BGHSt 18, 151, 156; 8 StE 1/65, BGHSt 20, 342, 382; 1 StR 14/96, BGHSt 42, 135, 137.

[929] *RG*, 2 D 78/42, RGSt 76, 115, 116; *Meyer-Goßner*, NStZ 1986, 49, 50.

[930] *BGH*, 1 StR 393/85, NStZ 1986, 166; 3 StR 113/98, NStZ 1998, 615, 616 mit Anm. Roxin; 2 StR 177/99, NStZ 1999, 507, 508.

Rechtssinne" auch dann vorliegen kann, wenn dem Täter der Erfolg zwar höchst unerwünscht ist, er sich hiermit aber abfindet[931]. Erst recht kann auf eine Billigung geschlossen werden, wenn dem Täter die Erfolgsherbeiführung gleichgültig ist[932].

(b) Wie bereits erwähnt, gelangt die Rechtsprechung auf diese Weise weitgehend zu den gleichen Ergebnissen wie die heute herrschende Lehre. Diese ist noch präziser und unterscheidet zwischen drei Elementen, nämlich dem Erkennen, dem Ernstnehmen und dem Abfinden[933].

(c) Sowohl was das Erkennen des möglichen Erfolgseintritts als auch was das Sich-Abfinden anbelangt, muß zunächst auf die äußeren Tatumstände abgestellt werden. Je mehr diese ein bloß fahrlässiges Verhalten als möglich erscheinen lassen, desto sorgfältiger muß die Annahme bedingten Vorsatzes begründet werden[934].

Im fiktiven Fall stellt sich insbesondere die Frage, inwiefern die beteiligten Beamten die Möglichkeit einer Körperverletzung durch bloßes Androhen der Folter überhaupt erkennen würden (Wissenselement). Von besonderer Bedeutung ist hierbei, daß der BGH hinsichtlich des bereits angesprochenen Herzinfarkts darauf hingewiesen hat, daß bei der Bewertung der Bedrohung mit einer scheinbar geladenen Waffe und der sonstigen einschüchternden Umstände eines Banküberfalls nur dann eine Bestrafung wegen vorsätzlicher Körperverletzung gerechtfertigt sei, wenn die Täter mit einer derartigen Folge ihrer Drohung „konkret gerechnet"[935] hatten. Andererseits ist die Drohung mit der Folter äußerst schwerwiegend; dies gilt insbesondere angesichts der Tatsache, daß hier anders als bei dem besagten Banküberfall keine Hilfe von staatlicher Seite zu erwarten ist, da diese selbst die Drohung ausspricht (vgl. S. 65).

Will man hiervon ausgehend das Wissenselement bejahen, so bedürfte es weiterhin eines Willenselementes. Gleichgültigkeit hinsichtlich des Erfolgseintrittes[936] dürfte im fiktiven Fall auszuschließen sein. Denkbar erscheint hingegen, daß *V* entsprechende körperliche Auswirkungen billigend in Kauf nimmt.

---

[931] *BGH*, 5 StR 35/55, BGHSt 7, 363, 369. Ebenso *BGH*, 2 StR 177/99, NStZ 1999, 507, 508; 1 StR 269/02, NStZ 2004, 35, 36. Vgl. hierzu auch *Puppe*, NStZ 1992, 576 f.; *Roxin*, Strafrecht AT I, § 12 Rdnr. 39.

[932] *BGH*, 2 StR 449/94, BGHSt 40, 304, 306 f.; 4 StR 172/00, NStZ-RR 2000, 327, 328; *Altvater*, NStZ 2004, 23, 24; *Beulke*, Jura 1988, 641, 644; *Martin*, JuS 2000, 1234; *Roxin*, Strafrecht AT I, § 12 Rdnr. 30.

[933] *Beulke*, Klausurenkurs III, Rdnr. 339; *Jescheck/Weigend*, Strafrecht AT, 299; *Wessels/Beulke*, Strafrecht AT, Rdnr. 226. Kritisch *Lackner/Kühl*, StGB, § 15 Rdnr. 24; *Puppe*, ZStW 103 (1991), 1.

[934] *BGH*, 4 StR 51/83, NStZ 1983, 407; 1 StR 2/87, BGHSt 35, 21, 26.

[935] *BGH*, 1 StR 393/85, NStZ 1986, 166.

[936] Vgl. Fn. 932.

Letztlich handelt es sich hierbei um eine von der Überzeugung des Gerichts abhängige Frage[937], für deren Beantwortung ein Belegen mit tatsächlichen Feststellungen notwendig ist[938]. Dies ist aus der hier gegebenen ex ante-Perspektive nicht möglich.

bb) Fahrlässige Körperverletzung im Amt

Verneint man das Vorliegen von Eventualvorsatz, so kommt eine Bestrafung wegen fahrlässiger Körperverletzung im Amt nach §§ 340 Abs. 1 S. 1, Abs. 3, 229 StGB in Betracht. Dabei ist die Unterscheidung zwischen bewußter und unbewußter Fahrlässigkeit nur für die Strafzumessung von Bedeutung[939], die auf der Basis des in § 229 StGB vorgesehenen Strafrahmens zu erfolgen hat[940]. Allerdings müßte das Vorliegen der Voraussetzungen des Fahrlässigkeitstatbestandes bejaht werden, denn das Verneinen einer Vorsatztat ermöglicht nicht automatisch eine Bestrafung wegen fahrlässigen Handelns[941].

(1) Tatbestandsmäßigkeit

Gemäß § 229 StGB bedürfte es hierzu der Verursachung einer Körperverletzung durch Fahrlässigkeit. Der Begriff der Körperverletzung ist dabei wie im Fall des § 223 StGB zu verstehen[942], so daß insofern auf die Ausführungen auf Seite 169 verwiesen werden kann.

Weiterhin müßte innerhalb des Unrechtstatbestands die Außerachtlassung der im Verkehr erforderlichen Sorgfalt bei objektiver Voraussehbarkeit des tatbestandlichen Erfolges festgestellt werden[943]. Es müßte also bei der Androhung von Folter objektiv vorhersehbar sein, daß es zum Eintritt eines pathologischen, somatisch objektivierbaren Zustandes[944] kommt. Insofern ist darauf abzustellen, was ein umsichtiger Mensch aus dem Verkehrskreis des Täters in der konkreten Situation aufgrund der allgemeinen Lebenserfahrung in Rechnung stellen würde[945]. Fest steht, daß eine Gesundheitsbeschädigung infolge der *Androhung* von Folter bei dem 25jährigen *I* weniger leicht vorherzusehen ist als ein Herz-

---

[937] *LG Berlin*, (570) 56/137 PLs 2939/95 (Ns 44/96), NStZ-RR 1997, 362, 363.

[938] *BGH*, 2 StR 52/03, NStZ 2003, 603.

[939] *BGH*, 1 StR 319/03, www.bundesgerichtshof.de, 17 (insofern nicht abgedruckt in NStZ 2004, 442); *Roxin*, Strafrecht AT I, § 24 Rdnr. 68; *Wessels/Beulke*, Strafrecht AT, Rdnr. 661.

[940] *KG*, (3) 1 Ss 406/99 (116/99), NJW 2000, 1352; *Lackner/Kühl*, StGB, § 340 Rdnr. 6.

[941] *Roxin*, Strafrecht AT I, § 24 Rdnr. 78; *Wessels/Beulke*, Strafrecht AT, Rdnr. 657.

[942] LK-*Hirsch*, § 229 Rdnr. 2; *Lackner/Kühl*, StGB, § 229 Rdnr. 2; *Tröndle/Fischer*, StGB, § 229 Rdnr. 2.

[943] *Hirsch*, Lampe-FS, 522 f.; *Wessels/Beulke*, Strafrecht AT, Rdnr. 658, 875.

[944] Vgl. die Nachweise in Fn. 910 auf S. 170.

[945] *Haft*, Strafrecht AT, 166; S/S-*Cramer/Sternberg-Lieben*, § 15 Rdnr. 135; *Wessels/Beulke*, Strafrecht AT, Rdnr. 667a.

versagen bei einem 70jährigen, der sich nachts mit Einbrechern konfrontiert sieht[946]. Andererseits ist zu beachten, daß Beschuldigte schon bei gewöhnlichen Vernehmungen „nicht selten auch durch die Ereignisse verwirrt und durch die ungewohnte Umgebung bedrückt oder verängstigt"[947] sind. Kommt noch eine Drohung in der auf Seite 65 geschilderten Weise hinzu, die ähnliche Gefühle wie eine Scheinhinrichtung oder die erzwungene Anwesenheit bei der Folterung anderer Gefangener hervorruft, so liegt es objektiv betrachtet nicht mehr außerhalb aller Lebenserfahrung, daß es zu einer entsprechenden körperlichen Reaktion des *I* kommt. Dies gilt um so mehr, als die Folter durch eine Vielzahl von Normen verboten ist (vgl. Teil 2 der vorliegenden Arbeit), so daß eine dennoch erfolgte Drohung um so unerwarteter wäre und entsprechend heftigere Reaktionen hervorrufen dürfte[948].

(2) Schuld

Das Nichterfüllen der objektiven Sorgfaltspflichten reicht jedoch nicht aus. Zusätzlich bedarf es der Prüfung, ob der Täter die Sorgfaltspflichten nicht erfüllt hat, obwohl er über ausreichende persönliche Fähigkeiten verfügte und der Erfolg einschließlich des Kausalverlaufs für ihn auch subjektiv vorhersehbar war[949]. Hierbei handelt es sich um eine Frage der Schuld[950].

Um einen entsprechenden Schuldvorwurf zu begründen, bedarf es der Prüfung, ob der Täter nach seinen persönlichen Kenntnissen und Fähigkeiten im Stande war, den Erfolg vorherzusehen und die Sorgfaltspflichtverletzung zu vermeiden[951]. Allerdings bezieht sich dies nicht auf alle Einzelheiten der somatischen und psychischen Vorgänge, sondern es genügt eine Vorhersehbarkeit des Verlaufs im allgemeinen[952].

---

[946] *BGH*, 5 StR 617/96, NStZ-RR 1997, 269, 270. Ähnlich, nur mit dem Unterschied, daß der Herzinfarkt des 63jährigen Opfers hier eine Folge tatsächlich erfolgter Körperverletzung war, *BGH*, 3 StR 569/96, NStZ 1997, 341.

[947] *BGH*, 5 StR 190/91, BGHSt 38, 214, 222.

[948] Vgl. allgemein zur Bedeutung von Verhaltensvorschriften bei der Bestimmung der objektiven Sorgfaltspflicht *BGH*, 4 StR 180/58, BGHSt 12, 75, 78; 1 StR 79/00, StV 2001, 108; *Kühl*, Strafrecht AT, § 17 Rdnr. 23 ff.; *Wessels/Beulke*, Strafrecht AT, Rdnr. 672.

[949] *Jescheck/Weigend*, Strafrecht AT, 564; *Wessels/Beulke*, Strafrecht AT, Rdnr. 875.

[950] *Jescheck/Weigend*, Strafrecht AT, 565; *Mitsch*, JuS 2001, 105, 111; *Wessels/Beulke*, Strafrecht AT, Rdnr. 658.

[951] *BGH*, 4 StR 441/94, BGHSt 40, 341, 348; *Herzberg*, Jura 1984, 402; *Tröndle/Fischer*, StGB, § 15 Rdnr. 17.

[952] *BGH*, 3 StR 569/96, NStZ 1997, 341; 5 StR 42/02, www.bundesgerichtshof.de, 24 (insofern nicht abgedruckt in NStZ 2003, 149 ff.); *OLG Hamm*, 4 Ss 1602/72, MDR 1973, 601; *Wessels/Beulke*, Strafrecht AT, Rdnr. 692.

Eine abschließende Bewertung wäre auch hier erst aus der ex post-Perspektive möglich, da es sowohl hinsichtlich der tatsächlich ausgesprochenen Drohung als auch hinsichtlich der tatsächlich eingetretenen körperlichen Folgen im fiktiven Fall genauerer Angaben bedürfte.

cc) Versuchte Körperverletzung im Amt

Bleibt die Androhung der Folter ohne körperliche Auswirkungen im Sinne eines pathologischen, somatisch objektivierbaren Zustandes[953], so wäre zu überlegen, ob *V* mit Blick auf die geplanten Mißhandlungen wegen versuchter Körperverletzung im Amt (§§ 340 Abs. 2, 22, 23 StGB) zu bestrafen ist, wenn er *I* nur deswegen nicht der physischen Folter unterwirft, weil dieser nach erfolgter Drohung die geforderten Angaben macht. Ein entsprechender Tatentschluß ließe sich bejahen, nicht aber das ebenfalls erforderliche unmittelbare Ansetzen.

(1) Tatentschluß

Plant *V*, *I* für den Fall, daß dieser sich der Drohung nicht beugt, umgehend körperlich zu mißhandeln, so ist der erforderliche Tatentschluß gegeben.

Der Tatentschluß ist die Basis jedes Versuchs und bildet die subjektive Beurteilungsgrundlage für die Frage, ob i. S. v. § 22 StGB unmittelbar zur Tat angesetzt wird[954]. Er liegt vor, wenn der Entschluß zur Tat endgültig gefaßt ist, also die Entscheidung über das „Ob" der Tat gefallen ist[955]. Die Entschlußfassung darf mithin nicht mehr von einer Bedingung abhängig sein, da sonst lediglich Tatgeneigtheit gegeben ist[956]. Allerdings ist zu bedenken, daß es insofern um die Entscheidung zur Tat *als solche* geht. Hängt also die Tat nur noch von einer *äußeren* Bedingung ab, auf die der Täter keinen Einfluß hat, so bedarf es keines weiteren Tatentschlusses mehr[957]. Dies zeigen etwa folgende Ausführungen des BGH:

> „Das wird besonders deutlich durch die ausdrückliche Feststellung, daß der Angeklagte in der Absicht nach Frankfurt gefahren sei, seine Frau zu töten, falls sie nicht mit ihm zurückkehre. Daraus kann nur entnommen werden, daß er für diesen Fall bereits endgültig zur Tat entschlossen war. Deren Ausführung oder Nichtausführung hing also nur von einer bestimmten Gestaltung der Sachlage ab, auf die er

---

[953] Vgl. die Nachweise in Fn. 910 auf S. 170.

[954] *BGH*, 2 StR 342/89, NStZ 1989, 473; 1 StR 453/96, NStZ 1997, 83; LK-*Hillenkamp*, § 22 Rdnr. 30; *Wessels/Beulke*, Strafrecht AT, Rdnr. 598.

[955] *BGH*, 4 StR 303/87, StV 1987, 528, 529; *Günther*, JZ 1987, 16, 22; *Wessels/Beulke*, Strafrecht AT, Rdnr. 598.

[956] *BGH*, 2 StR 525/65, BGHSt 21, 14, 17; *Baumann/Weber/Mitsch*, Strafrecht AT, § 20 Rdnr. 14.

[957] *BGH*, 2 StR 500/58, BGHSt 12, 306, 310; *Wessels/Beulke*, Strafrecht AT, Rdnr. 598.

selbst keinen Einfluß hatte, nämlich davon, wie seine Frau sich entscheiden werde."[958]

Auf den fiktiven Fall der vorliegenden Arbeit übertragen bedeutet dies: Wenn *V* plant, *I* für den Fall, daß dieser auch nach Androhung der Folter nicht aussagt, umgehend körperlich zu mißhandeln, so hängt die Ausführung seines Vorhabens nur noch vom Reden oder Schweigen des *I* ab, auf das *V* – über das Aussprechen der Drohung hinaus – keinen Einfluß hat. In diesen als „Alternativfälle" bezeichneten Konstellationen, wie sie etwa auch bei Banküberfällen vorliegen („Geld oder Leben"), ist der Tatentschluß zu bejahen, wenn die Drohung nötigenfalls wahrgemacht werden soll[959].

(2) Unmittelbares Ansetzen

Hingegen würde es am unmittelbaren Ansetzen i. S. v. § 22 StGB als dem objektiven Unrechtselement des Versuchs fehlen.

Dies liegt allerdings nicht daran, daß durch das bloße Androhen von Folter im Regelfall noch keine Merkmale des objektiven Tatbestandes des § 340 Abs. 1 StGB verwirklicht werden. Vielmehr kann auch ohne Teilverwirklichung das Versuchsstadium erreicht sein, denn dieses erstreckt sich auch auf Handlungen, die in ungestörtem Fortgang unmittelbar zur Tatbestandserfüllung führen sollen oder die in unmittelbarem räumlichen und zeitlichen Zusammenhang mit ihr stehen[960]. Nach ständiger Rechtsprechung ist dies anzunehmen, wenn der Täter subjektiv die Schwelle zum „jetzt geht es los" überschreitet und objektiv zur tatbestandsmäßigen Angriffshandlung ansetzt, so daß sein Tun ohne Zwischenakte in die Tatbestandserfüllung übergeht[961].

Hiernach kann im fiktiven Fall noch nicht von Versuchsbeginn hinsichtlich der Körperverletzung gesprochen werden, wenn *V* die Folter lediglich androht. Zwar läßt sich sagen, daß ein unmittelbarer räumlicher und zeitlicher Zusammenhang gegeben ist. Doch geht *V* durch das Androhen von Folter noch nicht so weit wie etwa die Täter im sogenannten „Tankstellen-Fall"[962] oder ein Angrei-

---

[958] *BGH*, 2 StR 525/65, BGHSt 21, 14, 17 f.

[959] LK-*Hillenkamp*, § 22 Rdnr. 129; *Roxin*, JuS 1979, 1, 8 f. (explizit zur Androhung von Folter).

[960] *BGH*, 4 StR 631/81, BGHSt 30, 363, 364; 1 StR 662/82, BGHSt 31, 178, 181 f.; 1 StR 532/92, NStZ 1993, 133; 1 StR 234/97, BGHSt 43, 177, 179.

[961] *BGH*, 1 StR 264/75, BGHSt 26, 201, 203 f.; 4 StR 429/78, BGHSt 28, 162, 163; 2 StR 527/90, BGHSt 37, 294, 297 f.; 1 StR 532/92, NStZ 1993, 133; 1 StR 357/94, BGHSt 40, 257, 268 f.; *Beulke*, Klausurenkurs III, Rdnr. 110; *Engländer*, JuS 2003, 330, 331.

[962] *BGH*, 1 StR 264/75, BGHSt 26, 201, 202. Vgl. hierzu *Jescheck/Weigend*, Strafrecht AT, 519; *Roxin*, Strafrecht AT II, § 29 Rdnr. 126; *ders.*, JuS 1979, 1, 6. Die Täter kamen am Abend zu einer Tankstelle, die sie für einen Überfall ausgewählt hatten. Da diese nicht besetzt war, gingen die Täter zum im Tankstellenbereich gelegenen Wohnhaus. Vor der Tür zogen sie

fer, der mit Tötungs- oder Verletzungsvorsatz eine geladene Schußwaffe zieht[963]. Stellt man nämlich auf die Frage ab, ob aus Sicht des *V* die körperliche Unversehrtheit des *I* durch die *Androhung* von Folter bereits konkret gefährdet erscheint[964], so wird man dies – abgesehen von den auf Seite 170 angesprochenen Fällen – verneinen müssen. Für das eigentliche Losschlagen bedürfte es noch eines weiteren „Willensimpulses“[965], der davon abhinge, ob *I* die geforderte Aussage macht oder nicht. Denn mit den körperlichen Mißhandlungen soll nicht unabhängig von einer derartigen Aussage begonnen werden. Folglich wäre im fiktiven Fall erst mit dem Ausholen zum ersten Schlag oder einer vergleichbaren Handlung von einem unmittelbaren Ansetzen und damit vom Beginn des Versuchs zu sprechen[966].

c) Ehrverletzungsdelikte

Insbesondere vor dem Hintergrund der Tatsache, daß bereits in der *Androhung* von Folter ein Verstoß gegen die Menschenwürde liegt (vgl. S. 124), stellt sich die Frage, ob ein derartiges Vorgehen auch eine nach §§ 185 ff. StGB strafbare Ehrverletzung beinhaltet.

Die Ehre läßt sich als derjenige Wert umschreiben, der dem Menschen kraft seiner Personenwürde und seines sittlich-sozialen Verhaltens zukommt[967]. Der Begriff der Menschenwürde ist hiermit zwar nicht identisch[968], doch ist diese als „Mehr“ gegenüber der Ehre anzusehen[969], so daß letztere bei einer Verletzung der Menschenwürde ebenfalls verletzt sein kann[970].

Strumpfmasken über und einer von ihnen klingelte mit in der Hand gehaltener Pistole. Sie gingen dabei davon aus, daß jemand erscheinen würde, den sie überwältigen und zur Duldung der Wegnahme nötigen konnten. Es wurde jedoch nicht geöffnet.

963 *BGH*, 1 StR 532/92, NStZ 1993, 133.

964 *BGH*, 1 StR 222/01, NStZ 2002, 433, 435; LK-*Hillenkamp*, § 22 Rdnr. 85; *Roxin*, Strafrecht AT II, § 29 Rdnr. 123; *Vogler*, Stree/Wessels-FS, 286; *Wessels/Beulke*, Strafrecht AT, Rdnr. 601.

965 *BGH*, 1 StR 662/82, BGHSt 31, 178, 182; 4 StR 303/87, StV 1987, 528, 529; 4 StR 428/97, BGHSt 44, 34, 40 f.; 2 StR 83/03, NStZ 2004, 38.

966 LK-*Hillenkamp*, § 22 Rdnr. 129; *Roxin*, JuS 1979, 1, 8 f. (explizit zur Androhung von Folter).

967 *Küper*, Strafrecht BT, 115; S/S-*Lenckner*, Vorbem. §§ 185 ff. Rdnr. 1; *Wessels/Hettinger*, Strafrecht BT 1, Rdnr. 464.

968 Vgl. zur problematischen Bestimmung dieses Begriffs oben S. 118.

969 So zu § 130 StGB *BGH*, 1 StR 179/93, BGHSt 40, 97, 100.

970 Siehe als Beispiel für die Prüfung einer Verletzung der Menschenwürde im Rahmen der §§ 185 ff. StGB *BayObLG*, 1 St RR 75/01, NStZ 2002, 40.

aa) Üble Nachrede und Verleumdung

Eine Bestrafung wegen übler Nachrede (§ 186 StGB) oder wegen Verleumdung (§ 187 StGB) käme im fiktiven Fall nicht in Betracht. Diese Vorschriften sind zwar gegenüber § 185 StGB vorrangig[971], doch sind sie im fiktiven Fall nicht einschlägig, da es am Behaupten oder Verbreiten einer ehrenrührigen Tatsache fehlt, wie es von §§ 186, 187 StGB vorausgesetzt wird[972].

Tatsachen sind – in Abgrenzung zu Meinungsäußerungen und Werturteilen – konkrete Vorgänge oder Zustände der Vergangenheit oder Gegenwart, die sinnlich wahrnehmbar und infolgedessen dem Beweis zugänglich sind[973]. Das Problem ist vorliegend aber nicht darin zu sehen, daß *I* als Tatsache bzw. Vermutung entgegengehalten wird, er sei an den Anschlägen beteiligt. Es erscheint bereits fraglich, ob hiermit überhaupt eine Tatsache im Sinne der vorstehenden Definition ausgesprochen wird; denn in der Regel enthält die Äußerung, aufgrund bestimmter Anhaltspunkte werde jemandem eine gewisse Handlungsweise zugetraut, nur das Werturteil, daß er einer solchen Handlung fähig sei[974]. Problematisch ist jedoch weniger diese Behauptung, als vielmehr die hieraus gezogene Handlungskonsequenz, die mit der Drohung zum Ausdruck gebracht wird: weil *I* an den Anschlägen beteiligt ist (bzw. zu sein scheint), kann man mit ihm verfahren, wie man will. Insofern handelt es sich nicht um eine Tatsachenbehauptung, sondern um ein Werturteil, da hierfür die subjektive Beziehung des sich Äußernden zum Inhalt seiner Aussage kennzeichnend ist und keine Beweisbedürftigkeit besteht[975]. Um eine (Rechts-)Tatsache würde es sich hierbei nur dann handeln, wenn *I* durch sein Verhalten diejenigen Grundrechtspositionen, die ihn vor einer derartigen Behandlung schützen, verwirkt hätte. In der Tat gehen die Überlegungen Steinkes dahin, in Fällen der vorliegenden Art Verwirkung anzunehmen[976]. Dem ist jedoch entgegenzuhalten, daß dies gemäß Art. 18 S. 1 GG nur bei bestimmten Grundrechten möglich ist, die hier nicht einschlägig sind[977].

---

971 *BGH*, 6 StR 92/54, BGHSt 6, 159, 161; *Lackner/Kühl*, StGB, § 186 Rdnr. 11; S/S-*Lenckner*, § 186 Rdnr. 21, § 187 Rdnr. 8.

972 *Tenckhoff*, JuS 1988, 618; *Wessels/Hettinger*, Strafrecht BT 1, Rdnr. 490.

973 *BVerfG*, 1 BvR 262/91, BVerfGE 94, 1, 8; *BGH*, VI ZR 252/93, NJW 1994, 2614, 2615; *Lackner/Kühl*, StGB, § 186 Rdnr. 3; *Wessels/Hettinger*, Strafrecht BT 1, Rdnr. 492.

974 *RG*, I 670/33, RGSt 67, 268, 269; S/S-*Lenckner*, § 186 Rdnr. 4; *Tenckhoff*, JuS 1988, 618, 620. Die Grenzen zwischen Tatsachenbehauptung und Werturteil sind allerdings fließend, vgl. *OLG Köln*, Ss 389/61, NJW 1962, 1121; *Wessels/Hettinger*, Strafrecht BT 1, Rdnr. 493.

975 *BVerfG*, 1 BvR 262/91, BVerfGE 94, 1, 8; *BGH*, VI ZR 205/97, NJW 1998, 3047, 3048; S/S-*Lenckner*, § 186 Rdnr. 4.

976 *Steinke*, Kriminalistik 2005, 229, 235.

977 Vgl. im übrigen auch *Brenner*, DÖV 1995, 60, 63: „Daneben stellt die in Art. 1 Abs. 1

Im übrigen ist im fiktiven Fall auch für ein Behaupten bzw. Verbreiten gegenüber *Dritten*[978] nichts ersichtlich, was namentlich für eine Weiterleitung entsprechender Informationen an die Presse gilt[979].

bb) Beleidigung

Angesichts des unter aa) angesprochenen Werturteilscharakters wäre aber an eine Bestrafung wegen Beleidigung nach § 185 Hs. 1 StGB zu denken[980].

(1) Objektiver Tatbestand

Beleidigung ist die Kundgabe von Mißachtung oder Nichtachtung[981]. Es kommt darauf an, wie ein unbefangener Dritter eine Äußerung versteht, wobei die Gesamtumstände des Einzelfalles maßgeblich sind[982]. Folglich ist zu fragen, ob in den Umständen der Befragung – also nicht in der Befragung als solcher – eine Beleidigung zu erblicken ist, wenn *I* die Folter angedroht wird.

Auch wenn es mithin um die Art und Weise des Verhörs geht – und nicht um das Ob –, so ist dieser Fall doch nicht als Formalbeleidigung i. S. v. § 192 i. V. m. § 185 StGB zu behandeln, denn hierfür fehlt es an der erforderlichen Tatsachenbehauptung[983]. Vielmehr kommt eine unmittelbare Anwendung des § 185 StGB in Betracht, und zwar in der Fallgruppe der Kundgabe von Mißachtung oder Nichtachtung durch Zumutung strafbarer oder unsittlicher Handlungen[984]. Diese Fallgruppe ist insbesondere im Bereich von Sexualdelikten von Bedeutung, wenn sich die Frage stellt, ob in dem Verhalten des Täters *auch* eine nach § 185 StGB zu beurteilende Beleidigung liegt[985]. Auch insofern ist auf die Gesamtumstände abzustellen[986].

GG verankerte Bindung aller staatlichen Gewalt an die Achtung der Menschenwürde einen unüberwindbaren Schutz für Maßnahmen gegenüber Personen dar, die Grundrechte verwirkt haben."

[978] *Tröndle/Fischer*, StGB, § 186 Rdnr. 8 f.; *Wessels/Hettinger*, Strafrecht AT, Rdnr. 490, 493.

[979] Vgl. zur Problematik der sog. Verdachtsberichtserstattung *BGH*, VI ZR 51/99, NJW 2000, 1036; *OLG Köln*, 15 U 39/87, NJW 1987, 2682; *OLG München*, 21 U 3032/95, NJW-RR 1996, 1487; S/S-*Lenckner*, § 193 Rdnr. 18.

[980] *Schmidt*, Externe Strafpflichten, 146.

[981] *BGH*, 2 StR 662/88, BGHSt 36, 145, 148; *BayObLG*, RReg 2 St 140/82, NJW 1983, 240, 241; *OLG Düsseldorf*, 2a Ss 50/01 - 16/01 II, NJW 2001, 3562, 3563; *Lackner/Kühl*, StGB, § 185 Rdnr. 3.

[982] *BVerfG*, 1 BvR 1476/91 u. a., BVerfGE 93, 266, 295; *BayObLG*, 2 St RR 178/96, JR 1997, 341, 342; *OLG Düsseldorf*, 5 Ss 250/89 - 101/89 I, NJW 1989, 3030; *Wessels/Hettinger*, Strafrecht BT 1, Rdnr. 509.

[983] *BayObLG*, RReg 1 St 486/57, NJW 1959, 57; *Tröndle/Fischer*, StGB, § 192 Rdnr. 1.

[984] *Wessels/Hettinger*, Strafrecht BT 1, Rdnr. 508.

[985] *BGH*, 3 StR 504/85, NStZ 1986, 453, 454; *Kiehl*, NJW 1989, 3003; *Küper*, Strafrecht

Vorliegend kann in der Androhung von Folter die Einschätzung zum Ausdruck kommen, *I* sei eine Person, mit der man trotz der eindeutigen Verbotsnormen des nationalen und internationalen Rechts „so etwas ohne weiteres machen kann“[987]. Denn bereits durch die *Androhung* von Folter wird der Betroffene zum Objekt staatlichen Handelns degradiert (vgl. S. 120) und dadurch in seiner Menschenwürde verletzt, was auch für den Bereich der Ehrverletzungsdelikte von Bedeutung ist[988]. Zwar betont das Bundesverfassungsgericht, daß der Tatrichter bei mehreren möglichen Deutungsvarianten einer Äußerung die nichtbeleidigende mit nachvollziehbaren Gründen ausschließen muß[989], doch fällt es schwer, in der Androhung von Folter *objektiv* etwas anderes zu erblicken als einen Ausdruck von Mißachtung.

(2) Subjektiver Tatbestand

Auch im Fall des § 185 StGB reicht die Verwirklichung des objektiven Tatbestandes nicht aus, vielmehr muß in dem Verhalten des Täters eine von ihm *gewollte* Herabsetzung des Opfers liegen[990]. Es bedarf hierzu keiner Beleidigungsabsicht, aber zumindest eines Handelns mit dolus eventualis[991].

Die Voraussetzungen des Eventualvorsatzes wurden bereits auf Seite 172 erläutert, so daß hierauf verwiesen werden kann. Im Fall der Beleidigung erfordert das Wissenselement, daß der Täter sich zumindest der *Eignung* seiner Kundgabe als Mittel der Ehrenkränkung bewußt ist[992]. Im fiktiven Fall geht es *V* darum, in einer absoluten Ausnahmesituation Informationen zur Verhütung weiterer Anschläge zu erlangen. Insofern erscheint es fraglich, ob er sich überhaupt Gedanken darüber macht, daß in der Androhung von Folter objektiv gesehen auch eine Beleidigung liegt.

Sollte im fiktiven Fall das Wissenselement jedoch zu bejahen sein, so ließe sich das Willenselement kaum mehr verneinen. Denn wenn *V* trotz eines ent-

---

BT, 74; *Sick*, JZ 1991, 330.

[986] *BGH*, 2 StR 662/88, BGHSt 36, 145, 150; *OLG Karlsruhe*, 1 Ss 13/02, NJW 2003, 1263, 1264.

[987] *BGH*, 1 StR 509/91, NStZ 1992, 33.

[988] *BayObLG*, 1 St RR 75/01, NStZ-RR 2002, 40, 41.

[989] *BVerfG*, 1 BvR 1476/91, BVerfGE 93, 266, 295 f.; 1 BvR 1906/97, NStZ 2001, 640, 641; 1 BvR 724/98, NJW 2002, 3315, 3316.

[990] *BayObLG*, RReg 2 St 140/82, NJW 1983, 240, 241; *OLG Düsseldorf*, 2a Ss 50/01 - 16/01 II, NJW 2001, 3562, 3563 f.

[991] *RG*, 4 D 402/36, RGSt 70, 245, 250; *BayObLG*, 2 St RR 86-89, NJW 1999, 72, 73; *Wessels/Hettinger*, Strafrecht BT 1, Rdnr. 511.

[992] *BGH*, 2 StR 153/51, BGHSt 1, 288, 291; *BayObLG*, 5 St RR 117/97, NJW 1999, 1982, 1983; S/S-*Lenckner*, § 185 Rdnr. 14; *Wessels/Hettinger*, Strafrecht BT 1, Rdnr. 511.

sprechenden Erkennens die Folter androht, wäre ihm der Erfolgseintritt hinsichtlich der Ehrverletzung offensichtlich gleichgültig[993].

(3) Zwischenergebnis

Eine abschließende Bewertung wäre auch hier erst aus der ex post-Perspektive möglich. Geht man allerdings davon aus, daß auch der subjektive Tatbestand des § 185 StGB erfüllt ist, so bedürfte es überdies gemäß § 194 Abs. 1 S. 1 StGB eines Strafantrages.

3. Anwendung der Folter

Wie auf Seite 156 ausgeführt, lassen sich die bei Folterungen einschlägigen Straftatbestände in drei Stufen darstellen. Wenden wir uns nun der zweiten dieser Stufen und damit denjenigen Tatbeständen zu, die einschlägig sein können, wenn *V* die Folter tatsächlich anwendet, ohne daß es hierdurch zum Tod des *I* kommt.

Wie zuvor bei der Androhung der Folter, so können auch bei ihrer Anwendung insbesondere folgende Vorschriften von der weiteren Untersuchung ausgeschlossen werden: Die Spezialtatbestände des VStGB (vgl. S. 158), die Aussageerpressung (§ 343 StGB, vgl. S. 159), die Bedrohung (§ 241 StGB, vgl. S. 168) sowie die üble Nachrede und die Verleumdung (§§ 186, 187 StGB, vgl. S. 179).

Hinsichtlich der sonstigen Straftatbestände kommt es in weiten Teilen zu Überschneidungen mit den vorstehenden Ausführungen zur Androhung der Folter, so daß hier nur diejenigen Aspekte einer näheren Betrachtung bedürfen, die bei der Anwendung von Folter abweichend zu bewerten sind.

a) Nötigung

So kann zunächst hinsichtlich der Nötigung im besonders schweren Fall (§ 240 Abs. 1, Abs. 4 S. 2 Ziff. 3 StGB) weitgehend auf die oben gemachten Ausführungen verwiesen werden (vgl. S. 161 ff.).

Anders als bei der Androhung von Folter stünde bei ihrer Anwendung jedoch fest, daß es sich bei dem eingesetzten Zwangsmittel um Gewalt im Sinne eines physisch vermittelten Zwangs zur Überwindung eines geleisteten oder zu erwartenden Widerstandes[994] handelt.

Was die Rechtswidrigkeit anbelangt, so bedarf es auch hier einer Prüfung der Verwerflichkeitsklausel des § 240 Abs. 2 StGB. Allerdings kann beim Nötigungsmittel der Gewalt unabhängig von der Frage, ob deren Einsatz zumindest

---

[993] Vgl. die Nachweise in Fn. 932 auf S. 173.

[994] Vgl. die Nachweise in Fn. 852 auf S. 162.

bei so gravierenden Handlungen wie der Folter als indiziell für die Verwerflichkeit anzusehen ist[995], im Endeffekt nichts anderes gelten als beim Nötigungsmittel der Drohung. Hier wie dort gilt, daß der angestrebte Zweck nur im Rahmen der Rechtsordnung durchgesetzt werden darf (vgl. S. 167). Insofern wurde bereits festgestellt, daß die Folter auch bei sorgfältiger Abwägung mit anderen Rechtsgütern gegen sämtliche einschlägigen Vorschriften einschließlich der Menschenwürdegarantie des Art. 1 GG als wichtigster Bestimmung des Grundgesetzes verstößt, so daß sie nicht mehr als „bloß rechtswidrig“, sondern als verwerflich i. S. v. § 240 Abs. 2 StGB anzusehen ist.

Zu den anschließend zu erörternden Körperverletzungsdelikten stünde die Nötigung in Tateinheit, da die Körperverletzung als Nötigungsmittel dient[996].

b) Köperverletzungsdelikte

Kommt es zur tatsächlichen Anwendung von Folter, ohne daß diese tödliche Folgen hat, so sind die Körperverletzungsdelikte von besonderer Bedeutung[997].

aa) Körperverletzung im Amt

Ausgangspunkt ist auch hier wieder § 340 Abs. 1 S. 1 StGB als gegenüber § 223 StGB speziellere Regelung[998], da *V* die Tat als Amtsträger i. S. v. § 11 Abs. 1 Ziff. 2 lit. a StGB während der Ausübung seines Dienstes und in sachlichem Zusammenhang mit diesem begehen würde (vgl. S. 169).

(1) Bei der Anwendung von Folter wird es sich zumeist um Fälle körperlicher Mißhandlung handeln, doch lassen sich einige der Techniken auch als Gesundheitsbeschädigungen klassifizieren[999].

Eindeutige Fälle von körperlicher Mißhandlung sind etwa die auf Seite 43 genannten Beispiele des Brechens von Knochen oder des Herausreißens von Zähnen, Finger- oder Zehennägeln.

Auf den ersten Blick weniger offenkundig ist die Lage bei dem auf Seite 44 beschriebenen Wall-standing, denn anders als bei den zuvor genannten Beispielen werden hier – zumindest solange das Opfer nicht in der entsprechenden

---

[995] Vgl. zu dieser Frage *BVerfG*, 1 BvR 713/83 u. a., BVerfGE 73, 206, 255; 1 BvR 1190/90 u. a., BVerfGE 104, 92, 109; *BGH*, 1 StR 5/88, BGHSt 35, 270, 278; *Mittelsdorf*, JuS 2002, 1062, 1064; *Tröndle/Fischer*, StGB, § 240 Rdnr. 45.

[996] *BGH*, 2 StR 455/96, NStZ-RR 1997, 34; S/S-*Eser*, § 240 Rdnr. 40; *Lackner/Kühl*, StGB, § 240 Rdnr. 27.

[997] *Erb*, Jura 2005, 24; *Mitsch*, Die Polizei, 2004, 254, 256; *Peglau*, Schutz des allgemeinen Persönlichkeitsrechts, 49.

[998] Vgl. die Nachweise in Fn. 898 auf S. 169.

[999] Vgl. zu den Begriffen „körperliche Mißhandlung“ und „Gesundheitsbeschädigung“ oben S. 169.

Position gefesselt wird – die Schmerzen nicht durch direkten Körperkontakt verursacht. Indessen ist unter einer körperlichen Mißhandlung *jede* üble, unangemessene Behandlung zu verstehen, durch die die körperliche Unversehrtheit oder das körperliche Wohlbefinden mehr als nur unerheblich beeinträchtigt wird (vgl. S. 169). Daher kann es für die Bewertung keinen Unterschied machen, ob dem Vernommenen durch direkte Einwirkung Schmerzen zugefügt werden, oder ob er dazu gezwungen wird, sich diese durch Verharren in einer schmerzhaften Position gleichsam selbst zuzufügen. Man könnte allenfalls überlegen, ob er hier als „Tatmittler gegen sich selbst“[1000] anzusehen ist, so daß wie etwa bei der bekannten „Passauer Giftfalle“ eine „der mittelbaren Täterschaft verwandte Struktur“[1001] oder sogar tatsächlich mittelbare Täterschaft i. S. v. § 25 Abs. 1 Alt. 2 StGB[1002] vorliegt. Hiergegen spricht jedoch, daß sich die beiden Konstellationen in wichtigen Punkten unterscheiden. Bei der Giftfalle handelt der Täter zunächst selbst und überläßt es dann dem Einbrecher, das Gift aufzufinden und in dem Glauben zu sich zu nehmen, es handele sich um Bayerwaldbärwurz, wie es das Flaschenetikett verspricht. Das Opfer soll hier also in Abwesenheit des Täters und erst durch eigenes Zutun[1003] in die Falle geraten, durch die es sich *ohne* sein eigenes Wissen selber schädigt. Anders verhält es sich beim Wallstanding: Hier wird das Opfer vom Täter gezwungen, sich *wissentlich* Schmerzen zuzufügen, so daß hierin keine „nichtvorsätzlich-selbstschädigende“[1004] Handlung liegt. Überdies dürfte der Vernehmende in Fällen dieser Art zumeist vor Ort anwesend sein, um das Opfer – etwa durch Androhen noch größerer Schmerzen – zu einem Verharren in seiner Position zu zwingen und gleichzeitig für den Fall einer Aussage ein Ende der Leiden in Aussicht zu stellen. All dies spricht dafür, in Fällen dieser Art von einer körperlichen Mißhandlung auszugehen, die der Vernehmende als unmittelbarer Täter i. S. v. § 25 Abs. 1 Alt. 1 StGB verübt[1005].

Wie bereits erwähnt, kann im Fall der Anwendung von Folter je nach Art der Maßnahme auch eine Gesundheitsbeschädigung im Sinne der auf Seite 169 erläuterten Definition vorliegen. Von den Techniken, die nach Werles Worten „in der Regel schon ‚per se' als Folter einzuordnen“ sind (vgl. S. 43), gehören hierzu etwa die Unterkühlung durch starke Ventilatoren oder das Vorenthalten von Nahrung und Schlaf.

(2) Bezüglich der weiteren Tatbestandsvoraussetzungen des § 340 Abs. 1 S. 1 StGB ergeben sich keine Schwierigkeiten. Dies gilt auch hinsichtlich des sub-

---

[1000] *BGH*, 1 StR 234/97, BGHSt 43, 177, 180; *Gössel*, JR 1976, 248, 250.

[1001] *BGH*, 1 StR 234/97, BGHSt 43, 177, 180; *Otto*, NStZ 1998, 241, 242.

[1002] *Engländer*, JuS 2003, 330, 331; *Wessels/Beulke*, Strafrecht AT, Rdnr. 539a.

[1003] *BGH*, 1 StR 234/97, BGHSt 43, 177, 180; *Otto*, NStZ 1998, 241, 242.

[1004] *Engländer*, JuS 2003, 330, 331.

[1005] Auf die Rolle des *V* wird noch näher einzugehen sein.

jektiven Tatbestands, denn anders als bei der Androhung von Folter, bei der das Hervorrufen eines pathologischen, somatisch objektivierbaren Zustandes[1006] nicht zwangsläufig vorsätzlich geschähe (vgl. S. 172), bestünden bei ihrer Anwendung hinsichtlich eines entsprechenden Körperverletzungsvorsatzes keine Zweifel. Gleiches gilt für die weiteren Merkmale, auf die sich der Vorsatz beziehen muß, nämlich die Amtsträgereigenschaft sowie die Umstände, welche den Zusammenhang mit der Dienstausführung begründen[1007].

bb) Gefährliche Körperverletzung im Amt

Wendet *V* die Folter an, so kommt in qualifizierten Fällen[1008] auch eine Verurteilung wegen gefährlicher Körperverletzung im Amt gemäß §§ 340 Abs. 1 S. 1, Abs. 3, 224 Abs. 1 StGB in Betracht.

Bei der hiermit verbundenen Prüfung ist wiederum zu bedenken, daß die von *L* ins Auge gefaßte Anwendung der Folter noch nicht in die Tat umgesetzt ist, so daß keine konkrete Subsumtion unter die einzelnen Varianten des § 224 Abs. 1 StGB möglich ist (vgl. S. 155). Denkbar erscheint jedoch eine Anwendung sämtlicher Tatbestandsalternativen mit Ausnahme der Ziffer 3[1009].

(1) § 224 Abs. 1 Ziff. 1 StGB

Dies gilt zunächst einmal für die Beibringung von Gift oder anderen gesundheitsschädlichen Stoffen i. S. v. § 224 Abs. 1 Ziff. 1 StGB.

(a) Wie auf Seite 9 erwähnt, wurde im Fall von Metzler die Anwendung von „Wahrheitsseren" erwogen[1010]. Nach Daschners eigenen Worten sollte es sich hierbei um Medikamente handeln, „welche die psychische Widerstandskraft herabsetzen"[1011]. Es stellt sich daher die Frage, ob es sich hierbei um Gifte oder um andere gesundheitsschädliche Stoffe im Sinne dieser Tatbestandsalternative handelt. Zu ersteren werden auch Rauschmittel wie Opiate[1012] und zu letzteren bestimmte Dopingsubstanzen[1013] gezählt. Schlaftabletten, KO-Tropfen oder Arzneimittel in zu hoher Dosis lassen sich ebenfalls unter § 224 Abs. 1 Ziff. 1 StGB

[1006] Vgl. die Nachweise in Fn. 910 auf S. 170.

[1007] *Tröndle/Fischer*, StGB, § 340 Rdnr. 3.

[1008] *Tröndle/Fischer*, StGB, § 340 Rdnr. 5; *Wolters*, JuS 1998, 582, 586.

[1009] *Erb*, Jura 2005, 24. Siehe zu den Voraussetzungen eines hinterlistigen Überfalls i. S. v. § 224 Abs. 1 Ziff. 3 StGB etwa *RG*, III 1017/30, RGSt 65, 65, 66 f.; *BGH*, 2 StR 57/61, GA 1961, 241; 1 StR 62/04, NStZ 2005, 40.

[1010] *LG Frankfurt*, 5/27 KLs 7570 Js 203814/03 (4/04), NJW 2005, 692. Vgl. zur Unzulässigkeit eines derartigen Vorgehens *Haurand/Vahle*, NVwZ 2003, 513, 518.

[1011] *FAZ* vom 22. Februar 2003, 61.

[1012] *Tröndle/Fischer*, StGB, § 224 Rdnr. 3; *Wessels/Hettinger*, Strafrecht BT 1, Rdnr. 263.

[1013] *Heger*, JA 2003, 76, 78; *Lackner/Kühl*, StGB, § 224 Rdnr. 1.

subsumieren[1014]. Insofern könnte diese Tatbestandsalternative bei Verwendung von Wahrheitsseren einschlägig sein, doch müßten diese Mittel hierzu auch noch bestimmte Auswirkungen auf den Körper des Opfers haben.

Vor dem 6. Strafrechtsreformgesetz wurde vorausgesetzt, daß die verabreichten Stoffe eine Eignung zur Gesundheits*zerstörung* aufwiesen. Nunmehr ist nur noch erforderlich, daß es sich um gesundheits*schädliche* Stoffe handelt, so daß das Ausmaß der drohenden Verletzungen unklar geworden ist[1015]. Mit Blick auf den hohen Strafrahmen des § 224 Abs. 1 StGB wird daher gefordert, den Anwendungsbereich von dessen Ziffer 1 dadurch einzuschränken, daß der verabreichte Stoff geeignet sein muß, erhebliche Gesundheitsschädigungen[1016] oder sogar Gesundheitsschäden i. S. v. § 226 Abs. 1 StGB[1017] zu verursachen. Überdies ist die Vorschrift als Verletzungsdelikt ausgestaltet, so daß es durch die Beibringung des Stoffes tatsächlich zu einem Gesundheitsschaden kommen müßte[1018].

Es erscheint zweifelhaft, ob diese Voraussetzungen beim Einsatz von Wahrheitsseren erfüllt wären, zumindest läßt sich diesbezüglich keine allgemeine Feststellung treffen. Vielmehr bedürfte es einer Untersuchung derjenigen Wirkungen, die durch das im konkreten Fall eingesetzte Mittel hervorgerufen werden[1019], wobei diese nicht zuletzt von der Konstitution der von ihrer Anwendung betroffenen Person abhängen[1020]. Überdies ist von Bedeutung, ob die Wirkungen nur vorübergehender Natur sind oder ob sie Folgeschäden verursachen[1021]. Daher gilt auch hier wieder, daß eine abschließende Bewertung erst aus der ex post-Perspektive möglich wäre und somit einem eventuellen Strafverfahren gegen *L* und *V* vorbehalten bliebe.

(b) Einfacher zu beurteilen ist die Lage bei Stoffen, deren Wirkungen nicht toxischer, sondern thermischer Natur sind. So lassen sich etwa durch die Verwendung kochenden Wassers erhebliche Verbrühungen herbeiführen, die unproblematisch als schwere Körperverletzungen i. S. v. § 224 Abs. 1 Ziff. 1 StGB anzusehen sind[1022].

[1014] S/S-*Stree*, § 224 Rdnr. 2c.

[1015] *Beulke*, Klausurenkurs III, Rdnr. 644.

[1016] *Hilgendorf*, ZStW 112 (2000), 811, 828; *Jäger*, JuS 2000, 31, 35; LK-*Lilie*, § 224 Rdnr. 11.

[1017] *Wolters*, JuS 1998, 582, 583.

[1018] *Lackner/Kühl*, StGB, § 224 Rdnr. 1a; LK-*Lilie*, § 224 Rdnr. 7; *Wessels/Hettinger*, Strafrecht BT 1, Rdnr. 266.

[1019] *BGH*, 3 StR 120/03, NJW 2004, 1054, 1055.

[1020] *Jäger*, JuS 2000, 31, 35; S/S-*Stree*, § 224 Rdnr. 2.

[1021] *Beulke*, Klausurenkurs III, Rdnr. 646.

[1022] S/S-*Stree*, § 224 Rdnr. 2c; *Wessels/Hettinger*, Strafrecht BT 1, Rdnr. 264.

(2) § 224 Abs. 1 Ziff. 2 StGB

Werden bei der Anwendung von Folter Hilfsmittel eingesetzt, so kommt eine Bestrafung wegen Begehens der Körperverletzung mittels einer Waffe oder eines anderen gefährlichen Werkzeugs nach § 224 Abs. 1 Ziff. 2 StGB in Betracht.

Der Begriff der „Waffe" ist nach wie vor umstritten[1023], was hier jedoch nicht weiter vertieft zu werden braucht, da er nur als Beispiel für den Oberbegriff der gefährlichen Werkzeuge anzusehen ist[1024]. Letztere umfassen alle beweglichen Gegenstände, die nach ihrer objektiven Beschaffenheit und der Art ihrer Verwendung im konkreten Fall geeignet sind, erhebliche Verletzungen zuzufügen[1025]. Im Kontext der Folter ist dabei nicht nur an mittelalterliche Marterwerkzeuge zu denken, sondern auch an gefährliche Tritte mit schweren Schuhen[1026], an das Ausdrücken glühender Zigaretten auf der Haut[1027], an schmerzhafte Fesselungen[1028] oder an das Hervorrufen von Atemnot durch Überstülpen von Plastiktüten[1029].

(3) § 224 Abs. 1 Ziff. 4 StGB

Nach § 224 Abs. 1 Ziff. 4 StGB ist auch dann von einer gefährlichen Körperverletzung zu sprechen, wenn der Täter die Tat mit einem anderen Beteiligten gemeinschaftlich begeht. Dies ist im fiktiven Fall insofern fraglich, als hier nur *V* und nicht auch der leitende Beamte *L* an den Vernehmungen beteiligt ist und auch dessen Plan nur dahin geht, *V* zu einer Folterung des *I* anzuweisen.

§ 224 Abs. 1 Ziff. 4 StGB erfordert zwar nicht, daß die Verletzungshandlungen jeweils eigenhändig begangen werden[1030]. Auch ist keine mittäterschaftliche Begehung erforderlich[1031]. Die Vorschrift setzt aber voraus, daß mindestens

---

[1023] Nicht abschließend geklärt ist insbesondere die Frage, ob der Begriff der „Waffe" im strafrechtstechnischen Sinne oder als Verweisung auf das Waffengesetz zu verstehen ist, vgl. hierzu etwa *BGH*, GSSt 2/02, NJW 2003, 1677; *Beulke*, Klausurenkurs III, Rdnr. 188; *Fischer*, NStZ 2003, 569, 571; *Tröndle/Fischer*, StGB, § 224 Rdnr. 9d.

[1024] *Lackner/Kühl*, StGB, § 224 Rdnr. 2; LK-*Lilie*, § 224 Rdnr. 19; *Wessels/Hettinger*, Strafrecht BT 1, Rdnr. 273.

[1025] *BGH*, 4 StR 204/98, StV 1998, 486; 4 StR 245/01, NStZ 2002, 86; *Wallschläger*, JA 2002, 390, 391.

[1026] *BGH*, 2 StR 94/99, NStZ 2000, 29, 30 (Springerstiefel); 4 StR 527/02, NStZ 2003, 662 (Turnschuh); LK-*Lilie*, § 224 Rdnr. 25.

[1027] *BGH*, 1 StR 232/01, NStZ 2002, 30; 4 StR 245/01, NStZ 2002, 86.

[1028] *BGH*, 1 StR 364/03, NStZ 2004, 392, 393; *BVerwG*, 2 WD 28/98, NJW 2000, 2913.

[1029] *BGH*, 2 StR 113/02, NStZ 2002, 594.

[1030] *BGH*, 4 StR 116/97, StV 1998, 127, 128; 4 StR 312/99, NStZ 2000, 194; *Tröndle/Fischer*, StGB, § 224 Rdnr. 11.

[1031] *Beulke*, Klausurenkurs III, Rdnr. 16; *Tröndle/Fischer*, StGB, § 224 Rdnr. 11.

zwei Personen unmittelbar am Tatort aktiv zusammenwirken[1032] und sei es auch nur durch die Demonstration von Eingriffsbereitschaft[1033]. Hieran würde es im fiktiven Fall hinsichtlich der Person des *L* fehlen.

Man könnte allenfalls überlegen, ob für Fälle wie den vorliegenden, in dem § 224 Abs. 1 Ziff. 4 StGB über die Verweisung in § 340 Abs. 3 StGB zur Anwendung gelangt, insofern etwas anderes gelten muß, als nach § 340 Abs. 1 S. 1 StGB auch das Begehen*lassen* tatbestandsmäßig ist. Dieses Problem wird – soweit ersichtlich – nirgends diskutiert, doch dürfte es sich in realen Fällen ohnehin nicht stellen, da bei Gewaltanwendungen der hier beschriebenen Art zumeist mehrere Personen anwesend sein werden. So sollte etwa im Fall von Metzler die Schmerzzufügung nicht durch den Vernehmungsbeamten selbst erfolgen, sondern durch einen weiteren Beamten, und überdies sollte ein Polizeiarzt hinzugezogen werden[1034].

(4) § 224 Abs. 1 Ziff. 5 StGB

Je nach Art der angewandten Foltermethode kann auch eine das Leben gefährdende Behandlung i. S. v. § 224 Abs. 1 Ziff. 5 StGB gegeben sein.

Bekanntlich ist umstritten, ob hierfür eine konkrete Lebensgefährdung erforderlich ist[1035], oder ob mit der Rechtsprechung und der herrschenden Lehre anzunehmen ist, daß insofern eine abstrakte Gefährdung genügt[1036]. Aus der hier vorliegenden ex ante-Perspektive kann zur konkreten Gefährlichkeit einer Handlung des *V* noch keine Aussage getroffen werden. Von ihrer Art her generell zur Lebensgefährdung geeignet können jedoch viele Folterhandlungen sein. Zu denken ist etwa an schwere Schläge gegen den Kopf[1037], an massives Würgen[1038] oder an langandauernde Fesselungen ohne Flüssigkeitszufuhr[1039]. In subjektiver Hinsicht ist dabei nicht erforderlich, daß der Täter sein Opfer in Lebensgefahr bringen will[1040].

[1032] *Beulke*, Klausurenkurs III, Rdnr. 16; *Heinrich*, JR 2003, 212, 213; *Lackner/Kühl*, StGB, § 224 Rdnr. 7.

[1033] *BGH*, 5 StR 210/02, BGHSt 47, 384, 387.

[1034] *LG Frankfurt*, 5/27 KLs 7570 Js 203814/03 (4/04), NJW 2005, 692, 693.

[1035] *Schröder*, JZ 1967, 522, 523; S/S-*Stree*, § 224 Rdnr. 12.

[1036] *BGH*, 1 StR 767/51, BGHSt 2, 160, 163; 4 StR 43/04, NStZ 2004, 618; *OLG Köln*, 3 Ss 823/82, NJW 1983, 2274; *Hilgendorf*, ZStW 112 (2000), 811, 829.

[1037] *BGH*, 2 StR 615/89, NJW 1990, 3156; 4 StR 43/04, NStZ 2004, 618; *OLG Köln*, 3 Ss 823/82, NJW 1983, 2274.

[1038] *BGH*, 2 StR 73/02, StV 2002, 649, 650; 4 StR 403/04, NStZ-RR 2005, 44.

[1039] *Lackner/Kühl*, StGB, § 224 Rdnr. 8; LK-*Lilie*, § 224 Rdnr. 37; *Tröndle/Fischer*, StGB, § 224 Rdnr. 12a.

[1040] *BGH*, 2 StR 615/89, NJW 1990, 3156.

cc) Schwere Körperverletzung im Amt

Wendet *V* die Folter an und kommt es dabei zu einer der in § 226 Abs. 1 Ziff. 1 bis 3 aufgezählten Folgen[1041], so ist auch an eine Verurteilung wegen schwerer Körperverletzung im Amt gemäß §§ 340 Abs. 1 S. 1, Abs. 3, 226 StGB zu denken.

Führt er die schwere Folge wenigstens fahrlässig (§ 18 StGB) herbei, so ist auf § 226 Abs. 1 StGB abzustellen. Da es sich hierbei um eine Erfolgsqualifikation handelt[1042], bedürfte es insofern eines spezifischen Gefahrzusammenhangs zwischen dem Grunddelikt der Körperverletzung und dem besonderen Erfolg[1043]. Hieran dürften bei der Anwendung von Folter allerdings keine Zweifel bestehen.

Verursacht *V* die schwere Folge sogar absichtlich oder wissentlich, so ist der Qualifikationstatbestand[1044] des § 226 Abs. 2 StGB einschlägig.

dd) Beleidigung

Auch bei der Anwendung von Folter kommt eine Bestrafung wegen Beleidigung in Betracht, allerdings in der Form der Begehung mittels einer Tätlichkeit (§ 185 Hs. 2 StGB)[1045]. Doch gilt auch hier wieder, daß *V* sich in subjektiver Hinsicht zumindest der Eignung seiner Handlung als Mittel zur Ehrenkränkung bewußt sein müßte[1046], was ebenso wie bei der Androhung von Folter fraglich wäre (vgl. S. 181).

4. Zum Tode führende Folter

Von den drei auf Seite 156 angesprochenen Szenarien soll abschließend noch der extremste Fall beleuchtet werden, nämlich die zum Tode führende Folter[1047].

In Betracht kommt dabei ein Handeln mit – zumindest bedingtem – Tötungsvorsatz, doch wäre dies im fiktiven Fall nicht sehr wahrscheinlich (nachfolgend

---

1041 Vgl. hierzu etwa *BayObLG*, 2 St RR 965/03, NStZ-RR 2004, 264; *Jäger*, JuS 2000, 31, 37.

1042 *Lackner/Kühl*, StGB, § 226 Rdnr. 1; *Rengier*, Strafrecht BT II, § 15 Rdnr. 1; S/S-*Stree*, § 226 Rdnr. 1a.

1043 *BGH*, 3 StR 535/91, BGHSt 38, 295, 298; *Beulke*, Klausurenkurs III, Rdnr. 486; LK-*Hirsch*, § 226 Rdnr. 6.

1044 *BGH*, 4 StR 327/00, NJW 2001, 980; *Wessels/Hettinger*, Strafrecht BT 1, Rdnr. 285.

1045 *BGH*, 4 StR 420/87, BGHSt 35, 76, 77; *OLG Karlsruhe*, 1 Ss 13/02, NJW 2003, 1263; *Wessels/Hettinger*, Strafrecht BT 1, Rdnr. 508.

1046 *BGH*, 2 StR 153/51, BGHSt 1, 288, 291; S/S-*Lenckner*, § 185 Rdnr. 14; *Wessels/Hettinger*, Strafrecht BT 1, Rdnr. 511.

1047 Vgl. zu einem derartigen Fall *EGMR*, 21986/93 (Salman / Türkei), NJW 2001, 2001, 2005 Rdnr. 122.

a)). Denkbarer erscheint, daß der Tod als unerwünschte Folge eintritt, und zwar sowohl im Fall tatsächlicher (nachfolgend b)) als auch im Fall versuchter Anwendung von Folter (nachfolgend c)).

a) Tod als in Kauf genommene Folge physischer Folter

Wendet *V* die Folter an und handelt er dabei hinsichtlich des Todes des *I* zumindest mit Eventualvorsatz, so kommt eine Bestrafung nach §§ 211 ff. StGB in Betracht.

aa) Totschlag

Auch wenn bei einer Tötung durch Folter unwillkürlich der Gedanke an das Mordmerkmal der grausamen Tötung i. S. v. § 211 Abs. 2 StGB aufkommen dürfte[1048], so würde doch nicht jede von *V* bewirkte Tötung des *I* zwangsläufig die Voraussetzungen dieses Mordmerkmals erfüllen, worauf noch näher einzugehen sein wird. Daher soll zunächst der Tatbestand des Totschlags (§ 212 StGB) in den Blick genommen werden.

(1) Objektiver Tatbestand

In objektiver Hinsicht müßten die Handlungen des *V* für den Tod des *I* ursächlich im Sinne der conditio sine qua non-Formel sein[1049]. Die Art der Einwirkung spielt hingegen keine Rolle, soweit nicht bereits Erschwerungsgründe i. S. v. § 211 Abs. 2 StGB erfüllt sind[1050]. Daher kann auch bei vorsätzlicher Tötung an Fälle psychischer Einflußnahme wie etwa die Erregung eines tödlichen Schocks zu denken sein[1051].

(2) Subjektiver Tatbestand

Sorgfältiger Prüfung bedarf die Frage, ob auch der subjektive Tatbestand des § 212 Abs. 1 StGB erfüllt wäre. Dieser setzt voraus, daß der Todeserfolg vorsätzlich in Kenntnis sämtlicher Merkmale des objektiven Tatbestandes einschließlich des Kausalzusammenhangs herbeigeführt wird[1052].

Daß *V* den *I* mit direktem Vorsatz oder gar Absicht tötet, dürfte nach einer Gesamtschau aller objektiven und subjektiven Tatumstände[1053] auszuschließen

---

[1048] *Peglau*, Schutz des allgemeinen Persönlichkeitsrechts, 49.

[1049] *Beulke*, Klausurenkurs I, Rdnr. 111; *Kion*, JuS 1967, 499. Vgl. zur conditio sine qua non-Formel die Nachweise in Fn. 914 auf S. 171.

[1050] *Tröndle/Fischer*, StGB, § 212 Rdnr. 4; *Wessels/Hettinger*, Strafrecht BT 1, Rdnr. 82.

[1051] S/S-*Eser*, § 212 Rdnr. 3; *Lackner/Kühl*, StGB, § 212 Rdnr. 2.

[1052] *BGH*, 3 StR 300/85, StV 1986, 59; S/S-*Eser*, § 212 Rdnr. 5; *Wessels/Hettinger*, Strafrecht BT 1, Rdnr. 79.

[1053] *BGH*, 4 StR 477/00, StV 2001, 572; 2 StR 125/02, NStZ-RR 2003, 8; *Beulke*, Klausein. Denkbar erscheint hingegen ein Vorgehen mit bedingtem Tötungsvorsatz, der für § 212 Abs. 1 StGB ausreichend ist[1054]. Wie bereits ausgeführt, bedarf es nach der Rechtsprechung des BGH für die Annahme von Eventualvorsatz eines Wissens- und eines Willenselementes (vgl. S. 172). Dabei ist im Fall des bedingten *Tötungs*vorsatzes eine besonders sorgfältige Prüfung und Begründung erforderlich[1055], und zwar selbst dann, wenn eine Handlung *generell* geeignet ist, tödliche Verletzungen herbeizuführen[1056].

Schon an die Bejahung des Wissenselements sind hohe Anforderungen zu stellen. Bedenkt *V* nämlich lediglich, daß er möglicherweise schwere körperliche Schäden herbeiführen könnte, so fehlt es am Tötungsvorsatz[1057]. Anders kann es sich jedoch dann verhalten, wenn er äußerst gefährliche Gewalt anwendet; hier liegt ein Bejahen des Wissenselementes nahe[1058].

In jedem Fall müßte auch ein entsprechendes Willenselement hinzutreten[1059]. Diesbezüglich betont der BGH in ständiger Rechtsprechung, daß bei Tötungsdelikten eine hohe Hemmschwelle überschritten werden muß[1060]. Daher muß eine Einzelfallentscheidung getroffen werden, bei der auch der Grundsatz in dubio pro reo zu beachten ist und sowohl die Persönlichkeit des Täters als auch die Umstände in besonderem Maße zu berücksichtigen sind[1061]. Ergibt diese Prüfung, daß *V* ernsthaft und nicht nur vage darauf vertraut hat, daß sein Vorgehen keinen tödlichen Ausgang hat, so ist das Willenselement nicht gegeben[1062]. Anders kann es sich verhalten, „wenn der vorgestellte Ablauf einem tödlichen Ausgang so nahe ist, dass nur noch ein glücklicher Zufall diesen verhindern kann"[1063], oder wenn *V* der Tod des *I* gleichgültig ist[1064]. Beides dürfte für den

---

surenkurs III, Rdnr. 29.

[1054] *BGH*, 2 StR 127/80, NStZ 1981, 22, 23; S/S-*Eser*, § 212 Rdnr. 5; *Wessels/Hettinger*, Strafrecht BT 1, Rdnr. 79.

[1055] *Schroth*, NStZ 1990, 324; *Sessar*, StV 1988, 93, 94.

[1056] *Altvater*, NStZ 2004, 23, 24; S/S-*Eser*, § 212 Rdnr. 5; *Meyer-Goßner*, NStZ 1986, 49 f.

[1057] *BGH*, 4 StR 51/83, NStZ 1983, 407.

[1058] *BGH*, 4 StR 477/00, NZV 2001, 266, 267; 2 StR 52/03, NStZ 2003, 603, 604; *Altvater*, NStZ 2004, 23, 24; *Schroth*, NStZ 1990, 324, 325.

[1059] *BGH*, 4 StR 385/03, NStZ 2004, 329, 330; *Schroth*, NStZ 1990, 324, 325.

[1060] *BGH*, 3 StR 449/87, NStZ 1988, 175; 1 StR 137/01, NStZ 2001, 475, 476; 2 StR 166/01, NStZ-RR 2001, 369. Vgl. hierzu auch *Altvater*, NStZ 2004, 23, 24; *Beulke*, Klausurenkurs III, Rdnr. 29; *Martin*, JuS 2000, 1234; *Meyer-Goßner*, NStZ 1986, 49 f. Kritisch *Geppert*, Jura 2001, 55, 59; *Verrel*, NStZ 2004, 309, 310.

[1061] *BGH*, 4 StR 490/92, StV 1993, 307; 5 StR 432/95, BGHSt 42, 97, 100 f.; 2 StR 52/03, NStZ 2003, 603, 604; *Wessels/Hettinger*, Strafrecht BT 1, Rdnr. 80.

[1062] *BGH*, 3 StR 335/94, NStZ 1994, 584, 585; 1 StR 137/01, NStZ 2001, 475, 476; *LG Rostock*, I KLs 19/96, NStZ 1997, 391; *Martin*, JuS 2000, 1234.

[1063] *BGH*, 1 StR 233/04, NStZ 2005, 92.

fiktiven Fall zumindest aus der hier vorliegenden ex ante-Perspektive zu verneinen sein. Dies gilt nicht zuletzt aufgrund der Tatsache, daß hier jedes einleuchtende Motiv für eine Tötung des *I* fehlt[1065], da durch eine solche jede Hoffnung zunichte gemacht würde, die notwendigen Informationen von ihm zu erhalten.

(3) Zwischenergebnis

Somit dürfte im fiktiven Fall auszuschließen sein, daß *V* mit Tötungsvorsatz – und sei es auch nur in Form von dolus eventualis – handelt, so daß eine Bestrafung wegen Totschlags kaum in Betracht käme.

bb) Mord

Angesichts der Verneinung des Tötungsvorsatzes können auch die Überlegungen zu § 211 StGB kurz ausfallen. Denn losgelöst von der bekannten Streitfrage, ob man den Mord mit der im Schrifttum vorherrschenden Meinung als Qualifikation des Totschlags ansieht[1066] oder ob man insofern – wie es die Rechtsprechung tut – von zwei selbständigen Tatbeständen ausgeht[1067], bedürfte es für eine entsprechende Verurteilung einer *vorsätzlichen* Tötung[1068]. Eine solche ist hier aber gerade nicht zu erwarten.

(1) Grausame Tötung

Nähme man allerdings eine vorsätzliche Tötung an, so wäre das objektive Mordmerkmal der Grausamkeit i. S. v. § 211 Abs. 2 StGB von besonderer Bedeutung.

Eine Tötung ist grausam, wenn dem Opfer im Rahmen der Tötungshandlung aus gefühlloser, unbarmherziger Gesinnung durch Dauer, Stärke oder Wiederholung der Schmerzzufügung besonders schwere Qualen körperlicher oder seelischer Art zugefügt werden[1069]. Folterungen können hiervon erfaßt sein; insbesondere ist darauf hinzuweisen, daß bereits die Zufügung *seelischer* Qualen genügt, um eine Tötung als grausam einzustufen; hierbei ist etwa an das Hervorrufen extremer Todesangst durch ostentative Vorbereitungshandlungen vor

---

[1064] *Altvater*, NStZ 2004, 23, 24. Vgl. hierzu auch oben S. 173.

[1065] *BGH*, 4 StR 51/83, NStZ 1983, 407; 4 StR 275/96, NStZ-RR 1996, 355, 356; *Schroth*, NStZ 1990, 324.

[1066] LK-*Jähnke*, § 212 Rdnr. 1; *Lackner/Kühl*, StGB, Vor § 211 Rdnr. 22; *Wessels/Hettinger*, Strafrecht BT 1, Rdnr. 69.

[1067] *BGH*, 2 StR 296/51, BGHSt 1, 368, 370; 4 StR 362/54, BGHSt 6, 329, 330; 1 StR 479/88, BGHSt 36, 231, 233.

[1068] *BGH*, 2 StR 296/51, BGHSt 1, 368, 370 f.; 1 StR 479/88, BGHSt 36, 231, 235; 2 StR 331/03, NStZ-RR 2004, 140, 141; *Beulke/Hillenkamp*, JuS 1975, 309, 313.

[1069] *BVerfG*, 1 BvR 698/89, BVerfGE 87, 209, 226; LK-*Jähnke*, § 211 Rdnr. 53; *Küpper*, JuS 2000, 225, 228.

den Augen des Opfers zu denken[1070]. *Vorausgegangene* Folterungen reichen hingegen nicht aus, vielmehr muß sich das grausame Verhalten „aus Umständen ergeben, unter welchen nach dem Tatplan die Tötung eingeleitet oder vollzogen werden soll, die also vom Tötungsvorsatz umfaßt sind"[1071]. Dies bedeutet, daß ein nur zeitlicher oder räumlicher Zusammenhang zwischen einer grausamen Körperverletzungshandlung und einer Tötungshandlung, die selbst nicht grausam ist, nicht genügt[1072].

Es käme also im jeweiligen Einzelfall auf eine sorgfältige Prüfung dieses Zusammenhanges an, was aus der hier vorliegenden ex ante-Perspektive nicht geschehen kann. Bei dieser Prüfung müßte auf der inneren Tatseite auch festgestellt werden, daß der Täter bei der Tat von einer gefühllosen, unbarmherzigen Gesinnung beherrscht wird. Dies läßt sich im Regelfall aus den Tatumständen erschließen und ist zu bejahen, wenn der Täter dem Opfer die Schmerzen bewußt zufügt[1073].

(2) Weitere Mordmerkmale

In Fällen, die anders gelagert sind als der hier zugrunde gelegte, können bei Folterungen auch noch andere Mordmerkmale i. S. v. § 211 Abs. 2 StGB eine Rolle spielen. Zu denken ist beispielsweise an ein Handeln in Verdeckungsabsicht (etwa um das Folteropfer als lästigen Zeugen zu beseitigen)[1074] oder aus sonstigen niedrigen Beweggründen (etwa bei Aufwerfen zum Herrn über Leben und Tod aus reiner Willkür)[1075]. Dem soll hier jedoch nicht weiter nachgegangen werden, da dies für den fiktiven Fall der vorliegenden Arbeit fernliegend wäre.

(3) Rechtsfolgenlösung

In diesem Fall ist von größerem Interesse, ob bei Bejahen einer vorsätzlichen *und* grausamen Tötung vom Verhängen einer lebenslangen Freiheitsstrafe abgesehen werden könnte. Die Rechtsprechung hält es nämlich in „Grenzfällen"[1076] für denkbar, auf den Strafrahmen des § 49 Abs. 1 StGB zurückzugreifen, wenn außergewöhnliche schuldmindernde Umstände die Verhängung einer lebenslangen Freiheitsstrafe unverhältnismäßig erscheinen lassen[1077]. Diese sogenannte

---

[1070] *BGH*, 3 StR 199/84, StV 1984, 509; LK-*Jähnke*, § 211 Rdnr. 54.

[1071] *BGH*, 2 StR 353/85, NJW 1986, 265, 266.

[1072] *BGH*, 2 StR 353/85, NStZ 1986, 265; 1 StR 99/90, BGHSt 37, 40, 41; LK-*Jähnke*, § 211 Rdnr. 54; *Lackner/Kühl*, StGB, § 211 Rdnr. 10.

[1073] LK-*Jähnke*, § 211 Rdnr. 55.

[1074] *BGH*, 2 StR 353/85, NJW 1986, 265, 266.

[1075] *BGH*, 1 StR 119/69, NJW 1971, 571; *Lackner/Kühl*, StGB, § 211 Rdnr. 5a.

[1076] *BVerfG*, 1 BvL 14/76, BVerfGE 45, 187, 265 f.

[1077] *BGH*, GSSt 1/81, BGHSt 30, 105; 4 StR 357/82, NJW 1983, 54; 4 StR 589/94, NStZ 1995, 231; 1 StR 331/04, NStZ 2005, 154; *Kratsch*, JA 1982, 401; *Rotsch*, JuS 2005, 12, 17;

„Rechtsfolgenlösung“ wäre im fiktiven Fall bei Bejahen einer vorsätzlichen und grausamen Tötung insofern von Bedeutung, als in diesem – was noch zu erläutern sein wird – weder Rechtfertigungs- noch Entschuldigungsgründe eingreifen.

Gleichwohl käme ihre Anwendung vorliegend nicht in Betracht. Zwar ist die Rechtsfolgenlösung nicht nur in Heimtückefällen einschlägig, sondern kann unter bestimmten Umständen auch bei anderen Mordmerkmalen anzuwenden sein[1078]. Auch kann man eine „notstandsnahe, ausweglos erscheinende Situation“[1079] in bestimmten Erpressungssituationen annehmen[1080]. Geht man jedoch davon aus, daß bei der Anwendung der Rechtsfolgenlösung ein strenger Maßstab anzulegen ist[1081] und eine Würdigung der Gesamtsituation zu erfolgen hat[1082], so wäre die Verhängung einer lebenslangen Freiheitsstrafe nicht als Verstoß gegen den Verhältnismäßigkeitsgrundsatz anzusehen, dessen Ausfluß die Rechtsfolgenlösung ist[1083]. Denn eine *vorsätzliche* Tötung des *I* – und erst recht eine vorsätzliche und *grausame* Tötung durch Folter – wäre ihrerseits nicht verhältnismäßig, da sie unter allen Umständen verboten ist und hierdurch nichts zur Abwendung der drohenden Gefahr beigetragen werden kann. Daher verbietet sich in Fällen dieser Art ein Rückgriff auf die Rechtsfolgenlösung[1084].

b) Tod als ungewollte Folge tatsächlicher Anwendung von Folter

Kommt *I* bei der Anwendung von Folter zu Tode, ohne daß *V* mit (bedingtem) Tötungsvorsatz handelt, so ist in erster Linie an eine Bestrafung wegen Körperverletzung im Amt mit Todesfolge nach §§ 340 Abs. 1 S. 1, Abs. 3, 227 Abs. 1 StGB zu denken, der § 222 StGB im Wege der Gesetzeskonkurrenz verdrängt[1085].

Wessels/Hettinger, Strafrecht BT 1, Rdnr. 87.

[1078] S/S-*Eser*, § 211 Rdnr. 57. Offengelassen für Verdeckungsabsicht in *BGH*, 2 StR 559/87, BGHSt 35, 116, 127 f. Verneint für Habgier in *BGH*, 3 StR 79/96, BGHSt 42, 301.

[1079] *BGH*, GSSt 1/81, BGHSt 30, 105, 119.

[1080] *BGH*, 4 StR 589/94, NStZ 1995, 231, 232.

[1081] *BGH*, 4 StR 357/82, NJW 1983, 54, 55; 1 StR 331/04, NStZ 2005, 154, 155; *Rotsch*, JuS 2005, 12.

[1082] *BGH*, 1 StR 483/02, NJW 2003, 2567 f.

[1083] *BGH*, 4 StR 357/82, NJW 1983, 54; 3 StR 79/96, BGHSt 42, 301, 304.

[1084] *BGH*, 1 StR 538/01, StV 2002, 598, 599. Aus dem unter www.bundesgerichtshof.de abrufbaren Tatbestand dieser Entscheidung ergibt sich, daß es sich u. a. um Fälle von Folter handelte.

[1085] *BGH*, 1 StR 269/65, BGHSt 20, 269, 271; *Kudlich*, JuS 2003, 32, 33; S/S-*Stree*, § 227 Rdnr. 11.

aa) § 227 Abs. 1 StGB ist als erfolgsqualifiziertes Delikt ausgestaltet[1086]. Dementsprechend müßte *V* bei der Verwirklichung des Grunddelikts der vorsätzlichen Körperverletzung zusätzlich, aber zumindest fahrlässig (§ 18 StGB) den Tod des *I* als besondere Folge der Tat herbeiführen[1087]. Es geht also nicht um eine schlichte Kumulierung von Grunddelikt und Tatfolge, sondern im Eintritt der schweren Folge muß sich ein dem Grundtatbestand eigentümliches Risiko verwirklicht haben[1088].

bb) Das Erfordernis eines vorsätzlichen Grunddelikts[1089] wäre bei tatsächlicher Anwendung von Folter unproblematisch erfüllt.

cc) Hinsichtlich des qualifizierenden Erfolges sind verschiedene Möglichkeiten denkbar, wie der Tod des *I* bei Anwendung der Folter eintreten könnte:

- *I* könnte an den durch die Folter verursachten Verletzungen sterben;
- *I* könnte zu fliehen versuchen und sich – etwa bei einem Sprung aus dem Fenster – tödliche Verletzungen zuziehen;
- *I* könnte während der Folterung oder im Anschluß daran aufgrund der hiermit verbundenen psychischen Belastung einen Herzinfarkt erleiden und daran versterben.

In allen diesen Konstellationen wäre die Anwendung von Folter für den Eintritt des Todes kausal im Sinne der Äquivalenztheorie, nach der sich der Kausalzusammenhang auch im Rahmen des § 227 StGB bestimmt[1090].

dd) Das Bestehen eines derartigen Kausalzusammenhangs wäre allerdings nicht ausreichend; vielmehr müßte sich in der Todesfolge auch die spezifische Gefahr niederschlagen, die dem Grunddelikt anhaftet[1091]. Somit ist zu überlegen, für welche der vorstehend genannten Fallkonstellationen dies zu bejahen wäre. Hierbei stellt sich eine Frage, die im Kontext des § 227 StGB häufig diskutiert wird: Muß die tödliche Folge aus dem Körperverletzungs*erfolg* resultieren, oder genügt insofern ein Abstellen auf die Körperverletzungs*handlung*?

Nach der sogenannten „Lethalitätslehre" muß der gefahrspezifische Zusammenhang zwischen dem Körperverletzungserfolg und dem Todeseintritt begrün-

---

[1086] *Tröndle/Fischer*, StGB, § 227 Rdnr. 1.

[1087] *Laue*, JuS 2003, 742; *Roxin*, Strafrecht AT I, § 10 Rdnr. 108; *Wessels/Beulke*, Strafrecht AT, Rdnr. 24.

[1088] *BGH*, 3 StR 569/96, NStZ 1997, 341; 4 StR 464/00, BGHSt 46, 225, 277; *Wessels/Beulke*, a. a. O. (Fn. 1087).

[1089] *BGH*, 2 StR 202/85, NJW 1985, 2958, 2959; 3 StR 532/00, NStZ 2001, 478; S/S-*Stree*, § 227 Rdnr. 1.

[1090] *BGH*, 5 StR 750/67, GA1969, 90, 91; S/S-*Stree*, § 227 Rdnr. 2. Vgl. zur Äquivalenztheorie die Nachweise in Fn. 914 auf S. 171.

[1091] *LG Kleve*, 140 Ks 305 Js 467/02 (1/03), NStZ-RR 2003, 235; *Fahl*, JA 2002, 275, 276; S/S-*Stree*, § 227 Rdnr. 3; *Wolter*, GA 1984, 443

det sein[1092]. Folgt man dieser Ansicht, so wäre nur in einer der drei Fallvarianten eine Bestrafung wegen Körperverletzung mit Todesfolge möglich, nämlich dann, wenn *I* an den Verletzungen stirbt, die ihm bei der Anwendung von Folter beigebracht werden. Flieht *I* hingegen und stürzt er hierbei zu Tode, so wäre *V* nicht nach § 227 StGB zu bestrafen[1093]. Zum gleichen Ergebnis müßten die Vertreter dieser Auffassung gelangen, wenn *I* unter der Folter stirbt, aber nicht infolge der ihm zugefügten Verletzungen, sondern aufgrund eines durch die psychische Belastung ausgelösten Herzinfarkts.

Die heutige Rechtsprechung und der ihr folgende Teil des Schrifttums gehen demgegenüber davon aus, daß unter einer Körperverletzung i. S. v. § 227 StGB nicht bloß der diesbezüglich Erfolg, sondern der gesamte Vorgang unter Einschluß der die Verletzungen bewirkenden oder begleitenden Ausführungshandlung zu verstehen ist[1094]. Einschränkend stellt der BGH allerdings fest, daß für den spezifischen Zusammenhang zwischen dem Grunddelikt und dem Eintritt der schweren Folge bei § 227 Abs. 1 StGB nicht „jeder ursächliche Zusammenhang zwischen einer – wie auch immer gearteten – Körperverletzung und dem Todeserfolg" ausreicht[1095]. Vielmehr setzt die Vorschrift voraus, daß sich in dem tödlichen Ausgang gerade eine solche Gefahr verwirklicht hat, die der Körperverletzung in spezifischer Weise anhaftet[1096]. So hat er insbesondere hervorgehoben, daß selbst heftigen Schlägen oder Tritten „nicht notwendig das Risiko eines tödlichen Ausgangs" anhaftet und es für eine Verurteilung nach § 227 Abs. 1 StGB noch des Hinzutretens „weiterer gefahrerhöhender Umstände" bedarf[1097]. Dies bedeutet allerdings nicht, daß der Anwendungsbereich dieser Norm auf die Herbeiführung lebensbedrohlicher Körper- und Gesundheitsschäden beschränkt ist[1098].

Hiervon ausgehend käme in allen vorstehend aufgeführten Fallgestaltungen eine Bestrafung wegen Körperverletzung mit Todesfolge in Betracht: Stirbt *I* an den ihm zugefügten Verletzungen, so versteht sich dies von selbst. Die zweite

---

1092 *RG*, III 746/10, RGSt 44, 137, 139; *Jescheck/Weigend*, Strafrecht AT, 524 f.; *Lackner/Kühl*, StGB, § 227 Rdnr. 2; *Roxin*, Strafrecht AT I, § 10 Rdnr. 115; *Schlapp*, StV 1983, 61, 63.

1093 *Roxin*, Strafrecht AT I, § 10 Rdnr. 115.

1094 *BGH*, 1 StR 14/60, BGHSt 14, 110, 112; 5 StR 42/02, NStZ 2003, 149, 151; *Laubenthal*, JZ 1987, 1065, 1068; *Laue*, JuS 2003, 743, 745; *Wessels/Beulke*, Strafrecht AT, Rdnr. 617; *Wessels/Hettinger*, Strafrecht BT 1, Rdnr. 298 ff.; *Wolter*, GA 1984, 443, 444.

1095 *BGH*, 4 StR 129/95, NJW 1995, 3194.

1096 *BGH*, 2 StR 226/82, BGHSt 31, 96, 98 f.; 2 StR 150/83, BGHSt 32, 25, 28; 4 StR 129/95, NJW 1995, 3194.

1097 *BGH*, 4 StR 768/94, BGHSt 41, 113, 118.

1098 *BGH*, 2 StR 226/82, BGHSt 31, 96, 99 mit Anm. Schlapp, StV 1983, 61, 62; *LG Kleve*, 140 Ks 305 Js 467/02 (1/03), NStZ-RR 2003, 235.

Alternative, in der *I* auf der Flucht zu Tode kommt, läßt sich mit dem sogenannten Fenstersturz-Fall vergleichen; in diesem hatte sich ein Opfer massiver Mißhandlungen aus panischer Angst und in einem durch die bereits zugefügten Schläge verursachten Zustand der Benommenheit aus einem 27 Meter hoch gelegenen Fenster gestürzt[1099]. Der BGH bejahte hier den unmittelbaren Zusammenhang zwischen den zugefügten Verletzungen und dem eingetretenen Tod, obwohl dieser strenggenommen eine Folge des eigenen Handelns des Opfers war[1100]. Auch für die letzte der drei Fallgestaltungen, in der der Tod des *I* nicht als direkte Folge der Mißhandlungen, sondern aufgrund eines durch die psychische Ausnahmesituation hervorgerufenen Herzinfarktes eintritt, ist bereits entschieden worden, daß eine Verurteilung wegen Körperverletzung mit Todesfolge möglich ist[1101].

ee) Allerdings bedürfte es zusätzlich der Feststellung, daß *V* hinsichtlich des Todes des *I* wenigstens Fahrlässigkeit zur Last fällt (§ 18 StGB)[1102]. Dabei reicht einfache Fahrlässigkeit aus, Leichtfertigkeit ist im Fall des § 227 StGB nicht erforderlich[1103].

Um das Verhalten des *V* als objektiv fahrlässig zu klassifizieren, genügt es nach der Rechtsprechung sowie einem Teil der Lehre, die Prüfung auf die Vorhersehbarkeit der besonderen Tatfolge zu beschränken[1104]. Von anderer Seite wird demgegenüber gefordert, daß zusätzlich auch die Erkennbarkeit des tatbestandsspezifischen Gefahrzusammenhangs zu bejahen sein muß[1105]. Im fiktiven Fall könnten diese beiden Ansätze zumindest in der dritten der auf Seite 195 genannten Fallkonstellationen zu unterschiedlichen Ergebnissen führen. Denn die Erkennbarkeit des spezifischen Gefahrzusammenhangs dürfte hier schwieriger zu bejahen sein als die bloße Erkennbarkeit der besonderen Tatfolge. Hinsichtlich letzterer wird man auch auf die Konstitution des *I* abzustellen haben, denn ein Herzinfarkt ist bei jungen und gesunden Vernehmungspersonen weniger wahrscheinlich als bei älteren Menschen[1106]. Auch in der zweiten Fallkonstellation fällt das bloße Bejahen der Erkennbarkeit der besonderen Tatfolge leichter. Der BGH hat diesbezüglich ausgeführt, daß die Flucht vor

---

[1099] *BGH*, 5 StR 34/92, NStZ 1992, 335.

[1100] *BGH*, 5 StR 34/92, NStZ 1992, 335 f.

[1101] *BGH*, 3 StR 569/96, NStZ 1997, 341.

[1102] *BGH*, 2 StR 226/82, BGHSt 31, 96, 98; *Küpper*, JuS 2000, 225, 226 f.; *Wessels/Beulke*, Strafrecht AT, Rdnr. 24.

[1103] *Tröndle/Fischer*, StGB, § 227 Rdnr. 7. Kritisch hierzu LK-*Hirsch*, § 227 Rdnr. 14.

[1104] *BGH*, 2 StR 226/82, BGHSt 31, 96, 101; 3 StR 532/00, NStZ 2001, 478 f.; *Jescheck/Weigend*, Strafrecht AT, 572.

[1105] S/S-*Cramer/Sternberg-Lieben*, § 18 Rdnr. 5; S/S-*Stree*, § 227 Rdnr. 7; *Wessels/Beulke*, Strafrecht AT, Rdnr. 693.

[1106] *BGH*, 3 StR 569/96, NStZ 1997, 341; 5 StR 617/96, NStZ-RR 1997, 269, 270.

massiven Mißhandlungen eine „nachvollziehbare Reaktion" sei[1107]. Erliegt *I* hingegen seinen im Zuge der Folter erlittenen Verletzungen (erste Fallkonstellation), so dürften diese regelmäßig derart gravierender Natur sein, daß sowohl die Vorhersehbarkeit der besonderen Tatfolge als auch die Erkennbarkeit des tatbestandsspezifischen Gefahrzusammenhangs ohne weiteres zu bejahen sind.

Schließlich wäre noch zu prüfen, ob *V* die den objektiven Fahrlässigkeitsvorwurf ausfüllenden Umstände auch persönlich erkennbar wären (Fahrlässigkeitsschuldvorwurf)[1108]. Geht man insofern vom Vorliegen der objektiven Fahrlässigkeitselemente aus, so entfiele der Fahrlässigkeitsvorwurf nur noch dann, wenn *V* nach seinem individuellen Wissens- und Erfahrungsstand nicht in der Lage wäre, sich den Tod des *I* als *mögliche* Folge der von ihm begangenen Körperverletzungen vorzustellen[1109]. Auch hierbei handelt es sich wieder um eine Frage, die nach den konkreten Umständen des Einzelfalles sowie den tatsächlich von *V* vorgenommenen Handlungen zu beantworten wäre.

c) Tod als ungewollte Folge versuchter Anwendung von Folter

Wie bereits angesprochen, besteht auch die Möglichkeit, daß *I* zu Tode kommt, wenn *V* die Anwendung von Folter nur versucht. Es geht also um einen Fall des erfolgsqualifizierten Versuchs, bei dem der Täter schon durch den Versuch des Grunddelikts die schwere Folge herbeiführt und hinsichtlich dieser besonderen Folge fahrlässig (§ 18 StGB) handelt[1110]. Im fiktiven Fall wäre etwa an die Möglichkeit zu denken, daß *V* zum ersten Schlag ausholt, woraufhin *I* flieht und sich auf der Flucht tödliche Verletzungen zuzieht, weil er durch eine geschlossene Glastür springt. Ein ähnlicher Sachverhalt lag der Entscheidung zugrunde, die der BGH im Fall der sogenannten „Gubener Hetzjagd" getroffen hat, und in deren Leitsatz es heißt:

> „Der Versuch einer Körperverletzung mit Todesfolge in Form eines „erfolgsqualifizierten Versuchs" ist möglich."[1111]

aa) Damit *V* in einer derartigen Konstellation wegen versuchter Körperverletzung im Amt mit Todesfolge bestraft werden könnte, müßte man mit dem BGH von der Prämisse ausgehen, daß die Figur des erfolgsqualifizierten Ver-

---

[1107] *BGH*, 5 StR 42/02, NStZ 2003, 149, 151; *Wessels/Hettinger*, Strafrecht BT 1, Rdnr. 301. Vgl. auch *BGH*, 5 StR 34/92, NStZ 1992, 335 f.

[1108] S/S-*Cramer/Sternberg-Lieben*, § 18 Rdnr. 5; *Jescheck/Weigend*, Strafrecht AT, 572; *Wessels/Beulke*, Strafrecht AT, Rdnr. 879.

[1109] *BGH*, 2 StR 226/82, BGHSt 31, 96, 101; 3 StR 532/00, NStZ 2001, 479.

[1110] *Beulke*, Klausurenkurs III, Rdnr. 399; S/S-*Cramer/Sternberg-Lieben*, § 18 Rdnr. 9; *Kudlich*, JuS 2003, 32, 33; *Lackner/Kühl*, StGB, § 18 Rdnr. 9; *Laue*, JuS 2003, 743; *Wessels/Beulke*, Strafrecht AT, Rdnr. 617.

[1111] *BGH*, 5 StR 42/02, NStZ 2003, 149.

suchs grundsätzlich anzuerkennen ist. Dies ist keineswegs unumstritten und wird teilweise vollständig verneint[1112].

Die herrschende Meinung bejaht grundsätzlich die Möglichkeit, im Falle eines erfolgsqualifizierten Versuchs nach der straferschwerten Bestimmung zu bestrafen, differenziert dabei aber nach der Natur des verknüpften Grundtatbestandes: Ist der qualifizierte Erfolg mit der Tat*handlung* verknüpft, so kann wegen erfolgsqualifizierten Versuchs bestraft werden[1113]. Anders verhält es sich, wenn die Erfolgsqualifikation nach der Konzeption des Tatbestandes auf dem *Erfolg* des Grunddelikts aufbaut[1114].

Folgt man dieser Auffassung, so stellt sich die Frage, welcher der beiden Kategorien § 227 StGB zuzuordnen ist. Daß dies nicht einheitlich beantwortet wird, wurde bereits auf Seite 195 gezeigt, doch soll hier angesichts des Praxisbezugs der Arbeit (vgl. S. 40) die vom BGH vertretene Auffassung zugrundegelegt werden, daß die deliktstypische Gefahr bei § 227 StGB auch schon von der bloßen Körperverletzungshandlung ausgehen kann[1115].

bb) Grundvoraussetzung für eine entsprechende Bestrafung wäre, daß *V* über das Stadium einer bloßen Drohung hinausgeht, denn vorher fehlt es noch an einer versuchten Körperverletzung und damit an dem erforderlichen Versuch des Grunddelikts. Erforderlich wäre etwa ein Ausholen zum ersten Schlag oder eine ähnliche Handlung (vgl. S. 178).

Flieht *I* daraufhin und zieht er sich bei einem Sprung durch eine geschlossene Glastür tödliche Verletzungen zu, so fehlt es bezüglich *dieser* Verletzungen am Vorsatz des *V*. Der BGH geht insofern von einer wesentlichen Abweichung zwischen dem vorgestellten und dem tatsächlich eingetretenen Kausalverlauf aus und verneint daher das Vorliegen einer vollendeten Körperverletzung[1116].

cc) Bei diesem Versuch müßte es zum Eintritt der qualifizierenden Folge kommen, was durch den Sprung des *I* der Fall wäre.

dd) Schließlich bedürfte es auch in der Versuchskonstellation des spezifischen Zusammenhangs zwischen dem (versuchten) Grunddelikt und der schweren Folge[1117]. Insofern kann auf die Ausführungen auf Seite 195 verwiesen werden[1118].

[1112] *Hirsch*, GA 1972, 65, 75 f.; *Oehler*, ZStW 69 (1957), 501, 520 f.

[1113] *Beulke*, Klausurenkurs III, Rdnr. 399; S/S-*Cramer/Sternberg-Lieben*, § 18 Rdnr. 9; *Lackner/Kühl*, StGB, § 18 Rdnr. 9; *Tröndle/Fischer*, StGB, § 18 Rdnr. 4.

[1114] S/S-*Cramer/Sternberg-Lieben*, § 18 Rdnr. 9; LK-*Hillenkamp*, vor § 22 Rdnr. 110; *Jescheck/Weigend*, Strafrecht AT, 524 f.

[1115] *BGH*, 5 StR 42/02, NStZ 2003, 149, 151; *Wessels/Beulke*, Strafrecht AT, Rdnr. 617. A. A. *Hardtung*, NStZ 2003, 261, 262.

[1116] *BGH*, 5 StR 42/02, NStZ 2003, 149, 150; *Hardtung*, NStZ 2003, 261; *Sowada*, Jura 2003, 549, 550.

[1117] *Kudlich*, JuS 2003, 32, 33; *Sowada*, Jura 2003, 549, 552; *Wessels/Hettinger*, Strafrecht

5. Zwischenergebnis

Es läßt sich also festhalten, daß sehr unterschiedliche Szenarien denkbar sind, wenn *V* der Weisung des *L* nachkommt, *I* mit Folter zu bedrohen und ihn gegebenenfalls sogar tatsächlich zu foltern. Folglich könnten aus der hier gegebenen ex ante-Perspektive sehr unterschiedliche Straftatbestände anwendbar sein. Von besonderer Wichtigkeit sind dabei die Nötigung i. S. v. § 240 StGB sowie die Körperverletzung im Amt i. S. v. § 340 Abs. 1 StGB (ggf. nach Abs. 3 i. V. m. §§ 224 ff. StGB). Hingegen wären insbesondere die Spezialtatbestände des VStGB sowie die Aussageerpressung i. S. v. § 343 StGB im fiktiven Fall nicht einschlägig.

II. Rechtfertigungsgründe

Durch die Verwirklichung eines der vorstehend erläuterten Straftatbestände wird grundsätzlich die Rechtswidrigkeit des Handelns indiziert[1119], doch könnte sie durch Rechtfertigungsgründe ausgeschlossen sein.

Dies soll angesichts des „Beratungscharakters" der vorliegenden Ausführungen (vgl. S. 155) nicht für jeden Straftatbestand gesondert überprüft werden. Vielmehr gilt es zu klären, welche Rechtfertigungsgründe *generell* geeignet sein könnten, die Rechtswidrigkeit der Androhung oder Anwendung von Folter entfallen zu lassen.

1. Öffentlich-rechtliche Eingriffsbefugnisse

Da im fiktiven Fall Polizeibeamte handeln, stellt sich zunächst die Frage, ob ihr Vorgehen aufgrund öffentlich-rechtlicher Eingriffsbefugnisse gerechtfertigt sein könnte. Denn wie bereits auf Seite 39 ausgeführt, kann nach dem Grundsatz der Einheit der Rechtsordnung ein Verhalten auf der Ebene des Strafrechts nicht als rechtswidrig eingestuft werden, wenn es nach Vorschriften anderer Rechtsgebiete erlaubt ist[1120].

Allerdings ist in Teil 2 umfassend dargelegt worden, daß das einfache Gesetzesrecht, das Verfassungsrecht und das Völkerrecht die Androhung ebenso wie die Anwendung von Folter unter allen Umständen verbieten. Von daher erscheint es auf den ersten Blick ausgeschlossen, ein entsprechendes Vorgehen auf

---

BT 1, Rdnr. 301.

[1118] Vgl. im übrigen auch *BGH*, 5 StR 42/02, NStZ 2003, 150 f.

[1119] *BVerfG*, 2 BvR 1851/94 u. a., BVerfGE 95, 96, 137; *BGH*, 1 StR 5/88, BGHSt 35, 270, 275; *Wessels/Beulke*, Strafrecht AT, Rdnr. 691.

[1120] *Felix*, Einheit der Rechtsordnung, 58 f.; *Roxin*, Strafrecht AT I, § 14 Rdnr. 32; *Wessels/Beulke*, Strafrecht AT, Rdnr. 274.

der Ebene des Strafrechts aufgrund öffentlich-rechtlicher Vorschriften als rechtmäßig anzusehen. Es gilt jedoch zu bedenken, daß die Zugrundelegung eines „strafrechtlichen Rechtmäßigkeitsbegriffs" zu einer abweichenden Bewertung führen könnte (nachfolgend a)). Überdies könnte das Handeln des *V* aufgrund einer von *L* erteilten Weisung gerechtfertigt sein (nachfolgend b)).

a) Strafrechtlicher Rechtmäßigkeitsbegriff

aa) Der strafrechtliche Rechtmäßigkeitsbegriff ist insbesondere im Kontext des § 113 Abs. 3 S. 1 StGB von Bedeutung. Nach dieser Bestimmung gilt, daß der Widerstand gegen Vollstreckungsbeamte dann nicht strafbar ist, wenn deren Diensthandlungen „nicht rechtmäßig" sind.

Darüber, wann diese Voraussetzung als erfüllt anzusehen ist, besteht Streit. Die wohl herrschende Meinung geht davon aus, daß die Rechtmäßigkeit einer unter § 113 Abs. 1 StGB fallenden Diensthandlung spezifisch strafrechtlich zu beurteilen ist. Danach kommt es nicht auf die materielle Richtigkeit der Handlung an, sondern auf ihre formale Rechtmäßigkeit. Entscheidend sind insbesondere die sachliche und örtliche Zuständigkeit des Beamten, die Beachtung wesentlicher Förmlichkeiten sowie bei Ermessensentscheidungen die Ordnungsmäßigkeit der Ermessensausübung[1121]. Mit diesem gegenüber den Vorgaben des Verwaltungsrechts reduzierten Prüfungsumfang soll der Tatsache Rechnung getragen werden, daß Vollstreckungsbeamte häufig unter schwierigen Bedingungen rasche Entscheidungen treffen und durchsetzen müssen, ohne eine umfassende Prüfung sämtlicher Voraussetzungen vornehmen zu können, von denen die sachliche Richtigkeit der konkreten Vollstreckungshandlung abhängt[1122].

Die Gegenauffassung, die bisweilen als Wirksamkeitstheorie bezeichnet wird, steht auf dem Standpunkt, daß eine derartige Loslösung der Rechtmäßigkeitsprüfung von den Vorgaben des öffentlichen Rechts mit dem Grundsatz der Einheit der Rechtsordnung unvereinbar sei[1123]. Ihr zufolge müssen alle Voraussetzungen, die von den zu Eingriffen ermächtigenden Vorschriften des öffentlichen Rechts aufgestellt werden, tatsächlich erfüllt sein, anderenfalls ist die Handlung rechtswidrig[1124].

Schließlich wird auch noch die Ansicht vertreten, für die Beurteilung der Rechtmäßigkeit einer Diensthandlung komme es im Rahmen des § 113 StGB

[1121] *BGH*, 1 StR 670/52, BGHSt 4, 161, 164; 4 StR 512/66, BGHSt 21, 334, 363; *KG*, (2) Ss 250.74 (100.74), GA 1975, 213; (4) 1 Ss 161/00, StV 2001, 260; *OLG Dresden*, 3 Ss 25/01, NJW 2001, 3643; *S/S-Eser*, § 113 Rdnr. 21; *Lackner/Kühl*, StGB, § 113 Rdnr. 7 ff.; *Wessels/Hettinger*, Strafrecht BT 1, Rdnr. 635 ff.

[1122] *Wessels/Hettinger*, Strafrecht BT 1, Rdnr. 636.

[1123] *Ostendorf*, JZ 1981, 165, 175.

[1124] *Benfer*, NStZ 1985, 255, 256; *Ostendorf* a. a. O. (Fn. 1123); *Roxin*, Strafrecht AT I, § 17 Rdnr. 9 ff.

entscheidend auf die Vollstreckbarkeit an. Diese sei gegeben, wenn die Handlung nach öffentlichem Recht erlaubt ist oder wenn es sich um einen zwar nicht erlaubten, aber mangels Nichtigkeit verbindlichen Vollstreckungsakt handelt. Folglich könnten nur nichtige Hoheitsakte als nicht rechtmäßig i. S. v. § 113 Abs. 3 StGB angesehen werden[1125].

bb) Die herrschende Meinung, die im Kontext des § 113 StGB auf einen strafrechtlichen Rechtmäßigkeitsbegriff abstellt, orientiert sich bei ihren Überlegungen am Normzweck dieser Vorschrift[1126]. Die Bedeutung des strafrechtlichen Rechtmäßigkeitsbegriffs geht jedoch über den Tatbestand des § 113 StGB hinaus[1127], wie die Diskussion über das sogenannte „Irrtumsprivileg des Staates“[1128] beweist.

Überwiegend wird angenommen, daß allgemein dann, wenn sich ein Vollstreckungsbeamter über die *sachlichen* Voraussetzungen seines Einschreitens irrt, sein Handeln nicht als rechtswidrig angesehen werden kann, sofern er „im Bewußtsein seiner Verantwortung und unter bestmöglicher pflichtgemäßer Abwägung der Umstände sein Einschreiten für nötig und sachlich gerechtfertigt halten durfte“[1129]. In diesem Zusammenhang ist etwa an die vorläufige Festnahme eines verdächtigen Nicht-Täters zu denken[1130].

Noch weiter geht von Bubnoff, der dieses Irrtumsprivileg grundsätzlich auch auf Irrtümer in Rechtsfragen ausdehnen möchte. Zur Begründung trägt er vor, man müsse „dem Amtsträger oder Soldaten zugute halten, daß er in der Bedrängnis des Augenblicks und unter dem Zwang, schnelle Entschlüsse fassen zu müssen, nicht stets das Richtige trifft“. Dies gelte aber nicht nur für die tatsächliche Einschätzung einer Lage, sondern in gleichem Maße auch für ihre rechtliche Bewertung[1131].

Während von Bubnoff das Irrtumsprivileg des Staates also noch beträchtlich ausdehnen möchte, wird es von anderen gänzlich abgelehnt. Diese argumentieren, die Annahme eines derartigen Privilegs stelle einen Verstoß gegen den

1125 *Krey/Heinrich*, Strafrecht BT 1, Rdnr. 511; *Otto*, Grundkurs II, § 91 Rdnr. 15.

1126 *KG*, (4) 1 Ss 161/00, StV 2001, 260; *Wessels/Hettinger*, Strafrecht BT 1, Rdnr. 635.

1127 So heißt es etwa bei *Reinhart*, NJW 1997, 911, 912, daß der strafrechtliche Rechtmäßigkeitsbegriff im Kontext des § 113 StGB lediglich „besonders virulent“ werde. Vgl. etwa zu seiner Anwendung im Rahmen der §§ 239, 340 StGB *OLG Köln*, 1 Ss 318/85, NStZ 1986, 234, 235.

1128 S/S-*Lenckner*, Vorbem §§ 32 ff. Rdnr. 86; *Reinhart*, NJW 1997, 911; *Roxin*, Strafrecht AT I, § 17 Rdnr. 2 ff.

1129 *BGH*, 4 StR 512/66, BGHSt 21, 334, 363. Vgl. auch *BGH*, 3 StR 189/70, BGHSt 24, 125, 130; *Jescheck/Weigend*, Strafrecht AT, 392; *Lackner/Kühl*, StGB, § 113 Rdnr. 12; *Maurach/Zipf*, Strafrecht AT 1, § 29 Rdnr. 6; *Tröndle/Fischer*, StGB, § 113 Rdnr. 18.

1130 *Maurach/Zipf*, a. a. O. (Fn. 1129).

1131 LK-*von Bubnoff*, § 113 Rdnr. 34.

Vorrang des Gesetzes i. S. v. Art. 20 Abs. 3 GG dar[1132] und sei als Relikt obrigkeitsstaatlichen Denkens eine unangebrachte Einschränkung des § 32 StGB für den Bürger[1133].

cc) Überträgt man diese Überlegungen auf den fiktiven Fall der vorliegenden Arbeit, so erscheint es nach der letztgenannten Ansicht von vornherein ausgeschlossen, daß die Androhung oder Anwendung von Folter auf der Ebene des Strafrechts abweichend von dem in Teil 2 gefundenen Ergebnis durch öffentlich-rechtliche Eingriffsbefugnisse gerechtfertigt sein könnte.

Zum gleichen Ergebnis gelangt man, wenn man mit der herrschenden Meinung das Irrtumsprivileg des Staates dem Grunde nach anerkennt, aber seine Anwendung auf Irrtümer über die *sachlichen* Voraussetzungen des Handelns beschränkt. Denn losgelöst von der Frage, ob *I* tatsächlich der „Richtige" ist (vgl. S. 29), gilt in rechtlicher Hinsicht, daß er nicht gefoltert oder mit Folter bedroht werden darf.

Zweifelhaft erscheint die Lage hingegen dann, wenn man sich der Ansicht anschließt, daß der rechtliche Irrtum des Amtsträgers dem tatsächlichen Irrtum gleichzustellen ist. Denn von Bubnoff nimmt nur bei „nicht plötzlich veranlaßtem Einschreiten" eine Erkundigungspflicht des Amtsträgers an und will bei „gebotenem sofortigem Einschreiten" nur im Fall offenkundiger Rechtsirrtümer von einem rechtswidrigen Handeln ausgehen[1134]. Dies ist insofern problematisch, als die Diskussion gezeigt hat, daß selbst unter Juristen über die Rechtswidrigkeit von Folterungen keine Einigkeit besteht (vgl. S. 17). Daher müßte von Bubnoffs Meinung abgelehnt werden, wenn sie zu dem Ergebnis führen sollte, daß die Androhung oder Anwendung von Folter bei einem Rechtsirrtum des betreffenden Beamten als nicht rechtswidrig einzustufen ist. Denn wenn man überhaupt ein Irrtumsprivileg des Staates anerkennen will, so darf dies nicht zur Folge haben, daß grundlegende Rechtmäßigkeitserfordernisse aufgehoben werden. Dies gilt insbesondere für den Fall, daß der Amtsträger die rechtlichen Grenzen seiner Amtsbefugnisse verkennt[1135]. So hat der BGH beispielsweise ausgeführt, daß Lehrern die körperliche Züchtigung von Schülern nach den geltenden Schulgesetzen untersagt und dementsprechend die Verabreichung von Ohrfeigen nicht gerechtfertigt ist[1136]. Nichts anderes kann im weit gravierenderen Fall der Folter durch Polizeibeamte gelten. Denn diesen ist ein derartiges Vorgehen nicht zuletzt durch die für sie geltenden Vorschriften der Polizeigesetze ausdrücklich verboten (vgl. S. 79 ff.).

1132 *Reinhart*, StV 1995, 103, 104.

1133 *Roxin*, Strafrecht AT I, § 17 Rdnr. 9 ff.; LK-*Spendel*, § 32 Rdnr. 68.

1134 LK-*von Bubnoff*, § 113 Rdnr. 34.

1135 *KG*, (2) Ss 250.74 (100.74), GA 1975, 213; *Lackner/Kühl*, StGB, § 113 Rdnr. 13; *Wessels/Hettinger*, Strafrecht BT 1, Rdnr. 639.

1136 *BGH*, 1 StR 436/93, NStZ 1993, 591.

b) Handeln aufgrund einer verbindlichen Weisung

Was die Person des *V* anbelangt, so könnte dessen Handeln jedoch aus einem anderen Grund unter öffentlich-rechtlichen Gesichtspunkten gerechtfertigt sein, nämlich dann, wenn *L* ihm eine verbindliche Weisung zur Androhung bzw. Anwendung von Folter erteilt.

aa) Rechtliche Auswirkung

Daß eine Handlung aufgrund einer dienstlichen Weisung gerechtfertigt ist, wenn die befohlene Handlung rechtmäßig ist, versteht sich von selbst[1137]. Umstritten ist hingegen, wie die Rechtslage zu beurteilen ist, wenn die Weisung zwar verbindlich, die befohlene Handlung aber rechtswidrig ist. Die überwiegende Meinung geht davon aus, daß in diesem Fall die Weisung für den Untergebenen einen Rechtfertigungsgrund darstellt[1138], während die Gegenansicht hierin einen Entschuldigungsgrund erblickt[1139].

Welcher dieser beiden Auffassungen der Vorzug zu geben ist, braucht hier nicht entschieden zu werden. Denn die Anweisung, *I* mit Folter zu bedrohen oder ihn sogar tatsächlich zu foltern, wäre nicht nur rechtswidrig, sondern auch unverbindlich.

bb) Verbindlichkeit

Der BGH hat bereits 1953 ausgesprochen, daß die Gehorsamspflicht eines Untergebenen Grenzen kenne, die nicht überschritten werden dürften:

> „Der im Urteil enthaltene Satz, jeder staatliche Befehl, selbst der erkanntermaßen rechtswidrige, sei von dem Betroffenen zunächst zu befolgen, ist so allgemein zwar nicht zu billigen. Die Vergangenheit hat gelehrt und zahlreiche Vorgänge im Machtbereich der sogenannten Deutschen Demokratischen Republik, deren Zielen die Angeklagten anhängen, lehren noch immer, daß der Staat gewisse rechtliche Kernbereiche seiner Bürger in keiner Weise, auch nicht nur vorübergehend, antasten darf …“[1140]

Dies läßt sich auch dahingehend formulieren, daß die Verbindlichkeit einer Weisung ab einem bestimmten Maß an Rechtswidrigkeit entfällt, da dann „auch das dringendste Bedürfnis die Ausführung der Weisung nicht rechtfertigen“[1141] kann. Es stellt sich allerdings die Frage, wann ein solcher Grad von Rechts-

---

[1137] *Haft*, Strafrecht AT, 110; *Tröndle/Fischer*, StGB, Vor § 32 Rdnr. 8.

[1138] LK-*Hirsch*, Vor § 32 Rdnr. 177; *Lenckner*, Stree/Wessels-FS, 224; *Roxin*, Strafrecht AT I, § 17 Rdnr. 19; *Wessels/Beulke*, Strafrecht AT, Rdnr. 450.

[1139] *Blei*, Strafrecht I, 155; *Tröndle/Fischer*, StGB, Vor § 32 Rdnr. 16.

[1140] *BGH*, 1 StR 670/52, BGHSt 4, 161, 162. Ähnlich *BVerwG*, VI C 54/94, BVerwGE 31, 337, 343.

[1141] *Felix*, Remonstrationsrecht, 120. Ähnlich *Ambos*, JR 1998, 221, 222; *ders.*, NStZ 1998, 138, 139.

widrigkeit erreicht ist. Dies beurteilt sich grundsätzlich anhand der Vorgaben des einfachen Gesetzesrechts (nachfolgend (1)). In extrem gelagerten Fällen kommt überdies ein Rückgriff auf allgemeine Grundsätze in Betracht (nachfolgend (2)).

(1) Die vorstehend wiedergegebenen Überlegungen des BGH aus dem Jahr 1953 lassen sich in mehreren zentralen Vorschriften des heute geltenden (Beamten-)Rechts wiederfinden. Von diesen sind für den fiktiven Fall neben § 38 Abs. 2 S. 2 BRRG und § 56 Abs. 2 S. 3 BBG insbesondere die Sonderregelungen der Polizeigesetze zum Handeln auf Anordnung bei der Anwendung unmittelbaren Zwangs[1142] (§ 37 MEPolG, Art. 62 BayPAG, § 59 PolG NRW) von Interesse. In den hierin genannten Fällen ist die Weisung unverbindlich[1143], was auch für die strafrechtliche Verantwortlichkeit des angewiesenen Beamten von Bedeutung ist[1144].

Nach § 38 Abs. 2 S. 2 Hs. 2 Alt. 1 BRRG sowie § 56 Abs. 2 S. 3 Alt. 1 BBG wäre eine Weisung des *L* dann nicht verbindlich, wenn diese für *V* erkennbar auf eine Straftat gerichtet ist[1145]. Die in § 37 Abs. 2 S. 1 MEPolG, Art. 62 Abs. 2 S. 1 BayPAG und § 59 Abs. 2 S. 1 PolG NRW getroffenen Regelungen zur Anwendung unmittelbaren Zwangs auf Anordnung bestimmen folgendes:

> „Eine Anordnung darf nicht befolgt werden, wenn dadurch eine Straftat begangen würde."

Nach den Bestimmungen des Polizeirechts gilt also, daß es für die Frage nach der *Verbindlichkeit* der Weisung nicht darauf ankommt, ob der angewiesene Beamte die Strafbarkeit des verlangten Tuns erkennt[1146]. Entscheidend ist, ob *tatsächlich* eine Straftat begangen würde. Daß die Androhung oder Anwendung von Folter den objektiven Tatbestand mehrerer Delikte erfüllen würde, steht nach den Ausführungen auf Seite 156 ff. fest. Allerdings erfüllen Maßnahmen, die den Bürger belasten, häufig zumindest den objektiven Tatbestand der Nötigung. Daher wird es als nicht ausreichend angesehen, in der Frage der Unverbindlichkeit einer Weisung lediglich auf den objektiven Tatbestand abzustellen. Vielmehr wird man erst dann von einer auf eine Straftat gerichteten Anweisung sprechen können, wenn auch keine Rechtfertigungsgründe eingreifen[1147]. Vor-

---

[1142] Vgl. zu diesem Begriff oben S. 82.

[1143] *BVerfG*, 2 BvR 1117/94 u. a., NVwZ 1995, 680, 681.

[1144] *BGH*, 1 StR 148/84, BGHSt 32, 345, 354; *Battis*, BBG, § 56 Rdnr. 3, 6; *Felix*, Remonstrationsrecht, 119.

[1145] *Battis*, BBG, § 56 Rdnr. 6.

[1146] Diese Frage ist erst für die Schuld des Beamten von Bedeutung (dazu später).

[1147] *Günther*, ZBR 1988, 297, 303 f. Vgl. zu diesen Fragen auch *Felix*, Remonstrationsrecht, 122 ff.

liegend ist diese Voraussetzung ebenfalls erfüllt, wie auf den nachfolgenden Seiten noch zu zeigen sein wird.

Im übrigen wäre eine entsprechende Weisung des *L* spätestens aufgrund der Tatsache unverbindlich, daß das aufgetragene Verhalten – wie auf Seite 116 ff. gezeigt – die Menschenwürde verletzt. Insofern kann auf die in § 38 Abs. 2 S. 2 Hs. 2 Alt. 2 BRRG, § 56 Abs. 2 S. 3 Hs. 1 Alt. 2 BBG sowie § 37 Abs. 1 S. 2 MEPolG (Art. 62 Abs. 1 S. 2 BayPAG, § 59 Abs. 1 S. 2 PolG NRW) enthaltenen Regelungen verwiesen werden[1148]. Dabei bedarf es keiner Entscheidung der Streitfrage, ob die Weisung auch dann unverbindlich wäre, wenn durch sie lediglich *V* in seiner Menschenwürde verletzt würde; denn es besteht Einigkeit darüber, daß diese Bestimmungen zumindest dann zur Anwendung gelangen, wenn die Menschenwürde des von der Handlung Betroffenen verletzt wird[1149].

(2) Über die gesetzlich geregelten Fälle hinaus wird nach allgemeinen Grundsätzen die Verbindlichkeit einer Weisung auch dann verneint, wenn diese „offensichtlich schwer rechtswidrig bzw. fehlerhaft“[1150] ist.

Insofern werden allerdings selbst bei Verstößen gegen das Grundgesetz hohe Anforderungen gestellt. Nach der Rechtsprechung des Bundesverfassungsgerichts ist ein derartiger Fall der Unverbindlichkeit nur dann anzunehmen, wenn ein „evidenter, besonders schwerer Verfassungsverstoß“ vorliegt[1151]. Dies wird mit der Überlegung begründet, daß ohne eine solche restriktive Sichtweise die Befolgungspflicht in jedem Fall einer rechtswidrigen Weisung entfiele, da jede derartige Anordnung zumindest gegen Art. 20 Abs. 3 GG verstieße[1152]. Bei der Androhung oder Anwendung von Folter zu Vernehmungszwecken dürfte indessen ein Fall gegeben sein, der die notwendigen Anforderungen erfüllt.

cc) Zwischenergebnis

Nach alledem ist festzuhalten, daß eine Weisung des *L*, den *I* mit Folter zu bedrohen und ihn gegebenenfalls sogar tatsächlich zu foltern, nicht nur rechtswidrig, sondern für *V* auch unverbindlich wäre.

c) Zwischenergebnis

Öffentlich-rechtliche Vorschriften ließen weder die Rechtswidrigkeit der Androhung von Folter noch die Rechtswidrigkeit ihrer Anwendung entfallen.

[1148] *LG Frankfurt*, 5/27 KLs 7570 Js 203814/03 (4/04), NJW 2005, 692, 694; *Felix*, Remonstrationsrecht, 121.

[1149] *Felix*, Remonstrationsrecht, 135; *Günther*, ZBR 1988, 297, 303; *Rostek*, Der rechtlich unverbindliche Befehl, 110.

[1150] *Günther*, ZBR 1988, 297, 305 m. w. N.

[1151] *BVerfG*, 2 BvR 1117/94 u. a., NVwZ 1995, 680, 681.

[1152] *Battis*, BBG, § 56 Rdnr. 6.

2. Notwehr und Nothilfe

Das Handeln von *L* und *V* könnte indessen als Nothilfe[1153] nach § 32 Abs. 1 StGB gerechtfertigt sein. Dies würde voraussetzen, daß sich Polizisten für ein derartiges Vorgehen auf § 32 StGB berufen können (nachfolgend a)) und daß die Voraussetzungen der Nothilfe gegeben sind (nachfolgend b)).

a) Können sich Polizeibeamte auf § 32 StGB berufen?

In den Polizeigesetzen der Länder heißt es, die strafrechtlichen Wirkungen nach den Vorschriften über Notwehr und Notstand blieben unberührt (§ 35 Abs. 2 MEPolG, Art. 60 Abs. 2 BayPAG, § 57 Abs. 2 PolG NRW).

Über die Bedeutung dieser „Notrechtsvorbehalte"[1154] besteht Streit. Vereinfacht ausgedrückt geht es hierbei um die Frage, ob die Eingriffsbefugnisse des Staates durch den strafrechtlichen Rechtfertigungsgrund der Notwehr nach § 32 StGB[1155] erweitert werden oder nicht[1156]. Teilweise wird dies ausdrücklich verneint und Nothilfe bei polizeilicher Arbeit als rechtlich ausgeschlossen betrachtet[1157]. Nach anderer Ansicht werden die hoheitlichen Eingriffsbefugnisse durch die allgemeinen Rechtfertigungsgründe nicht erweitert, doch bleibt die Möglichkeit, daß sich ein Amtsträger in Fällen der Selbstverteidigung auf sein Notwehrrecht beruft[1158]. Wiederum andere Stimmen plädieren für eine Differenzierung zwischen der öffentlich-rechtlichen und der strafrechtlichen Ebene; hiernach ließe sich aus den allgemeinen Rechtfertigungsgründen zwar keine Befugniserweiterung ableiten, im Falle ihres Eingreifens führten sie aber dazu, daß den Amtsträger keine strafrechtliche Haftung trifft[1159]. Schließlich wird auch vertreten, „dass der Polizist sich schlechthin in Ergänzung der polizeigesetzlichen Regelungen bei der Ausübung von Notwehr und Nothilfe auf § 32 berufen darf"[1160].

[1153] *BGH*, 2 StR 651/96, BGHSt 42, 378, 379; 1 StR 48/01, NStZ 2001, 591; *Roxin*, Eser-FS, 464; *Wessels/Beulke*, Strafrecht AT, Rdnr. 289.

[1154] Dieser Begriff geht zurück auf *Blei*, JZ 1955, 625, 626.

[1155] Die gleiche Frage wird sich im Kontext des § 34 StGB stellen.

[1156] Umfassend zu dieser Problematik *Felix*, Einheit der Rechtsordnung, 57 ff.; *Rogall*, JuS 1992, 551, 556 ff.

[1157] *Jakobs*, Strafrecht AT, 12. Abschn Rdnr. 42 f.

[1158] *BGH*, 2 StR 82/04, NStZ 2005, 31; *Haurand/Vahle*, NVwZ 2003, 513, 520; LK-*Hirsch*, § 34 Rdnr. 6.

[1159] *Götz*, Allgemeines Polizei- und Ordnungsrecht, Rdnr. 414; *Knemeyer*, Polizei- und Ordnungsrecht, Rdnr. 374; *Otto*, Grundkurs I, § 8 Rdnr. 57 f.

[1160] *Roxin*, Strafrecht AT I, § 15 Rdnr. 112. Vgl. auch *OLG Saarbrücken*, Ss 40/90, NStZ 1991, 386; *OLG Celle*, 16 U 106/99, NJW-RR 2001, 1033; *Lackner/Kühl*, StGB, § 32 Rdnr. 17; *Wessels/Beulke*, Strafrecht AT, Rdnr. 288 f.

Zunächst einmal ist festzuhalten, daß die Notrechtsvorbehalte der Polizeigesetze sinnentleert wären, wenn man annähme, daß sich Polizeibeamte niemals – also noch nicht einmal in Fällen der Selbstverteidigung – auf Notwehr berufen können[1161]. Andererseits wäre es nicht vertretbar, die polizeilichen Eingriffsmöglichkeiten in Fällen von Notwehr oder Notstand über alle speziellen Regelungen hinweg erweitern zu wollen. Daher muß ein Mittelweg gefunden werden.

Es hat sich gezeigt, daß außergewöhnliche Situationen denkbar sind, in denen bestehende Regelungen unter Notwehr- oder Notstandsgesichtspunkten eingeschränkt werden können. Ein besonders prägnantes Beispiel hierfür liefert die vor Erlaß der §§ 31 ff. EGGVG ergangene Entscheidung des BGH zur Durchführung einer Kontaktsperre bei inhaftierten Terroristen; hierin heißt es:

> „In voller Würdigung der sonach getroffenen Grundentscheidung des Gesetzgebers für die völlig freie Verteidigung kann sich der Senat gleichwohl nicht der Notwendigkeit verschließen, in außergewöhnlicher Lage aufgrund einer Abwägung der in Betracht kommenden Rechtsgüter eine Verletzung des § 148 Abs. 1 StPO für rechtmäßig zu halten. Es entspricht einem allgemeinen Rechtsgedanken, daß die Verletzung eines Rechtes in Kauf genommen werden muß, wenn es nur so möglich erscheint, ein höheres Rechtsgut zu retten. Dieser Rechtsgedanke hat im Zivilrecht in den §§ 228, 904 BGB eine Ausprägung erfahren und im Strafrecht zur Normierung des früher „übergesetzlich“ genannten rechtfertigenden Notstandes in § 34 StGB geführt. Nach dieser Vorschrift ist die äußere Erfüllung eines Straftatbestandes erlaubt, wenn sie der sonst nicht möglichen Abwendung einer Gefahr für ein wesentlich überwiegendes Interesse dient. Es liegt auf der Hand, daß es um so eher möglich sein muß, zum Schutz eines solchen Interesses Handlungen zu begehen, die zwar ein anderes rechtlich geschütztes Interesse, wie es auch in Verfahrensvorschriften zum Ausdruck kommen kann, verletzen, aber nicht einmal ein Strafgesetz berühren.“[1162]

Wenn in dieser Entscheidung von der grundsätzlichen Möglichkeit der Einschränkung von Rechten unter Notwehr- bzw. Notstandsgesichtspunkten ausgegangen wird, so wird gleichzeitig auch aufgezeigt, daß ein derartiges Vorgehen Grenzen kennt. Denn der BGH weist ausdrücklich darauf hin, daß die damals getroffenen Maßnahmen der Abwendung einer Gefahr für ein wesentlich überwiegendes Interesse dienten und um so eher möglich waren, als sie nicht einmal ein Strafgesetz berührten. Überträgt man dies auf die vorliegende Konstellation, so ist vor dem Hintergrund der Tatsache, daß Folterungen auch die Menschenwürde als Höchstwert der Verfassung verletzen (vgl. S. 116 ff.), bereits das *wesentliche* Überwiegen der anderen Interessen fraglich. Hinzu kommt, daß

[1161] In diesem Sinne auch *BGH*, 2 StR 82/04, NStZ 2005, 31; *Erb*, Jura 2005, 24, 29; *Jeßberger*, Jura 2003, 711, 713; *Kretschmer*, RuP 2003, 102, 105; S/S-*Lenckner/Perron*, § 32 Rdnr. 42 b.

[1162] *BGH*, 1 BJs 80/77, StB 215/77, BGHSt 27, 260, 262 f. Ein hiergegen gerichteter Antrag auf Erlaß einer einstweiligen Anordnung wurde als offensichtlich unbegründet verworfen, vgl. *BVerfG*, 2 BvQ 8/77 u. a., BVerfGE 46, 1.

sowohl durch die Androhung als auch durch die Anwendung von Folter der Tatbestand gleich mehrerer Vorschriften des StGB erfüllt wäre (vgl. S. 156 ff.).

Ein Berufen auf Nothilfe kommt für Polizisten spätestens dann nicht mehr in Betracht, wenn auf diese Weise verfassungsrechtliche Bestimmungen außer Kraft gesetzt würden, deren ausdrücklicher Zweck es ist, dem staatlichen Handeln eine absolute Grenze zu ziehen. Wie auf Seite 106 ausgeführt, geschieht dies vorliegend durch Art. 104 Abs. 1 S. 2 GG, in dem festgeschrieben ist, daß die durch die Verfassung geschützte Wertordnung die – *staatliches* Handeln voraussetzende[1163] – Folter unter keinen Umständen toleriert[1164]. Wollte man dies anders sehen, so nähme man auf diesem Umweg der Bestimmung des Art. 104 Abs. 1 S. 2 GG ihren Charakter als Schranken-Schranke (vgl. hierzu S. 94). Diesbezüglich läßt sich auch nicht argumentieren, auf der Ebene des Strafrechts ginge es nicht um amtliches Handeln, sondern ausschließlich um die Bewertung des individuellen Verhaltens „des einzelnen Menschen, der sich hinter dem Amtsträger verbirgt“[1165]. Denn für *I* macht es keinen Unterschied, ob *V* ihn als Teil der „Polizei als Institution“ in einem Vernehmungszimmer des Polizeipräsidiums foltert, oder ob dies im selben Vernehmungszimmer als „individuelle Handlung eines Menschen“ namens *V* geschieht[1166].

Daher ist festzuhalten, daß sich *L* und *V* für die Androhung oder Anwendung von Folter zu Vernehmungszwecken von vornherein nicht auf § 32 StGB berufen könnten[1167]. Diese Sichtweise erscheint mit Art. 104 Abs. 1 S. 2 GG am besten vereinbar und findet auch in den weiteren Vorgaben des Verfassungs- und Völkerrechts zur Strafbarkeit der Folter, auf die in § 7 der vorliegenden Arbeit noch einzugehen sein wird, eine Stütze.

[1163] *BVerwG*, 9 C 38/96, BVerwGE 104, 265, 270 f.; *Hailbronner/Randelzhofer*, EuGRZ 1986, 641, 642; *Kretschmer*, RuP 2003, 102, 109. Vgl. hierzu bereits S. 60.

[1164] *Isenseee*, Das Grundrecht auf Sicherheit, 46; J/P-*Jarass*, Art. 104 Rdnr. 7.

[1165] So aber *Erb*, Jura 2005, 24, 28. Vgl. hierzu *Perron*, Weber-FS, 146: „Auch wenn § 32 StGB und die Vorschriften des Polizeirechts an unterschiedliche soziale Rollen (Bürger – Hoheitsträger) anknüpfen, geht es doch in den betreffenden Fällen um die Rolle des Polizeibeamten als Träger von Hoheitsgewalt, der gerade wegen dieser Eigenschaft Notwehrhilfe leisten soll und deshalb seine Rolle als einfacher Bürger verlassen hat. Will er sich auf § 32 StGB berufen, so muß ihm dieser in seiner Rolle als Polizeibeamter zustehen.“ Ebenso *Roxin*, Strafrecht AT I, § 15 Rdnr. 112.

[1166] A. A. *Erb*, Jura 2005, 24, 29, der allerdings folgende Einschränkung macht (a. a. O.): „Dagegen muss unbedingt jeder denkbaren Motivation entgegengesteuert werden, die einschlägigen Maßnahmen gegenüber bloßen Verdächtigen anzuwenden …“ Er dürfte also in einer Situation wie derjenigen des fiktiven Falles nicht zu einer Rechtfertigung gelangen.

[1167] *Hecker*, KJ 2003, 210, 214; *Tröndle/Fischer*, StGB, § 32 Rdnr. 7d; *Welsch*, BayVBl 2003, 481, 487; *Ziegler*, KritV 2004, 50, 61. In diese Richtung gehend auch MD-*Herdegen*, Art. 1 Abs. 1 Rdnr. 45 a. E.; S/S-*Lenckner/Perron*, § 34 Rdnr. 7; *Schenke*, Polizei- und Ordnungsrecht, Rdnr. 558a.

b) Voraussetzungen der Nothilfe

Will man dies anders sehen, so stellt sich die Frage, an welchem Punkt der Prüfung des § 32 StGB die Wertungen des Verfassungs- und Völkerrechts einfließen könnten.

aa) Nothilfelage

Zunächst müßte jedoch festgestellt werden, ob im fiktiven Fall eine Nothilfelage gegeben ist. Hierzu bedürfte es eines gegenwärtigen, rechtswidrigen Angriffs auf den Täter selbst oder auf einen anderen[1168].

(1) Unter einem Angriff ist bekanntlich die durch menschliches Verhalten drohende Verletzung rechtlich geschützter Interessen zu verstehen[1169]. Der Angriff ist rechtswidrig, wenn er im Widerspruch zur Rechtsordnung steht, d. h. wenn der Angreifer zu seinem Vorgehen nicht befugt bzw. der Angegriffene zur Duldung nicht verpflichtet ist[1170]. Gegenwärtig ist der Angriff, wenn er unmittelbar bevorsteht, begonnen hat oder noch fortdauert[1171].

(2) Es stellt sich die Frage, ob diese Voraussetzungen im fiktiven Fall erfüllt wären. Hierzu müssen drei Zeitabschnitte unterschieden werden:

Bei dem bereits durchgeführten Anschlag handelt es sich um keinen gegenwärtigen Angriff mehr, da dieser bereits abgeschlossen ist[1172].

Auch in den angekündigten weiteren Anschlägen liegt noch kein gegenwärtiger Angriff in diesem Sinne[1173]. Denn dieser hat noch nicht begonnen und steht auch noch nicht unmittelbar bevor. Letzteres ist erst dann anzunehmen, wenn das Verhalten des Angreifers unmittelbar in eine Rechtsgutsverletzung umschlagen kann, was etwa dann der Fall ist, wenn der Täter den Arm zum Schlag hebt oder nach seiner Waffe greift[1174]. Einen derartig engen Zusammenhang wird man hinsichtlich der angedrohten Anschläge bei einem verbleibenden Rest-Ultimatum von zumindest einem Tag noch nicht annehmen können[1175]. Auch kann man in Fällen dieser Art den Anwendungsbereich des

---

1168 *Eggert*, NStZ 2001, 225 f.; S/S-*Lenckner/Perron*, § 32 Rdnr. 2; *Wessels/Beulke*, Strafrecht AT, Rdnr. 325.

1169 *Lackner/Kühl*, StGB, § 32 Rdnr. 2; *Schröder*, JuS 2000, 235.

1170 *Jescheck/Weigend*, Strafrecht AT, 341; LK-*Spendel*, § 32 Rdnr. 55; *Tröndle/Fischer*, StGB, § 32 Rdnr. 11.

1171 *BGH*, 3 StR 503/01, JZ 2003, 50, 51; *Jescheck/Weigend*, Strafrecht AT, 341; *Roxin*, Strafrecht AT I, § 15 Rdnr. 21; *Wessels/Beulke*, Strafrecht AT, Rdnr. 328.

1172 *RG*, III 1201/29, RGSt 64, 101, 102 f.; S/S-*Lenckner/Perron*, § 32 Rdnr. 1; *Tröndle/Fischer*, StGB, § 32 Rdnr. 10.

1173 *Erb*, NStZ 2005, 593, 601.

1174 *BGH*, 3 StR 67/00, NStZ 2000, 365; LK-*Spendel*, § 32 Rdnr. 119.

1175 Dies mag sich allenfalls dann anders verhalten, wenn bereits eine mit Zeitzünder ver-

§ 32 StGB nicht dergestalt erweitern, daß hiernach auch „Präventiv-Nothilfe" hinsichtlich eines künftig zu erwartenden Angriffs zulässig wäre; insofern läßt sich allenfalls eine gegenwärtige Gefahr i. S. v. § 34 StGB annehmen, was eine Anwendung der Notstandsregeln ermöglichen würde[1176].

Läßt sich mithin in den angekündigten Anschlägen als solchen noch kein gegenwärtiger Angriff i. S. v. § 32 StGB erblicken, so kann es sich mit der *Ankündigung* dieser Anschläge anders verhalten. Diesbezüglich ist zunächst einmal an die erhebliche Unruhe innerhalb der Bevölkerung zu denken, die durch die Massen-Emails hervorgerufen worden ist. Durch die hierin ausgesprochene Drohung ist es zu einer Störung des öffentlichen Friedens durch Androhung von Straftaten i. S. v. § 126 Abs. 2 Ziff. 2 und Ziff. 6 StGB gekommen[1177]. Denn der öffentliche Friede, also der Zustand allgemeiner Rechtssicherheit sowie des Bewußtseins der Bevölkerung, in Ruhe und Frieden zu leben[1178], ist durch die Massen-Emails in erheblichem Umfang beeinträchtigt worden, da angesichts der Ankündigung von Anschlägen im gesamten Bundesgebiet große Beunruhigung in der gesamten Bevölkerung entstanden ist[1179].

Ein Abstellen hierauf setzt allerdings voraus, daß man den öffentlichen Frieden als nothilfefähiges Rechtsgut ansieht. Dies ist insofern problematisch, als es im Kontext des § 32 StGB in erster Linie um den Schutz von Individualrechtsgütern geht[1180]. Was hingegen die Nothilfe zugunsten von Rechtsgütern der Allgemeinheit anbelangt, so hat der BGH bereits 1953 ausgeführt:

> „Einer Störung der öffentlichen Ordnung im allgemeinen, wie sie durch die Aufführung sittlich oder religiös anstößiger Filme ausgelöst werden könnte, kann deshalb der Staatsbürger, solange nicht auch zugleich seine Rechte verletzt werden, in der Regel nicht mit der Notwehr entgegentreten. Ebensowenig ist in solchen Fällen Nothilfe zugunsten des Staates erlaubt. Die Vorschrift des § 53 Abs. 2 StGB geht davon aus, daß es sich bei dem Nothelfer um eine Rechtspersönlichkeit handelt, die dem angegriffenen Träger des Rechtsgutes gleichgestellt ist ..."[1181]

---

sehene Bombe „tickt", vgl. *Erb*, Jura 2005, 24, 25; *Fahl*, JR 2004, 182, 186. Hierfür liegen aber im fiktiven Fall keine Anhaltspunkte vor. Vielmehr geht es hier um das Handeln einer ganzen Organisation und nicht dasjenige eines Einzeltäters, so daß eher davon auszugehen ist, daß Sprengsätze von anderen Mitgliedern der *O* deponiert und gezündet würden.

1176 *BGH*, 3 StR 356/92, BGHSt 39, 133, 136 f.; *S/S-Lenckner/Perron*, § 32 Rdnr. 17 f.; *Tröndle/Fischer*, StGB, § 32 Rdnr. 10a; *Wessels/Beulke*, Strafrecht AT, Rdnr. 329.

1177 *BGH*, 4 StR 55/87, BGHSt 34, 329, 331.

1178 *Lackner/Kühl*, StGB, § 126 Rdnr. 1; *Tröndle/Fischer*, StGB, § 126 Rdnr. 2.

1179 *BGH*, 4 StR 55/87, BGHSt 34, 329, 332; 1 StR 184/00, BGHSt 46, 212, 218. Gem. § 126 Abs. 1 StGB hätte sogar die bloße *Eignung* zu einer derartigen Störung des öffentlichen Friedens genügt.

1180 *OLG Düsseldorf*, 2 Ss 175/93 - 65/93 II - 2 Ws 214/93, NJW 1994, 1971, 1972; *Lackner/Kühl*, StGB, § 32 Rdnr. 3; *Roxin*, Strafrecht AT I, § 15 Rdnr. 30.

1181 *BGH*, 3 StR 151/53, BGHSt 5, 245, 247.

Unter Bezugnahme auf diese Entscheidung steht auch die herrschende Meinung im Schrifttum auf dem Standpunkt, daß Rechtsgüter der Allgemeinheit dem Grunde nach nicht nothilfefähig sind[1182]. Begründet wird dies mit der Überlegung, daß der Schutz dieser Rechtsgüter Aufgabe des Staates und seiner Organe sei, nicht aber diejenige des einzelnen Bürgers; dahinter steht der Gedanke, daß es nicht „zu Kampfszenen kommen [soll], die der Staat durch Einsetzung besonderer ‚Ordnungshüter' (der Polizei) gerade vermeiden will"[1183].

Im fiktiven Fall handeln *L* und *V* nicht als einzelne Bürger, sondern als Organe des Staates. Gesteht man ihnen aber generell die Möglichkeit zu, sich in dieser Rolle auf § 32 StGB zu berufen (vgl. S. 207), so besteht keine Notwendigkeit, ihnen dies hinsichtlich des öffentlichen Friedens mit dem Argument zu versagen, dessen Schutz sei nicht ihre Aufgabe, sondern die des Staates. Nimmt man unter dieser Prämisse einen Angriff auf ein nothilfefähiges Rechtsgut an, so ist dieser auch gegenwärtig. Denn angesichts der kontinuierlichen Weiterleitung der Emails dauert er weiter fort und intensiviert sich sogar noch, bis es zur Entwarnung durch die Behörden oder zur tatsächlichen Durchführung weiterer Anschläge kommt.

Ähnlich verhält es sich mit der Unterdrucksetzung der Entscheidungsträger. Zu denken ist hier an (versuchte) Nötigung des Bundespräsidenten (§ 106 Abs. 1 Ziff. 1 StGB), der gemäß Art. 60 Abs. 2 GG für den Bund das Begnadigungsrecht ausübt, sowie an (versuchte) Nötigung derjenigen Mitglieder der Bundesregierung, die seinen Begnadigungsakt nach Art. 58 GG gegenzuzeichnen hätten[1184] (§ 106 Abs. 1 Ziff. 2 lit. c StGB)[1185]. Ein derartiger Angriff auf die Willensfreiheit und Willensbetätigung ist durch das Aussprechen der Drohung in der Regel noch nicht vollständig abgeschlossen. Vielmehr dauert er an, solange der Nötigende seinen psychischen Zwang aufrechterhält und der Bedrohte in der Lage ist, eine Intensivierung der bereits in Gang gesetzten Rechtsgutsverletzung abzuwehren[1186].

[1182] *Lackner/Kühl*, StGB, § 32 Rdnr. 3; S/S-*Lenckner/Perron*, § 32 Rdnr. 8; *Roxin*, Strafrecht AT I, § 15 Rdnr. 36; *Wessels/Beulke*, Strafrecht AT, Rdnr. 332.

[1183] *Roxin*, a. a. O. (Fn. 1182). Vgl. auch *Wessels/Beulke*, a. a. O. (Fn. 1182).

[1184] Vgl. hierzu *Badura*, Staatsrecht, Rdnr. E 81; J/P-*Pieroth*, Art. 60 Rdnr. 4 f., Art. 96 Rdnr. 4.

[1185] § 106 StGB dient dem Schutz des einzelnen Mitglieds in seinen verfassungsmäßigen Rechten, es geht also – zumindest auch – um Individualrechtsgüter, vgl. S/S-*Eser*, § 106 Rdnr. 1.

[1186] *BGH*, 1 StR 403/02, NJW 2003, 1955; *Amelung*, NStZ 1998, 70; *Eggert*, NStZ 2001, 225, 226; S/S-*Lenckner/Perron*, § 32 Rdnr. 18; *Wessels/Beulke*, Strafrecht AT, Rdnr. 328. A. A. *KG*, (4) Ss 152/79 (66/79), JR 1981, 254.

bb) Nothilfehandlung

Geht man nach alledem vom Bestehen einer Nothilfelage aus, so ist nunmehr zu fragen, ob auch die weiteren Voraussetzungen des § 32 StGB erfüllt wären.

(1) Hier stellt sich zunächst einmal das Problem, daß sich eine Nothilfehandlung nur gegen den Angreifer richten darf, nicht aber gegen Rechtsgüter unbeteiligter Dritter[1187].

Wie auf Seite 29 festgestellt, besteht im fiktiven Fall keine Sicherheit darüber, daß es sich bei *I* um den „Richtigen" handelt, weil zwar viele Anhaltspunkte für seine Täterschaft bestehen, aber keiner dieser Punkte frei von Zweifeln ist. Da die Irrtumsproblematik aber erst an späterer Stelle erörtert wird, soll für den Augenblick unterstellt werden, daß *I* tatsächlich der „Richtige" ist, also seine Behauptung, er habe mit den Vorgängen nichts zu tun, nicht der Wahrheit entspricht.

Hiervon ausgehend wird man *I* auch nach seiner Verhaftung noch als Angreifer ansehen müssen. Denn mit seinem Schweigen hilft er bei der Aufrechterhaltung der Drucksituation und der Verhinderung der Erfolgsabwendung[1188].

(2) Die Androhung oder Anwendung von Folter müßte zur Erfolgsabwendung erforderlich sein (§ 32 Abs. 2 StGB). Dies wäre sie dann, wenn sie einerseits zur Angriffsabwehr geeignet und andererseits das mildeste zur Verfügung stehende Gegenmittel wäre[1189].

Was die Eignung der Folter anbelangt, so ist bereits mehrfach darauf hingewiesen worden, daß diese die große Gefahr in sich birgt, falsche Aussagen oder Geständnisse zu provozieren. Man wird die Folter aber nicht in dem Sinne als ungeeignet ansehen können, daß ihr Einsatz im fiktiven Fall von vornherein nichts zur Verbesserung der Lage beitragen könnte[1190]. Denn es ist gerade die ihr inhärente Erfolgsmöglichkeit, die in Extremsituationen den Gedanken an Folter aufkommen läßt[1191].

Schwieriger ist die Beantwortung der Frage, ob die Androhung und die nachfolgende Anwendung von Folter das – relativ gesehen – mildeste Mittel ist,

---

[1187] *BGH*, 3 StR 151/53, BGHSt 5, 245, 248; 5 StR 493/93, BGHSt 39, 374, 380; *Bockelmann*, Dreher-FS, 248; *Roxin*, Strafrecht AT I, § 15 Rdnr. 124; *Tröndle/Fischer*, StGB, § 32 Rdnr. 15; *Wessels/Beulke*, Strafrecht AT, Rdnr. 334.

[1188] *Miehe*, NJW 2003, 1219, 1220.

[1189] *Amelung*, NStZ 1998, 70; *Beulke*, JR 1990, 378, 380; S/S-*Lenckner/Perron*, § 32 Rdnr. 34; *Schröder*, JuS 2000, 235, 239.

[1190] Dann wäre von Nichteignung auszugehen, vgl. *BayObLG*, RReg 1 St 49/88, NStZ 1988, 408, 409; S/S-*Lenckner/Perron*, § 32 Rdnr. 5; *Tröndle/Fischer*, StGB, § 32 Rdnr. 16b; *Warda*, GA 1996, 406; *Wessels/Beulke*, Strafrecht AT, Rdnr. 335.

[1191] *Erb*, Jura 2005, 24, 25; *Fahl*, JR 2004, 182, 186; *Kretschmer*, RuP 2003, 102, 106; *Perron*, Weber-FS, 148.

welches *L* und *V* noch zur Verfügung steht. Es müßte sich hierbei also um dasjenige Mittel handeln, das bei gleicher Wirksamkeit den geringsten Schaden anrichtet[1192], was nach den Gesamtumständen zu beurteilen ist[1193]. Insofern gilt es zu beachten, daß der Angegriffene „nicht genötigt [ist], auf die Anwendung weniger gefährlicher Verteidigungsmittel zurückzugreifen, wenn deren Wirkung für die Abwehr zweifelhaft ist“[1194].

Im Fall von Metzler wurde Daschner und E. zum Vorwurf gemacht, daß die Folter nicht als mildestes Mittel in diesem Sinne angesehen werden konnte, da insbesondere noch die Möglichkeit der Gegenüberstellung des Täters mit Angehörigen des Opfers bestand (vgl. S. 9)[1195]. Ob *L* und *V* im fiktiven Fall ein vergleichbar erfolgversprechendes Alternativmittel zur Verfügung stünde, erscheint fraglich, denn in diesem kommen die Ermittlungen trotz größter Anstrengungen nicht von der Stelle (vgl. S. 21). Nimmt man hiernach an, daß die Androhung und – falls diese nicht fruchtet – die Anwendung von Folter mangels Alternative das mildeste Mittel ist, welches der Polizei noch verbleibt, so erschiene ihr Einsatz unter Berufung auf § 32 StGB zunächst einmal denkbar, da im Rahmen dieser Vorschrift grundsätzlich keine Güterabwägung stattfindet[1196].

(3) Dieser Grundsatz erfährt aber insofern eine Einschränkung, als nach § 32 Abs. 1 StGB zu fordern ist, daß die Verteidigungshandlung „geboten“ sein muß. Es handelt sich hierbei um einen Anknüpfungspunkt für Einschränkungen des Notwehr- bzw. Nothilferechts aus sozialethischen Überlegungen[1197] und mithin auch für Überlegungen zur Folter[1198], wenn man nicht der hier vertretenen An-

---

[1192] *BGH*, 4 StR 157/55, GA 1956, 49; 5 StR 432/95, BGHSt 42, 97, 100; *Wessels/Beulke*, Strafrecht AT, Rdnr. 335.

[1193] *BGH*, 1 StR 563/80, NStZ 1981, 138; 4 StR 620/77, BGHSt 27, 336; *Beulke*, JR 1990, 378, 380; *Jescheck/Weigend*, Strafrecht AT, 343; S/S-*Lenckner/Perron*, § 32 Rdnr. 36.

[1194] *BGH*, 4 StR 309/98, NStZ-RR 1999, 40, 41. Vgl. auch *BGH*, 2 StR 82/04, NStZ 2005, 31; S/S-*Lenckner/Perron*, § 32 Rdnr. 36c; *Roxin*, Strafrecht AT I, § 15 Rdnr. 43.

[1195] *LG Frankfurt*, 5/27 KLs 7570 Js 203814/03 (4/04), NStZ 2005, 692, 693. Kritisch hierzu *Jerouschek*, JuS 2005, 296, 301; *Wagenländer*, Zur strafrechtlichen Beurteilung der Rettungsfolter, 121. Vgl. im übrigen auch *Roxin*, Strafrecht AT I § 15 Rdnr. 105, der ausführt, Gäfgen hätte nachhaltig über die Strafmilderung belehrt werden müssen, die bei Preisgabe des Verstecks und einer dadurch ermöglichten Rettung des Opfers zu erwarten gewesen wäre; hätte er in diesem Fall gleichwohl geschwiegen, so hätte es nahegelegen, daß das Opfer schon tot war und Gäfgen nur die Entdeckung eines Mordes verhindern wollte.

[1196] *BGH*, 1 StR 403/02, NJW 2003, 1955; *Wessels/Beulke*, Strafrecht AT, Rdnr. 340; *Widmaier*, NJW 2003, 2788, 2790; *Zaczyk*, JuS 2004 750, 753.

[1197] *BGH*, 5 StR 493/93, BGHSt 39, 374, 378; *Hilgendorf*, JZ 2004, 331, 339; *Jeßberger*, Jura 2003, 711, 713; *Müller*, NStZ 1993, 366, 367; *Roxin*, Strafrecht AT I, § 15 Rdnr. 55.

[1198] *Perron*, Weber-FS, 153; *Roxin*, Eser-FS, 465; *ders.*, Strafrecht AT I, § 15 Rdnr. 106; *Saliger*, ZStW 116 (2004), 35, 48; *Wessels/Beulke*, Strafrecht AT, Rdnr. 289.

sicht folgt, daß Polizeibeamte sich für ein derartiges Vorgehen von vornherein nicht auf § 32 StGB berufen können (vgl. S. 209).

Bei der Frage nach der Gebotenheit besteht die Grundüberlegung darin, daß das Notwehrrecht zu versagen ist, „wenn der Rechtsgüterschutz angesichts der schweren Folgen für den Angreifer als Unrecht im Deckmantel des Rechts empfunden“[1199], das Notwehrrecht also mißbraucht würde[1200]. Konkretisiert wird dies durch eine Reihe von Fallgruppen, von denen vorliegend diejenige des krassen Mißverhältnisses zwischen den beteiligten Rechtsgütern[1201] interessiert. Es geht hierbei nicht um eine generelle Verhältnismäßigkeitsprüfung, sondern „vielmehr nur darum, gänzlich unerträgliche Anwendungen zu vermeiden“[1202]. Derartige Fälle sind beispielsweise bei Revolverschüssen zum Schutz von Biergläsern[1203] oder bei der Erzwingung der Freigabe einer Parklücke durch Anfahren der dort stehenden Person[1204] angenommen worden.

Ob man in Situationen wie derjenigen des fiktiven Falles ein derartiges Mißverhältnis annehmen kann, wird sehr unterschiedlich beantwortet. Teilweise wird dies verneint[1205] oder es wird für zumindest denkbar erachtet, daß die Folter hier geboten ist[1206]. Demgegenüber steht die wohl herrschende Meinung auf dem Standpunkt, daß Folter nicht geboten sein kann[1207].

Betrachtet man die vorstehenden Ausführungen zur Grundkonzeption des Merkmals der Gebotenheit sowie die dort genannten Beispielsfälle, so stellt sich in der Tat die Frage, ob die Konstellation des fiktiven Falles „in diesen Rahmen ... hineinpasst“[1208], da es hier um weit mehr geht als die Verteidigung von Bier-

---

1199 *Beulke*, JR 1990, 378, 380.

1200 *KG*, (4) 1 Ss 161/00, StV 2001, 260, 261; *Beulke*, Jura 1988, 641, 643; *Bockelmann*, Dreher-FS, 248; *Amelung*, NStZ 1998, 70, 71; *Tröndle/Fischer*, StGB, § 32 Rdnr. 18; *Zaczyk*, JuS 2004 750, 753.

1201 *Beulke*, Jura 1988, 641, 645; *ders.*, JR 1990, 378, 380; *Fahl*, JA 2000, 460, 461; *Jescheck/Weigend*, Strafrecht AT, 348; *Müller*, NStZ 1993, 366, 367.

1202 *Wessels/Beulke*, Strafrecht AT, Rdnr. 343.

1203 *RG*, Rep. 1203/92, RGSt 23, 116, 117.

1204 *BayObLG*, 2 St RR 239/94, NJW 1995, 2646.

1205 So *Otto*, Grundkurs I, § 8 Rdnr. 59, allerdings nur für den Fall, daß sichere Kenntnis von der Tat besteht (vgl. hierzu für den fiktiven Fall oben S. 28) und es keine andere Möglichkeit als die Folter gibt. Siehe auch *Wagenländer*, Zur strafrechtlichen Beurteilung der Rettungsfolter, 170, 196.

1206 *Jerouschek/Kölbel*, JZ 2003, 613, 619 f.; *Lackner/Kühl*, StGB, § 32 Rdnr. 17a.

1207 *Ellbogen*, Jura 2005, 339, 341; *Hilgendorf*, JZ 2004, 331, 339; *Jeßberger*, Jura 2003, 711, 714; *Kinzig*, ZStW 115, 791, 811; *Roxin*, Eser-FS, 465; *ders.*, Strafrecht AT I, § 15 Rdnr. 106; *Saliger*, ZStW 116 (2004), 35, 48; *Wessels/Beulke*, Strafrecht AT, Rdnr. 289.

1208 *Erb*, Jura 2005, 24, 26. Ähnlich *Jerouschek*, JuS 2005, 296, 299; *Mitsch*, Die Polizei, 2004, 254, 255.

gläsern oder die Erzwingung einer Parkmöglichkeit. Will man gleichwohl den Einsatz von Folter als nicht geboten, also als Unrecht im Deckmantel des Rechts[1209] ansehen, so wird man in ähnlicher Weise wie auf Seite 106 argumentieren müssen, daß diese Wertung bereits durch die Vorschrift des Art. 104 Abs. 1 S. 2 GG vorgegeben ist[1210]. Vorzugswürdig erscheint allerdings die Annahme, daß es *L* und *V* von vornherein verwehrt ist, sich beim Einsatz von Folter auf § 32 StGB zu berufen (vgl. S. 209).

c) Zwischenergebnis

In jedem Fall läßt sich festhalten, daß bei der Androhung bzw. Anwendung von Folter keine Rechtfertigung nach § 32 StGB erfolgen könnte[1211].

3. Rechtfertigender Notstand

Zum gleichen Ergebnis wird man hinsichtlich der Frage gelangen müssen, ob eine Rechtfertigung durch Notstand – genauer gesagt durch Notstandshilfe[1212] – nach § 34 StGB in Betracht käme.

a) Können sich Polizeibeamte auf § 34 StGB berufen?

Wie im Fall der Notwehr i. S. v. § 32 StGB, so wird auch beim rechtfertigenden Notstand i. S. v. § 34 StGB darüber gestritten, ob sich Polizeibeamte auf diese Vorschrift berufen können und inwiefern ihre Eingriffsbefugnisse hierdurch erweitert werden[1213]. Das Meinungsspektrum gleicht dabei dem auf Seite 207 dargestellten, so daß auf die dort gemachten Ausführungen verwiesen werden kann.

Nach der hier vertretenen Ansicht gilt auch im Rahmen des § 34 StGB, daß die Notrechtsvorbehalte der Polizeigesetze sinnentleert wären, wenn man annähme, Polizeibeamte könnten sich unter keinen Umständen auf die allgemeinen Rechtfertigungsgründe berufen[1214]. Doch kann auch die Bestimmung des § 34 StGB nicht dazu dienen, die polizeilichen Eingriffsmöglichkeiten über alle speziellen Regelungen hinweg zu erweitern. Daher erscheint auch im Rahmen

---

[1209] Vgl. den Nachweis in Fn. 1199.

[1210] In diese Richtung gehend heißt es in der 2006 erschienenen 4. Auflage des Werkes von *Roxin*, Strafrecht AT I, § 15 Rdnr. 106: „Der Verstoß gegen die Menschenwürde ist also eine besondere Fallgruppe der sozialethischen Einschränkungen des Notwehrrechts."

[1211] *Perron*, Weber-FS, 154; *Roxin*, Strafrecht AT I, § 15 Rdnr. 107 a. E.

[1212] S/S-*Lenckner/Perron*, § 34 Rdnr. 9.

[1213] Vgl. etwa *BGH*, 4 StR 640/82, BGHSt 31, 304, 307; *Geilen*, JZ 1975, 379, 382; LK-*Hirsch*, § 34 Rdnr. 6; *Roxin*, Strafrecht AT I, § 16 Rdnr. 103; *Tröndle/Fischer*, StGB, § 34 Rdnr. 23 f.

[1214] Vgl. die Nachweise in Fn. 1161 auf S. 208.

des § 34 StGB die Annahme am sachgerechtesten, daß sich Polizeibeamte für die Androhung oder Anwendung von Folter von vornherein nicht auf diese Notstandsregelung berufen können[1215]. Dies gilt aufgrund der gleichen Erwägungen, wie sie auf Seite 209 dargelegt worden sind.

Etwas anderes kann sich auch dann nicht ergeben, wenn man sich auf den Standpunkt stellt, daß es dem Staat verwehrt sei, sich für ein Nachgeben in „Freipressungsfällen"[1216] auf § 34 StGB zu berufen, da hierdurch die Rechtsordnung preisgegeben würde[1217]. Zunächst einmal erscheint diese Auffassung ohnehin zweifelhaft[1218], und zwar nicht zuletzt mit Blick auf die im Fall Schleyer vom Bundesverfassungsgericht getroffene Feststellung, daß nicht in allen derartigen Fällen „eine schematisch gleiche Entscheidung geboten sein" könne[1219]. Aber selbst wenn man dem Staat tatsächlich die Möglichkeit absprechen wollte, in Freipressungsfällen unter Berufung auf § 34 StGB nachgeben zu können, so hätte dies nicht im Umkehrschluß zur Folge, daß er auf der Grundlage dieser Vorschrift zu jeglichem Vorgehen – also auch zu Folterungen – berechtigt wäre, um die geforderte Freilassung zu verhindern.

b) Voraussetzungen des rechtfertigenden Notstandes

Folgt man nicht der Ansicht, daß *L* und *V* sich für die Androhung von Folter von vornherein nicht auf § 34 StGB berufen können, so wird eine Prüfung der Voraussetzungen des rechtfertigenden Notstandes erforderlich.

aa) Notstandslage

Grundvoraussetzung ist das Bestehen einer Notstandslage, wobei sich eine solche rascher annehmen läßt als eine Nothilfelage.

(1) Dies liegt zunächst einmal daran, daß nach nahezu einhelliger Meinung zu den notstandsfähigen Rechtsgütern nicht nur Individualrechtsgüter, sondern auch Rechtsgüter der Allgemeinheit zählen[1220].

[1215] *Hecker*, KJ 2003, 210, 214; *Tröndle/Fischer*, StGB, § 34 Rdnr. 23; *Welsch*, BayVBl 2003, 481, 487; *Ziegler*, KritV 2004, 50, 61. Ähnlich MD-*Herdegen*, Art. 1 Abs. 1 Rdnr. 45 a. E.; S/S-*Lenckner/Perron*, § 34 Rdnr. 7; *Schenke*, Polizei- und Ordnungsrecht, Rdnr. 558a.

[1216] S/S-*Lenckner/Perron*, § 34 Rdnr. 41b.

[1217] So etwa *Lange*, NJW 1978, 784, 785.

[1218] *Grebing*, GA 1979, 81, 105; LK-*Hirsch*, § 34 Rdnr. 20; S/S-*Lenckner/Perron*, § 34 Rdnr. 41b.

[1219] *BVerfG*, 1 BvQ 5/77, BVerfGE 46, 160, 165.

[1220] *BGH*, 1 StR 212/88, NStZ 1988, 558, 559; *OLG Frankfurt*, 3 Ss 116/95, NStZ-RR 1996, 136; *Baumann/Weber/Mitsch*, Strafrecht AT, § 17 Rdnr. 53; LK-*Hirsch*, § 34 Rdnr. 23; *Jescheck/Weigend*, Strafrecht AT, 361; S/S-*Lenckner/Perron*, § 34 Rdnr. 9 f.; *Tröndle/Fischer*, StGB, § 34 Rdnr. 3a; *Lackner/Kühl*, StGB, § 34 Rdnr. 4; *Wessels/Beulke*, Strafrecht AT, Rdnr. 300 f. A. A. SK-*Günther*, § 34 Rdnr. 23.

Dies gilt im vorliegenden Fall selbst dann, wenn man die Einschränkung vornimmt, daß „die Notwehrunfähigkeit von Rechtsgütern der Allgemeinheit nicht durch Gewährung eines Notstandes im praktischen Ergebnis unterlaufen“[1221] werden darf. Denn angesichts der Tatsache, daß *L* und *V* als Amtsträger handeln, bestünde hier nicht die Gefahr eines derartigen Unterlaufens (vgl. S. 212).

(2) Wie bereits angedeutet, fiele die Annahme einer Notstandslage auch insofern leichter, als diesbezüglich auch auf die von den angekündigten Anschlägen bedrohten Schutzgüter – etwa die Sicherheit des Bahnverkehrs (vgl. § 315 StGB) oder das Leben und die Gesundheit der betroffenen Menschen – abgestellt werden kann[1222]. Denn von einer gegenwärtigen Gefahr läßt sich bereits dann sprechen, wenn ein Zustand gegeben ist, dessen Weiterentwicklung den Eintritt oder die Intensivierung eines Schadens ernstlich befürchten läßt, sofern nicht alsbald Abwehrmaßnahmen getroffen werden[1223]. Mit anderen Worten reicht die Gegenwärtigkeit einer Gefahr i. S. v. § 34 StGB weiter als die Gegenwärtigkeit eines Angriffs i. S. v. § 32 StGB[1224]. Für die somit erforderliche Beurteilung der Zulässigkeit von Präventivmaßnahmen kommt es auf eine ex ante-Prognose aus der Sicht eines objektiven Betrachters unter Berücksichtigung etwaigen Sonderwissens des Notstandstäters an[1225].

bb) Notstandshandlung

Geht man hiernach im fiktiven Fall vom Bestehen einer Notstandslage aus, so ist nunmehr die Androhung oder Anwendung von Folter als Notstandshandlung zu bewerten.

(1) Diesbezüglich heißt es in § 34 S. 1 StGB, daß die Gefahr nicht anders abwendbar sein darf. Dies bedeutet, daß die Notstandshandlung zur Abwendung der Gefahr erforderlich, also zum Schutz des Notstandsguts geeignet und gleichzeitig das relativ mildeste Mittel sein muß[1226]. Die hierbei anzustellenden Überlegungen entsprechen denen bei der Frage nach der Erforderlichkeit der Nothilfe[1227], so daß auf die dort gemachten Ausführungen verwiesen werden kann (vgl. S. 213).

[1221] *Roxin*, Strafrecht AT I, § 16 Rdnr. 13.

[1222] Vgl. die Nachweise in Fn. 1176 auf S. 211.

[1223] *RG*, I 1341/31, RGSt 66, 222, 225 f.; *BGH*, 1 StR 165/88, NStZ 1988, 554; *Rotsch*, JuS 2005, 12, 15; *Tröndle/Fischer*, StGB, § 34 Rdnr. 4.

[1224] *BGH*, 3 StR 356/92, BGHSt 39, 133, 136 f.; *Wessels/Beulke*, Strafrecht AT, Rdnr. 307.

[1225] LK-*Hirsch*, § 34 Rdnr. 27; *Jescheck/Weigend*, Strafrecht AT, 361; *Wessels/Beulke*, Strafrecht AT, Rdnr. 304. A. A. *Lackner/Kühl*, StGB, § 34 Rdnr. 2; S/S-*Lenckner/Perron*, § 34 Rdnr. 13.

[1226] *Geilen*, JZ 1975, 379, 383; *Lackner/Kühl*, StGB, § 34 Rdnr. 3; *Rengier*, NStZ 2004, 233, 237.

[1227] LK-*Hirsch*, § 34 Rdnr. 50; *Roxin*, Strafrecht AT I, § 16 Rdnr. 23.

(2) Weiterhin ist eine Interessenabwägung (§ 34 S. 1 StGB) sowie eine Überprüfung der sozialethischen Angemessenheit der Tat (§ 34 S. 2 StGB) vorzunehmen.

Bei der Interessenabwägung ist festzustellen, ob mit Blick auf die betroffenen Rechtsgüter und den Grad der ihnen drohenden Gefahren die durch die Folterung zu schützenden Interessen die beeinträchtigten Interessen des *I* wesentlich überwiegen[1228]. Diesbezüglich ist streitig, ob auf der Eingriffsseite allein auf die durch den betreffenden Tatbestand unmittelbar oder mittelbar geschützten Rechtsgüter abzustellen ist[1229], oder ob von vornherein alle von der Notstandsmaßnahme betroffenen Rechtsgüter in die Abwägung mit einzubeziehen sind[1230]. Die erstgenannte Auffassung würde also eine wesentlich differenziertere Prüfung erforderlich machen. So wurde beispielsweise auf Seite 189 ff. ausgeführt, daß *I* bei Anwendung der Folter sterben könnte. Hier käme eine Rechtfertigung nach § 34 StGB selbst dann nicht in Frage, wenn sich durch die Tötung des *I* eine größere Zahl von Menschenleben retten ließe, denn bei dem Höchstgut Leben verbieten sich quantitative Überlegungen weitgehend[1231]. Wie aber verhielte es sich, wenn die Folter lediglich angedroht würde, ohne daß dies zu irgendwelchen körperlichen Auswirkungen führte? Hier stellt sich wie auf Seite 208 die Frage, ob man angesichts der Betroffenheit der Menschenwürde des *I* ein wesentliches Überwiegen der zu verteidigenden Rechtsgüter wird annehmen können[1232]. Die Problematik ist im Rahmen des § 34 StGB sogar noch größer als im Fall des § 32 StGB, da beim rechtfertigenden Notstand auch die von den angekündigten Anschlägen betroffenen Rechtsgüter in die Überlegungen mit einzubeziehen sind (vgl. S. 218). An diesem Punkt der Prüfung wäre nun eine endlose Diskussion darüber möglich, wie wenig die Rechtsgüter des *I* beeinträchtigt sein müßten („ganz leichte Folter“) und wie viele Menschenleben oder sonstige Höchstgüter zu retten sein müßten, um von einem wesentlichen Überwiegen sprechen zu können:

> „Wenn man in einem solchen Fall abzuwägen beginnt, könnte man tatsächlich zu einer Rechtfertigung kommen: Denn auf der einen Seite steht das Leben der unschuldigen Geiseln, auf der anderen Seite die Körperintegrität und Menschenwürde der Terroristen, die an der Notstandslage nicht unschuldig sind und denen

---

[1228] *BGH*, 1 StR 483/02, NJW 2003, 2464, 2466; *Küper*, GA 1983, 289, 296 f.; *Wessels/Beulke*, Strafrecht AT, Rdnr. 310.

[1229] *Beulke*, Klausurenkurs I, Rdnr. 134; *Dencker*, JuS 1979, 779; S/S-*Lenckner/Perron*, § 34 Rdnr. 23.

[1230] LK-*Hirsch*, § 34 Rdnr. 55; *Jakobs*, Strafrecht AT, 13. Abschn Rdnr. 32.

[1231] *BGH*, 4 StR 352/88, BGHSt 35, 347, 350; 1 StR 483/02, NJW 2003, 2464, 2466; LK-*Hirsch*, § 34 Rdnr. 65; *Rengier*, NStZ 1984, 21, 22; *Wessels/Beulke*, Strafrecht AT, Rdnr. 316.

[1232] Verneinend *Jeßberger*, Jura 2003, 711, 714.

> man die Schmerzen einer der Lebensrettung dienenden Folterung bei nüchternem Interessenkalkül vielleicht zumuten möchte."[1233]

Um derartige Diskussionen zu vermeiden, verlangt § 34 S. 2 StGB, daß die Tat ein angemessenes Mittel zur Abwendung der Gefahr sein muß. Auch wenn dies von einem beträchtlichen Teil der Lehre anders gesehen wird, so handelt es sich hierbei nicht um eine bloße „Leerformel"[1234]. Vielmehr kann man sagen, daß die Angemessenheitsklausel als eine zweite Wertungsstufe bei der Bewertung der Notstandshandlung anzusehen ist[1235]. Möchte man nicht ganz so weit gehen, so läßt sich doch zumindest festhalten, daß die Angemessenheitsklausel „in der Frage der Menschenwürde einen bindenden Interpretationshinweis für § 34 S. 1 [gibt], indem sie dieses Kriterium im Gegensatz zu allen anderen für die Rechtfertigung relevanten Gesichtspunkten jeder Relativierung entzieht"[1236]. Von daher ist der vorliegende Fall – wenn man nicht der Auffassung ist, daß sich Polizisten bei Folterungen von vornherein nicht auf § 34 StGB berufen können – geradezu exemplarisch für die Bedeutung der Angemessenheitsklausel[1237]. Denn sowohl durch die Androhung als auch durch die Anwendung von Folter wird die Menschenwürde verletzt (vgl. S. 124), so daß ein entsprechendes Vorgehen nicht als angemessen i. S. v. § 34 StGB angesehen werden kann[1238].

c) Zwischenergebnis

Die Androhung oder Anwendung von Folter wäre nicht durch Notstand gemäß § 34 StGB gerechtfertigt – entweder weil man bereits annimmt, daß sich Polizeibeamte für ein derartiges Vorgehen von vornherein nicht auf diesen Rechtfertigungsgrund berufen können, oder aber weil es an der Angemessenheit i. S. v. § 34 S. 2 StGB fehlt.

4. Wahrnehmung berechtigter Interessen

Auch eine Rechtfertigung nach § 193 StGB kommt nicht in Betracht.

[1233] *Roxin*, Strafrecht AT I, § 16 Rdnr. 96.

[1234] So aber *Baumann/Weber/Mitsch*, Strafrecht AT, § 17 Rdnr. 83; *Bockelmann/Volk*, Strafrecht AT, 100; S/S-*Lenckner/Perron*, § 34 Rdnr. 46.

[1235] *Grebing*, GA 1979, 81, 88, 93; *Jescheck/Weigend*, Strafrecht AT, 363; *Tröndle/Fischer*, StGB, § 34 Rdnr. 12; *Wessels/Beulke*, Strafrecht AT, Rdnr. 310.

[1236] *Roxin*, Strafrecht AT I, § 16 Rdnr. 100.

[1237] *Fahl*, JuS 2005, 808, 812; *Lange*, NJW 1978, 784, 785.

[1238] *LG Frankfurt*, 5/27 KLs 7570 Js 203814/03 (4/04), NJW 2005, 692, 693; *Kretschmer*, RuP 2003, 102, 106; *Neuhaus*, GA 2004, 521, 535; *Roxin*, Eser-FS, 465; *ders.*, Strafrecht AT I, § 16 Rdnr. 97; *Saliger*, ZStW 116 (2004), 35, 48; *Wessels/Beulke*, Strafrecht AT, Rdnr. 289. A. A. offenbar *Miehe*, NJW 2003, 1219, 1220.

a) Beschränkter Anwendungsbereich

Für andere Straftatbestände als die Beleidigung i. S. v. § 185 StGB – die sowohl durch die Androhung als auch durch die Anwendung von Folter verwirklicht sein kann (vgl. S. 180 und S. 189) – gilt dies schon aufgrund der Tatsache, daß eine Anwendung von § 193 StGB nur bei solchen Delikten möglich ist, die im 14. Abschnitt des Strafgesetzbuchs normiert sind[1239]. Denn es läßt sich kein allgemeiner Rechtsgrundsatz des Inhalts aufstellen, daß die rechtlich geschützten Interessen Dritter hinter jeder Wahrnehmung eigener berechtigter Interessen zurückstehen müßten[1240].

b) Voraussetzungen

aa) Was eine Bestrafung nach § 185 StGB anbelangt, so wurde auf Seite 181 gezeigt, daß eine solche unter dem Gesichtspunkt denkbar ist, daß mit der Androhung oder Anwendung von Folter zum Ausdruck gebracht wird, *I* sei eine Person, mit der man „so etwas ohne weiteres machen kann"[1241]. Eine Prüfung des § 193 StGB kommt hier zwar erst dann in Betracht, wenn feststeht, daß nicht nur der objektive, sondern auch der subjektive Tatbestand der Beleidigung erfüllt ist[1242]. Ist dies jedoch der Fall, so ist keine Rechtfertigung nach § 193 StGB möglich, denn die Voraussetzungen dieser Vorschrift sind nicht erfüllt.

bb) § 193 StGB enthält nicht bloß einen, sondern eine Vielzahl verschiedener Rechtfertigungsgründe[1243]. Allerdings sind die Fallgruppen dieser Vorschrift schwer voneinander abgrenzbar; überwiegend handelt es sich um Konkretisierungen des Rechtfertigungsgrundes der Wahrnehmung berechtigter Interessen, da auch die sonstigen in § 193 StGB genannten Fälle ein derartiges Interesse voraussetzen[1244]. Insofern handelt es sich bei der Wahrnehmung berechtigter Interessen auch um den praktisch wichtigsten Anwendungsfall dieser Vorschrift[1245], so daß hier nach dessen Voraussetzungen gefragt werden soll.

Grundvoraussetzung ist, daß die Polizisten im fiktiven Fall mit ihrem Vorgehen ein berechtigtes Interesse verfolgen. Als Interesse wird jeder öffentliche, private, ideelle oder vermögensrechtliche Zweck bezeichnet, soweit er rechtlich

---

[1239] *AG Berlin-Tiergarten*, 277 DS 743/99, NStZ-RR 2000, 108, 109; *Bohnert*, NStZ 2004, 301, 305; *Krey/Heinrich*, Strafrecht BT 1, Rdnr. 376; *Roxin*, Strafrecht AT I, § 18 Rdnr. 39; *Tröndle/Fischer*, StGB, § 193 Rdnr. 4. A. A. *Eser*, Wahrnehmung berechtigter Interessen, 40.

[1240] *Otto*, Grundkurs I, § 8 Rdnr. 146.

[1241] *BGH*, 1 StR 509/91, NStZ 1992, 33.

[1242] *BGH*, 3 StR 502/52, BGHSt 4, 194, 197 f.; *BayObLG*, 5 St RR 117/97, NJW 1999, 1982, 1983. A. A. *Graul*, NStZ 1991, 457, 460.

[1243] MüKo-StGB-*Joecks*, § 193 Rdnr. 1; S/S-*Lenckner*, § 193 Rdnr.1; *Wessels/Hettinger*, Strafrecht BT 1, Rdnr. 515.

[1244] S/S-*Lenckner*, § 193 Rdnr. 4; *Tröndle/Fischer*, StGB, § 193 Rdnr. 5.

[1245] MüKo-StGB-*Joecks*, § 193 Rdnr. 20; *Wessels/Hettinger*, Strafrecht BT 1, Rdnr. 517.

schutzwürdig ist[1246]. Es ist berechtigt, wenn es den Äußernden so nahe berührt, daß er sich zu seinem Verfechter aufwerfen darf[1247]. Vorliegend verstößt der *Zweck*, den *L* und *V* mit ihrem Handeln verfolgen, nicht gegen die Rechtsordnung; vielmehr gehört die Verhinderung der angedrohten Anschläge sogar zu ihrem Berufsbereich[1248].

Es muß aber nicht nur das verfolgte Ziel die Billigung der Rechtsordnung erfahren, sondern auch das eingesetzte *Mittel*[1249]. Werden bei seiner Wahl das Recht oder die guten Sitten verletzt, so ist eine Rechtfertigung nach § 193 StGB nicht möglich[1250]. In wie großem Umfang der Einsatz von Folter zu Vernehmungszwecken gegen geltendes Recht verstößt, wurde bei der Behandlung des Verbots der Folter umfassend erläutert. Dabei ist auch im Rahmen des § 193 StGB wieder von besonderer Bedeutung, daß sowohl in der Androhung als auch in der Anwendung von Folter ein Verstoß gegen die Menschenwürde liegt (vgl. S. 124)[1251].

c) Zwischenergebnis

Dementsprechend kommt im fiktiven Fall eine Rechtfertigung wegen Wahrnehmung berechtigter Interessen unter keinen Umständen in Betracht.

5. Rechtfertigende Pflichtenkollision

Als letzter Rechtfertigungsgrund sei noch die rechtfertigende Pflichtenkollision angesprochen, da auch diese im Zuge der Diskussion über die Folter genannt wurde[1252].

a) Vereinfacht ausgedrückt geht es bei der – gesetzlich nicht geregelten – rechtfertigenden Pflichtenkollision darum, daß ein Träger zweier rechtlicher Pflichten durch Erfüllung der einen zwangsläufig die andere verletzen muß[1253].

[1246] *Lackner/Kühl*, StGB, § 193 Rdnr. 5; *Tenckhoff*, JuS 1989, 198, 200.

[1247] *RG*, III 421/29, RGSt 63, 229, 231; *Maurach/Schroeder/Maiwald*, Strafrecht BT 1, § 26 Rdnr. 36; *Wessels/Hettinger*, Strafrecht BT 1, Rdnr. 517. Vgl. die Beispiele bei *Merz*, Strafrechtlicher Ehrenschutz, 108 f.

[1248] MüKo-StGB-*Joecks*, § 193 Rdnr. 25; *Lackner/Kühl*, StGB, § 193 Rdnr. 6.

[1249] *BayObLG*, 5 St RR 378/00, NJW 2001, 1511; *Maurach/Schroeder/Maiwald*, Strafrecht BT 1, § 26 Rdnr. 37; *Roxin*, Strafrecht AT I, § 18 Rdnr. 44 f.; *Wessels/Hettinger*, Strafrecht BT 1, Rdnr. 518.

[1250] *Tröndle/Fischer*, StGB, § 193 Rdnr. 10.

[1251] *BVerfG*, 1 BvR 590/96, NJW 1999, 2262, 2263; *BayObLG*, 1 St RR 75/01, NStZ-RR 2002, 40, 41; *LG Kaiserslautern*, 21 Js 10457/85 - Cs Ns, NJW 1989, 1369, 1371.

[1252] *Wagenländer*, Zur strafrechtlichen Beurteilung der Rettungsfolter, 114 f.; *Wittreck*, DÖV 2003, 873, 876.

[1253] *Lackner/Kühl*, StGB, § 34 Rdnr. 15; *Sinn*, NStZ 2004, 585, 586.

b) Damit stellt sich die Frage, welche Pflichten im fiktiven Fall aufeinandertreffen.

Eine Pflicht zur Folterung des *I* besteht nicht; insbesondere wurde auf Seite 105 gezeigt, daß auch aus der Schutzpflicht des Staates für die Grundrechte der von den angedrohten Anschlägen betroffenen Personen keine derartige Verpflichtung resultiert. Folglich stoßen hier die Pflicht zur Verhinderung der Anschläge sowie die Pflicht, *I* nicht zu foltern, aufeinander.

Es handelt sich also nicht um eine Kollision von zwei Handlungspflichten, bei der gerechtfertigt ist, wer eine höher- oder gleichrangige Pflicht auf Kosten der anderen Pflicht erfüllt[1254]. Vielmehr treffen hier eine Handlungs- und eine Unterlassungspflicht aufeinander. Fälle dieser Art sind nicht nach den Regeln der rechtfertigenden Pflichtenkollision, sondern nach Notstandsgrundsätzen zu behandeln[1255].

6. Zwischenergebnis

Nach alledem ist festzuhalten, daß weder die Androhung noch die Anwendung von Folter im fiktiven Fall gerechtfertigt wäre.

III. Entschuldigungsgründe

Damit ist nun zu prüfen, ob zumindest Entschuldigungsgründe eingreifen könnten, wenn *I* mit Folter bedroht oder sogar tatsächlich gefoltert würde.

1. Entschuldigung aufgrund öffentlich-rechtlicher Vorschriften

Ähnlich wie bei den Rechtfertigungsgründen stellt sich auch hier zunächst die Frage, ob die Schuld aufgrund öffentlich-rechtlicher Vorschriften entfallen könnte.

Diesbezüglich ist die in § 37 Abs. 2 S. 2 MEPolG (Art. 62 Abs. 2 S. 2 BayPAG, § 59 Abs. 2 S. 2 PolG NRW) getroffene Regelung anzusprechen. Hierin heißt es für den Fall, daß *V* die rechtswidrige und unverbindliche (vgl. S. 204) Weisung des *L* befolgt, *I* mit Folter zu bedrohen oder sogar tatsächlich zu foltern:

[1254] *BGH*, 5 StR 221/03, wistra 2004, 26, 27; *Baumann/Weber/Mitsch*, Strafrecht AT, § 17 Rdnr. 135; *Roxin*, Strafrecht AT I, § 16 Rdnr. 125; *Wessels/Beulke*, Strafrecht AT, Rdnr. 736.

[1255] *Baumann/Weber/Mitsch*, Strafrecht AT, § 17 Rdnr. 132; *Haft*, Strafrecht AT, 106; S/S-*Lenckner*, Vorbem §§ 32 ff. Rdnr. 71/72; *Wessels/Beulke*, Strafrecht AT, Rdnr. 735.

> „Befolgt der Polizeibeamte die Anordnung trotzdem, so trifft ihn eine Schuld nur, wenn er erkennt oder wenn es nach den ihm bekannten Umständen offensichtlich ist, daß dadurch eine Straftat begangen wird."

Hierbei handelt es sich der Sache nach wie bei den weitgehend identischen Bestimmungen in § 5 Abs. 1 WStG und § 7 Abs. 2 S. 2 UZwG um eine Sonderregelung des Verbotsirrtums[1256], so daß die Erörterung in diesem Kontext erfolgen wird.

2. Überschreitung der Notwehr

Gemäß § 33 StGB wären *L* und *V* dann nicht zu bestrafen, wenn sie die Grenzen der Notwehr aus Verwirrung, Furcht oder Schrecken überschreiten würden, also ein Nothilfeexzeß vorläge.

a) Können sich Polizeibeamte auf § 33 StGB berufen?

Auf Seite 207 wurde gezeigt, daß umstritten ist, inwiefern sich Polizeibeamte zu ihrer Rechtfertigung auf Notwehr bzw. Nothilfe berufen können. Für den Entschuldigungsgrund des § 33 StGB wird diese Frage nur selten angesprochen[1257].

Folgt man der hier vertretenen Ansicht, daß sich Polizeibeamte für die Androhung oder Anwendung von Folter von vornherein nicht auf § 32 StGB berufen können (vgl. S. 209), so wird man ihnen in entsprechender Weise auch eine Entschuldigung nach § 33 StGB versagen müssen. Letztlich kann dies aber dahinstehen, da die Voraussetzungen des § 33 StGB ohnehin nicht erfüllt wären.

b) Voraussetzungen des Nothilfeexzesses

aa) Wie im Fall des § 32 StGB, so stellt sich auch hier zunächst einmal das Problem, ob *I* überhaupt der „Richtige" ist (vgl. S. 29), denn aus der ratio des § 33 StGB folgt, daß die Notwendigkeit einer Bestrafung nur deshalb entfällt, „weil der Schaden den rechtswidrig handelnden Angreifer trifft, der hierfür die Mitverantwortung trägt"[1258]. Dies soll hier für den Augenblick unterstellt werden, da auf Irrtumsfragen erst an späterer Stelle eingegangen wird.

bb) Eine Überschreitung der Grenzen der Nothilfe ist in zweifacher Hinsicht denkbar: Einerseits als „intensiver" Nothilfeexzeß, bei dem in einer objektiv bestehenden Nothilfelage über das Maß der zulässigen Verteidigung hinausgegangen wird[1259], und andererseits als „extensiver" Nothilfeexzeß, bei dem der

---

[1256] *Küper*, JuS 1987, 81, 91; *Roxin*, Strafrecht AT I, § 21 Rdnr. 73 f.; LK-*Schroeder*, § 17 Rdnr. 52.

[1257] Vgl. etwa *Haurand/Vahle*, NVwZ 2003, 513, 520.

[1258] *Roxin*, Strafrecht AT I, § 22 Rdnr. 91. Vgl. auch MüKo-StGB-*Erb*, § 33 Rdnr. 25.

[1259] *BGH*, 3 StR 269/86, NStZ 1987, 20; 3 StR 356/92, BGHSt 39, 133, 138; *Mitsch*, JuS 2000, 848, 851; *Tröndle/Fischer*, StGB, § 33 Rdnr. 2.

Täter die zeitlichen Grenzen der Nothilfe überschreitet, also handelt, obwohl der Angriff noch nicht oder nicht mehr gegeben ist[1260]. Ob auch die letztgenannte Fallgruppe von § 33 StGB erfaßt ist, ist hochgradig umstritten[1261]. Dies bedarf hier jedoch nicht der Vertiefung, da im fiktiven Fall vom Bestehen einer Nothilfelage ausgegangen werden kann (vgl. S. 210).

cc) Hingegen läßt sich nicht annehmen, daß die Grenzen der Nothilfe aus Verwirrung, Furcht oder Schrecken – also aufgrund sog. „asthenischer Affekte“[1262] – überschritten würden.

Diese gefühlsmäßigen Regungen brauchen zwar nicht die alleinige oder auch nur überwiegende Ursache für die Überschreitung der Nothilfegrenzen zu sein; es reicht aus, wenn sie neben „sthenischen Affekten“ wie Ärger, Zorn oder Wut gegeben sind[1263]. Auch spielt es keine Rolle, ob die Überschreitung der Nothilfegrenzen bewußt oder unbewußt erfolgt[1264]. Jedoch muß ein gesteigertes Maß an Angst vorliegen, das zu einem durch das Gefühl des Bedrohtseins verursachten Störungsgrad führt, bei dem die Fähigkeit, das Geschehen richtig zu verarbeiten, erheblich reduziert ist[1265]. Dies wird man im fiktiven Fall nicht annehmen können. Zwar mögen auch hier angesichts der Ausnahmesituation Gefühle von Verwirrung und Furcht vorliegen (vgl. S. 25). Daß diese aber gleichsam einen psychischen Ausnahmezustand[1266] hervorrufen, ist nicht ersichtlich.

c) Zwischenergebnis

Eine Entschuldigung nach § 33 StGB käme im fiktiven Fall nicht in Betracht.

[1260] *Altvater*, NStZ 2003, 21, 24; MüKo-StGB-*Erb*, § 33 Rdnr. 9; *Mitsch*, JuS 2000, 848, 851; *Wessels/Beulke*, Strafrecht AT, Rdnr. 447.

[1261] Verneinend *BGH*, 3 StR 269/86, NStZ 1987, 20; 3 StR 272/01, NStZ 2002, 141; *Jescheck/Weigend*, Strafrecht AT, 493. Bejahend *Haft*, Strafrecht AT, 138; *Jakobs*, Strafrecht AT, 20. Abschn Rdnr. 31; *Roxin*, Strafrecht AT I, § 22 Rdnr. 88. Differenzierend *Wessels/Beulke*, Strafrecht AT, Rdnr. 447.

[1262] *BGH*, 3 StR 356/92, BGHSt 39, 133, 139; 3 StR 272/01, NStZ 2002, 141; *Mitsch*, JuS 2000, 848, 851.

[1263] *BGH*, 2 StR 443/98, NStZ-RR 1999, 264, 265; 1 StR 48/01, NStZ 2001, 591, 593 m. Anm. Otto; LK-*Spendel*, § 33 Rdnr. 68; *Wessels/Beulke*, Strafrecht AT, Rdnr. 446. Einschränkend MüKo-StGB-*Erb*, § 33 Rdnr. 22, dem zufolge die asthenischen Affekte „im Motivbündel klar dominieren“ müssen.

[1264] *BGH*, 3 StR 356/92, BGHSt 39, 133, 139; *Beulke*, JR 1990, 378, 381; MüKo-StGB-*Erb*, § 33 Rdnr. 15; *Roxin*, Strafrecht AT I, § 22 Rdnr. 82; *Tröndle/Fischer*, StGB, § 33 Rdnr. 3.

[1265] *BGH*, 1 StR 244/94, NStZ 1995, 76, 77; 5 StR 589/96, NStZ-RR 1997, 194, 195; *Roxin*, Strafrecht AT I, § 22 Rdnr. 83; *Tröndle/Fischer*, StGB, § 33 Rdnr. 3.

[1266] *BGH*, 5 StR 589/96, NStZ-RR 1997, 194, 195.

3. Entschuldigender Notstand

Die Androhung oder Anwendung von Folter wäre auch nicht nach § 35 Abs. 1 StGB entschuldigt.

a) Notstandslage

Im fiktiven Fall fehlt es bereits an einer Notlage, wie sie der entschuldigende Notstand i. S. v. § 35 Abs. 1 StGB voraussetzt.

aa) Nach dieser Vorschrift bedarf es einer gegenwärtigen, nicht anders abwendbaren Gefahr für Leben, Leib oder Freiheit des Täters, eines Angehörigen oder einer anderen ihm nahestehenden Person.

Der Begriff der gegenwärtigen Gefahr in § 35 StGB ist inhaltsgleich mit demjenigen in § 34 StGB[1267], so daß auf die dort gemachten Ausführungen verwiesen werden kann (vgl. S. 218). Anders als bei § 34 StGB sind im Fall des § 35 StGB jedoch nur Leben, Leib und Freiheit notstandsfähig[1268], wobei unter Freiheit nicht die allgemeine Handlungs- und Entscheidungsfreiheit i. S. v. § 240 StGB, sondern allein die durch § 239 StGB geschützte Fortbewegungsfreiheit zu verstehen ist[1269]. Überdies ist der durch § 35 Abs. 1 StGB privilegierte Personenkreis enger begrenzt, denn er umfaßt nur den Täter selbst, seine Angehörigen i. S. v. § 11 Abs. 1 Ziff. 1 StGB sowie andere ihm nahestehende Personen[1270].

Man könnte nun wie Kinzig überlegen, daß angesichts der umfangreichen angekündigten Anschläge irgendeine *L* oder *V* nahestehende Person betroffen sein könnte[1271]. Doch dürfte dies in Situationen wie derjenigen des fiktiven Falles nicht ausreichen, da ein solches potentielles Betroffensein dem – eigentlich eingeschränkten – privilegierten Personenkreis des § 35 Abs. 1 StGB jede Kontur nehmen würde. Vielmehr müßten *L* und *V* eine genauere Vorstellung davon haben, welche nahestehende Person sie schützen wollen. Denn die Regelung des § 35 Abs. 1 StGB ist für Fälle geschaffen worden, in denen sich der Täter in einer solchen psychischen Zwangslage befindet, daß sein Vorgehen

---

1267 *Roxin*, JA 1990, 97, 99; *Wessels/Beulke*, Strafrecht AT, Rdnr. 437.

1268 *Jescheck/Weigend*, Strafrecht AT, 481; MüKo-StGB-*Müssig*, § 35 Rdnr. 12; *Roxin*, Strafrecht AT I, § 22 Rdnr. 22.

1269 LK-*Hirsch*, § 35 Rdnr. 14; *Jescheck/Weigend*, Strafrecht AT, 481; *Wessels/Beulke*, Strafrecht AT, Rdnr. 436.

1270 *OLG Koblenz*, 1 Ss 125/87, NJW 1988, 2316, 2317; *LG Frankfurt*, 5/27 KLs 7570 Js 203814/03 (4/04), NJW 2005, 692, 695; S/S-*Lenckner/Perron*, § 35 Rdnr. 15; *Tröndle/Fischer*, StGB, § 35 Rdnr. 7.

1271 *Kinzig*, ZStW 115 (2003), 791, 813: „Dagegen wäre im Beispiel des ‚ticking bomb terrorist' mit Folgen apokalyptischen Ausmaßes und damit im Falle einer wahren ‚tragic choice'-Situation ein Entschuldigung nach § 35 StGB schon deswegen anzunehmen, weil der Polizist nicht nur sich, sondern ebenso Angehörige bzw. ihm nahe stehende Personen in Lebensgefahr wähnen dürfte."

zum Schutz der angeführten Personen auf Verständnis stößt[1272]. So heißt es auch in der Entscheidung des BGH zum berühmten „Katzenkönig-Fall“, in dem es – vermeintlich – um die Rettung der gesamten Menschheit ging:

> „Ebenso zutreffend hat die Strafkammer einen Schuldausschluß nach § 35 StGB bereits deswegen verneint, weil der Täter nicht den Willen hatte, die vermeintliche Gefahr von sich, einem Angehörigen oder einer anderen ihm nahestehenden Person abzuwenden ...“[1273]

Folglich fehlt es in Fällen der vorliegenden Art an der erforderlichen Nähebeziehung[1274].

bb) Es ist auch nicht möglich, zugunsten des *V* einen Befehlsnotstand anzunehmen.

Der Befehlsnotstand ist ein Unterfall des Nötigungsnotstandes[1275], der früher in § 52 StGB a. F. eigens normiert war[1276]. In der heutigen Fassung des Strafgesetzbuches fehlt eine entsprechende Vorschrift, so daß umstritten ist, ob der Nötigungsnotstand das Verhalten des Genötigten i. S. v. § 34 StGB rechtfertigt[1277] oder i. S. v. § 35 StGB entschuldigt[1278]. Dies kann hier aber dahinstehen, da die entsprechenden Voraussetzungen losgelöst von der rechtlichen Qualifizierung nicht erfüllt sind. Denn es ist nicht ersichtlich, daß *V* unter dem Eindruck eines ihm oder einer ihm nahestehenden Person von *L* angedrohten oder zugefügten Übels – gleichsam mit vorgehaltener Waffe – zur Folterung des *I* gezwungen würde. Die Annahme eines Befehlsnotstandes würde aber ein derartiges Szenario erfordern[1279].

cc) Somit läßt sich festhalten, daß es für eine Entschuldigung nach § 35 Abs. 1 StGB bereits an einer entsprechenden Notstandslage fehlt.

[1272] *Roxin*, JA 1990, 97, 102.

[1273] *BGH*, 4 StR 352/88, BGHSt 35, 347, 350; *Schaffstein*, NStZ 1989, 153, 154.

[1274] *Roxin*, Strafrecht AT I, § 22 Rdnr. 166; *Sinn*, NStZ 2004, 585, 586.

[1275] *Ambos*, JR 1998, 221, 222.

[1276] Vgl. hierzu etwa *BVerfG*, 1 BvR 400/51, BVerfGE 7, 198, 222 f.; *BGH*, 1 StR 230/53, BGHSt 5, 371, 372; *BVerwG*, VI C 115/63, BVerwGE 31, 337, 344.

[1277] So LK-*Hirsch*, § 34 Rdnr. 69a; *Jakobs*, Strafrecht AT, 13. Abschn Rdnr. 14.

[1278] So *Jescheck/Weigend*, Strafrecht AT, 484; LK-*Spendel*, § 32 Rdnr. 212; *Wessels/Beulke*, Strafrecht AT, Rdnr. 443.

[1279] *OGH*, StS 19/49, OGHSt 1, 321, 331; *Ambos*, JuS 2000, 465, 469; *Jescheck/Weigend*, Strafrecht AT, 483; S/S-*Lenckner/Perron*, § 34 Rdnr. 41b; *Meyer*, GA 2004, 356.

b) Notstandshandlung

Wer diesbezüglich anderer Auffassung ist, müßte weiterhin prüfen, ob die Gefahr nicht anders abwendbar ist und ob die Androhung oder Anwendung von Folter die Verhältnismäßigkeit wahrt[1280].

Hierzu hat der BGH ausgeführt:

> „Zur Beantwortung der Frage, ob solches Verhalten … unter den Aspekten des § 35 StGB entschuldigt sein kann, ist von den Grundentscheidungen der Rechtsordnung auszugehen.“[1281]

Dementsprechend wird man in ähnlicher Weise wie bei der Nothilfe und beim rechtfertigenden Notstand argumentieren müssen, daß durch Art. 104 Abs. 1 S. 2 GG sowie weitere Bestimmungen des Verfassungs- und Völkerrechts eine Grundsatzentscheidung getroffen ist, wonach es staatlichen Stellen unter allen Umständen versagt ist, Folter als Mittel zur Rettung anderer Rechtsgüter einzusetzen.

c) Zwischenergebnis

Daher ist festzuhalten, daß ein entsprechendes Handeln von *L* und *V* nicht nach § 35 Abs. 1 StGB entschuldigt wäre.

4. Unzumutbarkeit normgemäßen Verhaltens

Mit Blick auf die Zwangslage, in der sich *L* und *V* befinden, ist jedoch zu überlegen, ob ihnen angesichts der Gefahr weiterer Anschläge zugemutet werden kann, sehenden Auges auf das womöglich letzte Mittel zu deren Verhinderung zu verzichten.

a) Grundprinzip der Entschuldigungsgründe

Überwiegend wird die Unzumutbarkeit normgemäßen Verhaltens als Grundprinzip der Entschuldigungsgründe betrachtet[1282]. Bei der Frage, ob sie darüber hinaus auch einen selbständigen Entschuldigungsgrund darstellt, ist zwischen vorsätzlichen Begehungsdelikten einerseits sowie Unterlassungs- und Fahrlässigkeitsdelikten andererseits zu differenzieren.

[1280] *RG*, I 1227/32, RGSt 66, 397, 399; *Lackner/Kühl*, StGB, § 35 Rdnr. 11; *Wessels/Beulke*, Strafrecht AT, Rdnr. 439.

[1281] *BGH*, 5 StR 474/00, BGHSt 46, 279, 285.

[1282] *RG*, I 1227/32, RGSt 66, 397, 398 f.; *BayObLG*, RReg 3 St 78/89, NStZ 1990, 389, 391; *Baumann/Weber/Mitsch*, Strafrecht AT, § 23 Rdnr. 7; *Blei*, Strafrecht AT, S. 207; LK-*Hirsch*, Vor § 32 Rdnr. 194; *Lackner/Kühl*, StGB, Vor § 32 Rdnr. 30; MüKo-StGB-*Schlehofer*, Vor §§ 32 ff. Rdnr. 200. Kritisch *Jescheck/Weigend*, Strafrecht AT, 477; S/S-*Lenckner*, Vorbem §§ 32 ff. Rdnr. 110.

b) Vorsätzliche Begehungsdelikte

Im Bereich der vorsätzlichen Begehungsdelikte ist die Unzumutbarkeit normgemäßen Verhaltens nicht als „übergesetzlicher Entschuldigungsgrund" anzuerkennen[1283]. Das Prinzip der Unzumutbarkeit ist hierfür zu unbestimmt, so daß die „Anerkennung eines derart vagen, in Voraussetzungen und Grenzen unbestimmten Entschuldigungsgrundes ... der Rechtsunsicherheit Tür und Tor öffnen"[1284] würde.

Folglich kommt eine Entschuldigung unter Berufung auf Unzumutbarkeit normgemäßen Verhaltens hinsichtlich des größten Teils der auf den Seiten 156 ff. dargestellten Delikte nicht in Betracht.

c) Unterlassungs- und Fahrlässigkeitsdelikte

Anders stellt sich die Rechtslage im Bereich der Unterlassungs- und Fahrlässigkeitsdelikte dar.

aa) Unterlassungsdelikte

(1) Bei den Unterlassungsdelikten sind Zumutbarkeitsgesichtspunkte teilweise ausdrücklich im Gesetz angesprochen, wie etwa die Vorschrift des § 323c StGB zeigt.

(2) Auch für die unechten Unterlassungsdelikte ist die Unzumutbarkeit normgemäßen Verhaltens als regulatives Prinzip von Bedeutung[1285]. Jedoch besteht keine Einigkeit darüber, wie dieses Regulativ rechtlich einzuordnen ist.

Es findet sich sowohl die Ansicht, die Unzumutbarkeit sei bereits auf der Tatbestandsebene zu berücksichtigen[1286], als auch die Auffassung, daß es sich hierbei um einen Rechtfertigungsgrund handele[1287]. Vorzugswürdig erscheint es jedoch, die Zumutbarkeitsfrage erst im Schuldbereich anzusprechen[1288]. Denn angesichts der Gleichstellung der unechten Unterlassungsdelikte mit den Bege-

---

[1283] *RG*, I 1227/32, RGSt 66, 397, 399; LK-*Hirsch*, Vor § 32 Rdnr. 196; *Jescheck/Weigend*, Strafrecht AT, 504; *Lackner/Kühl*, StGB, Vor § 32 Rdnr. 30 f.; S/S-*Lenckner*, Vorbem §§ 32 ff. Rdnr. 124; *Roxin*, Strafrecht AT I, § 22 Rdnr. 145; SK-*Rudolphi*, Vor § 19 Rdnr. 10; MüKo-StGB-*Schlehofer*, Vor §§ 32 ff. Rdnr. 222; *Seier*, NZV 1995, 33, 35; *Wessels/Beulke*, Strafrecht AT, Rdnr. 451.

[1284] *Wessels/Beulke*, a. a. O. (Fn. 1283). Ähnlich *Jescheck/Weigend*, a. a. O. (Fn. 1283).

[1285] *Jescheck/Weigend*, Strafrecht AT, 505; S/S-*Stree*, Vorbem §§ 13 ff. Rdnr. 155; *Wessels/Beulke*, Strafrecht AT, Rdnr. 451.

[1286] *OLG Hamburg*, 2 StO 1/96, StV 1996, 437, 438; S/S-*Stree*, Vorbem §§ 13 ff. Rdnr. 155.

[1287] *Schmidhäuser*, Strafrecht AT, 690.

[1288] *BGH*, GSSt 3/53, BGHSt 6, 46, 57; *Baumann/Weber/Mitsch*, Strafrecht AT, § 15 Rdnr. 19; LK-*Hirsch*, Vor § 32 Rdnr. 205; *Wessels/Beulke*, Strafrecht AT, Rdnr. 739.

hungsdelikten (vgl. § 13 StGB) spricht alles dafür, die Unzumutbarkeit normgemäßen Verhaltens hier wie dort als Frage der Schuld zu begreifen[1289].

(3) Im fiktiven Fall könnten unechte Unterlassungsdelikte eine Rolle spielen, wenngleich nur eine solche von untergeordneter Bedeutung. Denn die Aufzählung auf Seite 43 verdeutlicht, daß die meisten Foltermethoden ein aktives Tun voraussetzen. Dies gilt auch für den zu den „five techniques" (vgl. S. 44) zählenden Schlafentzug, bei dem der Schwerpunkt der Vorwerfbarkeit[1290] weniger im Unterlassen des Schlafenlassens als vielmehr im – aktiven – Wachhalten der Vernehmungsperson liegt. Dementsprechend ist bei Folterungen durch Unterlassen in erster Linie an das Vorenthalten von Nahrung und Flüssigkeit zu denken, das ebenfalls zu den „five techniques" gehört.

(4) Daß es im fiktiven Fall nicht unzumutbar wäre, *I* in ausreichendem Maße mit Nahrung und Flüssigkeit zu versorgen, dürfte nach den bisherigen Ausführungen zum Verbot und zur Strafbarkeit der Folter außer Frage stehen.

Zur Begründung dieses Ergebnisses kann allerdings nicht auf eine bestimmte Formel zurückgegriffen werden, mittels derer sich die Zumutbarkeit im Bereich der Unterlassungsdelikte bewerten ließe. Dies verdeutlichen folgende Ausführungen des BGH:

> „Dafür, ob ein bestimmtes, den strafrechtlich mißbilligten Erfolg abwendendes Verhalten zumutbar ist, lassen sich allerdings nur allg. Grundsätze aufstellen. Zwar ist ein strenger Maßstab anzulegen; im übrigen aber handelt es sich um eine vornehmlich dem Tatrichter vorbehaltene Wertung des Einzelfalles ... Durch diese Wertung sind die widerstreitenden Interessen einschließlich des Grades der ihnen drohenden Gefahren gegeneinander abzuwägen und es ist zu entscheiden, ob die Pflichterfüllung unzumutbar ist, weil das Gewicht der Interessen, die der Täter preisgeben soll, dem Gewicht des drohenden Erfolges entspricht ... Die Anforderungen an den Verpflichteten richten sich also nach der Schwere des drohenden Übels, das den Rechtsgütern droht, für die er eine Garantenpflicht hat ..."[1291]

Ähnlich vage sind die Aussagen im Schrifttum. Im Ergebnis laufen sie alle darauf hinaus, daß mittels einer Abwägung festzustellen ist, ob vom Täter eine Aufopferung eigener billigenswerter Interessen zur Abwendung der drohenden Gefahr verlangt werden kann oder nicht[1292].

Im fiktiven Fall stellt sich daher die Frage, welche Interessen der Beamten den zu schützenden Rechtsgütern des *I* gegenüberzustellen sind: Sind nur *eigene*

[1289] *Baumann/Weber/Mitsch*, a. a. O. (Fn. 1288); *Wessels/Beulke*, a. a. O. (Fn. 1288).

[1290] Vgl. hierzu *BGH*, GSSt 3/53, BGHSt 6, 46, 59; *OLG Karlsruhe*, 1 Ss 319/79, GA 1980, 429, 431; S/S-*Stree*, Vorbem §§ 13 ff. Rdnr. 158.

[1291] *BGH*, 1 StR 746/83, NStZ 1984, 164. In diesem Sinne auch *BGH*, 5 StR 569/96, NJW 1998, 1568, 1574.

[1292] *Bockelmann/Volk*, Strafrecht AT, 147; SK-*Rudolphi*, Vor § 13 Rdnr. 31; S/S-*Stree*, Vorbem § 13 ff. Rdnr. 156.

Interessen in die Bewertung einzubeziehen oder auch diejenigen Rechtsgüter Dritter bzw. der Allgemeinheit, zu deren Schutz *L* und *V* durch ihre berufliche Stellung verpflichtet sind? Im Endeffekt kann dies dahinstehen. Wenn es nämlich bei der Frage nach der Zumutbarkeit um eine „an ethischen Maßstäben ausgerichtete Abwägung“[1293] geht, so kann auch hier wieder insbesondere auf die Wertungen des Art. 104 Abs. 1 S. 2 GG abgestellt werden. Hinsichtlich der Unzumutbarkeit normgemäßen Verhaltens läßt sich diese Vorschrift als vorweggenommene Abwägungsentscheidung verstehen. Denn sie macht keinen Unterschied zwischen solchen Mißhandlungen, die in einem aktiven Tun, und solchen, die in einem Unterlassen bestehen. Beide sind gleichermaßen verboten, so daß es für *L* und *V* nicht unzumutbar ist, *I* in ausreichendem Maße mit Nahrung und Flüssigkeit zu versorgen.

bb) Fahrlässigkeitsdelikte

In ähnlicher Weise läßt sich im Bereich der Fahrlässigkeitsdelikte argumentieren.

(1) Daß der Unzumutbarkeit normgemäßen Verhaltens auch bei diesen Delikten die Funktion eines allgemeinen Regulativs zukommt, ist weitgehend unstreitig[1294]. Es besteht hier die Möglichkeit, daß der rechtliche Schuldvorwurf entfällt, wenn dem Täter aufgrund konkreter Umstände die Befolgung der Sorgfaltspflicht nicht zuzumuten ist[1295].

Strittig ist hingegen die dogmatische Einordnung innerhalb der Fahrlässigkeitsschuld, also die Frage, ob die Unzumutbarkeit das Maß der vom Täter persönlich zu verlangenden Sorgfalt begrenzt[1296], oder ob sie in diesem Kontext einen allgemeinen übergesetzlichen Entschuldigungsgrund darstellt[1297]. Dies bedarf hier keiner Entscheidung, da sich im fiktiven Fall keine Unzumutbarkeit annehmen läßt.

(2) Dies zeigt ein Vergleich mit anderen Fällen, in denen bei Fahrlässigkeitsdelikten die Unzumutbarkeit normgemäßen Verhaltens bejaht worden ist.

Ein in diesem Zusammenhang immer wieder angeführtes Beispiel ist der berühmte „Leinenfänger-Fall“[1298] des Reichsgerichts. Dieses hatte im Jahr 1897

[1293] *OLG Hamburg*, 2 StO 1/96, StV 1996, 437, 438.

[1294] *BayObLG*, RReg. 1 St 41/90, NZV 1990, 399, 400; S/S-*Lenckner*, Vorbem §§ 32 ff. Rdnr. 126; *Wessels/Beulke*, Strafrecht AT, Rdnr. 451.

[1295] LK-*Hirsch*, Vor § 32 Rdnr. 206; *Lackner/Kühl*, StGB, § 15 Rdnr. 51; *Roxin*, Strafrecht AT I, § 24 Rdnr. 122.

[1296] *Jescheck/Weigend*, Strafrecht AT, 597.

[1297] *BGH*, GSSt 2/51, BGHSt 2, 194, 204; *Bockelmann/Volk*, Strafrecht AT, 167.

[1298] *RG*, Rep. 576/97, RGSt 30, 25. Vgl. hierzu etwa *Jescheck/Weigend*, Strafrecht AT, 597; *Roxin*, Strafrecht AT I, § 24 Rdnr. 122 f.

über den Fall eines Kutschers zu entscheiden, dem von seinem Dienstherrn ein Pferd zugewiesen worden war, bei dem es sich um einen sogenannten „Leinenfänger" handelte. Das Tier hatte also die Angewohnheit, die Fahrleine mit dem Schweif einzukneifen, was sowohl dem Kutscher als auch seinem Dienstherrn bekannt war. Bei einer dieser Gelegenheiten verlor der Kutscher jede Kontrolle über sein Gespann. Die Pferde gingen ihm durch und warfen eine am Chausseerand gehende Person um, die unter den Wagen geriet und einen Beinbruch erlitt. Das Reichsgericht äußerte sich hierzu wie folgt:

> „Hiernach war zu erwägen, ob es dem Angeklagten als Pflicht zugemutet werden konnte, eher dem Befehle seines Dienstherrn sich zu entziehen und den Verlust seiner Stellung auf sich zu nehmen, als durch Benutzung des ihm zugewiesenen Pferdes zum Fahren bewußterweise die Möglichkeit der körperlichen Verletzung eines Anderen zu setzen, oder ob er diese letztere Rücksicht nach dem Verhältnisse ihrer Erheblichkeit zurückstehen lassen durfte hinter derjenigen, welche für ihn den Antrieb zur Befolgung des Befehles seines Dienstherrn bildete. Wenn nun die Vorinstanz diese Frage, wie die Urteilsgründe ergeben, im letzteren Sinne beantwortet hat, so liegt diese Entscheidung im wesentlichen auf dem Gebiete der thatsächlichen Würdigung der vorliegenden Verhältnisse und läßt jedenfalls einen Rechtsirrtum nicht erkennen."[1299]

Aufschlußreich ist auch eine fast ein Jahrhundert später ergangene Entscheidung des Bayerischen Obersten Landesgerichts[1300]. In dieser ging es um den Fall eines Arbeiters, der sich wegen Atembeschwerden, Kopfschmerzen und Schwindelgefühlen zu seinem Hausarzt begeben hatte und von diesem zu einem Facharzt in der nächstgelegenen Kreisstadt überwiesen worden war. Da diese nur schwer mit öffentlichen Verkehrsmitteln erreichbar war, nutzte der Arbeiter sein Auto. Auf der Fahrt verstärkten sich seine Beschwerden so sehr, daß er Angst um sein Leben bekam und versuchte, trotz ungünstiger Sichtverhältnisse möglichst rasch zu dem besagten Facharzt zu gelangen. Während eines Überholvorgangs übersah er ein ihm entgegenkommendes Fahrzeug, mit dem er frontal zusammenstieß. Bei der anschließenden Behandlung im Krankenhaus wurde als Ursache seiner Beschwerden ein Spontanpneumothorax festgestellt, bei dem es zum Zusammenfallen eines Lungenflügels kommt. In der Entscheidung des Bayerischen Obersten Landesgerichts heißt es hierzu:

> „Nach den Urteilsfeststellungen ist zugunsten des Angekl. davon auszugehen, sein Befinden habe sich während der Fahrt so verschlechtert, daß er glaubte, unverzüglich ärztlicher Behandlung zu bedürfen, um seine Gesundheit und möglicherweise sogar sein Leben nicht erheblich zu gefährden; eine aussichtsreiche Möglichkeit, auf andere Weise als durch den eigenen Pkw alsbald zu dem Arzt nach D. zu gelangen, bestand nicht; darüber hinaus war durch Angstgefühl, Aufregung und Bestürzung über die plötzlich eingetretene Verschlechterung das Bewußtsein des

---

[1299] *RG*, Rep. 576/97, RGSt 30, 25, 28.

[1300] *BayObLG*, RReg. 1 St 41/90, NZV 1990, 399.

Angekl. eingeengt und das Hemmungsvermögen beeinträchtigt. Bei dieser Sachlage hat das LG den Rahmen seines Beurteilungsspielraums nicht überschritten, als es dem Angekl. nicht den Vorwurf machte, er habe die ihm zumutbare verkehrsmäßige Sorgfalt bezüglich der persönlichen Voraussichts- und Motivationspflicht hinsichtlich seiner Fahruntüchtigkeit außer acht gelassen."[1301]

(3) Mit diesen Fällen ist das Szenario des fiktiven Falles nicht vergleichbar.

Wie die vorstehend geschilderten Fälle verdeutlichen, ist bei den Fahrlässigkeitsdelikten hinsichtlich der Unzumutbarkeit normgemäßen Verhaltens danach zu fragen, was billigerweise vom Täter erwartet werden kann, um Gefahren zu begegnen[1302]. Die Vorwerfbarkeit entfällt erst dann, wenn ihm ein anderes Handeln nicht mehr zugemutet werden kann[1303], weil „dem Motiv der Rechtsbefolgung elementare Eigeninteressen entgegenstehen"[1304].

So wurde im Leinenfänger-Fall die Sorge des Kutschers vor dem Verlust des eigenen Arbeitsplatzes als billigenswertes Eigeninteresse anerkannt. Wie auf Seite 25 gezeigt, lastet auch auf den Fahndern des fiktiven Falles ein erheblicher Druck. Ihnen droht aber – anders als dem Kutscher im Jahre 1897 – nicht der Verlust ihrer Arbeitsplätze, wenn sie sich normgemäß verhalten und davon absehen, *I* zu foltern. Auch andere elementare Eigeninteressen von *L* und *V* sind vorliegend nicht ersichtlich. Insbesondere befinden sie sich nicht in einer Lage wie der Arbeiter im Fall des Bayerischen Obersten Landesgerichts, der aufgrund der plötzlichen Verschlechterung seines Befindens um sein Leben fürchtete.

Aber selbst wenn man nicht nur auf derartige – unmittelbare – Eigeninteressen abstellen wollte, gälte hier wie bei den Unterlassungsdelikten (vgl. S. 231), daß insbesondere durch die Vorschrift des Art. 104 Abs. 1 S. 2 GG vorgegeben wird, was die Rechtsordnung als zumutbar erachtet. Hiernach wird von *L* und *V* erwartet[1305], daß sie die Folter unter *keinen* Umständen androhen oder anwenden (vgl. S. 106).

d) Zwischenergebnis

Eine Entschuldigung wegen Unzumutbarkeit normgemäßen Verhaltens wäre im fiktiven Fall nicht möglich.

[1301] *BayObLG*, RReg. 1 St 41/90, NZV 1990, 399, 400.

[1302] S/S-*Cramer/Sternberg-Lieben*, § 15 Rdnr. 204.

[1303] *BGH*, 3 StR 45/01, www.bundesgerichtshof.de, 5; *Bockelmann/Volk*, Strafrecht AT, 167.

[1304] *Wortmann*, Unzumutbarkeit normgemäßen Verhaltens, 118.

[1305] Vgl. den Nachweis in Fn. 1302.

5. Übergesetzlicher entschuldigender Notstand

Wenn im fiktiven Fall überhaupt eine Entschuldigung in Frage käme, dann unter dem Gesichtspunkt des übergesetzlichen entschuldigenden Notstandes, der teilweise auch als schuldausschließende Pflichtenkollision bezeichnet wird[1306] und der im Rahmen der Diskussion über die Folter immer wieder zur Sprache kommt[1307].

a) Wesen

aa) Baumann, Weber und Mitsch umschreiben das Wesen des übergesetzlichen entschuldigenden Notstandes mit folgenden Worten:

> „Schuldausschluß in Gestalt des übergesetzlichen entschuldigenden Notstandes ist dann anzunehmen, wenn sich der Täter in einer Lage befindet, in der er, wie er sich auch entscheiden mag, Verbote verletzen muß, in der er aber mit seinem Tun das kleinere Übel wählt."[1308]

Lenckner äußert sich wie folgt und gibt gleichzeitig einen Hinweis darauf, warum diese Form des Notstandes als „übergesetzlich" bezeichnet wird:

> „Es handelt sich dabei um Notstandssituationen, in denen der Täter die Nachsicht des Rechts verdient, obwohl eine Rechtfertigung nach § 34 ausgeschlossen und auch § 35 nicht anwendbar ist, ersteres weil die beteiligten Rechtsgüter eine quantitative oder qualitative Differenzierung nicht zulassen …, letzteres weil die Gefahr nicht dem Täter selbst oder einem Angehörigen usw. droht."[1309]

Die Annahme eines übergesetzlichen entschuldigenden Notstandes kommt also dann in Betracht, wenn der Anwendungsbereich sowohl des § 34 StGB[1310] als auch des § 35 StGB[1311] überschritten wird, aber jede Bestrafung eine grobe Ungerechtigkeit wäre[1312], da sich der Täter in einer ganz außergewöhnlichen Konfliktsituation befindet, die zu einer nahezu unlösbaren Pflichtenkollision führt[1313].

1306 *Gallas*, Beiträge zur Verbrechenslehre, 59; *Tröndle/Fischer*, StGB, Vor § 32 Rdnr. 15. Vgl. zur *rechtfertigenden* Pflichtenkollision oben S. 222.

1307 Vgl. etwa *LG Frankfurt*, 5/27 KLs 7570 Js 203814/03 (4/04), NJW 2005, 692, 695; *Jaschinski*, FoR 2003, 64; *Quoirin*, DRiZ 2003, 114; *Roxin*, Eser-FS, 469; *Wittreck*, DÖV 2003, 873, 876.

1308 *Baumann/Weber/Mitsch*, Strafrecht AT, § 23 Rdnr. 55.

1309 S/S-*Lenckner*, Vorbem §§ 32 ff. Rdnr. 115.

1310 LK-*Hirsch*, Vor § 32 Rdnr. 212; *Schaffstein*, NStZ 1989, 153, 154.

1311 *Lackner/Kühl*, StGB, Vor § 32 Rdnr. 31; *Tröndle/Fischer*, StGB, Vor § 32 Rdnr. 15.

1312 *LG Köln*, 24 Ks 1/51, NJW 1952, 358 f.; S/S-*Lenckner*, Vorbem §§ 32 ff. Rdnr. 116.

1313 *OGH*, StS 161/49, OGHSt 2, 117, 121; *Welzel*, ZStW 63 (1951), 47, 51; *Wessels/Beulke*, Strafrecht AT, Rdnr. 452.

bb) Als Beispiele zur Verdeutlichung der Problematik werden zumeist Fälle quantitativen Lebensnotstandes genannt, in denen eine gewisse Zahl von Menschen geopfert wird, um einer weit größeren Zahl das Leben zu retten.

Bekannt geworden sind insbesondere zwei Entscheidungen des Obersten Gerichtshofes für die Britische Zone, die dieser kurz nach Ende des Zweiten Weltkrieges gefällt hat[1314]. Hierin ging es um die Strafbarkeit von Anstaltsärzten, die im Dritten Reich einen Teil ihrer geistig behinderten Patienten im Rahmen von Euthanasieaktionen ausgewählt hatten, um so das Leben des überwiegenden Teils ihrer Patienten zu retten. Hätten sie ihre Mitwirkung gänzlich verweigert, so wären sie durch linientreue Ärzte ersetzt worden, was den Tod aller Patienten zur Folge gehabt hätte.

Berühmt ist auch der sogenannte „Weichensteller-Fall“, von dem bereits auf Seite 19 erwähnt wurde, daß Welzel ihn gebildet hat, um die wissenschaftliche Diskussion anhand eines neutraleren Beispiels führen zu können. Dieser Fall lautet wie folgt:

> „Auf einer steilen Gebirgsstrecke hat sich ein Güterwagen gelöst und saust mit voller Wucht ins Tal auf einen kleinen Bahnhof zu, auf dem gerade ein Personenzug steht. Würde der Güterwagen auf dem bisherigen Gleise weiterrasen, so würde er auf den Personenzug stoßen und eine große Anzahl von Menschen töten. Ein Bahnbeamter, der das Unheil kommen sieht, reißt in letzter Minute die Weiche um, die den Güterwagen auf das einzige Nebengleis lenkt, auf dem gerade einige Arbeiter einen Güterwagen entladen. Durch den Anprall werden, wie der Beamte voraussah, drei Arbeiter getötet.“[1315]

Die Euthanasie-Fälle auf der einen sowie der Weichensteller-Fall auf der anderen Seite stimmen insofern überein, als in ihnen jeweils eine gewisse Zahl von Menschen geopfert wird, um einer weit größeren Zahl das Leben zu retten. In einem wichtigen Punkt jedoch unterscheiden sie sich: Während in den Euthanasie-Fällen ein Teil der vom drohenden Unheil Betroffenen geopfert wird[1316], lenkt der Weichensteller das Unheil auf einen erheblich kleineren Kreis von bisher nicht Bedrohten um[1317]. Daher wird hier teilweise von zwei Fallgruppen gesprochen, die mit den Begriffen „Gefahrengemeinschaft“ (Euthanasie-Fälle)

[1314] *OGH*, StS 19/49, OGHSt 1, 321; StS 161/49, OGHSt 2, 117. Vgl. hierzu *Gallas*, Beiträge zur Verbrechenslehre, 71; LK-*Hirsch*, Vor § 32 Rdnr. 212; *Jescheck/Weigend*, Strafrecht AT, 502; S/S-*Lenckner*, Vorbem §§ 32 ff. Rdnr. 115; *Peters*, JR 1949, 496, 497; *Schaffstein*, NStZ 1989, 153, 154; *Wessels/Beulke*, Strafrecht AT, Rdnr. 452.

[1315] *Welzel*, ZStW 63 (1951), 47, 51. Vgl. hierzu *Gallas*, Beiträge zur Verbrechenslehre, 74; LK-*Hirsch*, Vor § 32 Rdnr. 212; S/S-*Lenckner*, Vorbem §§ 32 ff. Rdnr. 117; *Maurach/Zipf*, Strafrecht AT 1, § 33 Rdnr. 19; *Sinn*, NStZ 2004, 585, 586.

[1316] *Sinn*, NStZ 2004, 585, 587.

[1317] LK-*Hirsch*, Vor § 32 Rdnr. 212; *Jäger*, ZStW 115 (2003), 765, 778; S/S-*Lenckner*, Vorbem §§ 32 ff. Rdnr. 117.

und „kleineres Übel" (Weichensteller-Fall) umschrieben werden[1318]. Ob sich durch Verwendung dieser Begrifflichkeiten zusätzliche Klarheit erzielen läßt, mag dahinstehen. Geklärt werden muß hingegen, wie Fälle dieser Art rechtlich zu behandeln sind, da ein Vergleich mit dem Szenario des fiktiven Falles naheliegt[1319].

b) Rechtliche Behandlung

aa) Abgrenzung zum übergesetzlichen rechtfertigenden Notstand

Auf die Figur eines „übergesetzlichen" Notstandes wurde vom Reichsgericht und in frühen Entscheidungen des BGH vergleichsweise häufig zurückgegriffen und zwar insbesondere bei medizinisch indizierten Schwangerschaftsabbrüchen[1320]. Indessen handelte es sich hierbei um Fälle eines übergesetzlichen *rechtfertigenden* Notstandes, die heute in § 34 StGB eine Normierung erfahren haben[1321].

Wie auf Seite 216 ff. gezeigt wurde, wären die Voraussetzungen des § 34 StGB im fiktiven Fall nicht erfüllt. Zum gleichen Ergebnis ist der OGH in den Euthanasie-Fällen hinsichtlich des übergesetzlichen *rechtfertigenden* Notstandes gelangt[1322].

bb) Anerkennung des übergesetzlichen entschuldigenden Notstandes?

Die Frage, ob demgegenüber ein übergesetzlicher *Entschuldigungs*grund angenommen werden könnte, hat das Reichsgericht noch 1932 für vorsätzlich begangene Delikte ausdrücklich verneint[1323]. Nach Ende des Zweiten Weltkrieges hat sich jedoch die Erkenntnis durchgesetzt, daß es Fälle unentrinnbarer Gewissenskonflikte geben kann, in denen eine Bestrafung jeglichen Gerechtigkeitsvorstellungen zuwiderliefe. Wie problematisch es allerdings ist, in derartigen Ausnahmefällen ein Absehen von Strafe zu begründen, verdeutlichen die folgenden Ausführungen des Landgerichts Köln:

> „Der Angekl. kann aus Gründen höherer, im Naturrecht wurzelnder Gerechtigkeit nicht mit Strafe belegt werden. Er ist also freizusprechen. Die Öffentlichkeit sowohl wie der Angekl. selbst haben aber einen Anspruch darauf zu erfahren, ob der Freispruch erfolgt, weil der Angekl. gerechtfertigt oder weil er schuldlos ist, oder ob er zwar schuldig, aber nur im Hinblick auf die besonderen Umstände

---

[1318] *Sinn*, NStZ 2004, 585, 586.

[1319] *Roxin*, Eser-FS, 469.

[1320] *RG*, I 105/26, RGSt 61, 242, 254; I 160/28, RGSt 62, 137; *BGH*, 1 StR 552/51, BGHSt 2, 111, 113; 5 StR 17/52, BGHSt 2, 381, 382; 1 StR 13/52, BGHSt 3, 7.

[1321] *BGH*, 1 BJs 80/77, BGHSt 27, 260, 262; *Wessels/Beulke*, Strafrecht AT, Rdnr. 298.

[1322] *OGH*, StS 19/49, OGHSt 1, 321, 331; StS 161/49, OGHSt 2, 117, 122.

[1323] *RG*, I 1227/32, RGSt 66, 397, 399.

> seiner Tat straffrei zu lassen ist. Das SchwurG konnte sich einer Entscheidung dieser Fragen nicht entziehen.“[1324]

(1) Das Landgericht Köln hat in dem von ihm zu beurteilenden Euthanasie-Fall einen übergesetzlichen entschuldigenden Notstand angenommen[1325]. Hierfür spricht sich auch die herrschende Meinung im Schrifttum aus[1326].

(2) Nach der wohl radikalsten Gegenauffassung ist in Fällen dieser Art ein „rechtsfreier Raum“ anzunehmen, da „hier die Rechtsordnung mangels eines rational einsichtigen, allgemeinverbindlichen Entscheidungsmaßstabes auf eine Normierung verzichten und es der freien Gewissensentscheidung des einzelnen überlassen muß, was zu tun sei“[1327].

Dieser Ansicht kann für Fälle wie den vorliegenden nicht gefolgt werden[1328], was Hirsch wie folgt auf den Punkt bringt:

> „Wenn etwas von einem generellen rechtlichen Verbot erfaßt ist, dann besteht nur noch die Alternative zwischen ‚rechtswidrig' und ausnahmsweise rechtlich ‚erlaubt'. Eine dritte Möglichkeit ist logisch ausgeschlossen.“[1329]

(3) Der OGH hat in seinen beiden Euthanasie-Entscheidungen die Ärzte wegen ihres Vorgehens nicht als entschuldigt angesehen[1330]. Er hat dies insbesondere damit begründet, daß der *sittliche* Konflikt die Angeklagten im *rechtlichen* Sinne nicht habe entschuldigen können, da sie nicht „dem eindeutigen Sittengesetz gemäß gehandelt“ hätten; nur die Befolgung des unbedingten Tötungsverbots hätte jeden rechtlichen Schuldvorwurf ausgeschlossen[1331].

Statt dessen hat der OGH auf die Figur eines „persönlichen Strafausschließungsgrundes“ abgestellt[1332]. Er hat dabei aber betont, daß die Annahme eines solchen nur im Fall „staatlich gelenkter Massenverbrechen“ möglich sei, die eine „durchaus einmalige, keiner Verallgemeinerung fähige Verbrechens-

---

[1324] *LG Köln*, 24 Ks 1/51, NJW 1952, 358, 359.

[1325] *LG Köln*, 24 Ks 1/51, NJW 1952, 358 Leitsatz.

[1326] *Baumann/Weber/Mitsch*, § 23 Rdnr. 55; LK-*Hirsch*, Vor § 32 Rdnr. 212; *Küper*, JZ 1989, 617, 627; *Lackner/Kühl*, StGB, Vor § 32 Rdnr. 31; *Welzel*, ZStW 63 (1951), 47, 53 f.; *Wessels/Beulke*, Strafrecht AT, Rdnr. 452.

[1327] *Kaufmann*, Maurach-FS, 337. Vgl. auch *Dingeldey*, Jura 1979, 478; *Schild*, JA 1978, 449.

[1328] *Hirsch*, Bockelmann-FS, 100; *Jäger*, ZStW 115 (2003), 765, 782; *Roxin*, JuS 1988, 425, 430.

[1329] *Hirsch*, a. a. O. (Fn. 1328).

[1330] *OGH*, StS 19/49, OGHSt 1, 321, 334; StS 161/49, OGHSt 2, 117, 122.

[1331] *OGH*, StS 161/49, OGHSt 2, 117, 125.

[1332] *OGH*, StS 19/49, OGHSt 1, 321, 335 ff.; StS 161/49, OGHSt 2, 117, 122, 126; *Peters*, JR 1949, 496, 498.

lage" bildeten[1333]. Auf den fiktiven Fall der vorliegenden Arbeit wären diese Überlegungen also nicht übertragbar, da es sich bei den zu verhindernden Terroranschlägen nicht um von staatlicher Seite ausgehende Verbrechen handelt.

Im übrigen ist der OGH mit seiner Lösung auf beträchtliche Kritik gestoßen[1334]. Bemerkenswert ist insbesondere das Argument von Gallas, daß „eine gesetzlich nicht vorgesehene Strafbefreiung in Fällen, in denen alle Verbrechensmerkmale vorliegen, ... in Wahrheit auf einen Gnadenakt in der Form eines richterlichen Urteils hinauslaufen" würde[1335]. Weniger greifbar ist die vom Landgericht Köln geäußerte Kritik, daß der OGH „den der reinen Ethik entnommenen Begriff des Verschuldens unbedingt und mit allen Folgerungen dem im Strafrecht anzuwendenden – ebenfalls sittlichen – Begriff des Verschuldens" gleichgestellt habe[1336]. In ähnlicher Weise nimmt Welzel Stellung:

> „‚Die ängstlichen Verklausulierungen, mit denen der OGH. dem ungewöhnlichen Gebilde eines übergesetzlichen persönlichen Strafausschließungsgrundes zum Leben verhilft' (Eb. Schmidt), haben ihm leider die großzügige Lösung des tragischen sittlichen Konfliktes, der zur Entscheidung stand, versperrt. So ist es nicht zu einer befreienden, die Rechtswelt mit der sittlichen Welt in Einklang bringenden Entscheidung gekommen."[1337]

(4) Indessen sind auch Welzels Überlegungen nicht unwidersprochen geblieben. So vertritt Roxin die Auffassung, daß sich die von Welzel und der ihm folgenden herrschenden Lehre favorisierte Annahme eines übergesetzlichen Schuldausschlusses nicht ausreichend begründen lasse[1338]. Statt dessen müsse in Fällen der vorliegenden Art über das Eingreifen eines „übergesetzlichen Verantwortungsausschlusses" nachgedacht werden, „wenn es ungeachtet bestehenbleibender Schuld an einer präventiven Bestrafungsnotwendigkeit" fehle[1339]. Hiervon ausgehend kommt Roxin zu einer differenzierenden Lösung:

In den Euthanasiefällen bejaht er einen übergesetzlichen Verantwortungsausschluß. Es bestehe keine präventive Bestrafungsnotwendigkeit, da das Verhalten der Ärzte nicht von einer rechtsgutsfeindlichen, sondern von einer rechtsgutserhaltenden Tendenz getragen gewesen sei. Überdies handele es sich um Fälle,

---

[1333] *OGH*, StS 19/49, OGHSt 1, 321, 338.

[1334] *LG Köln*, 24 Ks 1/51, NJW 1952, 358, 359; *Gallas*, Beiträge zur Verbrechenslehre, 77 Fn. 47; *Jakobs*, Strafrecht AT, 20. Abschn Rdnr. 41 Fn. 64; *Pawlik*, JZ 2004, 1045, 1051 Fn. 56; *Welzel*, MDR 1949, 370, 375; *ders.*, ZStW 63 (1951), 47.

[1335] *Gallas*, a. a. O. (Fn. 1334).

[1336] *LG Köln*, a. a. O. (Fn. 1334).

[1337] *Welzel*, ZStW 63 (1951), 47.

[1338] *Roxin*, Strafrecht AT I, § 22 Rdnr. 154.

[1339] *Roxin*, Strafrecht AT I, § 22 Rdnr. 147 f. Zustimmend *Jäger*, ZStW 115 (2003), 765, 786.

die „durch die Einmaligkeit einer nach menschlichem Ermessen nie wiederkehrenden Extremsituation“ zu einer Überforderung geführt hätten[1340].

Demgegenüber verneint Roxin im Weichensteller-Fall den Verantwortungsausschluß[1341], was er wie folgt begründet:

> „Der Grund liegt darin, dass in Fällen dieser Art nicht eine gemeinsame Gefahr auf einzelne bei einer Untätigkeit des Eingreifenden ohnehin Verlorene verengt, sondern auf Unbeteiligte übergewälzt wird. Zwar ist auch hier eine rechtsgutsfreundliche Tendenz des Täters zu erkennen, so dass spezialpräventive Gründe eine Strafsanktion nicht erfordern würden. Eine Sanktion ist aber generalpräventiv geboten. Denn Gefahrengemeinschaften, bei denen ein durch § 35 nicht gedecktes Eingreifen Ungefährdeter in Betracht kommt, sind extrem selten. Der Fall der Euthanasieärzte ist der einzige bisher vorgekommene, und eine Wiederholung ist unter rechtsstaatlichen Verhältnissen undenkbar, so dass die Straflosigkeit hingenommen werden kann. Die Überwälzung von Gefahren auf andere dagegen ist jederzeit vielfältig möglich, und ihre verantwortungsausschließende Tolerierung müsste das Rechtssicherheitsgefühl der Allgemeinheit in unerträglicher Weise erschüttern.“[1342]

Ebenso verhalte es sich im Fall von Metzler, da „der Fall des Entführers, der bei einer verabredeten Geldübergabe gefaßt wird, seine Geisel aber versteckt hält, kein singulärer Grenzfall, sondern in diesem Bereich nicht untypisch“ sei; überdies sei die Folterdrohung weder sonderlich erfolgversprechend noch das einzig verbliebene Mittel gewesen[1343].

Für Fälle nach Art desjenigen der vorliegenden Arbeit stellt Roxin zur Diskussion, ob hier wie in den Euthanasie-Fällen ein übergesetzlicher Verantwortungsausschluß angenommen werden könnte:

> „Der Bombenleger-Fall hat mit dem geschilderten immerhin gemeinsam, dass derjenige, der ein striktes Verbot übertritt (sei es das Folter-, sei es das Tötungsverbot), seiner Überzeugung folgt, dass sein Handeln eine prinzipiell rechtsgutsfreundliche, lebensbewahrende Rettungs-Tendenz hat, dass er den einzigen mit hoher Wahrscheinlichkeit erfolgreichen Weg zur Rettung wählt und dass es sich um eine singuläre Situation handelt, die kaum je wieder vorkommen wird und deren Exkulpation deshalb nicht geeignet ist, die generalpräventive Wirkung des Verbotes aufzuweichen. Es ist nämlich kein Zufall, dass der Bombenleger-Fall ein reines Kathederbeispiel ist und sich realiter wahrscheinlich nie ereignen wird. Denn wenn man von der tickenden Bombe nichts weiß, kann man schwerlich einen Attentäter festnehmen und durch Schmerzzufügung zur Preisgabe ihres Verstecks zwingen.“[1344]

1340 *Roxin*, a. a. O. (Fn. 1339).

1341 *Roxin*, Strafrecht AT I, § 22 Rdnr. 162.

1342 *Roxin*, Strafrecht AT I, § 22 Rdnr. 163.

1343 *Roxin*, Eser-FS, 469.

1344 *Roxin*, a. a. O. (Fn. 1343).

Dem ist sicherlich insofern zuzustimmen, als man Polizisten wie *L* und *V* nicht eine per se rechtsgutsfeindliche Tendenz wird nachsagen können, wenn sie sich in einer Extremsituation wie derjenigen des fiktiven Falles mit dem Gedanken tragen, zur Rettung einer großen Zahl von Menschenleben zum Mittel der Folter zu greifen. Zweifelhaft erscheint hingegen die These, daß sich ein Bombenleger-Fall in dieser Form wahrscheinlich nie ereignen werde, da kaum ein entsprechendes Wissen über bevorstehende Anschläge zur Verfügung stehen dürfte, das eine Festnahme und Folterung ermöglichen würde. Vielmehr erscheint angesichts der immer umfangreicheren Überwachungsmöglichkeiten im Fernmelde- und Email-Verkehr eine entsprechende Kenntniserlangung der Sicherheitsorgane nicht ausgeschlossen. Dies beweist ein Vorfall aus dem Jahr 2000, bei dem ein Anschlag islamistischer Terroristen verhindert werden konnte, die auf dem Straßburger Weihnachtsmarkt eine Splitterbombe zünden wollten[1345]. Nimmt man aber an, daß der übergesetzliche Verantwortungsausschluß solchen Extremsituationen vorbehalten ist, die nach menschlichem Ermessen nie wiederkehren[1346], so fehlt es in Fällen der vorliegenden Art an dieser Voraussetzung.

(5) Nach alledem verbleibt von den dargestellten Lösungsansätzen für den fiktiven Fall nur derjenige der herrschenden Meinung im Schrifttum, der zufolge die Annahme eines übergesetzlichen entschuldigenden Notstandes in Betracht kommt[1347]. Dessen Voraussetzungen sollen nachfolgend dargestellt werden.

cc) Voraussetzungen

Der BGH hat bisher offengelassen, ob übergesetzliche Entschuldigungs- oder Strafausschließungsgründe überhaupt bestehen[1348]. Auch in der Entscheidung des Bundesverfassungsgerichts vom 15. Februar 2006, in der die Abschußregelung des § 14 Abs. 3 LuftSiG für verfassungswidrig erklärt worden ist, heißt es ausdrücklich, daß hierin nicht über die Frage zu entscheiden sei, „wie ein gleichwohl vorgenommener Abschuß und eine auf ihn bezogene Anordnung strafrechtlich zu beurteilen wären“[1349]. Mithin fehlt es an einer Richtschnur dafür, wie derartige Fälle in der Praxis zu behandeln sind. Es verwundert daher

---

[1345] *BGH*, 2 BJs 79/00 - 4 AK 16/01, www.bundesgerichtshof.de, 5; *Bundesministerium des Innern*, Verfassungsschutzbericht 2003, 172.

[1346] *Roxin*, Strafrecht AT I, § 22 Rdnr. 148. Allerdings ist darauf hinzuweisen, daß in der 2006 erschienenen 4. Auflage dieses Werkes an späterer Stelle etwas einschränkend von singulären Situationen, die *kaum* je wiederkehren können, gesprochen wird (a. a. O., § 22 Rdnr. 168).

[1347] Vgl. die Nachweise in Fn. 1326 auf S. 237.

[1348] *BGH*, 4 StR 352/88, BGHSt 35, 347, 350 f.; 3 StE 4/91 – StB 11/91, NStZ 1991, 429, 430.

[1349] *BVerfG*, 1 BvR 357/05, NJW 2006, 751, 759. Vgl. zu dieser Frage aus strafrechtlicher Sicht *Roxin*, Strafrecht AT I, § 22 Rdnr. 152.

nicht, daß über die Voraussetzungen, unter denen ein übergesetzlicher entschuldigender Notstand angenommen werden kann, unterschiedliche Vorstellungen bestehen.

(1) Unstreitig ist, daß es hierbei um den Schutz von Rechtsgütern von höchstem Wert gehen muß[1350]. Es besteht aber keine Einigkeit darüber, welche Rechtsgüter hierzu zählen. Teilweise wird angenommen, daß es prinzipiell nur um den Schutz von Leben gehen könne[1351]. Andere meinen, daß als Schutzgüter auch Leib und Freiheit in Betracht kämen[1352]. Es finden sich sogar Stimmen, die Eigentum und Vermögen als erfaßt ansehen wollen[1353].

(2) Für das zu schützende Rechtsgut muß eine gegenwärtige, nicht anders abwendbare Gefahr bestehen[1354], die Tat muß in jeder Hinsicht die ultima ratio sein[1355]. Ob sie sich zudem bei ethischer Gesamtbetrachtung als das wesentlich geringere Übel darstellen muß, wird unterschiedlich beurteilt. Während Hirsch und Welzel dies bejahen[1356], verneint Gallas dies und führt aus:

> „Mehr als Gewissensreinheit und Rechtsgesinnung können dort nicht gefordert werden, wo das Recht mangels eines allgemein verbindlichen Vergleichsmaßstabes die Wahl der Pflicht der höchstpersönlichen Verantwortung und damit auch der Eigenart der seelischen Struktur des Täters überlassen muß.“[1357]

(3) Hinsichtlich des verletzten Interesses wird teilweise gefordert, daß dieses „sowieso verloren“ sein müsse[1358]. Dies wird man aber nicht als allgemein konsensfähig ansehen können. Denn hiernach ließe sich beispielsweise im Weichensteller-Fall kein übergesetzlicher entschuldigender Notstand annehmen, da das Leben der Arbeiter, auf deren Gleis der Güterwagen umgelenkt wird, zuvor nicht in Gefahr war[1359].

[1350] *Pawlik*, JZ 2004, 1045, 1051; *Wessels/Beulke*, Strafrecht AT, Rdnr. 452.

[1351] S/S-*Lenckner*, Vorbem §§ 32 ff. Rdnr. 117.

[1352] LK-*Hirsch*, Vor § 32 Rdnr. 215.

[1353] *OLG Hamm*, 5 Ss 210/75, NJW 1976, 721, 722.

[1354] LK-*Hirsch*, Vor § 32 Rdnr. 215.

[1355] *OLG Hamm*, 5 Ss 210/75, NJW 1976, 721, 722; *Lackner/Kühl*, StGB, Vor § 32 Rdnr. 31; S/S-*Lenckner*, Vorbem §§ 32 ff. Rdnr. 117; *Welzel*, Das deutsche Strafrecht, 185; *Wessels/Beulke*, Strafrecht AT, Rdnr. 452.

[1356] LK-*Hirsch*, Vor § 32 Rdnr. 217; *Welzel*, Das deutsche Strafrecht, 185.

[1357] *Gallas*, Beiträge zur Verbrechenslehre, 76. Verneinend auch SK-*Rudolphi*, Vor § 19 Rdnr. 8.

[1358] *Jakobs*, Strafrecht AT, 20. Abschn Rdnr. 42; *Pawlik*, JZ 2004, 1045, 1051.

[1359] Für eine Entschuldigung auch im Weichensteller-Fall z. B. S/S-*Lenckner*, Vorbem §§ 32 ff. Rdnr. 117.

(4) Hirsch möchte überdies die Voraussetzung des § 35 Abs. 1 S. 2 StGB auf den übergesetzlichen entschuldigenden Notstand übertragen[1360]. Folgt man dem, so darf dem in Gefahr Geratenen nach den Umständen, namentlich weil er die Gefahr selbst verursacht hat oder weil er in einem besonderen Rechtsverhältnis steht, nicht zuzumuten sein, die Gefahr hinzunehmen.

(5) In subjektiver Hinsicht wird gefordert, daß der Täter aus schwerster Gewissensnot[1361] und zum Zwecke der Gefahrenabwehr[1362] handelt.

(6) Sehr streitig ist, ob es auch einer gewissenhaften Prüfung des Vorliegens einer Notstandssituation bedarf. Der BGH hat dies im „Katzenkönig-Fall" ausdrücklich bejaht und dem Täter angelastet, daß er es an einer derartigen Prüfung habe fehlen lassen[1363]. Schaffstein sieht dies als problematisch an, da diese Ansicht darauf hinausliefe, die Berufung auf vermeidbaren Putativnotstand völlig abzuschneiden, und es vorzugswürdig sei, § 35 Abs. 2 StGB auch auf den übergesetzlichen entschuldigenden Notstand anzuwenden[1364].

c) Stellungnahme

Die Darstellung unter b) hat verdeutlicht, wie umstritten die rechtliche Behandlung von Fällen der vorliegenden Art ist: Es ist weder geklärt, ob der übergesetzliche entschuldigende Notstand rechtlich überhaupt anzuerkennen ist, noch besteht Einigkeit darüber, welche Voraussetzungen bejahendenfalls erfüllt sein müßten.

aa) Spricht man sich für die rechtliche Anerkennung des übergesetzlichen entschuldigenden Notstandes aus, so lassen sich einige der aufgezeigten Voraussetzungen im fiktiven Fall ohne weiteres bejahen. Denn in diesem geht es um den Schutz von Rechtsgütern von höchstem Wert, für die eine gegenwärtige Gefahr besteht. Insofern gilt hier nichts anderes als im Fall des § 34 StGB, so daß auf die dazu gemachten Ausführungen verwiesen werden kann (vgl. S. 217).

bb) Eindeutig zu verneinen ist hingegen die Frage, ob die zu verletzenden Rechtsgüter des *I* „sowieso verloren"[1365] wären. Denn diese Rechtsgüter, zu denen insbesondere die Menschenwürde zählt (vgl. S. 116 ff.), werden erst

---

1360 LK-*Hirsch*, Vor § 32 Rdnr. 218.

1361 S/S-*Lenckner*, Vorbem §§ 32 ff. Rdnr. 117; SK-*Rudolphi*, Vor § 19 Rdnr. 8 . Ähnlich *BGH*, 3 StE 4/91 - StB 11/91, NStZ 1991, 429, 430: Handeln unter dem Druck widerstreitender Pflichten.

1362 LK-*Hirsch*, Vor § 32 Rdnr. 219; *Welzel*, Das deutsche Strafrecht, 185.

1363 *BGH*, 4 StR 352/88, BGHSt 35, 347, 350 f. Ähnlich *Jescheck/Weigend*, Strafrecht AT, 502.

1364 *Schaffstein*, NStZ 1989, 153, 154. Zweifelnd auch S/S-*Lenckner*, Vorbem §§ 32 ff. Rdnr. 117.

1365 Vgl. die Nachweise in Fn. 1358.

durch die Androhung oder Anwendung von Folter verletzt und nicht unabhängig hiervon. Dementsprechend wird man die Voraussetzungen des übergesetzlichen entschuldigenden Notstandes im fiktiven Fall nicht als erfüllt ansehen können, wenn man davon ausgeht, daß zu diesen auch das Verlorensein der zu verletzenden Rechtsgüter zählt.

cc) Ist man diesbezüglich anderer Auffassung, so ist weiter zu überlegen, ob die Androhung oder Anwendung von Folter in jeder Hinsicht die ultima ratio[1366] wäre.

Insofern ist zunächst einmal das Zeitmoment von Bedeutung: Im Weichensteller-Fall wird die Weiche „in letzter Minute" umgelegt (vgl. S. 235). Wenn sich *L* demgegenüber etwa einen Tag vor Ablauf des Ultimatums beraten läßt (vgl. S. 210), so besteht zu diesem Zeitpunkt zumindest theoretisch noch die Möglichkeit, daß auf andere Weise Informationen erlangt werden könnten. Andererseits drängt sich sogleich die Frage auf, ab welchem Zeitpunkt die angekündigten Anschläge so nahe herangerückt sind, daß der Einsatz von Folter für *L* und *V* im wörtlichen Sinne die *ultima* ratio wäre.

Diese Frage wird aber noch von einem weiteren Problem überlagert: Wenn beim übergesetzlichen entschuldigenden Notstand gefordert wird, daß die Tat in *jeder* Hinsicht die ultima ratio sein muß, so kann nicht allein auf die *L* und *V* zur Verfügung stehenden Mittel abgestellt werden. Vielmehr sind alle Optionen in die Überlegungen mit einzubeziehen. Dies bedeutet, daß im Kontext des übergesetzlichen entschuldigenden Notstandes auch zu bedenken ist, daß den politischen Entscheidungsträgern noch die Möglichkeit verbleibt, der Forderung der *O* nachzukommen und *T* freizulassen. Diesbezüglich wurde bereits auf Seite 217 gezeigt, daß ein solches Vorgehen nach der Rechtsprechung des Bundesverfassungsgerichts nicht ausgeschlossen erscheint.

Folglich ist äußerst zweifelhaft, ob die Folter im fiktiven Fall selbst wenige Minuten vor Ablauf des Ultimatums als ultima ratio angesehen werden könnte.

dd) Wer dies bejaht, sieht sich mit einem noch weit schwierigeren Problem konfrontiert: Wäre die Androhung oder Anwendung von Folter bei ethischer Gesamtbetrachtung das wesentlich geringere Übel[1367]?

Insofern ist vorauszuschicken, daß es sich hierbei entgegen der auf Seite 241 wiedergegebenen Auffassung von Gallas um eine unverzichtbare Voraussetzung für die Bejahung eines übergesetzlichen entschuldigenden Notstandes handelt. Nicht zuletzt die Diskussion über die Folter hat bewiesen, daß Wert- und Moralvorstellungen zu unterschiedlich sein können, um die Entscheidung allein der „höchstpersönlichen Verantwortung" zu überlassen und einschränkend nur die Forderung nach „Gewissensreinheit und Rechtsgesinnung" zu erheben.

[1366] Vgl. die Nachweise in Fn. 1355.

[1367] Vgl. die Nachweise in Fn. 1356.

In der somit unumgänglichen Frage nach dem bei ethischer Gesamtbetrachtung wesentlich geringeren Übel wird wieder die ganze Problematik des fiktiven Falles offenkundig: Sind die von der Folter bedrohten Rechtsgüter eines – vermeintlichen – Terroristen höher einzuschätzen als das von ihm und seinen Gesinnungsgenossen bedrohte Leben einer großen Zahl unschuldiger Menschen? Es handelt sich hierbei, um es mit Fonk zu formulieren, um den Musterfall eines Dilemmas[1368].

Die Ausführungen in Teil 2 der vorliegenden Arbeit haben verdeutlicht, daß der Einsatz von Folter nach geltendem Recht unter allen Umständen *verboten* ist. Besonders deutlich wird dies an der Regelung des Art. 2 Abs. 2 UN-Folterkonvention, wonach außergewöhnliche Umstände *gleich welcher Art* nicht als Rechtfertigung für Folter geltend gemacht werden dürfen (vgl. S. 143).

Diese Verbotsnormen waren bei der bisherigen Prüfung der *Strafbarkeit* der Folter bereits mehrfach von Bedeutung. So wurde im Fall von § 32 und § 34 StGB gezeigt, daß es Polizisten mit Blick auf die in Art. 104 Abs. 1 S. 2 GG getroffene Regelung von vornherein verwehrt ist, sich auf Nothilfe oder rechtfertigenden Notstand zu berufen (vgl. S. 209 und S. 217). Ähnliche Auswirkungen hatte Art. 104 Abs. 1 S. 2 GG im Fall des Nothilfeexzesses i. S. v. § 33 StGB (vgl. S. 224), des entschuldigenden Notstandes i. S. v. § 35 StGB (vgl. S. 228) sowie der Unzumutbarkeit normgemäßen Verhaltens (vgl. S. 231).

Nun aber stellt sich die Frage, ob die Rechtslage im Fall des *übergesetzlichen* entschuldigenden Notstandes ebenso zu beurteilen ist. Immerhin gilt es zu bedenken, daß es sich hierbei um einen Entschuldigungsgrund handelt, der für gänzlich ungewöhnliche und nahezu unlösbare Pflichtenkollisionen[1369] gedacht und folglich mit den bisher geprüften Rechtfertigungs- und Entschuldigungsgründen kaum vergleichbar ist.

Gleichwohl hält es Jaschinski für „grundsätzlich verfehlt", bei Folterungen einen übergesetzlichen Notstand als Entschuldigungsgrund in Betracht zu ziehen, denn ein solches Vorgehen sei durch Art. 104 Abs. 1 S. 2 GG als Konkretisierung von Art. 1 Abs. 1 GG (vgl. S. 93) ausdrücklich verboten[1370]. Ähnliche Überlegungen finden sich bei denjenigen, die die Figur des übergesetzlichen Notstandes vorwiegend vom Standpunkt der Staatsrechtswissenschaft aus betrachten[1371]. So heißt es etwa bei Böckenförde:

> „Bei einer Anwendung im Verfassungsrecht gerät der ‚übergesetzliche Notstand' zum ‚überverfassungsmäßigen Notstand'. Die Verfassungsordnung in ihrer Kom-

---

[1368] *Fonk*, ETHICA 13 (2005), 3, 7.

[1369] *Wessels/Beulke*, Strafrecht AT, Rdnr. 452.

[1370] *Jaschinski*, FoR 2003, 64.

[1371] *Böckenförde*, NJW 1978, 1881, 1883; *Gusy*, JuS 1983, 189, 191; J/P-*Jarass*, Art. 20 Rdnr. 38.

petenzgliederung und -begrenzung, in ihrer Verknüpfung bestimmter Aufgaben mit nur bestimmten Befugnissen, wird unter Vorbehalt gestellt. Es entsteht die Möglichkeit der umfassenden, d. h. an jeder Stelle einsetzbaren Durchbrechung oder partiellen Außerkraftsetzung in einer wirklichen oder angenommenen außergewöhnlichen Lage. Als einzige Begrenzung gilt die der Verhältnismäßigkeitsabwägung, nicht aber eine Begrenzung nach Träger, Umfang und Reichweite."[1372]

Nicht zuletzt unter Verweis auf diese Argumentation hat das Landgericht Frankfurt im Strafverfahren gegen Daschner und E. (vgl. S. 13) die Annahme eines übergesetzlichen entschuldigenden Notstandes abgelehnt[1373]. Hierbei ist jedoch eine gewisse Vorsicht angebracht. Denn die vom Landgericht Frankfurt aufgegriffenen Überlegungen betreffen den übergesetzlichen Notstand in seiner Funktion als *Kompetenz- und Befugnisnorm*, die nach Böckenfördes Worten über die Funktion eines „mehr punktuellen Entlastungsvorbehalt[s] gegenüber straftatbestandsmäßigem … Verhalten" hinausgeht[1374].

Daher stellt sich die Frage, ob die umfassende Ächtung der Folter durch das geltende Recht zur Folge hat, daß sich auch auf der Ebene des *Strafrechts* ein übergesetzlicher entschuldigender Notstand unter keinen Umständen annehmen läßt. Jeßberger bejaht dies:

„Vor allem aber kann sub specie übergesetzlicher Notstand nichts anderes gelten als beim rechtfertigenden Notstand: Das Folterverbot steht einer Abwägung der betroffenen Interessen und Güter kategorisch entgegen. Verfassungsrecht und Völkerrecht schließen nicht nur die Billigung von Folterhandlungen durch die Rechtsordnung, sondern auch jede Nachsicht mit dem Täter aus: Folter ist stets vorwerfbar."[1375]

Demgegenüber meint Wittreck, daß selbst durch einen Menschenwürdeverstoß (vgl. S. 116 ff.) die „strafrechtliche Würdigung einer konkreten Aussageerzwingung … nicht umstandslos vorgezeichnet"[1376] sei.

Um feststellen zu können, welche dieser beiden Auffassungen die richtige ist, müssen noch einmal die Wertungen des Verfassungs- und des Völkerrechts in den Blick genommen werden. Denn diese wurden in § 4 und § 5 der vorliegenden Arbeit unter dem Aspekt betrachtet, inwiefern sie ein *Verbot* der Folter statuieren. Indessen wurde bereits auf Seite 39 gezeigt, daß zwischen dem Verbot der Folter und ihrer Strafbarkeit zu differenzieren ist. Dementsprechend werden das Verfassungs- und das Völkerrecht noch einmal daraufhin zu untersuchen sein, welche Aussagen sich hieraus zur *Strafbarkeit* der Folter ableiten lassen. Da diese Prüfung jedoch nicht nur für den übergesetzlichen

---

[1372] *Böckenförde*, a. a. O. (Fn. 1371).

[1373] *LG Frankfurt*, 5/27 KLs 7570 Js 203814/03 (4/04), NJW 2005, 692, 695.

[1374] *Böckenförde*, a. a. O. (Fn. 1371).

[1375] *Jeßberger*, Jura 2003, 711, 715.

[1376] *Wittreck*, DÖV 2003, 873, 876.

entschuldigenden Notstand, sondern – wie bereits mehrfach angedeutet – auch für die sonstigen Rechtfertigungs- und Entschuldigungsgründe von Bedeutung ist, soll sie nicht an dieser Stelle, sondern in dem sich anschließenden § 7 der vorliegenden Arbeit erfolgen.

ee) Was den hier zu behandelnden übergesetzlichen entschuldigenden Notstand anbelangt, so bereitet im fiktiven Fall auch die Forderung des BGH nach einer „gewissenhafte[n] Prüfung des Vorliegens einer Notstandssituation“[1377] nicht unbeträchtliche Schwierigkeiten.

Dies gilt nicht nur hinsichtlich der bereits angesprochenen Fragen, ob die Folterung des *I* die ultima ratio und zudem ein wesentlich geringeres Übel wäre. Vielmehr besteht auch das Problem, daß nicht gewiß ist, ob *I* überhaupt der „Richtige“ ist. Wie auf Seite 28 gezeigt wurde, deutet zwar vieles darauf hin, aber *L* und *V* können sich diesbezüglich keineswegs sicher sein.

Den Ausführungen des BGH läßt sich nichts Genaueres darüber entnehmen, wie hoch die Anforderungen sind, die er an die gewissenhafte Prüfung stellt. In einer so unsicheren Lage wie derjenigen des fiktiven Falles dürften sie aber kaum erfüllt sein. Hierfür spricht nicht zuletzt, daß selbst Brugger, der sich unter bestimmten Umständen für die Folter ausspricht, diese nur gegen einen „identifizierten Aggressor“ anwenden möchte[1378].

d) Zwischenergebnis

Schon die bisherigen Ausführungen verdeutlichen, daß die Annahme eines übergesetzlichen entschuldigenden Notstandes im fiktiven Fall kaum möglich wäre. Dazu ließen sich – wenn man diesen völlig unbestimmten Entschuldigungsgrund überhaupt anerkennen möchte – zu wenige seiner Voraussetzungen zweifelsfrei bejahen. Daß gegen eine entsprechende Entschuldigung aber auch und ganz besonders die Wertungen des Verfassungs- und Völkerrechts sprechen, wird noch zu zeigen sein.

6. Zwischenergebnis

Nach alledem ist festzuhalten, daß keine Entschuldigungsgründe eingriffen, wenn *L* und *V* im fiktiven Fall *I* mit Folter bedrohen oder sogar tatsächlich foltern würden.

[1377] Vgl. die Nachweise in Fn. 1363 auf S. 242.

[1378] *Brugger*, FAZ vom 10. März 2003, 8.

IV. Irrtumsfragen

Als nächstes ist zu überlegen, wie sich Irrtümer auf die Strafbarkeit von *L* und *V* auswirken könnten. Ganz allgemein ist unter einem Irrtum jede Fehlvorstellung zu verstehen, also jede Nichtübereinstimmung von Bewußtseinsinhalt und Wirklichkeit[1379]. Im fiktiven Fall könnten derartige Fehlvorstellungen in zweifacher Hinsicht gegeben sein: Als Irrtum über die rechtlichen Grenzen des Tuns und als Irrtum über die Person des *I*.

Auch an dieser Stelle ist wieder darauf hinzuweisen, daß es im fiktiven Fall noch nicht zur Androhung oder Anwendung von Folter gekommen ist (vgl. S. 155). Dementsprechend sind die nachfolgenden Ausführungen zur Irrtumsproblematik allgemein gehalten. Zu fragen ist jeweils, wie sich der zu behandelnde Irrtum *prinzipiell* auf die rechtliche Bewertung der Tat auswirken könnte[1380].

1. Besonderheiten bei hoheitlichem Tätigwerden

Auch bei der Behandlung der Irrtumsproblematik stellt sich zunächst die Frage, welche Besonderheiten angesichts der Tatsache zu beachten sind, daß *L* und *V* hoheitlich tätig werden.

Die insofern bedeutsamen Punkte wurden bereits angesprochen. Dies gilt zunächst einmal hinsichtlich des sogenannten Irrtumsprivilegs des Staates, das im Kontext der Rechtfertigungsgründe abgehandelt wurde, so daß auf die dort gemachten Ausführungen verwiesen werden kann (vgl. S. 202). Überdies wurde bereits die in § 37 Abs. 2 S. 2 MEPolG (Art. 62 Abs. 2 S. 2 BayPAG, § 59 Abs. 2 S. 2 PolG NRW) getroffene Regelung erwähnt, die die Schuld eines untergebenen Polizeibeamten betrifft, der zur Anwendung unmittelbaren Zwangs angewiesen wird. Wie auf Seite 224 ausgeführt, handelt es sich hierbei um eine Sonderregelung des Verbotsirrtums[1381], so daß die Erörterung in diesem Zusammenhang erfolgen wird.

2. Fehlvorstellungen auf rechtlicher Ebene

Wenden wir uns zunächst den Fehlvorstellungen auf rechtlicher Ebene zu. Hier ist zu untersuchen, welche Auswirkungen es hätte, wenn *L* und *V* ihr Vorgehen für nicht verboten bzw. für gerechtfertigt hielten (nachfolgend a)) oder sich in

---

[1379] *Schlüchter*, JuS 1985, 373.

[1380] Wäre demgegenüber eine entsprechende Handlung bereits vorgenommen worden, so müßte etwa der Verbotsirrtum für jeden einzelnen Tatbestand geprüft werden, da das Unrechtsbewußtsein teilbar ist (vgl. *BGH*, 4 StR 234/56, BGHSt 10, 35; S/S-*Cramer*, § 17 Rdnr. 8; *Wessels/Beulke*, Strafrecht AT, Rdnr. 428).

[1381] Vgl. die Nachweise in Fn. 1256 auf S. 224.

einem Irrtum über das Bestehen bzw. die rechtlichen Grenzen eines Entschuldigungsgrundes befänden (nachfolgend b)).

a) Verbotsirrtum

Nach § 17 S. 1 StGB handelt ohne Schuld, wem bei Begehung der Tat die Einsicht fehlt, Unrecht zu tun, ohne daß er diesen Irrtum vermeiden konnte. Besonders prägnant ist dabei die folgende Formulierung des BGH:

> „Der Täter weiß, was er tut, nimmt aber irrig an, es sei erlaubt.“[1382]

aa) Direkter und indirekter Verbotsirrtum

Der so umschriebene Verbotsirrtum kennt zwei verschiedene Spielarten: Den direkten sowie den auch als Erlaubnisirrtum bezeichneten indirekten Verbotsirrtum.

(1) Ein direkter Verbotsirrtum liegt vor, wenn dem Täter die Verbotsnorm nicht bekannt ist, wenn er sie für ungültig hält oder wenn er sie unrichtig auslegt und dabei zu dem Schluß gelangt, sein in Wahrheit verbotenes Handeln sei rechtlich zulässig[1383].

Verbotskenntnis ist nach herrschender Meinung aber nicht erst dann gegeben, wenn sich der Täter der *Strafrechts*widrigkeit seines Tuns bewußt ist; vielmehr reicht die Vorstellung von der Verletzung irgendeiner, im einzelnen nicht notwendigerweise klar vorgestellten Bestimmung des Strafrechts, des öffentlichen Rechts oder des Zivilrechts[1384]. Dem ist hinsichtlich der Bestimmung des § 17 StGB zu folgen. In diesem Kontext gilt überdies, daß sogar bedingtes Unrechtsbewußtsein als ausreichend anzusehen ist, also die Vorstellung, daß die Tat möglicherweise verboten ist (sog. Unrechtszweifel)[1385]. Anders ist der Maßstab bei den in Ziffer 1 angesprochenen Sondervorschriften des Polizeirechts; hierauf wird noch näher einzugehen sein.

(2) Ein indirekter Verbotsirrtum ist demgegenüber gegeben, wenn der Täter die rechtlichen Grenzen eines Rechtfertigungsgrundes verkennt oder an das Be-

---

[1382] *BGH*, GSSt 2/51, BGHSt 2, 194, 197.

[1383] *BGH*, a. a. O. (Fn. 1382); *Jescheck/Weigend*, Strafrecht AT, S. 456 f.; *Wessels/Beulke*, Strafrecht AT, Rdnr. 456; *Zaczyk*, JuS 1990, 889.

[1384] *BGH*, GSSt 1/57, BGHSt 11, 263, 266; 1 StR 467/60, BGHSt 15, 377, 382 f.; 2 StR 86/99, BGHSt 45, 97, 101; S/S-*Cramer/Sternberg-Lieben*, § 17 Rdnr. 5; *Lackner/Kühl*, StGB, § 17 Rdnr. 2; *Roxin*, Strafrecht AT I, § 21 Rdnr. 13; *Wessels/Beulke*, Strafrecht AT, Rdnr. 461. A. A. *Laubenthal/Baier*, GA 2000, 205, 207; *Otto*, Grundkurs I, § 13 Rdnr. 41.

[1385] *BGH*, 2 StR 612/52, BGHSt 4, 1, 4; 3 StR 514/95, NStZ 1996, 236, 237; 4 StR 742/95, NJW 1996, 1604, 1605; S/S-*Cramer/Sternberg-Lieben*, § 17 Rdnr. 5; *Jescheck/Weigend*, Strafrecht AT, 459; *Tröndle/Fischer*, StGB, § 17 Rdnr. 5.

stehen eines von der Rechtsordnung nicht anerkannten Rechtfertigungsgrundes glaubt[1386].

(3) Es läßt sich ausschließen, daß den Beamten des fiktiven Falles das Verbot der Folter unbekannt ist. Gerade die in § 3 der vorliegenden Arbeit dargestellten Verbotsnormen des einfachen Gesetzesrechts müssen ihnen vertraut sein[1387]. Indessen könnten *L* und *V* glauben, aufgrund von Gegennormen zu einem entsprechenden Vorgehen berechtigt zu sein. Denn auch Daschner war der Ansicht, nach einer Rechtsgüterabwägung zwischen den Grundrechten des Tatverdächtigen und denen des Entführungsopfers die Anwendung unmittelbaren Zwangs anordnen zu dürfen (vgl. S. 14).

Diesbezüglich wurde bereits dargelegt, daß öffentlich-rechtliche Eingriffsbefugnisse im Rahmen der strafrechtlichen Prüfung als Rechtfertigungsgründe zu behandeln sind (vgl. S. 200). Folglich handelt es sich bei der fälschlichen Annahme, der Einsatz eines bestimmten Zwangsmittels sei erlaubt, um die Annahme eines nicht bestehenden Rechtfertigungsgrundes und damit um einen indirekten Verbotsirrtum[1388].

bb) Rechtsfolgen des Verbotsirrtums

Die rechtliche Behandlung des Verbotsirrtums war früher stark umstritten[1389]. Das heute geltende Recht ist bei der Konzeption des § 17 StGB der sogenannten Schuldtheorie gefolgt[1390].

Nach dieser Vorschrift gilt, daß der unvermeidbare Verbotsirrtum einen Schuldausschließungsgrund darstellt (§ 17 S. 1 StGB), während im Fall eines vermeidbaren Verbotsirrtums lediglich eine fakultative Strafmilderung in Betracht kommt (§ 17 S. 2 StGB). Entscheidend für die Rechtsfolgen ist also, ob die Polizisten des fiktiven Falles einen entsprechenden Irrtum vermeiden könnten. Hierzu stellen § 17 StGB sowie die auf Seite 247 angesprochenen Sonderregelungen des Polizeirechts unterschiedliche Maßstäbe auf.

[1386] *BGH*, 5 StR 370/92, BGHSt 39, 1, 35; 1 StR 403/02, NJW 2003, 1955, 1960; *Jescheck/Weigend*, Strafrecht AT, 461 f.; *Wessels/Beulke*, Strafrecht AT, Rdnr. 458, 482.

[1387] *LG Frankfurt*, 5/27 KLs 7570 Js 203814/03 (4/04), NJW 2005, 692, 695.

[1388] *Ambos*, JuS 2000, 465, 467; S/S-*Cramer*, § 343 Rdnr. 15; *Maurach/Schroeder/Maiwald*, Strafrecht BT 2, § 77 Rdnr. 28.

[1389] Vgl. hierzu etwa *Wessels/Beulke*, Strafrecht AT, Rdnr. 461 ff.; *Zaczyk*, JuS 1990, 889, 892.

[1390] S/S-*Cramer/Sternberg-Lieben*, § 17 Rdnr. 3; *Roos*, Die Vermeidbarkeit des Verbotsirrtums, 241; *Wessels/Beulke*, Strafrecht AT, Rdnr. 465.

cc) Vermeidbarkeit des Verbotsirrtums

(1) Vermeidbarkeit im Rahmen des § 17 StGB

(a) Bei der Prüfung eines Verbotsirrtums i. S. v. § 17 StGB sind strenge Anforderungen zu stellen; im Regelfall wird von Vermeidbarkeit auszugehen sein[1391]. Besonders deutlich wird dies anhand des folgenden Zitats aus einer frühen Entscheidung des Großen Senats in Strafsachen:

> „Der Mensch ist, weil er auf freie, sittliche Selbstbestimmung angelegt ist, auch jederzeit in die verantwortliche Entscheidung gerufen, sich als Teilhaber der Rechtsgemeinschaft rechtmäßig zu verhalten und das Unrecht zu vermeiden. Dieser Pflicht genügt er nicht, wenn er nur das nicht tut, was ihm als Unrecht klar vor Augen steht. Vielmehr hat er bei allem, was er zu tun im Begriff steht, sich bewußt zu machen, ob es mit den Sätzen des rechtlichen Sollens in Einklang steht. Zweifel hat er durch Nachdenken oder Erkundigung zu beseitigen. Hierzu bedarf es der Anspannung des Gewissens, ihr Maß richtet sich nach den Umständen des Falles und nach dem Lebens- und Berufskreis des Einzelnen. Wenn er trotz der ihm danach zuzumutenden Anspannung des Gewissens die Einsicht in das Unrechtmäßige seines Tuns nicht zu gewinnen vermochte, war der Irrtum unüberwindlich, die Tat für ihn nicht vermeidbar."[1392]

(b) Im fiktiven Fall ist dabei von besonderer Bedeutung, daß *L* und *V* in amtlicher Eigenschaft tätig werden[1393]. Dementsprechend hoch sind die Anforderungen, die an eine von ihnen vorzunehmende Prüfung der Rechtslage gestellt werden:

> „Aus der Bindung der Verwaltung an Gesetz und Recht (Art. 20 III GG), einschließlich Gewohnheitsrechts, allgemeiner Regeln des Völkerrechts (Art. 25 GG), allgemeiner verfassungsrechtlicher Prinzipien wie des Übermaßverbotes, Verbotes des Rechtsmissbrauchs folgt, dass der Beamte vor einer dienstlichen Handlung die Rechtsgeltung von vor- und nachkonstitutionellen Gesetzen, Rechtsverordnungen, Satzungen ebenso prüfen muss wie die Rechtmäßigkeit allgemeiner Richtlinien und amtlicher oder dienstlicher Weisungen seiner Vorgesetzten ..."[1394]

Hinsichtlich des Umfangs der bei dieser Prüfung notwendigen Rechtskenntnisse läßt sich eine Parallele zur Rechtsprechung in Amtshaftungssachen ziehen[1395].

[1391] *BGH*, 1 StR 2/52, BGHSt 3, 357, 365; 3 StR 219/52, BGHSt 4, 236, 242 f.; KRB 2/65, BGHSt 21, 18, 20 f.; 4 StR 742/95, NJW 1996, 1604, 1606; *OLG Köln*, Ss 340/95, NJW 1996, 472, 473; *Ellbogen*, Jura 2005, 339, 342; *Jescheck/Weigend*, Strafrecht AT, 459; *Meyer-Goßner/Appl*, Die Urteile in Strafsachen, Rdnr. 312; *Roxin*, Strafrecht AT I, § 21 Rdnr. 4; *Valerius*, NStZ 2003, 341, 344.

[1392] *BGH*, GSSt 2/51, BGHSt 2, 194, 201.

[1393] MüKo-StGB-*Joecks*, § 17 Rdnr. 65; *Wittreck*, DÖV 2003, 873, 876.

[1394] *Battis*, BBG, § 56 Rdnr. 3.

[1395] *Battis*, a. a. O. (Fn. 1394).

Nach dem im Rahmen des § 839 Abs. 1 BGB anzulegenden objektivierten Sorgfaltsmaßstab müssen Beamte diejenigen Kenntnisse und Fähigkeiten besitzen, die für die Führung des übernommenen Amtes im Durchschnitt erforderlich sind[1396]. In Anwendung dieser Kenntnisse haben sie die Rechtslage gewissenhaft zu prüfen. Dieser Pflicht handeln sie zuwider, wenn sie gegen bestimmte, klare und eindeutige Vorschriften verstoßen[1397].

Verbleiben nach der Prüfung der einschlägigen Vorschriften noch Zweifel, so trifft die Beamten die Pflicht, sich über die hierzu ergangene (höchstrichterliche) Rechtsprechung zu informieren[1398]. Dabei ist im Fall der Folter die zu Art. 3 EMRK ergangene Rechtsprechung des EGMR, die das Bundesverfassungsgericht als Interpretationshilfe für das Grundgesetz heranzieht (vgl. S. 107), von besonderer Bedeutung. Denn hiernach gilt, daß die Folter selbst gegen Terroristen nicht zum Einsatz gelangen darf[1399].

Sind sich die Beamten nach der von ihnen vorzunehmenden eigenen Prüfung über die Rechtslage noch nicht sicher – was insbesondere mit Blick auf den Ausnahmecharakter des fiktiven Falles möglich erscheint –, so trifft sie eine Erkundigungspflicht[1400]. Denn auf ihr eigenes Urteil dürfen sie sich nicht ohne weiteres verlassen[1401]. Vielmehr müssen sie sich an eine zuständige, sachkundige und unvoreingenommene Person wenden, die die Gewähr für eine objektive und verantwortungsbewußte Auskunft gibt[1402]. Der BGH hat im „Katzenkönig-Fall" klargestellt, daß dies für Polizeibeamte sogar dann gilt, wenn sie von Wahnideen geleitet werden[1403]. Mithin kann auch der Ausnahmecharakter des fiktiven Falles an der Erkundigungspflicht nichts ändern.

Allerdings ergibt sich hier insofern ein Problem, als die Diskussion über die Folter verdeutlicht hat, daß selbst unter Juristen keine Einigkeit über die Zulässigkeit eines solchen Vorgehens besteht (vgl. S. 17). Dies ist für die Prüfung des Verbotsirrtums nicht unerheblich, da sich die Frage stellt, inwiefern Erkundigungen zur Klärung der Rechtslage und zur Beseitigung des Irrtums führen

---

[1396] *BGH*, III ZR 111/99, NJW 2001, 2626, 2629; MüKo-BGB-*Papier*, § 839 Rdnr. 288.

[1397] *Lochte-Handjery*, JuS 2001, 1186, 1187; MüKo-BGB-*Papier*, § 839 Rdnr. 289.

[1398] *BGH*, III ZR 80/83, NJW 1985, 1692, 1693; III ZR 9/91, NJW-RR 1992, 919; MüKo-StGB-*Joecks*, § 17 Rdnr. 44; MüKo-BGB-*Papier*, § 839 Rdnr. 289; *Tremml/Karger*, Der Amtshaftungsprozeß, Rdnr. 169.

[1399] Vgl. die Nachweise in Fn. 736 auf S. 138.

[1400] *BGH*, 4 StR 742/95, NJW 1996, 1604, 1606; 5 StR 474/00, BGHSt 46, 279, 287; LK-*Schroeder*, § 17 Rdnr. 41.

[1401] *BGH*, KRB 2/65, BGHSt 21, 18, 20 f.; *Wessels/Beulke*, Strafrecht AT, Rdnr. 466.

[1402] *BGH*, 1 StR 357/94, BGHSt 40, 257, 264; 1 StR 597/99, wistra 2000, 257; *Zaczyk*, JuS 1990, 889, 893.

[1403] *BGH*, 4 StR 352/88, BGHSt 35, 347, 350.

würden[1404]. Indessen darf der Täter nicht vorschnell auf die Richtigkeit des ihm günstigen Standpunktes vertrauen und dabei seine Augen vor gegenteiligen Ansichten und Entscheidungen verschließen[1405]. Denn auch der Bedeutung einer Rechtsauskunft sind Grenzen gesetzt[1406]. Mithin könnte etwa ein Verweis auf die Ansichten Bruggers (vgl. S. 84, 90 und 138) einen Verbotsirrtum nicht als unvermeidbar erscheinen lassen[1407]. Denn Brugger selbst spricht diesbezüglich von einer „interpretativen Ausweichstrategie"[1408] bzw. von einer „Alternativlösung"[1409] und gibt damit zu verstehen, daß es sich um eine Gegenkonzeption zur herrschenden Meinung handelt. Hinzu kommt, daß seine Ansichten auf erhebliche Kritik gestoßen sind[1410], was bei einer sorgfältigen Auskunft entsprechend zu berücksichtigen wäre.

(c) Daher gilt es festzuhalten, daß das Landgericht Frankfurt im Verfahren gegen Daschner (vgl. S. 13) zu Recht darauf hingewiesen hat, daß durch eine Rückfrage bei der Staatsanwaltschaft die verläßliche Auskunft zu erhalten gewesen wäre, daß Folterungen nach geltendem Recht unter allen Umständen verboten sind[1411]. Gleiches gälte im fiktiven Fall, so daß auch hier ein Verbotsirrtum i. S. v. § 17 StGB vermeidbar wäre.

(2) Sonderregelungen des Polizeirechts

(a) Die vorstehenden Überlegungen zu § 17 StGB waren für *L* und *V* gleichermaßen von Bedeutung, da ein Rückgriff auf den allgemeinen Verbotsirrtum neben den Sonderregelungen des Polizeirechts möglich bleibt[1412].

Da sich aber kein unvermeidbarer Verbotsirrtum i. S. v. § 17 S. 1 StGB annehmen läßt, stellt sich nun die Frage, ob die Anwendung von § 37 Abs. 2 S. 2 MEPolG (Art. 62 Abs. 2 S. 2 BayPAG, § 59 Abs. 2 S. 2 PolG NRW) zu einem für *V* günstigeren Ergebnis führen würde, wenn er der Anweisung des *L* folgte, *I* mit Folter zu bedrohen und gegebenenfalls sogar tatsächlich zu foltern. Nach

---

[1404] Vgl. hierzu *BGH*, 4 StR 742/95, NJW 1996, 1604, 1606; *OLG Celle*, 3 Ss 270/75, NJW 1977, 1644, 1645; *OLG Braunschweig*, Ss 9/98, StV 1998, 492; *Tröndle/Fischer*, StGB, § 17 Rdnr. 9a; *Wessels/Beulke*, Strafrecht AT, Rdnr. 466.

[1405] *OLG Köln*, Ss 340/95, NJW 1996, 472, 473; *Kretschmer*, RuP 2003, 102, 113; *Meyer-Goßner/Appl*, Die Urteile in Strafsachen, Rdnr. 312.

[1406] *BGH*, KRB 2/65, BGHSt 21, 18, 21 f.; *OLG Celle*, 3 Ss 270/75, NJW 1977, 1644, 1645; *OLG Düsseldorf*, III-5 Ss 143-03 – 50/03 I, MMR 2004, 409, 410.

[1407] *LG Frankfurt*, 5/27 KLs 7570 Js 203814/03 (4/04), NJW 2005, 692, 695.

[1408] *Brugger*, JZ 2000, 165, 173.

[1409] *Brugger*, a. a. O. (Fn. 1408).

[1410] Vgl. etwa *Kretschmer*, RuP 2003, 102, 107 f.; *Tröndle/Fischer*, StGB, § 32 Rdnr. 7d; *Saliger*, ZStW 116 (2004), 35, 46.

[1411] *LG Frankfurt*, 5/27 KLs 7570 Js 203814/03 (4/04), NJW 2005, 692, 695.

[1412] MüKo-*Joecks*, § 17 Rdnr. 85. Vgl. auch *BGH*, 5 StR 418/92, BGHSt 39, 168, 190.

diesen Bestimmungen träfe *V* nur dann eine Schuld, wenn er erkennen würde oder wenn es nach den ihm bekannten Umständen offensichtlich wäre, daß durch Befolgen der Anordnung eine Straftat begangen würde.

(b) Auf der Grundlage der zur Verfügung stehenden Informationen läßt sich nicht mit Sicherheit feststellen, ob *V* die Strafbarkeit seines Handelns tatsächlich erkennen würde.

(c) Zu überlegen ist jedoch, ob es nach den ihm bekannten Umständen offensichtlich wäre, daß er durch Befolgen der Anordnung eine Straftat beginge.

Mit dem Erfordernis der Offensichtlichkeit ist eine erhebliche Privilegierung verbunden. Denn es bewirkt, daß der Verstoß gegen das Strafrecht für einen durchschnittlichen Beamten klar auf der Hand liegen muß[1413], so daß sich Zweifel regelmäßig zu seinen Gunsten auswirken[1414]. Mithin führt nicht schon jeder vermeidbare, sondern nur ein besonders leicht vermeidbarer Verbotsirrtum zu einer Bestrafung[1415].

Hierin liegt für den fiktiven Fall ein nicht zu unterschätzendes Problem. Denn wie bereits auf Seite 205 erwähnt, reicht es nicht aus, wenn *V* erkennt, daß die ihm abverlangte Handlung den objektiven Tatbestand einer Strafvorschrift erfüllt; vielmehr müßte für ihn offensichtlich sein, daß auch keine Rechtfertigungsgründe eingreifen[1416]. Zwar steht nach den Ausführungen auf Seite 200 ff. fest, daß weder die Androhung noch die Anwendung von Folter gerechtfertigt wäre. Allerdings bedurfte es hierzu einer umfangreichen Prüfung, da nicht übersehen werden darf, daß es sich vorliegend um eine Extremsituation handelt, in der selbst einige Juristen Folterungen für zulässig halten. Dies erschwert die Bejahung der Offensichtlichkeit.

Gleichwohl gilt es zu beachten, daß die hier zu untersuchenden Bestimmungen Teil der polizeirechtlichen Regelungen über die Anwendung unmittelbaren Zwangs sind. Wie auf Seite 82 ausgeführt, stehen sie damit im Kontext der in § 33 Abs. 2 MEPolG (Art. 58 Abs. 2 BayPAG, § 55 Abs. 2 PolG NRW) getroffenen Regelung, wonach unmittelbarer Zwang zur Abgabe einer Erklärung ausgeschlossen ist. Hinzu kommt, daß nach Art. 10 UN-Folterkonvention die Aufklärung über das Verbot der Folter vollgültiger Bestandteil der Ausbildung solcher Angehörigen des öffentlichen Dienstes sein muß, die wie *V* mit Vernehmungen befaßt sind. Auf ein Unterbleiben einer derartigen Belehrung könnte *V* sich nicht berufen. Dies verdeutlicht eine Entscheidung aus dem Jahr 1999, in der es um das Verhalten eines Oberfeldwebels ging, der im Rahmen einer Ge-

---

1413 *BGH*, 5 StR 370/92, BGHSt 39, 1, 33; 5 StR 418/92, BGHSt 39, 168, 189; *Schölz/Lingens*, WStG, § 5 Rdnr. 13.

1414 MüKo-*Joecks*, § 17 Rdnr. 85.

1415 *Roxin*, Strafrecht AT I, § 21 Rdnr. 74.

1416 *Günther*, ZBR 1988, 297, 303 f.

fechtsübung per Funk den – scherzhaft gemeinten – Befehl erhalten hatte, einen Gefangenen „nach den Regeln des humanitären Völkerrechts zu foltern", was er in die Tat umsetzte. Das Bundesverwaltungsgericht führte hierzu aus:

> „Soweit sich der Soldat in erster Instanz darauf berufen hat, daß er über die Genfer Konventionen nicht belehrt worden sei, sondern lediglich eingeräumt hat, daß er möglicherweise im Feldwebellehrgang davon gehört habe, vermag er sich damit nicht zu entlasten. Denn selbst wenn ein Vorgesetzter im Rahmen seiner Ausbildung nicht eingehend über die Bestimmungen des geltenden Strafrechts und des Kriegsvölkerrechts unterrichtet worden ist, weiß er als langjähriger Angehöriger der Bundeswehr, daß sich jede Form einer Mißhandlung oder demütigenden Behandlung von Kameraden nicht mit der in einem demokratischen Rechtsstaat wie der Bundesrepublik Deutschland allgemein vertretenen Anschauung des rechtlich Zulässigen vereinbaren lassen."[1417]

Dies alles deutet darauf hin, daß die Frage der Offensichtlichkeit zu bejahen ist. Letzte Gewißheit wird die Prüfung der Vorgaben bringen, die dem Verfassungs- und Völkerrecht zur Strafbarkeit der Folter entnommen werden können (§ 7 der vorliegenden Arbeit).

dd) Zwischenergebnis

Angesichts der Tatsache, daß es sich im fiktiven Fall um einen vermeidbaren Verbotsirrtum handeln würde, käme es weder nach § 17 S. 1 StGB noch nach den Sonderregelungen des Polizeirechts zu einem Entfallen der Schuld[1418]. Es bestünde allenfalls die Möglichkeit einer Strafmilderung nach § 17 S. 2 i. V. m. § 49 Abs. 1 StGB[1419].

b) Irrtum über Entschuldigungsgründe

Nunmehr ist zu überlegen, wie es sich auswirken würde, wenn *L* und *V* an die Existenz eines nicht anerkannten Entschuldigungsgrundes glaubten oder sich über die rechtlichen Grenzen anerkannter Entschuldigungsgründe irrten.

Von § 35 Abs. 2 StGB sind derartige Irrtümer auf der *Rechts*ebene nicht erfaßt, da diese Vorschrift nur Fälle betrifft, in denen der Täter irrig *tatsächliche* Umstände annimmt, die ihn nach § 35 Abs. 1 StGB entschuldigen würden (sog. Putativnotstand)[1420].

[1417] *BVerwG*, 2 WD 29/98, BVerwGE 113, 311, 314.

[1418] *LG Frankfurt*, 5/27 KLs 7570 Js 203814/03 (4/04), NJW 2005, 692, 695; *Ellbogen*, Jura 2005, 339, 342; *Kretschmer*, RuP 2003, 102, 113; *Roxin*, Eser-FS, 468.

[1419] Vgl. hierzu etwa *Jescheck/Weigend*, Strafrecht AT, 458, 461; *Lackner/Kühl*, StGB, § 17 Rdnr. 8; *Roxin*, Strafrecht AT I, § 21 Rdnr. 70. Auf die diesbezüglichen Vorgaben des Völkerrechts wird noch einzugehen sein.

[1420] *Hardtung*, ZStW 108 (1996), 26; S/S-*Lenckner/Perron*, § 35 Rdnr. 41; MüKo-StGB-*Müssig*, § 35 Rdnr. 85; *Tröndle/Fischer*, StGB, § 35 Rdnr. 17.

Zu erwägen wäre, ob ein solcher Irrtum auf der Rechtsebene unabhängig von § 35 Abs. 2 StGB Bedeutung erlangen könnte. Jedoch wird dies von der herrschenden Meinung mit zutreffenden Überlegungen verneint[1421]. Der gegenteiligen Ansicht von Frister[1422] kann nicht gefolgt werden, da diese in Extremsituationen wie derjenigen des fiktiven Falles darauf hinausliefe, daß ein Täter durch seine eigene Vorstellung definieren könnte, wann sein Handeln aufgrund eines übergesetzlichen Notstandes entschuldigt wäre. Dies würde diesem Entschuldigungsgrund, der ohnehin schon weitgehend konturenlos ist (vgl. S. 234 ff.), auch noch den verbleibenden Rest an Handhabbarkeit nehmen.

Ein Irrtum über die Existenz oder die rechtlichen Grenzen von Entschuldigungsgründen wäre also rechtlich unbeachtlich.

3. Fehlvorstellungen auf tatsächlicher Ebene

Wenden wir uns nun den Fehlvorstellungen auf tatsächlicher Ebene zu. Diesbezüglich wurde bereits mehrfach darauf hingewiesen, daß im fiktiven Fall zwar mehrere Anhaltspunkte für *I's* Beteiligung an den Ereignissen sprechen, aber hierüber keine wirkliche Gewißheit besteht (vgl. S. 28 f.). Daher ist der Frage nachzugehen, wie es sich auf die Strafbarkeit der Beamten auswirken würde, wenn sich die Unschuldsbeteuerungen des *I* als wahr erwiesen und dementsprechend der „Falsche" mit Folter bedroht oder sogar tatsächlich gefoltert würde.

a) Error in persona

Zu den tatsächlichen Voraussetzungen, die vom Vorsatz erfaßt sein müssen, gehört regelmäßig auch die Person des Verletzten[1423]. Daher ist zu überlegen, ob ein Irrtum über die Person des *I* nach § 16 Abs. 1 S. 1 StGB den Vorsatz entfallen ließe.

aa) Fehlvorstellungen, die sich auf die Identität oder sonstige Eigenschaften der betroffenen Person beziehen, beurteilen sich grundsätzlich nach den Regeln, die zum sogenannten „error in persona vel in obiecto" entwickelt worden sind[1424].

Bei Gleichwertigkeit des Tatobjekts stellt ein solcher Irrtum für den unmittelbar Handelnden (hier also *V*) einen unbeachtlichen Motivirrtum dar, durch den sein Tatbestandsvorsatz nicht in Frage gestellt wird[1425]. Denn seine Hand-

---

[1421] LK-*Hirsch*, vor § 32 Rdnr. 200, § 35 Rdnr. 75 f.; *Jakobs*, Strafrecht AT, 17. Abschn Rdnr. 76; *Jescheck/Weigend*, Strafrecht AT, 507; S/S-*Lenckner*, § 35 Rdnr. 45; *Roxin*, Strafrecht AT I, § 22 Rdnr. 65; *Wessels/Beulke*, Strafrecht AT, Rdnr. 460, 490, 831.

[1422] *Frister*, Die Struktur des „voluntativen Schuldelements", 239 f.

[1423] *Tröndle/Fischer*, StGB, § 16 Rdnr. 5.

[1424] *Wessels/Beulke*, Strafrecht AT, Rdnr. 247.

[1425] *BGH*, 4 StR 371/90, BGHSt 37, 214, 216; 1 StR 635/96, NStZ 1996, 294, 295; *Beulke*,

lungen treffen den konkreten Menschen, den er vor sich sieht und gegen den er handeln will[1426]. Nur diese äußeren Tatumstände werden von § 16 Abs. 1 S. 1 StGB erfaßt, nicht aber der zugrundeliegende Beweggrund[1427], daß *I* für den Urheber der beiden Massen-Emails gehalten wird, dessen Wissen bei der Verhinderung der angedrohten Anschläge helfen kann. Angesichts dieser Unbeachtlichkeit der Fehlvorstellung läge im Vorgehen des *V* nicht auch noch zusätzlich versuchtes Handeln gegenüber derjenigen Person, die die Emails in Wahrheit versandt hat[1428].

Weitaus umstrittener ist, wie sich ein solcher Irrtum des unmittelbar Handelnden für den Hintermann – sei dieser mittelbarer Täter, Mittäter, Anstifter oder Gehilfe[1429] – auswirkt. Die Rechtsprechung geht davon aus, daß der Irrtum des Vordermannes auch für den Hintermann unbeachtlich ist, „es sei denn, daß die Verwechslung des Opfers durch den Täter außerhalb der Grenzen des nach allgemeiner Lebenserfahrung Voraussehbaren liegt“[1430]. Demgegenüber stellt sich nach Auffassung weiter Teile des Schrifttums der error in persona des Vordermannes für den Hintermann grundsätzlich als – beachtliche – aberratio ictus dar[1431].

Die Beteiligungsform des *L* wird noch zu klären sein. Indessen steht eines fest: Der fiktive Fall ist nicht mit denjenigen Fällen vergleichbar, um die sich der Meinungsstreit rankt. Denn anders als etwa in dem bekannten „Rose-Rosahl-Fall“[1432] bleibt *V* die nähere Konkretisierung des *I* nicht überlassen. Er soll nicht eine Person foltern, die erst noch erscheinen wird, sondern den bereits im Vernehmungszimmer befindlichen *I*. Die Lage unterscheidet sich also grundlegend von den zumeist behandelten Fällen, in denen der Hintermann niemanden

---

Klausurenkurs I, Rdnr. 153; S/S-*Cramer/Sternberg-Lieben*, § 15 Rdnr. 59; *Jescheck/Weigend*, Strafrecht AT, 311; *Roxin*, Strafrecht AT I, § 12 Rdnr. 194; LK-*Schroeder*, § 16 Rdnr. 8; *Tröndle/Fischer*, StGB, § 16 Rdnr. 5; *Wessels/Beulke*, Strafrecht AT, Rdnr. 249.

1426 *Tröndle/Fischer*, a. a. O. (Fn. 1425).

1427 *Beulke*, a. a. O. (Fn. 1425).

1428 S/S-*Cramer/Sternberg-Lieben*, § 15 Rdnr. 59; *Jescheck/Weigend*, Strafrecht AT, 690 Fn. 32; LK-*Roxin*, § 26 Rdnr. 97; *Wessels/Beulke*, Strafrecht AT, Rdnr. 249.

1429 *Roxin*, Strafrecht AT I, § 12 Rdnr. 200; LK-*Schroeder*, § 16 Rdnr. 14.

1430 *BGH*, 4 StR 371/90,), BGHSt 37, 214. Vgl. auch *BGH*, 4 StR 613/57, BGHSt 11, 268; 1 StR 635/96, NStZ 1998, 294, 295.

1431 *Jescheck/Weigend*, Strafrecht AT, 672; *Lackner/Kühl*, StGB, § 26 Rdnr. 6; *Roxin/Schünemann/Haffke*, Strafrechtliche Klausurenlehre, 128 f.

1432 *Preußisches Obertribunal*, Nr. 138. II., GA 7 (1859), 332: Rose wurde von seinem Arbeitgeber, dem Holzhändler Rosahl, angestiftet, den Zimmermann Schliebe zu erschießen. Rose legte sich abends nach 21 Uhr in einem Hinterhalt auf die Lauer. In der Dunkelheit hielt er den des Weges kommenden 17jährigen Gymnasiasten Harnisch irrtümlich für Schliebe und erschoß ihn. Als der bald darauf am Tatort erscheinende Schliebe die Leiche vorfand, vermutete er sogleich, daß die Kugel ihm gegolten habe.

verwechselt[1433]. Das vorliegende Szenario wäre nur dann mit den in der Literatur angeführten Fällen vergleichbar, wenn *L* den *V* anwiese, *I* zu foltern, *V* aber aufgrund eines Hörfehlers in ein anderes Vernehmungszimmer ginge und dort den *X* folterte[1434]. Dementsprechend weist Kühl zu Recht darauf hin, daß auch nach der Literaturmeinung nicht in jedem Fall eine aberratio ictus angenommen werden kann[1435].

cc) Einer weiteren Vertiefung dieser Problematik bedarf es nicht. Zwar finden sich in der älteren Literatur Stimmen, die Fälle dieser Art tatsächlich als error in persona behandeln wollen[1436]. Doch hat sich die Rechtsauffassung mittlerweile gewandelt[1437]. Denn „[d]er Irrtumsproblematik liegt hier zwar eine Verwechslung zugrunde, diese ist aber gleichsam nur die kausale Basis für das Entstehen eines weiteren Irrtums"[1438], der in der durch die Personenverwechselung bedingten irrigen Annahme eines rechtfertigenden Sachverhalts liegt. Dies führt dazu, daß Fehlvorstellungen über die Person des Angreifers grundsätzlich als Erlaubnistatbestandsirrtum zu behandeln sind[1439].

b) Erlaubnistatbestandsirrtum

Der Erlaubnistatbestandsirrtum ist ein Irrtum über die *sachlichen* Voraussetzungen eines anerkannten Rechtfertigungsgrundes. Der Täter nimmt hier irrig Umstände an, die im Falle ihres wirklichen Vorliegens seine Tat rechtfertigen würden[1440]. Wie bereits erwähnt, kommt ein derartiger Erlaubnistatbestandsirrtum auch bei einem Irrtum über die Person des Angreifers in Betracht[1441].

aa) So hatte der BGH unlängst über folgenden Fall von Putativnotwehr zu entscheiden[1442]: Ein Gastwirt, in dessen Gaststätte bereits mehrfach eingebrochen worden war, wurde nachts von seiner Lebensgefährtin mit dem Hinweis geweckt, die Alarmanlage in der Gaststätte sei losgegangen. Er trug ihr auf, die Polizei zu alarmieren, bewaffnete sich und begab sich zu der etwa 50 Meter

---

1433 LK-*Roxin*, § 26 Rdnr. 92.

1434 Vgl. zu einem solchen Fall S/S-*Cramer/Heine*, § 25 Rdnr. 53.

1435 *Lackner/Kühl*, StGB, § 26 Rdnr. 6.

1436 *Binding*, Die Normen und ihre Übertretung 3, 202 f.

1437 Zusammenfassend *Mayr*, Error in persona, 23 f.

1438 *Hillenkamp*, Die Bedeutung von Vorsatzkonkretisierungen, 40 f.

1439 *BGH*, 3 StR 134/01, NStZ 2001, 590, 591; *Hillenkamp*, a. a. O. (Fn. 1438); *Maurach/Zipf*, Strafrecht AT 1, § 23 Rdnr. 26; *Puppe*, GA 1981, 1, 19; *Tröndle/Fischer*, StGB, § 32 Rdnr. 27; *Warda*, Blau-FS, 160 f.

1440 *BGH*, 5 StR 712/98), BGHSt 45, 219, 224 f.; 4 StR 558/99, BGHSt 45, 378, 384; *Ebert*, Strafrecht AT, 145; *Erb*, Jura 2005, 24, 29; *Lesch*, JA 1996, 504, 507; *Jescheck/Weigend*, Strafrecht AT, 462; *Wessels/Beulke*, Strafrecht AT, Rdnr. 457, 467.

1441 Vgl. die Nachweise in Fn. 1439.

1442 *BGH*, 3 StR 134/01, NStZ 2001, 590. Vgl. auch *Erb*, NStZ 2004, 369, 373 f.

entfernt gelegenen Wirtschaft. Aus einiger Entfernung sah er in deren Innenraum einen Lichtschein, der sich zum Seiteneingang bewegte. Sowohl dieser Eingang als auch der Standplatz des Wirts befanden sich im Dunkeln. Als sich der Lichtschein aus der Tür heraus und auf ihn zu bewegte, gab der Gastwirt ohne Vorwarnung einen Schuß aus seiner Schrotflinte ab, um den vermeintlichen Einbrecher zu treffen. Tatsächlich handelte es sich um seine Lebensgefährtin, die ohne sein Wissen die Wohnung verlassen und von ihm unbemerkt die Gaststätte betreten hatte.

Vergleicht man diesen Fall mit dem fiktiven Fall der vorliegenden Arbeit, so fällt ein entscheidender Unterschied auf: Der Gastwirt des BGH-Falles war fest davon überzeugt, den wirklichen Einbrecher vor sich zu haben. Anders verhält es sich im fiktiven Fall, in dem *L* und *V* keinesfalls sicher sind, ob *I* tatsächlich der Versender der beiden Massen-Emails ist. In solchen Zweifelsfällen ist die Annahme eines Erlaubnistatbestandsirrtums regelmäßig nicht möglich[1443]. Zwar sind diesbezüglich noch viele Fragen offen, was insbesondere für Fälle gilt, in denen ein weiteres Abwarten die Gefahr heraufbeschwört, daß es für eine Schadensabwendung zu spät ist. Indessen ist zu bedenken, daß es sich bei Folterungen um massive Eingriffe in Rechtsgüter von höchstem Wert handelt. Daher meint selbst Erb, der Folterungen in Extremfällen als durch Nothilfe gerechtfertigt ansieht[1444], daß „bei Fehlen einer absoluten Evidenz der Verantwortlichkeit des Adressaten der Nothilfehandlung für das Entführungs- oder Terrorverbrechen von einem vermeidbaren und fahrlässigen Irrtum auszugehen“[1445] sei.

bb) Dem braucht hier jedoch ebensowenig weiter nachgegangen zu werden wie der noch deutlich umstritteneren Frage, wie der Erlaubnistatbestandsirrtum generell zu behandeln ist[1446]. Denn entgegen der von Erb vertretenen Meinung wäre der Einsatz von Folter nach geltendem Recht unter keinen Umständen gerechtfertigt (vgl. S. 200 ff.). Dann aber kann der Fall nicht nach den Regeln des Erlaubnistatbestandsirrtums gelöst werden, denn hierfür kommt es entscheidend darauf an, ob ein Rechtfertigungsgrund gegeben wäre, wenn die Vorstellung des Täters als wahr unterstellt wird[1447].

[1443] *BGH*, 5 StR 712/98, BGHSt 45, 219, 224 f.; *Lackner/Kühl*, StGB, § 17 Rdnr. 18; *Roxin*, Strafrecht AT I, § 14 Rdnr. 90 ff.

[1444] *Erb*, Jura 2005, 24, 29.

[1445] *Erb*, a. a. O. (Fn. 1444). Ihm folgend *Wagenländer*, Zur strafrechtlichen Beurteilung der Rettungsfolter, 119. Ähnlich *Götz*, NJW 2005, 953, 955.

[1446] Vgl. zum Meinungsstand *Lesch*, JA 1996, 507 ff.; *Wessels/Beulke*, Strafrecht AT, Rdnr. 468 ff.

[1447] *Beulke*, Klausurenkurs I, Rdnr. 255; *Jescheck/Weigend*, Strafrecht AT, 462.

Fälle dieser Art, in denen ein Erlaubnistatbestandsirrtum mit einem Verbotsirrtum zusammentrifft, werden herkömmlich als „Doppelirrtum“ bezeichnet[1448]. Während ihre rechtliche Behandlung früher noch sehr unklar war[1449], besteht heute Einigkeit darüber, daß sie im Ergebnis allein nach den Regeln des Verbotsirrtums zu behandeln sind[1450]. „[D]er gleichfalls vorliegende Erlaubnistatbestandsirrtum vermag keine Privilegierung des Täters zu erreichen, da der Täter selbst bei Vorliegen der von ihm vorgestellten Sachlage ... wegen Überschreitens der Grenzen nicht gerechtfertigt wäre“[1451].

cc) Mithin würde ein Irrtum über die Person des *I* an dem auf Seite 254 gefundenen Ergebnis nichts ändern, daß angesichts der Vermeidbarkeit des Verbotsirrtums allenfalls die Möglichkeit einer Strafmilderung nach § 17 S. 2 i. V. m. § 49 Abs. 1 StGB bestünde.

c) Entschuldigungsirrtum

Fraglich ist, wie sich ein Irrtum über die sachlichen Voraussetzungen eines Entschuldigungsgrundes, der als Entschuldigungsirrtum bezeichnet wird[1452], rechtlich auswirken würde.

aa) Die einzige diesbezügliche Regelung findet sich in § 35 Abs. 2 StGB. Diese Bestimmung betrifft den Fall, daß der Täter bei Begehung der Tat irrig Umstände annimmt, bei deren Vorliegen er nach § 35 Abs. 1 StGB entschuldigt wäre[1453].

Bei der Rechtsfolge differenziert § 35 Abs. 2 StGB ähnlich wie § 17 StGB danach, ob ein vermeidbarer oder ein unvermeidbarer Irrtum vorliegt. Indessen handelt es sich um einen Irrtum eigener Art[1454], der zwar gemeinsam mit einem Verbotsirrtum auftreten kann, aber gesondert von diesem zu prüfen ist[1455].

[1448] S/S-*Cramer/Sternberg-Lieben*, § 17 Rdnr. 11. Kritisch zu dieser Bezeichnung *Beulke*, Klausurenkurs I, Rdnr. 270.

[1449] *BGH*, 1 StR 708/51, BGHSt 3, 105, 108. Vgl. hierzu S/S-*Cramer/Sternberg-Lieben* a. a. O. (Fn. 1448)

[1450] *BGH*, 2 StR 372/77, NJW 1978, 1206; 4 StR 2/87, NStZ 1987, 322 f.; *Beulke*, Klausurenkurs I, Rdnr. 270; S/S-*Cramer/Sternberg-Lieben*, § 17 Rdnr. 11; *Jescheck/Weigend*, Strafrecht AT, 467; *Kühl*, Strafrecht AT, § 13 Rdnr. 80; S/S-*Lenckner/Perron*, § 32 Rdnr. 65.

[1451] S/S-*Cramer/Sternberg-Lieben*, a. a. O. (Fn. 1450).

[1452] *Roxin*, Strafrecht AT I, § 22 Rdnr. 61.

[1453] *Baumann/Weber/Mitsch*, Strafrecht AT, § 23 Rdnr. 34; *Hardtung*, ZStW 108 (1996), 26; S/S-*Lenckner/Perron*, § 35 Rdnr. 41; MüKo-StGB-*Müssig*, § 35 Rdnr. 79; SK-*Rudolphi*, § 35 Rdnr. 19; *Tröndle/Fischer*, StGB, § 35 Rdnr. 17.

[1454] S/S-*Lenckner/Perron*, § 35 Rdnr. 39; MüKo-StGB-*Müssig*, § 35 Rdnr. 79; *Tröndle/Fischer*, StGB, § 35 Rdnr. 16.

[1455] S/S-*Lenckner/Perron*, § 35 Rdnr. 40; *Roxin*, Strafrecht AT I, § 22 Rdnr. 62; *ders.*, JA 1990, 137, 142.

bb) Eine direkte Anwendung des § 35 Abs. 2 StGB käme vorliegend nicht in Betracht.

Dies liegt zunächst einmal daran, daß die Beamten sich nicht bloß vorstellen müßten, daß von *I* eine gegenwärtige Gefahr ausgeht. Sie müßten überdies auch glauben, daß diese Gefahr für eine Person besteht, die zum privilegierten Personenkreis des § 35 Abs. 1 StGB (vgl. S. 226) gehört[1456]. Das bloße Fürmöglichhalten einer solchen Lage reicht für eine Anwendung des § 35 Abs. 2 StGB nicht aus[1457]. Ob es sich anders verhält, wenn der Täter zwar Zweifel hegt, aber auf das Vorliegen dieser Umstände vertraut[1458], kann hier dahinstehen. Denn die Ankündigung der *O*, im gesamten Bundesgebiet Anschläge durchführen zu wollen, ist zu unbestimmt, als daß *L* und *V* darauf vertrauen könnten, daß Angehörige i. S. v. § 11 Abs. 1 Ziff. 1 StGB bzw. andere ihnen nahestehende Personen hiervon betroffen wären. Sie könnten dies allenfalls für denkbar erachten. Dann aber ließe sich nicht von einem vergleichbaren Motivationsdruck[1459] sprechen wie in denjenigen Fällen, in denen die betreffende Gefahr tatsächlich besteht.

Im übrigen käme eine direkte Anwendung des § 35 Abs. 2 StGB nur dann in Betracht, wenn *L* und *V* Umstände annähmen, bei deren Vorliegen sie tatsächlich nach § 35 Abs. 1 StGB entschuldigt wären[1460]. Insofern ist auf die auf Seite 228 wiedergegebene Feststellung des BGH zu verweisen, daß zur Beantwortung der Frage, ob ein Verhalten unter den Aspekten des § 35 StGB entschuldigt sein kann, von den Grundentscheidungen der Rechtsordnung auszugehen ist[1461]. Hinsichtlich der Folter ist dabei eine Grundentscheidung dahingehend getroffen worden, daß ein solches – *staatliches* Handeln voraussetzendes (vgl. S. 60) – Vorgehen unter allen Umständen unzulässig ist. Mithin wären *L* und *V* auch dann nicht nach § 35 Abs. 1 StGB entschuldigt, wenn *I* der „Richtige" wäre (vgl. S. 29) und überdies eine Gefahr für die in dieser Vorschrift genannten Rechtsgüter ihrer Angehörigen oder anderer ihnen nahestehender Personen bestünde.

Daher gilt es festzuhalten, daß eine direkte Anwendung des § 35 Abs. 2 StGB vorliegend nicht möglich wäre.

cc) Über die in dieser Bestimmung getroffene Regelung hinaus ist der Irrtum über sachliche Voraussetzungen von Entschuldigungsgründen gesetzlich nicht normiert. Die ganz herrschende Meinung steht daher auf dem Standpunkt, daß

1456 *OLG Koblenz*, 1 Ss 125/87, NJW 1988, 2316, 2317.

1457 LK-*Hirsch*, § 35 Rdnr. 74; SK-*Rudolphi*, § 35 Rdnr. 19a; *Warda*, Lange-FS, 138.

1458 So LK-*Hirsch*, a. a. O. (Fn. 1457); S/S-*Lenckner/Perron*, § 35 Rdnr. 41.

1459 Vgl. zu dieser Voraussetzung *RG*, II 57/30, RGSt 64, 31; *BGH*, 1 StR 230/53, BGHSt 5, 371, 374; *Roxin*, JA 1990, 137, 141; *Wessels/Beulke*, Strafrecht AT, Rdnr. 487.

1460 Vgl. die Nachweise in Fn. 1453.

1461 *BGH*, 5 StR 474/00, BGHSt 46, 279, 285.

§ 35 Abs. 2 StGB auf die übrigen Entschuldigungsgründe entsprechend anzuwenden ist[1462].

Dies wird insbesondere auch für Fallgestaltungen vertreten, in denen der Täter über das Vorliegen der sachlichen Voraussetzungen eines übergesetzlichen entschuldigenden Notstandes irrt[1463]. Zur Begründung wird dabei ausgeführt, daß dieser Entschuldigungsgrund die gleiche Struktur aufweise wie der in § 35 StGB geregelte Notstandsfall[1464]. Indessen erscheint eine solche analoge Anwendung des § 35 Abs. 2 StGB nicht unproblematisch. Denn wie bereits auf Seite 242 erwähnt, kommt die Annahme übergesetzlicher Entschuldigungsgründe nach Auffassung des BGH allenfalls dann in Betracht, wenn das Vorliegen der Notstandssituation gewissenhaft geprüft worden ist[1465]. In Zweifelsfällen dürfte mithin noch restriktiver zu verfahren sein als bei direkter Anwendung des § 35 Abs. 2 StGB.

Letztlich bedarf dies jedoch nicht der Vertiefung. Denn auch eine analoge Anwendung des § 35 Abs. 2 StGB wäre allenfalls dann möglich, wenn *L* und *V* irrig Umstände annähmen, bei deren Vorliegen sie tatsächlich entschuldigt wären. Indessen wurde auf den Seiten 223 ff. gezeigt, daß selbst dann, wenn es sich bei *I* um den „Richtigen" handelte, kein einziger Entschuldigungsgrund eingriffe.

dd) Folglich hätte ein Irrtum über die sachlichen Voraussetzungen eines Entschuldigungsgrundes keine Auswirkungen auf die Strafbarkeit von *L* und *V*.

4. Zwischenergebnis

Befänden sich *L* und *V* in einem Verbotsirrtum, wäre dieser vermeidbar, so daß allenfalls die Möglichkeit einer fakultativen Strafmilderung nach § 17 S. 2 i. V. m. § 49 Abs. 1 StGB bestünde. Sollten sie hingegen in rechtlicher Hinsicht über die Existenz oder die Grenzen anerkannter Entschuldigungsgründe irren, wäre dies rechtlich unbeachtlich.

An diesem Ergebnis würden auch etwaige zusätzliche Irrtümer auf der Sachebene – hier ist in erster Linie an einen Irrtum über die Person des *I* zu denken (vgl. S. 29) – nichts ändern.

[1462] *Baumann/Weber/Mitsch*, Strafrecht AT, § 23 Rdnr. 11; S/S-*Cramer/Sternberg-Lieben*, § 16 Rdnr. 31; LK-*Hirsch*, Vor § 32 Rdnr. 200; S/S-*Lenckner*, Vorbem §§ 32 ff. Rdnr. 126a; *Wessels/Beulke*, Strafrecht AT, Rdnr. 489.

[1463] S/S-*Cramer/Sternberg-Lieben*, § 16 Rdnr. 31; *Hardtung*, ZStW 108 (1996), 26, 49; *Schaffstein*, NStZ 1989, 153, 154.

[1464] S/S-*Cramer/Sternberg-Lieben*, a. a. O. (Fn. 1463).

[1465] *BGH*, 4 StR 352/88, BGHSt 35, 347, 350 f.

V. Beteiligungsfragen

Abschließend ist auf Beteiligungsfragen einzugehen, da diese bei den bisherigen Überlegungen noch weitgehend unberücksichtigt geblieben sind. An dieser Stelle soll nun eine entsprechende Differenzierung erfolgen, so daß zu fragen ist, wie die unterschiedlichen Rollen der Beamten des fiktiven Falles zu bewerten wären, wenn *I* auf Anordnung des *L* von *V* mit Folter bedroht oder sogar tatsächlich gefoltert würde.

1. Vorüberlegungen

Das deutsche Strafrecht differenziert zwischen Täterschaft und Teilnahme, weshalb von einem dualistischen Beteiligungssystem gesprochen wird[1466]. *Wie* diese Differenzierung vorzunehmen ist, ist eine klassische Streitfrage des Strafrechts[1467], der hier jedoch nicht im Detail nachgegangen werden soll. Vielmehr sei vorweg nur auf die beiden wichtigsten heute vertretenen Meinungen eingegangen.

a) Im Schrifttum überwiegt die sogenannte Tatherrschaftslehre[1468]. Hiernach ist Täter, wer als Zentralgestalt des Handlungsgeschehens über das Ob und Wie der Tat entscheidet und diese nach seinem Willen hemmen oder ablaufen lassen kann; Teilnehmer ist, wer als Randfigur ohne eigene Tatherrschaft die Begehung der Tat veranlaßt oder sonstwie fördert[1469].

b) Demgegenüber wird insbesondere von der Rechtsprechung[1470] eine als subjektive Theorie bezeichnete Auffassung vertreten, nach der es für die Abgrenzung zwischen Täterschaft und Teilnahme entscheidend auf die innere Willensrichtung ankommt. Täter soll sein, wer mit Täterwillen (animus auctoris) handelt und die Tat „als eigene" will, Teilnehmer, wer mit Teilnehmerwillen (animus socii) handelt und die Tat „als fremde" veranlassen oder fördern will.

[1466] *Krey*, Strafrecht AT 2, Rdnr. 5; *Wessels/Beulke*, Strafrecht AT, Rdnr. 505.

[1467] Vgl. hierzu etwa *Baumann/Weber/Mitsch*, Strafrecht AT, § 29 Rdnr. 32 ff.; *Otto*, Grundkurs I, § 21 Rdnr. 12 ff.; *Wessels/Beulke*, Strafrecht AT, Rdnr. 510 ff.

[1468] *Jakobs*, Strafrecht AT, 21. Abschn Rdnr. 35 f.; *Jescheck/Weigend*, Strafrecht AT, 651; *Lackner/Kühl*, StGB, Vor § 25 Rdnr. 6; *Otto*, Grundkurs I, § 21 Rdnr. 23; LK-*Roxin*, § 25 Rdnr. 30; *Wessels/Beulke*, Strafrecht AT, Rdnr. 518; *Wiegmann*, JuS 1993, 1003, 1006.

[1469] Vgl. etwa S/S-*Cramer/Heine*, Vorbem. §§ 25 ff. Rdnr. 62; *Lackner/Kühl*, StGB, Vor § 25 Rdnr. 4; *Wessels/Beulke*, Strafrecht AT, Rdnr. 512 f.

[1470] *BGH*, 1 StR 353/52, BGHSt 3, 349, 350; 5 StR 399/55, BGHSt 8, 390, 391; 4 StR 30/61, BGHSt 16, 12, 13; 1 StR 739/78, BGHSt 28, 346, 348; 5 StR 153/86, BGHSt 34, 14, 125 f.; 3 StR 278/89, BGHSt 36, 363, 367; 3 StR 573/99, NStZ-RR 2000, 278, 279; 3 StR 153/02, NStZ 2003, 253, 254; *Baumann/Weber/Mitsch*, Strafrecht AT, § 29 Rdnr. 59.

c) Die subjektive Theorie ist auf beträchtliche Kritik gestoßen, da das animus-Kriterium für sich betrachtet einem Freibrief für eine beliebige Beurteilung des Geschehens gleichkommt[1471].

Die Problematik ist aber heute schon insofern entschärft, als durch die Regelung des § 25 Abs. 1 Alt. 1 StGB der als „extrem subjektiv" bezeichneten Theorie, wie sie etwa im „Badewannen-"[1472] oder im „Staschynskij-Fall"[1473] zur Anwendung gelangt ist, die Grundlage entzogen ist[1474]. Überdies hat der BGH zwar dem Grunde nach an der subjektiven Theorie festgehalten, „aber versucht, die animus-Formel durch fassbarere Elemente zu objektivieren, und sie damit der Tatherrschaftslehre angenähert"[1475]. Danach ist die subjektive Einstellung zur Tat auf der Basis einer wertenden Gesamtbetrachtung zu beurteilen, wobei wesentliche Anhaltspunkte „im Grad des eigenen Interesses am Erfolg der Tat, im Umfang der Tatbeteiligung und in der Tatherrschaft oder wenigstens im Willen zur Tatherrschaft"[1476] gefunden werden können. Es läßt sich daher treffend von einer „subjektive[n] Theorie auf objektiv-tatbestandlicher Grundlage"[1477] sprechen.

Die Literatur hat diese Annäherung an die Tatherrschaftslehre teilweise ausdrücklich begrüßt[1478], steht ihr aber teilweise auch mit einer gewissen Skepsis gegenüber[1479]. In der Tat scheint die Entwicklung noch nicht abgeschlossen zu sein. Fest steht jedoch, daß sich subjektive Theorie und Tatherrschaftslehre einander stark angenähert haben, so daß sie in vielen Fällen zu denselben Ergebnissen führen[1480].

1471 *Bockelmann/Volk*, Strafrecht AT, 176; *Krey*, Strafrecht AT 2, Rdnr. 74; *Otto*, Grundkurs I, § 21 Rdnr. 22; LK-*Roxin*, § 25 Rdnr. 31; *Wessels/Beulke*, Strafrecht AT, Rdnr. 515.

1472 *RG*, 3 D 69/40, RGSt 74, 84, 85.

1473 *BGH*, 9 StE 4/62, BGHSt 18, 87 ff.

1474 *BGH*, 3 StR 35/92, BGHSt 38, 315, 316 f.; LK-*Roxin*, § 25 Rdnr. 47; *Wessels/Beulke*, Strafrecht AT, Rdnr. 515.

1475 *Lackner/Kühl*, StGB, Vor § 25 Rdnr. 5. Vgl. auch *Otto*, Jura 1987, 246, 249; *Roxin*, Täterschaft und Tatherrschaft, 631; *Schaffstein*, NStZ 1989, 153, 155.

1476 *BGH*, 4 StR 477/03, www.bundesgerichtshof.de, 3. Vgl. auch *BGH*, 1 StR 739/78, BGHSt 28, 348, 349; 4 StR 352/88, BGHSt 35, 347, 354 f.; 5 StR 98/94, BGHSt 40, 218, 236; 5 StR 632/98, BGHSt 45, 270, 296; 2 StR 315/01, NStZ-RR 2002, 74, 75.

1477 *Wessels/Beulke*, Strafrecht AT, Rdnr. 516.

1478 *Schaffstein*, NStZ 1989, 153, 155; *Wessels/Beulke*, Strafrecht AT, Rdnr. 518; *Wiegmann*, JuS 1993, 1003, 1006.

1479 *Krey*, Strafrecht AT 2, Rdnr. 58; LK-*Roxin*, § 25 Rdnr. 28.

1480 *Baumann/Weber/Mitsch*, Strafrecht AT, § 29 Rdnr. 61; *Geerds*, Jura 1990, 173, 175 f.; *Küpper*, GA 1986, 437.

2. Rolle des unmittelbar handelnden *V*

Wenden wir uns hiervon ausgehend zunächst der Rolle des unmittelbar handelnden *V* zu.

a) Vorsätzliche Begehungsdelikte

Was die vorsätzlichen Begehungsdelikte anbelangt, so wird *V* dadurch, daß er sämtliche Tatbestandsmerkmale in eigener Person rechtswidrig und schuldhaft verwirklicht, zum unmittelbaren Täter i. S. v. § 25 Abs. 1 Alt. 1 StGB[1481].

Stellt man dabei auf das Kriterium der Tatherrschaft ab, so besitzt *V* diese im Sinne einer „Handlungsherrschaft", wie sie für unmittelbare Täterschaft i. S. v. § 25 Abs. 1 Alt. 1 StGB erforderlich ist[1482]. Von Bedeutung ist dies insbesondere hinsichtlich des Tatbestands der Nötigung i. S. v. § 240 StGB (vgl. hierzu S. 161 und S. 182).

Bei der Körperverletzung im Amt tritt das Kriterium der Tatherrschaft hingegen in den Hintergrund. Hier ist entscheidend, daß § 340 StGB besondere Anforderungen an die Person des Täters stellt (vgl. S. 169). Es handelt sich mithin um ein sogenanntes Pflichtdelikt, dessen Täter nur sein kann, wer eine dem Tatbestand vorgelagerte außerstrafrechtliche Sonderpflicht verletzt[1483], was für die Frage nach der Rolle des *V* folgende Konsequenz hat:

> „§ 340 StGB etwa erfaßt nicht jede Körperverletzung durch einen Beamten, sondern die Tat muß im Zusammenhang mit einem konkreten Akt der Amtsausübung begangen sein; es ist also die öffentlich-rechtliche Pflicht, sich bei der Amtsausübung nicht zu Mißhandlungen hinreißen zu lassen, deren Verletzung den Handelnden zum Täter des qualifizierten Tatbestandes erhebt ..."[1484]

Von der Rechtsprechung ist die Lehre von den Pflichtdelikten bisher noch nicht aufgegriffen worden[1485]. Jedoch ließe sich auch bei Zugrundelegung der subjektiven Theorie in ihrer heute vom BGH vertretenen Form das Handeln des *V* nicht durch einen Verweis auf mangelnden Täterwillen zu bloßer Teilnahme

---

1481 *BGH*, 3 StR 35/92, BGHSt 38, 315, 316; 1 StR 215/01, BGHSt 47, 187, 202; S/S-*Cramer/Heine*, Vorbem. §§ 25 ff. Rdnr. 75; LK-*Roxin*, § 25 Rdnr. 47; *Roxin*, Täterschaft und Tatherrschaft, 547; *Tröndle/Fischer*, StGB, § 25 Rdnr. 3; *Wessels/Beulke*, Strafrecht AT, Rdnr. 508.

1482 *Wessels/Beulke*, Strafrecht AT, Rdnr. 512; *Wolters*, NJW 1998, 578, 579.

1483 LK-*Roxin*, § 25 Rdnr. 37; *Roxin*, Täterschaft und Tatherrschaft, 384.

1484 *Roxin*, Täterschaft und Tatherrschaft, 353. In diesem Sinne auch S/S-*Cramer/Heine*, Vorbem §§ 25 ff. Rdnr. 84 f.; *Jakobs*, Strafrecht AT, 21. Abschn Rdnr. 116; *Lackner/Kühl*, StGB, Vor § 25 Rdnr. 4; LK-*Roxin*, § 25 Rdnr. 36 ff.; *Wessels/Beulke*, Strafrecht AT, Rdnr. 522. A. A. *Otto*, Jura 1987, 246, 257.

1485 LK-*Roxin*, § 25 Rdnr. 36 ff. Es finden sich aber Entscheidungen, die in eine ähnliche Richtung gehen, vgl. S/S-*Cramer/Heine*, Vorbem §§ 25 ff. Rdnr. 84 unter Verweis auf *BGH*, 3 StR 62/94, BGHSt 40, 307, 317 und *BGH*, 1 StR 229/92, NJW 1992, 3114.

herabstufen[1486]. Dies wäre nur auf der Basis einer extrem-subjektiven Theorie möglich, die aber – wie bereits erwähnt – insofern nicht mehr vertreten wird[1487].

b) Unterlassungsdelikte

Folterungen können auch durch Unterlassen begangen werden, wobei in erster Linie an das Vorenthalten von Nahrung und Flüssigkeit zu denken ist (vgl. S. 230).

Der BGH hat wiederholt betont, daß Vollzugsbedienstete eine Amtspflicht zum Schutz des Lebens und der körperlichen Unversehrtheit von Untersuchungs- und Strafgefangenen trifft[1488], so daß ihnen diesbezüglich eine Garantenstellung zukommt (§ 13 StGB)[1489]. Nichts anderes kann für Vernehmungsbeamte hinsichtlich der von ihnen vernommenen Personen gelten.

Die Rechtsprechung stellt auch bei Unterlassungen zur Abgrenzung von Täterschaft und Teilnahme in erster Linie auf die innere Einstellung zur Tat ab[1490], wobei sie jedoch uneinheitlich verfährt, da sie insbesondere bei der Nichthinderung von Suiziden auch auf das Kriterium der Tatherrschaft zurückgreift[1491]. Die Frage, ob in Fällen dieser Art der innere Vorbehalt, die Tat nicht als eigene zu wollen, ebenfalls unbeachtlich ist[1492], hat der BGH unterschiedlich beantwortet[1493]. Auch hieran zeigt sich, daß das animus-Kriterium zu Abgrenzungszwecken wenig geeignet ist.

Aber auch auf das Prinzip der Tatherrschaft sollte nicht abgestellt werden, wenn *V* dem *I* auf Anweisung des *L* Nahrung und Flüssigkeit entzieht und es um die Frage geht, ob er hierdurch zum *Täter* einer Körperverletzung im Amt durch Unterlassen (§§ 340, 13 StGB) wird. Es kann dahinstehen, ob dies schon aufgrund allgemeiner Erwägungen gilt[1494]. Denn jedenfalls gilt bei dem vorliegen-

---

[1486] *BGH*, 3 StR 107/86, NStZ 1987, 224, 225; 3 StR 35/92, NJW 1993, 74, 75; 3 StR 160/98, NStZ-RR 2000, 22. Vgl. hierzu auch *Tröndle/Fischer*, StGB, § 25 Rdnr. 3.

[1487] LK-*Roxin*, § 25 Rdnr. 24; *Tröndle/Fischer*, a. a. O. (Fn. 1486). A. A. LK-*Jähnke*, § 212 Rdnr. 6.

[1488] *BGH*, III ZR 320/54, DVBl 1956, 761, 762; III ZR 354/02, NJW 2003, 3698.

[1489] *Tröndle/Fischer*, StGB, § 13 Rdnr. 6h.

[1490] *BGH*, 1 StR 59/50, BGHSt 2, 150, 151; 3 StR 300/85, StV 1986, 59 f.; 3 StR 95/91, NJW 1992, 1246, 1247. Vgl. hierzu *Bloy*, JA 1987, 490, 491; S/S-*Cramer/Heine*, Vorbem §§ 25 ff. Rdnr. 101; *Wessels/Beulke*, Strafrecht AT, Rdnr. 734.

[1491] *BGH*, 5 StR 131/60, MDR 1960, 939, 940; 3 StR 96/84, BGHSt 32, 367, 374.

[1492] Vgl. insofern für die vorsätzlichen Begehungsdelikte die Nachweise in Fn. 1486.

[1493] Bejahend *BGH*, 1 StR 59/50, BGHSt 2, 150, 156; verneinend *BGH*, 4 StR 475/58, BGHSt 13, 162, 166. Vgl. hierzu *Roxin*, Strafrecht AT II, § 31 Rdnr. 129.

[1494] Vielfach wird vertreten, daß sich allein durch Nichtstun ein Handlungsablauf nicht beherrschend gestalten lasse, vgl. etwa *Bloy*, JA 1987, 490, 491; S/S-*Cramer*, Vorbem §§ 25 ff. Rdnr. 103; *Roxin*, Täterschaft und Tatherrschaft, 462 f., 702; SK-*Rudolphi*, Vor § 13 Rdnr.

den Pflichtdelikt, daß die Klassifizierung als Täterschaft davon abhängig ist, ob den Untätigbleibenden die tatbestandliche Sonderpflicht trifft[1495]. Dies ist bei *V* der Fall.

c) Fahrlässigkeitsdelikte

Wie auf Seite 174 gezeigt, kann es unter extremen Umständen durch die Androhung von Folter auch zu einer fahrlässigen Körperverletzung im Amt (§§ 340 Abs. 1 S. 1, Abs. 3, 229 StGB) kommen. Hier stellt sich die Frage nach der Abgrenzung von Täterschaft und Teilnahme nicht, denn letztere kennt das geltende Strafrecht bei den Fahrlässigkeitsdelikten nicht[1496].

3. Rolle des anordnenden *L*

Genauerer Betrachtung bedarf die Rolle des *L*, da dieser nicht unmittelbar an den Vernehmungen beteiligt ist und die von ihm ins Auge gefaßte Folter weder selbst androhen noch selbst anwenden würde.

a) Sonderregelungen

Dabei ist zunächst einmal von Bedeutung, daß *L* Amtsträger i. S. v. § 11 Abs. 1 Ziff. 2 StGB ist, so daß vorweg auf die in § 340 StGB sowie in § 357 StGB getroffenen Sonderregelungen einzugehen ist.

aa) § 340 StGB

Nach § 340 Abs. 1 S. 1 StGB macht sich nicht nur derjenige Amtsträger einer Körperverletzung im Amt strafbar, der diese selbst begeht, sondern auch derjenige, der sie begehen *läßt*.

Ein Begehen im Sinne dieser Vorschrift liegt vor, wenn der Amtsträger die Körperverletzung selbst (§ 25 Abs. 1 Alt. 1 StGB) oder als Mittäter (§ 25 Abs. 2 StGB) begeht[1497]. Demgegenüber umfaßt die Alternative des Begehenlassens die mittelbare Täterschaft (§ 25 Abs. 1 Alt. 2 StGB)[1498], die Teilnahme[1499] sowie das in einem Begehenlassen bestehende Unterlassen[1500].

40.

1495 S/S-*Cramer/Heine*, Vorbem §§ 25 ff. Rdnr. 85; *Jakobs*, Strafrecht AT, 21. Abschn Rdnr. 116; *Roxin*, Strafrecht AT II, § 25 Rdnr. 268; *Wessels/Beulke*, Strafrecht AT, Rdnr. 522.

1496 *Jescheck/Weigend*, Strafrecht AT, 573, 654 f.; *Mitsch*, JuS 2001, 105, 109; *Wessels/Beulke*, Strafrecht AT, Rdnr. 659.

1497 LK-*Hirsch*, § 340 Rdnr. 7; SK-*Horn/Wolters*, § 340 Rdnr. 3a; *Otto*, Grundkurs II, § 19 Rdnr. 5; *Tröndle/Fischer*, StGB, § 340 Rdnr. 2b.

1498 LK-*Hirsch*, § 340 Rdnr. 9; *Lackner/Kühl*, StGB, § 340 Rdnr. 2; *Otto*, Grundkurs II, § 19 Rdnr. 5; *Tröndle/Fischer*, StGB, § 340 Rdnr. 2b. A. A. SK-*Horn/Wolters*, § 340 Rdnr. 3a.

Die Beurteilung derartiger Verfehlungen wird also durch das Gesetz erheblich vereinfacht, da es hiernach gleichgültig ist, „wie nach der Art des in Frage stehenden Tatbestandes der Beamte dann, wenn nicht sein Tunlassen besonders unter Strafe gestellt wäre, schon nach den allgemeinen strafrechtlichen Grundsätzen wegen einer mittelbaren Herbeiführung des Erfolges zu bestrafen wäre“[1501]. Kürzer gesagt ist das Begehenlassen nach dieser Vorschrift eine der eigenhändigen Verletzung gleichwertige Form der Täterschaft, die ebenso bestraft wird wie diese[1502].

Für den fiktiven Fall ist dies gerade auch mit Blick auf die §§ 224 ff. StGB von Bedeutung (vgl. insb. S. 185 ff.), denn diese können wegen der in § 340 Abs. 3 StGB ausgesprochenen Verweisung ebenfalls in der Form des Begehenlassens verwirklicht werden[1503]. Für *L* wäre hiermit insbesondere in Exzeßfällen ein nicht zu unterschätzendes Risiko verbunden. Denn wenn *V* über diejenigen Handlungen hinausginge, die *L* anordnet, läge zumindest insofern ein Begehenlassen vor, als *L* diese Exzesse geschehen ließe, obwohl er als Amtsträger zu ihrer Verhinderung verpflichtet wäre[1504].

bb) § 357 StGB

Es stellt sich die Frage, inwiefern daneben auch die Regelung des § 357 Abs. 1 StGB einschlägig wäre, wenn *L* den *V* anweisen würde, *I* mit Folter zu bedrohen und gegebenenfalls sogar tatsächlich zu foltern.

(1) Nach dieser Vorschrift hat ein Vorgesetzter, der seinen Untergebenen zu einer rechtswidrigen Tat im Amt verleitet, zu verleiten unternimmt oder eine solche rechtswidrige Tat seiner Untergebenen geschehen läßt, die für diese rechtswidrige Tat angedrohte Strafe verwirkt. Es handelt sich hierbei nicht um einen selbständigen Tatbestand[1505], sondern um eine Sonderregelung über die

---

1499 *RG*, I 966/24, RGSt 59, 86; SK-*Horn/Wolters*, § 340 Rdnr. 3b; S/S-*Cramer*, § 340 Rdnr. 4; *Lackner/Kühl*, StGB, § 340 Rdnr. 2; *Maurach/Schroeder/Maiwald*, Strafrecht BT 1, § 9 Rdnr. 37; *Tröndle/Fischer*, StGB, § 340 Rdnr. 2b. A. A. LK-*Hirsch*, § 340 Rdnr. 10; *Otto*, Grundkurs II, § 19 Rdnr. 5.

1500 *RG*, I 1261/31, RGSt 66, 59, 60 f.; *OGH*, StS 253/49, NJW 1950, 196; S/S-*Cramer*, § 340 Rdnr. 4; LK-*Hirsch*, § 340 Rdnr. 11; SK-*Horn/Wolters*, § 340 Rdnr. 3c; *Lackner/Kühl*, StGB, § 340 Rdnr. 2. A. A. *Maurach/Schroeder/Maiwald*, Strafrecht BT 1, § 9 Rdnr. 37.

1501 *RG*, I 1261/31, RGSt 66, 59, 60.

1502 *Roxin*, Täterschaft und Tatherrschaft, 362. Vgl. auch *RG*, I 966/24, RGSt 59, 86; S/S-*Cramer*, § 340 Rdnr. 4.

1503 LK-*Hirsch*, § 340 Rdnr. 19; SK-*Horn/Wolters*, § 340 Rdnr. 14; *Jäger*, JuS 2000, 31, 38; *Wolters*, JuS 1998, 582, 586.

1504 S/S-*Cramer*, § 340 Rdnr. 4 m. w. N.

1505 *BGH*, 3 StR 776/52, BGHSt 5, 155, 165.

Teilnahme[1506], die den §§ 26, 27 StGB vorgeht[1507] und zur Bestrafung mit der Täterstrafe führt[1508], was insbesondere zur Folge hat, daß die in §§ 27, 30 StGB vorgesehenen Strafmilderungen nicht in Betracht kommen[1509].

(2) § 357 Abs. 1 StGB setzt zunächst die Vorgesetzteneigenschaft[1510] voraus. Weiterhin muß die Tat des Untergebenen rechtswidrig sein, braucht aber weder vorsätzlich[1511] noch schuldhaft[1512] begangen zu sein. Auch ist nicht erforderlich, daß es sich um ein Amtsdelikt handelt; vielmehr ist unter einer „Tat im Amt" i. S. v. § 357 StGB jedes Delikt zu verstehen, das in Ausübung des Amtes begangen wird[1513].

Zu dieser Tat muß der Vorgesetzte den Untergebenen

- verleiten, also erfolgreich hierzu bestimmen[1514], was sich mit der Anstiftung gleichsetzen läßt[1515],
- zu verleiten unternehmen, wodurch der Versuch der Verleitung mit einbezogen wird[1516], was anders als im Fall des § 30 StGB auch für bloße Vergehen gilt[1517],
- oder er muß die Tat geschehen lassen, indem er sie nicht verhindert[1518], obwohl er dazu rechtlich und tatsächlich in der Lage ist[1519].

1506 *BGH*, 3 StR 776/52, BGHSt 5, 155, 166; *OLG Düsseldorf*, 1 Ws 419/80, NStZ 1981, 25; *Rogall*, GA 1979, 11, 23 f.

1507 *BGH*, 3 StR 776/52, BGHSt 5, 155, 165; *Bottke*, Jura 1991, 266, 268; SK-*Rudolphi/Rogall*, § 357 Rdnr. 1.

1508 *BGH*, 1 StR 353/52, BGHSt 3, 349, 350, 352; 3 StR 626/54, BGHSt 9, 203, 218; *Geppert*, Jura 1981, 78, 83 f.; LK-*Jescheck*, § 357 vor Rdnr. 1, Rdnr. 2; *Kretschmer*, RuP 2003, 102, 103.

1509 LK-*Jescheck*, a. a. O. (Fn. 1508); SK-*Rudolphi/Rogall*, § 357 Rdnr. 1.

1510 *Andrews*, Verleiten und Geschehenlassen, 9 ff.; *Bottke*, Jura 1991, 266, 268; SK-*Rudolphi/Rogall*, § 357 Rdnr. 7.

1511 LK-*Jescheck*, § 357 Rdnr. 5; *Lackner/Kühl*, StGB, § 357 Rdnr. 2.

1512 *BGH*, 1 StR 527/51, BGHSt 2, 169, 171; SK-*Rudolphi/Rogall*, § 357 Rdnr. 12; *Tröndle/Fischer*, StGB, § 357 Rdnr. 2.

1513 *BGH*, 1 StR 353/52, BGHSt 3, 349, 353; *Bottke*, Jura 1991, 266, 268; *Ellbogen*, Jura 2005, 339, 343; *Geppert*, Jura 1981, 78, 83 f.; LK-*Jescheck*, § 357 Rdnr. 5; *Rogall*, GA 1979, 11, 24.

1514 LK-*Jescheck*, § 357 Rdnr. 6; SK-*Rudolphi/Rogall*, § 357 Rdnr. 14.

1515 *Rogall*, GA 1979, 11, 23 f.; *Tröndle/Fischer*, StGB, § 357 Rdnr. 4.

1516 *Andrews*, Verleiten und Geschehenlassen, 90; LK-*Jescheck*, § 357 Rdnr. 7; *Lackner/Kühl*, StGB, § 357 Rdnr. 3; *Mitsch*, Die Polizei 2004, 254, 255; SK-*Rudolphi/Rogall*, § 357 Rdnr. 15.

1517 S/S-*Cramer*, § 357 Rdnr. 6; *Geppert*, Jura 1981, 78, 84 f.

1518 *BGH*, 1 StR 353/52, BGHSt 3, 349, 351; SK-*Rudolphi/Rogall*, § 357 Rdnr. 16; *Tröndle/Fischer*, StGB, § 357 Rdnr. 5.

(3) Es stellt sich die Frage, ob diese Vorschrift im fiktiven Fall einschlägig wäre.

Das Landgericht Frankfurt hat bezüglich Daschners entschieden, daß dieser sich der Verleitung zur Nötigung (§ 357 Abs. 1 i. V. m. § 240 Abs. 1 StGB) schuldig gemacht habe[1520]. Auch zahlreiche Stellungnahmen in der Literatur, die sich mit der Strafbarkeit des Polizei-Vizepräsidenten befassen, weisen in diese Richtung[1521].

Indessen sollte in Fällen der vorliegenden Art nicht vorschnell auf § 357 StGB zurückgegriffen werden. Dies gilt insbesondere dann, wenn es tatsächlich zur Anwendung von Folter kommt, denn wenn ein Begehenlassen i. S. v. § 340 StGB vorliegt, wird § 357 StGB verdrängt[1522]. Dies gilt infolge des in § 340 Abs. 3 StGB enthaltenen Verweises auf die §§ 224 bis 229 StGB für den gesamten Bereich der Körperverletzungsdelikte. Auch darüber hinaus ist der Anwendungsbereich des § 357 StGB begrenzt. Denn immer dann, wenn der Vorgesetzte selbst Täter, Mittäter oder mittelbarer Täter der rechtswidrigen Tat seines Untergebenen ist, scheidet § 357 StGB als Sondervorschrift über die *Teilnahme*[1523] aus[1524].

b) Allgemeine Kriterien

Dementsprechend ist zu klären, ob sich die Rolle des *L* nicht nur nach der in § 340 Abs. 1 S. 1 StGB für den Bereich der Körperverletzungsdelikte getroffenen Sonderregelung[1525], sondern auch nach den allgemeinen Bestimmungen als Täterschaft einstufen ließe. Im fiktiven Fall wäre dies in erster Linie für den Tatbestand der Nötigung i. S. v. § 240 StGB von Bedeutung (vgl. S. 161 und S. 182)[1526]. Da es sich hierbei nicht um ein Pflichtdelikt[1527] handelt, ist die Ab-

---

1519 *BVerwG*, I D 57/76, BVerwGE 53, 251, 252; *BayObLG*, Rev. Regl. Nr. III 12/50, JZ 1951, 25; LK-*Jescheck*, § 357 Rdnr. 8.

1520 *LG Frankfurt*, 5/27 KLs 7570 Js 203814/03 (4/04), NJW 2005, 692, 693.

1521 *Ellbogen*, Jura 2005, 339, 343; *Kinzig*, ZStW 115 (2003), 791, 793; *Kretschmer*, RuP 2003, 102, 103; *Roxin*, Eser-FS, 462; *Saliger*, ZStW 116 (2004), 35, 61; *Wagenländer*, Zur strafrechtlichen Beurteilung der Rettungsfolter, 101 Fn. 33.

1522 S/S-*Cramer*, § 340 Rdnr. 8; LK-*Hirsch*, § 340 Rdnr. 22; *Lackner/Kühl*, StGB, § 340 Rdnr. 7.

1523 Vgl. die Nachweise in Fn. 1506.

1524 *RG*, III 208/33, RGSt 67, 175, 177; *OGH*, III StS 83/49, NJW 1950, 435, 436; S/S-*Cramer*, § 357 Rdnr. 1; LK-*Jescheck*, § 357 Rdnr. 9; *Rogall*, GA 1979, 11, 24; *Tröndle/Fischer*, StGB, § 357 Rdnr. 2a.

1525 Hiernach liegt sowohl im Fall des Begehens als auch im Fall des Begehenlassens Täterschaft vor (vgl. S. 266), so daß der Bereich der Körperverletzungsdelikte bei den weiteren Überlegungen außer Betracht bleiben kann.

1526 Andere Delikte, also insbesondere die Ehrverletzungsdelikte i. S. v. §§ 185 ff. StGB (vgl. S. 178, 189) sowie die Tötungsdelikte i. S. v. §§ 211 ff. StGB (vgl. S. 190), sollen wegen

grenzung nach den allgemeinen Kriterien vorzunehmen, wie sie auf Seite 262 dargestellt worden sind.

aa) Auszuschließende Täterschaftsformen

Daß hiernach im Fall des *L* keine unmittelbare Täterschaft i. S. v. § 25 Abs. 1 Alt. 1 StGB vorläge, bedarf nach den diesbezüglichen Ausführungen zur Rolle des *V* (vgl. S. 264) keiner weiteren Erläuterung.

Auch Mittäterschaft i. S. v. § 25 Abs. 2 StGB ließe sich nicht annehmen. Dabei kann dahinstehen, ob sich dies bereits damit begründen ließe, daß keine wesentliche Mitwirkung des *L* im Ausführungsstadium der Nötigung gegeben wäre[1528]. Denn jedenfalls würde es an dem gemeinsamen Tatentschluß[1529], den jeder der Beteiligten als „gleichberechtigter Partner"[1530] mittragen müßte, fehlen. Im fiktiven Fall ginge es nämlich um die Ausführung einer Anordnung, die auf einem Befehl beruht und nicht auf einem gemeinsamen Entschluß von *L* und *V*[1531].

bb) Mittelbare Täterschaft

Denkbar erscheint hingegen die Annahme von mittelbarer Täterschaft i. S. v. § 25 Abs. 1 Alt. 2 StGB.

(1) Diese setzt dem Grunde nach voraus, daß der mittelbare Täter eine aus tatsächlichen oder rechtlichen Gründen überlegene Stellung einnimmt, so daß er das Gesamtgeschehen kraft seines planvoll lenkenden Willens in der Hand hat und er sich des Tatmittlers als eines „menschlichen Werkzeugs" bedienen kann[1532].

Der BGH hat allerdings wiederholt betont, daß es sich bei der Frage nach dem Vorliegen mittelbarer Täterschaft „um ein offenes Wertungsproblem handelt ..., bei dem die Übergänge fließend sind"[1533]. Entscheidend sei „– wie auch sonst bei der Abgrenzung von Täterschaft und Teilnahme –, ob der Hintermann nicht

---

ihrer geringeren Bedeutung für den fiktiven Fall nachfolgend außer Betracht bleiben.

[1527] Vgl. zu diesem Begriff oben S. 264.

[1528] In diese Richtung gehend *Bottke*, GA 2001, 463, 472; *Herzberg*, ZStW 99 [1987], 49, 58; LK-*Roxin*, § 25 Rdnr. 181. A. A. *BGH*, 5 StR 492/90, BGHSt 37, 289, 292; 4 StR 173/94, BGHSt 40, 299, 301; *Beulke*, JR 1980, 423, 424; *Jescheck/Weigend*, Strafrecht AT, 680.

[1529] Vgl. zu diesem Erfordernis *BGH*, 5 StR 492/90, BGHSt 37, 289, 292; 1 StR 357/91, BGHSt 38, 32, 33; MüKo-StGB-*Joecks*, § 25 Rdnr. 198; *Lackner/Kühl*, StGB, § 25 Rdnr. 10.

[1530] *Wessels/Beulke*, Strafrecht AT, Rdnr. 526.

[1531] *Roxin*, Strafrecht AT II, § 25 Rdnr. 121. A. A. *Jescheck/Weigend*, Strafrecht AT, 670.

[1532] *Wessels/Beulke*, Strafrecht AT, Rdnr. 535.

[1533] *BGH*, 4 StR 352/88, BGHSt 35, 347, 352 f. So auch *BGH*, 2 StR 321/93, BGHSt 39, 381, 388 f.; 2 StR 339/96, BGHSt 43, 219, 232 f. Zustimmend *Schaffstein*, NStZ 1989, 153. Kritisch *Herzberg*, Jura 1990, 16, 21.

nur Tatinteresse, sondern auch von Täterwillen getragene Tatherrschaft hat“[1534]. Auch hier kommt also dem Kriterium der Tatherrschaft besonderes Gewicht zu, wobei diese im Fall der mittelbaren Täterschaft als „Willensherrschaft“ oder als Herrschaft kraft überlegenen Wissens in Erscheinung tritt[1535].

Da diese Vorgaben jedoch nur allgemeiner Natur sind, wird bei der mittelbaren Täterschaft in weitem Umfang mit Fallgruppen gearbeitet, um eine bessere Systematisierung zu erreichen. Am wichtigsten sind dabei diejenigen Fälle, in denen ein Hintermann wissentlich und willentlich einen nicht voll tatbestandsmäßig, nicht rechtswidrig oder nicht voll verantwortlich handelnden Tatmittler einsetzt[1536]. Da die bisherigen Ausführungen jedoch gezeigt haben, daß bei *V* kein derartiges „Verantwortungsdefizit“[1537] vorläge, braucht hierauf nicht weiter eingegangen zu werden.

Es besteht Streit darüber, ob sich auch in Fällen, in denen der Tatmittler voll verantwortlich handelt, mittelbare Täterschaft i. S. v. § 25 Abs. 1 Alt. 2 StGB annehmen läßt. Schlagwortartig wird hier vom „Täter hinter dem Täter“ gesprochen. Dabei sind für den fiktiven Fall zwei Fallgruppen von Interesse, nämlich die Veranlassung eines vermeidbaren Verbotsirrtums durch den Hintermann (nachfolgend (2)) sowie die sogenannte Organisationsherrschaft (nachfolgend (3)).

(2) Wenden wir uns zunächst denjenigen Fällen zu, in denen der Hintermann einen vermeidbaren Verbotsirrtum hervorruft. Denn wie auf den Seiten 248 ff. gezeigt wurde, bestünde diese Möglichkeit im fiktiven Fall[1538].

Berühmt geworden ist in diesem Zusammenhang der sogenannte „Katzenkönig-Fall“[1539]. In diesem ging es um einen Polizisten, der mit seinen beiden Mitangeklagten in einem von „Mystizismus, Scheinerkenntnis und Irrglauben“ geprägten „neurotischen Beziehungsgeflecht“ zusammenlebte. Diesen gelang es, ihn an die Existenz eines „Katzenkönigs“ glauben zu lassen, der seit Jahrtausenden das Böse verkörpere und die Welt bedrohe. Als eine der beiden Mitangeklagten von der Heirat eines früheren Freundes erfuhr, entschloß sie sich, dessen Frau von dem Polizisten umbringen zu lassen, wobei sie sich seinen Aberglauben zunutze machen wollte. Daher erklärte sie dem Polizisten, der „Katzen-

---

[1534] *BGH*, 2 StR 339/96, BGHSt 43, 219, 232 f.

[1535] *Lackner/Kühl*, StGB, § 25 Rdnr. 4; *Wessels/Beulke*, Strafrecht AT, Rdnr. 512.

[1536] Vgl. etwa *BGH*, 4 StR 631/81, BGHSt 30, 363, 364 f.; *Haft*, Strafrecht AT, 201 ff.; *Jescheck/Weigend*, Strafrecht AT, 665 ff.; *Rotsch*, JuS 2002, 887, 888; *Wessels/Beulke*, Strafrecht AT, Rdnr. 540.

[1537] *Vogel/Fad*, JuS 2002, 786, 790.

[1538] Vgl. insofern auch die auf S. 14 wiedergegebene Aussage des von Daschner angewiesenen Beamten E., der angegeben hat, er sei davon ausgegangen, daß die rechtliche Seite von seinen Vorgesetzten ausführlich geprüft worden sei.

[1539] *BGH*, 4 StR 352/88, BGHSt 35, 347.

könig" fordere wegen der vielen von ihm begangenen Fehler ein Menschenopfer – die Frau ihres ehemaligen Freundes. Wenn er diese nicht töte, obwohl er den „göttlichen Auftrag" dazu habe, würden die gesamte Menschheit oder Millionen von Menschen vom „Katzenkönig" vernichtet. Der Polizist gab schließlich angesichts der vermeintlichen „Gefahr" für Millionen von Menschen seinen Widerstand auf, begab sich in das Geschäft der besagten Frau und stach ihr mit einem Messer in Hals, Gesicht und Körper.

Ob in Fällen dieser Art die Annahme von mittelbarer Täterschaft möglich ist, ist hochgradig umstritten. Ein Teil des Schrifttums verneint dies mit dem Argument, daß der unmittelbar Ausführende, der sich in einem vermeidbaren Verbotsirrtum befindet, strafrechtlich voll verantwortlich handele, was die Annahme mittelbarer Täterschaft ausschließe[1540]. Dem ist der BGH in seiner Entscheidung zum Katzenkönig-Fall mit der Feststellung entgegengetreten, daß § 25 Abs. 1 StGB kein derart enges Verständnis des Begriffs der mittelbaren Täterschaft erfordere, wie es aus dem Verantwortungsprinzip hergeleitet werde[1541]. Statt dessen hänge die Lösung von der Gestaltung des jeweiligen Einzelfalles ab:

> „In Fällen des vermeidbaren Verbotsirrtums des Vordermannes als dem unmittelbar Handelnden ist deshalb bei der Prüfung, ob der Hintermann mittelbarer Täter ist, auf das Kriterium der vom Täterwillen getragenen objektiven Tatherrschaft abzustellen ... Ob sie vorliegt, richtet sich nicht nach starren Regeln, sondern kann nur je nach der konkreten Fallgestaltung im Einzelfall wertend ermittelt werden. Eine solche Abgrenzung entspricht den Grundsätzen, die auch für die Beurteilung zwischen unmittelbarer Täterschaft und Teilnahme maßgeblich sind."[1542]

Mit diesen Ausführungen ist der BGH auf Kritik gestoßen[1543]; so heißt es etwa bei Herzberg:

> „Verschiebt man, wie es der BGH tut, die Wertungen vollen Umfangs auf den Richter und in die Einzelfallbeurteilung, so bleibt man jede Anleitung schuldig."[1544]

Diese Kritik ist nicht unberechtigt, denn im fiktiven Fall ließe sich nicht mit Gewißheit feststellen, ob die Ausführungen des BGH zu in mittelbarer Täterschaft begangenen Tötungsdelikten in gleicher Weise auch für Nötigungen gälten. Gleichwohl läßt sich festhalten, daß die Ausführungen des BGH eher

[1540] *Jescheck/Weigend*, Strafrecht AT, 669; *Krey*, Strafrecht AT 2, Rdnr. 152; *Stratenwerth/Kuhlen*, Strafrecht AT I, § 12 Rdnr. 53.

[1541] *BGH*, 4 StR 352/88, BGHSt 35, 247, 353.

[1542] *BGH*, 4 StR 352/88, BGHSt 35, 347, 353 f.

[1543] *Herzberg*, Jura 1990, 16, 21; *Küper*, JZ 1989, 935, 939.

[1544] *Herzberg*, a. a. O. (Fn. 1543).

denjenigen Stimmen im Schrifttum[1545] zuneigen, die sich für die Annahme mittelbarer Täterschaft aussprechen, wenn der Hintermann einen vermeidbaren Verbotsirrtum „zielstrebig dirigierend für seine deliktischen Absichten ausnutzt"[1546]. Von diesen wird zutreffend argumentiert, daß es für die Tatherrschaft des Hintermannes faktisch keinen Unterschied macht, ob der Verbotsirrtum des Ausführenden vermeidbar ist oder nicht[1547]. Denn in beiden Fällen ist der Vordermann in gleicher Weise ahnungslos und dementsprechend beherrschbar. Hiervon ausgehend läge auch im fiktiven Fall der vorliegenden Arbeit mittelbare Täterschaft vor, wenn sich *L* einen vermeidbaren Verbotsirrtum des *V* zunutze machen würde.

Problematisch wäre die Lage allerdings dann, wenn sich *L* ebenfalls in einem solchen Verbotsirrtum befände: Ließe sich dann noch annehmen, daß er das Geschehen „mit Hilfe des von ihm bewußt hervorgerufenen Irrtums ... gewollt auslöst und steuert"[1548], wie es in der Entscheidung zum Katzenkönig-Fall heißt? In der Literatur wird in Fällen dieser Art die Annahme mittelbarer Täterschaft zumeist abgelehnt[1549] und argumentiert, daß derjenige, der sich über den gleichen Umstand irre wie sein „Werkzeug", dieses nicht mittels eines Irrtums beherrschen könne bzw. wolle[1550]. Daß der BGH diesbezüglich anderer Auffassung ist, verdeutlichen die folgenden Ausführungen aus einem einige Jahre nach der Entscheidung zum Katzenkönig-Fall ergangenen Urteil:

> „Von dem in BGHSt 35, 347 entschiedenen Sachverhalt unterscheidet sich der vorliegende Fall allerdings insofern, als die Angeklagten S. und Dr. T. ... sich ihrerseits ebenfalls in einem Irrtum über das Verbotensein ihres Verhaltens befunden haben. Für die Abgrenzung von mittelbarer Täterschaft und Teilnahme (hier: Anstiftung) kann es nach dem Gesagten darauf jedoch nicht entscheidend ankommen. Maßgebend bleibt vielmehr auch hier, ob die Angeklagten mit Täterwillen und Tatherrschaft handelten. Das ist zu bejahen. Die Angeklagten hatten gemeinsam beschlossen, daß, auf welche Weise und zu welchem Zeitpunkt sie den Tod der Frau S. herbeiführen wollten. Durch die von beiden unterzeichnete schriftliche Anweisung an das Pflegepersonal von Anfang März 1993, von deren Befolgung sie ausgingen, wollten sie den Geschehensablauf in Gang setzen. Angesichts der von ihnen in ihrer Eigenschaft als Sohn und vertretungsberechtigter

[1545] *Baumann/Weber/Mitsch*, Strafrecht AT, § 29 Rdnr. 139; *Haft*, Strafrecht AT, 203 f.; *Lackner/Kühl*, StGB, § 25 Rdnr. 4; *Schaffstein*, NStZ 1989, 153, 154; *Schulz*, JuS 1997, 109, 111; *Wessels/Beulke*, Strafrecht AT, Rdnr. 542. Einschränkend *Roxin*, Strafrecht AT II, § 25 Rdnr. 82 ff.

[1546] *Wessels/Beulke*, a. a. O. (Fn. 1545).

[1547] LK-*Roxin*, § 25 Rdnr. 87.

[1548] *BGH*, 4 StR 352/88, BGHSt 35, 347, 354.

[1549] S/S-*Cramer*, § 25 Rdnr. 37; *Otto*, Roxin-FS S. 486; *Merkel*, ZStW 107 (1995), 545, 554; *Roxin*, Strafrecht AT II, § 25 Rdnr. 89; *Vogel*, MDR 1995, 337, 339.

[1550] *Merkel*, a. a. O. (Fn. 1549); ihm zustimmend *Roxin*, a. a. O. (Fn. 1549).

> Pfleger bzw. als behandelnder Arzt in Anspruch genommenen Anordnungsbefugnis einerseits wie auch der untergeordneten, grundsätzlich weisungsgebundenen Rolle der eingeschalteten Hilfskräfte andererseits kann an dem subjektiven Kriterium des Täterwillens und der objektiven Voraussetzung der Tatherrschaft beider Angeklagter kein Zweifel bestehen."[1551]

Auch wenn diese Überlegungen kaum zu überzeugen vermögen, müßte der Standpunkt des BGH bei einer Beratung des *L* berücksichtigt werden. Daher ist festzuhalten, daß die Gerichte die Rolle des *L* als mittelbare Täterschaft einstufen dürften, wenn bei *V* ein vermeidbarer Verbotsirrtum vorläge, und zwar unabhängig davon, ob sich *L* ebenfalls in einem derartigen Irrtum befände oder nicht.

(3) Es läßt sich überlegen, ob die Annahme mittelbarer Täterschaft auch unter dem Aspekt der sogenannten Organisationsherrschaft möglich wäre.

Bei dieser Fallgruppe geht es um als Schreibtischtäter agierende Hintermänner, die „das Gesamtgeschehen kraft ihrer ‚Organisationsherrschaft' bedingungslos in die von ihnen gewünschte Richtung lenken können"[1552]. Diskutiert wird dies nicht nur für Fälle, in denen es zu einem Mißbrauch staatlicher Machtbefugnisse kommt[1553], sondern auch für mafiaähnliche Verbrecherbanden[1554] und sogar für Wirtschaftsunternehmen[1555].

Zurückzuführen ist diese Fallgruppe auf grundlegende Arbeiten Roxins[1556], der für die Annahme von Organisationsherrschaft insbesondere folgende Vorgaben macht:

- Der organisierte Apparat, dessen sich der Hintermann bedient, muß sich als ganzer von den Normen des Rechts gelöst haben, da anderenfalls „die Gesetze den höheren Rangwert haben und im Normalfall die Durchführung rechtswidriger Befehle und damit die Willensmacht des Hintermannes ausschließen"[1557].

[1551] *BGH*, 1 StR 357/94, BGHSt 40, 257, 267 f. Vgl. auch *Schöch*, NStZ 1995, 153, 157.

[1552] *Wessels/Beulke*, Strafrecht AT, Rdnr. 541.

[1553] *BGH*, 5 StR 98/94, BGHSt 40, 218 (Nationaler Verteidigungsrat); 5 StR 494/95, BGHSt 42, 65 (Regimentskommandeur der DDR-Grenztruppen); 5 StR 632/98, BGHSt 45, 270, 296 ff. (Kleiber/Krenz/Schabowski); *Roxin*, Täterschaft und Tatherrschaft, 424 f.; *Wessels/Beulke*, a. a. O. (Fn. 1552).

[1554] *BGH*, 5 StR 98/94, BGHSt 40, 218, 237; *Roxin*, Täterschaft und Tatherrschaft, 250; *Wessels/Beulke*, a. a. O. (Fn. 1552). Kritisch *Schulz*, JuS 1997, 109, 111.

[1555] *BGH*, 2 StR 339/96, BGHSt 43, 219, 231 f.; *Lackner/Kühl*, StGB, § 25 Rdnr. 2. Kritisch *Ambos*, GA 1998, 226, 239.

[1556] *Roxin*, Täterschaft und Tatherrschaft, 242 ff., 677 ff.; *ders.*, GA 1963, 193 ff.; *ders.*, Strafrecht AT II, § 25 Rdnr. 105 ff.; LK-*Roxin*, § 25 Rdnr. 128 ff.

[1557] LK-*Roxin*, § 25 Rdnr. 129. Vgl. auch *Roxin*, Täterschaft und Tatherrschaft, 249; *ders.*, GA 1963, 193, 204.

- Innerhalb dieses Apparates muß der unmittelbar Handelnde als ein bloßes Rädchen im Getriebe der Macht beliebig austauschbar sein, so daß es auf die individuelle Person des Ausführenden nicht ankommt und der Apparat unbekümmert um den Ausfall des einzelnen weiterarbeitet („Fungibilität")[1558].

Im Schrifttum sind diese Überlegungen sowohl auf Zustimmung[1559] als auch auf Ablehnung[1560] gestoßen. So wird etwa die Ansicht vertreten, daß immer dann, wenn die Ausführenden selbst als voll verantwortliche Täter handelten, hinsichtlich des „Mannes in der Zentrale" Mittäterschaft anzunehmen sei[1561]. Von anderer Seite wird die Frage aufgeworfen, ob das Kriterium der Auswechselbarkeit tatsächlich die Tatherrschaft des Hintermannes begründen könne[1562]. Es würde den Rahmen sprengen, dieser nach wie vor angeregten Diskussion[1563] hier im Detail nachgehen zu wollen. Festhalten läßt sich jedoch, daß die von Roxin aufgestellten Kriterien im fiktiven Fall nicht erfüllt wären. Insofern bedarf es keiner weiteren Erörterung, daß *L* und *V* nicht Teil eines Apparats sind, der sich „als ganzer von den Normen des Rechts gelöst" hat[1564]. Was die „Fungibilität" anbelangt, so führt Ambos aus:

> „Die Tatbeherrschung durch die Organisationsspitze kraft ihres Machtapparats wäre in der konkreten Tatsituation nur gegeben, wenn die Folter sogleich von anderen Tatmittlern begonnen oder fortgesetzt werden könnte."[1565]

Auch hieran würde es in einer Situation wie derjenigen des fiktiven Falles fehlen. So zeigt etwa die Darstellung auf Seite 9, daß Daschner beträchtliche Schwierigkeiten hatte, seine Anweisung durchzusetzen. Von einem regelhaften Ablauf durch beliebig austauschbare Tatmittler ließe sich daher nicht sprechen.

Anders als die Literatur hat sich der BGH erst vergleichsweise spät mit der Figur der Organisationsherrschaft befaßt und sie erstmals im Urteil gegen die Mitglieder des Nationalen Verteidigungsrates der früheren DDR verwendet[1566].

[1558] *Roxin*, Täterschaft und Tatherrschaft, 245 f.; *ders.*, Strafrecht AT II, § 25 Rdnr. 107; LK-*Roxin*, § 25 Rdnr. 128.

[1559] S/S-*Cramer/Heine*, § 25 Rdnr. 25; *Lackner/Kühl*, StGB, § 25 Rdnr. 2; *Vest*, ZStW 113 (2001), 458, 492; *Wessels/Beulke*, Strafrecht AT, Rdnr. 541.

[1560] *Jakobs*, Strafrecht AT, 21. Abschn Rdnr. 103; *Jescheck/Weigend*, Strafrecht AT, 670; *Otto*, Grundkurs I, § 21 Rdnr. 92; *Rotsch*, JuS 2002, 887, 888.

[1561] *Jescheck/Weigend*, a. a. O. (Fn. 1560). Vgl. zu dieser Frage bereits oben S. 270.

[1562] *Rotsch*, a. a. O. (Fn. 1560).

[1563] Vgl. aus jüngster Zeit etwa *Rotsch*, NStZ 2005, 13. Vgl. im übrigen die Nachweise bei *Ambos*, Völkerstrafrecht AT, 590 ff.

[1564] *Kretschmer*, RuP 2003, 102, 103.

[1565] *Ambos*, Völkerstrafrecht AT, 597.

[1566] *BGH*, 5 StR 98/94, BGHSt 40, 218, 236 f.

Dafür hat sich aber gezeigt, daß er den Anwendungsbereich dieser Fallgruppe der mittelbaren Täterschaft sehr weit gefaßt sieht, da er sie insbesondere auch zur Lösung des Problems der Verantwortlichkeit beim Betrieb wirtschaftlicher Unternehmen heranzieht[1567].

Die Kriterien, anhand derer der BGH das Vorliegen von Organisationsherrschaft feststellt, sind dabei mit denjenigen Roxins nicht identisch. So heißt es in seiner gegen Kleiber, Krenz und Schabowski ergangenen Entscheidung:

> „Der Hintermann eines uneingeschränkt schuldhaft handelnden Täters kann dann mittelbarer Täter sein, wenn er durch Organisationsstrukturen bestimmte Rahmenbedingungen ausnutzt, innerhalb derer sein Tatbeitrag regelhafte Abläufe auslöst. Derartige Rahmenbedingungen mit regelhaften Abläufen kommen insbesondere bei staatlichen, unternehmerischen oder geschäftsähnlichen Organisationsstrukturen und bei Befehlshierarchien in Betracht. Handelt in einem solchen Fall der Hintermann in Kenntnis dieser Umstände, nutzt er insbesondere auch die unbedingte Bereitschaft des unmittelbar Handelnden, den Tatbestand zu erfüllen, aus und will der Hintermann den Erfolg als Ergebnis seines eigenen Handelns, ist er Täter in der Form mittelbarer Täterschaft. Er besitzt insbesondere die Tatherrschaft."[1568]

Ähnliche Überlegungen finden sich auch in der Entscheidung zum Nationalen Verteidigungsrat[1569]. Was die hierin angesprochenen regelhaften Abläufe anbelangt, so kann auf die oben gemachten Ausführungen verwiesen werden. Überdies erscheint es fraglich, ob sich die unbedingte Bereitschaft des unmittelbar Handelnden – hier also *V* – bejahen ließe, auch wenn diese leichter festzustellen sein dürfte als die „Fungibilität" des unmittelbar Handelnden.

Allerdings ist auffällig, daß der BGH seine Anforderungen zwischenzeitlich abgesenkt hat[1570]. So heißt es in einer Entscheidung aus dem Jahr 2003:

> „In Betracht kommt bei dieser Fallgestaltung nur eine mittelbare Täterschaft kraft Organisationsherrschaft. Eine solche mittelbare Täterschaft liegt vor, wenn die Tat durch einen Hintermann gelenkt wird. Dieser Hintermann besitzt Tatherrschaft, wenn er mit den durch die Organisationsstrukturen geschaffenen Rahmenbedingungen das deliktische Geschehen maßgeblich beeinflussen kann … Dabei ist es unerheblich, ob der Tatmittler seinerseits dolos handelt oder gutgläubig ist."[1571]

[1567] *BGH*, 5 StR 98/94, BGHSt 40, 218, 237; 2 StR 339/96, BGHSt 43, 219, 231 f.; 5 StR 145/03, JZ 2004, 737, 740; 1 StR 453/02, JR 2004, 245, 246; 5 StR 73/03, NStZ 2004, 559, 561.

[1568] *BGH*, 5 StR 632/98, BGHSt 45, 270, 296.

[1569] *BGH*, 5 StR 98/94, BGHSt 40, 218, 236 f.

[1570] Vgl. etwa *BGH*, 5 StR 145/03, JZ 2004, 737, 740 mit Anm. Kühne; 1 StR 453/02, JR 2004, 245, 246 mit Anm. Rotsch; 5 StR 73/03, NStZ 2004, 559, 561.

[1571] *BGH*, 5 StR 145/03, JZ 2004, 737, 740.

Die Voraussetzungen für die Annahme mittelbarer Täterschaft, wie sie in dieser Entscheidung zum Ausdruck kommen, dürften im fiktiven Fall erfüllt sein. Jedoch gilt auch hier wieder, daß der BGH dies anhand einer wertenden Betrachtung feststellen[1572], also eine Einzelfallentscheidung treffen würde. *Für* eine entsprechende Entscheidung spräche nicht zuletzt die herausgehobene Position des *L*. So hat der BGH in Mauerschützenprozessen die Stellung eines Oberleutnants der DDR-Grenztruppen nur als „an der Grenze zur mittelbaren Täterschaft“[1573] liegend angesehen, während er bezüglich eines höherrangigen Offiziers dieser Truppen ausgeführt hat:

> „Maßgeblich ist allein, daß der Angeklagte seine herausragende Stellung als Regimentskommandeur dazu gebraucht hat, seine Untergebenen in der konkreten Situation zum Schießen zu veranlassen.“[1574]

In ähnlicher Weise ließe sich argumentieren, wenn *L* seine Stellung dazu nutzen würde, *V* anzuweisen, *I* mit Folter zu bedrohen und ihn ggf. sogar tatsächlich zu foltern, zumal der erforderliche Vorsatz[1575] hinsichtlich der Nötigung außer Frage stünde.

c) Zwischenergebnis

Für den Bereich der Körperverletzungsdelikte wäre die Stellung des *L* aufgrund der in § 340 Abs. 1 S. 1 getroffenen Sonderregelung in jedem Fall die eines Täters[1576].

Darüber hinaus – also in erster Linie hinsichtlich der Nötigung i. S. v. § 240 StGB – dürfte von den Gerichten mittelbare Täterschaft angenommen werden, wobei sowohl die Fallgruppe des Hervorrufens eines vermeidbaren Verbotsirrtums beim Tatmittler als auch diejenige der Organisationsherrschaft in Betracht käme. Ansonsten wäre *L* nach Maßgabe der in § 357 Abs. 1 StGB getroffenen Sonderregelung über die Teilnahme gleichwohl mit der Täterstrafe zu bestrafen[1577]. Für den Fall, daß sich die Rolle des Vorgesetzten nicht eindeutig klären läßt, wird auch eine Wahlfeststellung zwischen § 357 StGB (i. V. m. dem betreffenden Tatbestand) und dem als mittelbarer Täter begangenen Delikt für möglich gehalten[1578].

[1572] *BGH*, 2 StR 339/96, BGHSt 43, 219, 231 f.; 5 StR 281/01, NStZ 2003, 141, 143; 1 StR 453/02, JR 2004, 245, 246.

[1573] *BGH*, 5 StR 259/01, BGHSt 47, 100, 104.

[1574] BGH, 5 StR 494/95, BGHSt 42, 65, 69.

[1575] *BGH*, a. a. O. (Fn. 1574). Vgl. auch oben S. 165.

[1576] Vgl. die Nachweise in Fn. 1502 auf S. 267.

[1577] Vgl. die Nachweise in Fn. 1508 auf S. 268.

[1578] *Andrews*, Verleiten und Geschehenlassen, 190; SK-*Rudolphi/Rogall*, § 357 Rdnr. 22; *Tröndle/Fischer*, StGB, § 357 Rdnr. 7.

VI. Fazit

Die Aussagen, die das einfache Gesetzesrecht zur Strafbarkeit der Folter trifft, lassen sich wie folgt zusammenfassen:

Aus der hier gegebenen ex ante-Perspektive könnten im fiktiven Fall verschiedene Straftatbestände einschlägig sein, wenn *V* den *I* mit Folter bedroht oder sogar tatsächlich foltert. Besonders wichtig wären dabei die Nötigung i. S. v. § 240 StGB sowie die Körperverletzung im Amt i. S. v. § 340 Abs. 1 StGB (ggf. nach Abs. 3 i. V. m. §§ 224 ff. StGB). Insbesondere die Spezialtatbestände des VStGB, die die Folter unter Strafe stellen, sowie die Aussageerpressung i. S. v. § 343 StGB wären hingegen nicht anwendbar.

Hinsichtlich der Rolle, die *L* hierbei einnähme, kann auf das vorstehend unter c) wiedergegebene Zwischenergebnis verwiesen werden.

Rechtfertigungsgründe griffen im fiktiven Fall nicht ein, was gerade auch für öffentlich-rechtliche Eingriffsbefugnisse gälte. Ebenso verhielte es sich mit Entschuldigungsgründen, denn selbst ein übergesetzlicher entschuldigender Notstand ließe sich nicht annehmen.

Falls sich einer der Beamten oder sogar beide in einem Verbotsirrtum befänden, wäre dieser vermeidbar, so daß allenfalls die Möglichkeit einer fakultativen Strafmilderung nach § 17 S. 2 i. V. m. § 49 Abs. 1 StGB bestünde. Ein zusätzlicher Irrtum über die Person des *I* (vgl. S. 29) wäre daneben unbeachtlich.

Bei der Ermittlung dieses Ergebnisses mußte mehrfach auf die Wertungen des Verfassungs- und Völkerrechts zurückgegriffen werden. Da diese jedoch in § 4 und § 5 der vorliegenden Arbeit unter dem Aspekt untersucht worden sind, inwiefern sie ein *Verbot* der Folter statuieren, ist bei der weiteren Bearbeitung insbesondere noch folgenden Fragen nachzugehen, die im vorliegenden § 6 aufgetreten sind:

- Welche Aussagen lassen sich dem Verfassungs- sowie dem Völkerrecht zur Anwendbarkeit von Rechtfertigungs- bzw. Entschuldigungsgründen bei Folterungen entnehmen? Von Interesse ist dies insbesondere hinsichtlich des übergesetzlichen entschuldigenden Notstandes (vgl. S. 245).
- Inwiefern wäre es angesichts der im Verfassungs- und Völkerrecht enthaltenen Bestimmungen offensichtlich, daß durch Befolgen einer auf Folter gerichteten Anordnung eine Straftat begangen wird, wie es in den polizeirechtlichen Spezialregelungen zum Verbotsirrtum heißt (vgl. S. 253)?

§ 7 Auswirkungen des Verfassungs- und Völkerrechts auf die Strafbarkeit

Bei der nun vorzunehmenden Untersuchung der Frage, welche Aussagen sich dem Verfassungs- und Völkerrecht zur Strafbarkeit der Folter entnehmen lassen, ist zwischen direkten (nachfolgend I) und indirekten Aussagen (nachfolgend II) zu unterscheiden. Erstere lassen sich den einschlägigen Bestimmungen unmittelbar entnehmen, während sich letztere aus den Wertungen ergeben, die das Verfassungs- sowie das Völkerrecht hinsichtlich der Folter aufstellen.

I. Direkte Aussagen zur Strafbarkeit der Folter

1. Direkte Aussagen des Verfassungsrechts

Diejenigen Vorschriften des Grundgesetzes, die für das *Verbot* der Folter von Belang sind, sind in § 4 der vorliegenden Arbeit umfassend erörtert worden. Eine direkte Aussage zur Strafbarkeit der Folter läßt sich ihnen nicht entnehmen.

Vielmehr legt das Grundgesetz selbst nur an einer Stelle expressis verbis fest, daß bestimmte Handlungen unter Strafe zu stellen sind, nämlich in Art. 26 Abs. 1 S. 2 GG[1579]. Eine vergleichbare Regelung zur Folter gibt es nicht.

2. Direkte Aussagen des Völkerrechts

Anders als im Verfassungsrecht finden sich im Völkervertragsrecht mehrere Bestimmungen, die direkte Aussagen zur Strafbarkeit der Folter treffen. Sie unterscheiden sich in ihrer Bedeutung und Reichweite.

a) Völkerstrafrecht im engeren Sinne

Am weitesten gehen diejenigen Bestimmungen, die dem Völkerstrafrecht im engeren Sinne zuzurechnen sind. Sie begründen eine unmittelbare Strafbarkeit nach Völkerrecht[1580], so daß sich von völkerrechtlichem materiellen Strafrecht

---

[1579] Vgl. hierzu *Brockmeyer*, in: Schmidt-Bleibtreu/Klein, GG, Art. 26 Rdnr. 3; J/P-*Jarass*, Art. 26 Rdnr. 5; *Robbers*, in: Lüderssen (Hg.), Aufgeklärte Kriminalpolitik I, 148; Sachs-*Streinz*, Art. 26 Rdnr. 33.

[1580] *K. Ipsen*, in: K. Ipsen, Völkerrecht, § 42 Rdnr. 1; *Raess*, Der Schutz vor Folter im Völkerrecht, 91; *Satzger*, Internationales und Europäisches Strafrecht, § 11 Rdnr. 1; *ders.*, JuS

sprechen läßt[1581]. Im Völkervertragsrecht gibt es mehrere solcher Normen, in denen Folterungen unter Strafe gestellt werden. Jedoch sind diese auf den fiktiven Fall nicht anwendbar.

aa) Zu nennen ist hier an erster Stelle das Römische Statut des Internationalen Strafgerichtshofs. Dieses erfaßt Folterungen als Verbrechen gegen die Menschlichkeit (Art. 5 Abs. 1 S. 2 lit. b i. V. m. Art. 7 Abs. 1 lit. f IStGH-Statut) sowie als Kriegsverbrechen (Art. 5 Abs. 1 S. 2 lit. c i. V. m. Art. 8 Abs. 2 lit. a ii, lit. c i IStGH-Statut)[1582].

Eine Anwendung dieser Bestimmungen scheidet im fiktiven Fall aus den gleichen Gründen aus, wie sie bei den Parallel-Vorschriften des VStGB (§ 7 Abs. 1 Ziff. 5 und § 8 Abs. 1 Ziff. 3 VStGB) genannt worden sind; insofern kann auf die Ausführungen auf Seite 158 verwiesen werden. Im übrigen wäre der Grundsatz der Komplementarität zu beachten, wie er in Art. 1 S. 2 Hs. 2 und Art. 17 IStGH-Statut seinen Niederschlag gefunden hat. Hiernach gilt, daß der IStGH die innerstaatliche Strafgerichtsbarkeit lediglich ergänzt, so daß er nur für solche Fälle zuständig ist, in denen ein Staat nicht willens oder nicht in der Lage ist, die fragliche Straftat selbst zu verfolgen[1583].

bb) Völkerstrafrechtliche Bestimmungen, in denen Folterungen unter Strafe gestellt werden, finden sich weiterhin in Art. 2 lit. b und Art. 5 lit. f JStGH-Statut sowie in Art. 3 lit. f und Art. 4 S. 2 lit. a RStGH-Statut.

Auch ihre Anwendung käme im fiktiven Fall nicht in Betracht. Zwar genießt die Zuständigkeit des JStGH und des RStGH gegenüber derjenigen nationaler Gerichte Priorität[1584], doch ist sie auf im Hoheitsgebiet des ehemaligen Jugoslawien (Art. 1 JStGH-Statut) bzw. Ruandas und seiner Nachbarstaaten (Art. 1 RStGH-Statut) begangene schwere Verstöße gegen das humanitäre Völkerrecht beschränkt[1585].

2004, 943, 944; *Stein/von Buttlar*, Völkerrecht, Rdnr. 1163; *Werle*, Völkerstrafrecht, Rdnr. 71; *Wessels/Beulke*, Strafrecht AT, Rdnr. 76.

1581 *K. Ipsen*, a. a. O. (Fn. 1580).

1582 Vgl. hierzu *Blanke/Molitor*, AVR 39 (2001), 142, 153 ff.; *Gil Gil*, ZStW 112 (2000), 381 ff.; *Satzger*, Internationales und Europäisches Strafrecht, § 15 Rdnr. 25 ff., § 15 Rdnr. 52 ff.; *Stein/von Buttlar*, Völkerrecht, Rdnr. 1195 f.; *Werle*, Völkerstrafrecht, Rdnr. 614 ff., 765 ff.

1583 *Blanke/Molitor*, AVR 39 (2001), 142, 149; *Satzger*, Internationales und Europäisches Strafrecht, § 13 Rdnr. 16; *Stein/von Buttlar*, Völkerrecht, Rdnr. 1199 f.; *Werle*, Völkerstrafrecht, Rdnr. 200; *Wessels/Beulke*, Strafrecht AT, Rdnr. 76b.

1584 *BVerfG*, 2 BvR 1290/99, NJW 2001, 1848, 1853; *Konstantinow*, ZRP 2001, 359, 360; *Stein/von Buttlar*, Völkerrecht, Rdnr. 1199.

1585 *Ambos*, Völkerstrafrecht AT, 260 f.; *Konstantinow*, ZRP 2001, 359, 360; *Satzger*, Internationales und Europäisches Strafrecht, § 12 Rdnr. 20, 29.

b) Völkerstrafrecht im weiteren Sinne

Da die vorstehend genannten Bestimmungen eine unmittelbare Strafbarkeit nach Völkerrecht begründen, werden sie als sehr weitgehender Eingriff in die Souveränität der Staaten angesehen. Deshalb finden sich im Völkerrecht zahlreiche Verträge, die die Staaten lediglich dazu verpflichten, bestimmte Handlungen unter Strafe zu stellen.

Werle führt hierzu aus:

> „Der Täter verletzt also bei der Begehung einer entsprechenden Tat keine völkerrechtliche Strafnorm. Grundlage der Verfolgung und Bestrafung der sonstigen internationalen Verbrechen ist nämlich nicht das Völkerrecht, sondern die staatliche Durchführungsnorm. In diesen Fällen lässt sich allenfalls von einer indirekten, durch die innerstaatliche Rechtsordnung vermittelten Strafbarkeit nach Völkerrecht sprechen."[1586]

Herkömmlich wird in diesen Fällen von Delikten wider das Völkerrecht (delicta iuris gentium) gesprochen[1587], doch findet sich in jüngerer Zeit auch insofern vermehrt die Bezeichnung Völkerstrafrecht[1588]. Daher bietet es sich an, von Völkerstrafrecht im weiteren Sinne zu sprechen.

aa) Genfer Abkommen

Zu nennen sind hier zunächst die Genfer Abkommen vom 12. August 1949.

Sie alle enthalten Bestimmungen, nach denen sich die Vertragsparteien verpflichten, bestimmte schwere Verletzungen dieser Abkommen – zu denen insbesondere auch Folterungen zählen – unter Strafe zu stellen[1589]. Überdies legen sie den Vertragsparteien die Pflicht auf, diejenigen Personen, die schwerer Verletzungen dieser Abkommen beschuldigt sind, zu ermitteln und entweder vor ihre eigenen Gerichte zu stellen oder sie einer anderen an der gerichtlichen Verfolgung interessierten Vertragspartei zur Aburteilung zu übergeben[1590].

1586 *Werle*, Völkerstrafrecht, Rdnr. 100. Vgl. auch *Stein/von Buttlar*, Völkerrecht, Rdnr. 1164.

1587 *Raess*, Der Schutz vor Folter im Völkerrecht, 98 f.; *Verdross/Simma*, Universelles Völkerrecht, § 431.

1588 *Ambos*, Völkerstrafrecht AT, 424; *Schmidt*, Externe Strafpflichten, 4 f.

1589 Art. 49 Abs. 1 i. V. m. Art. 50 des I. Genfer Abkommens, Art. 50 Abs. 1 i. V. m. Art. 51 des II. Genfer Abkommens, Art. 129 Abs. 1 i. V. m. Art. 130 des III. Genfer Abkommens, Art. 146 Abs. 1 i. V. m. Art. 147 des IV. Genfer Abkommens. Vgl. hierzu *BGH*, 3 StR 372/00, BGHSt 46, 292; *Derby*, in: Bassiouni (Hg.), International criminal law I, 740; *Maison*, EJIL 6 (1995), 260 ff.; *Raess*, Der Schutz vor Folter im Völkerrecht, 69; *Werle*, Völkerstrafrecht, Rdnr. 182. Vgl. zur Bestätigung durch die Zusatzprotokolle von 1977 *Raess*, Der Schutz vor Folter im Völkerrecht, 93 f. m. w. N.

1590 Art. 49 Abs. 2 des I. Genfer Abkommens, Art. 50 Abs. 2 des II. Genfer Abkommens, Art. 129 Abs. 2 des III. Genfer Abkommens, Art. 146 Abs. 2 des IV. Genfer Abkommens.

Da die Genfer Abkommen vorliegend jedoch nicht einschlägig sind (vgl. S. 134), soll dies nicht weiter vertieft werden.

bb) UN-Folterkonvention

Von Bedeutung für den fiktiven Fall sind hingegen die Bestimmungen der UN-Folterkonvention. Wie bereits auf Seite 141 angedeutet, enthalten diese nicht nur Aussagen zum Verbot der Folter, sondern auch solche zu ihrer Strafbarkeit. Letztere sind bei dieser Konvention sogar von besonderer Wichtigkeit:

> „La philosophie générale de cet instrument est donc de caractère pénal. L'objectif est d'obtenir une répression aussi large que possible, par les Etats, de tous ceux qui ont pu se rendre coupables, en leur qualité officielle ou à l'instigation des pouvoirs publics, d'actes de torture. C'est dans cette perspective qu'il faut comprendre la construction de la Convention."[1591]

(1) Strafpflicht

Zunächst einmal wird durch Art. 4 Abs. 1 UN-Folterkonvention die Verpflichtung der Vertragsstaaten begründet, alle Formen von Folter, wie sie in § 2 der vorliegenden Arbeit definiert worden ist, unter Strafe zu stellen[1592]. Gemäß Art. 4 Abs. 2 UN-Folterkonvention muß dabei eine Bedrohung mit angemessenen Strafen erfolgen, welche die Schwere der Tat berücksichtigen[1593].

Im dritten deutschen Staatenbericht heißt es hierzu:

> „Im deutschen Strafrecht gibt es zwar keinen Sondertatbestand der Folter. Ein solcher ist aber auch nicht erforderlich, da alle gemäß Artikel 4 zu pönalisierenden Verhaltensweisen über die bereits bestehenden Strafnormen erfasst werden."[1594]

Dies ist dem Grunde nach zutreffend. Zwar gibt es andere Rechtsordnungen – wie etwa die niederländische[1595] –, in denen Folterungen in einem gesonderten Straftatbestand unter Strafe gestellt werden, doch setzt Art. 4 Abs. 1 UN-Folter-

---

Vgl. hierzu *Raess*, Der Schutz vor Folter im Völkerrecht, 69; *Tomuschat*, AVR 21 (1983), 289, 293 f.

[1591] *Dominicé*, Haug-FS, 59.

[1592] Vgl. hierzu *EGMR*, 35763/97 (Al-Adsani / Vereinigtes Königreich), www.echr.coe.int, Rdnr. 29; *Burgers/Danelius*, The United Nations Convention against Torture, 129; *Fahl*, JR 2004, 182, 184; *Kinzig*, ZStW 115, 791, 813; *Lerner*, IsrYBHR 1986, 126, 135; *Nowak*, EuGRZ 1988, 537; *Marx*, ZRP 1986, 81, 82; *ders.*, KJ 2004, 278, 280; *Schmidt*, Externe Strafpflichten, 145; *Stein/von Buttlar*, Völkerrecht, Rdnr. 1164; *Voyaume*, in: Cassese (Hg.), The International Fight against Torture, 47.

[1593] *Burgers/Danelius*, a. a. O. (Fn. 1592).

[1594] *Bundesregierung*, Dritter Bericht der Bundesrepublik Deutschland nach Artikel 19 des Übereinkommens vom 10. Dezember 1984 gegen Folter und andere grausame, unmenschliche oder erniedrigende Behandlung oder Strafe, Rdnr. 17.

[1595] Art. 8 des Wet internationale misdrijven, Staatsblad 270 vom 3. Juli 2003.

konvention dies nicht voraus[1596]. Man könnte allenfalls überlegen, ob in Fällen, in denen zu *präventiven* Zwecken mit Folter gedroht wird, im deutschen Strafrecht ein Tatbestand existiert, der den Anforderungen des Art. 4 Abs. 2 UN-Folterkonvention gerecht wird[1597]; denn insbesondere § 343 StGB ist hier nicht anwendbar (vgl. S. 160).

(2) Rechtfertigungs- und Entschuldigungsgründe

Von größerer Bedeutung für den fiktiven Fall ist jedoch die auf Seite 278 aufgeworfene Frage, welche Aussagen sich der UN-Folterkonvention zur Anwendbarkeit von Rechtfertigungs- und Entschuldigungsgründen entnehmen lassen.

(a) Diesbezüglich ist zunächst Art. 2 Abs. 2 UN-Folterkonvention in den Blick zu nehmen:

> „Außergewöhnliche Umstände, gleich welcher Art, sei es Krieg oder Kriegsgefahr, innenpolitische Instabilität oder ein sonstiger öffentlicher Notstand, dürfen nicht als Rechtfertigung für Folter geltend gemacht werden."

Weiterhin ist Art. 2 Abs. 3 UN-Folterkonvention von Interesse:

> „Eine von einem Vorgesetzten oder einem Träger öffentlicher Gewalt erteilte Weisung darf nicht als Rechtfertigung für Folter geltend gemacht werden."

Diese Bestimmungen legen nicht nur fest, daß vom *Verbot* der Folter keine Ausnahme gemacht werden darf (vgl. S. 143), sondern sie sind auch für ihre *Strafbarkeit* von Bedeutung[1598].

(b) Dabei erscheint es ausgehend von ihrem Wortlaut zunächst so, als schlössen sie lediglich die Anwendung von Rechtfertigungsgründen aus. Es gilt jedoch zu bedenken, daß der deutsche Wortlaut nicht verbindlich ist (Art. 33 Abs. 1 UN-Folterkonvention) und daß nicht alle Rechtsordnungen zwischen Rechtfertigung und Entschuldigung differenzieren:

> „Some systems, notably the German, cultivate the distinction as basic elements in the structure of criminal acts; others, like the French and Anglo-American systems have traditionally revealed little concern about elaborating the distinction and exploring its implications."[1599]

[1596] *Ambos*, AVR 37 (1999), 318, 324; *Burgers/Danelius*, The United Nations Convention against Torture, 129.

[1597] Vgl. hierzu auch die Ausführungen zu § 240 Abs. 4 StGB auf S. 167.

[1598] *Ambos*, Völkerstrafrecht AT, 440 f.; *ders.*, JR 1998, 221, 224; *Burgers/Danelius*, The United Nations Convention against Torture, 124; *Derby*, in: Bassiouni (Hg.), International criminal law I, 730.

[1599] *Fletcher*, in: Eser/Fletcher (Hg.), Rechtfertigung und Entschuldigung I, 9.

Auch das überkommene Völkerstrafrecht unterscheidet nicht zwischen Rechtfertigungs- und Entschuldigungsgründen[1600]. Vielmehr werden diese den sogenannten „defences" zugerechnet[1601]. Hierbei handelt es sich um einen aus dem Common Law stammenden Begriff, „der alle verantwortungsausschließenden Gründe zusammenfasst und dabei auch prozessuale Verfolgungshindernisse (z. B. die Verjährung) mit einbezieht"[1602].

Legt man daher die Bestimmungen in Art. 2 Abs. 2 und Abs. 3 UN-Folterkonvention „ausgehend von ihrem Wortlaut nach Sinn und Zweck unter Berücksichtigung des allgemeinen Völkerrechts"[1603] aus, so gelangt man zu dem Ergebnis, daß diese sich auf die „defences" beziehen und nicht lediglich auf die Rechtfertigungsgründe[1604]. Hierfür spricht auch folgende Stellungnahme, die der gemäß Art. 17 Abs. 1 S. 1 UN-Folterkonvention eingesetzte Ausschuß gegen Folter zur Rechtslage in Deutschland abgegeben hat:

> „Likewise, it is not absolutely clear that *all* exculpation by justification and superior order is categorically excluded as required by the Convention."[1605]

Es läßt sich also festhalten, daß nach Art. 2 Abs. 2 und Abs. 3 UN-Folterkonvention außergewöhnliche Umstände sowie Weisungen eines Vorgesetzten weder als Rechtfertigungs- noch als Entschuldigungsgrund für die Androhung oder Anwendung von Folter geltend gemacht werden können.

(c) Dies ist angesichts des Non-self-executing-Charakters dieser Bestimmungen (vgl. S. 142) innerstaatlich durch völkerrechtskonforme Auslegung des nationalen Rechts zu berücksichtigen[1606].

[1600] *Ambos*, Völkerstrafrecht AT, 826; *Cassese*, International Criminal Law, 222; *Werle*, Völkerstrafrecht, Rdnr. 251. Vgl. zur Regelung im IStGH-Statut *Kreß*, IsrYBHR 2000, 103, 146: „In substance, the lack of an explicit distinction between the concepts of ‚justification' and ‚excuse' in Article 31 of the ICC Statute … is clear evidence for what may be called a ‚common law [point of] departure', a point of departure which, it is to be hoped, will be overcome in the case law of the ICC."

[1601] *Ambos*, Völkerstrafrecht AT, 540; *Merkel*, ZStW 114 (2002), 437, 438.

[1602] *Satzger*, Internationales und Europäisches Strafrecht, § 14 Rdnr. 17. Vgl. auch *Ambos*, Völkerstrafrecht AT, 71 f.; *Nill-Theobald*, Defences bei Kriegsverbrechen, 57.

[1603] *BVerfG*, 2 BvR 1290/99, NJW 2001, 1848, 1852 m. w. N. Vgl. auch *Hailbronner/Randelzhofer*, EuGRZ 1986, 641, 646; J/P-*Jarass*, Art. 59 Rdnr. 19. Siehe zur Auslegung völkerrechtlicher Verträge auch oben S. 56.

[1604] *Derby*, in: Bassiouni (Hg.), International criminal law I, 730; *de Than/Shorts*, International Criminal Law and Human Rights, 191.

[1605] *Ausschuß gegen Folter*, Concluding Observations A/53/44, Rdnr. 185 (Hervorhebung durch den Verfasser).

[1606] *BVerfG*, 2 BvR 589/79, NJW 1987, 2427; 2 BvR 1481/04, NJW 2004, 3410; *BGH*, 1 StR 221/99, BGHSt 45, 321, 329; *BVerwG*, 9 C 38/96, BVerwGE 104, 265, 275; *Schweitzer*, Staatsrecht III, Rdnr. 440c; *Stein/von Buttlar*, Völkerrecht, Rdnr. 192; *Tomuschat*, HbStR VII, § 172 Rdnr. 27 f.

Die Untersuchung der einschlägigen Rechtfertigungs- und Entschuldigungsgründe hat gezeigt, daß manche von ihnen schon insofern ausgeschlossen werden können, als ihre Voraussetzungen im fiktiven Fall nicht erfüllt wären. Dies gilt etwa für den entschuldigenden Notstand i. S. v. § 35 StGB (vgl. S. 226).

Bei anderen hingegen – wie etwa bei der Nothilfe i. S. v. § 32 StGB oder dem rechtfertigenden Notstand i. S. v. § 34 StGB – fällt ein derartiges Verneinen der Voraussetzungen schwerer. Hier erscheint die Annahme am sachgerechtesten, daß sich *L* und *V* für die Androhung oder Anwendung von Folter von vornherein nicht auf diese Bestimmungen berufen können (vgl. S. 209 und S. 217). Nach anderer Ansicht können Folterungen niemals geboten i. S. v. § 32 Abs. 1 StGB[1607] bzw. angemessen i. S. v. § 34 S. 2 StGB[1608] sein. Beide Auffassungen tragen dem nunmehr festgestellten Erfordernis einer völkerrechtskonformen – hier also: den Vorgaben der UN-Folterkonvention entsprechenden – Auslegung des nationalen Rechts in gleicher Weise Rechnung.

Damit läßt sich nun auch die Frage abschließend beantworten, ob im fiktiven Fall die Annahme eines übergesetzlichen entschuldigenden Notstandes in Betracht käme (vgl. S. 234 ff., insb. S. 244): Ausgehend von der Tatsache, daß nach der Rechtsprechung des BGH das Bestehen übergesetzlicher Entschuldigungsgründe ohnehin zweifelhaft ist[1609], muß das geltende Recht aufgrund der Vorgaben von Art. 2 Abs. 2 UN-Folterkonvention dahingehend ausgelegt werden, daß zumindest im Fall der Folter eine entsprechende Entschuldigung nicht möglich ist. Denn nach dieser Vorschrift dürfen außergewöhnliche Umstände *gleich welcher Art* nicht geltend gemacht werden. Man kann sich daher entweder auf den Standpunkt stellen, daß die Annahme eines übergesetzlichen entschuldigenden Notstandes bei Folterungen von vornherein ausgeschlossen ist, oder annehmen, daß es hier an dem Erfordernis eines bei ethischer Gesamtbetrachtung wesentlich geringeren Übels (vgl. S. 243) fehlt.

(3) Irrtumsfragen

Es ist zu überlegen, ob durch Art. 2 Abs. 2 und Abs. 3 UN-Folterkonvention auch die Geltendmachung eines Verbotsirrtums (vgl. S. 248 ff.) ausgeschlossen wird.

(a) Für den fiktiven Fall ist dies zunächst einmal mit Blick auf die auf Seite 278 aufgeworfene Frage von Bedeutung, inwiefern es angesichts der Bestimmungen der UN-Folterkonvention offensichtlich wäre, daß durch Befolgung einer auf Folter gerichteten Anordnung eine Straftat begangen wird, wie es in den polizei-

---

1607 Vgl. die Nachweise in Fn. 1207 auf S. 215.

1608 Vgl. die Nachweise in Fn. 1238 auf S. 220.

1609 *BGH*, 4 StR 352/88, BGHSt 35, 347, 350 f.; 3 StE 4/91 – StB 11/91, NStZ 1991, 429, 430.

rechtlichen Spezialregelungen zum Verbotsirrtum (§ 37 Abs. 2 S. 2 MEPolG, Art. 62 Abs. 2 S. 2 BayPAG, § 59 Abs. 2 S. 2 PolG NRW) heißt.

Wie bereits erwähnt, beziehen sich Art. 2 Abs. 2 und Abs. 3 UN-Folterkonvention allgemein auf die defences, also auf diejenigen Gründe, „deren Vorliegen zum Ausschluß der strafrechtlichen Verantwortlichkeit und damit Bestrafung führt“[1610]. Zu diesen zählen nach im Völkerstrafrecht bislang herrschender Meinung auch die Irrtümer[1611]. Dementsprechend ist die in Art. 2 Abs. 3 UN-Folterkonvention getroffene Regelung dahingehend zu verstehen, daß ein *Irrtum* über die Rechtmäßigkeit einer auf Folterung gerichteten Weisung ebensowenig zu einem Strafausschluß führen kann wie die Weisung selbst[1612].

In diesem Sinne müssen die einschlägigen Sonderregelungen des Polizeirechts völkerrechtskonform ausgelegt werden. Dies kann durch die Annahme geschehen, daß es in jedem Fall „offensichtlich“ ist, daß durch Befolgen einer auf Folterung gerichteten Anweisung eine Straftat begangen wird[1613].

(b) Damit ist aber nur klargestellt, daß kein völliger Straf*ausschluß* möglich ist, wenn ein Untergebener einer auf Folterung gerichteten Anweisung nachkommt. Hingegen wäre eine Straf*milderung* nach § 17 S. 2 i. V. m. § 49 Abs. 1 StGB (vgl. S. 254) zugunsten des angewiesenen *V* nicht ausgeschlossen. Denn diese Möglichkeit ist im Völkerrecht allgemein anerkannt[1614] und wird auch durch Art. 2 Abs. 3 UN-Folterkonvention nicht in Frage gestellt:

1610 *Ambos*, Völkerstrafrecht AT, 71.

1611 *Ambos*, Völkerstrafrecht AT, 757; *Cassese*, International Criminal Law, 256; *Merkel*, ZStW 114 (2002), 437, 438; *Nill-Theobald*, Defences bei Kriegsverbrechen, 56.

1612 *Ambos*, JR 1998, 221, 224. Vgl. auch *Cassese*, International Criminal Law, 231 f.: „As international instruments ... and national and international case law clearly show, a customary rule has evolved in international law whereby an international crime by a subordinate may not be excused by the plea that he acted upon superior orders. Wherever the conduct amounts to a serious violation of international humanitarian law or international criminal law, and whatever the category of crime may be (... another crime such as torture) the perpetrator must be held accountable.“

1613 *Ambos*, JR 1998, 221, 225: „Der Befehl, eine Person ... zu foltern ... ist ebenso ‚offensichtlich rechtswidrig' wie Völkermord an einer bestimmten ethnischen Minderheit und bestimmte Kriegsverbrechen.“ Vgl. auch *ders.*, Straflosigkeit von Menschenrechtsverletzungen, 306.

1614 *EGMR*, 37201/97 (K.-H. W. / Deutschland), NJW 2001, 3042, 3044; *Ambos*, JR 1998, 221, 226; *Boulesbaa*, The UN Convention on Torture, 9; *Cassese*, International Criminal Law, 232; *Orentlicher*, YLJ 100 (1991), 2537, 2603; *Werle*, Völkerstrafrecht, Rdnr. 362; *Woetzel*, The Nuremberg Trials, 118 f.

„This cannot be excluded, although it would be contrary to the spirit of the convention if the penalty was so lenient as not to take into account the very serious nature of the offence."[1615]

(c) Ausgehend von dem in der vorstehenden Zitatstelle angesprochenen Geist der UN-Folterkonvention läßt sich auch die Frage beantworten, ob zugunsten des anweisenden *L* ebenfalls eine Strafmilderung nach § 17 S. 2 i. V. m. § 49 Abs. 1 StGB möglich wäre: Eine derartige Strafmilderung zugunsten des Vorgesetzten wird durch die UN-Folterkonvention zwar nicht expressis verbis verboten, wäre aber mit dem Zweck der entsprechenden Bestimmungen kaum zu vereinbaren[1616].

(4) Zwischenergebnis

Zusammenfassend läßt sich daher festhalten, daß die UN-Folterkonvention nicht nur dazu verpflichtet, Folterungen unter Strafe zu stellen. Vielmehr gibt sie auch vor, daß ein Strafausschluß bei Folterhandlungen nicht in Betracht kommt, sondern allenfalls die Möglichkeit einer Strafmilderung zugunsten von Befehlsempfängern besteht.

Überdies haben die Vertragsstaaten nach Art. 12 UN-Folterkonvention die Pflicht, umgehend eine unparteiische Untersuchung durchzuführen, sobald ein hinreichender Grund für die Annahme besteht, daß in einem ihrer Hoheitsgewalt unterstehenden Gebiet eine Folterhandlung begangen wurde. Schließlich gilt nach Art. 7 Abs. 1 UN-Folterkonvention, daß derjenige Vertragsstaat, in dem ein einer Folterhandlung Verdächtiger aufgefunden wird, dessen Fall entweder den eigenen zuständigen Behörden zum Zweck der Strafverfolgung unterbreiten oder den Betreffenden ausliefern muß (aut dedere aut iudicare)[1617].

II. Indirekte Aussagen zur Strafbarkeit der Folter

Nach den vorstehenden Ausführungen steht fest, daß lediglich die UN-Folterkonvention direkte Aussagen zur Strafbarkeit der Folter trifft, die für den fiktiven Fall von Belang sind. Dieses Ergebnis überrascht, wenn man sich vor Augen hält, in welch umfassender Weise die Folter sowohl durch das Verfassungs- als auch durch das Völkerrecht *verboten* wird. Daher stellt sich die Frage, inwiefern den in § 4 und § 5 der vorliegenden Arbeit dargestellten Bestimmungen dieser

---

[1615] *Burgers/Danelius*, The United Nations Convention against Torture, 124.

[1616] Vgl. zur Lehre von der Befehlsverantworlichkeit (command responsibility) *Ambos*, JR 1998, 221, 224 m. w. N.

[1617] *Burgers/Danelius*, The United Nations Convention against Torture, 136; *Lerner*, IsrYBHR 1986, 126, 135; *Orentlicher*, YLJ 100 (1991), 2537, 2566 f.; *Tomuschat*, Steinberger-FS, 335 f.

Rechtsgebiete über die Verpflichtung zur Einhaltung des Verbots der Folter[1618] hinaus *indirekt* auch Aussagen zu ihrer Strafbarkeit entnommen werden können.

1. Strafpflichten

Schon seit geraumer Zeit wird darüber diskutiert, unter welchen Umständen der Staat verpflichtet sein kann, den Schutz der Grund- und Menschenrechte mit den Mitteln des Strafrechts sicherzustellen.

a) Strafpflichten aus dem Verfassungsrecht

Was zunächst das Verfassungsrecht anbelangt, so wurde auf Seite 99 ausgeführt, daß den Grundrechten nicht nur die Funktion von Abwehrrechten gegen den Staat zukommt, sondern daß aus ihnen auch staatliche Schutzpflichten resultieren können. Daß dieser Schutz gegebenenfalls mit den Mitteln des Strafrechts gewährleistet werden muß, hat das Bundesverfassungsgericht bereits 1975 in seiner ersten Entscheidung zum Schwangerschaftsabbruch ausgesprochen:

> „Im äußersten Falle, wenn nämlich der von der Verfassung gebotene Schutz auf keine andere Weise zu erreichen ist, kann der Gesetzgeber verpflichtet sein, zum Schutze des sich entwickelnden Lebens das Mittel des Strafrechts einzusetzen. Die Strafnorm stellt gewissermaßen die ‚ultima ratio' im Instrumentarium des Gesetzgebers dar. Nach dem das ganze öffentliche Recht einschließlich des Verfassungsrechts beherrschenden rechtsstaatlichen Prinzip der Verhältnismäßigkeit darf er von diesem Mittel nur behutsam und zurückhaltend Gebrauch machen. Jedoch muß auch dieses letzte Mittel eingesetzt werden, wenn anders ein effektiver Lebensschutz nicht zu erreichen ist. Dies fordern der Wert und die Bedeutung des zu schützenden Rechtsgutes. Es handelt sich dann nicht um eine ‚absolute' Pflicht zu strafen, sondern um die aus der Einsicht in die Unzulänglichkeit aller anderen Mittel erwachsende ‚relative' Verpflichtung zur Benutzung der Strafdrohung."[1619]

Das Bundesverfassungsgericht hat dies in weiteren Entscheidungen bestätigt[1620], und auch in der Literatur haben diese Überlegungen ihren Widerhall gefunden[1621]. Dabei wird darauf hingewiesen, daß eine entsprechende Verpflichtung nicht nur zum Schutz des menschlichen Lebens, sondern auch hinsichtlich an-

---

[1618] Vgl. hierzu *Jescheck*, Die Verantwortlichkeit der Staatsorgane nach Völkerrecht, 209 f.; *Tomuschat*, Steinberger-FS, 315.

[1619] *BVerfG*, 1 BvF 1/74 u. a., BVerfGE 39, 1, 46 f.

[1620] *BVerfG*, 2 BvF 2/90 u. a., BVerfGE 88, 203, 257 f.; 2 BvL 45/92, BVerfGE 96, 10, 25 f.

[1621] *Eser*, NJW 1992, 2913, 2922; *Herzog*, ZStW 105 (1993), 727, 731; *Robbers*, in: Lüderssen (Hg.), Aufgeklärte Kriminalpolitk I, 147 ff.; *Peglau*, Schutz des allgemeinen Persönlichkeitsrechts, 52 f.; *Schmidt*, Externe Strafpflichten, 1; *Tomuschat*, Steinberger-FS, 317.

derer Grundrechte – und zwar insbesondere der Menschenwürde – bestehen kann[1622].

Allerdings hat das Bundesverfassungsgericht in den betreffenden Entscheidungen ausdrücklich den ultima ratio-Charakter des Strafrechts betont[1623], und auch in der Literatur findet sich die Feststellung, daß es sich hierbei um ein „letztes Mittel mit herausragend intensiver Ausdruckskraft“[1624] handele. Speziell mit Blick auf den Schutz vor Folterungen führt Peglau aus:

> „Bevor man die Frage beantwortet, ob zum Schutz vor Entwürdigung (menschenunwürdige Behandlung) oder vor einer Verletzung des allgemeinen Persönlichkeitsrechts eine Pönalisierungspflicht besteht, muß man sich verdeutlichen, daß ein großer Teil der denkbaren Menschenwürdeverletzungen bereits durch andere Strafnormen pönalisiert werden. Man denke nur an den klassischen Fall der Entwürdigung, die Folter (durch deren Anwendung wird regelmäßig ein Körperverletzungsdelikt §§ 223 ff. StGB erfüllt sein) oder die qualvolle Tötung (§§ 211, 212 StGB, Mordmerkmal ‚grausam').“[1625]

Dem ist zuzustimmen, zumal auf den Seiten 158 ff. gezeigt wurde, daß bei Folterungen über die von Peglau angesprochenen Vorschriften hinaus auch noch weitere Straftatbestände einschlägig sein können. Daher erscheint die Einführung eines speziellen Straftatbestandes der Folter nicht zwingend erforderlich, um den Schutz der durch Folterungen beeinträchtigten Grundrechte – Leben und körperliche Unversehrtheit, allgemeines Persönlichkeitsrecht sowie Menschenwürde (vgl. S. 128) – sicherzustellen.

b) Strafpflichten aus dem Völkerrecht

Sehr lebhaft diskutiert wird die Frage, ob auch den völkerrechtlichen Bestimmungen zum Schutz der Menschenrechte, wie sie in § 5 der vorliegenden Arbeit angesprochen worden sind, die Verpflichtung entnommen werden kann, diesen Schutz mit den Mitteln des Strafrechts zu bewirken.

aa) Für die Annahme einer derartigen Verpflichtung hat sich insbesondere der IAGMR ausgesprochen. In seinem 1988 ergangenen Urteil im Fall Velásquez Rodríguez heißt es:

> „Der Staat hat die rechtliche Pflicht, vernünftige Schritte zu unternehmen, um Menschenrechtsverletzungen zu verhindern und die ihm zur Verfügung stehenden Mittel zu nutzen, um eine ernsthafte Untersuchung von Verletzungen durchzuführen, die in seinem Herrschaftsbereich begangen worden sind, um die Verant-

---

[1622] *Herzog*, a. a. O. (Fn. 1621); *Peglau*, a. a. O. (Fn. 1621); *Schmidt*, a. a. O. (Fn. 1621).

[1623] *BVerfG*, a. a. O. (Fn. 1619 und Fn. 1620). Vgl. im übrigen auch oben S. 39.

[1624] *Robbers*, in: Lüderssen (Hg.), Aufgeklärte Kriminalpolitk I, 149.

[1625] *Peglau*, Schutz des allgemeinen Persönlichkeitsrechts, 49. Ähnlich *Wittreck*, DÖV 2003, 873, 876. Vgl. zum Schutz der Grundrechte durch das „Kernstrafrecht“ auch *Herzog*, ZStW 105 (1993), 727, 731.

> wortlichen zu identifizieren, angemessene Strafen zu verhängen und dem Opfer adäquate Entschädigung zu sichern. Diese Pflicht umfaßt alle Mittel rechtlicher, politischer, administrativer und kultureller Natur, die die Wahrung der Menschenrechte fördern und sicherstellen, daß alle Verletzungen als illegale Akte angesehen und behandelt werden, was zur Bestrafung der Verantwortlichen und zur Verpflichtung, die Opfer für ihren Schaden zu entschädigen, führen kann. ... Ist der Staat auch verpflichtet, Menschenrechtsmißbräuche zu verhindern, so beweist allein die Existenz einer bestimmten Verletzung selbstverständlich nicht das Versäumnis des Staates, präventive Maßnahmen zu treffen. Andererseits ist die Tatsache, daß eine Person einem offiziellen, repressiven Organ ausgeliefert wird, das straflos Folter und Morde ausführt, für sich schon ein Verstoß gegen die Pflicht, Verletzungen der Rechte auf Leben und körperliche Integrität der Person zu verhindern, auch wenn diese bestimmte Person nicht gefoltert oder ermordet wird oder wenn jene Fakten im konkreten Fall nicht bewiesen werden können. Der Staat ist verpflichtet, jede Situation zu untersuchen, die die Verletzung der durch die Konvention geschützten Rechte betrifft. Wenn der Staatsapparat so handelt, daß die Verletzung ungestraft bleibt und der volle Genuß jener Rechte des Opfers nicht so bald als möglich wieder hergestellt wird, dann hat der Staat seine Pflicht verletzt, allen seiner Herrschaftsgewalt unterstehenden Personen die freie und volle Ausübung jener Rechte zu garantieren.“[1626]

Der IAGMR leitet dies aus Art. 1 Abs. 1 AMRK her, in welchem es heißt, daß die Mitgliedstaaten der AMRK verpflichtet sind, die in dieser Konvention anerkannten Rechte und Freiheiten zu wahren sowie die freie und volle Ausübung dieser Rechte und Freiheiten zu sichern[1627].

bb) Ähnliche Überlegungen finden sich in der Rechtsprechung des EGMR hinsichtlich der durch die EMRK begründeten Verpflichtungen[1628].

So heißt es in seiner bereits einige Jahre vor Erlaß des Urteils Velásquez Rodríguez ergangenen Entscheidung im Fall X und Y gegen die Niederlande:

> „Der Gerichtshof stellt fest, daß der durch das Zivilrecht gewährleistete Schutz für Verletzungen der Art, wie sie Y erlitten hat, unzureichend ist. Es handelt sich hier um einen Fall, wo grundsätzliche Werte und wesentliche Aspekte des Privatlebens betroffen sind. Wirksame Abschreckung ist in diesem Bereich unerläßlich und kann nur durch strafrechtliche Vorschriften erreicht werden; tatsächlich wird normalerweise dieser Bereich durch derartige Vorschriften geregelt.“[1629]

[1626] *IAGMR*, Urteil vom 29. Juli 1988 (Velásquez Rodríguez), EuGRZ 1989, 157, 172 Rdnr. 174 ff.

[1627] *IAGMR*, Urteil vom 29. Juli 1988 (Velásquez Rodríguez), EuGRZ 1989, 157, 172 Rdnr. 178; Urteil vom 8. Dezember 1995 (Caballero Delgado und Santana), www.corteidh.or.cr, Rdnr. 55 f. Vgl. auch *Ambos*, Straflosigkeit von Menschenrechtsverletzungen, S. 166 f.; *Naqvi*, IRRC 85 (2003), 583, 607; *Orentlicher*, YLJ 100 (1991), 2537, 2576 f.; *Schmidt*, Externe Strafpflichten, 143.

[1628] Vgl. zur Bedeutung der Rechtsprechung des EGMR oben S. 107.

[1629] *EGMR*, 16/1983/72/110 (X und Y / Niederlande), EuGRZ 1985, 297, 299 Rdnr. 27.

In diesem Fall, der den sexuellen Mißbrauch einer geistig behinderten Minderjährigen betraf, lag wegen des mangelnden Schutzes durch das niederländische Strafrecht eine Verletzung von Art. 8 EMRK vor, durch den ein Recht auf Achtung des Privat- und Familienlebens eingeräumt wird[1630].

Aber auch hinsichtlich der Folter, die gemäß Art. 3 EMRK verboten ist (vgl. S. 137), sind die Vertragsparteien nicht nur zur *Einhaltung* des entsprechenden Verbots verpflichtet, sondern auch zur Ergreifung weitergehender Maßnahmen. So müssen sie, damit das Folterverbot in der Praxis wirksam durchgesetzt wird, für gründliche, wirksame und unvoreingenommene Ermittlungen sorgen, die zu einer Identifizierung und Bestrafung der Verantwortlichen führen können; dies begründet der EGMR wie folgt:

> „Otherwise, the general legal prohibition of torture and inhuman and degrading treatment or punishment would, despite its fundamental importance, be ineffective in practice and it would be possible in some cases for agents of the State to abuse the rights of those within their control with virtual impunity ...“[1631]

Der EGMR leitet die Verpflichtung zu derartigen Untersuchungen nicht nur aus Art. 3 EMRK her, sondern auch aus Art. 1 EMRK, dem zufolge die Vertragsparteien allen ihrer Hoheitsgewalt unterstehenden Personen die im Abschnitt I dieser Konvention bestimmten Rechte und Freiheiten zusichern[1632]. Überdies greift er auf Art. 13 EMRK zurück, dem nach seinen Worten eine solche Verpflichtung implizit zugrunde liegt[1633].

Damit die erforderlichen Untersuchungen auch tatsächlich zu einer Bestrafung führen können, müssen im nationalen Recht Regelungen existieren, die eine entsprechende Bestrafung ermöglichen. Dies hat der EGMR 1998 unter Verweis auf die Entscheidung X und Y gegen die Niederlande auch für Verstöße gegen Art. 3 EMRK festgestellt, und zwar in seinem Urteil A gegen das Vereinigte Königreich[1634]. In diesem ging es um den Fall eines Kindes, das von

---

[1630] *EGMR*, 16/1983/72/110 (X und Y / Niederlande), EuGRZ 1985, 297, 299 Rdnr. 30. Vgl. auch *EGMR*, 41138/98 u. a. (Moldovan u. a. / Rumänien), www.echr.coe.int, Rdnr. 93; *Ambos*, AVR 37 (1999), 318, 322; *Orentlicher*, YLJ 100 (1991), 2537, 2580.

[1631] *EGMR*, 33951/96 (Caloc / Frankreich), www.echr.coe.int, Rdnr. 89. Vgl. auch *Meyer-Ladewig*, EMRK, Art. 3 Rdnr. 4; *Tomuschat*, Steinberger-FS, 321.

[1632] *EGMR*, 21554/93 (Ogur / Türkei), NJW 2001, 1991, 1992 Rdnr. 66; 35763/97 (Al-Adsani / Vereinigtes Königreich), www.echr.coe.int, Rdnr. 38. Vgl. auch *Meyer-Ladewig*, EMRK, Art. 3 Rdnr. 4.

[1633] *EGMR*, 100/1995/606/694 (Aksoy / Türkei), www.echr.coe.int, Rdnr. 98. Vgl. auch *EGMR*, 21986/93 (Salman / Türkei), NJW 2001, 2001, 2005 Rdnr. 121 ff.; 22493/93 (Berktay / Türkei), www.echr.coe.int, Rdnr. 184 ff; *Meyer-Ladewig*, EMRK, Art. 3 Rdnr. 30; *Sudre*, Droit européen et international des droits de l'homme, 286.

[1634] *EGMR*, 100/1997/844/1096 (A / Vereinigtes Königreich), www.echr.coe.int, Rdnr. 22 ff.

seinem Stiefvater über längere Zeit in gravierender Weise mit Stockschlägen mißhandelt worden war. Eine Jury sprach den Stiefvater frei, da es sich bei den Schlägen um eine Erziehungsmaßnahme gehandelt habe, die als „reasonable chastisement" anzusehen sei. Der EGMR führte hierzu aus:

> „The Court recalls that under English law it is a defence to a charge of assault on a child that the treatment in question amounted to ‚reasonable chastisement' ... In the present case, despite the fact that the applicant had been subjected to treatment of sufficient severity to fall within the scope of Article 3, the jury acquitted his stepfather, who had administered the treatment ... In the Court's view, the law did not provide adequate protection to the applicant against treatment or punishment contrary to Article 3. Indeed, the Government have accepted that this law currently fails to provide adequate protection to children and should be amended. In the circumstances of the present case, the failure to provide adequate protection constitutes a violation of Article 3 of the Convention."[1635]

Mit noch größerer Deutlichkeit kommt die Verpflichtung zur Schaffung – und Anwendung – strafrechtlicher Vorschriften in dem 2003 ergangenen Urteil M. C. gegen Bulgarien zum Ausdruck:

> „On that basis, the Court considers that States have a positive obligation inherent in Articles 3 and 8 of the Convention to enact criminal-law provisions effectively punishing rape and to apply them in practice through effective investigation and prosecution."[1636]

Daß der EGMR in der vorstehenden Zitatstelle auch auf Art. 8 EMRK abstellt, ist darauf zurückzuführen, daß es hierin wie im Fall X und Y gegen die Niederlande um die Bestrafung von Sexualdelikten ging. Allgemeiner leitet er die Verpflichtung zur Schaffung entsprechender strafrechtlicher Regelungen aus Art. 1 sowie Art. 3 EMRK her[1637] und – soweit es um den Schutz vor zum Tode führender Folter geht – auch aus Art. 2 Abs. 1 S. 1 EMRK[1638].

cc) Der JStGH hat sich ebenfalls mit Nachdruck für die Annahme ausgesprochen, daß aus den völkerrechtlichen Bestimmungen zum Schutz vor Folter eine Verpflichtung zur Bestrafung von Folterungen resultiert. In seinem bereits auf Seite 149 angesprochenen Furundzija-Urteil heißt es:

[1635] *EGMR*, 100/1997/844/1096, (A / Vereinigtes Königreich), www.echr.coe.int, Rdnr. 23 f.

[1636] *EGMR*, 39272/98 (M. C. / Bulgarien), www.echr.coe.int, Rdnr. 153.

[1637] *EGMR*, 29392/95 (Z u. a. / Vereinigtes Königreich), www.echr.coe.int, Rdnr. 73; 35763/97 (Al-Adsani / Vereinigtes Königreich), www.echr.coe.int, Rdnr. 38. Vgl. auch *Meyer-Ladewig*, EMRK, Art. 3 Rdnr. 2.

[1638] *EGMR*, 2346/02 (Pretty / Vereinigtes Königreich), NJW 2002, 2851 Rdnr. 38; 37703/97 (Mastromatteo / Italien), NJW 2003, 3259, 3260 Rdnr. 67. Vgl. auch *Meyer-Ladewig*, EMRK, Art. 2 Rdnr. 7.

> „It should be noted that the prohibition of torture laid down in human rights treaties enshrines an absolute right, which can never be derogated from, not even in time of emergency ... This is linked to the fact, discussed below, that the prohibition on torture is a peremptory norm or jus cogens. ... These treaty provisions impose upon States the obligation to prohibit and punish torture, as well as to refrain from engaging in torture through their officials. In international human rights law, which deals with State responsibility rather than individual criminal responsibility, torture is prohibited as a criminal offence to be punished under national law; in addition, all States parties to the relevant treaties have been granted, and are obliged to exercise, jurisdiction to investigate, prosecute and punish offenders. Thus, in human rights law too, the prohibition of torture extends to and has a direct bearing on the criminal liability of individuals.“[1639]

dd) In der Literatur haben diese Überlegungen ein vielfältiges, aber durchaus unterschiedliches Echo hervorgerufen[1640]. So nimmt Orentlicher eine sehr weitreichende Verpflichtung der Staaten zur strafrechtlichen Verfolgung von Menschenrechtsverletzungen an:

> „Still, in view of the consistent recognition by international bodies that prosecution is necessary to secure certain nonderogable rights, a rule of law allowing states to derogate from the duty to prosecute violations of those rights would produce untenable results. Such a rule would have international law assert on the one hand that the rights to life, freedom from torture, and freedom from forced disappearances are nonderogable, and on the other hand that, under certain circumstances, states need not do that which is necessary to secure the rights.“[1641]

Demgegenüber meint Tomuschat mit Blick auf das Urteil Velásquez Rodríguez, es sei „sicherlich übertrieben“[1642] wenn hierin gefordert werde, daß *jede* Verletzung notwendiger Weise eine strafrechtliche Verfolgung nach sich ziehen müsse.

ee) Die Diskussion ist also noch keineswegs abgeschlossen. Es beginnt sich zwar ein Konsens darüber abzuzeichnen, daß die völkerrechtlichen Bestimmungen zum Schutz der Menschenrechte implizit auch dazu verpflichten, diesen Schutz als ultima ratio[1643] mit den Mitteln des Strafrechts zu bewirken. Jedoch ist noch weitgehend ungeklärt, wie weit diese Verpflichtung im einzelnen reicht. Es steht aber fest, daß keine Anhaltspunkte dafür vorhanden sind, daß aus den

---

[1639] *JStGH*, IT-95-17/1-T (Furundzija), www.un.org/icty, Rdnr. 144 f. Vgl. auch *Ambos/Ruegenberg*, NStZ-RR 1999, 193, 202.

[1640] Vgl. etwa *Ambos*, Straflosigkeit von Menschenrechtsverletzungen, 1 ff.; *ders.*, AVR 37 (1999), 319 ff.; *Naqvi*, IRRC 85 (2003), 583, 607; *Orentlicher*, YLJ 100 (1991), 2537 ff.; *Schmidt*, Externe Strafpflichten, 141 ff.; *Sudre*, Droit européen et international des droits de l'homme, 284 f.; *Tomuschat*, Steinberger-FS, 315 ff.; *Werle*, Völkerstrafrecht, Rdnr. 183.

[1641] *Orentlicher*, YLJ 100 (1991), 2537, 2608.

[1642] *Tomuschat*, Steinberger-FS, 321.

[1643] *Schmidt*, Externe Strafpflichten, 143 f. Vgl. zum ultima ratio-Charakter des Völkerstrafrechts auch *Kreß*, ZStW 115 (2003), 294, 350.

Folterverboten der allgemeinen Menschenrechtsverträge sowie des Völkergewohnheitsrechts, wie sie in § 5 der vorliegenden Arbeit dargestellt worden sind, eine weiterreichende Pönalisierungspflicht folgt als aus Art. 4 UN-Folterkonvention (vgl. S. 282). Die Schaffung eines speziellen Straftatbestandes für Folterungen im nationalen Recht ist also auch hiernach nicht erforderlich.

c) Zwischenergebnis

Hinsichtlich der Schaffung eines Straftatbestandes der Folter kommen das Verfassungs- und das Völkerrecht mithin zu dem übereinstimmenden Ergebnis, daß eine solche nicht erforderlich ist, da bereits ausreichende Vorschriften existieren.

Damit ist aber die auf Seite 287 gestellte Frage noch nicht abschließend beantwortet, welche Aussagen sich denjenigen Normen des Verfassungs- und Völkerrechts, die Folterungen verbieten, zur *Strafbarkeit* eines solchen Vorgehens entnehmen lassen. Denn wie auf Seite 278 gezeigt, ist für die Lösung des fiktiven Falles ausschlaggebend, welche Aussagen sich dem Verfassungs- und Völkerrecht zur Anwendbarkeit von Rechtfertigungs- bzw. Entschuldigungsgründen entnehmen lassen; ferner ist entscheidend, ob es angesichts der Vorgaben dieser Rechtsgebiete offensichtlich wäre, daß durch Befolgen einer auf Folter gerichteten Anordnung eine Straftat begangen wird, wie es in den polizeirechtlichen Spezialregelungen zum Verbotsirrtum heißt.

Die direkten Aussagen, die die UN-Folterkonvention hierzu trifft, wurden bereits dargestellt (vgl. S. 283 ff.). Im folgenden soll nun überprüft werden, inwiefern das dort gefundene Ergebnis durch weitere – indirekte – Aussagen des Verfassungs- und Völkerrechts zusätzliche Bestätigung erfährt.

2. Rechtfertigungs- und Entschuldigungsgründe

Wenden wir uns zunächst der Frage zu, welche indirekten Aussagen dem Verfassungs- und Völkerrecht zur Anwendbarkeit von Rechtfertigungs- und Entschuldigungsgründen bei Folterungen entnommen werden können.

a) Vorüberlegungen

Diesbezüglich geben die vorstehend unter Ziffer 1 angesprochenen Gerichtsentscheidungen bereits einige Anhaltspunkte. So heißt es in der Entscheidung des IAGMR im Fall Velásquez Rodríguez (vgl. S. 289), daß „die Tatsache, daß eine Person einem offiziellen, repressiven Organ ausgeliefert wird, das straflos Folter und Morde ausführt, für sich schon einen Verstoß gegen die Pflicht, Verletzungen der Rechte auf Leben und körperliche Integrität der Person zu verhindern", darstelle[1644]; die Straflosigkeit ist hiernach also mit den Vorgaben der AMRK nicht vereinbar. In die gleiche Richtung gehen die Ausführungen des EGMR im Urteil A gegen das Vereinigte Königreich (vgl. S. 291). In diesem Fall bestand der Konventionsverstoß darin, daß der Täter sich nach englischem Recht auf die defence[1645] des „reasonable chastisement" berufen konnte und daher nicht bestraft wurde, obwohl die von ihm zugefügten Mißhandlungen in den Anwendungsbereich von Art. 3 EMRK fielen[1646].

Bei diesen Entscheidungen waren sowohl der IAGMR als auch der EGMR darauf beschränkt, das Vorliegen von Konventionsverstößen *festzustellen*. Anders verhält es sich, wenn deutsche Gerichte über Handlungen zu befinden haben, die eine Verletzung von Art. 3 EMRK darstellen: Sie trifft die Pflicht, über die *Bestrafung* des Täters zu entscheiden. Dabei müssen sie, wie auf Seite 108 ausgeführt, das nationale (Straf-)Recht konventionsgemäß auslegen und anwenden, „[s]olange im Rahmen geltender methodischer Standards Auslegungs- und Abwägungsspielräume eröffnet sind"[1647]. Eine Grenze ist nach der Rechtsprechung des Bundesverfassungsgerichts erst dann erreicht, wenn die konventionsgemäße Auslegung und Anwendung „gegen höherrangiges Recht, insbesondere gegen Verfassungsrecht verstößt"[1648].

Wie beim *Verbot* der Folter, so gilt also auch hier, daß sowohl die Wertungen des Völkerrechts als auch diejenigen des Verfassungsrechts zu berücksichtigen sind. Dies ist in § 6 der vorliegenden Arbeit bei der Prüfung der Rechtfertigungs- und Entschuldigungsgründe bereits mehrfach geschehen. So wurde im Fall von § 32 und § 34 StGB gezeigt, daß es Polizisten mit Blick auf die in Art. 104 Abs. 1 S. 2 GG getroffene Regelung von vornherein verwehrt ist, sich auf Nothilfe oder rechtfertigenden Notstand zu berufen (vgl. S. 209 und S. 217). Ähnliche Auswirkungen hatte Art. 104 Abs. 1 S. 2 GG im Fall des Nothilfeexzesses i. S. v. § 33 StGB (vgl. S. 224), des entschuldigenden Notstandes i. S. v. § 35 StGB (vgl. S. 228) sowie der Unzumutbarkeit normgemäßen Verhaltens (vgl. S. 231).

Insofern läßt sich eine Parallele zu anderen Fällen ziehen, in denen die Anwendbarkeit von Rechtfertigungs- (nachfolgend b)) und Entschuldigungsgründen (nachfolgend c)) ebenfalls an den Vorgaben des Verfassungs- und Völkerrechts gemessen wird.

1644 *IAGMR*, Urteil vom 29. Juli 1988 (Velásquez Rodríguez), EuGRZ 1989, 157, 172 Rdnr. 175.

1645 Vgl. zu diesem Begriff oben S. 284.

1646 *EGMR*, 100/1997/844/1096 (A / Vereinigtes Königreich), www.echr.coe.int, Rdnr. 22 ff.

1647 *BVerfG*, 2 BvR 1481/04, NJW 2004, 3407, 3411.

1648 *BVerfG*, a. a. O. (Fn. 1647).

b) Rechtfertigungsgründe

Betrachten wir zunächst die Rechtfertigungsgründe.

aa) Beschränkung des Notwehrrechts durch Art. 2 EMRK

Hier rankt sich ein Strafrechtlern wohlvertrauter Streit um die Frage, ob das Notwehrrecht aus § 32 StGB dadurch eingeschränkt wird, daß gemäß Art. 2 Abs. 2 lit. a EMRK die absichtliche Tötung eines Menschen grundsätzlich[1649] nur dann zulässig ist, wenn sie durch eine Gewaltanwendung verursacht wird, die unbedingt erforderlich ist, um einen Menschen gegen rechtswidrige Gewalt zu verteidigen.

Teilweise wird vertreten, daß hiernach absichtliche Tötungen zu anderen Zwecken – also insbesondere zur Verteidigung von Sachwerten – ausnahmslos unzulässig seien, weshalb sich in Fällen dieser Art weder der einzelne Bürger noch staatliche Stellen auf § 32 StGB berufen könnten[1650]. Die herrschende Meinung steht demgegenüber auf dem Standpunkt, daß Art. 2 Abs. 2 lit. a EMRK nur Übergriffe des Staates gegenüber Einzelpersonen verhindern wolle, weshalb das Verhältnis der Bürger untereinander in Notwehr- bzw. Nothilfefällen unberührt bleibe[1651]. Schließlich findet sich auch die Ansicht, daß zwischen den in Art. 2 Abs. 2 lit. a EMRK und § 32 StGB getroffenen Regelungen keine Spannungen bestehen. So meinen Roxin und Otto, die Menschenrechtskonvention sei zwar – zumindest analog – auch auf das private Notwehrrecht anwendbar, doch käme es hierdurch zu keiner wesentlichen Einschränkung der Notwehr bei Sachangriffen; denn durch Art. 2 Abs. 1 S. 2 EMRK würden *absichtliche* Tötungen verboten, und zur Verteidigung von Sachwerten könnten ohnehin nur Tötungen mit dolus eventualis erforderlich sein[1652]. In ähnlicher Weise erklärt Meyer-Goßner, Art. 2 EMRK habe auch für staatliche Notwehr oder Nothilfe „praktisch keine Bedeutung, da die absichtliche Tötung, die er verbietet, zur Abwehr von Angriffen auf Sachen ohnehin nicht zulässig“[1653] sei.

[1649] Zulässig sind Tötungen gem. Art. 2 Abs. 2 lit. b und c EMRK überdies dann, wenn sie durch Gewalt verursacht werden, die unbedingt erforderlich ist, um jemanden rechtmäßig festzunehmen oder jemanden, dem die Freiheit rechtmäßig entzogen ist, an der Flucht zu hindern sowie um einen Aufruhr oder Aufstand rechtmäßig niederzuschlagen.

[1650] *Frister*, GA 1985, 553, 564; *von Weber*, ZStW 65 (1953), 334, 340 f.; *Woesner*, NJW 1961, 1381, 1384.

[1651] *Beulke*, Klausurenkurs I, Rdnr. 232; *Fahl*, JA 2000, 460, 463; *Jescheck/Weigend*, Strafrecht AT, 349 f.; *Roxin/Schünemann/Haffke*, Strafrechtliche Klausurenlehre, 61 ff.; *Tröndle/Fischer*, StGB, § 32 Rdnr. 21.

[1652] *Otto*, Grundkurs I, § 8 Rdnr. 64 ff.; *Roxin*, Strafrecht AT I, § 15 Rdnr. 86 ff.

[1653] *Meyer-Goßner*, StPO, Art. 2 MRK Rdnr. 3. Vgl. auch S/S-Lenckner/Perron, § 32 Rdnr. 62.

Der Streit braucht hier nicht entschieden zu werden, denn hinsichtlich der Folter ist nicht Art. 2, sondern Art. 3 EMRK ausschlaggebend. Bei dieser Vorschrift stellt sich die Frage nach der Bindung des Bürgers insofern nicht, als Folterungen *staatliches* Handeln voraussetzen (vgl. S. 60)[1654]. Die Bindung des einzelnen Bürgers ist aber der strittigste Punkt in der Diskussion über die Auswirkungen von Art. 2 Abs. 2 lit. a EMRK auf das Notwehrrecht. Wie die vorstehenden Ausführungen zeigen, ist demgegenüber unstreitig, daß absichtliche Tötungen bei hoheitlichem Handeln nur dann gerechtfertigt sein können, wenn einer der in Art. 2 Abs. 2 EMRK genannten Ausnahmefälle vorliegt. Dabei bleibt es vom Ergebnis her gleich, ob man dies damit begründet, daß die EMRK direkt in das materielle Strafrecht eingreift[1655], oder argumentiert, daß „(schon) das innerstaatliche Verfassungsrecht vergleichbare oder noch höhere Notwehrschranken fordert"[1656].

Diese Überlegungen zu Art. 2 Abs. 2 lit. a EMRK lassen sich wie folgt auf die Frage der Folter übertragen: Der auf Seite 139 vorgenommene Vergleich zwischen Art. 2 und Art. 3 EMRK hat ergeben, daß das Verbot der Folter – im Gegensatz zum Verbot absichtlicher Tötungen – keinerlei Ausnahmen kennt, so daß Folterungen selbst dann konventionswidrig sind, wenn sie dazu dienen, jemanden gegen rechtswidrige Gewalt zu verteidigen. Folglich kann es auch keine Fälle von Folterungen geben, in denen eine Anwendung von § 32 StGB möglich wäre[1657]. Auch insofern spielt es keine Rolle, ob man davon ausgeht, daß die EMRK direkt in das materielle Strafrecht eingreift[1658], oder ob man sich in erster Linie daran orientiert, welche Notwehrschranken das Grundgesetz aufstellt[1659]. Denn mit Art. 104 Abs. 1 S. 2 GG existiert eine Vorschrift, die als Ausprägung von Art. 1 Abs. 1 S. 1 GG[1660] ein ebenso umfassendes Verbot der Folter aufstellt wie es Art. 3 und Art. 15 EMRK tun (vgl. S. 106).

Es bestätigt sich also das auf den Seiten 207 ff. gefundene Ergebnis, daß *L* und *V* sich im fiktiven Fall nicht auf § 32 StGB berufen könnten, wenn sie *I* mit Folter bedrohen oder sogar tatsächlich foltern würden.

[1654] Eine andere Frage ist, ob das Notwehrrecht der Bürger bei *unmenschlichen Behandlungen* i. S. v. Art. 3 EMRK durch diese Vorschrift begrenzt wird. Mit Blick auf die Ausführungen des EGMR im Fall A / Vereinigtes Königreich (vgl. den Nachweis in Fn. 1635 auf S. 292) dürfte dies zu bejahen sein.

[1655] *Woesner*, NJW 1961, 1381, 1384.

[1656] *Bernsmann*, ZStW 104 (1992), 290, 306 f. Vgl. zu den Wertentscheidungen des GG in diesem Zusammenhang auch *Roxin*, Strafrecht AT I, § 15 Rdnr. 88.

[1657] Im Ergebnis ebenso *Perron*, Weber-FS, 150 m. w. N.

[1658] Vgl. den Nachweis in Fn. 1655.

[1659] Vgl. die Nachweise in Fn. 1656.

[1660] Vgl. die Nachweise in Fn. 433 auf S. 93.

bb) Strafrechtliche Aufarbeitung des DDR-Unrechts

Daß derartige Überlegungen zur Auswirkung von Grund- und Menschenrechten aber nicht nur für die Notwehr, sondern auch für andere Rechtfertigungsgründe gelten, hat sich in jüngerer Zeit vor allem bei der strafrechtlichen Aufarbeitung des DDR-Unrechts gezeigt und zwar namentlich im Fall der sogenannten Mauerschützenprozesse.

(1) In diesen Prozessen stellte sich insbesondere die Frage, ob § 27 Abs. 2 des Grenzgesetzes der DDR als Rechtfertigungsgrund für die Erschießung von Flüchtlingen an der innerdeutschen Grenze herangezogen werden konnte[1661]. Nach dieser Vorschrift war die Anwendung der Schußwaffe „gerechtfertigt, um die unmittelbar bevorstehende Ausführung oder die Fortsetzung einer Straftat zu verhindern, die sich den Umständen nach als ein Verbrechen darstellt"; als solche Straftat galt nach § 213 Abs. 3 des Strafgesetzbuchs der DDR ein „ungesetzlicher Grenzübertritt" im schweren Fall[1662].

(2) In der Staatspraxis der DDR wurde § 27 Abs. 2 des Grenzgesetzes dergestalt ausgelegt, daß die vorsätzlichen Tötungshandlungen hiernach gerechtfertigt waren, da die Fluchtverhinderung als vorrangig gegenüber dem Lebensschutz angesehen wurde[1663]. Dieser Staatspraxis hat der BGH angesichts des darin zum Ausdruck kommenden „offensichtlichen, unerträglichen Verstoßes gegen elementare Gebote der Gerechtigkeit und gegen völkerrechtlich geschützte Menschenrechte"[1664] die Anerkennung verweigert[1665].

Dabei hat er sich zunächst einmal an der sogenannten Radbruchschen Formel orientiert[1666], die wie folgt lautet:

> „Der Konflikt zwischen der Gerechtigkeit und der Rechtssicherheit dürfte dahin zu lösen sein, daß das positive, durch Satzung und Macht gesicherte Recht auch dann den Vorrang hat, wenn es inhaltlich ungerecht und unzweckmäßig ist, es sei denn, daß der Widerspruch des positiven Gesetzes zur Gerechtigkeit ein so uner-

---

[1661] *Haffke*, Lüderssen-FS, 400; *Schmidt*, Externe Strafpflichten, 73 f.; *Schroeder*, NJW 2000, 3017, 3019.

[1662] *EGMR*, 34044/96 u. a. (Streletz, Keßler, Krenz / Deutschland), NJW 2001, 3035, 3038 Rdnr. 59; *BGH*, 5 StR 370/92, BGHSt 39, 1, 2 f.; 5 StR 632/98, BGHSt 45, 270, 276 ff.; *Laufhütte*, VIZ 2001, 521, 523.

[1663] *BGH*, 5 StR 370/92, BGHSt 39, 1, 14; *Haffke*, Lüderssen-FS, 400; *Laufhütte*, VIZ 2001, 521, 523; *Papier/Möller*, NJW 1999, 3289, 3291.

[1664] *BGH*, 5 StR 98/94, BGHSt 40, 218, 232.

[1665] *BGH*, 5 StR 370/92, BGHSt 39, 1, 22 f.; 5 StR 418/92, BGHSt 39, 168, 183; 5 StR 111/94, BGHSt 41, 101, 105 f.; 5 StR 14/04, NJW 2005, 1287, 1289. Vgl. auch *Schroeder*, NJW 2000, 3017, 3020.

[1666] *BGH*, 5 StR 370/92, BGHSt 39, 1, 15 f.; 5 StR 167/94, BGHSt 40, 241, 244; 5 StR 111/94, BGHSt 41, 101, 105.

trägliches Maß erreicht, daß das Gesetz als ‚unrichtiges Recht' der Gerechtigkeit zu weichen hat."[1667]

Da diese Formel jedoch wegen ihrer Unbestimmtheit nur schwer zu handhaben ist[1668], hat der BGH als konkretere Prüfungsmaßstäbe die internationalen Menschenrechtspakte herangezogen und ausgeführt, daß diese Anhaltspunkte dafür böten, wann der Staat nach der Überzeugung der weltweiten Rechtsgemeinschaft Menschenrechte verletzt[1669].

Hierbei hat der BGH insbesondere auf Art. 6 und Art. 12 IPbürgR abgestellt, die das Recht auf Leben sowie die Ausreisefreiheit betreffen[1670], und es als unbeachtlich angesehen, daß die DDR diese Konvention zwar ratifiziert, aber niemals in innerstaatliches Recht umgesetzt hat[1671]. Aber auch für Vorfälle, die sich ereignet hatten, bevor die DDR an den IPbürgR gebunden war, hat es der BGH abgelehnt, die Tötungshandlungen als nach dem Recht der DDR gerechtfertigt anzusehen. Zur Begründung dieses Standpunktes hat er auf die Vorgaben der Allgemeinen Erklärung der Menschenrechte abgestellt[1672], was um so bemerkenswerter ist, als diese Erklärung nach herrschender Meinung[1673] keinen rechtsverbindlichen Charakter hat.

(3) Ausgehend von diesen Überlegungen ist der BGH zu dem Schluß gekommen, daß die Bestimmungen über den Schußwaffengebrauch nicht so interpretiert werden durften, wie es der Staatspraxis der DDR entsprach. Vielmehr hätten sie auch nach den Auslegungsmethoden des DDR-Rechtssystems, wie sie insbesondere in der Verfassung der DDR zum Ausdruck kamen, menschenrechtskonform – und damit einschränkend – ausgelegt werden müssen[1674].

Was dies für den einzelnen Angeklagten bedeutet, kommt in den folgenden Ausführungen aus der ersten Mauerschützenentscheidung des BGH besonders deutlich zum Ausdruck:

[1667] So grundlegend *Radbruch*, SJZ 1946, 105, 107. Vgl. auch *BGH*, 5 StR 111/94, BGHSt 41, 101, 105; *Kaufmann*, NJW 1995, 81, 82.

[1668] *BVerfG*, 2 BvR 1851/94 u. a., BVerfGE 95, 96, 135; *BGH*, 5 StR 370/92, BGHSt 39, 1, 16; 5 StR 167/94, BGHSt 40, 241, 244. Vgl. auch *Meurer*, NJW 2000, 2936, 2939.

[1669] *BGH*, 5 StR 370/92, BGHSt 39, 1, 16; 5 StR 167/94, BGHSt 40, 241, 244. Vgl. auch *Papier/Möller*, NJW 1999, 3289, 3292.

[1670] *BGH*, 5 StR 370/92, BGHSt 39, 1, 15 f.; 5 StR 418/92, BGHSt 39, 168, 183; 5 StR 111/94, BGHSt 41, 101, 105. Vgl. auch *Papier/Möller*, NJW 1999, 3289, 3292.

[1671] *Haffke*, Lüderssen-FS, 401. *Meurer*, NJW 2000, 2936, 2939.

[1672] *BGH*, 5 StR 167/94, BGHSt 40, 241, 247 f.; 5 StR 111/94, BGHSt 41, 101, 105 ff. Vgl. auch *Laufhütte*, VIZ 2001, 521, 524; *Schroeder*, NJW 2000, 3017, 3020.

[1673] Vgl. die Nachweise in Fn. 718 auf S. 136.

[1674] *BGH*, 5 StR 370/92, BGHSt 39, 1, 22 f.; 5 StR 204/93, BGHSt 40, 113, 116; 5 StR 111/94, BGHSt 41, 101, 105 f.; 5 StR 176/98, BGHSt 44, 204, 208 f. Vgl. auch *Haffke*, Lüderssen-FS, 401; *Herrmann*, NStZ 1993, 118, 119 f.

> „Die Erwartung, das Recht werde, wie in der Staatspraxis zur Tatzeit, auch in Zukunft so angewandt werden, daß ein menschenrechtswidriger Rechtfertigungsgrund anerkannt wird, ist nicht schutzwürdig. Es ist keine Willkür, wenn der Angeklagte, was die Rechtswidrigkeit seines Tuns angeht, so beurteilt wird, wie er bei richtiger Auslegung des DDR-Rechts schon zur Tatzeit hätte behandelt werden müssen. Nichts anderes könnte im übrigen im Ergebnis gelten, wenn ein gesetzlicher Rechtfertigungsgrund, der gleich gewichtigen Einwendungen ausgesetzt ist, überhaupt keiner Auslegung zugänglich wäre, die sich an den Menschenrechten orientiert."[1675]

(4) Es kann nicht verwundern, daß die Frage aufgeworfen worden ist, ob diese Argumentation mit dem bereits auf Seite 39 angesprochenen Grundsatz nulla poena sine lege vereinbar ist, wie er in Art. 103 Abs. 2 GG, Art. 7 Abs. 1 EMRK und Art. 15 IPbürgR seinen Niederschlag gefunden hat. Denn das Bundesverfassungsgericht betont in ständiger Rechtsprechung, daß „eine strafende staatliche Antwort auf eine Zuwiderhandlung gegen eine Strafnorm ... für den Normadressaten vorhersehbar sein"[1676] müsse. Insbesondere gilt es zu beachten, daß das Rückwirkungsverbot grundsätzlich auch für Rechtfertigungsgründe gilt[1677].

Im vorliegenden Fall hat das Bundesverfassungsgericht jedoch einen Verstoß gegen Art. 103 Abs. 2 GG verneint und ausgeführt, daß durch Rechtfertigungsgründe, die in der Völkerrechtsgemeinschaft allgemein anerkannte Menschenrechte in schwerwiegender Weise mißachten, extremes staatliches Unrecht gesetzt werde; deshalb untersage es das Gebot materieller Gerechtigkeit, welches auch die Achtung der völkerrechtlich anerkannten Menschenrechte aufnehme, derartige Rechtfertigungsgründe anzuwenden[1678]. In ähnlicher Weise hat der EGMR eine Verletzung von Art. 7 Abs. 1 EMRK verneint und erklärt, „dass eine Staatspraxis wie die der DDR zum Grenzregime, die offenkundig Menschenrechte verletzt ..., nicht als ‚Recht' i.S. von Art. 7 EMRK angesehen werden"[1679] könne. Schließlich hat auch der gemäß Art. 28 Abs. 1 IPbürgR eingesetzte Ausschuß für Menschenrechte[1680] entschieden, daß kein Verstoß gegen Art. 15 IPbürgR gegeben sei[1681].

[1675] *BGH*, 5 StR 370/92, BGHSt 39, 1, 29 f. Vgl. auch *Schroeder*, NJW 2000, 3017, 3020.

[1676] *BVerfG*, 2 BvR 794/95, BVerfGE 105, 135, 153 f. Vgl. auch *BVerfG*, 1 BvR 168/89 u. a., BVerfGE 87, 363, 391 f.; 2 BvR 1290/99, NJW 2001, 1848, 1849; 2 BvR 2029/01, NJW 2004, 739, 745.

[1677] *Haffke*, Lüderssen-FS, 401.

[1678] *BVerfG*, 2 BvR 1851/94, BVerfGE 95, 96, 133; 2 BvR 2414/99 u. a., NJW 2000, 1480.

[1679] *EGMR*, 34044/96 u. a. (Streletz, Keßler, Krenz / Deutschland), NJW 2001, 3035, 3040 Rdnr. 87. Vgl. auch *EGMR*, 37201/97 (K.-H. W. / Deutschland), NJW 2001, 3042, 3044 Rdnr. 75.

[1680] Vgl. hierzu die Nachweise in Fn. 234 auf S. 54.

[1681] *Ausschuß für Menschenrechte*, CCPR/C/78/D/960/2000 (Baumgarten / Deutschland), NJW 2004, 2005 Rdnr. 9.5.

Vor diesem Hintergrund und angesichts der Fülle von Veröffentlichungen, die sich zu diesem Thema in der Literatur finden[1682], soll hier keine weitere Stellungnahme zu dieser Problematik erfolgen. Dies gilt um so mehr, als es im fiktiven Fall der vorliegenden Arbeit nicht zum Aufeinandertreffen zweier Rechtsordnungen kommt, die von einem gänzlich unterschiedlichen Rechtsverständnis ausgehen, wie es in den Mauerschützenprozessen der Fall war[1683].

(5) Statt dessen ist zu überlegen, welche Erkenntnisse sich aus den vorstehend genannten Entscheidungen gewinnen lassen, die für die Frage nach der Anwendbarkeit von Rechtfertigungsgründen bei Folterungen von Belang sind.

Wäre in den Mauerschützenprozessen allein auf die naturrechtlichen Prinzipien der Radbruchschen Formel (vgl. S. 298) abgestellt worden, wäre eine Übertragung der Argumentation auf Situationen wie diejenige des fiktiven Falles nur schwerlich möglich. Denn der Versuch, verheerende Bombenanschläge durch Terroristen zu verhindern, ist nicht mit den menschenverachtenden Tötungen an der innerdeutschen Grenze zu vergleichen. Indessen hat der BGH als konkretere Prüfungsmaßstäbe die internationalen Menschenrechtspakte herangezogen und ausgeführt, daß diese Anhaltspunkte dafür böten, wann der Staat nach der Überzeugung der weltweiten Rechtsgemeinschaft Menschenrechte verletzt[1684].

Geht man hiervon aus, so läßt sich die Argumentation aus den Mauerschützenprozessen im Wege eines Erst-recht-Schlusses auch auf Folterungen übertragen. Denn der Schutz vor Folter, den die einschlägigen Menschenrechtspakte gewähren, reicht weiter als der Schutz des Lebens oder der Ausreisefreiheit, um den es in den Mauerschützenprozessen ging. Während die letztgenannten Men-

---

[1682] Vgl. statt aller *Buchner*, Die Rechtswidrigkeit der Taten von „Mauerschützen" im Lichte von Art. 103 II GG. Lesenswert sind in diesem Zusammenhang auch die Ausführungen von *Satzger*, JuS 2004, 943 ff. zur Bedeutung des Bestimmtheitsgrundsatzes vor dem Hintergrund der Internationalisierung des Strafrechts.

[1683] Vgl. hierzu *Herrmann*, NStZ 1993, 118 f.: „Dahinter verbirgt sich aber im Ergebnis nicht weniger als der besondere Charakter des sozialistischen Rechts; denn dem Recht kam im sozialistischen Rechtskreis keineswegs dieselbe Bedeutung zu wie in den freiheitlich-demokratischen Rechtsordnungen des Westens. Im Zentrum der sozialistischen Rechtsauffassung stand der Grundsatz der sozialistischen Gesetzlichkeit. Dieser Grundsatz verknüpft zwei höchst unterschiedliche, teilweise im Widerspruch zueinander stehende Forderungen. Einerseits verlangt er, worauf auch der BGH selbst hinweist, die Bindung des Rechtsanwenders an das Gesetz in einem streng gesetzespositivistischen Sinn. Insoweit zielt er auf Verläßlichkeit des Rechts und Rechtssicherheit, Werte also, die auch dem westlichen Rechtsdenken nicht fremd sind. Andererseits fordert der Grundsatz, was der BGH nicht erwähnt, Gesetze so auszulegen und anzuwenden, daß sie dem Instrumentalcharakter des Rechts gerecht werden, d. h., den objektiven Erfordernissen der gesellschaftlichen Entwicklung dienen. Gesetze müssen demnach ständig an der offiziellen Parteidoktrin ausgerichtet und politischen Schwankungen jeweils angepaßt werden."

[1684] Vgl. die Nachweise in Fn. 1669 auf S. 299.

schenrechte eingeschränkt werden können[1685], gilt hinsichtlich des Verbots der Folter, daß von diesem weder nach den Bestimmungen des IPbürgR noch nach denen der AEMR, auf die der BGH in den Mauerschützenprozessen abgestellt hat[1686], irgendwelche Ausnahmen zulässig sind (vgl. S. 135 und S. 140). Vielmehr heißt es in Art. 4 Abs. 2 IPbürgR ausdrücklich, daß von diesem Verbot auch in Notstandsfällen nicht abgewichen werden darf[1687]. Im übrigen wäre im fiktiven Fall auch das – ebenfalls absolute – Folterverbot zu beachten, das durch Art. 3 und Art. 15 EMRK statuiert wird (vgl. S. 137 ff.). Denn der BGH hat in seiner ersten Mauerschützenentscheidung ausdrücklich betont, daß die Vorgaben der EMRK einen geeigneten Ansatzpunkt für die Auslegung des Rechts der Bundesrepublik Deutschland bieten, da letztere im Gegensatz zur DDR auch an die EMRK gebunden ist[1688]. Folglich ist – wenn man sich an der Formulierung des BGH[1689] orientiert – aus den internationalen Menschenrechtspakten abzulesen, daß der Staat nach der Überzeugung der weltweiten Rechtsgemeinschaft durch Folterungen *immer* die Menschenrechte verletzt.

Im übrigen müßte, wie der BGH in seiner ersten Mauerschützenentscheidung betont hat, bei Vorfällen, die sich in der Bundesrepublik Deutschland ereignen, die Auslegung der einschlägigen Rechtfertigungsgründe auch anhand der Vorgaben des Grundgesetzes erfolgen[1690]. Diesbezüglich hat die umfangreiche Prüfung in § 4 der vorliegenden Arbeit ergeben, daß durch Folterungen das Grundrecht auf Leben und körperliche Unversehrtheit (Art. 2 Abs. 2 S. 1 GG), das allgemeine Persönlichkeitsrecht (Art. 2 Abs. 1 i. V. m. Art. 1 Abs. 1 GG) sowie die Menschenwürde (Art. 1 Abs. 1 GG) verletzt werden (vgl. S. 128). Überdies enthält das Grundgesetz mit Art. 104 Abs. 1 S. 2 GG eine Bestimmung, die als spezielle Ausformung der Menschenwürdegarantie jede Form der Mißhandlung festgehaltener Personen kategorisch ausschließt (vgl. S. 90 ff. und S. 106 ff.).

Vor diesem Hintergrund läßt sich die Argumentation aus den Mauerschützenprozessen wie folgt übertragen: Da die Folter sowohl nach den Vorgaben der internationalen Menschenrechtspakte als auch nach denjenigen des Grundgesetzes unter allen Umständen verboten ist, kann ein solches Vorgehen unter keinen Umständen gerechtfertigt sein. Dies wird durch ein Urteil des BGH bestätigt, in dem es heißt, daß Gesetze, die Folter für zulässig erklären, „offen-

---

1685 Vgl. hierzu aus den Mauerschützenentscheidungen *BGH*, 5 StR 370/92, BGHSt 39, 1, 17; 5 StR 164/97, BGHSt 40, 241, 244 f.

1686 Vgl. die Nachweise in Fn. 1670 auf S. 299 hinsichtlich des IPbürgR sowie in Fn. 1672 auf S. 299 hinsichtlich der AEMR.

1687 Vgl. die Nachweise in Fn. 747 auf S. 140.

1688 *BGH*, 5 StR 370/92, BGHSt 39, 1, 14.

1689 Vgl. die Nachweise in Fn. 1669 auf S. 299.

1690 *BGH*, 5 StR 370/92, BGHSt 39, 1, 14.

sichtlich in schwerwiegender Weise gegen Menschenrechte verstoßen" und „solche ‚Rechtsvorschriften' keinerlei Anerkennung verlangen können"[1691].

cc) Zwischenergebnis

Somit läßt sich festhalten, daß die Auslegung der in Betracht kommenden Rechtfertigungsgründe anhand derjenigen Wertungen zu erfolgen hat, die durch die Normen des Verfassungs- und Völkerrechts vorgegeben werden. Diesbezüglich wurde in § 4 und § 5 der vorliegenden Arbeit gezeigt, daß hiernach sowohl die Androhung als auch die Anwendung von Folter ohne jede Ausnahme verboten ist. Folglich sind die Rechtfertigungsgründe, die im fiktiven Fall der vorliegenden Arbeit in Betracht kommen (vgl. S. 200 ff.), dergestalt auszulegen, daß sie bei Folterungen nicht zur Anwendung gelangen können.

Es zeigt sich also, daß die direkten Aussagen, die die UN-Folterkonvention hinsichtlich der Anwendbarkeit von Rechtfertigungsgründen bei Folterungen trifft (vgl. S. 283 ff.), durch weitere – indirekte – Aussagen des Verfassungs- und Völkerrechts bestätigt werden.

c) Entschuldigungsgründe

Was die Entschuldigungsgründe anbelangt, so wurde auf Seite 284 gezeigt, daß das überkommene Völkerstrafrecht nicht zwischen diesen und den Rechtfertigungsgründen unterscheidet, sondern beide den sogenannten defences zurechnet, weshalb die diesbezüglichen Vorgaben der UN-Folterkonvention für Rechtfertigungs- und Entschuldigungsgründe gleichermaßen gelten[1692]. Aber auch wenn man – wie es im deutschen Strafrecht geschieht[1693] – eine entsprechende Differenzierung vornimmt, gelangt man in der Frage der Folter hinsichtlich der Entschuldigungsgründe zu keinem anderen Ergebnis als hinsichtlich der Rechtfertigungsgründe.

aa) Dies ist bei der bisherigen Darstellung insbesondere an der auf Seite 228 wiedergegebenen Feststellung des BGH deutlich geworden, wonach zur Beantwortung der Frage, ob ein bestimmtes Verhalten nach § 35 StGB entschuldigt sein kann, von den Grundentscheidungen der Rechtsordnung auszugehen ist[1694]. Wie die Grundentscheidung hinsichtlich der Folter ausfällt, hat die Prüfung der einschlägigen Bestimmungen des Verfassungs- und Völkerrechts in § 4 und § 5 der vorliegenden Arbeit verdeutlicht: Folterungen sind hiernach unter allen Umständen unzulässig.

[1691] *BGH*, 4 StR 23/94, BGHSt 40, 272, 277.

[1692] Vgl. die Nachweise in Fn. 1604 auf S. 284.

[1693] Vgl. die Nachweise in Fn. 816 auf S. 155 und in Fn. 1599 auf S. 283.

[1694] Vgl. den Nachweis in Fn. 1281 auf S. 228.

Daß von dieser Grundentscheidung aber nicht nur im Fall des § 35 StGB, sondern auch bei sonstigen Entschuldigungsgründen auszugehen ist, zeigen die folgenden Ausführungen des BGH:

> „Rechtfertigungs- oder Entschuldigungsgründe oder sonstige Straffreistellungen nach Tatortrecht müssen ... jedenfalls dort ihre Grenze finden, wo sie mit international anerkannten Rechtsgrundsätzen in Widerspruch geraten ...“[1695]

Der BGH verweist in diesem Zusammenhang auf Entscheidungen zur strafrechtlichen Aufarbeitung des DDR-Unrechts, die bereits bei der Frage nach der Anwendbarkeit menschenrechtswidriger Rechtfertigungsgründe angesprochen worden sind[1696]. Folglich läßt sich der dort gezogene Erst-recht-Schluß (vgl. S. 301) auch auf die Entschuldigungsgründe übertragen, so daß Folterhandlungen angesichts des umfassenden Verbots, das die internationalen Menschenrechtspakte diesbezüglich aussprechen, auch nicht entschuldigt sein können.

bb) Daß dies im übrigen auch vor dem Hintergrund der einschlägigen Bestimmungen des Grundgesetzes gilt, zeigt ein Vergleich mit Überlegungen, wie sie bereits seit geraumer Zeit zur strafrechtlichen Würdigung von Gewissenstaten angestellt werden, bei denen die Wertungen des Art. 4 GG zu berücksichtigen sind.

Als Gewissenentscheidung ist „jede ernste sittliche, d. h. an den Kategorien von ‚Gut' und ‚Böse' orientierte Entscheidung anzusehen, die der Einzelne in einer bestimmten Lage als für sich bindend und unbedingt verpflichtend innerlich erfährt, so daß er gegen sie nicht ohne ernste Gewissensnot handeln könnte“[1697]. Die bekanntesten Fälle dieser Art sind die von Kriegsdienstverweigerern getroffenen Gewissensentscheidungen[1698], doch ist auch der Entschluß Daschners, Gäfgen Schmerzen androhen zu lassen (vgl. S. 9), bisweilen als solche bezeichnet worden[1699]. Ob diese Bewertung zutreffend ist und ob Entscheidungen, wie *L* und *V* sie im fiktiven Fall zu treffen hätten, tatsächlich als Gewissensentscheidungen im Sinne der vorstehenden Definition anzusehen

---

[1695] *BGH*, 5 StR 183/95, NJW 1997, 951, 952 mit Anm. *König*, JR 1997, 317. Vgl. auch *OLG Düsseldorf*, 5 Ws 76/78, NJW 1979, 59; V 15/82 (3), NJW 1983, 1277, 1278.

[1696] In *BGH*, 5 StR 183/95, NJW 1997, 951, 953 wird u. a. verwiesen auf *BGH*, 5 StR 370/92, BGHSt 39, 1, 16 (vgl. etwa Fn. 1665 auf S. 298 und Fn. 1688 auf S. 302) und *BGH*, 4 StR 23/94, BGHSt 40, 272, 278 (vgl. Fn. 1691 auf S. 303).

[1697] *BVerfG*, 1 BvL 21/60, BVerfGE 12, 45, 55. Vgl. auch *BVerwG*, 2 WD 12.04, www.bundesverwaltungsgericht.de, Leitsatz 4; *Roxin*, Strafrecht AT I, § 22 Rdnr. 100; *Rupp*, NVwZ 1991, 1033, 1034.

[1698] Vgl. etwa *BVerfG*, 2 BvF 2/83 u. a., BVerfGE 69, 1; *BVerwG*, 6 B 34/03, NVwZ-RR 2004, 116; 2 WD 12/04, www.bundesverwaltungsgericht.de; *BayObLG*, 4 StR 98/96, NStZ-RR 1996, 349; *LG Darmstadt*, 2 Js 10.354/89 - 21 Ls-14 Ns, NJW 1993, 77, 78.

[1699] *Peltzer*, ZRP 2003, 288.

sind[1700], kann hier dahinstehen. Denn die Voraussetzungen, unter denen Gewissensentscheidungen eine strafausschließende Wirkung entfalten können, wären im fiktiven Fall nicht erfüllt.

Es ist vorauszuschicken, daß diesbezüglich vieles streitig ist und es bereits an einem Konsens darüber fehlt, ob Gewissensentscheidungen rechtfertigende[1701], entschuldigende[1702] oder auch nur schuldmindernde[1703] Wirkung haben können. Es besteht aber weitgehende Einigkeit darüber, daß die Freiheit des Gewissens Grenzen kennt, was nicht nur auf der Ebene des Verfassungsrechts[1704], sondern auch auf der Ebene des Strafrechts[1705] von Bedeutung ist. Zwar hat das Bundesverfassungsgericht ausgeführt, daß die sich aus Art. 4 Abs. 1 GG ergebende Pflicht aller öffentlichen Gewalt, die ernste Glaubensüberzeugung in weitesten Grenzen zu respektieren, zu einem Zurückweichen des Strafrechts jedenfalls dann führen müsse, wenn der konkrete Konflikt zwischen einer Rechtspflicht und einem Glaubensgebot den Täter in eine seelische Bedrängnis bringt, der gegenüber die kriminelle Bestrafung, die ihn zum Rechtsbrecher stempelt, sich als eine übermäßige und daher seine Menschenwürde verletzende Reaktion darstellen würde[1706]. Indessen zeigen andere Entscheidungen – wie etwa die im Fall sogenannter „Totalverweigerer" ergangenen[1707] –, daß es sich hierbei um Ausnahmefälle handelt[1708]. Allgemein wird man sagen können, daß auch Gewissensentscheidungen an der grundgesetzlichen Wertordnung gemessen werden müssen[1709] und Straffreiheit zumindest dann nicht mehr in Betracht kommt, wenn es zu Eingriffen in individuelle Güter anderer kommt[1710], durch die diese mehr als

---

1700 In Betracht käme auch die Annahme, daß es sich hierbei um Überzeugungstaten handelt, die von den Gewissenstaten abgegrenzt werden müssen; vgl. hierzu *Roxin*, Strafrecht AT I, § 22 Rdnr. 103 einerseits und § 22 Rdnr. 168 andererseits.

1701 *Ranft*, Schwinge-FS, 113 ff.

1702 *Baumann/Weber/Mitsch*, Strafrecht AT, § 23 Rdnr. 65; *Rudolphi*, Welzel-FS, 630.

1703 *Gallas*, Mezger-FS, 319 f.

1704 Vgl. etwa *BVerfG*, 1 BvR 83/69 u. a., BVerfGE 28, 243, 261; 2 BvR 75/71, BVerfGE 33, 23, 29; *Bethge*, HdbStR VI, § 137 Rdnr. 33; *Böckenförde*, VVDStRL 28 (1970), 33, 59; DR-*Morlok*, Art. 4 Rdnr. 142; *Muckel*, NJW 2000, 689, 690; *Rupp*, NVwZ 1991, 1033, 1037.

1705 Vgl. etwa *Faller*, Kirchner-FS, 78 f.; S/S-*Lenckner*, Vorbem §§ 32 ff. Rdnr. 118; *Otto*, Grundkurs I, § 14 Rdnr. 31 a. E.; *Radtke*, GA 2000, 19, 34; *Rudolphi*, Welzel-FS, 620.

1706 *BVerfG*, 1 BvR 387/65, BVerfGE 32, 98, 108 f. mit Anm. *Dreher*, JR 1972, 342. Vgl. auch *Jescheck/Weigend*, Strafrecht AT, 505 f.

1707 *BVerfG*, 1 BvR 579/67, BVerfGE 23, 132; 2 BvR 701/86, BVerfGE 78, 391; 2 BvL 11/88, BVerfGE 80, 354, 359 f. Vgl. auch S/S-*Lenckner*, Vorbem §§ 32 ff. Rdnr. 118.

1708 *Bockelmann*, Welzel-FS, 555.

1709 *Bethge*, a. a. O. (Fn. 1704).

1710 *Radtke*, a. a. O. (Fn. 1705); *Ranft*, Schwinge-FS, 122; *Rudolphi*, a. a. O. (Fn. 1705); *Rupp*, a. a. O. (Fn. 1704).

„nur in peripherer Weise beeinträchtigt werden“[1711]. Denn wenn der Gesetzgeber „keine Entscheidung zugunsten der Gewissensentscheidung getroffen hat und auch die Auslegung einer Norm keine Möglichkeit bietet, die Entscheidung zu berücksichtigen, verlangen die gesetzlichen Regeln Vorrang“[1712].

Übertragen auf die Frage, ob beim Einsatz von Folter zu Vernehmungszwecken Entschuldigungsgründe eingreifen können, bedeutet dies, daß auch hier von den im Grundgesetz getroffenen Wertentscheidungen auszugehen ist. Insofern hat die Prüfung in § 4 der vorliegenden Arbeit ergeben, daß insbesondere aufgrund der in Art. 104 Abs. 1 S. 2 GG getroffenen vorweggenommenen Abwägungsentscheidung feststeht, daß die durch die Verfassung geschützte Wertordnung Folterungen unter keinen Umständen toleriert (vgl. S. 106). Folglich sind die in Betracht kommenden Entschuldigungsgründe (vgl. S. 223 ff.) nicht nur aufgrund der Vorgaben der internationalen Menschenrechtspakte, sondern auch aufgrund derjenigen des Grundgesetzes dahingehend auszulegen, daß sie bei Folterhandlungen nicht zur Anwendung gelangen können.

cc) Es läßt sich also festhalten, daß die direkten Aussagen der UN-Folterkonvention (vgl. S. 283 ff.) auch hinsichtlich der Anwendbarkeit von Entschuldigungsgründen durch weitere – indirekte – Aussagen des Verfassungs- und Völkerrechts bestätigt werden.

3. Irrtumsfragen

Damit ist abschließend noch zu klären, ob sich eine solche Bestätigung auch für diejenigen Aussagen finden läßt, die die UN-Folterkonvention zur Geltendmachung von Verbotsirrtümern trifft (vgl. S. 285 ff.). Denn wie auf Seite 253 ausgeführt, ist für die Bestrafung des *V* von Bedeutung, ob es angesichts der Bestimmungen des Verfassungs- und Völkerrechts offensichtlich wäre – also klar auf der Hand läge –, daß durch Befolgen einer auf Folter gerichteten Anordnung eine Straftat begangen wird, wie es in den polizeirechtlichen Spezialregelungen zum Verbotsirrtum (§ 37 Abs. 2 S. 2 MEPolG, Art. 62 Abs. 2 S. 2 BayPAG, § 59 Abs. 2 S. 2 PolG NRW) heißt.

a) Auch hier läßt sich eine Parallele zu den bereits mehrfach angesprochenen Entscheidungen ziehen, die in jüngerer Zeit zur Aufarbeitung des DDR-Unrechts ergangen sind. Denn in den Mauerschützen-Prozessen stellte sich die Frage, ob es für die Täter i. S. v. § 5 WStG (analog) offensichtlich war, daß die befohlenen Taten gegen Strafgesetze verstießen.

Der BGH hat dies für vorsätzlich begangene Tötungshandlungen bejaht und hierzu ausgehend von seinen auf Seite 298 erläuterten Feststellungen zur Men-

---

[1711] *Roxin*, Strafrecht AT I, § 22 Rdnr. 118.

[1712] *Otto*, a.a.O. (Fn. 1705).

schenrechtswidrigkeit des Grenzregimes und der daraus resultierenden Unanwendbarkeit von § 27 Abs. 2 Grenzgesetz ausgeführt:

> „Hier haben die Flüchtlinge keinerlei Anstalten gemacht, die Grenzsoldaten anzugreifen oder zu bedrohen; ihr gesamtes Tun war nur darauf gerichtet, die Grenze in Richtung auf den Bezirk Neukölln zu überqueren. Bei diesen Voraussetzungen war es ... für jeden Soldaten ohne weiteres einsichtig, daß es ein jeder vernünftigen Rechtfertigung entzogener Verstoß gegen das elementare Tötungsverbot war, wenn ein Grenzsoldat mit bedingtem Tötungsvorsatz einen sicher gezielten Schuß auf den Oberkörper eines Flüchtlings abgab."[1713]

Zur Begründung der Offensichtlichkeit verweist der BGH darauf, daß der Schußwaffeneinsatz an der innerdeutschen Grenze von der Mehrheit der DDR-Bevölkerung abgelehnt worden sei[1714]. Überdies sei er zu bestimmten Anlässen – wie etwa Parteitagen oder ausländischen Staatsbesuchen – erheblich eingeschränkt worden, und im übrigen wären die zuständigen Stellen des Regimes bei erfolgtem Schußwaffeneinsatz immer um ein hohes Maß an Geheimhaltung bemüht gewesen[1715]. Schließlich habe im Kreis der Grenzsoldaten die allgemeine Auffassung bestanden, „man solle Flüchtlinge durch Schießen auf die Beine fluchtunfähig machen und danach streben, den Wehrdienst mit ‚weißen Handschuhen', also ohne auf Menschen geschossen zu haben, zu absolvieren"[1716].

Mit diesen Überlegungen ist der BGH in Teilen der Literatur auf Kritik gestoßen[1717]. Diese wird damit begründet, daß die positiv-rechtlichen Normen des DDR-Rechts, die hierauf gestützten Befehle sowie die Propaganda des Regimes es den Soldaten nahegelegt hätten, die Todesschüsse für erlaubt zu halten[1718]. Der Strafrechtsverstoß könne „für die ausführenden Grenzsoldaten als letztem Glied der Befehlskette" kaum offensichtlich gewesen sein, „wenn selbst das höchste deutsche Strafgericht zuvor mehr als 20 Druckseiten der amtlichen Sammlung benötigt, um die im Schrifttum nach wie vor weitverbreiteten Zweifel an der Rechtswidrigkeit des Schußwaffengebrauchs zur Tatzeit zu zerstreuen"[1719].

[1713] *BGH*, 5 StR 418/92, BGHSt 39, 168, 190. Vgl. auch *BGH*, 5 StR 370/92, BGHSt 39, 1, 34; 5 StR 167/94, BGHSt 40, 241, 250 f.; 5 StR 378/94, NJW 1995, 2732, 2733; 5 StR 650/94, BGHSt 41, 10, 15; 5 StR 322/95, NStZ-RR 1996, 323, 324.

[1714] *BGH*, 5 StR 370/92, BGHSt 39, 1, 34.

[1715] *BGH*, 5 StR 418/92, BGHSt 39, 168, 190.

[1716] *BGH*, 5 StR 418/92, BGHSt 39, 168, 189. Vgl. zur Argumentation des BGH auch *Dannecker*, Jura 1994, 585, 594; *Korte*, Handeln auf Befehl als Strafausschließungsgrund, 113.

[1717] Vgl. etwa *Ambos*, JuS 2000, 465, 470; *Amelung*, NStZ 1995, 29, 30; *Eser*, Odersky-FS, 341; *Roxin*, Strafrecht AT I, § 21 Rdnr. 68.

[1718] *Amelung*, a. a. O. (Fn. 1717).

[1719] *Eser*, a. a. O. (Fn. 1717).

In der Tat waren die Grenzsoldaten – was auch der BGH ausdrücklich hervorhebt – einer starken Indoktrinierung ausgesetzt, die darauf hinauslief, daß alle „Grenzverletzer" kriminelle Elemente seien, deren Grenzüberschreitung um jeden Preis verhindert werden müsse[1720]. Überdies wurden „nicht einmal bei offensichtlichem Überschreiten der formalen Legitimation zum Schießen"[1721] Strafverfolgungsmaßnahmen durchgeführt, sondern vielmehr alle beteiligten Soldaten belobigt[1722].

Gleichwohl haben das Bundesverfassungsgericht und der EGMR die Bejahung der Offensichtlichkeit durch den BGH bestätigt. In der Entscheidung des ersteren heißt es:

> „Zwar könnten sich Bedenken gegen eine Erkennbarkeit des Strafrechtsverstoßes jenseits aller Zweifel aus dem Umstand ergeben, daß die Staatsführung der DDR den Rechtfertigungsgrund, der das Verhalten der Grenzsoldaten decken sollte, mit staatlicher Autorität ausgeweitet und den Soldaten so vermittelt hat. Dann ist es nicht selbstverständlich, daß sich dem durchschnittlichen Soldaten die richtige Grenze strafbaren Verhaltens zweifelsfrei erschließt, und es wäre unter dem Schuldgrundsatz unhaltbar, die Offensichtlichkeit des Strafrechtsverstoßes für den Soldaten allein mit dem – objektiven – Vorliegen eines schweren Menschenrechtsverstoßes zu begründen; dann muß nämlich näher dargelegt werden, warum der einzelne Soldat angesichts seiner Erziehung, der Indoktrination und der sonstigen Umstände in der Lage war, den Strafrechtsverstoß zweifelsfrei zu erkennen. Unter diesem Gesichtspunkt haben die Strafgerichte den Sachverhalt im Ausgangsverfahren nicht erörtert. Sie haben jedoch dargelegt, die Tötung eines unbewaffneten Flüchtlings durch Dauerfeuer sei unter den festgestellten Umständen ein derart schreckliches und jeder möglichen Rechtfertigung entzogenes Tun gewesen, daß der Verstoß gegen Verhältnismäßigkeit und elementares Tötungsverbot auch für einen indoktrinierten Menschen ohne weiteres einsichtig und damit offensichtlich war. Auch ihre sonstigen Darlegungen ergeben mit noch hinreichender Deutlichkeit aufgrund des Gesamtzusammenhangs der Urteilsgründe und der Bezugnahme auf die Ausführungen in den vorangegangenen, die gleiche Fallkonstellation betreffenden Entscheidungen vom 3. November 1992 (BGHSt 39, 1) und vom 25. März 1993 (BGHSt 39, 168), daß dem Schuldprinzip genügt ist."[1723]

Während in diesen Ausführungen durch den Hinweis auf die Indoktrination der Grenzsoldaten leise Zweifel an der Offensichtlichkeit anklingen, sah der EGMR zu solchen weniger Anlaß:

[1720] *BGH*, 5 StR 370/92, BGHSt 39, 1, 33; 5 StR 418/92, BGHSt 39, 168, 169 f.; 5 StR 378/94, NJW 1994, 2732, 2733.

[1721] *BGH*, 5 StR 473/93, BGHSt 39, 353, 360. Vgl. auch *BGH*, 5 StR 167/94, BGHSt 40, 241, 243.

[1722] *BGH*, 5 StR 418/92, BGHSt 39, 168, 173; 5 StR 602/92, BGHSt 39, 199, 201; 5 StR 98/94, NJW 1994, 2703; 5 StR 137/96, BGHSt 42, 356, 359.

[1723] *BVerfG*, 2 BvR 1851/94 u. a., BVerfGE 95, 96, 142 f. Vgl. auch *Ambos*, JR 1998, 221.

> „Dazu erinnert der Gerichtshof zunächst daran, dass die geschriebenen Texte jedermann zugänglich waren: Es handelte sich um die Verfassung und das StGB der DDR und nicht um obskure Verordnungen. Das Wort „niemand kann sich auf Unkenntnis des Gesetzes berufen“, gilt auch für den Bf. ... Außerdem kann sich nach Auffassung des Gerichtshofs auch ein einfacher Soldat nicht voll und blindlings auf Befehle berufen, die offensichtlich nicht nur die ureigenen Rechtsgrundsätze der DDR, sondern auch die völkerrechtlich geschützten Menschenrechte verletzten, insbesondere das Recht auf Leben, das den obersten Rang in der Wertehierarchie der Menschenrechte einnimmt.“[1724]

b) Damit ist nun zu überlegen, wie sich dies auf den fiktiven Fall übertragen läßt, wenn der Frage nachgegangen wird, ob es für *V* angesichts der Bestimmungen des Verfassungs- und Völkerrechts offensichtlich wäre, daß durch Befolgen einer auf Folter gerichteten Anordnung eine Straftat begangen wird.

Den besten Ausgangspunkt hierfür bieten die vorstehend wiedergegebenen Ausführungen des EGMR, die sich wie folgt übertragen lassen: Offensichtlich ist ein Strafrechtsverstoß zumindest dann, wenn eine Anordnung nicht nur die „ureigenen Rechtsgrundsätze“ der Bundesrepublik Deutschland, wie sie in Grundgesetz und StGB zum Ausdruck kommen, sondern auch völkerrechtlich geschützte Menschenrechte verletzt. Wie schon bei der Frage nach der Anwendbarkeit von Rechtfertigungs- und Entschuldigungsgründen (vgl. S. 295), so gilt also auch hier, daß sowohl auf die Vorgaben des Verfassungs- als auch auf diejenigen des Völkerrechts abzustellen ist.

Hiervon ausgehend ist die Offensichtlichkeit im fiktiven Fall zu bejahen, denn Folterungen sind sowohl nach den einschlägigen Bestimmungen des Völkerrechts (vgl. § 5 der vorliegenden Arbeit) als auch nach denjenigen des Grundgesetzes (vgl. § 4 der vorliegenden Arbeit) unter allen Umständen verboten. Auch hierbei handelt es sich – um bei den Worten des EGMR zu bleiben – nicht um „obskure Verordnungen“, sondern um jedermann zugängliche geschriebene Texte.

Im übrigen läßt sich hinsichtlich der Offensichtlichkeit in mehrfacher Hinsicht ein Erst-recht-Schluß zu den Entscheidungen in den Mauerschützenprozessen ziehen: Erstens gilt auch hier, daß der Schutz vor Folter nach den einschlägigen Bestimmungen weiter reicht als der Schutz des Lebens oder der Ausreisefreiheit, um die es in den Mauerschützenprozessen ging (vgl. S. 301). Zweitens gibt es in unserer Rechtsordnung keine mit § 27 Abs. 2 des Grenzgesetzes der DDR vergleichbare Vorschrift, deren Auslegung durch die Staatspraxis (vgl. S. 298) es für *V* naheliegend erscheinen lassen könnte, die Androhung oder Anwendung von Folter für gerechtfertigt zu halten. Und drittens fehlt es im fiktiven Fall an einer Indoktrinierung, wie sie im Fall der Mauerschützen gegeben war (vgl. S. 308). Denn bei *V* handelt es sich nicht um einen „bewusst über

---

[1724] *EGMR*, 37201/97 (K.-H. W. / Deutschland), NJW 2001, 3042, 3044 Rdnr. 73 ff.

die Befehls- und Rechtslage im Unklaren gehaltenen Untergebenen in einem weltanschaulich abgeschotteten (Un-)Rechtssystem“[1725], sondern um den Beamten eines Staates, der sich im ersten Artikel seiner Verfassung ausdrücklich zu den unverletzlichen und unveräußerlichen Menschenrechten bekennt (Art. 1 Abs. 2 GG)[1726], und der überdies nach Art. 10 UN-Folterkonvention die Verpflichtung übernommen hat, die Aufklärung über das Verbot der Folter zum vollgültigen Bestandteil der Ausbildung seiner Vernehmungsbeamten zu machen.

Damit ist festzuhalten, daß es für *V* i. S. v. § 37 Abs. 2 S. 2 MEPolG, Art. 62 Abs. 2 S. 2 BayPAG und § 59 Abs. 2 S. 2 PolG NRW offensichtlich wäre, daß er durch Befolgung der Anordnung, den *I* mit Folter zu bedrohen oder sogar tatsächlich zu foltern, eine Straftat begehen würde[1727]. Dementsprechend käme statt eines Strafausschlusses allenfalls eine Strafmilderung in Betracht, wenn er eine entsprechende Anordnung des *L* gleichwohl befolgen würde[1728]. Die direkten Vorgaben der UN-Folterkonvention (vgl. S. 285 ff.) werden also auch insofern durch weitere – indirekte – Aussagen des Verfassungs- und Völkerrechts bestätigt.

III. Fazit

Wie auf Seite 278 ausgeführt, läßt sich die Frage nach der Strafbarkeit der Beamten des fiktiven Falles nur dann abschließend beantworten, wenn auf die Wertungen des Verfassungs- und Völkerrechts zurückgegriffen wird. Dabei ist zwischen den direkten und den indirekten Aussagen zu differenzieren, die von den Bestimmungen dieser Rechtsgebiete hinsichtlich der Strafbarkeit der Folter getroffen werden (vgl. S. 279).

Von den ersteren sind für den fiktiven Fall nur die Aussagen der UN-Folterkonvention von Belang. Hiernach gilt, daß die Schaffung eines speziellen Straftatbestandes für Folterungen nicht erforderlich ist, da die bestehenden Regelungen des deutschen Strafrechts zur Erfüllung der Verpflichtung aus Art. 4 UN-Folterkonvention genügen. Von größerer Bedeutung sind hingegen die in Art. 2 Abs. 2 und Abs. 3 UN-Folterkonvention getroffenen Regelungen zu den defences[1729]. Diese führen dazu, daß außergewöhnliche Umstände – gleich welcher Art – sowie Weisungen eines Vorgesetzten weder als Rechtfertigungs- noch als Entschuldigungsgrund für die Androhung oder Anwendung von Folter

---

[1725] *Roxin*, Strafrecht AT I, § 21 Rdnr. 68.

[1726] Vgl. die Nachweise in Fn. 529 auf S. 107.

[1727] *BGH*, 4 StR 23/94, BGHSt 40, 272, 277; *Ambos*, JR 1998, 221, 225.

[1728] *EGMR*, 37201/97 (K.-H. W. / Deutschland), NJW 2001, 3042, 3044 Rdnr. 79.

[1729] Vgl. zu diesem Begriff die Nachweise in Fn. 1602 auf S. 284.

geltend gemacht werden können. Dementsprechend sind die im nationalen Recht normierten Rechtfertigungs- und Entschuldigungsgründe dergestalt völkerrechtskonform auszulegen, daß sie bei Folterungen nicht zur Anwendung gelangen können. Im übrigen bewirken die Vorgaben der UN-Folterkonvention, daß für einen Untergebenen in jedem Fall offensichtlich ist, daß durch Befolgen einer auf Folter gerichteten Anweisung eine Straftat begangen wird; dementsprechend ist im Falle eines Irrtums kein Strafausschluß möglich, sondern allenfalls eine Strafmilderung zugunsten des angewiesenen Untergebenen.

Diese direkten Aussagen der UN-Folterkonvention werden in allen Punkten durch weitere – indirekte – Aussagen des Verfassungs- und Völkerrechts bestätigt, die sich den in § 4 und § 5 der vorliegenden Arbeit dargestellten Bestimmungen dieser Rechtsgebiete entnehmen lassen.

TEIL 4 – ERGEBNIS UND AUSBLICK

Nachdem die sich stellenden Fragen geklärt sind, ist es nun an der Zeit, die gefundenen Ergebnisse zusammenzufassen (nachfolgend § 8) und einen abschließenden Ausblick zu geben (nachfolgend § 9).

§ 8 Zusammenfassung der gefundenen Ergebnisse

I. Fragestellung und Ausgangspunkt

Im Rahmen der vorliegenden Arbeit ist der Frage nachgegangen worden, wie sich Polizeibeamte strafbar machen, die Folter zu Vernehmungszwecken anordnen, androhen oder anwenden (vgl. S. 32). Die Ausführungen haben sich dabei auf die geltende Rechtslage in Deutschland konzentriert, die durch ein Zusammenspiel von Normen insbesondere des Straf-, Verfassungs- und Völkerrechts geprägt ist.

Den Ausgangspunkt der Überlegungen bildet der auf Seite 20 geschilderte fiktive Fall, in dem es um die Verhinderung terroristischer Anschläge geht. Die Besonderheit dieses Falles besteht darin, daß eine Vielzahl von Anhaltspunkten dafür sprechen, daß der Vernommene über die gewünschten Informationen verfügt, aber keiner dieser Punkte frei von Zweifeln ist, so daß die Maßnahme möglicherweise den „Falschen" treffen könnte (vgl. S. 29). Weiterhin ist hervorzuheben, daß es im fiktiven Fall noch nicht zu entsprechenden Handlungen gekommen ist, weshalb den Ausführungen ein gewisser „Beratungscharakter" zukommt (vgl. S. 63 und S. 155).

II. Definition der Folter

Um die aufgeworfene Frage klären zu können, war es notwendig, zunächst eine Definition für den Begriff der Folter zu finden (vgl. § 2 der vorliegenden Arbeit, S. 43 ff.)

1) Wie schwierig es ist, diesen Begriff zu definieren – und insbesondere eine Abgrenzung zum Begriff der unmenschlichen Behandlung vorzunehmen –, verdeutlicht nicht nur das Urteil des EGMR im Fall Irland gegen Vereinigtes Königreich, das die sogenannten „five techniques" betrifft[1730]. Vielmehr läßt sich allgemein feststellen, daß es im nationalen und – ganz besonders – im internationalen Recht zwar eine Vielzahl von Vorschriften und Gerichtsentscheidungen gibt, die einen Bezug zur Folter aufweisen, aber nur wenige Begriffsbestimmungen.

[1730] Vgl. den Nachweis in Fn. 192 auf S. 44.

2) Von den vorhandenen Definitionen kommt gegenwärtig derjenigen des Art. 1 Abs. 1 UN-Folterkonvention die größte Bedeutung zu, denn an dieser orientieren sich neben einem Großteil des Schrifttums auch der Bundesgerichtshof[1731], das Bundesverwaltungsgericht[1732] sowie insbesondere der EGMR[1733]. Sie lautet wie folgt:

> „Im Sinne dieses Übereinkommens bezeichnet der Ausdruck ‚Folter' jede Handlung, durch die einer Person vorsätzlich große körperliche oder seelische Schmerzen oder Leiden zugefügt werden, zum Beispiel um von ihr oder einem Dritten eine Aussage oder ein Geständnis zu erlangen, um sie für eine tatsächlich oder mutmaßlich von ihr oder einem Dritten begangene Tat zu bestrafen oder um sie oder einen Dritten einzuschüchtern oder zu nötigen, oder aus einem anderen, auf irgendeiner Art von Diskriminierung beruhenden Grund, wenn diese Schmerzen oder Leiden von einem Angehörigen des öffentlichen Dienstes oder einer anderen in amtlicher Eigenschaft handelnden Person, auf deren Veranlassung oder mit deren ausdrücklichem oder stillschweigendem Einverständnis verursacht werden. Der Ausdruck umfaßt nicht Schmerzen oder Leiden, die sich lediglich aus gesetzlich zulässigen Sanktionen ergeben, dazu gehören oder damit verbunden sind."

3) Diese Definition setzt sich mithin aus vier Elementen zusammen:

Was zunächst Art und Auswirkung der Handlung anbelangt, so läßt sich festhalten, daß Folterungen sowohl durch Tun als auch durch Unterlassen begangen werden können und sie zu großen körperlichen oder seelischen Schmerzen oder Leiden führen müssen. Dabei ist der Begriff der körperlichen Schmerzen oder Leiden aus sich heraus verständlich. Als Beispiele für das Hervorrufen schwerer seelischer Schmerzen oder Leiden werden insbesondere die erzwungene Anwesenheit bei der Folterung anderer Gefangener sowie Scheinhinrichtungen genannt. Die Androhung von Folter ist zumindest dann als psychische Folter anzusehen, wenn durch sie vergleichbare Ängste und Gefühle hervorgerufen werden wie durch die genannten Beispiele.

Die Definition setzt weiterhin voraus, daß staatliches Handeln gegeben ist. Dabei macht es keinen Unterschied, ob staatliche Organe die Handlungen selbst vornehmen oder andere Personen mit staatlicher Billigung tätig werden. Hingegen ist eine ohne solche Billigung vorgenommene „Privatfolter" nicht als Folter i. S. v. Art. 1 Abs. 1 UN-Folterkonvention anzusehen.

In subjektiver Hinsicht ist nicht nur Vorsatz erforderlich, sondern auch das Verfolgen eines bestimmten Zwecks, wobei die in Art. 1 Abs. 1 S. 1 UN-Folterkonvention genannten Ziele nicht als abschließend zu verstehen sind. Den typischsten Zweck der Folter bildet aber nach wie vor die Erlangung einer Aus-

---

[1731] Vgl. den Nachweis in Fn. 226 auf S. 52.

[1732] Vgl. den Nachweis in Fn. 214 auf S. 49.

[1733] Vgl. die Nachweise in Fn. 231 auf S. 53 und in Fn. 232 auf S. 54.

sage, und hierauf konzentrieren sich auch die Ausführungen in der vorliegenden Arbeit.

Was schließlich die in Art. 1 Abs. 1 S. 2 UN-Folterkonvention angesprochenen Ausnahmen anbelangt, so spielt diese „Fluchtklausel", die insbesondere für Länder islamischer Prägung in den Konventionstext aufgenommen worden ist, für Deutschland keine Rolle. Denn nach hier geltendem nationalen und internationalen Recht sind Folterungen unter allen Umständen verboten (vgl. nachfolgend III), so daß die Mißbrauchssperre des Art. 1 Abs. 2 UN-Folterkonvention eingreift, wonach alle internationalen Übereinkünfte oder innerstaatlichen Rechtsvorschriften unberührt bleiben, die weitergehende Bestimmungen enthalten.

4) Zusammenfassend ist daher festzuhalten, daß im Rahmen der vorliegenden Arbeit mit „Folter" die von staatlicher Seite ausgehende Folter zu Vernehmungszwecken gemeint ist. Dabei wird davon ausgegangen, daß die Auswirkungen im fiktiven Fall den notwendigen Schweregrad erreichen würden, um die Androhung der Folter als psychische und ihre Anwendung als physische Folter i. S. v. Art. 1 Abs. 1 UN-Folterkonvention zu klassifizieren.

III. Verbot der Folter

Als nächstes war der Frage nach dem Verbot der Folter nachzugehen (Teil 2 der vorliegenden Arbeit, S. 69 ff.).

Hierbei handelt es sich um eine Vorfrage zur Frage nach ihrer Strafbarkeit. Denn aus dem Grundsatz der Einheit der Rechtsordnung folgt, daß die Anordnung, Androhung oder Anwendung von Folter auf der Ebene des Strafrechts nicht als rechtswidrig eingestuft werden könnte, wenn ein solches Vorgehen durch Vorschriften außerhalb des Strafrechts für zulässig erklärt würde (vgl. S. 39). Indessen hat die Prüfung ergeben, daß Folterungen nach geltendem Recht unter allen Umständen verboten sind, also auch in Extremsituationen wie derjenigen des fiktiven Falles.

1. Verbot der Folter nach einfachem Gesetzesrecht

Dies ergibt sich zunächst einmal aus den für das Handeln der Polizei primär maßgeblichen Bestimmungen des einfachen Gesetzesrechts, und zwar unabhängig davon, ob die Polizei im präventiven oder im repressiven Aufgabenbereich tätig wird.

a) Für den letztgenannten Aufgabenbereich folgt das Verbot der Folter aus § 136a Abs. 1 i. V. m. § 163a Abs. 4 S. 2 StPO.

Der Begriff „Folter" wird zwar in § 136a StPO nicht expressis verbis verwendet, aber ihre Anwendung läßt sich sowohl als Mißhandlung wie auch als Quälerei verstehen, die beide nach § 136a Abs. 1 S. 1 StPO ausdrücklich verboten sind. In gleicher Weise ist die Drohung mit einer solchen Maßnahme verboten (§ 136a Abs. 1 S. 3 StPO).

Ausnahmevorschriften, die ein entsprechendes Vorgehen i. S. v. § 136a Abs. 1 S. 2 StPO für zulässig erklären würden, gibt es im Strafverfahrensrecht nicht.

b) Auch im präventiven polizeilichen Aufgabenbereich ist die Androhung oder Anwendung von Folter zu Vernehmungszwecken ausnahmslos verboten, was die Polizeigesetze der Länder auf zwei verschiedene Weisen sicherstellen.

Im Rahmen eines ersten Modells wird § 136a StPO von den polizeirechtlichen Befugnisnormen über Auskunft und Befragung für entsprechend anwendbar erklärt. Dies hat zur Folge, daß das hierin normierte Verbot der Folter auch im präventiven polizeilichen Aufgabenbereich gilt.

Eine zweite Gruppe von Polizeigesetzen kennt keinen derartigen Verweis auf § 136a StPO. Statt dessen ergibt sich das Verbot der Folter aus ihren Bestimmungen über den unmittelbaren Zwang. Bei letzterem handelt es sich nach den jeweiligen Legaldefinitionen um „die Einwirkung auf Personen oder Sachen durch körperliche Gewalt, ihre Hilfsmittel und durch Waffen" (§ 36 Abs. 1 MEPolG, Art. 61 Abs. 1 BayPAG, § 58 Abs. 1 PolG NRW). Ein derartiges Vorgehen ist nach § 33 Abs. 2 MEPolG, Art. 58 Abs. 2 BayPAG und § 55 Abs. 2 PolG NRW zur Abgabe einer Erklärung ausgeschlossen, so daß die Anwendung von Folter hiernach eindeutig verboten ist. Aber auch das bloße Androhen von Folter wird von den genannten Bestimmungen erfaßt, da nur zulässige Zwangsmittel angedroht werden dürfen.

c) Eine Einschränkung dieser Vorgaben des einfachen Gesetzesrechts durch Analogieschlüsse – etwa zu den Bestimmungen über den finalen Rettungsschuß – ist entgegen vereinzelten Stimmen im Schrifttum nicht möglich, da es hierfür an den notwendigen Voraussetzungen fehlt (vgl. S. 83 ff.).

2. Verbot der Folter nach Verfassungsrecht

Auch das Verfassungsrecht verbietet die Folter unter allen Umständen.

a) Von zentraler Bedeutung ist dabei Art. 104 Abs. 1 S. 2 GG, der besagt, daß festgehaltene Personen weder seelisch noch körperlich mißhandelt werden dürfen.

Die Vorschrift ist eine Ausprägung der Menschenwürdegarantie des Art. 1 Abs. 1 S. 1 GG und ergänzt diejenigen Grundrechtsbestimmungen, deren Regime die körperliche Bewegungsfreiheit sowie die körperliche Unversehrtheit unterfallen. Grundrechtsdogmatisch läßt sie sich als Schranken-Schranke klassifizieren, durch die eine äußerste Grenze für die Einschränkbarkeit der betroffenen Grundrechte gezogen wird.

b) Bedeutsam ist dies zunächst einmal für das durch Art. 2 Abs. 2 S. 1 GG geschützte Recht auf Leben und körperliche Unversehrtheit, in das sowohl durch die Androhung als auch durch die Anwendung von Folter eingegriffen wird. Denn spätestens aufgrund der in Art. 104 Abs. 1 S. 2 GG getroffenen Regelung steht fest, daß ein solcher Eingriff verfassungsrechtlich nicht gerechtfertigt sein kann. Dementsprechend läßt sich die Zulässigkeit von Folterungen auch nicht mit der Schutzpflicht des Staates für Grundrechte Dritter oder andere mit Verfassungsrang ausgestattete Werte wie etwa die öffentliche Sicherheit begründen.

c) Ebenso verhält es sich mit dem aus Art. 2 Abs. 1 i. V. m. Art. 1 Abs. 1 GG hergeleiteten allgemeinen Persönlichkeitsrecht, zu dessen Ausprägungen auch das Nemo-tenetur-Prinzip gehört. Dieses besagt im Kern, daß niemand gezwungen werden darf, sich selbst einer strafbaren Handlung zu bezichtigen und gegen seinen Willen an der eigenen Überführung mitzuwirken. Auch hiergegen wird durch die Androhung oder Anwendung von Folter in nicht zu rechtfertigender Weise verstoßen.

d) Von noch größerer Bedeutung ist die Tatsache, daß ein solches Vorgehen auch die durch Art. 1 Abs. 1 GG geschützte Menschenwürde verletzt, denn bei dieser handelt es sich um den höchsten Rechtswert innerhalb der verfassungsmäßigen Ordnung.

Nach der Rechtsprechung des Bundesgerichtshofs berührt die Auferlegung einer Auskunftspflicht zugleich die Würde des Menschen, wenn der Betroffene zur Erfüllung der Auskunftspflicht Zwangsmitteln ausgesetzt wird[1734]. Letzteres ist sowohl bei der Androhung als auch bei der Anwendung von Folter der Fall, denn hierbei handelt es sich um die extremsten Zwangsmittel, die zur Durchsetzung eines Auskunftsverlangens überhaupt denkbar sind. Da Art. 1 Abs. 1 GG keinerlei Abwägung zugänglich ist, steht unabhängig von der in Art. 104 Abs. 1 S. 2 GG getroffenen Regelung fest, daß Folterungen selbst in Extremsituationen einen nicht zu rechtfertigenden Verstoß gegen die Menschenwürde darstellen.

3. Verbot der Folter nach Völkerrecht

Auch das Völkerrecht enthält ein umfassendes Verbot der Folter, was nicht zuletzt mit Blick auf die Völkerrechtsfreundlichkeit des Grundgesetzes von Bedeutung ist. Denn diese bewirkt, daß die Menschenrechte bei der Auslegung des Grundgesetzes und des übrigen innerstaatlichen Rechts in besonderer Weise zu berücksichtigen sind (vgl. insb. Art. 1 Abs. 2 GG).

[1734] Vgl. den Nachweis in Fn. 630 auf S. 121.

a) Das Verbot der Folter ist zunächst einmal in einer Vielzahl völkerrechtlicher Verträge und Deklarationen geregelt.

Nicht alle hiervon sind in Situationen wie derjenigen des fiktiven Falles einschlägig. Dies gilt insbesondere für die zum humanitären (Kriegs-)Völkerrecht zählenden vier Genfer (Rotkreuz-)Abkommen vom 12. August 1949 sowie ihre Zusatzprotokolle vom 8. Juni 1977 (vgl. S. 134).

Einschlägig sind hingegen die in Art. 5 AEMR, Art. 3 EMRK, Art. 7 IPbürgR sowie Art. 2 Abs. 1 UN-Folterkonvention aufgestellten Folterverbote[1735]. Ihnen ist gemeinsam, daß sie die Folter ausnahmslos und unter allen Umständen verbieten, was durch die zugehörigen Notstandsklauseln noch unterstrichen wird. Denn nach Art. 15 EMRK darf vom Verbot der Folter in keinem Fall abgewichen werden, und Art. 4 Abs. 2 IPbürgR legt fest, daß dieses Verbot auch im Notstandsfall nicht außer Kraft gesetzt werden darf. Weiterhin dürfen gemäß Art. 2 Abs. 2 UN-Folterkonvention außergewöhnliche Umstände „gleich welcher Art" nicht als Rechtfertigung für Folter geltend gemacht werden, was auch für von einem Vorgesetzten oder einem Träger öffentlicher Gewalt erteilte Weisungen gilt (Art. 2 Abs. 3 UN-Folterkonvention).

b) Ebenso umfassend ist das vom Völkergewohnheitsrecht aufgestellte Verbot der Folter, dem als allgemeiner Regel des Völkerrechts Vorrang vor den Gesetzen zukommt (Art. 25 S. 2 GG).

Die Beantwortung der Frage, ob das Folterverbot zu diesen Regeln zählt, wird dadurch erschwert, daß es hierzu neben einer Anerkennung als Recht (opinio iuris sive necessitatis) auch einer allgemeinen Übung (consuetudo) bedarf. Aber auch wenn es ein unbestreitbares Faktum ist, daß es in vielen Ländern zu Folterungen kommt, so ist die Frage gleichwohl zu bejahen. Anhaltspunkte hierfür liefern neben den eindeutigen Aussagen im Schrifttum die umfassenden Folterverbote im Völkervertragsrecht sowie insbesondere die Entscheidungen internationaler Gerichte und hoher nationaler Gerichte von internationalem Ansehen. Hingegen ist das Entstehen einer entsprechenden Regel nicht von der Zustimmung ausnahmslos aller Staaten abhängig, so daß solche mit zweifelhafter Menschenrechtspraxis in dieser Frage nicht als Maßstab gelten können.

Vielmehr mehren sich die Stimmen, die das Verbot der Folter sogar als Teil des ius cogens ansehen. Dies bedeutet nach Art. 53 S. 2 WVRK, daß es von der internationalen Staatengemeinschaft in ihrer Gesamtheit angenommen und anerkannt wird als eine Norm, von der nicht abgewichen werden darf und die nur durch eine spätere Norm des allgemeinen Völkerrechts derselben Rechtsnatur geändert werden kann.

[1735] Die genannten Bestimmungen sind im Anhang abgedruckt.

IV. Strafbarkeit der Folter

Hierauf aufbauend konnte der eigentlichen Frage nachgegangen werden, inwiefern die Androhung oder Anwendung von Folter zu Vernehmungszwecken nicht nur verboten, sondern auch strafbar ist (Teil 3 der vorliegenden Arbeit, S. 153 ff.).

1. Straftatbestände

Das deutsche Strafrecht stellt Folterungen nur in den Spezialtatbeständen des Völkerstrafgesetzbuchs ausdrücklich unter Strafe, und zwar in § 7 Abs. 1 Ziff. 5 VStGB als Verbrechen gegen die Menschlichkeit und in § 8 Abs. 1 Ziff. 3 VStGB als Kriegsverbrechen gegen Personen. Beide sind jedoch in Situationen wie derjenigen des fiktiven Falles nicht einschlägig (vgl. S. 158). Ebenso verhält es sich mit der Aussageerpressung i. S. v. § 343 Abs. 1 Ziff. 1 StGB, denn hinsichtlich dieser wird sich regelmäßig nicht feststellen lassen, daß in der Absicht gehandelt wurde, den Tatbetroffenen zu einer Aussage oder Erklärung in einem Strafverfahren zu zwingen, wenn das eigentliche Ziel der Handlung in der Verhinderung terroristischer Anschläge bestand (vgl. S. 160).

Gleichwohl wird das deutsche Strafrecht den Pönalisierungspflichten gerecht, wie sie insbesondere in Art. 4 UN-Folterkonvention zum Ausdruck kommen (vgl. S. 282), denn die Bestrafung kann auf der Grundlage der sonstigen im StGB normierten Straftatbestände erfolgen. Welche hiervon einschlägig sind, hängt letztlich von der konkreten Fallgestaltung ab. Entscheidend ist dabei, ob die Folter nur angedroht oder ob sie tatsächlich angewendet wird und welche psychischen und physischen – oder im extremsten Fall sogar tödlichen – Auswirkungen das Handeln hat.

Von besonderer Bedeutung ist die Nötigung i. S. v. § 240 StGB als klassischer Straftatbestand zum Schutz der Willensfreiheit und Willensbetätigung, bei der es sich wegen des Mißbrauchs der Stellung als Amtsträger regelmäßig um einen besonders schweren Fall handeln wird (§ 240 Abs. 4 S. 2 Ziff. 3 StGB).

Ebensolches Gewicht kommt der Körperverletzung im Amt gemäß § 340 Abs. 1 StGB zu, wobei je nach Art und Auswirkung der Handlung gerade auch die in Absatz 3 dieser Vorschrift ausgesprochene Verweisung auf die §§ 224 ff. StGB zu beachten ist. Letzteres gilt auch für Fälle, in denen die Folter zum Tod des Vernommenen führt. Denn in Situationen wie derjenigen des fiktiven Falles ließe sich kaum annehmen, daß die beteiligten Beamten mit – zumindest bedingtem – Tötungsvorsatz handeln würden, so daß hier in erster Linie an eine Bestrafung wegen Körperverletzung im Amt mit Todesfolge zu denken wäre (§§ 340 Abs. 1 S. 1, Abs. 3, 227 Abs. 1 StGB).

Insbesondere mit Blick auf den in der Androhung oder Anwendung von Folter liegenden Menschenwürdeverstoß kommt überdies eine Bestrafung wegen Beleidigung in Betracht (§ 185 StGB).

2. Rechtfertigungsgründe

Die sich anschließende Frage, ob bei der Androhung oder Anwendung von Folter Rechtfertigungsgründe eingreifen können, ist insbesondere aufgrund der Vorgaben des Verfassungs- und Völkerrechts eindeutig zu verneinen.

a) Von besonderer Wichtigkeit sind dabei die in Art. 2 Abs. 2 und Abs. 3 UN-Folterkonvention getroffenen Aussagen. Denn diese sind nicht nur für das *Verbot* der Folter, sondern auch für ihre *strafrechtliche* Bewertung von Bedeutung (vgl. S. 283). Demnach dürfen weder außergewöhnliche Umstände – „gleich welcher Art" – noch Weisungen eines Vorgesetzten oder eines Trägers öffentlicher Gewalt als Rechtfertigung für Folter geltend gemacht werden.

b) Diese direkten Aussagen der UN-Folterkonvention werden durch weitere – indirekte – Aussagen des Verfassungs- und Völkerrechts bestätigt (vgl. S. 294 ff.).

Wie bereits ausgeführt, hat die Prüfung in Teil 2 der vorliegenden Arbeit ergeben, daß sowohl das Verfassungs- als auch das Völkerrecht Folterungen unter allen Umständen verbieten. Dieses kategorische Verbot wirkt sich auch auf die strafrechtliche Bewertung eines solchen Handelns aus. Denn sowohl nach der Rechtsprechung internationaler Gerichte[1736] als auch nach derjenigen des Bundesgerichtshofs[1737] sowie des Bundesverfassungsgerichts[1738] müssen die Rechtfertigungsgründe des nationalen Rechts menschenrechtskonform ausgelegt werden. Demgegenüber verstoßen Gesetze, die Folter für zulässig erklären, „offensichtlich in schwerwiegender Weise gegen Menschenrechte", so daß „solche ‚Rechtsvorschriften' keinerlei Anerkennung verlangen können"[1739].

c) Rechtfertigungsgründe, durch die Folterungen ausdrücklich für zulässig erklärt würden, gibt es im deutschen Recht ohnehin nicht. Wichtig ist es jedoch, sich bei der Prüfung der allgemeinen Rechtfertigungsgründe darüber bewußt zu sein, daß diese sowohl aufgrund der Wertungen des Völkerrechts als auch aufgrund derjenigen des Grundgesetzes (vgl. insb. Art. 104 Abs. 1 S. 2 GG) dergestalt ausgelegt werden müssen, daß sie bei Folterungen unter keinen Umständen zur Anwendung gelangen können.

[1736] Vgl. insb. die Nachweise in Fn. 1644 auf S. 295, in Fn. 1646 auf S. 295 und in Fn. 1679 auf S. 300.

[1737] Vgl. insb. die Nachweise in Fn. 1674 auf S. 299.

[1738] Vgl. die Nachweise in Fn. 1678 auf S. 300.

[1739] Vgl. den Nachweis in Fn. 1691 auf S. 303.

d) Überträgt man dies auf die in Betracht kommenden Rechtfertigungsgründe, so ist zunächst einmal festzuhalten, daß die Androhung oder Anwendung von Folter nicht aufgrund öffentlich-rechtlicher Eingriffsbefugnisse gerechtfertigt sein kann, was auch bei Zugrundelegung eines strafrechtlichen Rechtmäßigkeitsbegriffs gilt (vgl. S. 201 ff.). Die Weisung eines Vorgesetzten, die auf ein entsprechendes Tun gerichtet ist, würde ebenfalls keine rechtfertigende Wirkung entfalten, denn sie wäre sowohl rechtswidrig als auch unverbindlich.

Hinsichtlich der Nothilfe (§ 32 StGB) und des rechtfertigenden Notstandes (§ 34 StGB) läßt sich den Vorgaben des Verfassungs- und Völkerrechts am besten durch die Annahme Rechnung tragen, daß es Polizeibeamten von vornherein verwehrt ist, sich auf diese Rechtfertigungsgründe zu berufen, wenn sie Folter androhen oder sogar anwenden (vgl. S. 209 und S. 217). Möglich ist es aber auch, mit der wohl herrschenden Meinung anzunehmen, daß ein solches Vorgehen weder als geboten i. S. v. § 32 StGB noch als angemessenes Mittel i. S. v. § 34 StGB angesehen werden kann[1740].

In gleicher Weise kommt auch eine Rechtfertigung aufgrund anderer Rechtfertigungsgründe – wie etwa Wahrnehmung berechtigter Interessen (§ 193 StGB) oder rechtfertigender Pflichtenkollision – nicht in Betracht.

3. Entschuldigungsgründe

Es gibt auch keine Entschuldigungsgründe, aufgrund derer die Strafbarkeit entfallen könnte, wenn bei Vernehmungen mit Folter gedroht oder sogar tatsächlich gefoltert wird.

a) Dies ergibt sich – wie schon im Fall der Rechtfertigungsgründe – in erster Linie aufgrund der Wertungen des Verfassungs- und Völkerrechts.

Dabei kommt den in Art. 2 Abs. 2 und Abs. 3 UN-Folterkonvention getroffenen Aussagen wiederum besondere Bedeutung zu. Denn diese beziehen sich – auch wenn der nicht verbindliche deutsche Wortlaut zunächst etwas anderes nahelegen würde – nicht nur auf die Rechtfertigungsgründe, sondern ganz allgemein auf die sogenannten „defences" (vgl. S. 284). Hierbei handelt es sich um einen aus dem Common Law stammenden Begriff, der alle verantwortungsausschließenden Gründe zusammenfaßt und somit auch die Entschuldigungsgründe mit einbezieht. Dementsprechend können außergewöhnliche Umstände – „gleich welcher Art" – sowie Weisungen eines Vorgesetzten oder eines Trägers öffentlicher Gewalt nicht als Entschuldigung für Folter geltend gemacht werden.

Dies wird durch weitere – indirekte – Aussagen des Verfassungs- und Völkerrechts bestätigt (vgl. S. 303 ff.). Denn nach der Rechtsprechung des Bundesgerichtshofs finden auch Entschuldigungsgründe „jedenfalls dort ihre Grenze

[1740] Vgl. die Nachweise in Fn. 1207 auf S. 215 und in Fn. 1238 auf S. 220.

..., wo sie mit international anerkannten Rechtsgrundsätzen in Widerspruch geraten“[1741]. Überdies zeigen die Bestimmungen des Grundgesetzes – und zwar insbesondere Art. 104 Abs. 1 S. 2 GG –, daß die von der Verfassung geschützte Wertordnung Folterungen unter keinen Umständen toleriert. Daher sind die in Betracht kommenden Entschuldigungsgründe nicht nur aufgrund der Vorgaben der internationalen Menschenrechtspakte, sondern auch aufgrund derjenigen des Grundgesetzes dahingehend auszulegen, daß sie bei Folterhandlungen nicht zur Anwendung gelangen können.

b) Von ganz entscheidender Bedeutung ist dies für die Frage, ob sich zugunsten von Polizeibeamten, die in Extremsituationen Folter androhen oder sogar anwenden, ein übergesetzlicher entschuldigender Notstand annehmen läßt. Denn selbst dieser Entschuldigungsgrund, der nach herrschender Meinung in ganz außergewöhnlichen Konfliktsituationen grundsätzlich anwendbar ist (vgl. S. 234), kann aufgrund der Vorgaben des Verfassungs- und Völkerrechts bei Folterungen nicht zur Anwendung gelangen.

Nichts anderes gilt für sonstige Entschuldigungsgründe wie etwa die Überschreitung der Notwehr i. S. v. § 33 StGB oder den entschuldigenden Notstand i. S. v. § 35 StGB, aber die Voraussetzungen dieser Entschuldigungsgründe wären in Situationen wie derjenigen des fiktiven Falles ohnehin nicht erfüllt (vgl. S. 224 ff.).

4. Irrtumsfragen

Auch Irrtümer haben keine Auswirkungen auf die Strafbarkeit, wenn Folter zu Vernehmungszwecken angedroht oder angewendet wird. Dies gilt sowohl für Fehlvorstellungen in rechtlicher als auch für solche in tatsächlicher Hinsicht.

a) Was zunächst die Fehlvorstellungen auf rechtlicher Ebene anbelangt, so sind Irrtümer über die Existenz oder die rechtlichen Grenzen von Entschuldigungsgründen von vornherein unbeachtlich (vgl. S. 254 f.).

Es ist auch nicht möglich, einen unvermeidbaren Verbotsirrtum i. S. v. § 17 S. 1 StGB anzunehmen, wenn Polizisten Folterungen für nicht verboten bzw. für gerechtfertigt halten. Denn falls sie nach einer Prüfung der einschlägigen Bestimmungen Zweifel hegen, können sie – insbesondere durch Rückfrage bei der Staatsanwaltschaft – verläßliche Auskunft über die Rechtslage erlangen.

Schwieriger fällt die Beantwortung der Frage, ob es für einen Beamten, der von einem Vorgesetzten angewiesen wird, Folter anzudrohen oder sogar anzuwenden, nach den ihm bekannten Umständen offensichtlich wäre, daß dadurch eine Straftat begangen wird, wie es in den polizeirechtlichen Sonderregelungen zum Verbotsirrtum heißt (§ 37 Abs. 2 S. 2 MEPolG, Art. 62 Abs. 2 S. 2

[1741] Vgl. die Nachweise in Fn. 1695 auf S. 304.

BayPAG, § 59 Abs. 2 S. 2 PolG NRW). Denn regelmäßig wird Offensichtlichkeit nur in Fällen angenommen, in denen der Verstoß gegen das Strafrecht für einen durchschnittlichen Beamten klar auf der Hand liegt, so daß sich Zweifel regelmäßig zu seinen Gunsten auswirken. Gleichwohl ist die Frage aufgrund der Vorgaben des Verfassungs- und Völkerrechts zu bejahen. Denn erstens ist mit dem EGMR festzuhalten, daß ein Strafrechtsverstoß zumindest dann offensichtlich ist, wenn er gegen die „ureigenen Rechtsgrundsätze" eines Landes verstößt, wie sie in seiner Verfassung und in seinem Strafgesetzbuch zum Ausdruck kommen (vgl. S. 309). Und zweitens ist Art. 2 Abs. 3 UN-Folterkonvention als auf die „defences" bezogene Regelung dahingehend zu verstehen, daß ein *Irrtum* über die Rechtmäßigkeit einer auf Folter gerichteten Weisung ebensowenig zu einem Strafausschluß führen kann wie die Weisung *selbst* (vgl. S. 286).

Demnach besteht lediglich die Möglichkeit einer Strafmilderung nach § 17 S. 2 i. V. m. § 49 Abs. 1 StGB, wobei die Vorgaben des Völkerrechts darauf schließen lassen, daß eine solche allenfalls zugunsten eines angewiesenen Untergebenen in Betracht gezogen werden kann, nicht aber zugunsten eines Vorgesetzten (vgl. S. 286 f.).

b) Was Fehlvorstellungen auf tatsächlicher Ebene anbelangt, so zeigt der fiktive Fall der vorliegenden Arbeit, daß die Androhung oder Anwendung von Folter immer die Gefahr in sich birgt, daß die Maßnahme den „Falschen" trifft (vgl. S. 29). Auf die rechtliche Bewertung hat ein solcher Irrtum über die Person des Vernommenen indessen keine Auswirkung.

Zunächst einmal besteht heute Einigkeit darüber, daß der in solchen Fällen gegebene Erlaubnistatbestandsirrtum keine Privilegierung des Täters zu erreichen vermag, sondern sich die rechtliche Behandlung allein nach den Regeln des zugleich vorliegenden Verbotsirrtums richtet (vgl. S. 259). Weiterhin wirkt sich auch ein Irrtum über die sachlichen Voraussetzungen eines Entschuldigungsgrundes nicht nach § 35 Abs. 2 StGB (analog) zugunsten der Beamten aus, da sie keine Umstände annehmen, bei deren Vorliegen sie tatsächlich entschuldigt wären. Denn wie vorstehend unter 3 gezeigt, gibt es keine Entschuldigungsgründe, die bei Folterungen zur Anwendung gelangen können.

5. Beteiligungsfragen

a) Droht ein Polizeibeamter mit Folter oder wendet er sie an, so ist sein Vorgehen immer als täterschaftliches Handeln anzusehen, und zwar unabhängig davon, ob er aus eigenem Entschluß oder aufgrund einer Weisung handelt.

b) Erteilt ein Vorgesetzter einem ihm unterstellten Beamten die Anordnung, bei einer Vernehmung mit Folter zu drohen oder sogar tatsächlich zu foltern, so ist die Rolle des Vorgesetzten wie folgt zu bewerten:

Wird aufgrund seiner Anordnung eine Körperverletzung im Amt begangen, so liegt ein „Begehenlassen" i. S. v. § 340 Abs. 1 S. 1 StGB vor, bei dem es sich um eine der eigenhändigen Verletzung gleichwertige Form der Täterschaft handelt, die ebenso bestraft wird wie diese.

Darüber hinaus – also in erster Linie hinsichtlich der Nötigung i. S. v. § 240 StGB – dürfte von den Gerichten mittelbare Täterschaft i. S. v. § 25 Abs. 1 Alt. 2 StGB angenommen werden, wobei sowohl die Fallgruppe des Hervorrufens eines vermeidbaren Verbotsirrtums beim Tatmittler als auch diejenige der Organisationsherrschaft in Betracht kommt. Ansonsten wäre der Vorgesetzte nach Maßgabe der in § 357 Abs. 1 StGB getroffenen Sonderregelung über die Teilnahme gleichwohl mit der Täterstrafe zu bestrafen. Überdies wird für den Fall, daß sich die Rolle des Vorgesetzten nicht eindeutig klären läßt, auch eine Wahlfeststellung zwischen § 357 StGB (i. V. m. dem betreffenden Tatbestand) und dem als mittelbarer Täter begangenen Delikt für möglich gehalten.

V. Fazit

Damit läßt sich abschließend festhalten, daß die Frage, der im Rahmen der vorliegenden Arbeit nachgegangen worden ist, in eindeutiger Weise beantwortet werden kann: Polizeibeamte, die Folter zu Vernehmungszwecken anordnen, androhen oder anwenden, machen sich ohne jede Ausnahme strafbar.

§ 9 Ausblick

I) Auslöser der in Deutschland geführten Debatte über die Folter waren die Ereignisse im Zusammenhang mit der Entführung und Ermordung Jakob von Metzlers[1742], von denen mittlerweile zumeist als „Fall Daschner"[1743] gesprochen wird. Überlegungen, wie sie hinsichtlich dieses Falles angestellt worden sind (vgl. S. 16 ff.), sind keineswegs neu, wie das folgende Zitat aus einem 1931 erschienenen Kommentar zur schweizerischen Bundesverfassung beweist:

> „Die Anwendung der Daumenschraube, um den Entführer eines Kindes zur Angabe des Versteckes zu zwingen, ist nicht verfassungswidrig."[1744]

II) Die heutige Diskussion über die Zulässigkeit von Folterungen wird jedoch in erster Linie mit Blick auf das moderne Phänomen des internationalen Terrorismus geführt[1745].

Die von diesem ausgehenden Bedrohungen sind lange Zeit unterschätzt worden. Daß sich dies seit den Ereignissen des 11. September 2001 grundlegend geändert hat, zeigen nicht nur die Verfassungsschutzberichte der vergangenen Jahre (vgl. S. 22). Vielmehr wird die Gefahr terroristischer Anschläge mittlerweile in so unterschiedlichen Quellen angesprochen wie dem Roman „Saturday" von Ian McEwan[1746] oder einer Studie von Wein und Liu, in der aus wissenschaftlicher Sicht erläutert wird, wie Terroristen Tausende von Menschen

---

[1742] Vgl. die Nachweise in Fn. 6 auf S. 2. Vgl. zu den Ereignissen oben S. 7 ff.

[1743] *Erb*, Jura 2005, 24 Fn. 1; *ders.*, NStZ 2005, 593; *Fahl*, JuS 2005, 808 vor Fn. 1; *Mitsch*, Die Polizei 2004, 254, 255; *Tomuschat*, DÖV 2006, 357, 369; *Tröndle/Fischer*, StGB, § 32 Rdnr. 7d a. E.

[1744] *Burckhardt*, Kommentar der schweizerischen Bundesverfassung vom 29. Mai 1874, Art. 65 Anm. II, S. 600, Fn. 3.

[1745] *Tröndle/Fischer*, StGB, § 32 Rdnr. 7d. Vgl. auch die Nachweise in Fn. 76 auf S. 20. Daß auch diese Diskussion nicht gänzlich neu ist, zeigt die 1976 erschienene Schrift des früheren niedersächsischen Ministerpräsidenten *Albrecht*, Der Staat – Idee und Wirklichkeit, 174 (Hervorhebung im Original): „Wenn es z. B. etabliert wäre, daß ein bestimmter Kreis von Personen über moderne Massenvernichtungsmittel verfügt und entschlossen ist, diese Mittel innerhalb kürzester Frist zu verbrecherischen Zwecken einzusetzen, und angenommen, dieses Vorhaben könnte nur vereitelt werden, wenn es gelingt, rechtzeitig den Aufenthaltsort dieser Personen zu erfahren, so *kann* es sittlich geboten sein, diese Information von einem Mitglied des betreffenden Personenkreises auch durch Folter zu erzwingen, sofern dies wirklich die einzige Möglichkeit wäre, ein namenloses Verbrechen zu verhindern."

[1746] *McEwan*, Saturday, 382 f.

vergiften könnten, indem sie Milch mit dem Nervengift Botulinum-Toxin verseuchen[1747].

Angesichts derartiger Szenarien wird zu Recht intensiv darüber diskutiert, welche Maßnahmen zur Verhinderung solcher Anschläge ergriffen werden können. Der Rechtswissenschaft kommt dabei die Aufgabe zu, diese Maßnahmen auf ihre Zulässigkeit zu überprüfen, und die Flut der diesbezüglichen Veröffentlichungen läßt sich mittlerweile kaum mehr überblicken[1748].

III) Im Rahmen der vorliegenden Arbeit ist eine der in Erwägung gezogenen Maßnahmen behandelt worden, nämlich der Einsatz von Folter zu Vernehmungszwecken. Dabei hat sich gezeigt, daß ein solches Vorgehen nach geltendem Recht unter allen Umständen – also auch zur Bekämpfung des Terrorismus[1749] – verboten und strafbar ist. Entgegen anderslautenden Stimmen in der Literatur ist es nicht möglich, das geltende Recht in anderer Weise zu interpretieren.

IV) Es wird aber darüber nachgedacht, ob Folterungen durch eine Rechtsänderung für zulässig erklärt werden sollten, um Situationen wie derjenigen des fiktiven Falles der vorliegenden Arbeit wirksam begegnen zu können. An vorderster Stelle ist hier der Harvard-Professor Alan M. Dershowitz zu nennen, dessen Argumentation sich wie folgt zusammenfassen läßt: In einem „Ticking bomb“-Fall stelle sich nicht die Frage, *ob* gefoltert würde, sondern es stehe fest, *daß* die Folter zur Anwendung käme. Dann aber sei es notwendig, hierfür entsprechende Regelungen zu schaffen, statt Folterungen im Geheimen und unter Verletzung geltenden Rechts vorzunehmen[1750].

Derartige Überlegungen rühren an ein Tabu[1751], weshalb die Forderung nach einem sofortigen „Schluss der Debatte über Ausnahmen vom Folterverbot“[1752] erhoben worden ist. Es finden sich aber auch Stimmen, die auf die Notwendigkeit entsprechender Begründungen verweisen[1753]. Diese Ansicht erscheint als die

---

[1747] *Wein/Liu*, PNAS 102 (2005), 9984 ff.

[1748] Vgl. etwa *Bausback*, NVwZ 2005, 418 ff.; *Düx*, ZRP 2003, 189 ff.; *Hartleb*, NJW 2005, 1397 ff.; *Hetzer*, ZRP 2005, 132 ff.; *Krajewski*, AVR 40 (2002), 183 ff.; *Kretzmer*, EJIL 16 (2005), 171 ff.; *Oeter*, AVR 40 (2002), 422 ff.; *Saurer*, NVwZ 2005, 275 ff.; *Tomuschat*, DÖV 2006, 357 ff.; *Warbrick*, EJIL 15 (2004), 989 ff.

[1749] Vgl. insb. die Nachweise in Fn. 736 auf S. 138.

[1750] *Dershowitz*, Why Terrorism Works, 151, 153 mit kritischer Besprechung von *Wagner*, GLJ 4 (2003), 515.

[1751] *Isensee*, Tabu im freiheitlichen Staat, 57. Vgl. auch *Ellbogen*, Jura 2005, 339, 343; *Hecker*, KJ 2003, 210; *Kretschmer*, RuP 2003, 102, 108; *Merten*, JR 2003, 404, 405; *Mushoff*, FoR 2003, 97; *Saliger*, ZStW 116 (2004), 35, 65.

[1752] *Hamm*, NJW 2003, 946.

[1753] Vgl. hierzu insbesondere *Marx*, KJ 2004, 278, 303: „Allerdings wird die Menschenrechtsbewegung durch die herauf gezogene Debatte gezwungen, ihre Begründungsmuster für

richtigere, denn die Forderung nach einem sofortigen Schluß der Debatte birgt die Gefahr in sich, daß das Verbot der Folter nur noch als Faktum und nicht mehr als Ausdruck einer Wertentscheidung verstanden wird[1754].

V) Wie tief die mit dem Verbot der Folter verbundene Wertentscheidung in unserer Rechtsordnung verwurzelt ist, läßt sich am besten verdeutlichen, indem man den Befürwortern einer Rechtsänderung die folgenden Fragen stellt:

- Wie könnte eine gesetzliche Regelung, die Folterungen für zulässig erklärt, *konkret* formuliert sein?
- Wäre die Schaffung einer derartigen Regelung überhaupt rechtlich zulässig?

Was die erste dieser beiden Fragen anbelangt, so ist äußerst zweifelhaft, ob es gelingen könnte, eine entsprechende Regelung aufzustellen[1755], oder ob hier nicht vielmehr versucht würde, „das nicht Regelbare zu regeln"[1756]. Saliger bringt dies wie folgt auf den Punkt:

> „Zudem trägt die Folter kein Maß in sich: Man kann Zeitpunkte und Mittel nicht festlegen, an denen die Folter in der Not ihre Grenze findet."[1757]

Im übrigen stellt sich das auch im fiktiven Fall der vorliegenden Arbeit auftretende Problem, wie verhindert werden soll, daß der „Falsche" gefoltert wird (vgl. S. 29). Denn wenn von Befürwortern der Folter vorgebracht wird, diese Maßnahme käme ohnehin nur in Betracht, wenn diesbezüglich absolute Gewißheit bestehe[1758], so hat doch der auf Seite 30 geschilderte Fall de Menezes verdeutlicht, daß eine derartige Gewißheit in Extremsituationen – und um solche geht es in der Diskussion – nicht gegeben sein wird.

Sollte es sich gleichwohl als möglich erweisen, eine entsprechende Regelung in Gesetzesform zu fassen, wäre als nächstes der Frage nachzugehen, ob es angesichts des umfassenden Verbots der Folter im Verfassungs- und Völker-

---

das absolute Folterverbot zu überprüfen und für die Öffentlichkeit plausibel und nachvollziehbar zu machen, warum das unbeirrbare Festhalten am absoluten Folterverbot so überaus zwingend für das friedliche Miteinander der Menschen und der Menschheit insgesamt ist." Vgl. im übrigen auch *Gebauer*, NVwZ 2004, 1405, 1409; *Hecker*, KJ 2003, 210, 218.

1754 *Welzel*, in: von Caemmerer et al. (Hg.), Hundert Jahre deutsches Rechtsleben, 392: „Verpflichtungskraft und damit normative Geltung besitzt die Rechtsordnung nur kraft eines ihr innewohnenden Wertgehalts, nicht kraft reiner Faktizität."

1755 *Gebauer*, NVwZ 2004, 1405, 1409; *Hilgendorf*, JZ 2004, 331, 336; *Kinzig*, ZStW 115 (2003), 791, 808; *Kretschmer*, RuP 2003, 102, 114; *Lüderssen*, Rudolphi-FS, 697; *Perron*, Weber-FS, 145; *Schaefer*, StV 2004, 212, 213; *Saliger*, ZStW 116 (2004), 35, 48; *Tröndle/Fischer*, StGB, § 32 Rdnr. 7d.

1756 *Lüderssen*, a. a. O. (Fn. 1755).

1757 Saliger, a. a. O. (Fn. 1755).

1758 *Brugger*, JZ 2000, 165, 167; *Erb*, Jura 2005, 24, 29.

recht überhaupt zulässig wäre, ein solches Gesetz zu erlassen. Es würde den Rahmen der vorliegenden Arbeit sprengen, dem im Detail nachgehen zu wollen, aber es genügen bereits einige Hinweise um zu verdeutlichen, welche Probleme hierdurch entstünden:

Auf der Ebene des Völkerrechts wäre zu klären, welche der einschlägigen internationalen Verträge gekündigt bzw. abgeändert werden müßten[1759]. Denn hinsichtlich dieser gilt der Grundsatz pacta sunt servanda, der nicht nur in Art. 26 WVRK normiert ist, sondern auch eine allgemeine Regel des Völkerrechts i. S. v. Art. 25 GG darstellt[1760]. Eine Lösung müßte aber auch insofern gefunden werden, als das Verbot der Folter mittlerweile zu Völkergewohnheitsrecht erstarkt ist (vgl. S. 144 ff.) und Deutschland dem Entstehen dieser Regel nicht als persistent objector[1761] widersprochen hat. Zählt man das Folterverbot sogar zu den Regeln des ius cogens[1762], gilt es überdies zu beachten, daß diese Regeln nur durch spätere Normen derselben Rechtsnatur geändert werden können (vgl. Art. 53 S. 2 WVRK)[1763]. Bereits das Völkerrecht würde also einer entsprechenden Rechtsänderung kaum überwindbare Hürden in den Weg stellen.

Auf der Ebene des Verfassungsrechts müßte es zu einer Änderung von Art. 104 Abs. 1 S. 2 GG kommen, denn dieser zieht in seiner gegenwärtigen Fassung dem staatlichen Handeln eine äußerste Grenze, die nicht überschritten werden darf (vgl. S. 90, 106). Indessen dürfte eine solche Grundgesetzänderung zur Schaffung verfassungswidrigen Verfassungsrechts führen. Denn Art. 104 Abs. 1 S. 2 GG ist eine Ausprägung des unter dem Schutz der Ewigkeitsklausel (Art. 79 Abs. 3 GG) stehenden Art. 1 Abs. 1 S. 1 GG[1764], der durch Folterhandlungen ebenfalls verletzt wird (vgl. S. 116 ff.). Dementsprechend dürfte eine Rechtsänderung, durch die Folterungen für zulässig erklärt werden, spätestens an Art. 1 Abs. 1 S. 1 GG scheitern[1765].

[1759] Auf die Frage, welche (außen-)politischen Konsequenzen ein solcher Schritt hätte, soll an dieser Stelle gar nicht erst eingegangen werden. Vgl. hinsichtlich des zu erwartenden Echos in der nationalen und internationalen Presse *Perron*, Weber-FS, 144.

[1760] *BVerfG*, 2 BvR 1193/83, NVwZ 1984, 165; 1 BvR 1643/95, VIZ 2001, 114 f. Vgl. zu den allgemeinen Regeln des Völkerrechts auch oben S. 132.

[1761] Vgl. hierzu etwa *Heintschel von Heinegg*, in: K. Ipsen, Völkerrecht, § 16 Rdnr. 26 f.; *Stein/von Buttlar*, Völkerrecht, Rdnr. 138.

[1762] Vgl. die Nachweise in Fn. 792 auf S. 147.

[1763] *BVerfG*, 2 BvR 1290/99, NVwZ 2001, 1849, 1849; 2 BvR 955/00 u. a., NVwZ 2005, 560, 563.

[1764] Vgl. die Nachweise in Fn. 433 auf S. 93.

[1765] Vgl. hierzu etwa die Ausführungen im Sondervotum der Richter *Geller*, *v. Schlabrendorff* und *Rupp* in BVerfG, 2 BvF 1/69 u. a., BVerfGE 30, 1, 39. Vgl. ferner MD-*Herdegen*, Art. 1 Abs. 1 Rdnr. 45; *Hilgendorf*, JZ 2004, 331, 337; *Kretschmer*, RuP 2003, 102, 114 Fn. 83; *Roxin*, Eser-FS, 465; *Welsch*, BayVBl. 2003, 481, 483.

VI) Aber selbst wenn eine eingehende Prüfung der unter Ziffer V aufgeworfenen Fragen entgegen allen Erwartungen zu einem anderen Ergebnis führen sollte, hieße dies nicht, daß von der Möglichkeit einer entsprechenden Rechtsänderung bedenkenlos Gebrauch gemacht werden könnte. Denn es steht zwar außer Frage, daß Gefahren, wie sie vom internationalen Terrorismus ausgehen, mit wirksamen Maßnahmen begegnet werden muß[1766]. Aber auch hierbei gibt es äußerste Grenzen, die wir nicht überschreiten können, ohne diejenigen Werte aufzugeben, die wir eigentlich verteidigen wollen.

Hier zeigt sich ein weiterer Punkt, der *für* eine Fortsetzung der Diskussion spricht. Denn die Bestimmung dieser Werte kann nicht allein durch die Rechtswissenschaft erfolgen, sondern sie erfordert den Austausch mit anderen Disziplinen[1767].

Überdies lohnt sich ein Blick in die Geschichte, wie die folgenden Überlegungen von Christian Thomasius aus dem Jahr 1705 zeigen, von denen Gusy zu Recht sagt, daß sie weder überholt noch widerlegt sind[1768]:

> „Multi innocentes ad evitandos saepius confitentur delictum quod nunquam commiserunt. Extorta confessione multi innocenter condemnantur ad mortem. Iudex de crimine commissio non potest certior fieri post torturam, quam antea erat. Mentitur, qui pati potest, et mentitur, qui non potest pati."[1769]

In jedem Fall sollten wir uns noch einmal an die in der Einleitung wiedergegebenen Worte Friedrichs des Großen erinnern, mit denen er seinen Entschluß, die Folter in Preußen abzuschaffen, begründet hat: „Aus Bewegenden Uhrsachen"[1770].

[1766] Sehr deutlich wurde diesbezüglich unlängst das *OLG Düsseldorf* bei der Urteilsverkündung im zweiten Al Tawhid-Verfahren (Pressemitteilung vom 26. Oktober 2005). Vgl. auch *Tomuschat*, DÖV 2006, 357, 358.

[1767] Vgl. etwa *Fonk*, ETHICA 13 (2005), 3, 11 f.: „Hier ist die theologische Ethik gefordert. Sie weiß um die Gratwanderung zwischen der Respektierung normabweichender Gewissensentscheidungen im Einzelfall und der Legitimation einer niemals gutzuheißenden machiavellistischen Erfolgsmoral. Erst der theologische Rückgriff auf den Ursprungsort der Menschenwürde, der sie im Spannungsfeld von Schöpfung, Sünde und Erlösung deutet, kann den Menschen auf dieser Gratwanderung vor dem Absturz in die Unmenschlichkeit bewahren. Vielleicht bezieht das ‚alte Europa' größere Lebenskraft aus seinen christlichen Wurzeln, als manche behaupten oder zu ratifizieren bereit sind."

[1768] *Gusy*, JZ 2005, 239, 240.

[1769] *Thomasius*, Über die Folter, 160 (Übersetzung nach Lieberwirth: „Viele Unschuldige gestehen oft zur Vermeidung von Qualen ein Verbrechen ein, welches sie niemals begangen haben. Durch ein erpreßtes Geständnis werden viele unschuldig zum Tode verurteilt. Ein Richter kann nach der Folterung nicht mehr Gewißheit über ein begangenes Verbrechen haben, als er vorher hatte. Es lügt derjenige, welcher die Folter erdulden kann und derjenige, der sie nicht erdulden kann.").

[1770] Vgl. den Nachweis in Fn. 1 auf S. 1.

Anhang: Völkerrechtliche Vorschriften in Auszügen

Nachfolgend sind einige völkerrechtliche Vorschriften in Auszügen abgedruckt. Zur Erleichterung der Orientierung sind diese in der alphabetischen Reihenfolge der verwendeten Bezeichnungen bzw. Abkürzungen aufgeführt.

AEMR 334

Afrikanische Charta der Menschenrechte 334

AMRK 334

EMRK 335

EU-Folterkonvention 336

EU-Grundrechtecharta 337

I. Genfer Abkommen 337

II. Genfer Abkommen 339

III. Genfer Abkommen 340

IV. Genfer Abkommen 342

Genfer Abkommen ZP I 343

Genfer Abkommen ZP II 344

IPbürgR 344

IStGH-Statut 345

IÜBtB 347

JStGH-Statut 348

RStGH-Statut 349

UN-Folterkonvention 349

ÜRK 351

WVRK 352

AEMR[1771]

Art. 5 [Verbot der Folter]. Niemand darf der Folter oder grausamer, unmenschlicher oder erniedrigender Behandlung oder Strafe unterworfen werden.

Afrikanische Charta der Menschenrechte[1772]

Art. 5 [Schutz der Menschenwürde, Verbot der Folter]. [1]Jedermann hat Anspruch auf Achtung seiner Menschenwürde und auf Anerkennung seiner Rechtspersönlichkeit. [2]Jede Form der Ausbeutung, Folter, grausamen und unmenschlichen Bestrafung ist verboten.

AMRK[1773]

Art. 1 Verpflichtung zur Achtung der Rechte. (1) Die Mitgliedsstaaten dieser Konvention verpflichten sich, die hierin anerkannten Rechte und Freiheiten zu wahren und allen ihrer Herrschaftsgewalt unterstehenden Personen die freie und volle Ausübung dieser Rechte und Freiheiten zu sichern, ohne Unterschied von Rasse, Hautfarbe, Geschlecht, Sprache, Religion, politischen oder sonstigen Anschauungen, nationaler oder sozialer Herkunft, wirtschaftlichem Status, Geburt oder irgendeiner anderen sozialen Bedingung.

...

Art. 5 Recht auf menschenwürdige Behandlung. (1) Jede Person hat das Recht auf Achtung ihrer körperlichen, geistigen und moralischen Unverletzlichkeit.

(2) [1]Niemand darf der Folter oder grausamer, unmenschlicher oder erniedrigender Strafe oder Behandlung unterworfen werden. [2]Alle Personen, denen ihre Freiheit entzogen wurde, sind mit Achtung vor der angeborenen Würde der menschlichen Person zu behandeln.

...

[1771] Allgemeine Erklärung der Menschenrechte in der von der Generalversammlung der Vereinten Nationen am 10. Dezember 1948 beschlossenen Fassung. Internationale Quelle: Resolution 217 (III) Universal Declaration of Human Rights. In: United Nations, General Assembly, Official Records third Session (part I) Resolutions (Doc. A/810), 71.

[1772] Afrikanische (Banjul) Charta der Menschenrechte und Rechte der Völker vom 27. Juni 1981 (abrufbar unter http://www.africa-union.org [Stand: 2. Dezember 2005]; deutsche Übersetzung in EuGRZ 1986, 677).

[1773] Amerikanische Menschenrechtskonvention vom 22. November 1969 (abrufbar unter http://www.oas.org/juridico/english/treaties/b-32.htm [Stand: 2. Dezember 2005]; deutsche Übersetzung in EuGRZ 1980, 435).

EMRK[1774]

Art. 1 Verpflichtung zur Achtung der Menschenrechte. Die Hohen Vertragsparteien sichern allen ihrer Hoheitsgewalt unterstehenden Personen die in Abschnitt I bestimmten Rechte und Freiheiten zu.

Art. 2 Recht auf Leben. (1) [1]Das Recht jedes Menschen auf Leben wird gesetzlich geschützt. [2]Niemand darf absichtlich getötet werden, außer durch Vollstreckung eines Todesurteils, das ein Gericht wegen eines Verbrechens verhängt hat, für das die Todesstrafe gesetzlich vorgesehen ist.

(2) Eine Tötung wird nicht als Verletzung dieses Artikels betrachtet, wenn sie durch eine Gewaltanwendung verursacht wird, die unbedingt erforderlich ist, um

a) jemanden gegen rechtswidrige Gewalt zu verteidigen;

...

Art. 3 Verbot der Folter. Niemand darf der Folter oder unmenschlicher oder erniedrigender Strafe oder Behandlung unterworfen werden.

Art. 6 Recht auf ein faires Verfahren. (1) [1]Jede Person hat ein Recht darauf, daß über Streitigkeiten in bezug auf ihre zivilrechtlichen Ansprüche und Verpflichtungen oder über eine gegen sie erhobene strafrechtliche Anklage von einem unabhängigen und unparteiischen, auf Gesetz beruhenden Gericht in einem fairen Verfahren, öffentlich und innerhalb angemessener Frist verhandelt wird. [2]Das Urteil muß öffentlich verkündet werden; Presse und Öffentlichkeit können jedoch während des ganzen oder eines Teiles des Verfahrens ausgeschlossen werden, wenn dies im Interesse der Moral, der öffentlichen Ordnung oder der nationalen Sicherheit in einer demokratischen Gesellschaft liegt, wenn die Interessen von Jugendlichen oder der Schutz des Privatlebens der Prozeßparteien es verlangen oder – soweit das Gericht es für unbedingt erforderlich hält – wenn unter besonderen Umständen eine öffentliche Verhandlung die Interessen der Rechtspflege beeinträchtigen würde.

(2) Jede Person, die einer Straftat angeklagt ist, gilt bis zum gesetzlichen Beweis ihrer Schuld als unschuldig.

...

Art. 7 Keine Strafe ohne Gesetz. (1) [1]Niemand darf wegen einer Handlung oder Unterlassung verurteilt werden, die zur Zeit ihrer Begehung nach innerstaatlichem oder internationalem Recht nicht strafbar war. [2]Es darf auch keine schwerere als die zur Zeit der Begehung angedrohte Strafe verhängt werden.

(2) Dieser Artikel schließt nicht aus, daß jemand wegen einer Handlung oder Unterlassung verurteilt oder bestraft wird, die zur Zeit ihrer Begehung nach von den zivilisierten Völkern anerkannten allgemeinen Rechtsgrundsätzen strafbar war.

[1774] Konvention zum Schutze der Menschenrechte und Grundfreiheiten vom 4. November 1950 (BGBl. 1952 II, 685, 953; Neubekanntmachung in der Fassung des Prot. Nr. 11 vom 11. Mai 1994 in BGBl. 2002 II, 1054). Für die Bundesrepublik Deutschland in Kraft getreten am 3. September 1953 (BGBl. 1954 II, 14).

Art. 13 Recht auf wirksame Beschwerde. Jede Person, die in ihren in dieser Konvention anerkannten Rechten oder Freiheiten verletzt worden ist, hat das Recht, bei einer innerstaatlichen Instanz eine wirksame Beschwerde zu erheben, auch wenn die Verletzung von Personen begangen worden ist, die in amtlicher Eigenschaft gehandelt haben.

Art. 15 Abweichen im Notstandsfall. (1) Wird das Leben der Nation durch Krieg oder einen anderen öffentlichen Notstand bedroht, so kann jede Hohe Vertragspartei Maßnahmen treffen, die von den in dieser Konvention vorgesehenen Verpflichtungen abweichen, jedoch nur, soweit es die Lage unbedingt erfordert und wenn die Maßnahmen nicht im Widerspruch zu den sonstigen völkerrechtlichen Verpflichtungen der Vertragspartei stehen.

(2) Aufgrund des Absatzes 1 darf von Artikel 2 nur bei Todesfällen infolge rechtmäßiger Kriegshandlungen und von Artikel 3, Artikel 4 Absatz 1 und Artikel 7 in keinem Fall abgewichen werden.

...

EU-Folterkonvention[1775]

Art. 1 [Einrichtung des Ausschusses]. [1]Es wird ein Europäischer Ausschuß zur Verhütung von Folter und unmenschlicher oder erniedrigender Behandlung oder Strafe (im folgenden als „Ausschuß" bezeichnet) errichtet. [2]Der Ausschuß prüft durch Besuche die Behandlung von Personen, denen die Freiheit entzogen ist, um erforderlichenfalls den Schutz dieser Personen vor Folter und unmenschlicher oder erniedrigender Behandlung oder Strafe zu verstärken.

Art. 2 [Besuchsrecht]. Jede Vertragspartei läßt Besuche nach diesem Übereinkommen an allen ihrer Hoheitsgewalt unterstehenden Orten zu, an denen Personen durch eine öffentliche Behörde die Freiheit entzogen ist.

Art. 10 [Bericht]. (1) [1]Nach jedem Besuch verfaßt der Ausschuß einen Bericht über die bei dem Besuch festgestellten Tatsachen unter Berücksichtigung von Äußerungen der betreffenden Vertragspartei. [2]Er übermittelt ihr seinen Bericht, der die von ihm für erforderlich gehaltenen Empfehlungen enthält. [3]Der Ausschuß kann Konsultationen mit der Vertragspartei führen, um erforderlichenfalls Verbesserungen des Schutzes von Personen vorzuschlagen, denen die Freiheit entzogen ist.

...

Art. 11 [Vertraulichkeit und Veröffentlichung]. (1) Die Informationen, die der Ausschuß bei einem Besuch erhält, sein Bericht und seine Konsultationen mit der betreffenden Vertragspartei sind vertraulich.

(2) Der Ausschuß veröffentlicht seinen Bericht zusammen mit einer etwaigen Stellungnahme der betreffenden Vertragspartei, wenn diese darum ersucht.

...

[1775] Europäisches Übereinkommen zur Verhütung von Folter und unmenschlicher oder erniedrigender Behandlung oder Strafe vom 26. November 1987 (BGBl. 1989 II, 946, geändert durch Prot. Nr. 1 und Nr. 2 vom 4. November 1993, BGBl. 1996 II, 1115). Für die Bundesrepublik Deutschland in Kraft getreten am 1. Juni 1990 (BGBl. 1990 II, 491 f.).

Art. 17 [Verhältnis zu anderen Bestimmungen]. (1) Dieses Übereinkommen läßt die Bestimmungen des innerstaatlichen Rechts oder internationaler Übereinkünfte unberührt, die Personen, denen die Freiheit entzogen ist, weitergehenden Schutz gewähren.

(2) Keine Bestimmung dieses Übereinkommens ist so auszulegen, daß sie die Befugnisse der Organe der Europäischen Menschenrechtskonvention oder die von den Vertragsparteien nach jener Konvention eingegangenen Verpflichtungen einschränkt oder aufhebt.

...

EU-Grundrechtecharta[1776]

Art. 4 [Verbot der Folter]. Niemand darf der Folter oder unmenschlicher oder erniedrigender Strafe oder Behandlung unterworfen werden.

Art. 51 [Anwendungsbereich]. (1) [1]Diese Charta gilt für die Organe und Einrichtungen der Union unter Einhaltung des Subsidiaritätsprinzips und für die Mitgliedstaten ausschließlich bei der Durchführung des Rechts der Union. [2]Dementsprechend achten sie die Rechte, halten sie sich an die Grundsätze und fördern sie deren Anwendung gemäß ihren jeweiligen Zuständigkeiten.

Art. 52 [Tragweite der garantierten Rechte]. (1) ...

(3) [1]Soweit diese Charta Rechte enthält, die den durch die Europäische Konvention zum Schutz der Menschenrechte und Grundfreiheiten garantierten Rechten entsprechen, haben sie die gleiche Bedeutung und Tragweite, wie sie ihnen in der genannten Konvention verliehen wird. [2]Diese Bestimmung steht dem nicht entgegen, daß das Recht der Union einen weitergehenden Schutz gewährt.

...

I. Genfer Abkommen[1777]

Art. 3. [1] Im Falle eines bewaffneten Konflikts, der keinen internationalen Charakter hat und auf dem Gebiet einer der Hohen Vertragsparteien entsteht, ist jede der am Konflikt beteiligten Parteien gehalten, mindestens die folgenden Bestimmungen anzuwenden:

1. Personen, die nicht unmittelbar an den Feindseligkeiten teilnehmen, einschließlich der Mitglieder der Streitkräfte, welche die Waffen gestreckt haben, und der Personen, die durch Krankheit, Verwundung, Gefangennahme oder irgendeine andere Ursache außer Kampf gesetzt sind, werden unter allen Umständen mit Menschlichkeit behandelt, ohne jede auf Rasse, Farbe, Religion oder Glauben, Geschlecht, Geburt oder Vermögen oder auf irgendeinem anderen ähnlichen Unterscheidungsmerkmal beruhende Benachteiligung.

[1776] Charta der Grundrechte der Europäischen Union, vom Europäischen Rat am 7. Dezember 2000 in Nizza feierlich proklamiert (ABl. Nr. C 364/1 vom 18. Dezember 2000).

[1777] I. Genfer Abkommen zur Verbesserung des Loses der Verwundeten und Kranken der Streitkräfte im Felde vom 12. August 1949 (BGBl. 1954 II, 783). Für die Bundesrepublik Deutschland in Kraft getreten am 3. März 1955 (BGBl. 1954 II, 1133). Zur Verbesserung der Lesbarkeit sind in [...] Absatznummern eingefügt.

Zu diesem Zwecke sind und bleiben in bezug auf die oben erwähnten Personen jederzeit und überall verboten:

a) Angriffe auf das Leben und die Person, namentlich Tötung jeder Art, Verstümmelung, grausame Behandlung und Folterung;

...

Art. 12. [1] Die Mitglieder der Streitkräfte und die sonstigen im folgenden Artikel bezeichneten Personen, die verwundet oder krank sind, werden unter allen Umständen geschont und geschützt.

[2] [1]Sie werden durch die am Konflikt beteiligte Partei, in deren Händen sie sich befinden, mit Menschlichkeit behandelt und gepflegt, ohne jede auf Geschlecht, Rasse, Nationalität, Religion, politischer Meinung oder irgendeinem anderen ähnlichen Unterscheidungsmerkmal beruhende Benachteiligung. [2]Streng verboten ist es, ihr Leben und ihre Person anzugreifen, insbesondere sie umzubringen oder auszurotten, sie zu foltern, an ihnen biologische Versuche vorzunehmen, sie vorsätzlich ohne ärztliche Hilfe oder Pflege zu lassen oder sie eigens dazu geschaffenen Ansteckungs- oder Infektionsgefahren auszusetzen.

...

Art. 49. [1] Die Hohen Vertragsparteien verpflichten sich, alle notwendigen gesetzgeberischen Maßnahmen zur Festsetzung von angemessenen Strafbestimmungen für solche Personen zu treffen, die irgendeine der im folgenden Artikel umschriebenen schweren Verletzungen des vorliegenden Abkommens begehen oder zu einer solchen Verletzung den Befehl erteilen.

[2] [1]Jede Vertragspartei ist zur Ermittlung der Personen verpflichtet, die der Begehung oder der Erteilung eines Befehls zur Begehung einer dieser schweren Verletzungen beschuldigt sind; sie stellt sie ungeachtet ihrer Staatsangehörigkeit vor ihre eigenen Gerichte. [2]Wenn sie es vorzieht, kann sie sie auch gemäß den in ihrem eigenen Recht vorgesehenen Bedingungen einer anderen an der gerichtlichen Verfolgung interessierten Vertragspartei zur Aburteilung übergeben, sofern diese gegen die erwähnten Personen ein ausreichendes Belastungsmaterial vorbringt.

...

Art. 50. Als schwere Verletzungen im Sinne des vorstehenden Artikels gilt jede der folgenden Handlungen, sofern sie gegen durch das Abkommen geschützte Personen oder Güter begangen wird: vorsätzliche Tötung, Folterung oder unmenschliche Behandlung, einschließlich biologischer Versuche, vorsätzliche Verursachung großer Leiden oder schwere Beeinträchtigung der körperlichen Unversehrtheit oder der Gesundheit, sowie Zerstörung und Aneignung von Eigentum, die durch militärische Erfordernisse nicht gerechtfertigt sind und in großem Ausmaß rechtswidrig und willkürlich vorgenommen werden.

II. Genfer Abkommen[1778]

Art. 3. [1] Im Falle eines bewaffneten Konflikts, der keinen internationalen Charakter hat und auf dem Gebiet einer der Hohen Vertragsparteien entsteht, ist jede der am Konflikt beteiligten Parteien gehalten, mindestens die folgenden Bestimmungen anzuwenden:

1. Personen, die nicht unmittelbar an den Feindseligkeiten teilnehmen, einschließlich der Mitglieder der Streitkräfte, welche die Waffen gestreckt haben, und der Personen, die durch Krankheit, Verwundung, Gefangennahme oder irgendeine andere Ursache außer Kampf gesetzt sind, werden unter allen Umständen mit Menschlichkeit behandelt, ohne jede auf Rasse, Farbe, Religion oder Glauben, Geschlecht, Geburt oder Vermögen oder auf irgendeinem anderen ähnlichen Unterscheidungsmerkmal beruhende Benachteiligung.

   Zu diesem Zwecke sind und bleiben in bezug auf die oben erwähnten Personen jederzeit und überall verboten:

a) Angriffe auf das Leben und die Person, namentlich Tötung jeder Art, Verstümmelung, grausame Behandlung und Folterung;

...

Art. 12. [1] Die Mitglieder der Streitkräfte und die sonstigen im folgenden Artikel bezeichneten Personen, die sich zur See befinden und verwundet, krank oder schiffbrüchig sind, werden unter allen Umständen geschont und geschützt, wobei sich der Ausdruck „schiffbrüchig“ auf jede Art von Schiffbruch bezieht, gleichviel, unter welchen Umständen er sich ereignet, einschließlich der Notwasserung oder des Absturzes von Flugzeugen auf See.

[2] [1]Sie werden durch die am Konflikt beteiligte Partei, in deren Händen sie sich befinden, mit Menschlichkeit behandelt und gepflegt, ohne jede auf Geschlecht, Rasse, Nationalität, Religion, politischer Meinung oder irgendeinem anderen ähnlichen Unterscheidungsmerkmal beruhende Benachteiligung. [2]Streng verboten ist es, ihr Leben oder ihre Person anzugreifen, insbesondere sie umzubringen oder auszurotten, sie zu foltern, an ihnen biologische Versuche vorzunehmen, sie vorsätzlich ohne ärztliche Hilfe oder Pflege zu lassen oder sie eigens dazu geschaffenen Ansteckungs- oder Infektionsgefahren auszusetzen.

...

Art. 50. [1] Die Hohen Vertragsparteien verpflichten sich, alle notwendigen gesetzgeberischen Maßnahmen zur Festsetzung von angemessenen Strafbestimmungen für solche Personen zu treffen, die irgendeine der im folgenden Artikel umschriebenen schweren Verletzungen des vorliegenden Abkommens begehen oder zu einer solchen Verletzung den Befehl erteilen.

[2] [1]Jede Vertragspartei ist zur Ermittlung der Personen verpflichtet, die der Begehung oder der Erteilung eines Befehls zur Begehung einer dieser schweren Verletzungen beschuldigt sind; sie stellt sie ungeachtet ihrer Nationalität vor ihre eigenen Gerichte. [2]Wenn sie es vorzieht, kann sie sie auch gemäß den in ihrem eigenen Recht vorgesehenen Bedingungen einer anderen an der gerichtlichen Verfolgung interessierten Vertragspartei zur Aburteilung

---

[1778] II. Genfer Abkommen zur Verbesserung zur Verbesserung des Loses der Verwundeten, Kranken und Schiffbrüchigen der Streitkräfte zur See vom 12. August 1949 (BGBl. 1954 II, 813). Für die Bundesrepublik Deutschland in Kraft getreten am 3. März 1955 (BGBl. 1954 II, 1133). Zur Verbesserung der Lesbarkeit sind in [...] Absatznummern eingefügt.

übergeben, sofern diese gegen die erwähnten Personen ein ausreichendes Belastungsmaterial vorbringt.

...

Art. 51. Als schwere Verletzungen im Sinne des vorstehenden Artikels gilt jede der folgenden Handlungen, sofern sie gegen durch das Abkommen geschützte Personen oder Güter begangen wird: vorsätzliche Tötung, Folterung oder unmenschliche Behandlung einschließlich biologischer Versuche, vorsätzliche Verursachung großer Leiden oder schwere Beeinträchtigung der körperlichen Unversehrtheit oder der Gesundheit sowie Zerstörung und Aneignung von Eigentum, die durch militärische Erfordernisse nicht gerechtfertigt sind und in großem Ausmaß rechtswidrig und willkürlich vorgenommen werden.

III. Genfer Abkommen[1779]

Art. 3. [1] Im Falle eines bewaffneten Konflikts, der keinen internationalen Charakter hat und auf dem Gebiet einer der Hohen Vertragsparteien entsteht, ist jede der am Konflikt beteiligten Parteien gehalten, mindestens die folgenden Bestimmungen anzuwenden:

1. Personen, die nicht unmittelbar an den Feindseligkeiten teilnehmen, einschließlich der Mitglieder der Streitkräfte, welche die Waffen gestreckt haben, und der Personen, die durch Krankheit, Verwundung, Gefangennahme oder irgendeine andere Ursache außer Kampf gesetzt sind, werden unter allen Umständen mit Menschlichkeit behandelt, ohne jede auf Rasse, Farbe, Religion oder Glauben, Geschlecht, Geburt oder Vermögen oder auf irgendeinem anderen ähnlichen Unterscheidungsmerkmal beruhende Benachteiligung.

   Zu diesem Zwecke sind und bleiben in bezug auf die oben erwähnten Personen jederzeit und überall verboten:

a) Angriffe auf das Leben und die Person, namentlich Tötung jeder Art, Verstümmelung, grausame Behandlung und Folterung;

...

Art. 13. [1] [1]Die Kriegsgefangenen müssen jederzeit mit Menschlichkeit behandelt werden. [2]Jede rechtswidrige Handlung oder Unterlassung seitens des Gewahrsamsstaates, die den Tod oder eine schwere Gefährdung der Gesundheit eines in seinen Händen befindlichen Kriegsgefangenen zur Folge hat, ist untersagt und gilt als schwere Verletzung des vorliegenden Abkommens. [3]Insbesondere dürfen an den Kriegsgefangenen keine Verstümmelungen oder medizinischen oder wissenschaftlichen Versuche irgendwelcher Art vorgenommen werden, die nicht durch die ärztliche Behandlung des betreffenden Kriegsgefangenen gerechtfertigt sind und nicht in seinem Interesse liegen.

...

[1779] III. Genfer Abkommen über die Behandlung der Kriegsgefangenen vom 12. August 1949 (BGBl. 1954 II, 838). Für die Bundesrepublik Deutschland in Kraft getreten am 3. März 1955 (BGBl. 1954 II, 1133). Zur Verbesserung der Lesbarkeit sind in [...] Absatznummern eingefügt.

Art. 17. [1] ...

[4] [1]Zur Erlangung irgendwelcher Auskünfte dürfen die Kriegsgefangenen weder körperlichen noch seelischen Folterungen ausgesetzt, noch darf irgendein anderer Zwang auf sie ausgeübt werden. [2]Die Kriegsgefangenen, die eine Auskunft verweigern, dürfen weder bedroht noch beleidigt noch Unannehmlichkeiten oder Nachteilen irgendwelcher Art ausgesetzt werden.

...

Art. 87. [1] ...

[3] Sämtliche Kollektivstrafen für Handlungen Einzelner, sämtliche Körperstrafen, jede Einkerkerung in Räumen ohne Tageslicht und ganz allgemein jede Art von Folter und Grausamkeit sind untersagt.

...

Art. 129. [1] Die Hohen Vertragsparteien verpflichten sich, alle notwendigen gesetzgeberischen Maßnahmen zur Festsetzung von angemessenen Strafbestimmungen für solche Personen zu treffen, die irgendeine der im folgenden Artikel umschriebenen schweren Verletzungen des vorliegenden Abkommens begehen oder zu einer solchen Verletzung den Befehl erteilen.

[2] [1]Jede Vertragspartei ist zur Ermittlung der Personen verpflichtet, die der Begehung oder der Erteilung eines Befehls zur Begehung einer dieser schweren Verletzungen beschuldigt sind; sie stellt sie ungeachtet ihrer Nationalität vor ihre eigenen Gerichte. [2]Wenn sie es vorzieht, kann sie sie auch gemäß den in ihrem eigenen Recht vorgesehenen Bedingungen einer anderen an der gerichtlichen Verfolgung interessierten Vertragspartei zur Aburteilung übergeben, sofern diese gegen die erwähnten Personen ein ausreichendes Belastungsmaterial vorbringt.

...

Art. 130. Als schwere Verletzungen im Sinne des vorstehenden Artikels gilt jede der folgenden Handlungen, sofern sie gegen durch das Abkommen geschützte Personen oder Güter begangen wird: vorsätzliche Tötung, Folterung oder unmenschliche Behandlung einschließlich biologischer Versuche, vorsätzliche Verursachung großer Leiden oder schwere Beeinträchtigung der körperlichen Unversehrtheit oder der Gesundheit, Nötigung eines Kriegsgefangenen zur Dienstleistung in den Streitkräften der feindlichen Macht oder Entzug seines Anrechts auf ein ordentliches und unparteiisches, den Vorschriften des vorliegenden Abkommens entsprechendes Gerichtsverfahren.

IV. Genfer Abkommen[1780]

Art. 3. [1] Im Falle eines bewaffneten Konflikts, der keinen internationalen Charakter hat und auf dem Gebiet einer der Hohen Vertragsparteien entsteht, ist jede der am Konflikt beteiligten Parteien gehalten, mindestens die folgenden Bestimmungen anzuwenden:

1. Personen, die nicht unmittelbar an den Feindseligkeiten teilnehmen, einschließlich der Mitglieder der Streitkräfte, welche die Waffen gestreckt haben, und der Personen, die durch Krankheit, Verwundung, Gefangennahme oder irgendeine andere Ursache außer Kampf gesetzt sind, werden unter allen Umständen mit Menschlichkeit behandelt, ohne jede auf Rasse, Farbe, Religion oder Glauben, Geschlecht, Geburt oder Vermögen oder auf irgendeinem anderen ähnlichen Unterscheidungsmerkmal beruhende Benachteiligung.

   Zu diesem Zwecke sind und bleiben in bezug auf die oben erwähnten Personen jederzeit und überall verboten:

a) Angriffe auf das Leben und die Person, namentlich Tötung jeder Art, Verstümmelung, grausame Behandlung und Folterung,

...

Art. 27. [1] [1]Die geschützten Personen haben unter allen Umständen Anspruch auf Achtung ihrer Person, ihrer Ehre, ihrer Familienrechte, ihrer religiösen Überzeugungen und Gepflogenheiten, ihrer Gewohnheiten und Gebräuche. [2]Sie werden jederzeit mit Menschlichkeit behandelt und insbesondere vor Gewalttätigkeit oder Einschüchterung, vor Beleidigungen und der öffentlichen Neugier geschützt.

[2] Die Frauen werden besonders vor jedem Angriff auf ihre Ehre und namentlich vor Vergewaltigung, Nötigung zur gewerbsmäßigen Unzucht und jeder unzüchtigen Handlung geschützt.

...

Art. 31. Auf die geschützten Personen darf keinerlei körperlicher oder seelischer Zwang ausgeübt werden, namentlich nicht, um von ihnen oder dritten Personen Auskünfte zu erlangen.

Art. 32. [1]Den Hohen Vertragsparteien ist jede Maßnahme, die körperliche Leiden oder den Tod der in ihrem Machtbereich befindlichen geschützten Personen zur Folge haben könnte, ausdrücklich untersagt. [2]Dieses Verbot betrifft nicht nur Tötung, Folterung, körperliche Strafen, Verstümmelungen und medizinische oder wissenschaftliche, nicht durch ärztliche Behandlung einer geschützten Person gerechtfertigte biologische Versuche, sondern auch alle anderen Grausamkeiten, gleichgültig, ob sie durch zivile Bedienstete oder Militärpersonen begangen werden.

Art. 146. [1] Die Hohen Vertragsparteien verpflichten sich, alle notwendigen gesetzgeberischen Maßnahmen zur Festsetzung von angemessenen Strafbestimmungen für solche Personen zu treffen, die irgendeine der im folgenden Artikel umschriebenen schweren Verletzun-

[1780] IV. Genfer Abkommen zum Schutze von Zivilpersonen in Kriegszeiten vom 12. August 1949 (BGBl. 1954 II, 917, berichtigt in BGBl. 1956 II, 1586). Für die Bundesrepublik Deutschland in Kraft getreten am 3. März 1955 (BGBl. 1954 II, 1133). Zur Verbesserung der Lesbarkeit sind in [...] Absatznummern eingefügt.

gen des vorliegenden Abkommens begehen oder zu einer solchen Verletzung den Befehl erteilen.

[2] [1]Jede Vertragspartei ist zur Ermittlung der Personen verpflichtet, die der Begehung oder der Erteilung eines Befehles zur Begehung einer dieser schweren Verletzungen beschuldigt sind; sie stellt sie ungeachtet ihrer Nationalität vor ihre eigenen Gerichte. [2]Wenn sie es vorzieht, kann sie sie auch gemäß den in ihrem eigenen Recht vorgesehenen Bedingungen einer anderen an der gerichtlichen Verfolgung interessierten Vertragspartei zur Aburteilung übergeben, sofern diese gegen die erwähnten Personen ein ausreichendes Belastungsmaterial vorbringt.

...

Art. 147. Als schwere Verletzungen im Sinne des vorstehenden Artikels gilt jede der folgenden Handlungen, sofern sie gegen durch das Abkommen geschützte Personen oder Güter begangen wird: vorsätzliche Tötung, Folterung oder unmenschliche Behandlung einschließlich biologischer Versuche, vorsätzliche Verursachung großer Leiden oder schwere Beeinträchtigung der körperlichen Unversehrtheit oder der Gesundheit, rechtswidrige Verschleppung oder rechtswidrige Verschickung, rechtswidrige Gefangenhaltung, Nötigung einer geschützten Person zur Dienstleistung in den Streitkräften der feindlichen Macht oder Entzug ihres Anrechts auf ein ordentliches und unparteiisches, den Vorschriften des vorliegenden Abkommens entsprechendes Gerichtsverfahren, das Festnehmen von Geiseln sowie Zerstörung und Aneignung von Eigentum, die durch militärische Erfordernisse nicht gerechtfertigt sind und in großem Ausmaß rechtswidrig und willkürlich vorgenommen werden.

Genfer Abkommen ZP I[1781]

Art. 75 Grundlegende Garantien. (1) [1]Soweit Personen von einer in Artikel 1 genannten Situation betroffen sind, werden sie, wenn sie sich in der Gewalt einer am Konflikt beteiligten Partei befinden und nicht auf Grund der Abkommen oder dieses Protokolls eine günstigere Behandlung genießen, unter allen Umständen mit Menschlichkeit behandelt und genießen zumindest den in diesem Artikel vorgesehenen Schutz, ohne jede nachteilige Unterscheidung auf Grund von Rasse, Hautfarbe, Geschlecht, Sprache, Religion oder Glauben, politischer oder sonstiger Anschauung, nationaler oder sozialer Herkunft, Vermögen, Geburt oder einer sonstigen Stellung oder anderer ähnlicher Unterscheidungsmerkmale. [2]Jede Partei achtet die Person, die Ehre, die Überzeugungen und die religiösen Gepflogenheiten aller dieser Personen.

(2) Folgende Handlungen sind und bleiben jederzeit und überall verboten, gleichviel ob sie durch zivile Bedienstete oder durch Militärpersonen begangen werden:

[1781] Zusatzprotokoll zu den Genfer Abkommen vom 12. August 1949 über den Schutz der Opfer internationaler bewaffneter Konflikte (Protokoll I) vom 8. Juni 1977 (BGBl. 1990 II, 1551). Für die Bundesrepublik Deutschland in Kraft getreten am 14. August 1991 (BGBl. 1991 II, 968).

a) Angriffe auf das Leben, die Gesundheit oder das körperliche oder geistige Wohlbefinden von Personen, insbesondere …

ii) Folter jeder Art, gleichviel ob körperlich oder seelisch,

…

Genfer Abkommen ZP II[1782]

Art. 4 Grundlegende Garantien. (1) [1]Alle Personen, die nicht unmittelbar oder nicht mehr an Feindseligkeiten teilnehmen, haben, gleichviel ob ihnen die Freiheit entzogen ist oder nicht, Anspruch auf Achtung ihrer Person, ihrer Ehre, ihrer Überzeugungen und ihrer religiösen Gepflogenheiten. [2]Sie werden unter allen Umständen mit Menschlichkeit und ohne jede nachteilige Unterscheidung behandelt. [3]Es ist verboten, den Befehl zu erteilen, niemanden am Leben zu lassen.

(2) Unbeschadet der allgemeinen Gültigkeit der vorstehenden Bestimmungen sind und bleiben in bezug auf die in Absatz 1 genannten Personen jederzeit und überall verboten

a) Angriffe auf das Leben, die Gesundheit und das körperliche oder geistige Wohlbefinden von Personen, insbesondere vorsätzliche Tötung und grausame Behandlung wie Folter, Verstümmelung oder jede Art von körperlicher Züchtigung;

…

IPbürgR[1783]

Art. 4 [Notstand]. (1) Im Falle eines öffentlichen Notstandes, der das Leben der Nation bedroht und der amtlich verkündet ist, können die Vertragsstaaten Maßnahmen ergreifen, die ihre Verpflichtungen aus diesem Pakt in dem Umfang, den die Lage unbedingt erfordert, außer Kraft setzen, vorausgesetzt, daß diese Maßnahmen ihren sonstigen völkerrechtlichen Verpflichtungen nicht zuwiderlaufen und keine Diskriminierung allein wegen der Rasse, der Hautfarbe, des Geschlechts, der Sprache, der Religion oder der sozialen Herkunft enthalten.

(2) Auf Grund der vorstehenden Bestimmung dürfen die Artikel 6, 7, 8 (Absätze 1 und 2), 11, 15, 16 und 18 nicht außer Kraft gesetzt werden.

…

Art. 7 [Verbot der Folter]. [1]Niemand darf der Folter oder grausamer, unmenschlicher oder erniedrigender Behandlung oder Strafe unterworfen werden. [2]Insbesondere darf niemand ohne seine freiwillige Zustimmung medizinischen oder wissenschaftlichen Versuchen unterworfen werden.

[1782] Zusatzprotokoll zu den Genfer Abkommen vom 12. August 1949 über den Schutz der Opfer nicht internationaler bewaffneter Konflikte (Protokoll II) vom 8. Juni 1977 (BGBl. 1990 II, 1637). Für die Bundesrepublik Deutschland in Kraft getreten am 14. August 1991 (BGBl. 1991 II, 968).

[1783] Internationaler Pakt über bürgerliche und politische Rechte vom 19. Dezember 1966 (BGBl. 1973 II, 1534). Für die Bundesrepublik Deutschland in Kraft getreten am 23. März 1976 (BGBl. 1976 II, 1068).

Art. 14 [Verfahrensgarantien]. (1) …

(3) Jeder wegen einer strafbaren Handlung Angeklagte hat in gleicher Weise im Verfahren Anspruch auf folgende Mindestgarantien: …

g) er darf nicht gezwungen werden, gegen sich selbst als Zeuge auszusagen oder sich schuldig zu bekennen.

…

Art. 28 [Ausschuß für Menschenrechte]. (1) [1]Es wird ein Ausschuß für Menschenrechte (im folgenden als „Ausschuß" bezeichnet) errichtet. [2]Er besteht aus achtzehn Mitgliedern und nimmt die nachstehend festgelegten Aufgaben wahr.

…

IStGH-Statut[1784]

Art. 1 Der Gerichtshof. [1]Hiermit wird der Internationale Strafgerichtshof („Gerichtshof") errichtet. [2]Der Gerichtshof ist eine ständige Einrichtung und ist befugt, seine Gerichtsbarkeit über Personen wegen der in diesem Statut genannten schwersten Verbrechen von internationalem Belang auszuüben; er ergänzt die innerstaatliche Strafgerichtsbarkeit. [3]Die Zuständigkeit und die Arbeitsweise des Gerichtshofs werden durch dieses Statut geregelt.

Art. 5 Der Gerichtsbarkeit des Gerichtshofs unterliegende Verbrechen. (1) [1]Die Gerichtsbarkeit des Gerichtshofs ist auf die schwersten Verbrechen beschränkt, welche die internationale Gemeinschaft als Ganzes berühren. [2]Die Gerichtsbarkeit des Gerichtshofs erstreckt sich in Übereinstimmung mit diesem Statut auf folgende Verbrechen: …

b) Verbrechen gegen die Menschlichkeit;

c) Kriegsverbrechen;

…

Art. 7 Verbrechen gegen die Menschlichkeit. (1) Im Sinne dieses Status bedeutet „Verbrechen gegen die Menschlichkeit" jede der folgenden Handlungen, die im Rahmen eines ausgedehnten oder systematischen Angriffs gegen die Zivilbevölkerung und in Kenntnis des Angriffs begangen wird: …

f) Folter; …

k) andere unmenschliche Handlungen ähnlicher Art, mit denen vorsätzlich große Leiden oder eine schwere Beeinträchtigung der körperlichen Unversehrtheit oder der geistigen oder körperlichen Gesundheit verursacht werden.

(2) Im Sinne des Absatzes 1 …

e) bedeutet „Folter", daß einer im Gewahrsam oder unter der Kontrolle des Beschuldigten befindlichen Person vorsätzlich große körperliche oder seelische Schmerzen oder Leiden

---

[1784] Römisches Statut des Internationalen Strafgerichtshofs vom 10. Dezember 1998 (BGBl. 2000 II, 1394). Für die Bundesrepublik Deutschland in Kraft getreten am 1. Juli 2002 (BGBl. 2003 II, 293).

zugefügt werden; Folter umfaßt jedoch nicht Schmerzen oder Leiden, die sich lediglich aus gesetzlich zulässigen Sanktionen ergeben, dazu gehören oder damit verbunden sind;

...

Art. 8 Kriegsverbrechen. (1) Der Gerichthof hat Gerichtsbarkeit in Bezug auf Kriegsverbrechen, insbesondere wenn diese als Teil eines Planes oder einer Politik oder als Teil der Begehung solcher Verbrechen in großem Umfang verübt werden.

(2) Im Sinne dieses Statuts bedeutet „Kriegsverbrechen"

a) schwere Verletzungen der Genfer Abkommen vom 12. August 1949, nämlich jede der folgenden Handlungen gegen die nach dem jeweiligen Genfer Abkommen geschützten Personen oder Güter: ...

ii) Folter oder unmenschliche Behandlung einschließlich biologischer Versuche;

...

c) im Falle eines bewaffneten Konflikts, der keinen internationalen Charakter hat, schwere Verstöße gegen den gemeinsamen Artikel 3 der vier Genfer Abkommen vom 12. August 1949, nämlich die Verübung jeder der folgenden Handlungen gegen Personen, die nicht unmittelbar an den Feindseligkeiten teilnehmen einschließlich der Angehörigen der Streitkräfte, welche die Waffen gestreckt haben, und der Personen, die durch Krankheit, Verwundung, Gefangennahme oder eine andere Ursache außer Gefecht befindlich sind:

i) Angriffe auf Leib und Leben, insbesondere vorsätzliche Tötung jeder Art, Verstümmelung, grausame Behandlung und Folter;

...

Art. 17 Fragen der Zulässigkeit. (1) Im Hinblick auf Absatz 10 der Präambel und Artikel 1 entscheidet der Gerichtshof, daß eine Sache nicht zulässig ist, wenn

a) in der Sache von einem Staat, der Gerichtsbarkeit darüber hat, Ermittlungen oder eine Strafverfolgung durchgeführt werden, es sei denn, der Staat ist nicht willens oder nicht in der Lage, die Ermittlungen oder die Strafverfolgung ernsthaft durchzuführen;

b) in der Sache von einem Staat, der Gerichtsbarkeit darüber hat, Ermittlungen durchgeführt worden sind, und der Staat entschieden hat, die betreffende Person nicht strafrechtlich zu verfolgen, es sei denn, die Entscheidung war das Ergebnis des mangelnden Willens oder des Unvermögens des Staates, eine Strafverfolgung ernsthaft durchzuführen;

c) die betreffende Person wegen des Verhaltens, das Gegenstand des Tatvorwurfs ist, bereits gerichtlich belangt worden ist und die Sache nach Artikel 20 Absatz 3 nicht beim Gerichtshof anhängig gemacht werden kann;

d) die Sache nicht schwerwiegend genug ist, um weitere Maßnahmen zu rechtfertigen.

...

IÜBtB[1785]

Art. 2 [Straftaten]. (1) Eine Straftat im Sinne dieses Übereinkommens begeht, wer widerrechtlich und vorsätzlich einen Sprengsatz oder eine andere tödliche Vorrichtung zu einem öffentlichen Ort, einer staatlichen oder öffentlichen Einrichtung, einem öffentlichen Verkehrssystem oder einer Versorgungseinrichtung befördert oder dort beziehungsweise gegen einen solchen Ort, eine solche Einrichtung oder ein solches System in Anschlag bringt, auslöst oder zur Explosion bringt,

a) und beabsichtigt, den Tod oder schwere Körperverletzungen zu verursachen, oder

b) beabsichtigt, eine weitgehende Zerstörung des Ortes, der Einrichtung oder des Systems zu verursachen, sofern diese Zerstörung zu erheblichem wirtschaftlichem Schaden führt oder führen kann.

(2) Eine Straftat begeht auch, wer versucht, eine in Absatz 1 genannte Straftat zu begehen.

(3) Eine Straftat begeht ferner, wer

a) als Mittäter oder Gehilfe an einer in Absatz 1 oder 2 genannten Straftat teilnimmt,

b) eine in Absatz 1 oder 2 genannte Straftat organisiert oder andere Personen anweist, eine solche Straftat zu begehen, oder

c) auf andere Weise zur Begehung einer oder mehrerer der in Absatz 1 oder 2 genannten Straftaten durch eine Gruppe von mit einem gemeinsamen Ziel handelnden Personen beiträgt; ein derartiger Beitrag muß vorsätzlich sein und entweder zu dem Zweck, die allgemeine kriminelle Tätigkeit oder das Ziel der Gruppe zu fördern, oder in Kenntnis des Vorsatzes der Gruppe, die betreffende Straftat oder die betreffenden Straftaten zu begehen, geleistet werden.

Art. 3 [Anwendungsbereich]. Dieses Übereinkommen findet keine Anwendung, wenn die Straftat innerhalb eines einzigen Staates begangen wird, der Verdächtige und die Opfer Angehörige dieses Staates sind, der Verdächtige im Hoheitsgebiet dieses Staates aufgefunden wird und kein anderer Staat nach Artikel 6 Absatz 1 oder 2 seine Gerichtsbarkeit begründen kann, mit der Maßgabe, daß in solchen Fällen die jeweils zutreffenden Bestimmungen der Artikel 10 bis 15 Anwendung finden.

Art. 14 [Rechte inhaftierter Personen]. Einer Person, die in Haft genommen wird oder gegen die andere Maßnahmen ergriffen werden oder ein Verfahren nach diesem Übereinkommen durchgeführt wird, ist eine gerechte Behandlung zu gewährleisten, die den Genuß aller Rechte und Garantien einschließt, die mit dem Recht des Staates, in dessen Hoheitsgebiet sie sich befindet, sowie mit den anwendbaren völkerrechtlichen Bestimmungen einschließlich derer über die Menschenrechte im Einklang stehen.

Art. 15 [Verhütung von Straftaten]. Die Vertragsstaaten arbeiten bei der Verhütung der in Artikel 2 genannten Straftaten insbesondere auf folgende Weise zusammen:

[1785] Internationales Übereinkommen zur Bekämpfung terroristischer Bombenanschläge vom 15. Dezember 1997 (BGBl. 2002 II, 2506). Für die Bundesrepublik Deutschland in Kraft getreten am 23. Mai 2003.

a) indem sie alle durchführbaren Maßnahmen treffen, wozu erforderlichenfalls auch eine Anpassung ihrer innerstaatlichen Rechtsvorschriften gehört, um Vorbereitungen in ihren jeweiligen Hoheitsgebieten für die Begehung dieser Straftaten innerhalb oder außerhalb ihrer Hoheitsgebiete zu verhindern und diesen entgegenzuwirken, einschließlich Maßnahmen, um in ihren Hoheitsgebieten rechtswidrige Tätigkeiten von Personen, Gruppen und Organisationen zu verbieten, welche die Begehung von in Artikel 2 genannten Straftaten fördern, organisieren, wissentlich finanzieren, durchführen oder andere zur Begehung solcher Straftaten anstiften;

...

Art. 19 [Sonstige Rechte und Verpflichtungen]. (1) Dieses Übereinkommen berührt nicht die sonstigen Rechte, Verpflichtungen und Verantwortlichkeiten, die sich für Staaten und Einzelpersonen aus dem Völkerrecht, insbesondere den Zielen und Grundsätzen der Charta der Vereinten Nationen und dem humanitären Völkerrecht, ergeben.

...

JStGH-Statut[1786]

Art. 1 Zuständigkeit des Gerichtshofs. Der Gerichtshof ist befugt, Personen, die für die seit 1991 im Hoheitsgebiet des ehemaligen Jugoslawien begangenen schweren Verstöße gegen das humanitäre Völkerrecht verantwortlich sind, nach den Bestimmungen dieses Statuts strafrechtlich zu verfolgen.

Art. 2 Schwere Verletzungen der Genfer Abkommen von 1949. Der Gerichtshof ist befugt, Personen strafrechtlich zu verfolgen, die schwere Verletzungen der Genfer Abkommen vom 12. August 1949 begehen oder anordnen, nämlich die folgenden Handlungen gegen die nach den Bestimmungen des jeweiligen Genfer Abkommens geschützten Personen oder Güter: ...

b) Folterung oder unmenschliche Behandlung einschließlich biologischer Versuche;

...

Art. 5 Verbrechen gegen die Menschlichkeit. Der Gerichtshof ist befugt, Personen strafrechtlich zu verfolgen, die für folgende Verbrechen verantwortlich sind, wenn diese in einem, ob internationalen oder internen, bewaffneten Konflikt begangen werden und gegen die Zivilbevölkerung gerichtet sind: ...

f) Folter;

...

[1786] Statut des Internationalen Strafgerichtshofs für das ehemalige Jugoslawien, Resolution 827 (1993) des Sicherheitsrates der Vereinten Nationen vom 25. Mai 1993. Abgedruckt in der konsolidierten Fassung vom 19. Mai 2003 (abrufbar in deutscher Übersetzung unter http://www.un.org/Depts/german/internatrecht/jugostat2000.pdf [Stand: 2. Dezember 2005]).

RStGH-Statut[1787]

Art. 1 Zuständigkeit des Internationalen Strafgerichtshofs für Ruanda. Der Internationale Strafgerichtshof für Ruanda ist befugt, Personen, die für schwere Verstöße gegen das humanitäre Völkerrecht im Hoheitsgebiet Ruandas zwischen dem 1. Januar 1994 und dem 31. Dezember 1994 verantwortlich sind, sowie ruandische Staatsangehörige, die für während desselben Zeitraums im Hoheitsgebiet von Nachbarstaaten begangene Verstöße dieser Art verantwortlich sind, nach den Bestimmungen dieses Statuts strafrechtlich zu verfolgen.

Art. 3 Verbrechen gegen die Menschlichkeit. Der Internationale Strafgerichtshof für Ruanda ist befugt, Personen strafrechtlich zu verfolgen, die für folgende Verbrechen verantwortlich sind, wenn diese im Rahmen eines breit angelegten oder systematischen Angriffs gegen die Zivilbevölkerung aus nationalen, politischen, ethnischen, rassischen oder religiösen Gründen begangen werden: ...

f) Folter;

...

Art. 4 Verstöße gegen den gemeinsamen Artikel 3 der Genfer Abkommen und gegen deren Zusatzprotokoll II. [1]Der Internationale Strafgerichtshof für Ruanda ist befugt, Personen strafrechtlich zu verfolgen, die schwere Verstöße gegen den gemeinsamen Artikel 3 der Genfer Abkommen vom 12. August 1949 zum Schutze der Kriegsopfer oder gegen deren Zusatzprotokoll II vom 8. Juni 1977 begehen oder anordnen. [2]Hierzu gehören, ohne daß dies eine erschöpfende Aufzählung wäre, die folgenden Verstöße:

a) Angriffe auf das Leben, die Gesundheit oder das körperliche oder geistige Wohlbefinden von Personen, insbesondere vorsätzliche Tötung sowie grausame Behandlung wie Folter, Verstümmelung und jede Art der körperlichen Züchtigung;

...

UN-Folterkonvention[1788]

Art. 1 [Definition der Folter; gesetzlich zulässige Sanktionen]. (1) [1]Im Sinne dieses Übereinkommens bezeichnet der Ausdruck „Folter" jede Handlung, durch die einer Person vorsätzlich große körperliche oder seelische Schmerzen oder Leiden zugefügt werden, zum Beispiel um von ihr oder einem Dritten eine Aussage oder ein Geständnis zu erlangen, um sie für eine tatsächlich oder mutmaßlich von ihr oder einem Dritten begangene Tat zu bestrafen oder um sie oder einen Dritten einzuschüchtern oder zu nötigen, oder aus einem anderen, auf irgendeiner Art von Diskriminierung beruhenden Grund, wenn diese Schmerzen oder Leiden von einem Angehörigen des öffentlichen Dienstes oder einer anderen in amtlicher Eigenschaft

---

[1787] Statut des Internationalen Strafgerichtshofs für Ruanda, Resolution 955 (1994) des Sicherheitsrats der Vereinten Nationen vom 8 November 1994. Abgedruckt in der konsolidierten Fassung vom 28. August 2003 (abrufbar in deutscher Übersetzung unter http://www.un.org/Depts/german/internatrecht/ruandastat2000.pdf [Stand: 2. Dezember 2005]).

[1788] Übereinkommen gegen Folter und andere grausame, unmenschliche oder erniedrigende Behandlung oder Strafe vom 10. Dezember 1984 (BGBl. 1990 II, 246). Für die Bundesrepublik Deutschland in Kraft getreten am 31. Oktober 1990 (BGBl. 1990 II, 715).

handelnden Person, auf deren Veranlassung oder mit deren ausdrücklichem oder stillschweigendem Einverständnis verursacht werden. [2]Der Ausdruck umfaßt nicht Schmerzen oder Leiden, die sich lediglich aus gesetzlich zulässigen Sanktionen ergeben, dazu gehören oder damit verbunden sind.

(2) Dieser Artikel läßt alle internationalen Übereinkünfte oder innerstaatlichen Rechtsvorschriften unberührt, die weitergehende Bestimmungen enthalten.

Art. 2 [Pflichten der Vertragsstaaten; keine Rechtfertigung durch Notstand oder Befehl]. (1) Jeder Vertragsstaat trifft wirksame gesetzgeberische, verwaltungsmäßige, gerichtliche oder sonstige Maßnahmen, um Folterungen in allen seiner Hoheitsgewalt unterstehenden Gebieten zu verhindern.

(2) Außergewöhnliche Umstände, gleich welcher Art, sei es Krieg oder Kriegsgefahr, innenpolitische Instabilität oder ein sonstiger öffentlicher Notstand, dürfen nicht als Rechtfertigung für Folter geltend gemacht werden.

(3) Eine von einem Vorgesetzten oder einem Träger öffentlicher Gewalt erteilte Weisung darf nicht als Rechtfertigung für Folter geltend gemacht werden.

Art. 3 [Verbot der Abschiebung bei drohender Folter]. (1) Ein Vertragsstaat darf eine Person nicht in einen anderen Staat ausweisen, abschieben oder an diesen ausliefern, wenn stichhaltige Gründe für die Annahme bestehen, daß sie dort Gefahr liefe, gefoltert zu werden.

(2) Bei der Feststellung, ob solche Gründe vorliegen, berücksichtigen die zuständigen Behörden alle maßgeblichen Erwägungen einschließlich des Umstands, daß in dem betreffenden Staat eine ständige Praxis grober, offenkundiger oder massenhafter Verletzungen der Menschenrechte herrscht.

Art. 4 [Obligatorische Strafandrohung]. (1) [1]Jeder Vertragsstaat trägt dafür Sorge, daß nach seinem Strafrecht alle Folterhandlungen als Straftaten gelten. [2]Das gleiche gilt für versuchte Folterung und für von irgendeiner Person begangene Handlungen, die eine Mittäterschaft oder Teilnahme an einer Folterung darstellen.

(2) Jeder Vertragsstaat bedroht diese Straftaten mit angemessenen Strafen, welche die Schwere der Tat berücksichtigen.

Art. 7 [Strafverfolgung und Verurteilung]. (1) Der Vertragsstaat, der die Hoheitsgewalt über das Gebiet ausübt, in dem der einer in Artikel 4 genannten Straftat Verdächtige aufgefunden wird, unterbreitet den Fall, wenn er den Betreffenden nicht ausliefert, in den in Artikel 5 genannten Fällen seinen zuständigen Behörden zum Zweck der Strafverfolgung.

...

Art. 10 [Unterrichtung des Vollzugspersonals]. (1) Jeder Vertragsstaat trägt dafür Sorge, daß die Erteilung von Unterricht und die Aufklärung über das Verbot der Folter als vollgültiger Bestandteil in die Ausbildung des mit dem Gesetzesvollzug betrauten zivilen und militärischen Personals, des medizinischen Personals, der Angehörigen des öffentlichen Dienstes und anderer Personen aufgenommen wird, die mit dem Gewahrsam, der Vernehmung oder der Behandlung einer Person befaßt werden können, die der Festnahme, der Haft, dem Strafvollzug oder irgendeiner anderen Form der Freiheitsentziehung unterworfen ist.

(2) Jeder Vertragsstaat nimmt dieses Verbot in die Vorschriften oder Anweisungen über die Pflichten und Aufgaben aller dieser Personen auf.

Art. 12 [Ermittlungsgebot]. Jeder Vertragsstaat trägt dafür Sorge, daß seine zuständigen Behörden umgehend eine unparteiische Untersuchung durchführen, sobald ein hinreichender Grund für die Annahme besteht, daß in einem seiner Hoheitsgewalt unterstehenden Gebiet eine Folterhandlung begangen wurde.

Art. 15 [Verwertungsverbot]. Jeder Vertragsstaat trägt dafür Sorge, daß Aussagen, die nachweislich durch Folter herbeigeführt worden sind, nicht als Beweis in einem Verfahren verwendet werden, es sei denn gegen eine der Folter angeklagte Person als Beweis dafür, daß die Aussage gemacht wurde.

Art. 16 [Grausame, unmenschliche oder erniedrigende Behandlung oder Strafe]. (1) [1]Jeder Vertragsstaat verpflichtet sich, in jedem seiner Hoheitsgewalt unterstehenden Gebiet andere Handlungen zu verhindern, die eine grausame, unmenschliche oder erniedrigende Behandlung oder Strafe darstellen, ohne der Folter im Sinne des Artikels 1 gleichzukommen, wenn diese Handlungen von einem Angehörigen des öffentlichen Dienstes oder einer anderen in amtlicher Eigenschaft handelnden Person, auf deren Veranlassung oder mit deren ausdrücklichem oder stillschweigendem Einverständnis begangen werden. [2]Die in den Artikeln 10, 11, 12 und 13 aufgeführten Verpflichtungen bezüglich der Folter gelten auch entsprechend für andere Formen grausamer, unmenschlicher oder erniedrigender Behandlung oder Strafe.

(2) Dieses Übereinkommen berührt nicht die Bestimmungen anderer internationaler Übereinkünfte oder innerstaatlicher Rechtsvorschriften, die grausame, unmenschliche oder erniedrigende Behandlung oder Strafe verbieten oder die sich auf die Auslieferung oder Ausweisung beziehen.

Art. 17 [Ausschuß gegen Folter]. (1) [1]Es wird ein Ausschuß gegen Folter (im folgenden als „Ausschuß" bezeichnet) errichtet, der die nachstehend festgelegten Aufgaben wahrnimmt. ...

Art. 33 [Hinterlegung]. (1) Dieses Übereinkommen, dessen arabischer, chinesischer, englischer, französischer, russischer und spanischer Wortlaut gleichermaßen verbindlich ist, wird beim Generalsekretär der Vereinten Nationen hinterlegt.

...

ÜRK[1789]

Art. 1 [Begriffsbestimmung]. Im Sinne dieses Übereinkommens ist ein Kind jeder Mensch, der das achtzehnte Lebensjahr noch nicht vollendet hat, soweit die Volljährigkeit nach dem auf das Kind anzuwendenden Recht nicht früher eintritt.

[1789] Übereinkommen über die Rechte des Kindes vom 20. November 1989 (BGBl. 1992 II, 122). Für die Bundesrepublik Deutschland ohne unmittelbare innerstaatliche Anwendbarkeit in Kraft getreten am 5. April 1992 (BGBl. 1992 II, 990).

Art. 37 [Schutz vor Folter; Garantien bei Freiheitsentzug]. Die Vertragsstaaten stellen sicher

a) daß kein Kind der Folter oder eine anderen grausamen, unmenschlichen oder erniedrigenden Behandlung oder Strafe unterworfen wird. …

WVRK[1790]

Art. 4 Nichtrückwirkung dieses Übereinkommens. Unbeschadet der Anwendung der in diesem Übereinkommen niedergelegten Regeln, denen Verträge unabhängig von dem Übereinkommen auf Grund des Völkerrechts unterworfen wären, findet das Übereinkommen nur auf Verträge Anwendung, die von Staaten geschlossen werden, nachdem das Übereinkommen für sie in Kraft getreten ist.

Art. 26 Pacta sunt servanda. Ist ein Vertrag in Kraft, so bindet er die Vertragsparteien und ist von ihnen nach Treu und Glauben zu erfüllen.

Art. 27 Innerstaatliches Recht und Einhaltung von Verträgen. [1]Eine Vertragspartei kann sich nicht auf ihr innerstaatliches Recht berufen, um die Nichterfüllung eines Vertrages zu rechtfertigen. [2]Diese Bestimmung läßt Art. 46 unberührt.

Art. 31 Allgemeine Auslegungsregel. (1) Ein Vertrag ist nach Treu und Glauben in Übereinstimmung mit der gewöhnlichen, seinen Bestimmungen in ihrem Zusammenhang zukommenden Bedeutung und im Lichte seines Ziels und Zweckes auszulegen.

(2) Für die Auslegung eines Vertrages bedeutet der Zusammenhang außer dem Vertragswortlaut samt Präambel und Anlagen

a) jede sich auf den Vertrag beziehende Übereinkunft, die zwischen allen Vertragsparteien anläßlich des Vertragsabschlusses getroffen wurde;

b) jede Urkunde, die von einer oder mehreren Vertragsparteien anläßlich des Vertragsabschlusses abgefaßt und von den anderen Vertragsparteien als eine sich auf den Vertrag beziehende Urkunde angenommen wurde.

(3) Außer dem Zusammenhang sind in gleicher Weise zu berücksichtigen

a) jede spätere Übereinkunft zwischen den Vertragsparteien über die Auslegung des Vertrags oder die Anwendung seiner Bestimmungen;

b) jede spätere Übung bei der Anwendung des Vertrags, aus der die Übereinstimmung der Vertragsparteien über seine Auslegung hervorgeht;

c) jeder in den Beziehungen zwischen den Vertragsparteien anwendbare einschlägige Völkerrechtssatz.

(4) Eine besondere Bedeutung ist einem Ausdruck beizulegen, wenn feststeht, daß die Vertragsparteien dies beabsichtigt haben.

[1790] Wiener Übereinkommen über das Recht der Verträge vom 23. Mai 1969 (BGBl. 1985 II, 926). Für die Bundesrepublik Deutschland in Kraft getreten am 20. August 1987 (BGBl. 1987 II, 757).

Art. 53 Verträge im Widerspruch zu einer zwingenden Norm des allgemeinen Völkerrechts (ius cogens). [1]Ein Vertrag ist nichtig, wenn er im Zeitpunkt seines Abschlusses im Widerspruch zu einer zwingenden Norm des allgemeinen Völkerrechts steht. [2]Im Sinne dieses Übereinkommens ist eine zwingende Norm des allgemeinen Völkerrechts eine Norm, die von der internationalen Staatengemeinschaft in ihrer Gesamtheit angenommen und anerkannt wird als eine Norm, von der nicht abgewichen werden darf und die nur durch eine spätere Norm des allgemeinen Völkerrechts derselben Rechtsnatur geändert werden kann.

Literaturverzeichnis

ADDO, MICHAEL K. / GRIEF, NICHOLAS: „Does Article 3 of the European Convention on Human Rights Enshrine Absolute Rights?". In: *The European Journal of International Law* 9 (1998), 510 - 524.

AHLERS, HENRIK: *Grenzbereich zwischen Gefahrenabwehr und Strafverfolgung.* Frankfurt a. M. (u. a.): Lang, 1997. [Zugl.: Marburg, Univ., Diss., 1997].

„Aktive islamistische Militanz in Spanien. Engmaschiges Beziehungsnetz – anhaltende Rekrutierung". In: *Neue Zürcher Zeitung (Internationale Ausgabe)* 252, 28. Oktober 2004, 5.

ALBRECHT, ERNST: *Der Staat – Idee und Wirklichkeit. Grundzüge einer Staatsphilosophie.* Stuttgart: Seewald, 1976.

ALEXY, ROBERT: *Theorie der Grundrechte.* 2. Aufl. Frankfurt am Main: Suhrkamp, 1994.

„‚Als absolute Ausnahme gerechtfertigt'. Daschner äußert sich noch einmal zur Drohung gegen Gäfgen / Ende der Beweisaufnahme". In: *Frankfurter Allgemeine Zeitung* 286, 7. Dezember 2004, 41.

ALTVATER, GERHARD: „Rechtsprechung des BGH zu den Tötungsdelikten". In: *Neue Zeitschrift für Strafrecht* 23 (2003), 21 - 27.

ALTVATER, GERHARD: „Rechtsprechung des BGH zu den Tötungsdelikten". In: *Neue Zeitschrift für Strafrecht* 24 (2004), 23 - 30.

AMBOS, KAI / RUEGENBERG, GUIDO: „Rechtsprechung zum internationalen Straf- und Strafverfahrensrecht". In: *Neue Zeitschrift für Strafrecht Rechtsprechungsreport* 4 (1999), 193 - 207.

AMBOS, KAI: „Beteiligung am Völkermord in Bosnien". In: *Neue Zeitschrift für Strafrecht* 18 (1998), 138 - 140.

AMBOS, KAI: „Der praktische Fall – Strafrecht: Mauerschützen". In: *Juristische Schulung* 40 (2000), 465 - 471.

AMBOS, KAI: „Tatherrschaft durch Willensherrschaft kraft organisatorischer Machtapparate. Eine kritische Bestandsaufnahme und weiterführende Ansätze". In: *Goltdammer's Archiv für Strafrecht* 1998, 226 - 245.

AMBOS, KAI: „Völkerrechtliche Bestrafungspflichten bei schweren Menschenrechtsverletzungen". In: *Archiv des Völkerrechts* 37 (1999), 318 - 356.

AMBOS, KAI: „Zur strafbefreienden Wirkung des ‚Handelns auf Befehl' aus deutscher und völkerstrafrechtlicher Sicht". In: *Juristische Rundschau* 1998, 221 - 226.

AMBOS, KAI: *Der Allgemeine Teil des Völkerstrafrechts. Ansätze einer Dogmatisierung.* Berlin: Duncker & Humblot, 2002. [Zugl.: München, Univ., Habil., 2001].

AMBOS, KAI: *Straflosigkeit von Menschenrechtsverletzungen. Zur „impunidad" in südamerikanischen Ländern aus völkerstrafrechtlicher Sicht.* Freiburg: Edition iuscrim, 1997.

AMELUNG, KNUT / WEIDEMANN, JÜRGEN: „Bestechlichkeit und Förderung einer Selbstschädigung im Maßregelvollzug – BGH, NJW 1983, 462". In: *Juristische Schulung* 24 (1984), 595 - 601.

AMELUNG, KNUT: „Der Rechtsschutz gegen strafprozessuale Grundrechtseingriffe und die neue Rechtsprechung zur Ausweitung des Eingriffsbegriffs bei staatlichen Ermittlungsmaßnahmen". In: *Strafverteidiger* 21 (2001), 131 - 133.

AMELUNG, KNUT: „Noch einmal: Notwehr gegen sog. Chantage“. In: *Neue Zeitschrift für Strafrecht* 18 (1998), 70 - 71.

AMELUNG, KNUT: „Todesschüsse an der Mauer im Februar 1972“. In: *Neue Zeitschrift für Strafrecht* 15 (1995), 29 - 30. [Anmerkung zu BGH, Urteil vom 26. Juli 1994 – 5 StR 167/94].

AMNESTY INTERNATIONAL: *Jahresbericht 2004*. Frankfurt am Main: Fischer Taschenbuch, 2004.

ANDREWS, KAI-ENNO: *Verleiten und Geschehenlassen i.S. des § 357 StGB*. Göttingen: Cuvillier, 1996. [Zugl.: Kiel, Univ., Diss., 1996].

„Angeklagter kalkulierte Tod des Bankierssohn ein“. In: *Spiegel Online*, 17. Juni 2003. URL: http://www.spiegel.de/panorama/0,1518,253371,00.html [Stand: 2. Dezember 2005].

ARNOLD, JÖRG: „Die ‚neue' Auslegung des Gewaltbegriffs in § 240 StGB – eine Nötigung der Strafrechtsdogmatik?“. In: *Juristische Schulung* 37 (1997), 289 - 294.

AUSSCHUß GEGEN FOLTER: „Concluding observations of the Committee against Torture: Germany. 11/05/98. A/53/44, paras. 179 - 195. (Concluding Observations/Comments)“. URL: http://www.unhchr.ch/tbs/doc.nsf/(Symbol)/e955277804691151802566030037580a?Opendocument [Stand: 2. Dezember 2005].

„Autobomben richten Blutbad unter Betenden an“. In: *General-Anzeiger* 34601, 17. November 2003, 1.

BADURA, PETER: *Staatsrecht. Systematische Erläuterung des Grundgesetzes*. 3., neubearb. Aufl. München: Beck, 2003.

BASSIOUNI, M. CHERIF (Hg.): *International Criminal Law. Volume I. Crimes*. 2. Aufl. Ardsley (u. a.): Transnational Publishers, 1999.

BATTIS, ULRICH: *Bundesbeamtengesetz*. 3., neubearb. Aufl. München: Beck, 2004.

BAUMANN, JÜRGEN / WEBER, ULRICH / MITSCH, WOLFGANG: *Strafrecht. Allgemeiner Teil. Lehrbuch*. 11., neubearb. Aufl. Bielefeld: Gieseking, 2003.

BAUSBACK, WINFRIED: „Terrorismusabwehr durch gezielte Tötungen? Assassinationen als Mittel des (deutschen) demokratischen Rechtsstaates?“. In: *Neue Zeitschrift für Verwaltungsrecht* 24 (2005), 418 - 420.

BECKER, ULRICH ET AL.: *Öffentliches Recht in Bayern. Verfassungsrecht. Kommunalrecht. Polizei- und Sicherheitsrecht. Öffentliches Baurecht*. 3. Aufl. München: Beck, 2005.

BEISEL, DANIEL: „Straf- und verfassungsrechtliche Problematiken des finalen Rettungsschusses“. In: *Juristische Arbeitsblätter* 30 (1998), 721 - 727.

BENDA, ERNST: „Verständigungsversuche über die Menschenwürde“. In: *Neue Juristische Wochenschrift* 54 (2001), 2147 - 2148.

BENFER, JOST: „Anwendung unmittelbaren Zwangs zur Durchsetzung strafprozessualer Rechtseingriffe“. In: *Neue Juristische Wochenschrift* 55 (2002), 2688 - 2689.

BENFER, JOST: „Zum Begriff ‚Rechtmäßigkeit der Amtshandlung' in § 113 III StGB“. In: *Neue Zeitschrift für Strafrecht* 5 (1985), 255 - 256.

BERGMANN, ALFRED: „Zur strafrechtlichen Beurteilung von Straßenblockaden als Nötigung (§ 240 StGB) unter Berücksichtigung der jüngsten Rechtsprechung“. In: *Juristische Ausbildung* 7 (1985), 457 - 465.

BERNSMANN, KLAUS: „Überlegungen zur tödlichen Notwehr bei nicht lebensbedrohlichen Angriffen". In: *Zeitschrift für die gesamte Strafrechtswissenschaft* 104 (1992), 290 - 327.

BETHGE, HERBERT: „Der Grundrechtseingriff". In: *Veröffentlichungen der Vereinigung der Deutschen Staatsrechtslehrer* 57 (1998), 7 - 56.

BETHGE, HERBERT: „Zur verfassungsrechtlichen Legitimation informalen Staatshandelns der Bundesregierung". In: *Juristische Ausbildung* 25 (2003), 327 - 333.

BETTERMANN, KARL AUGUST: „Richterliche Normenkontrolle als negative Gesetzgebung?". In: *Deutsches Verwaltungsblatt* 97 (1982), 91 - 95.

BETTERMANN, KARL AUGUST: *Grenzen der Grundrechte.* Berlin: De Gruyter, 1968. [Vortrag gehalten vor der Berliner Juristischen Gesellschaft am 4. November 1964].

BEULKE, WERNER / HILLENKAMP, THOMAS: „Der praktische Fall. Strafrecht: Ein folgenschweres Verhältnis". In: *Juristische Schulung* 15 (1975), 309 - 314.

BEULKE, WERNER: „§ 32 StGB. Zur Rechtfertigung eines Totschlags durch Notwehr". In: *Juristische Rundschau* 1990, 378 - 382. [Anmerkung zu BGH, Beschluß vom 21. Juni 1989 – 3 StR 302/89].

BEULKE, WERNER: „Die fehlgeschlagene Notwehr zur Sachwertverteidigung. NJW 1988, 1860". In: *Juristische Ausbildung* 10 (1988), 641 - 648.

BEULKE, WERNER: „Die Vernehmung des Beschuldigten. Einige Anmerkungen aus der Sicht der Prozeßrechtswissenschaft." In: *Strafverteidiger* 10 (1990), 180 - 184.

BEULKE, WERNER: „Hypothetische Kausalverläufe im Strafverfahren bei rechtswidrigem Vorgehen von Ermittlungsorganen". In: *Zeitschrift für die gesamte Strafrechtswissenschaft* 103 (1991), 657 - 680.

BEULKE, WERNER: „Muß die Polizei dem Beschuldigten vor der Vernehmung ‚Erste Hilfe' bei der Verteidigerkonsultation leisten?". In: *Neue Zeitschrift für Strafrecht* 16 (1996), 257 - 262.

BEULKE, WERNER: „Straf- und Strafprozeßrecht". In: *Juristische Rundschau* 1980, 423 - 425. [Anmerkung zu OLG Köln, Urteil vom 5. September 1978 – 1 Ss 438/78].

BEULKE, WERNER: *Die Strafbarkeit des Verteidigers. Eine systematische Darstellung der Beistandspflicht und ihrer Grenzen.* Heidelberg: v. Decker u. Müller, 1989.

BEULKE, WERNER: *Klausurenkurs im Strafrecht I. Ein Fall- und Repetitionsbuch für Anfänger.* 3., neubearb. Aufl. Heidelberg: C. F. Müller, 2005.

BEULKE, WERNER: *Klausurenkurs im Strafrecht III. Ein Fall- und Repetitoriumsbuch für Examenskandidaten.* Heidelberg: C. F. Müller, 2004.

BEULKE, WERNER: *Strafprozessrecht.* 8., neubearb. Aufl. Heidelberg: C. F. Müller, 2005.

BIEHLER, GERNOT: „Zur Bindungswirkung von Urteilen des Bundesverfassungsgerichts". In: *Deutsches Verwaltungsblatt* 106 (1991), 1237 - 1239.

BINDING, KARL: *Die Normen und ihre Übertretung. Eine Untersuchung über die rechtmässige Handlung und die Arten des Delikts. Band. 3. Der Irrtum.* Aalen: Scientia, 1965. [Neudruck der Ausgabe Leipzig 1918].

BLANKE, HERMANN-JOSEF / MOLITOR, CLAUS: „Der Internationale Strafgerichtshof". In: *Archiv des Völkerrechts* 39 (2001), 142 - 169.

BLECKMANN, ALBERT: „Der Grundsatz der Völkerrechtsfreundlichkeit der deutschen Rechtsordnung". In: *Die Öffentliche Verwaltung* 49 (1996), 137 - 145.

BLEI, HERMANN: „Probleme des polizeilichen Waffengebrauchs". In: *Juristenzeitung* 1955, 625 - 631.

BLEI, HERMANN: *Strafrecht I. Allgemeiner Teil.* 18., neubearb. Aufl. München: Beck, 1983.

BLOY, RENÉ: „Anstiftung durch Unterlassen?". In: *Juristische Arbeitsblätter* 19 (1987), 490 - 497.

BOCKELMANN, PAUL / VOLK, KLAUS: *Strafrecht. Allgemeiner Teil.* 4., neubearb. Aufl. München: Beck, 1987.

BOCKELMANN, PAUL: „Notrechtsbefugnisse der Polizei". In: Jescheck, Hans-Heinrich / Lüttger, Hans (Hg.): *Festschrift für Eduard Dreher zum 70. Geburtstag am 29. April 1977.* Berlin (u. a.): De Gruyter, 1977. 235 - 250.

BOCKELMANN, PAUL: „Zur Problematik der Sonderbehandlung von Überzeugungsverbrechern". In: *Festschrift für Hans Welzel zum 70. Geburtstag am 25. März 1974.* Berlin (u. a.): De Gruyter, 1974. 543 - 556.

BÖCKENFÖRDE, ERNST-WOLFGANG: „Das Grundrecht der Gewissensfreiheit". In: *Veröffentlichungen der Vereinigung der Deutschen Staatsrechtslehrer* 28 (1970), 33 - 81.

BÖCKENFÖRDE, ERNST-WOLFGANG: „Der verdrängte Ausnahmezustand. Zum Handeln der Staatsgewalt in außergewöhnlichen Lagen". In: *Neue Juristische Wochenschrift* 31 (1978), 1881 - 1890.

BOHNERT, JOACHIM: „Der beschuldigte Amtsträger zwischen Aussagefreiheit und Verschwiegenheitspflicht". In: *Neue Zeitschrift für Strafrecht* 24 (2004), 301 - 309.

BOSCH, NIKOLAUS: „Die verdeckte Befragung des Beschuldigten – Strafrechtspflege ohne Grenzen? BGH – Beschluß v. 13. 5. 1996 – GSSt 1/96 (LG Hamburg) = NJW 1996, 2940 ff". In: *Juristische Ausbildung* 20 (1998), 236 - 243.

BOTTKE, WILFRIED: „Die Vernehmung". In: *Juristische Ausbildung* 13 (1991), 266 - 269.

BOTTKE, WILFRIED: „Mittäterschaft bei gemeinsam fahrlässiger oder leichtfertiger Erfolgserwirkung". In: *Goltdammer's Archiv für Strafrecht* 2001, 463 - 481.

BOULESBAA, AHCENE: *The U.N. Convention on Torture and the Prospects for Enforcement.* Den Haag: Martinus Nijhoff Publishers, 1999.

BRENNER, MICHAEL: „Grundrechtsschranken und Verwirkung von Grundrechten". In: *Die Öffentliche Verwaltung* 48 (1995), 60 - 66.

BRENNER, MICHAEL: „Möglichkeiten und Grenzen grundrechtsbezogener Verfassungsänderungen, dargestellt anhand der Neuregelung des Asylrechts". In: *Der Staat* 32 (1993), 493 - 526.

BRETTON, PHILIPPE: „Quelques remarques sur la participation des Etats aux Protocoles de 1977 additionnels aux conventions de Genève de 1949 vingt cinq ans après la Conférence diplomatique sur la réaffirmation et le développement du droit international humanitaire applicable dans les conflits armés". In: Epping, Volker / Fischer, Horst / Heintschel von Heinegg, Wolff (Hg.): *Brücken bauen und begehen. Festschrift für Knut Ipsen zum 65. Geburtstag.* München: Beck, 2000. 41 - 56.

BRINKBÄUMER, KLAUS ET AL.: „Die zweite Front". In: *Der Spiegel* 19, 18. Juli 2005, 88 - 93.

BRITZ, GABRIELE: „Bedeutung der EMRK für nationale Verwaltungsgerichte und Behörden. Erweiterte Bindungswirkung nach EuGH, Slg. 2002, I-6279 - Carpenter?". In: *Neue Zeitschrift für Verwaltungsrecht* 23 (2004), 173 - 177.

BRUGGER, WINFRIED: „Darf der Staat ausnahmsweise foltern?“. In: *Der Staat* 35 (1996), 67 - 97.

BRUGGER, WINFRIED: „Das andere Auge. Folter als zweitschlechteste Lösung“. In: *Frankfurter Allgemeine Zeitung* 58, 10. März 2003, 8.

BRUGGER, WINFRIED: „Vom unbedingten Verbot der Folter zum bedingten Recht auf Folter?“. In: *Juristenzeitung* 55 (2000), 165 - 173.

BRUGGER, WINFRIED: *Menschenwürde, Menschenrechte, Grundrechte.* Baden-Baden: Nomos, 1997.

BRÜNING, CHRISTOPH: „Voraussetzungen und Grenzen eines grundrechtlichen Schutzanspruchs – BVerwG, NVwZ 1999, 1234“. In: *Juristische Schulung* 40 (2000), 955 - 959.

BUCHNER, SILKE: *Die Rechtswidrigkeit der Taten von „Mauerschützen“ im Lichte von Art. 103 II GG unter besonderer Berücksichtigung des Völkerrechts. Ein Beitrag zum Problem der Verfolgung von staatlich legitimiertem Unrecht nach Beseitigung eines Unrechtssystems.* Frankfurt: Lang, 1996.

BUERGENTHAL, THOMAS: „Menschenrechtsschutz im inter-amerikanischen System“. In: *Europäische Grundrechtezeitschrift* 11 (1984), 169 - 189.

BUNDESAMT FÜR SICHERHEIT IN DER INFORMATIONSTECHNIK: „Computer-Wurm MyDoom – Türöffner für weitere Angriffe“. Pressemitteilung, 30. Januar 2004. URL: http://www.bsi.bund.de/presse/pressinf/mydoom300104.htm [Stand: 2. Dezember 2005].

BUNDESGERICHTSHOF: „Urteil gegen Magnus Gäfgen im Entführungsfall Jakob von Metzler rechtskräftig“. Pressemitteilung Nr. 56/2004, 24. Mai 2004. URL: http://www.bundesgerichtshof.de [Stand: 2. Dezember 2005].

BUNDESMINISTERIUM DES INNERN: „Verfassungsschutzbericht 2001“. URL: http://www.verfassungsschutz.de/de/publikationen/verfassungsschutzbericht/vsbericht_2001/ [Stand: 2. Dezember 2005].

BUNDESMINISTERIUM DES INNERN: „Verfassungsschutzbericht 2002“. URL: http://www.verfassungsschutz.de/de/publikationen/verfassungsschutzbericht/vsbericht_2002/ [Stand: 2. Dezember 2005].

BUNDESMINISTERIUM DES INNERN: „Verfassungsschutzbericht 2003“. URL: http://www.verfassungsschutz.de/de/publikationen/verfassungsschutzbericht/vsbericht_2003/ [Stand: 2. Dezember 2005].

BUNDESMINISTERIUM DES INNERN: „Verfassungsschutzbericht 2004“. URL: http://www.verfassungsschutz.de/de/publikationen/verfassungsschutzbericht/vsbericht_2004/ [Stand: 2. Dezember 2005].

BUNDESMINISTERIUM DES INNERN: „Verfassungsschutzbericht 2005 Vorabfassung“. URL: http://www.bmi.bund.de/Internet/Content/Common/Anlagen/Broschueren/2006/Verfassungsschutzbericht__2005__de,templateId=raw,property=publicationFile.pdf/Verfassungsschutzbericht_2005_de.pdf [Stand: 23. Mai 2006].

BUNDESREGIERUNG: „Dritter Bericht der Bundesrepublik Deutschland nach Artikel 19 des Übereinkommens vom 10. Dezember 1984 gegen Folter und andere grausame, unmenschliche oder erniedrigende Behandlung oder Strafe“. URL: http://www.auswaertiges-amt.de/www/de/infoservice/download/pdf/mr/berfolter.pdf [Stand: 2. Dezember 2005].

BUNDESVERWALTUNGSAMT: „Neue Strategie zum Schutz der Bevölkerung in Deutschland". URL: http://www.bmi.bund.de/nn_174256/nsc_true/Internet/Content/Common/Anlagen/Broschueren/2003/Neue__Strategie__zum__Schutz__der__Id__24609__de,templateId=raw,property=publicationFile.pdf/ Neue_Strategie_zum_Schutz_der_Id_24609_de [Stand: 2. Dezember 2005].

BURCKHARDT, WALTHER: *Kommentar der schweizerischen Bundesverfassung vom 29. Mai 1874.* 3., vollst. durchgesehene Aufl. Bern: Stämpfli, 1931.

BURGERS, J. HERMAN / DANELIUS, HANS: *The United Nations Convention against Torture. A Handbook on the Convention against Torture and Other Cruel, Inhuman or Degrading Treatment or Punishment*. Dordrecht (u. a.): Martinus Nijhoff Publishers, 1988.

BURKEMAN, OLIVER ET AL.: „Short walk and the No2 bus – a very ordinary journey to death. Guardian writers trace the life and last minutes of Jean Charles de Menezes". In: *The Guardian International Edition*, 25. Juli 2005, 1.

CALLIESS, CHRISTIAN: „Die Charta der Grundrechte der Europäischen Union. Fragen der Konzeption, Kompetenz und Verbindlichkeit". In: *Europäische Zeitschrift für Wirtschaftsrecht* 12 (2001), 261 - 268.

CASSESE, ANTONIO (Hg.): *The International Fight Against Torture. La lutte internationale contre la torture*. Baden-Baden: Nomos, 1991.

CASSESE, ANTONIO: *International Criminal Law.* Oxford (u. a.): Oxford University Press, 2003.

CEBALLOS BETANCUR, KARIN: „Höchststrafe im Metzler-Prozess. Lebenslang für Magnus Gäfgen. Haftentlassung nach 15 Jahren ausgeschlossen". In: *Frankfurter Rundschau* 174/31, 29. Juli 2003, 1.

„Chantage au terrorisme: toutes les polices en alerte. Un mystérieux ‚groupe AZF' réclame des millions, sinon il menace de faire sauter des trains". In: *Le Monde* 18384, 4. März 2004, 1.

„Chronik des Mordfalls Metzler". In: *Frankfurter Allgemeine Zeitung* 173, 29. Juli 2003, 7.

CREMER, HANS-JOACHIM: „Der Osho-Beschluss des BVerfG – BVerfGE 105, 279". In: *Juristische Schulung* 43 (2003), 747 - 751.

„Dann ist Magnus in drei Jahren frei". In: *Focus* 31, 28. Juli 2003, 13.

DANNECKER, GERHARD: „Die Schüsse an der innerdeutschen Grenze in der höchstrichterlichen Rechtsprechung. BGH – Entsch. v. 3. 11. 1992 – 5 StR 370/92 = BGHSt. 39, 1". In: *Juristische Ausbildung* 16 (1994), 585 - 595.

„‚Daschner ist bestraft genug'. Die Verteidigung weist den Vorwurf der schweren Nötigung zurück und fordert Freispruch". In: *Frankfurter Allgemeine Zeitung* 294, 17. Dezember 2004, 4.

„Daschner weist Foltervorwürfe als ‚absurd' zurück. ‚Unmittelbarer Zwang erlaubt'. Der frühere Polizeivizepräsident vor dem Frankfurter Landgericht". In: *Frankfurter Allgemeine Zeitung* 271, 19. November 2004, 1.

DE THAN, CLAIRE / SHORTS, EDWIN: *International Criminal Law and Human Rights*. London: Sweet & Maxwell, 2003.

DENCKER, FRIEDRICH: „Der verschuldete rechtfertigende Notstand. BayObLG, NJW 1978, 2046". In: *Juristische Schulung* 19 (1979), 779 - 783.

DERSHOWITZ, ALAN M.: *Why Terrorism Works. Understanding the threat, responding to the challenge.* New Haven (u. a.): Yale University Press, 2002.

DETTERBECK, STEFFEN: „Gelten die Entscheidungen des Bundesverfassungsgerichts auch in Bayern? Zur prozessualen Bedeutung der Kruzifix-Entscheidung vom 16. 5. 1995 und zur Deutung von § 31 I BVerfGG". In: *Neue Juristische Wochenschrift* 49 (1996), 426 - 432.

DEUTSCHER RICHTERBUND: „DRB: Folter ist und bleibt verboten". Pressemitteilung, 20. Februar 2003. URL: http://www.drb.de/ [Stand: 2. Dezember 2005].

DEUTSCHER RICHTERBUND: „DRB: Folterverbot gilt ausnahmslos". Pressemitteilung, 23. Februar 2003. URL: http://www.drb.de/ [Stand: 2. Dezember 2005].

DIERLAMM, ALFRED: „Sitzblockaden und Gefahrenabwehr. Auswirkungen polizeilicher Präventivmaßnahmen auf die strafrechtliche Beurteilung von Sitzblockaden". In: *Neue Zeitschrift für Strafrecht* 12 (1992), 573 - 576.

DIETLEIN, JOHANNES: „Landesgrundrechte im Bundesstaat". In: *Juristische Ausbildung* 16 (1994), 57 - 61.

DINGELDEY, THOMAS: „Das Prinzip der Aussagefreiheit im Strafprozeßrecht". In: *Juristische Arbeitsblätter* 16 (1984), 407 - 414.

DINGELDEY, THOMAS: „Der Schutz der strafprozessualen Aussagefreiheit durch Verwertungsverbote bei außerstrafrechtlichen Aussage- und Mitwirkungspflichten". In: *Neue Zeitschrift für Strafrecht* 4 (1984), 529 - 534.

DINGELDEY, THOMAS: „Pflichtenkollision und rechtsfreier Raum". In: *Juristische Ausbildung* 1 (1979), 478 - 485.

DOEHRING, KARL: *Völkerrecht. Ein Lehrbuch.* 2., neubearb. Aufl. Heidelberg: C. F. Müller, 2004.

DOLZER, RUDOLF (Hg.): *Bonner Kommentar zum Grundgesetz. Ordner 8.* Heidelberg: Müller.

DOLZER, RUDOLF: „Nationale Konzepte oder internationales Verfahren?". In: *Neue Juristische Wochenschrift* 53 (2000), 1700 - 1701.

DOMINICÉ, CHRISTIAN: „Convention contre la torture: de l'ONU au Conseil de l'Europe". In: Hangartner, Yvo / Trechsel, Stefan (Hg.): *Völkerrecht im Dienste des Menschen. Festschrift für Hans Haug.* Bern (u. a.): Paul Haupt, 1986. 57 - 68.

DREHER, E.: „Straf- und Strafprozeßrecht". In: *Juristische Rundschau* 1972, 342 - 344. [Anmerkung zu BGH, Beschluß vom 19. Oktober 1971 – 1 BvR 387/65].

DREIER, HORST (Hg.): *Grundgesetz. Kommentar. Band I. Präambel, Artikel 1 - 19.* 2. Aufl. Tübingen: Mohr Siebeck, 2004.

DREIER, HORST (Hg.): *Grundgesetz. Kommentar. Band II. Artikel 20 - 82.* Tübingen: Mohr Siebeck, 1998.

DREIER, HORST (Hg.): *Grundgesetz. Kommentar. Band III. Artikel 83 - 146.* Tübingen: Mohr Siebeck, 2000.

DREIER, HORST: „Stufungen des vorgeburtlichen Lebensschutzes". In: *Zeitschrift für Rechtspolitik* 35 (2002), 377 - 383.

DUTTGE, GUNNAR: „Überlassen eines Betäubungsmittels zum freien Suizid an einen unheilbar Schwerstkranken". In: *Neue Zeitschrift für Strafrecht* 21 (2001), 546 - 549.

DÜX, HEINZ / SCHROEDER, FRIEDRICH-CHRISTIAN: „Meinungen zur ‚Folterdiskussion'". In: *Zeitschrift für Rechtspolitik* 36 (2003), 180.

DÜX, HEINZ: „Globale Sicherheitsgesetze und weltweite Erosion von Grundrechten. Statt ‚Feindstrafrecht' globaler Ausbau demokratischer Rechte." In: *Zeitschrift für Rechtspolitik* 36 (2003), 189 - 195.

EBERT, UDO: *Strafrecht Allgemeiner Teil.* 3., völlig neubearb. Aufl. Heidelberg: C. F. Müller, 2001.

EDEM, KODJO: „Die Afrikanische Charta der Rechte des Menschen und der Völker in ihrem historischen Zusammenhang". In: *Europäische Grundrechtezeitschrift* 17 (1990), 306 - 311.

EGGERT, MARTIN: „Chantage – Ein Fall der Beschränkung des Notwehrrechts?". In: *Neue Zeitschrift für Strafrecht* 21 (2001), 225 - 231.

EHLERS, DIRK (Hg.): *Europäische Grundrechte und Grundfreiheiten.* Berlin: De Gruyter Recht, 2005.

EHRENBERG, WOLFGANG / FROHNE, WILFRIED: „Doppelfunktionale Maßnahmen der Vollzugspolizei". In: *Kriminalistik* 57 (2003), 737 - 757.

ELLBOGEN, KLAUS: „Zur Unzulässigkeit von Folter (auch) im präventiven Bereich. Zugleich Besprechung des Urteils des Landgerichts Frankfurt am Main vom 20.12.2004". In: *Juristische Ausbildung* 27 (2005), 339 - 343.

ENDERS, CHRISTOPH: „Würde- und Lebensschutz im Konfliktfeld von Biotechnologie und Fortpflanzungsmedizin". In: *Juristische Ausbildung* 25 (2003), 666 - 674.

ENGLÄNDER, ARMIN: „Der Versuchsbeginn bei der Elektrofalle – BGH, NStZ 2001, 475". In: *Juristische Schulung* 43 (2003), 330 - 336.

ERB, VOLKER: „Aus der Rechtsprechung des BGH zur Notwehr seit 1999". In: *Neue Zeitschrift für Strafrecht* 24 (2004), 369 - 376.

ERB, VOLKER: „Nothilfe durch Folter". In: *Juristische Ausbildung* 27 (2005), 24 - 30.

ERB, VOLKER: „Notwehr als Menschenrecht. Zugleich eine Kritik der Entscheidung des LG Frankfurt am Main im ‚Fall Daschner'". In: *Neue Zeitschrift für Strafrecht* 25 (2005), 593 - 602.

ERNST, STEFAN (Hg.): *Hacker, Cracker & Computerviren. Recht und Praxis der Informationssicherheit.* Köln: Schmidt, 2004.

ERNST, STEFAN: „Hacker und Computerviren im Strafrecht". In: *Neue Juristische Wochenschrift* 56 (2003), 3233 - 3239.

ERTEL, MANFRED ET AL.: „Krieg im Herzen Europas". In: *Der Spiegel* 12, 15. März 2004, 140 - 156.

ESER, ALBIN / FLETCHER, GEORGE P.: *Rechtfertigung und Entschuldigung. Rechtsvergleichende Perspektiven. Band I.* Freiburg i. Br.: Eigenverlag Max-Planck-Institut für ausländisches und internationales Strafrecht, 1987.

ESER, ALBIN: „Das neue Schwangerschafsabbruchsstrafrecht auf dem Prüfstand". In: *Neue Juristische Wochenschrift* 45 (1992), 2913 - 2925.

ESER, ALBIN: „Schuld und Entschuldbarkeit von Mauerschützen und ihren Befehlsgebern. Zu einem unbewältigten Problem bei der Bewältigung von DDR-Altlasten". In: Böttcher, Reinhart et al. (Hg.): *Festschrift für Walter Odersky zum 65. Geburtstag am 17. Juli 1996.* Berlin (u. a.): De Gruyter, 1996. 337 - 349.

ESSER, ALBIN: *Wahrnehmung berechtigter Interessen als allgemeiner Rechtfertigungsgrund.* Bad Homburg (u. a.): Gehlen, 1969.

ESSLINGER, DETLEF: „Polizei-Vizepräsident Daschner kommt mit Verwarnung davon. Mildes Urteil im Folter-Prozess. Gericht hält Androhung von Gewalt zwar für eine Straftat, bescheinigt dem Angeklagten aber ‚ehrenwertes Motiv'“. In: *Süddeutsche Zeitung* 296, 21. Dezember 2004, 1.

EUROPARAT: „Convention on Cybercrime Explanatory Report“. URL: http://conventions.coe.int/Treaty/en/ Reports/Html/185.htm [Stand: 2. Dezember 2005].

EUROPARAT: „Jakob von Metzler case – torture is never justified, says Council of Europe Secretary General“. Pressemitteilung, 21. Februar 2003. URL: http://press.coe.int/cp/2003/106a(2003).htm [Stand: 2. Dezember 2005].

FAHL, CHRISTIAN: „Angewandte Rechtsphilosophie – ‚Darf der Staat foltern?'“. In: *Juristische Rundschau* 2004, 182 - 191.

FAHL, CHRISTIAN: „Fortgeschrittenenklausur – Strafrecht: Herbeiführen einer Überschwemmung“. In: *Juristische Schulung* 45 (2005), 808 - 812.

FAHL, CHRISTIAN: „Körperverletzung mit Todesfolge. § 227 StGB: Anforderungen an die Körperverletzung“. In: *Juristische Arbeitsblätter* 34 (2002), 275 - 277. [Anmerkung zu BGH, Beschluß vom 12. Juni 2001 – 4 StR 174/01].

FAHL, CHRISTIAN: „Sozialethische Einschränkungen der Notwehr“. In: *Juristische Arbeitsblätter* 32 (2000), 460 - 465.

FALLER, HANS JOACHIM: „Gewissensfreiheit und ziviler Ungehorsam“. In: Dietz, Wolfgang / Pannier, Dietrich (Hg.): *Festschrift für Hildebert Kirchner zum 65. Geburtstag.* München: Beck, 1985. 67 - 85.

FELIX, DAGMAR: *Das Remonstrationsrecht und seine Bedeutung für den Rechtsschutz des Beamten.* Köln (u. a.): Heymanns, 1993. [Zugl.: Passau, Univ., Diss., 1992].

FELIX, DAGMAR: *Einheit der Rechtsordnung. Zur verfassungsrechtlichen Relevanz einer juristischen Argumentationsfigur.* Tübingen: Mohr Siebeck, 1998. [Zugl.: Passau, Univ., Habil., 1997].

FENTON, BEN / STEELE, JOHN: „More innocents could be shot. Met chief fears more tragedies as hunt for bombers intensifies. Family of Brazilian gunned down in Tube reject police apology“. In: *The Daily Telegraph* 46.694, 25. Juli 2005, 1.

„Ferngesteuerte Spam-Armeen. Nachgewiesen: Virenschreiber lieferten Spam-Infrastruktur“. In: *c't Magazin für Computertechnik* 22 (2004), Heft 5, 18 - 22.

FEUERBACH, PAUL JOHANN ANSELM VON: *Lehrbuch des gemeinen in Deutschland gültigen peinlichen Rechts.* Goldbach: Keip, 1997. [Nachdruck der 11., verb. Aufl., Gießen: Heyer, 1832].

FINCKE, MARTIN: „Zum Begriff des Beschuldigten und den Verdachtsgraden“. In: *Zeitschrift für die gesamte Strafrechtswissenschaft* 95 (1983), 918 - 972.

FINGER, THORSTEN: „Polizeiliche Standardmaßnahmen und ihre zwangsweise Durchsetzung. Rechtsnatur, Rechtsgrundlage und Rechtsschutz am Beispiel der Ingewahrsamnahme“. In: *Juristische Schulung* 45 (2005), 116 - 120.

FISCHER, PETER / KÖCK, HERIBERT FRANZ: *Völkerrecht. Das Recht der universellen Staatengemeinschaft.* 6., durchgesehene und erw. Aufl. Wien: Linde, 2004.

FISCHER, THOMAS: „Waffen, gefährliche und sonstige Werkzeuge nach dem Beschluss des Großen Senats“. In: *Neue Zeitschrift für Strafrecht* 23 (2003), 569 - 576.

FOLLMAR, PETRA / HEINZ, WOLFGANG / SCHULZ, BENJAMIN: „Zur aktuellen Folterdebatte in Deutschland. Ein Beitrag des Deutschen Instituts für Menschenrechte.“ URL: http://files.institut-fuer-menschenrechte.de/488/d6_v1_file_408cd20b537ae_policy%20paper%20No%201%20-%20Zur%20aktuellen%20Folter debatte%20in%20Deutschland.pdf [Stand: 2. Dezember 2005].

FOLLMAR-OTTO, PETRA / CREMER, HENDRIK: „Das neue Zusatzprotokoll zum UN-Übereinkommen gegen Folter. Herausforderung für die deutsche Innenpolitik“. In: *Kritische Justiz* 37 (2004), 154 - 169.

FONK, PETER: „Abwägbare Menschenrechte – Antastbare Menschenwürde“. In: *ETHICA Wissenschaft und Verantwortung* 13 (2005), 3 - 12.

FRISTER, HELMUT: „Zur Einschränkung des Notwehrrechts durch Art. 2 der Europäischen Menschenrechtskonvention“. In: *Goltdammer's Archiv für Strafrecht* 1985, 553 - 565.

FRISTER, HELMUT: *Die Struktur des „voluntativen Schuldelements“. Zugleich eine Analyse des Verhältnisses von Schuld und positiver Generalprävention.* Berlin: Duncker & Humblot, 1993. [Zugl.: Bonn, Univ., Habil., 1992/1993].

FRISTER, HELMUT: *Schuldprinzip, Verbot der Verdachtsstrafe und Unschuldsvermutung als materielle Grundprinzipien des Strafrechts.* Berlin: Duncker & Humblot, 1988. [Zugl.: Bonn, Univ., Diss., 1986].

FROWEIN, JOCHEN / KÜHNER, ROLF: „Drohende Folterung als Asylgrund und Grenze für Auslieferung und Ausweisung“. In: *Zeitschrift für ausländisches öffentliches Recht und Völkerrecht* 43 (1983), 537 - 565.

FROWEIN, JOCHEN / PEUKERT, WOLFGANG: *Europäische MenschenRechtsKonvention. EMRK-Kommentar.* 2., vollst. neubearb. Aufl. Kehl (u. a.): Engel, 1996.

FROWEIN, JOCHEN: „Der europäische Grundrechtsschutz und die deutsche Rechtsprechung“. In: *Neue Zeitschrift für Verwaltungsrecht* 21 (2002), 29 - 33.

FÜLLKRUG, MICHAEL: „Unzulässige Vorteilszusicherung als verbotene Vernehmungsmethode. Zugleich ein Beitrag zur Fernwirkung von Beweisverwertungsverboten.“ In: *Monatsschrift für Deutsches Recht* 43 (1989), 119 - 123.

GALLAS, WILHELM: „Pflichtenkollision als Schuldausschließungsgrund“. In: Engisch, Karl / Maurach, Reinhart (Hg.): *Festschrift für Edmund Mezger zum 70. Geburtstag. 15. 10. 1953.* München (u. a.): Beck, 1954. 311 - 334.

GALLAS, WILHELM: *Beiträge zur Verbrechenslehre.* Berlin: De Gruyter, 1968.

GASSER, HANS-PETER: „Genfer Abkommen und Terrorismusverbot“. In: Hangartner, Yvo / Trechsel, Stefan (Hg.): *Völkerrecht im Dienste des Menschen. Festsschrift für Hans Haug.* Bern (u. a.): Paul Haupt, 1986. 69 - 80.

GEBAUER, PEER: „Zur Grundlage des absoluten Folterverbots“. In: *Neue Zeitschrift für Verwaltungsrecht* 23 (2004), 1405 - 1409.

GEDDERT-STEINACHER, TATJANA: *Menschenwürde als Verfassungsbegriff. Aspekte der Rechtsprechung des Bundesverfassungsgerichts zu Art. 1 Abs. 1 Grundgesetz.* Berlin: Duncker & Humblot, 1990. [Zugl.: Tübingen, Univ., Diss., 1989].

GEERDS, FRIEDRICH: „Täterschaft und Teilnahme. Zu den Kriterien der Abgrenzung.“ In: *Juristische Ausbildung* 12 (1990), 173 - 180.

GEILEN, GERD: „Strafrecht. Sozialversicherungsrecht". In: *Juristenzeitung* 1975, 379 - 385. [Anmerkung zu OLG Frankfurt, Beschluß vom 29. November 1974 – 2 Ws 239/74].

GEPPERT, KLAUS: „Amtsdelikte (§§ 331 ff StGB) – Schluß". In : *Juristische Ausbildung* 3 (1981), 78 - 86.

GEPPERT, KLAUS: „Der Zeugenbeweis (I)". In: *Juristische Ausbildung* 13 (1991), 80 - 88.

GEPPERT, KLAUS: „Zur Abgrenzung von Vorsatz und Fahrlässigkeit, insbesondere bei Tötungsdelikten". In: *Juristische Ausbildung* 23 (2001), 55 - 59.

GIL GIL, ALICIA: „Die Tatbestände der Verbrechen gegen die Menschlichkeit und des Völkermordes im Römischen Statut des internationalen Strafgerichtshofs". In: *Zeitschrift für die gesamte Strafrechtswissenschaft* 112 (2000), 381 - 397.

GÖBEL-ZIMMERMANN, RALPH: „Asylrechte der Landesverfassungen im Verhältnis zum Bundesrecht". In: *Neue Zeitschrift für Verwaltungsrecht* 14 (1995), 763 - 766.

GÖRISCH, CHRISTOPH: „Die Inhalte des Rechtsstaatsprinzips". In: *Juristische Schulung* 37 (1997), 988 - 992.

GÖSSEL, KARL-HEINZ: „Zur Abgrenzung der Vorbereitung vom Versuch". In: *Juristische Rundschau* 1976, 248 - 251. [Anmerkung zu BGH, Urteil vom 16. September 1975 – 1 StR 264/75].

GÖTZ, HEINRICH: „Das Urteil gegen Daschner im Lichte der Werteordnung des Grundgesetzes". In: *Neue Juristische Wochenschrift* 58 (2005), 953 - 957.

GÖTZ, VOLKMAR: *Allgemeines Polizei- und Ordnungsrecht.* 13., neubearb. Aufl. Göttingen: Vandenhoeck und Ruprecht, 2001.

GRABENWARTHER, CHRISTOPH: *Europäische Menschenrechtskonvention.* 2. Aufl. München: Beck, 2005.

GRAUL, EVA: „Tatbestand vor Rechtswidrigkeit? Zum Freispruch aus § 193 StGB". In: *Neue Zeitschrift für Strafrecht* 11 (1991), 457 - 462.

GREBING, GERHARDT: „Die Grenzen des rechtfertigenden Notstands im Strafrecht. Ein Beitrag zur dogmatischen Bedeutung der Angemessenheitsklausel des § 34 Satz 2 StGB". In: *Goltdammer's Archiv für Strafrecht* 1979, 81 - 106.

GUCKELBERGER, ANNETTE: „Zulässigkeit von Polizeifolter?". In: *Verwaltungsblätter für Baden-Württemberg* 25 (2004), 121 - 127.

GUDJONSSON, GISLI: *The Psychology of Interrogations, Confessions and Testimony.* Chichester (u. a.): John Wiley & Sons, 1993.

GÜNTHER, HANS-LUDWIG: „Der ‚Versuch' des räuberischen Angriffs auf Kraftfahrer. Ein Beitrag zur Dogmatik der Unternehmensdelikte". In: *Juristenzeitung* 1987, 16 - 28.

GÜNTHER, HANS-LUDWIG: „Verwerflichkeit von Nötigungen trotz Rechtfertigungsnähe? Zugleich ein Beitrag zur Sitzblockadenproblematik". In: Arzt, Gunther et al.: *Festschrift für Jürgen Baumann zum 70. Geburtstag. 22. Juni 1992.* Bielefeld: Gieseking, 1992. 213 - 225.

GÜNTHER, HELLMUTH: „Folgepflicht, Remonstration und Verantwortlichkeit des Beamten. Eine Skizze zur fachlichen Weisung". In: *Zeitschrift für Beamtenrecht* 1988, 297 - 317.

GUSY, CHRISTOPH: „Der Vorrang des Gesetzes". In: *Juristische Schulung* 23 (1983), 189 - 194.

GUSY, CHRISTOPH: „Freiheitsentziehung und Grundgesetz". In: *Neue Juristische Wochenschrift* 45 (1992), 457 - 463.

GUSY, CHRISTOPH: „Wiedergelesen: ‚Christian Thomasius': Über die Folter, 1705". In: *Juristenzeitung* 60 (2005), 239 - 241.

GUSY, CHRISTOPH: „Zur Bedeutung von Art. 3 EMRK im Ausländerrecht". In: *Zeitschrift für Ausländerrecht und Ausländerpolitik* 13 (1993), 63 - 70.

GUSY, CHRISTOPH: *Polizeirecht.* 5., neubearb. Aufl. Tübingen: Mohr Siebeck, 2003.

HAEDRICH, MARTINA: „Von der Allgemeinen Erklärung der Menschenrechte zur internationalen Menschenrechtsordnung". In: *Juristische Arbeitsblätter* 31 (1999), 251 - 260.

HAFFKE, BERNHARD: „Der ‚gute' Positivismus im Lichte des Völkerstrafrechts". In: Prittwitz, Cornelius et al. (Hg.): *Festschrift für Klaus Lüderssen. Zum 70. Geburtstag am 2. Mai 2002.* Baden-Baden: Nomos, 2002. 395 - 409.

HAFFKE, BERNHARD: „Schweigepflicht, Verfahrensrevision und Beweisverbot". In: *Goltdammer's Archiv für Strafrecht* 1973, 65 - 84.

HAFT, FRITJOF: *Strafrecht. Allgemeiner Teil. Eine Einführung für Anfangssemester.* 9. Aufl. München: Beck, 2004.

HAILBRONNER, KAY / RANDELZHOFER, ALBRECHT: „Zur Zeichnung der UN-Folterkonvention durch die Bundesrepublik Deutschland." In: *Europäische Grundrechtezeitschrift* 13 (1986), 641 - 648.

HAILBRONNER, KAY: „Das Refoulement-Verbot und die humanitären Flüchtlinge im Völkerrecht". In: *Zeitschrift für Ausländerrecht und Ausländerpolitik* 7 (1987), 3 - 11.

HAMM, RAINER: „Monokeltests und Menschenwürde". In: *Neue Juristische Wochenschrift* 52 (1999), 922 - 923.

HAMM, RAINER: „Schluss der Debatte über Ausnahmen vom Folterverbot!" In: *Neue Juristische Wochenschrift* 56 (2003), 946.

HAMM, RAINER: „Sind die USA als Rechtsstaat noch vorbildlich?". In: *Neue Juristische Wochenschrift* 55 (2002), 3150 - 3151.

HARDTUNG, BERNHARD: „Der Irrtum über die Schuld im Lichte des § 35 StGB". In: *Zeitschrift für die gesamte Strafrechtswissenschaft* 108 (1996), 26 - 60.

HARDTUNG, BERNHARD: „Erfolgsqualifizierter Versuch einer Körperverletzung mit Todesfolge". In: *Neue Zeitschrift für Strafrecht* 23 (2003), 261 - 263. [Anmerkung zu BGH, Urteil vom 9. Oktober 2002 – 5 StR 42/02].

HARKS, THOMAS: „Der Schutz der Menschenwürde bei der Entnahme fötalen Gewebes. Zur Bedeutung des Zusammenfallens von pränatalem und postmortalem Grundrechtsschutz". In: *Neue Juristische Wochenschrift* 55 (2002), 716 - 722.

HARTLEB, TORSTEN: „Der neue § 14 III LuftSiG und das Grundrecht auf Leben". In: *Neue Juristische Wochenschrift* 58 (2005), 1397 - 1401.

HAURAND, GÜNTER / VAHLE, JÜRGEN: „Rechtliche Aspekte der Gefahrenabwehr in Entführungsfällen". In: *Neue Zeitschrift für Verwaltungsrecht* 22 (2003), 513 - 521.

HECKER, WOLFGANG: „Relativierung des Folterverbots in der BRD?". In: *Kritische Justiz* 36 (2003), 210 - 218.

HECKMANN, DIRK: „Polizeiliche Datenerhebung und -verarbeitung". In: *Verwaltungsblätter für Baden-Württemberg* 13 (1992), 164 - 173.

HEGER, MARTIN: „Zur Strafbarkeit von Doping im Sport". In: *Juristische Arbeitsblätter* 35 (2003), 76 - 83.

HEINRICH, BERND: „§ 224 Abs. 1 Nr. 4 StGB". In: *Juristische Rundschau* 2003, 212 - 215. [Anmerkung zu BGH, Urteil vom 3. September 2002 – 5 StR 210/02].

HEINTSCHEL-HEINEGG, BERND VON: „Objektive Zurechnung im Strafrecht. 1. Teil: Grundlagen und Kausalitätstheorien". In: *Juristische Arbeitsblätter* 26 (1994), 31 - 34.

HERDEGEN, MATTHIAS: *Völkerrecht*. 4., überarb. und erw. Aufl. München: Beck, 2005.

HERMES, GEORG / WALTHER, SUSANNE: „Schwangerschaftsabbruch zwischen Recht und Unrecht. Das zweite Abtreibungsurteil des BVerfG und seine Folgen". In: *Neue Juristische Wochenschrift* 46 (1993), 2337 - 2347.

HERRMANN, HORST: *Die Folter. Eine Enzyklopädie des Grauens*. Frankfurt am Main: Eichborn, 2004.

HERRMANN, JOACHIM: „Menschenrechtsfeindliche und menschenrechtsfreundliche Auslegung von § 27 des Grenzgesetzes der DDR. Zum Mauerschützenurteil des BGH vom 3. 11. 1992". In: *Neue Zeitschrift für Strafrecht* 13 (1993), 118 - 121.

HERSH, SEYMOUR M.: „Chain of Command: How the Department of Defense mishandled the disaster at Abu Ghraib". In: *The New Yorker*, 17. Mai 2004, 38 - 43.

HERZBERG, ROLF DIETRICH: „Abergläubische Gefahrabwendung und mittelbare Täterschaft durch Ausnutzung eines Verbotsirrtums. BGHSt. 35, 347". In: *Juristische Ausbildung* 12 (1990), 16 - 26.

HERZBERG, ROLF DIETRICH: „Die nötigende Gewalt (§ 240 StGB). Problem der begrifflichen Ein- und Abgrenzung". In: *Goltdammer's Archiv für Strafrecht* 1997, 251 - 278.

HERZBERG, ROLF DIETRICH: „Die Schuld beim Fahrlässigkeitsdelikt". In: *Juristische Ausbildung* 6 (1984), 402 - 414.

HERZBERG, ROLF DIETRICH: „Folter und Menschenwürde". In: *Juristenzeitung* 60 (2005), 321 - 329.

HERZBERG, ROLF DIETRICH: „Täterschaft, Mittäterschaft und Akzessorietät der Teilnahme". In: *Zeitschrift für die gesamte Strafrechtswissenschaft* 99 (1987), 49 - 81.

HERZOG, FELIX: „Gentechnologie – Forschungskontrolle durch Strafrecht?". In: *Zeitschrift für die gesamte Strafrechtswissenschaft* 105 (1993), 727 - 751.

HETZER, WOLFGANG: „Terrorabwehr im Rechtsstaat". In: *Zeitschrift für Rechtspolitik* 38 (2005), 132 - 135.

HILGENDORF, ERIC: „Folter im Rechtsstaat?". In: *Juristenzeitung* 59 (2004), 331 - 339.

HILGENDORF, ERIC: „Körperteile als ‚gefährliche Werkzeuge'. Plädoyer für einen funktionalen Werkzeugbegriff". In: *Zeitschrift für die gesamte Strafrechtswissenschaft* 112 (2000), 811 - 833.

HILGER, HANS: „Zum Strafverfahrensrechtsänderungsgesetz 1999 (StVÄG 1999) – 1. Teil". In: *Neue Zeitschrift für Strafrecht* 20 (2000), 561 - 565.

HILLENKAMP, THOMAS: „Verfahrenshindernisse von Verfassungs wegen". In: *Neue Juristische Wochenschrift* 42 (1989), 2841 - 2849.

HILLENKAMP, THOMAS: *Die Bedeutung von Vorsatzkonkretisierungen bei abweichendem Kausalverlauf*. Göttingen: Schwartz, 1971.

HINRICHS, ULRIKE: „,Big Brother' und die Menschenwürde". In: *Neue Juristische Wochenschrift* 53 (2000), 2173 - 2176.

HINSLIFF, GABY / THOMPSON, TONY: „We shot dead innocent man, Met admits". In: *The Observer International Edition*, 24. Juli 2005, 1.

HINTZ, ELKE / WINTERBERG, THOMAS: „,Big Brother'. Die modernen Superstars als ,Reformer' der Verfassung". In: *Zeitschrift für Rechtspolitik* 34 (2001), 293 - 297.

HIRSCH, HANS JOACHIM: „Zum Unrecht des fahrlässigen Delikts". In: Dölling, Dieter (Hg.): *Jus humanum. Grundlagen des Rechts und Strafrecht. Festschrift für Ernst-Joachim Lampe zum 70. Geburtstag.* Berlin: Duncker & Humblot, 2003. 515 - 536.

HIRSCH, HANS JOACHIM: „Zur Problematik des erfolgsqualifizierten Delikts". In: *Goltdammer's Archiv für Strafrecht* 1972, 65 - 78.

HIRSCH, HANS-JOACHIM: „Strafrecht und rechtsfreier Raum". In: Kaufmann, Arthur (u. a.) (Hg.): *Festschrift für Paul Bockelmann zum 70. Geburtstag am 7. Dezember 1978.* München: Beck, 1979. 89 - 115.

HOBE, STEPHAN: „Staatsrecht – Rechtsstaatsprinzip". In: *Juristische Arbeitsblätter* 26 (1994), 394 - 396.

HOFFMANN, BERND VON / THORN, KARSTEN: *Internationales Privatrecht.* 8., neubearb. Aufl. München: Beck, 2005.

HOFFMANN, KARL: „Bemerkungen zur Aussageerpressung". In: *Neue Juristische Wochenschrift* 6 (1953), 972.

HÖFLING, WOLFRAM / RIXEN, STEPHAN: „Verdachtserweckung als Pflichtverletzung im Disziplinarrecht? – BVerwGE 114, 140". In: *Juristische Schulung* 42 (2002), 855 - 858.

HÖFLING, WOLFRAM: „Die Unantastbarkeit der Menschenwürde. Annäherungen an einen schwierigen Verfassungsrechtssatz". In: *Juristische Schulung* 35 (1995), 857 - 862.

HÖFLING, WOLFRAM: „Grundrechtstatbestand – Grundrechtsschranken – Grundrechtsschrankenschranken". In: *Juristische Ausbildung* 16 (1994), 169 - 173.

HOFMANN, MANFRED: „Die Online-Durchsuchung – staatliches ,Hacken' oder zulässige Ermittlungsmaßnahme?". In: *Neue Zeitschrift für Strafrecht* 25 (2005), 121 - 125.

HOYER, ANDREAS: *Die strafrechtliche Verantwortlichkeit innerhalb von Weisungsverhältnissen. Sonderregeln für Amts- und Wehrdelikte und ihre Übertragbarkeit auf privatrechtliche Organisationen.* München: Beck, 1998.

HOYNG, HANS / ILSEMANN, SIEGESMUND VON: „Privatkrieg auf Staatskosten". In: *Der Spiegel* 19, 3. Mai 2004, 132 - 144.

„,Ich hatte in dieser Situation keine andere Möglichkeit.' Vize-Polizeipräsident Daschner zur Entscheidung, dem mutmaßlichen Mörder Jakob von Metzlers die Zufügung von Schmerzen anzudrohen." In: *Frankfurter Allgemeine Zeitung* 45, 22. Februar 2003, 61.

IPSEN, JÖRN: *Staatsrecht I. Staatsorganisationsrecht.* 17., überarb. Aufl. München: Luchterhand, 2005.

IPSEN, JÖRN: *Staatsrecht II. Grundrechte.* 8., überarb. Aufl. München: Luchterhand, 2005.

IPSEN, KNUT: *Völkerrecht.* 5., völlig neubearb. Aufl. München: Beck, 2004.

ISENSEE, JOSEF / KIRCHHOF, PAUL (Hg.): *Handbuch des Staatsrechts der Bundesrepublik Deutschland. Band V. Allgemeine Grundrechtslehren.* Heidelberg: C. F. Müller, 1992.

ISENSEE, JOSEF / KIRCHHOF, PAUL (Hg.): *Handbuch des Staatsrechts der Bundesrepublik Deutschland. Band VI. Freiheitsrechte*. Heidelberg: C. F. Müller, 1989.

ISENSEE, JOSEF / KIRCHHOF, PAUL (Hg.): *Handbuch des Staatsrechts der Bundesrepublik Deutschland. Band VII. Normativität und Schutz der Verfassung – Internationale Beziehungen*. Heidelberg: C. F. Müller, 1992.

ISENSEE, JOSEF: *Das Grundrecht auf Sicherheit. Zu den Schutzpflichten des freiheitlichen Verfassungsstaates*. Berlin (u. a.): De Gruyter, 1983. [Vortrag gehalten vor der Berliner Juristischen Gesellschaft am 24. November 1982 – erweiterte Fassung].

ISENSEE, JOSEF: *Tabu im freiheitlichen Staat. Jenseits und diesseits der Rationalität des Rechts*. Paderborn (u. a.): Schöningh, 2003.

JÄGER, CHRISTIAN: „Die Abwägbarkeit menschlichen Lebens im Spannungsfeld von Strafrechtsdogmatik und Rechtsphilosophie". In: *Zeitschrift für die gesamte Strafrechtswissenschaft* 115 (2003), 765 - 790.

JÄGER, CHRISTIAN: „Die Delikte gegen Leben und körperliche Unversehrtheit nach dem 6. Strafrechtsreformgesetz. Ein Leitfaden für Studium und Praxis". In: *Juristische Schulung* 40 (2000), 31 - 39.

JÄHNKE, BURKHARD / LAUFHÜTTE, HEINRICH WILHELM / ODERSKY, WALTER (Hg.): *Strafgesetzbuch. Leipziger Kommentar. Großkommentar*. 11., neubearb. Aufl. Erster Band: Einleitung; §§ 1 - 31. Berlin (u. a.): De Gruyter, 2003.

JÄHNKE, BURKHARD / LAUFHÜTTE, HEINRICH WILHELM / ODERSKY, WALTER (Hg.): *Strafgesetzbuch. Leipziger Kommentar. Großkommentar*. 11., neubearb. Aufl. Zweiter Band: §§ 32 - 60. Berlin (u. a.): De Gruyter, 2003.

JÄHNKE, BURKHARD / LAUFHÜTTE, HEINRICH WILHELM / ODERSKY, WALTER (Hg.): *Strafgesetzbuch. Leipziger Kommentar. Großkommentar*. 11., neubearb. Aufl. 12. Lieferung: §§ 110 - 112. Berlin (u. a.): De Gruyter, 1994.

JÄHNKE, BURKHARD / LAUFHÜTTE, HEINRICH WILHELM / ODERSKY, WALTER (Hg.): *Strafgesetzbuch. Leipziger Kommentar. Großkommentar*. 11., neubearb. Aufl. 30. Lieferung: §§ 339 - 345. Berlin (u. a.): De Gruyter, 1999.

JÄHNKE, BURKHARD / LAUFHÜTTE, HEINRICH WILHELM / ODERSKY, WALTER (Hg.): *Strafgesetzbuch. Leipziger Kommentar. Großkommentar*. 11., neubearb. Aufl. 32. Lieferung: §§ 144 - 165. Berlin (u. a.): De Gruyter, 2000.

JÄHNKE, BURKHARD / LAUFHÜTTE, HEINRICH WILHELM / ODERSKY, WALTER (Hg.): *Strafgesetzbuch. Leipziger Kommentar. Großkommentar*. 11., neubearb. Aufl. 37. Lieferung: §§ 223 - 233. Berlin (u. a.): De Gruyter, 2001.

JÄHNKE, BURKHARD / LAUFHÜTTE, HEINRICH WILHELM / ODERSKY, WALTER (Hg.): *Strafgesetzbuch. Leipziger Kommentar. Großkommentar*. 11., neubearb. Aufl. 42. Lieferung: §§ 239 - 241a. Berlin (u. a.): De Gruyter, 2002.

JÄHNKE, BURKHARD / LAUFHÜTTE, HEINRICH WILHELM / ODERSKY, WALTER (Hg.): *Strafgesetzbuch. Leipziger Kommentar. Großkommentar*. 11., neubearb. Aufl. 44. Lieferung: §§ 211 - 219b. Berlin (u. a.): De Gruyter, 2002.

JÄHNKE, BURKHARD / LAUFHÜTTE, HEINRICH WILHELM / ODERSKY, WALTER (Hg.): *Strafgesetzbuch. Leipziger Kommentar. Großkommentar*. 11., neubearb. Aufl. 47. Lieferung: §§ 348 - 355; 357, 358. Berlin (u. a.): De Gruyter, 2004.

JAKOBS, GÜNTHER: *Strafrecht Allgemeiner Teil. Die Grundlagen und die Zurechnungslehre. Lehrbuch.* 2., neubearb. und erw. Aufl. Berlin (u. a.): De Gruyter, 1991.

JARASS, HANS D. / PIEROTH, BODO: *Grundgesetz für die Bundesrepublik Deutschland. Kommentar.* 7. Aufl. München: Beck, 2004.

JARASS, HANS D.: „Bausteine einer umfassenden Grundrechtsdogmatik". In: *Archiv des öffentlichen Rechts* 120 (1995), 345 - 381.

JARASS, HANS D.: „Das allgemeine Persönlichkeitsrecht im Grundgesetz". In: *Neue Juristische Wochenschrift* 42 (1989), 857 - 862.

JASCH, MICHAEL: „Übernahme von Garantenpflichten aus Ingerenz? Zugleich eine Auseinandersetzung mit BGH, NStZ 2003, 259". In: *Neue Zeitschrift für Strafrecht* 25 (2005), 8 - 13.

JASCHINSKI, ANNELIE: „Und bist du nicht willig, so …". In: *ForumRecht* 20 (2003), 64.

JEAND'HEUR, BERND / CREMER, WOLFRAM: „Der praktische Fall – Öffentliches Recht: Warnungen vor Sekten". In: *Juristische Schulung* 40 (2000), 991 - 996.

JEROUSCHEK, GÜNTER / KÖLBEL, RALF: „Folter von Staats wegen?". In: *Juristenzeitung* 58 (2003), 613 - 620.

JEROUSCHEK, GÜNTER: „Gefahrenabwendungsfolter. Rechtsstaatliches Tabu oder polizeirechtlich legitimierter Zwangseinsatz?". In: *Juristische Schulung* 45 (2005), 296 - 302.

JESCHECK, HANS-HEINRICH / WEIGEND, THOMAS: *Lehrbuch des Strafrechts. Allgemeiner Teil.* 5., vollst. neubearb. und erw. Aufl. Berlin: Duncker & Humblot, 1996.

JESCHECK, HANS-HEINRICH: *Die Verantwortlichkeit der Staatsorgane nach Völkerstrafrecht. Eine Studie zu den Nürnberger Prozessen.* Bonn: Röhrscheid, 1952.

JEßBERGER, FLORIAN: „‚Wenn Du nicht redest, füge ich Dir große Schmerzen zu.'". In: *Juristische Ausbildung* 25 (2003), 711 - 715.

JOECKS, WOLFGANG / MIEBACH, KLAUS (Hg.): *Münchener Kommentar zum Strafgesetzbuch. Band 1. §§ 1 - 51 StGB.* München: Beck, 2003.

JOECKS, WOLFGANG / MIEBACH, KLAUS (Hg.): *Münchener Kommentar zum Strafgesetzbuch. Band 3. §§ 185 - 262 StGB.* München: Beck, 2003.

KADELBACH, STEFAN: *Zwingendes Völkerrecht.* Berlin: Duncker & Humblot, 1992 [Zugl.: Frankfurt am Main, Univ., Diss., 1991].

KARGL, WALTER / KIRSCH, STEFAN: „Zur Zulässigkeit eines untauglichen Beweismittels im Strafverfahren – BGHSt 44, 308". In: *Juristische Schulung* 40 (2000), 537 - 542.

KAUFMANN, ARTHUR: „Die Radbruchsche Formel vom gesetzlichen Unrecht und vom übergesetzlichen Recht in der Diskussion um das im Namen der DDR begangene Unrecht". In: *Neue Juristische Wochenschrift* 48 (1995), 81 - 86.

KAUFMANN, ARTHUR: „Rechtsfreier Raum und eigenverantwortliche Entscheidung. Dargestellt am Problem des Schwangerschaftsabbruchs". In: Schroeder, Friedrich-Christian / Zipf, Heinz (Hg.): *Festschrift für Reinhart Maurach zum 70. Geburtstag.* Karlsruhe: C. F. Müller, 1972. 327 - 345.

KELLER, CHRISTOPH: *Fallsammlung zum Eingriffsrecht Nordrhein-Westfalen.* 2., überarb. und aktualisierte Aufl. Stuttgart (u. a.): Boorberg, 2002.

KIEHL, WALTER: „Das Ende der ‚kleinen Sexualdelikte'?". In: *Neue Juristische Wochenschrift* 42 (1989), 3003 - 3005.

KINZIG, JÖRG: „Not kennt kein Gebot? Die strafrechtlichen Konsequenzen von Folterhandlungen an Tatverdächtigen durch Polizeibeamte mit präventiver Zielsetzung". In *Zeitschrift für die gesamte Strafrechtswissenschaft* 115 (2003), 791 - 814.

KION, DIETER: „Grundfragen der Kausalität bei Tötungsdelikten – BGH, NJW 1966, 1823". In: *Juristische Schulung* 7 (1967), 499 - 504.

KIRCHHOF, PAUL: „Verfassungsrechtlicher Schutz und internationaler Schutz der Menschenrechte: Konkurrenz oder Ergänzung?". In: *Europäische Grundrechtezeitschrift* 21 (1994), 16 - 44.

KIRN, THOMAS: „,Denke an seine angsterfüllten Augen'. Prozeß gegen Polizei-Vizepräsident Daschner eröffnet. Mitangeklagter Kommissar bestreitet Vorwürfe". In: *Frankfurter Allgemeine Zeitung* 271, 19. November 2004, 53.

KIRN, THOMAS: „Bald ein Jahr ‚Fall Daschner'. Noch immer sind nicht alle Zeugen vernommen". In: *Frankfurter Allgemeine Zeitung* 193, 21. August 2003, 38.

KIRN, THOMAS: „Das Motiv bleibt rätselhaft. Die Anklage wirft dem mutmaßlichen Mörder Jakob von Metzlers Heimtücke und Habgier vor". In: *Frankfurter Allgemeine Sonntagszeitung* 4, 26. Januar 2003, R2.

KIRN, THOMAS: „Höchststrafe für Jakob von Metzlers Mörder. Das Gericht folgt nicht dem Antrag der Verteidigung und stellt die besondere Schwere der Schuld fest". In: *Frankfurter Allgemeine Zeitung* 173, 29. Juli 2003, 7.

KITZ, HEINZ-EBERHARD: *Die Notstandsklausel des Art. 15 der Europäischen Menschenrechtskonvention.* Berlin: Duncker & Humblot, 1982. [Zugl.: Heidelberg, Univ., Diss., 1980/81].

KLEIN, ECKART / HARATSCH, ANDREAS: „Die Landesverfassungsbeschwerde. Ein Instrument zur Überprüfung der Anwendung von Bundesrecht?". In: *Juristische Schulung* 40 (2000), 209 - 215.

KLEIN, ECKART: „Grundrechtliche Schutzpflicht des Staates". In: *Neue Juritische Wochenschrift* 42 (1989), 1633 - 1640.

KLEIN, ECKART: „Schutz der Grund- und Menschenrechte durch die Verwaltungsgerichtsbarkeit". In: *Landes- und Kommunalverwaltung* 13 (2003), 74 - 77.

KLEIN, ECKART: „Universeller Menschenrechtsschutz – Realität oder Utopie?". In *Europäische Grundrechtezeitschrift* 26 (1999), 109 - 115.

KNEMEYER, FRANZ-LUDWIG: *Polizei- und Ordnungsrecht. Lehr- und Arbeitsbuch mit Anleitungen für die Klausur.* 10., überarb. Aufl. München: Beck, 2004.

KOKOTT, JULIANE / DOEHRING, KARL / BUERGENTHAL, THOMAS: *Grundzüge des Völkerrechts.* 3., neubearb. Aufl. Heidelberg: C. F. Müller, 2003.

KOMMISSION DER EUROPÄISCHEN GEMEINSCHAFTEN: „Mitteilung der Kommission an den Rat, das Europäische Parlament, den Wirtschafts- und Sozialausschuss und den Ausschuss der Regionen. Schaffung einer sichereren Informationsgesellschaft durch Verbesserung der Sicherheit von Informationsinfrastrukturen und Bekämpfung der Computerkriminalität". URL: http://europa.eu.int/eur-lex/de/com/cnc/2000/com2000_0890de01.pdf [Stand: 21. Juli 2005].

KÖNIG, PETER: „Denunziantentum und Rechtsbeugung. Zugleich Besprechung des Urteils des BGH vom 23. 10. 1996 – BGHSt. 42, 275". In: *Juristische Rundschau* 1997, 317 - 322.

KONSTANTINOW, GEORG: „Die Anklage gegen Milosevic im System des Jugoslawien-Tribunals". In: *Zeitschrift für Rechtspolitik* 34 (2001), 359 - 363.

KOPP, FERDINAND O. / SCHENKE, WOLF-RÜDIGER: *Verwaltungsgerichtsordnung. Kommentar.* 14., neubearb. Aufl. München: Beck, 2005.

KORTE, MARCUS: *Das Handeln auf Befehl als Strafausschließungsgrund. Die Wirkung des Befehls im Deutschen Recht und im Römischen Statut für den Internationalen Strafgerichtshof.* Baden-Baden: Nomos, 2004. [Zugl.: Düsseldorf, Univ., Diss., 2003].

KRAJEWSKI, MARKUS: „Selbstverteidigung gegen bewaffnete Angriffe nicht-staatlicher Organisationen. Der 11. September 2001 und seine Folgen". In: *Archiv des Völkerrechts* 40 (2002), 183 - 214.

KRATSCH, DIETRICH: „Für oder wider die ‚Rechtsfolgenlösung' des Großen Senats in Strafsachen? Zur Auslegung des § 211 StGB". In: *Juristische Arbeitsblätter* 14 (1982), 401 - 405.

KREß, CLAUS: „Strafrecht und Angriffskrieg im Lichte des ‚Falles Irak'". In: *Zeitschrift für die gesamte Strafrechtswissenschaft* 115 (2003), 294 - 351.

KREß, CLAUS: „War Crimes Committed in Non-International Armed Conflict and the Emerging System of International Criminal Justice". In: *Israel Yearbook on Human Rights* 30 (2000), 103 - 177.

KRETSCHMER, BERNHARD: „Folter in Deutschland: Rückkehr einer Ungeheuerlichkeit?". In: *Recht und Politik* 39 (2003), 102 - 118.

KRETZMER, DAVID: „Targeted Killing of Suspected Terrorists. Extra-Judicial Executions or Legitimate Means of Defence?". In: *The European Journal of International Law* 16 (2005), 171 - 212.

KREY, VOLKER / HEINRICH, MANFRED: *Strafrecht Besonderer Teil. Band 1. Besonderer Teil ohne Vermögensdelikte.* 13., völlig neubearb. Aufl. Stuttgart: Kohlhammer, 2005.

KREY, VOLKER: „Kritische Anmerkungen anläßlich des Sitzblockaden-Beschlusses des Ersten Senats vom 10. Januar 1995. Zweiter Teil." In: *Juristische Rundschau* 1995, 265 - 273.

KREY, VOLKER: *Deutsches Strafrecht. Allgemeiner Teil. Band 2. Täterschaft und Teilnahme, Unterlassungsdelikte, Versuch und Rücktritt, Fahrlässigkeitsdelikte.* 2., neubearb. Aufl. Stuttgart: Kohlhammer, 2005.

KRIEBAUM, URSULA: *Folterprävention in Europa. Die Europäische Konvention zur Verhütung von Folter und unmenschlicher oder erniedrigender Behandlung oder Bestrafung.* Wien: Verlag Österreich, 2000.

KRIEKEN, PETER VAN: „Folter und Asyl". In: *Zeitschrift für Ausländerrecht und Ausländerpolitik* 6 (1986), 17 - 23.

KUBE, HANNO: „Die Elfes-Konstruktion". In: *Juristische Schulung* 43 (2003), 111 - 118.

KUDLICH, HANS: „Zur Übung – Strafrecht: Eine missglückte Rache". In: *Juristische Schulung* 43 (2003), 32 - 35.

KÜHL, KRISTIAN: „Gewaltsames Durchsetzen einer ‚Forderung' aus Drogengeschäft". In: *Neue Zeitschrift für Strafrecht* 24 (2004), 387 - 389. [Anmerkung zu BGH, Urteil vom 7. August 2003 – 3 StR 137/03].

KÜHL, KRISTIAN: *Lackner/Kühl. StGB. Strafgesetzbuch. Kommentar.* 25., neubearb. Aufl. München: Beck, 2004.

KÜHL, CHRISTIAN: *Strafrecht. Allgemeiner Teil.* 5., neubearb. Aufl. München: Vahlen, 2005.

KÜHNE, HANS-HEINER: *Strafprozessrecht. Eine systematische Darstellung des deutschen und europäischen Strafverfahrensrechts.* 6., völlig neubearb. und erw. Aufl. Heidelberg: C. F. Müller, 2003.

KUNIG, PHILIP: „Gesetzgebungsbefugnis von Bund und Ländern – Allgemeine Fragen“. In: *Juristische Ausbildung* 18 (1996), 254 - 261.

KUNIG, PHILIP: „Grundrechtlicher Schutz des Lebens“. In: *Juristische Ausbildung* 13 (1991), 415 - 423.

KÜPER, WILFRIED: „Das ‚Wesentliche' am ‚wesentlich überwiegenden Interesse'. Zur Interpretation der Interessenabwägungsformel des § 34 StGB“. In: *Goltdammer's Archiv für Strafrecht* 1983, 289 - 298.

KÜPER, WILFRIED: „Die dämonische Macht des ‚Katzenkönigs' oder: Probleme des Verbotsirrtums und Putativnotstands an den Grenzen strafrechtlicher Begriffe“. In: *Juristenzeitung* 1989, 617 - 628.

KÜPER, WILFRIED: „Grundsatzfragen der ‚Differenzierung' zwischen Rechtfertigung und Entschuldigung. Notstand, Pflichtenkollision, Handeln auf dienstliche Weisung“. In: *Juristische Schulung* 27 (1987), 81 - 92.

KÜPER, WILFRIED: „Mittelbare Täterschaft, Verbotsirrtum des Tatmittlers und Verantwortungsprinzip. Zugleich zu BGH, 15. 9. 1988 – 4 StR 352/88 („Katzenkönig“-Urteil) –“. In: *Juristenzeitung* 1989, 935 - 949.

KÜPER, WILFRIED: *Strafrecht. Besonderer Teil. Definitionen mit Erläuterungen.* 6., neubearb. Aufl. Heidelberg: C. F. Müller, 2005.

KÜPPER, GEORG: „Anspruch und wirkliche Bedeutung des Theorienstreits über die Abgrenzung von Täterschaft und Teilnahme“. In: *Goltdammer's Archiv für Strafrecht* 1986, 437 - 449.

KÜPPER, GEORG: „Rücktritt vom Versuch eines Unterlassungsdelikts“. In: *Juristische Schulung* 20 (2000), 225 - 230.

KÜPPER, GEORG: „Zum Verhältnis von dolus eventualis, Gefährdungsvorsatz und bewußter Fahrlässigkeit“. In: *Zeitschrift für die gesamte Strafrechtswissenschaft* 100 (1988), 758 - 785.

LAMBIRIS, ANDREAS: *Klassische Standardbefugnisse im Polizeirecht.* Stuttgart (u. a.): Boorberg, 2002. [Zugl.: Passau, Univ., Diss., 2001].

LANGE, RICHARD: „Terrorismus kein Notstandsfall? Zur Anwendung des § 34 StGB im öffentlichen Recht“. In: *Neue Juristische Wochenschrift* 31 (1978), 784 - 786.

LARENZ, KARL / CANARIS, CLAUS-WILHELM: *Methodenlehre der Rechtswissenschaft.* 3., neubearb. Aufl. Berlin (u. a.): Springer, 1995.

LASER, ANDREA: „Das Rechtsschutzsystem gegen strafprozessuale Zwangsmaßnahmen“. In: *Neue Zeitschrift für Strafrecht* 21 (2001), 120 - 124.

LAUBENTHAL, KLAUS / BAIER, HELMUT: „Durch die Ausländereigenschaft bedingte Verbotsirrtümer und die Perspektiven europäischer Rechtsvereinheitlichung“. In: *Goltdammer's Archiv für Strafrecht* 2000, 205 - 223.

LAUBENTHAL, KLAUS: „Der Versuch des qualifizierten Delikts einschließlich des Versuchs im besonders schweren Fall bei Regelbeispielen“. In: *Juristenzeitung* 1987, 1065 - 1070.

LAUE, CHRISTIAN: „Ist der erfolgsqualifizierte Versuch einer Körperverletzung mit Todesfolge möglich? – BGH, NJW 2003, 150". In: *Juristische Schulung* 43 (2003), 743 - 747.

LAUFF, WERNER: „Der Schutz bürgerlicher und politischer Rechte durch die Vereinten Nationen". In: *Neue Juristische Wochenschrift* 34 (1981), 2611 - 2614.

LAUFHÜTTE, HEINRICH WILHELM: „Strafrechtliche Probleme nach der Wiedervereinigung der beiden deutschen Staaten und ihre Bewältigung durch die Strafsenate des BGH". In: *Zeitschrift für Vermögens- und Immobilienrecht* 11 (2001), 521 - 528.

LENCKNER, THEODOR: „Der ‚rechtswidrige verbindliche Befehl' im Strafrecht – nur noch ein Relikt?". In: Küper, Wilfried / Welp, Jürgen: *Beiträge zur Rechtswissenschaft. Festschrift für Walter Stree und Johannes Wessels zum 70. Geburtstag.* Heidelberg: Müller, 1993. 223 - 240.

LERNER, NATAN: „The U.N. Convention on Torture". In: *Israel Yearbook on Human Rights* 16 (1986), 126 - 142.

LESCH, HEIKO: „Unrechtseinsicht und Erscheinungsformen des Verbotsirrtums". *Juristische Arbeitsblätter* 28 (1996), 504 - 509.

LIMBACH, JUTTA: „Das Bundesverfassungsgericht und der Grundrechtsschutz in Europa". In: *Neue Juristische Wochenschrift* 54 (2001), 2913 - 2919.

LISKEN, HANS / DENNINGER, ERHARD (Hg.): *Handbuch des Polizeirechts.* 3., neubearb. und erw. Aufl. München: Beck, 2001.

LOCHTE-HANDJERY, KARIN: „Das Verschulden im Rahmen des Amtshaftungsanspruchs – zeitgemäße Haftungsvoraussetzung oder Relikt lang vergangener Tage?". In: *Juristische Schulung* 41 (2001), 1186 - 1189.

„Londons Polizei unter Druck. Falsche Angaben zur Erschiessung eines Brasilianers". In: *Neue Zürcher Zeitung Internationale Ausgabe* 191, 18. August 2005, 3.

LÜBBE-WOLFF, GERTRUDE: „Unabhängige Richter im Interesse der Demokratie. Mut zu unbequemen Entscheidungen". In: *Neue Zürcher Zeitung Internationale Ausgabe* 39, 16. Februar 2005, 11.

LÜCKE, JÖRG: „Die spezifischen Schranken des allgemeinen Persönlichkeitsrechts und ihre Geltung für die vorbehaltlosen Grundrechte. Zu den Schranken der vorbehaltlosen Freiheitsrechte aus Art. 2 Abs. 1 in Verbindung mit Art. 1 Abs. 1 GG". In: *Die Öffentliche Verwaltung* 55 (2002), 93 - 103.

LÜDERSSEN, KLAUS: „Die Folter bleibt tabu. Kein Paradigmenwechsel geboten". In: Rogall, Klaus et al. (Hg.): *Festschrift für Hans-Joachim Rudolphi zum 70. Geburtstag.* Neuwied: Luchterhand, 2004. 691 - 712.

MACHACEK, RUDOLF: „Für die Menschenwürde – eine Welt ohne Folter". In: Morscher, Siegbert / Pernthaler, Peter / Wimmer, Norbert (Hg.): *Recht als Aufgabe und Verantwortung. Festschrift Hans R. Klecatsky zum 70. Geburtstag.* Wien: Manzsche Verlags- und Universitätsbuchhandlung, 1990. 143 - 157.

„Magnus G. tut es ‚unendlich leid'. Schlußwort des Angeklagten." In: *Frankfurter Allgemeine Zeitung* 165, 19. Juli 2003, 7.

„Magnus G. wurde mit Gewalt gedroht. Staatsanwaltschaft ermittelt gegen Polizei". In: *Frankfurter Allgemeine Zeitung* 41, 18. Februar 2003, 9.

„Magnus Gäfgen erhebt Beschwerde. ‚Verletzung des Folterverbots'". In: *Frankfurter Allgemeiner Zeitung* 159, 12. Juli 2005, 9.

MAISON, RAFAËLLE: „Les premiers cas d'application des dispositions pénales des Conventions de Genève par les juridictions internes". In: *The European Journal of International Law* 6 (1995), 260 - 273.

MARTIN, SIGMUND P.: „Tötungsdelikte – bedingter Vorsatz und Mittäterschaft". In: *Juristische Schulung* 40 (2000), 1234 - 1235.

MARTIN, SIGMUND P.: „Verwertbarkeit von Angaben gegenüber Privatpersonen". In: *Juristische Schulung* 37 (1997), 278.

MARX, REINHARD: „Die Konvention der Vereinten Nationen gegen Folter und andere grausame, unmenschliche oder erniedrigende Behandlung oder Strafe". In: *Zeitschrift für Rechtspolitik* 19 (1986), 81 - 85.

MARX, REINHARD: „Folter: eine zulässige polizeiliche Präventionsmaßnahme?". In: *Kritische Justiz* 37 (2004), 278 - 304.

MAUNZ, THEODOR ET AL.: *Bundesverfassungsgerichtsgesetz. Kommentar. Band 1. § 1 - § 57.* München: Beck.

MAUNZ, THEODOR ET AL.: *Grundgesetz. Kommentar. Band I. Art. 1 - 11.* München: Beck.

MAUNZ, THEODOR ET AL.: *Grundgesetz. Kommentar. Band VI. Art. 100 - 146.* München: Beck.

MAUNZ, THEODOR ET AL.: *Grundgesetz. Sonderdruck. Kommentierung der Artikel 1 und 2 Grundgesetz von Günter Dürig.* München: Beck.

MAURACH, REINHART / SCHROEDER, FRIEDRICH-CHRISTIAN / MAIWALD, MANFRED: *Strafrecht Besonderer Teil. Teilband 1. Straftaten gegen Persönlichkeits- und Vermögenswerte.* 9., neubearb. Aufl. Heidelberg: C. F. Müller, 2003.

MAURACH, REINHART / SCHROEDER, FRIEDRICH-CHRISTIAN / MAIWALD, MANFRED: *Strafrecht Besonderer Teil. Teilband 2. Straftaten gegen Gemeinschaftswerte.* 9., neubearb. Aufl. Heidelberg: C. F. Müller, 2005.

MAURACH, REINHART / ZIPF, HEINZ: *Strafrecht Allgemeiner Teil. Teilband 1. Grundlehren des Strafrechts und Aufbau der Straftat.* 8., neubearb. und erw. Aufl. Heidelberg: C. F. Müller, 1992.

MAYR, JOHANN: *Error in persona vel obiecto und aberratio ictus bei der Notwehr.* Frankfurt a. M. (u. a.): Lang, 1992. [Zugl.: Passau, Univ., Diss., 1992].

MCEWAN, IAN: *Saturday.* Zürich: Diogenes, 2005.

MERKEL, REINHARD: „Gründe für den Ausschluss der Strafbarkeit im Völkerstrafrecht". In: *Zeitschrift für die gesamte Strafrechtswissenschaft* 114 (2002), 437 - 454.

MERKEL, REINHARD: „Tödlicher Behandlungsabbruch und mutmaßliche Einwilligung bei Patienten im apallischen Syndrom. Zugleich eine Besprechung von BGH NJW 1995, 204". In: *Zeitschrift für die gesamte Strafrechtswissenschaft* 107 (1995), 545 - 575.

MERON, THEODOR: *Human Rights and Humanitarian Norms as Customary Law.* Oxford: Clarendon Press, 1989.

MERTEN, DETLEF / PAPIER, HANS-JÜRGEN (Hg.): *Handbuch der Grundrechte in Deutschland und Europa. Band I. Entwicklung und Grundlagen.* Heidelberg: C. F. Müller, 2004.

MERTEN, DETLEF: „Zum Streit um den Todesschuß. Vom Tätermitleid zur Opferpreisgabe?". In: Hailbronner, Kay / Ress, Georg / Stein, Torsten (Hg.): *Staat und Völkerrechtsordnung. Festschrift für Karl Doehring.* Berlin (u. a.): Springer, 1989. 579 - 605.

MERTEN, JAN: „Folterverbot und Grundrechtsdogmatik. Zugleich ein Beitrag zur aktuellen Diskussion um die Menschenwürde“. In: *Juristische Rundschau* 2003, 404 - 408.

MERZ, SUSANNE: *Strafrechtlicher Ehrenschutz und Meinungsfreiheit.* Frankfurt: Lang, 1998. [Zugl.: Heidelberg, Univ., Diss., 1997].

MEURER, DIETER: „Dogmatik und Pragmatismus. Marksteine der Rechtsprechung des BGH in Strafsachen“. In: *Neue Juristische Wochenschrift* 53 (2000), 2936 - 2945.

MEYER, FRANK: „Die Problematik des Nötigungsnotstands auf der Grundlage eines Solidaritätsprinzips“. In: *Goltdammer's Archiv für Strafrecht* 151 (2004), 356 - 369.

MEYER, FRANK: „Strafbarkeit und Strafwürdigkeit von ‚Stalking' im deutschen Recht“. In: *Zeitschrift für die gesamte Strafrechtswissenschaft* 115 (2003), 249 - 293.

MEYER-GOßNER, LUTZ / APPL, EKKEHARD: *Die Urteile in Strafsachen sowie Beschlüsse und Protokoll der Hauptverhandlung.* 27., neubearb. Aufl. München: Vahlen, 2002.

MEYER-GOßNER, LUTZ: „Typische materiell-rechtliche Fehler in Strafurteilen aus revisionsrechtlicher Sicht“. In: *Neue Zeitschrift für Strafrecht* 6 (1986), 49 - 53.

MEYER-GOßNER, LUTZ: *Strafprozessordnung. Mit GVG und Nebengesetzen.* 48., neubearb. Aufl. München: Beck, 2005.

MEYER-LADEWIG, JENS / PETZOLD, HERBERT: „Die Bindung deutscher Gerichte an Urteile des EGMR. Neues aus Straßburg und Karlsruhe“. In: *Neue Juristische Wochenschrift* 58 (2005), 15 - 20.

MEYER-LADEWIG, JENS: *Konvention zum Schutz der Menschenrechte und Grundfreiheiten. Handkommentar.* Baden-Baden: Nomos, 2003.

MICROSOFT DEUTSCHLAND GMBH: „Microsoft Security Bulletin MS03-026. Puffer-Überlauf in RPC-Schnittstelle kann Codeausführung ermöglichen“. URL: http://www.microsoft.com/germany/technet/sicherheit/bulletins/ms03-026.mspx [Stand: 2. Dezember 2005].

MIEHE, OLAF: „Nochmals: Die Debatte über Ausnahmen vom Folterverbot“. In: *Neue Juristische Wochenschrift* 56 (2003), 1219 - 1220.

MILMO, CAHAL / PHILLIPS, TOM: „In the wrong place. At the wrong time“. In: *The Independent*, 25. Juli 2005, 1.

MITSCH, WOLFGANG: „Fahrlässigkeit und Straftatsystem“. In: *Juristische Schulung* 41 (2001), 105 - 112.

MITSCH, WOLFGANG: „Festnahme mit Todesfolge – BGH, NJW 2000, 1348“. In: *Juristische Schulung* 40 (2000), 848 - 852.

MITSCH, WOLFGANG: „Strafrechtsschutz gegen gewaltsame Verhinderung eines Mordes?“. In: *Die Polizei* 2004, 254 - 256.

MITTELSDORF, KATHLEEN: „Blockade mit Versammlungscharakter als strafbare Nötigung – BVerfG, NJW 2002, 1031“. In: *Juristische Schulung* 42 (2002), 1062 - 1066.

MUCKEL, STEFAN: „Die Grenzen der Gewissensfreiheit“. In: *Neue Juristische Wochenschrift* 53 (2000), 689 - 692.

MÜLLER, HENNING ERNST: „Zur Notwehr bei Schweigegelderpressung (Chantage)“. In: *Neue Zeitschrift für Strafrecht* 13 (1993), 366 - 368.

MÜLLER, REINHARD: „‚Die Tür zu einem dunklen Raum geöffnet'. Schwere Vorwürfe und Forderung nach milder Strafe für Daschner“. In: *Frankfurter Allgemeine Zeitung* 289, 10. Dezember 2004, 2.

MÜLLER, REINHARD: „‚Ein Riegel vor jegliche Versuchung'. Das Frankfurter Landgericht erkennt im Fall Daschner keinen extremen Ausnahmefall". In: *Frankfurter Allgemeine Zeitung* 298, 21. Dezember 2004, 3.

MÜLLER, REINHARD: „‚Ich wollte meine Ruhe haben'". In: *Frankfurter Allgemeine Zeitung* 277, 26. November 2004, 3.

MÜLLER, REINHARD: „Die gefesselte Hand". In: *Frankfurter Allgemeine Zeitung* 299, 22. Dezember 2004, 1.

MÜLLER-FRANKEN, SEBASTIAN: „Über den Umgang mit ungerügten Grundrechten bei der Verfassungsbeschwerde". In: *Die Öffentliche Verwaltung* 52 (1992), 590 - 597.

MÜLLER-NEUHOF, JOST: „‚Folter in bestimmten Fällen erlaubt'. Richterbund-Vorsitzender verteidigt Frankfurter Polizisten". In: *Der Tagesspiegel*, 20. Februar 2003. URL: http://archiv.tagesspiegel.de/archiv/20.02.2003/446356.asp [Stand: 2. Dezember 2005].

MÜNCH, INGO VON / KUNIG, PHILIP (Hg.): *Grundgesetz-Kommentar. Band 1 (Präambel bis Art. 19)*. 5., neubearb. Aufl. München: Beck, 2000.

MÜNCH, INGO VON / KUNIG, PHILIP (Hg.): *Grundgesetz-Kommentar. Band 2 (Art. 20 bis Art. 69)*. 4./5., neubearb. Aufl. München: Beck, 2001.

MÜNCH, INGO VON / KUNIG, PHILIP (Hg.): *Grundgesetz-Kommentar. Band 3 (Art. 70 bis Art. 146 und Gesamtregister)*. 4./5., neubearb. Aufl. München: Beck, 2003.

MURSWIEK, DIETRICH: „Das Bundesverfassungsgericht und die Dogmatik mittelbarer Grundrechtseingriffe. Zu der Glykol- und der Osho-Entscheidung vom 26. 6. 2002". In: *Neue Zeitschrift für Verwaltungsrecht* 22 (2003), 1 - 8.

MUSHOFF, TOBIAS: „Kein Ende der Begehrlichkeiten. Folter droht zur polizeilichen Zwangsmaßnahme zu werden". In: *ForumRecht* 20 (2003), 97 - 99.

MÜSSIG, BERND: „Beweisverbote im Legitimationszusammenhang von Strafrechtstheorie und Strafverfahren". In: *Goltdammer's Archiv für Strafrecht* 1999, 119 - 142.

NAQVI, YASMIN: „Amnesty for war crimes: Defining the limits of international recognition". In: *International Review of the Red Cross* 85 (2003), 583 - 626.

NEUHAUS, RALF: „Die Aussageerpressung zur Rettung des Entführten: strafbar!" In: *Goltdammer's Archiv für Strafrecht* 2004, 521 - 539.

NEUHAUS, RALF: „Zur Notwendigkeit der qualifizierten Beschuldigtenbelehrung. Zugleich Anmerkung zu LG Dortmund NStZ 1997, 356 (in diesem Heft)". In: *Neue Zeitschrift für Strafrecht* 17 (1997), 312 - 316.

NIEBLER, ENGELBERT: „Die Rechtsprechung des Bundesverfassungsgerichts zum obersten Rechtswert der Menschenwürde". In: *Bayerische Verwaltungsblätter* 35 (1989), 737 - 742.

NILL-THEOBALD, CHRISTIANE: *„Defences" bei Kriegsverbrechen am Beispiel Deutschlands und der USA. Zugleich ein Beitrag zu einem Allgemeinen Teil des Völkerstrafrechts*. Freiburg: Edition iuscrim, 1998. [Zugl.: Freiburg, Univ., Diss., 1997].

NOWAK, MANFRED: „Die Europäische Konvention zur Verhütung der Folter. Regelmäßige Besuche von Haftanstalten durch Europäisches Komitee zur Verhütung der Folter ab 1989". In: *Europäische Grundrechtezeitschrift* 15 (1988), 537 - 542.

NOWAK, MANFRED: „Die UNO-Konvention gegen die Folter vom 10. Dezember 1984". In: *Europäische Grundrechtezeitschrift* 12 (1985), 109 - 116.

NOWAK, MANFRED: *UNO-Pakt über bürgerliche und politische Rechte und Fakultativprotokoll. CCPR-Kommentar.* Kehl am Rhein (u. a.): Engel, 1989.

OBERLANDESGERICHT DÜSSELDORF: „Zweites Al Tawhid Verfahren: Angeklagte zu mehrjährigen Freiheitsstrafen verurteilt". Pressemitteilung, 26. Oktober 2005. URL: http://www.olg-duesseldorf.nrw.de/presse/material/mitteil/Pressemitteilung-2005-10-26-Al-Tawhid-Urteil.pdf [Stand: 2. Dezember 2005].

OEHLER, DIETRICH: „Das erfolgsqualifizierte Delikt als Gefährdungsdelikt". In: *Zeitschrift für die gesamte Strafrechtswissenschaft* 69 (1957), 501 - 521.

OETER, STEFAN: „Terrorismus und Menschenrechte". In: *Archiv des Völkerrechts* 40 (2002), 422 - 453.

ORENTLICHER, DIANE F.: „Settling Accounts: The Duty To Prosecute Human Rights Violations of a Prior Regime". In: *The Yale Law Journal* 100 (1991), 2537 - 2615.

OSTENDORF, HERIBERT: „Die strafrechtliche Rechtmäßigkeit rechtswidrigen hoheitliche Handelns". In: *Juristenzeitung* 36 (1981), 165 - 175.

OTTO, HARRO: „Grenzen und Tragweite der Beweisverbote im Strafverfahren". In: *Goltdammer's Archiv für Strafrecht* 1970, 289 - 305.

OTTO, HARRO: „Mittelbare Täterschaft und Verbotsirrtum". In: Schünemann, Bernd et al. (Hg.): *Festschrift für Claus Roxin zum 70. Geburtstag am 15. Mai 2001.* Berlin (u. a.): De Gruyter, 2001. 483 - 501.

OTTO, HARRO: „Täterschaft, Mittäterschaft, mittelbare Täterschaft". In: *Juristische Ausbildung* 9 (1987), 246 - 258.

OTTO, HARRO: „Versuchsbeginn bei Erforderlichkeit der Mitwirkung des Opfers – Giftfalle". In: *Neue Zeitschrift für Strafrecht* 18 (1998), 241 - 244.

OTTO, HARRO: *Grundkurs Strafrecht. Allgemeine Strafrechtslehre.* 7., neubearb. Aufl. Berlin: De Gruyter Recht, 2004.

OTTO, HARRO: *Grundkurs Strafrecht. Die einzelnen Delikte.* 7., neubearb. Aufl. Berlin (u. a.): De Gruyter Recht, 2005.

PACHE, ECKHARD: „Das europäische Grundrecht auf einen fairen Prozess". In: *Neue Zeitschrift für Verwaltungsrecht* 20 (2001), 1342 - 1347.

PAEFFGEN, HANS-ULRICH: „Unzeitgemäße (?) Überlegungen zum Gewalt- und Nötigungsbegriff". In: Samson, Erich et al. (Hg.): *Festschrift für Gerald Grünwald zum siebzigsten Geburtstag.* Baden-Baden: Nomos, 1999. 433 - 468.

PAPIER, HANS-JÜRGEN / MÖLLER, JOHANNES: „Die rechtsstaatliche Bewältigung von Regime-Unrecht nach 1945 und nach 1989". In: *Neue Juristische Wochenschrift* 52 (1999), 3289 - 3297.

PAULUS, ANDREAS: „Triumph und Tragik des Völkerstrafrechts". In: *Neue Juristische Wochenschrift* 52 (1999), 2644 - 2646.

PAWLIK, MICHAEL: „§ 14 Abs. 3 des Luftsicherheitsgesetzes – ein Tabubruch?". In: *Juristenzeitung* 2004, 1045 - 1055.

PEGLAU, JENS: *Der Schutz des allgemeinen Persönlichkeitsrechts durch das Strafrecht.* Frankfurt am Main (u. a.): Lang, 1997. [Zugl.: Bochum, Univ., Diss., 1996].

PELTZER, MARTIN: „Staatsexamen in der U-Haft". In: *Zeitschrift für Rechtspolitik* 36 (2003), 288 - 289.

PERRON, WALTER: „Foltern in Notwehr?“. In: Heinrich, Bernd et al. (Hg.): *Festschrift für Ulrich Weber zum 70. Geburtstag. 18. September 2004.* Bielefeld: Gieseking, 2004. 143 - 154.

PETERS, KARL: „Zur Lehre von den persönlichen Strafausschließungsgründen“. In: *Juristische Rundschau* 1949, 496 - 500.

PETERS, KARL: *Strafprozeß. Ein Lehrbuch.* 4., neubearb. und erw. Aufl. Heidelberg: C. F. Müller, 1985.

PFEIFFER, GERD (Hg.): *Karlsruher Kommentar zur Strafprozessordnung und zum Gerichtsverfassungsgesetz mit Einführungsgesetz.* 5., neubearb. Aufl. München: Beck, 2003.

PFEIFFER, GERD: *Strafprozessordnung. Kommentar.* 5., neubearb. Aufl. München: Beck, 2005.

PIEROTH, BODO / SCHLINK, BERNHARD / KNIESEL, MICHAEL: *Polizei- und Ordnungsrecht.* 2. Aufl. München: Beck, 2004.

PIEROTH, BODO / SCHLINK, BERNHARD: *Grundrechte. Staatsrecht II.* 21., neubearb. Aufl. Heidelberg: C. F. Müller, 2005.

PIEROTH, BODO: „Examensklausur: ‚Die Rufbereitschaft des Feuerwehrmanns'“. In: *Nordrhein-Westfälische Verwaltungsblätter* 16 (2002), 163 - 166.

PRANTL, HERIBERT: „Falsch im Namen des Volkes“. In: *Süddeutsche Zeitung* 296, 21. Dezember 2004, 4.

PRIEST, DANA: „CIA Holds Terror Suspects in Secret Prisons; Debate Is Growing Within Agency About Legality and Morality of Overseas System Set Up After 9/11“. In: *The Washington Post*, 2. November 2005, A01.

PRIEST, DANA: „Wrongful Imprisonment: Anatomy of a CIA Mistake. German Citizen Released After Months in 'Rendition'“. In: *The Washington Post*, 4. Dezember 2005, A01.

PUHL, STEFAN: „Europäisches Anti-Folter-Abkommen“. In: *Neue Juristische Wochenschrift* 43 (1990), 3057 - 3058.

PUPPE, INGEBORG: „Der Vorstellungsinhalt des dolus eventualis“. In: *Zeitschrift für die gesamte Strafrechtswissenschaft* 103 (1991), 1 - 42.

PUPPE, INGEBORG: „Die Logik der Hemmschwellentheorie des BGH. Zugleich eine Besprechung von BGH, Urteil vom 7. 11. 1991 - 4 StR 451/91 (LG Passau)“. In: *Neue Zeitschrift für Strafrecht* 12 (1992), 576 - 577.

PUPPE, INGEBORG: „Zur Revision der Lehre vom ‚konkreten' Vorsatz und der Beachtlichkeit der aberratio ictus“. In: *Goltdammer's Archiv für Strafrecht* 1981, 1 - 20.

QUARITSCH, HELMUT: *Recht auf Asyl. Studien zu einem mißdeuteten Grundrecht.* Berlin: Duncker & Humblot, 1985.

QUOIRIN, MARIANNE: „Eine Selbstverständlichkeit: Das Folterverbot“. In: *Deutsche Richterzeitung* 81 (2003), 114.

RADBRUCH, GUSTAV: „Gesetzliches Unrecht und übergesetzliches Recht“. In: *Süddeutsche Juristenzeitung* 1 (1946), 105 - 108.

RADTKE, HENNING: „Überlegungen zum Verhältnis von ‚zivilem Ungehorsam' zur ‚Gewissenstat'“. In: *Goltdammer's Archiv für Strafrecht* 2000, 19 - 50.

RAESS, MARKUS: *Der Schutz vor Folter im Völkerrecht.* Zürich: Schulthess, 1989. [Zugl.: Zürich, Univ., Diss., 1988].

RANFT, OTTFRIED: „Bemerkungen zu den Beweisverboten im Strafprozeß“. In: Seebode, Manfred (Hg.): *Festschrift für Günter Spendel zum 70. Geburtstag am 11. Juli 1992.* Berlin (u. a.): De Gruyter, 1992. 719 - 736.

RANFT, OTTFRIED: „Hilfspflicht und Glaubensfreiheit in strafrechtlicher Sicht. Eine Stellungnahme zum Beschluß des Bundesverfassungsgerichts vom 19. 10. 1971“. In: Evers, Hans Ulrich et al. (Hg.): *Persönlichkeit in der Demokratie. Festschrift für Erich Schwinge zum 70. Geburtstag.* Köln (u. a.): Hanstein, 1973. 111 - 125.

REBMANN, KURT / RIXECKER, ROLAND / SÄCKER, FRANZ JÜRGEN (Hg.): *Münchener Kommentar zum Bürgerlichen Gesetzbuch. Band 5. Schuldrecht Besonderer Teil III. §§ 705 - 853. Partnerschaftsgesellschaftsgesetz. Produkthaftungsgesetz.* 4. Aufl. München: Beck, 2004.

REICHEL, ERNST: *Das staatliche Asylrecht „im Rahmen des Völkerrechts“. Zur Bedeutung des Völkerrechts für die Interpretation des deutschen Asylrechts.* Berlin: Duncker & Humblot, 1987.

REINDEL, FLORIAN: *Auslegung menschenrechtlicher Verträge am Beispiel der Spruchpraxis des UN-Menschenrechtsausschusses, des Europäischen und des Interamerikanischen Gerichtshofs für Menschenrechte.* München: VVF, 1995. [Zugl.: München, Univ., Diss., 1995].

REINHART, MICHAEL: „Abschied vom strafrechtlichen Rechtmäßigkeitsbegriff“. In: *Neue Juristische Wochenschrift* 50 (1997), 911 - 914.

REINHART, MICHAEL: „Das Bundesverfassungsgericht wechselt die Pferde: Der strafrechtliche Rechtmäßigkeitsbegriff“. In: *Strafverteidiger* 15 (1995), 101 - 107.

RENGIER, RUDOLF: „StGB § 211 (Strafmilderung bei Mord)“. In: *Neue Zeitschrift für Strafrecht* 4 (1984), 20 – 23. [Anmerkung zu BGH, Beschluß vom 2. August 1983 – 5 StR 503/83].

RENGIER, RUDOLF: „Totschlag oder Mord und Freispruch aussichtslos? Zur Tötung von (schlafenden) Familientyrannen“. In: *Neue Zeitschrift für Strafrecht* 24 (2004), 233 - 240.

RENGIER, RUDOLF: *Strafrecht Besonderer Teil II. Delikte gegen die Person und die Allgemeinheit.* 6., neubearb. Aufl. München: Beck, 2005.

RIEß, PETER (Hg.): *Löwe-Rosenberg. Die Strafprozeßordnung und das Gerichtsverfassungsgesetz. Großkommentar. Zweiter Band. §§ 72- 136a.* 25., neubearb. Aufl. Berlin: De Gruyter Recht, 2004.

RIEß, PETER (Hg.): *Löwe-Rosenberg. Die Strafprozeßordnung und das Gerichtsverfassungsgesetz. Großkommentar. Dritter Band. §§ 137 - 212b.* 25., neubearb. Aufl. Berlin: De Gruyter Recht, 2004.

RIEß, PETER: „Verfahrenshindernisse von Verfassungs wegen?“. In: *Juristische Rundschau* 1985, 45 - 48.

RILL, HANS-GEORG / VOSSEL, GERHARD: „Psychophysiologische Täterschaftsbeurteilung (‚Lügendetektion', ‚Polygraphie'): Eine kritische Analyse aus psychophysiologischer und psychodiagnostischer Sicht“. In: *Neue Zeitschrift für Strafrecht* 18 (1998), 481 - 486.

RINKER, MIKE: „Strafbarkeit und Strafverfolgung von ‚IP-Spoofing' und ‚Portscanning'“. In: *MultiMedia und Recht* 5 (2002), 663 - 666.

RIXEN, STEPHAN: „Zur Bindungswirkung stattgebender Kammerentscheidungen des BVerfG (§ 93c I 2 i.V. mit § 31 I BVerfGG).“ In: *Neue Zeitschrift für Verwaltungsrecht* 19 (2000), 1364 - 1367.

ROBBERS, GERHARD: „Strafpflichten aus der Verfassung“. In: Lüderssen, Klaus (Hg.): *Aufgeklärte Kriminalpolitik oder Kampf gegen das Böse? Band I: Legitimationen.* Baden-Baden: Nomos, 1998.

ROGALL, KLAUS: „Das Notwehrrecht der Polizeibeamten. BayObLGSt 1991, 141“. In: *Juristische Schulung* 32 (1992), 551 - 559.

ROGALL, KLAUS: „Die verschiedenen Formen des Veranlassens fremder Straftaten“. In: *Goltdammer's Archiv für Strafrecht* 1979, 11 - 26.

ROGALL, KLAUS: *Der Beschuldigte als Beweismittel gegen sich selbst. Ein Beitrag zur Geltung des Satzes ‚Nemo tenetur seipsum prodere' im Strafprozeß.* Berlin: Duncker & Humblot, 1977. [Zugl.: Bonn, Univ., Diss., 1976].

RÖNNAU, THOMAS / FAUST, FLORIAN / FEHLING, MICHAEL: „Durchblick: Kausalität und objektive Zurechnung“. In: *Juristische Schulung* 44 (2004), 113 - 118.

ROOS, CHRISTOPH: *Die Vermeidbarkeit des Verbotsirrtums nach § 17 StGB im Spiegel der BGH-Rechtsprechung. Zugleich ein Beitrag zur Analyse latenter richterlicher Wertungen in Entscheidungsgründen.* Berlin: Duncker & Humblot, 2000. [Zugl.: Frankfurt (Main), Univ., Diss., 1997].

ROSTEK, HOLGER: *Der rechtlich unverbindliche Befehl. Ein Beitrag zur Effektivitätskontrolle des Rechts.* Berlin: Duncker & Humblot, 1971.

ROTSCH, THOMAS: „Der praktische Fall – Strafrecht: Der Kalif von K.“ In: *Juristische Schulung* 42 (2002), 887 - 893.

ROTSCH, THOMAS: „Die Tötung des Familientyrannen: heimtückischer Mord? Eine Systematisierung aus aktuellem Anlass“. In: *Juristische Schulung* 45 (2005), 12 - 18.

ROTSCH, THOMAS: „Neues zur Organisationsherrschaft“. In: *Neue Zeitschrift für Strafrecht* 25 (2005), 13 - 18.

ROXIN, CLAUS / SCHÜNEMANN, BERND / HAFFKE, BERNHARD: *Strafrechtliche Klausurenlehre mit Fallrepetitorium.* 4., neubearb. und erw. Aufl. Köln (u. a.): Heymanns, 1982.

ROXIN, CLAUS: „Der entschuldigende Notstand nach § 35 StGB (Teil 1)“. In: *Juristische Arbeitsblätter* 22 (1990), 97 - 103.

ROXIN, CLAUS: „Der entschuldigende Notstand nach § 35 StGB (Teil 2)“. In: *Juristische Arbeitsblätter* 22 (1990), 137 - 143.

ROXIN, CLAUS: „Kann staatliche Folter in Ausnahmefällen zulässig oder wenigstens straflos sein?“. In: Arnold, Jörg et al. (Hg.): *Menschengerechtes Strafrecht. Festschrift für Albin Eser zum 70. Geburtstag.* 461 - 471.

ROXIN, CLAUS: „Rechtfertigungs- und Entschuldigungsgründe in Abgrenzung von sonstigen Strafausschließungsgründen“. In: *Juristische Schulung* 28 (1988), 425 - 433.

ROXIN, CLAUS: „Straftaten im Rahmen organisatorischer Machtapparate“. In: *Goltdammer's Archiv für Strafrecht* 1963, 193 - 207.

ROXIN, CLAUS: „Tatentschluß und Anfang der Ausführung beim Versuch“. In: *Juristische Schulung* 19 (1979), 1 - 13.

ROXIN, CLAUS: „Verwerflichkeit und Sittenwidrigkeit als unrechtsbegründende Merkmale im Strafrecht". In: *Juristische Schulung* 4 (1964), 371 - 381.

ROXIN, CLAUS: „Zum Hörfallen-Beschluß des Großen Senats für Strafsachen". In: *Neue Zeitschrift für Strafrecht* 17 (1997), 18 - 21.

ROXIN, CLAUS: *Strafrecht Allgemeiner Teil. Band I. Grundlagen. Der Aufbau der Verbrechenslehre.* 4., vollst. neubearb. Aufl. München: Beck, 2006.

ROXIN, CLAUS: *Strafrecht Allgemeiner Teil. Band II. Besondere Erscheinungsformen der Straftat.* München: Beck, 2003.

ROXIN, CLAUS: *Täterschaft und Tatherrschaft.* 7. Aufl. Berlin (u. a.): De Gruyter, 2000.

ROZEK, JOCHEN: „Landesverfassungsgerichtsbarkeit, Landesgrundrechte und die Anwendung von Bundesrecht. Landesverfassungsgerichtliche Kontrolle der Anwendung von Bundesrecht durch Landesgerichte am Maßstab der Landesgrundrechte?". In: *Archiv des öffentlichen Rechts* 119 (1994), 450 - 483.

RUDOLPHI, HANS-JOACHIM ET AL.: *Systematischer Kommentar zum Strafgesetzbuch. Band 1: Allgemeiner Teil (§§ 1 bis 79).* 7. teilweise 8., neubearb. Aufl. München: Luchterhand, 2003.

RUDOLPHI, HANS-JOACHIM ET AL.: *Systematischer Kommentar zum Strafgesetzbuch. Band 2: Besonderer Teil (§§ 80 bis 358).* 7. Aufl. München: Luchterhand, 2003.

RUDOLPHI, HANS-JOACHIM: „Die Bedeutung eines Gewissensentscheides für das Strafrecht". In: Stratenwerth, Günter et al. (Hg.): *Festschrift für Hans Welzel zum 70. Geburstag am 25. März 1974.* Berlin (u. a.): De Gruyter, 1974. 605 - 635.

RUEF, MARC ET AL.: *Hacking intern.* Düsseldorf: Databecker, 2003.

RUPP, HANS HEINRICH: „Verfassungsprobleme der Gewissensfreiheit". In: *Neue Zeitschrift für Verwaltungsrecht* 10 (1991), 1033 - 1038.

RUTHIG, JOSEF: „Die Unverletzlichkeit der Wohnung (Art. 13 GG n. F.)". In: *Juristische Schulung* 38 (1998), 506 - 516.

SACHS, MICHAEL (Hg.): *Grundgesetz. Kommentar.* 3. Aufl. München: Beck, 2003.

SALIGER, FRANK: „Absolutes im Strafprozeß? Über das Folterverbot, seine Verletzung und die Folgen seiner Verletzung". In: *Zeitschrift für die gesamte Strafrechtswissenschaft* 116 (2004), 35 - 65.

SATZGER, HELMUT: „Das neue Völkerstrafgesetzbuch. Eine kritische Würdigung". In: *Neue Zeitschrift für Strafrecht* 22 (2002), 125 - 132.

SATZGER, HELMUT: „Die Internationalisierung des Strafrechts als Herausforderung für den strafrechtlichen Bestimmtheitsgrundsatz". In: *Juristische Schulung* 44 (2004), 943 - 948.

SATZGER, HELMUT: *Internationales und Europäisches Strafrecht.* Baden-Baden: Nomos, 2005.

SAURER, JOHANNES: „Die Ausweitung sicherheitsrechtlicher Regelungsansprüche im Kontext der Terrorismusbekämpfung". In: *Neue Zeitschrift für Verwaltungsrecht* 24 (2005), 275 - 282.

SCHAEFER, HANS CHRISTOPH: „Freibrief". In: *Neue Juristische Wochenschrift* 56 (2003), 947.

SCHAEFER, HANS CHRISTOPH: „Grenzen erlaubter polizeilicher Ermittlungstätigkeit". In: *Strafverteidiger* 24 (2004), 212 - 217.

SCHAFFSTEIN, FRIEDRICH: „Der Täter hinter dem Täter bei vermeidbarem Verbotsirrtum und verminderter Schuldfähigkeit des Tatmittlers. Zugleich eine Besprechung von BGH – 4 StR 352/88“. In: *Neue Zeitschrift für Strafrecht* 9 (1989), 153 - 158.

SCHARNWEBER, HANS-UWE: „Warum Daschner sich strafbar gemacht hat“. In: *Kriminalistik* 59 (2005), 161 - 165.

SCHENKE, WOLF-RÜDIGER: *Polizei- und Ordnungsrecht.* 4., neubearb. Aufl. Heidelberg: C. F. Müller, 2005.

SCHILD, WOLFGANG: „Die strafrechtsdogmatischen Konsequenzen des rechtsfreien Raumes“. In: *Juristische Arbeitsblätter* 10 (1978), 449 - 456.

SCHILLING, THEODOR: *Internationaler Menschenrechtsschutz. Universelles und europäisches Recht.* Tübingen: Mohr Siebeck, 2004.

SCHLAICH, KLAUS / KORIOTH, STEFAN: *Das Bundesverfassungsgericht. Stellung, Verfahren, Entscheidungen. Ein Studienbuch.* München: Beck, 2004.

SCHLAPP, THOMAS: „StGB § 226 (Zum Tatbestand der Körperverletzung mit Todesfolge)“. In: *Strafverteidiger* 3 (1983), 61 - 63. [Anmerkung zu BGH, Urteil vom 30. Juni 1982 – 2 StR 226/82].

SCHLÜCHTER, ELLEN: „Grundfälle zum Bewertungsirrtum des Täters im Grenzbereich zwischen §§ 16 und 17 StGB“. In: *Juristische Schulung* 25 (1985), 373 - 380.

SCHLÜCHTER, ELLEN: *Mittlerfunktion der Präjudizien. Eine rechtsvergleichende Studie.* Berlin (u. a.): Walter De Gruyter, 1986.

SCHMIDHÄUSER, EBERHARD: *Strafrecht. Allgemeiner Teil. Lehrbuch.* 2., neubearb. Aufl. Tübingen: Mohr, 1975.

SCHMIDT, MARTIN: *Externe Strafpflichten. Völkerstrafrecht und seine Wirkungen im deutschen Strafrecht.* Frankfurt (u. a.): Lang, 2002. [Zugl. Passau, Univ., Diss., 2001].

SCHMIDT-BLEIBTREU, BRUNO / KLEIN, FRANZ: *Kommentar zum Grundgesetz.* 10. Aufl. Neuwied (u. a.): Luchterhand, 2004.

SCHMIDT-JORTZIG, EDZARD: „Systematische Bedingungen der Garantie unbedingten Schutzes der Menschenwürde in Art. 1 GG. Unter besonderer Berücksichtigung der Probleme am Anfang menschlichen Lebens“. In: *Die Öffentliche Verwaltung* 54 (2001), 925 - 932.

SCHMITZ, ROLAND: „Ausspähen von Daten, § 202a StGB“. In: *Juristische Arbeitsblätter* 27 (1995), 478 - 484.

SCHMOECKEL, MATHIAS: *Humanität und Staatsraison. Die Abschaffung der Folter in Europa und die Entwicklung des gemeinen Strafprozeß- und Beweisrechts seit dem hohen Mittelalter.* Köln u.a.: Böhlau, 2000. [Zugl.: München, Univ., Habil., 1998].

SCHNORR, STEFAN / WISSING, VOLKER: „Foltern in Deutschland?“. In: *Zeitschrift für Rechtspolitik* 36 (2003), 142 - 143.

SCHOCH, FERDINAND: „Grundfälle zum Polizei- und Ordnungsrecht. 8. Teil. Rechtsformen polizei- und ordnungsbehördlichen Handelns“. In: *Juristische Schulung* 35 (1995), 215 - 221.

SCHOCH, FRIEDRICH: „Staatliche Informationspolitik und Berufsfreiheit“. Das Urteil des BVerwG vom 18. 10. 1990 (3 C 2/88) im Spiegel der Rechtsordnung“. In: *Deutsches Verwaltungsblatt* 106 (1991), 667 - 674.

SCHÖCH, HEINZ: „Beendigung lebenserhaltender Maßnahmen. Zugleich eine Besprechung der Sterbehilfeentscheidung des BGH vom 13. 9. 1994". In: *Neue Zeitschrift für Strafrecht* 15 (1995), 153 - 157.

SCHÖLZ, JOACHIM / LINGENS, ERIC: *Wehrstrafgesetz.* 4., neubearb. Aufl. München: Beck, 2000.

SCHÖNKE, ADOLF ET AL.: *Strafgesetzbuch. Kommentar.* 26., neubearb. Aufl. München: Beck, 2001.

SCHRÖDER, CHRISTIAN: „Angriff, Scheinangriff und die Erforderlichkeit der Abwehr vermeintlich gefährlicher Angriffe". In: *Juristische Schulung* 40 (2000), 235 - 241.

SCHRÖDER, HORST: „Abstrakt-konkrete Gefährdungsdelikte?". In: *Juristenzeitung* 22 (1967), 522 - 525.

SCHROEDER, FRIEDRICH-CHRISTIAN: „Zehn Jahre strafrechtliche Aufarbeitung des DDR-Unrechts". In: *Neue Juristische Wochenschrift* 53 (2000), 3017 - 3022.

SCHROTH, ULRICH: „Beweisverwertungsverbote im Strafverfahren. Überblick, Strukturen und Thesen zu einem umstrittenen Thema." In: *Juristische Schulung* 38 (1998), 969 - 980.

SCHROTH, ULRICH: „Die Rechtsprechung des BGH zum Tötungsvorsatz in der Form des ‚dolus eventualis'". In: *Neue Zeitschrift für Strafrecht* 10 (1990), 324 - 326.

„Schuldspruch mit Strafandrohung. Mildes Urteil im Frankfurter Prozess um Folterdrohung". In: *Neue Zürcher Zeitung Internationale Ausgabe* 298, 21. Dezember 2004, 39.

SCHULTE, MARTIN: *Schlichtes Verwaltungshandeln. Verfassungs- und verwaltungsdogmatische Strukturüberlegungen am Beispiel des Umweltrechts.* Tübingen: Mohr, 1995. [Zugl.: Münster, Univ., Habil., 1994].

SCHULZ, UWE: „Die mittelbare Täterschaft kraft Organisationsherrschaft – eine notwendige Rechtsfortbildung? BGH, NJW 1994, 2703". In: *Juristische Schulung* 37 (1997), 109 - 113.

SCHÜNEMANN, BERND: „Über die objektive Zurechnung". In: *Goltdammer's Archiv für Strafrecht* 1999, 207 - 229.

SCHÜTZ, PETER: „Artemis und Aurora vor den Schranken des Bauplanungsrechts – BVerwG, NJW 1995, 2648". In: *Juristische Schulung* 36 (1996), 498 - 505.

SCHWAN, HELMUT / KIRN, THOMAS: „Kann Gäfgen verurteilt werden? Wegen Mordes angeklagt: Der Prozeß im Fall Jakob von Metzler beginnt". In: *Frankfurter Allgemeine Sonntagszeitung* 14, 6. April 2003, 14.

SCHWEITZER, MICHAEL / WEBER, ALBRECHT: *Handbuch der Völkerrechtspraxis der Bundesrepublik Deutschland.* Baden-Baden: Nomos, 2004.

SCHWEITZER, MICHAEL: *Staatsrecht III. Staatsrecht. Völkerrecht. Europarecht.* 8., neubearb. Aufl. Heidelberg: C. F. Müller, 2004.

SEEBODE, MANFRED: „Gezielt tödlicher Schuß de lege lata et ferenda. Zur Bedeutung der polizeigesetzlichen Regelungen". In: *Strafverteidiger* 11 (1991), 80 - 85.

SEHER, GERHARD: „Die objektive Zurechnung und ihre Darstellung im strafrechtlichen Gutachten". In: *Juristische Ausbildung* 23 (2001), 814 - 819.

SEIDEL, GERD: *Handbuch der Grund- und Menschenrechte auf staatlicher, europäischer und universeller Ebene. Eine vergleichende Darstellung der Grund- und Menschenrechte des deutschen Grundgesetzes, der Europäischen Menschenrechtskonvention von 1950 und des*

Internationalen Pakts über bürgerliche und politische Rechte von 1966 sowie der Entscheidungspraxis des Bundesverfassungsgerichts und der zuständigen Vertragsorgane. Baden-Baden: Nomos, 1996.

SEIER, JÜRGEN: „Falsche Unfallschilderung zur Erhaltung des Schadensfreiheitsrabatts". In: *Neue Zeitschrift für Verkehrsrecht* 8 (1995), 33 - 35. [Anmerkung zu BayObLG, Beschluß vom 11. März 1994 – 1 St RR 16/94].

SEILER, CHRISTIAN: „Der praktische Fall – Öffentliches Recht: Private Warnungen vor Elektrosmog". In: *Juristische Schulung* 42 (2002), 156 - 162.

SESSAR, KLAUS: „StPO § 261 (Fehlerhafte Beweiswürdigung)". In: *Strafverteidiger* 8 (1988), 93 - 95. [Anmerkung zu BGH, Urteil vom 30. April 1986 – 2 StR 755/85].

SICK, BRIGITTE: „Die Rechtsprechung zur Sexualbeleidigung". In: *Juristenzeitung* 1991, 330 - 335.

SIMMA, BRUNO (Hg.): *The Charter of the United Nations. Volume II.* 2. Aufl. München: Beck, 2002.

SINN, ARNDT: „Gewaltbegriff – quo vadis?". In: *Neue Juristische Wochenschrift* 55 (2002), 1024 - 1025.

SINN, ARNDT: „Tötung Unschuldiger auf Grund § 14 III Luftsicherheitsgesetz rechtmäßig?". In: *Neue Zeitschrift für Strafrecht* 24 (2004), 585 - 593.

SONNEWALD, KARL-HEINZ: *Die Deklaration der Menschenrechte der Vereinten Nationen vom 10. 12. 1948.* Frankfurt am Main (u. a.): Metzner, 1955.

SOWADA, CHRISTOPH: „Die ‚Gubener Hetzjagd': Versuchte Körperverletzung mit Todesfolge". In: *Juristische Ausbildung* 25 (2003), 549 - 559.

STARCK, CHRISTIAN (Hg.): *Das Bonner Grundgesetz. Kommentar. Band 3: Artikel 79 - 146.* 4., vollst. neubearb. Aufl. München: Vahlen, 2001.

STARCK, CHRISTIAN (Hg.): *Kommentar zum Grundgesetz. Band 1: Präambel, Artikel 1 bis 19.* 5., vollst. neu-bearb. Aufl. München: Vahlen, 2005.

STARCK, CHRISTIAN (Hg.): *Kommentar zum Grundgesetz. Band 2: Artikel 20 bis 82.* 5., vollst. neubearb. Aufl. München: Vahlen, 2005.

STARCK, CHRISTIAN: „Verfassungsgerichtsbarkeit und Fachgerichte". In: *Juristenzeitung* 51 (1996), 1033 - 1042.

STEIN, TORSTEN / BUTTLAR, CHRISTIAN VON: *Völkerrecht.* 11., komplett neubearb. Aufl. Köln (u. a.): Heymanns, 2005.

STEINKE, WOLFGANG: „Das Urteil gegen Wolfgang Daschner. Aus der Verteidigerperspektive". In: *Kriminalistik* 59 (2005), 229 - 237.

STERN, KLAUS: *Das Staatsrecht der Bundesrepublik Deutschland. Band I. Grundbegriffe und Grundlagen des Staatsrechts, Strukturprinzipien der Verfassung.* 2., völlig neubearb. Aufl. München: Beck, 1984.

STERN, KLAUS: *Das Staatsrecht der Bundesrepublik Deutschland. Band III/2. Allgemeine Lehren der Grundrechte.* München: Beck, 1994. [Unter Mitwirkung von Michael Sachs].

STRATENWERTH, GÜNTER / KUHLEN, LOTHAR: *Strafrecht Allgemeiner Teil I. Die Straftat.* 5., neubearb. Aufl. Köln: Heymanns, 2004.

STREINZ, RUDOLF (Hg.): *EUV/EGV. Vertrag über die Europäische Union und Vertrag zur Gründung der Europäischen Gemeinschaften.* München: Beck, 2003.

STREINZ, RUDOLF: *Europarecht.* 7., völlig neubearb. Aufl. Heidelberg: C. F. Müller, 2005.

SUDRE, FRÉDÉRIC: *Droit européen et international des droits de l'homme.* 7. Aufl. Paris: Presses Universitaires de France, 2005.

SUR, SERGE: *L'interprétation en droit international public.* Paris: Pichon et Durand-Auzias, 1974.

TAMS, CHRISTIAN J.: „Das LaGrand-Urteil – IGH, EuGRZ 2001, 287". In: *Juristische Schulung* 42 (2002), 324 - 328.

TENCKHOFF, JÖRG: „Grundfälle zum Beleidigungsrecht. 3. Teil. Gegenrechte". In: *Juristische Schulung* 29 (1989), 198 - 203.

TENCKHOFF, JÖRG: „Grundfälle zum Beleidigungsrecht". In: *Juristische Schulung* 28 (1988), 618 - 623.

„Terrorverdächtiger in London floh nicht". In: *Frankfurter Allgemeine Zeitung* 191, 18. August 2005, 2.

THIELE, CHRISTOPH: „Plastinierte ‚Körperwelten', Bestattungszwang und Menschenwürde". In: *Neue Zeitschrift für Verwaltungsrecht* 19 (2000), 405 - 408.

THOMASIUS, CHRISTIAN: *Über die Folter. Untersuchungen zur Geschichte der Folter.* Übersetzt und herausgegeben von Rolf Lieberwirth. Weimar: Hermann Böhlaus Nachfolger, 1960.

TIEMANN, AXEL: „Der Schutzbereich des Art. 2 II 2 GG. Zum Grundrecht auf Bewegungsfreiheit im Asylverfahrensrecht. In: *Neue Zeitschrift für Verwaltungsrecht* 6 (1987), 10 - 15.

TIETJE, CHRISTIAN: „Kommentierungen des Grundgesetzes im Prozess seiner Internationalisierung". In: *Die Verwaltung* 36 (203), 239 - 253.

TOMUSCHAT, CHRISTIAN: „Grundpflichten des Individuums nach Völkerrecht". In: *Archiv des Völkerrechts* 21 (1983), 289 - 315.

TOMUSCHAT, CHRISTIAN: „Internationale Terrorismusbekämpfung als Herausforderung für das Völkerrecht". In: *Die Öffentliche Verwaltung* 59 (2006), 357 - 369.

TOMUSCHAT, CHRISTIAN: „The Duty to Prosecute International Crimes Committed by Individuals". In: Cremer, Hans-Joachim et al. (Hg.): *Tradition und Weltoffenheit. Festschrift für Helmut Steinberger.* Berlin (u. a.): Springer, 2002. 315 - 349.

TORKA, RONALD: *Nachtatverhalten und Nemo tenetur. Eine Untersuchung über die Grenzen „zulässiger Verteidigung" und die Relevanz des Nemo-tenetur-Prinzips bei der Strafzumessung selbstbegünstigenden Nachtatverhaltens gem. § 46 Abs. 2 StGB.* Berlin: Duncker & Humblot, 2000. [Zugl.: Passau, Univ., Diss., 1998/99].

„Tote und Verletzte in der Londoner Innenstadt. Drei Sprengsätze in der U-Bahn / Stadtbus zerfetzt / Blair: Unsere Entschlossenheit ist größer als die der Terroristen". In: *Frankfurter Allgemeine Zeitung* 156/27 D, 8. Juli 2005, 1.

TREMML, BERND / KARGER, MICHAEL: *Der Amtshaftungsprozeß. Amtshaftung, Notarhaftung, Europarecht.* München: Vahlen, 1998.

TRIEPEL, HEINRICH: *Völkerrecht und Landesrecht.* Aalen: Scientia Antiquariat, 1958. [Unveränderter Nachdruck der Auflage Leipzig, 1899].

TRÖNDLE, HERBERT / FISCHER, THOMAS: *Strafgesetzbuch und Nebengesetze.* 53., neubearb. Aufl. München: Beck, 2006.

U.S. DEPARTMENT OF JUSTICE: „Memorandum for Alberto R. Gonzales. Counsel to the President. Re: Standards of Conduct for Interrogation under 18 U.S.C. §§ 2340-2340A.“ URL: http://www.washingtonpost.com/wp-srv/nation/documents/dojinterrogationmemo 20020801.pdf [Stand: 2. Dezember 2005].

U.S. DEPARTMENT OF JUSTICE: „Memorandum for James B. Comey. Deputy Attorney General. Re: Legal Standards Applicable Under 18 U.S.C. §§ 2340-2340A.“ URL: http:// www.usdoj.gov/olc/dagmemo.pdf [Stand: 2. Dezember 2005].

U.S. SENATE SELECT COMMITTEE ON INTELLIGENCE / U.S. HOUSE PERMANENT SELECT COMMITTEE ON INTELLIGENCE: „Joint Inquiry into Intelligence Community Activities Before and After the Terrorist Attacks of September 11, 2001“. URL: http://a257.g. akamaitech.net/7/257/2422/24jul20031400/www.gpoaccess.gov/serialset/creports/pdf/fullr eport_errata.pdf [Stand: 2. Dezember 2005].

UMBACH, DIETER C. / CLEMENS, THOMAS (Hg.): *Bundesverfassungsgerichtsgesetz. Mitarbeiterkommentar und Handbuch.* Heidelberg: Müller, 1992.

VALERIUS, BRIAN: „Das globale Unrechtsbewusstsein – Oder: zum Gewissen im Internet“. In: *Neue Zeitschrift für Strafrecht* 23 (2003), 341 - 346.

VALERIUS, BRIAN: „Europäische Vorgaben des Folterverbots“. In: Tomášek, Michal (Hg.): *Grundfragen des europäischen Strafrechts. Sammelband des Deutsch-Tschechischen Grundlagenseminars zum europäischen Strafrecht, 21. - 22. April 2005 in Prag.* Prag: Juristische Fakultät der Bayerischen Julius-Maximilans Universität Würzburg und Juristische Fakultät der Karlsuniversität zu Prag, Editionszentrum, 2005. 98 - 115.

VERDROSS, ALFRED / SIMMA, BRUNO: *Universelles Völkerrecht. Theorie und Praxis.* 3., völlig neubearb. Aufl. Berlin: Duncker & Humblot, 1984.

VERREL, TORSTEN: „(Noch kein) Ende der Hemmschwellentheorie“. In: *Neue Zeitschrift für Strafrecht* 24 (2004), 309 - 312.

VERREL, TORSTEN: „Nemo tenetur. Rekonstruktion eines Verfahrensgrundsatzes. 1. Teil“. In: *Neue Zeitschrift für Strafrecht* 17 (1997), 361 - 365.

VEST, HANS: „Humanitätsverbrechen. Herausforderung für das Individualstrafrecht?“. In: *Zeitschrift für die gesamte Strafrechtswissenschaft* 113 (2001), 457 - 498.

„Vierzehn dramatische Stunden“. In: *Frankfurter Allgemeine Zeitung* 298, 39. 21. Dezember 2004. [Zusammenfassung der gerichtlichen Beweisaufnahme].

VITZTHUM, WOLFGANG GRAF / PROELß, ALEXANDER: „Weinimporte aus Frankreich. Übungsklausur zum Ersten Staatsexamen (Öffentliches Recht) – Lösungsvorschlag zu VBlBW 2002, 134“. In: *Verwaltungsblätter für Baden-Württemberg* 23 (2002), 167 - 174.

VOGEL, JOACHIM / FAD, FRANK: „Der praktische Fall – Strafrecht: Auf gute Nachbarschaft“. In: *Juristische Schulung* 42 (2002), 786 - 791.

VOGEL, JOACHIM: „Die versuchte ‚passive Sterbehilfe‘ nach BGH MDR 1995, 80“. In: *Monatsschrift für Deutsches Recht* 49 (1995), 337 - 340.

VOGLER, THEO: „Der Beginn des Versuchs“. In: Küper, Wilfried / Welp, Jürgen: *Beiträge zur Rechtswissenschaft. Festschrift für Walter Stree und Johannes Wessels zum 70. Geburtstag.* Heidelberg: Müller, 1993. 285 - 303.

WAGENLÄNDER, GEORG: *Zur strafrechtlichen Beurteilung der Rettungsfolter.* Berlin: Duncker & Humblot, 2006. [Zugl. Bucerius Law School, Diss., 2005].

WAGNER, MARKUS: „The justification of torture. Some remarks on Alan M. Dershowitz's Why Terrorism Works". In: *German Law Journal* 4 (2003), 515 - 526. URL: http://www.germanlawjournal.com/pdf/Vol04No05/PDF_vol_04_no_05_515-526_legal_culture_wagner.pdf [Stand: 2. Dezember 2005].

WAHL, RAINER / MASING, JOHANNES: „Schutz durch Eingriff". In: *Juristenzeitung* 45 (1990), 553 - 563.

WARBRICK, COLIN: „The European Response to Terrorism in an Age of Human Rights". In: *The European Journal of International Law* 15 (2004), 989 - 1018.

WARDA, GÜNTER: „Die Geeignetheit der Verteidigungshandlung bei der Notwehr. Strittiges in der aktuellen Diskussion". In: *Goltdammer's Archiv für Strafrecht* 1996, 405 - 423.

WARDA, GÜNTER: „Vorsatz und Schuld bei ungewisser Tätervorstellung über das Vorliegen strafbarkeitsausschließender, insbesondere rechtfertigender Tatumstände". In: Warda, Günter (u. a.) (Hg.): *Festschrift für Richard Lange zum 70. Geburtstag.* Berlin (u. a.): De Gruyter, 1976. 119 - 146.

WARDA, GÜNTER: „Zur Gleichwertigkeit der verwechselten Objekte beim error in obiecto. Tatbestandsbezug und Maßgeblichkeit der Tätervorstellung". In: Schwind, Hans-Dieter (u. a.) (Hg.): *Festschrift für Günter Blau zum 70. Geburtstag am 18. Dezember 1985.* Berlin (u. a.): De Gruyter, 1985. 159 - 165.

WEBER, HELLMUTH VON: „Die strafrechtliche Bedeutung der europäischen Menschenrechtskonvention". In: *Zeitschrift für die gesamte Strafrechtswissenschaft* 65 (1953), 334 - 350.

WEIGEND, THOMAS: „StPO §§ 136a, 136 (Verwertungsverbot mangels qualifizierter Belehrung)". In: *Strafverteidiger* 23 (2003), 436 - 441. [Anmerkung zu LG Frankfurt a.M., Beschl. vom 9. April 2003 – 5/22 Ks 3490 Js 230118/02].

WEIN, LAWRENCE M. / LIU, YIFAN: „Analyzing a bioterror attack on the food supply. The case of botulinum toxin in milk". In: *Proceedings of the National Academy of Sciences of the United States of America* 102 (2005), 9984 - 9989.

WEIST, GÜNTER: „Die Abschaffung der Tortur (Folter) durch König Friedrich II. von Preußen (damals noch: König ‚in' Preußen)". In: *Deutsche Richterzeitung* 66 (1988), 298 - 299.

WELSCH, HARALD: „Die Wiederkehr der Folter als das letzte Verteidigungsmittel des Rechtsstaats?". In: *Bayerische Verwaltungsblätter* 49 (2003), 481 - 488.

WELZEL, HANS: „Gesetz und Gewissen". In: von Caemmerer et al. (Hg.): *Hundert Jahre deutsches Rechtsleben. Festschrift zum hundertjährigen Bestehen des deutschen Juristentages 1860 - 1960.* Karlsruhe: Müller, 1960. 383 - 400.

WELZEL, HANS: „Strafrecht". In: *Monatsschrift für Deutsches Recht* 3 (1949), 370 - 376. [Anmerkung zu OGH, Urteil vom 5. März 1949 – StS 19/49].

WELZEL, HANS: „Zum Notstandsproblem". In: *Zeitschrift für die gesamte Strafrechtswissenschaft* 63 (1951), 47 - 56.

WELZEL, HANS: *Das deutsche Strafrecht. Eine systematische Darstellung.* 11., neubearb. u. erw. Aufl. Berlin: De Gruyter, 1969.

WERLE, GERHARD: *Völkerstrafrecht.* Tübingen: Mohr Siebeck, 2003.

WESSELS, JOHANNES / BEULKE, WERNER: *Strafrecht Allgemeiner Teil. Die Straftat und ihr Aufbau.* 35., neubearb. Aufl. Heidelberg: C. F. Müller, 2005.

WESSELS, JOHANNES / HETTINGER, MICHAEL: *Strafrecht Besonderer Teil/1. Straftaten gegen Persönlichkeits- und Gemeinschaftswerte.* 29., neubearb. Aufl. Heidelberg: C. F. Müller, 2005.

WIDMAIER, GUNTER: „Dogmatik und Rechtsgefühl. Tendenzen zur normativen Einschränkung des Mordtatbestands in der neueren BGH-Rechtsprechung". In: *Neue Juristische Wochenschrift* 56 (2003), 2788 - 2791.

WIEGMANN, BARBARA: „Abgrenzung von (Mit-) Täterschaft und Beihilfe – BGHSt 38, 315". In: *Juristische Schulung* 33 (1993), 1003 - 1006.

WIELAND, LEO: „Ein unheiliger Krieg zum Beginn der heiligen Woche. Spanien ist vom Flucht- und Treffpunkt islamistischer Terroristen zu einem bevorzugten Tatort geworden". In: *Frankfurter Allgemeine Zeitung* 81, 5. April 2004, 3.

WIELAND, LEO: „Fahndung auf zwei Gleisen. Die spanischen Behörden wollen nichts ausschließen". In: *Frankfurter Allgemeine Zeitung* 62, 13. März 2004, 3.

„‚Wir wollten ein Leben retten'. Was Wolfgang Daschner vor Gericht zu seiner Rechtfertigung vortrug". In: *Frankfurter Allgemeine Zeitung* 271, 19. November 2004, 54.

WITTRECK, FABIAN: „Menschenwürde und Folterverbot. Zum Dogma von der ausnahmslosen Unabwägbarkeit des Art. 1 Abs. 1 GG". In: *Die Öffentliche Verwaltung* 56 (2003), 873 - 882.

WOESNER, HORST: „Die Menschenrechtskonvention in der deutschen Strafrechtspraxis". In: *Neue Juristische Wochenschrift* 14 (1961), 1381 - 1385.

WOETZEL, ROBERT K.: *The Nuremberg Trials in International Law.* London (u. a.): Stevens & Sons, 1960.

WOLFF, HEINRICH AMADEUS: *Selbstbelastung und Verfahrenstrennung. Das Verbot des Zwangs zur aktiven Mitwirkung am eigenen Strafverfahren und seine Ausstrahlungswirkung auf die gesetzlichen Mitwirkungspflichten des Verwaltungsrechts.* Berlin: Duncker & Humblot, 1997. [Zugl.: Speyer, Hochschule für Verwaltungswissenschaften, Diss., 1996].

WOLFFSOHN, MICHAEL: „J'accuse!". In: *Frankfurter Allgemeine Zeitung* 145, 25. Juni 2004, 6.

WOLTER, JÜRGEN: „Der ‚unmittelbare' Zusammenhang zwischen Grunddelikt und schwerer Folge bei erfolgsqualifizierten Delikten". In: *Goltdammer's Archiv für Strafrecht* 1984, 443 - 451.

WOLTER, JÜRGEN: „Verfassungsrecht im Strafprozeß- und Strafrechtssystem. Zugleich ein Beitrag zur Verfassungsmäßigkeit der Norm und zum rechtsfreien Raum ‚vor dem Tatbestand'". In: *Neue Zeitschrift für Strafrecht* 13 (1993), 1 - 10.

WOLTERS, GEREON: „Die Neufassung der Körperverletzungsdelikte". In: *Juristische Schulung* 38 (1998), 582 - 587.

WOLTERS, GEREON: „Versuchsbeginn bei Einsatz eines sich selbstschädigenden Tatmittlers". In: *Neue Juristische Wochenschrift* 51 (1998), 578 - 580.

WORTMANN, LARS: *Inhalt und Bedeutung der „Unzumutbarkeit normgemäßen Verhaltens" im Strafrecht.* Baden-Baden: Nomos, 2002. [Zugl. Bochum, Univ., Diss., 2001/2002].

WÜRTENBERGER, THOMAS / SYDOW, GERNOT: „Die nachträgliche Anordnung der Sicherungsverwahrung". In: *Neue Zeitschrift für Verwaltungsrecht* 20 (2001), 1201 - 1208.

ZACZYK, RAINER: „Das Mordmerkmal der Heimtücke und die Notwehr gegen eine Erpressung". In: *Juristische Schulung* 44 (2004), 750 - 754.

ZACZYK, RAINER: „Der verschuldete Verbotsirrtum – BayObLG, NJW 1989, 1744". In: *Juristische Schulung* 30 (1990), 889 - 895.

ZEHNDER, BRUNO: *Immunität von Staatsoberhäuptern und der Schutz elementarer Menschenrechte – der Fall Pinochet*. Baden-Baden: Nomos, 2003. [Zugl.: Bern, Univ., Diss., 2002].

ZIEGLER, OLE: „Das Folterverbot in der polizeilichen Praxis. Der ‚Fall Daschner' als Beleg für die rechtsstaatliche Absolutheit des Folterverbotes". In: *Kritische Vierteljahresschrift für Gesetzgebung und Rechtswissenschaft* 87 (2004), 50 - 66.

ZIMMERMANN, ANDREAS: „Auf dem Weg zu einem deutschen Völkerstrafgesetzbuch. Entstehung, völkerrechtlicher Rahmen und wesentliche Inhalte". In: *Zeitschrift für Rechtspolitik* 35 (2002), 97 - 102.

ZIMMERMANN, ANDREAS: „Bestrafung völkerrechtlicher Verbrechen durch deutsche Gerichte nach In-Kraft-Treten des Völkerstrafgesetzbuchs". In: *Neue Juristische Wochenschrift* 55 (2002), 3068 - 3070.

ZIMMERMANN, ANDREAS: „Erste praktische Erfahrungen mit dem Europäischen Übereinkommen zur Verhütung von Folter". In: *Neue Zeitschrift für Strafrecht* 12 (1992), 318 - 320.

ZWINGENBERGER, KURT: *Die Europäische Konvention zum Schutz der Menschenrechte in ihrer Auswirkung auf die Bundesrepublik Deutschland.* Münster: Lit, 1997. [Zugl.: Heidelberg, Univ., Diss., 1958].

FSC
www.fsc.org
MIX
Papier | Fördert
gute Waldnutzung
FSC® C083411

Kolibri 360 GmbH
Ferdinand-Jühlke-Straße 7
99095 Erfurt, Deutschland
produktsicherheit@kolibri360.de

Druck:
CPI Druckdienstleistungen GmbH
im Auftrag der
Kolibri 360 GmbH
Ferdinand-Jühlke-Str. 7
99095 Erfurt